同安年鉴

2021

中共厦门市同安区委员会　厦门市同安区人民政府　主办
中共厦门市同安区委党史和地方志研究室　编

方志出版社
Publishing House of Local Records

图书在版编目（CIP）数据

同安年鉴. 2021/中共厦门市同安区委党史和地方志研究室编. —北京：方志出版社，2021. 12
ISBN 978-7-5144-5080-4

Ⅰ. ①同… Ⅱ. ①中… Ⅲ. ①同安区—2021—年鉴 Ⅳ. ①Z525. 75

中国版本图书馆 CIP 数据核字（2021）第 275734 号

同安年鉴（2021）

编　　者：中共厦门市同安区委党史和地方志研究室
责任编辑：刘方圆

出 版 者：方志出版社
地址　北京市朝阳区潘家园东里 9 号（国家方志馆 4 层）
邮编　100021
网址　http：//www. zgfzcb. cn
发　　行：方志出版社图书经销中心
电话（010）67110500
经　　销：各地新华书店
印　　刷：福州力人彩印有限公司

开　　本：889mm×1194mm　1/16
印　　张：20. 75　插页：12
字　　数：687 千字
版　　次：2021 年 12 月第 1 版　2021 年 12 月第 1 次印刷
印　　数：001～800 册

ISBN 978-7-5144-5080-4　定价：258. 00 元

《同安年鉴（2021）》编纂委员会

《同安年鉴（2021）》编辑部

同安区地图

同安区在厦门的位置
泉州市
漳州市
同安区
翔安区
集美区
海沧区
湖里区
思明区
翔云镇
龙门镇
大坪乡
龙门
村内水库
G2517沙厦
S217
G355
S507
G1523甬莞
G1503厦门环城
S213
杭洋
云顶山
1175
尖石尾
莲花山
仑尾山
文山
尾林
水洋
小坪
西坑
淡溪
白交村
军营
顶村
西源
莲花镇
汀溪镇
五显镇
大同街道
新圩镇
汀溪水库
溪东水库
茂口水库
河溪水库
竹坝水库
小坪水库
汀溪林场
祥溪林场
竹坝华侨农场
五峰
造水
汪前
半岭
前格
古坑
三秀山
北辰山
竹山
溪西
后垄
店仔
布塘
军村
后塘
上厝
宋宅
西洋
香溪
田洋
东山
北门
西池
新丰
路下溢头
汀溪
褒美
云洋
窑市
溪东
莲花
美埔
后埔村
澳溪
上陵
罗溪
内田
蔗内
云埔
中甲
同安影视城
翠丰温泉
侨安
明溪
竹坝
西姑庵

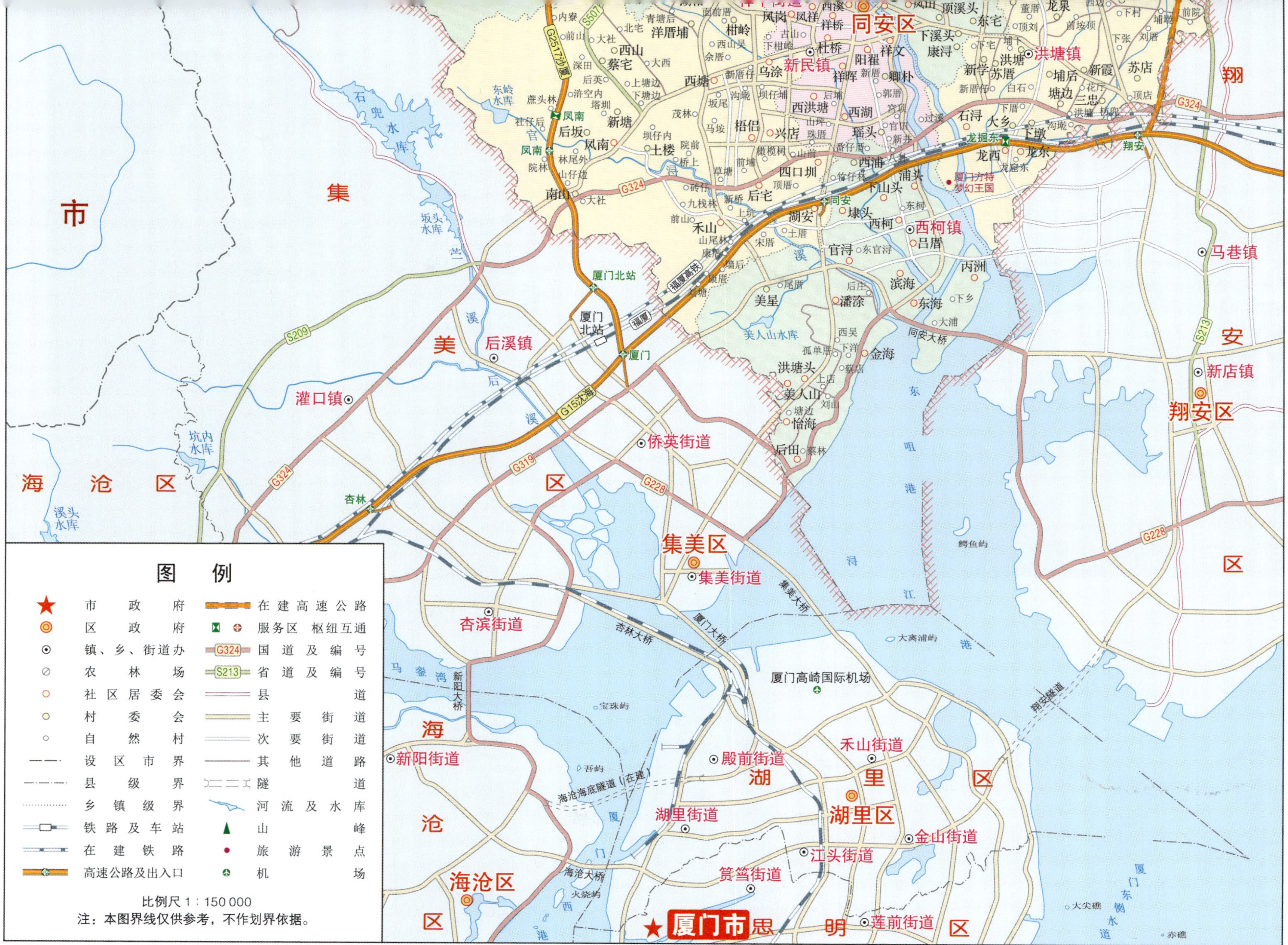

图例

★	市政府		在建高速公路
	区政府		服务区 枢纽互通
	镇、乡、街道办	G324	国道及编号
	农林场	S213	省道及编号
	社区居委会		县道
	村委会		主要街道
	自然村		次要街道
	设区市界		其他道路
	县级界		隧道
	乡镇级界		河流及水库
	铁路及车站		山峰
	在建铁路		旅游景点
	高速公路及出入口		机场

比例尺 1：150 000

注：本图界线仅供参考，不作划界依据。

精位大辰数字科技（厦门）有限公司　编制

审图号：厦S[2021]10号　资料截至2020年12月

#【同安新城】

2020年，同安新城完成固定资产投资167亿元，丙洲、美峰2个现代服务业基地加快发展，美峰科创园、官浔体育公园等配套设施建设完善。

美峰科创园
（2020年7月31日摄）

官浔体育公园

滨海浪漫线金都海尚段　　（2020 年 10 月 7 日摄）

滨海浪漫线市运动中心段　　（2020 年 10 月 7 日摄）

（2020 年 10 月 7 日摄）

本版摄影：夏海滨

丙洲现代服务业基地

（陈嘉新　2020 年 7 月 16 日摄）

【疫情防控】

2020 年，同安区创新建立“以房管人”常态化疫情防控机制，加强重点人群管理，开展重要场所环境消杀，筑牢疫情防控防线，服务保障经济社会发展大局。选派医护骨干组成援鄂援杏医疗队，完成医疗支援和物资调拨任务。

2020 年 1 月 30 日，同安区市场监督管理局检查厦门康净洁科技有限公司，了解口罩、手套等防疫用品市场供应情况

（同安区市场监督管理局供图）

2020 年 2 月 16 日，厦门曙光救援队在同安区进行疫情防控消杀　（陈嘉新　摄）

2020 年 11 月 3 日，同安区开展疫情防控常态化入户调查　（同安区文明办供图）

2020 年 4 月 14 日，厦门市第三医院迎接支援湖北医疗队凯旋　　（夏海滨　摄）

2020 年 4 月 9 日，同安区举行仪式欢迎同安区支援湖北、杏林医疗队凯旋　　（夏海滨　摄）

【项目建设】

2020 年，同安区出台稳岗援企系列措施，促进企业复工复产。深化“三个一”招商机制，引入高能级项目 32 个。推进 91 个省、市重点项目建设，完成投资 603 亿元。

2020 年 9 月 25 日，建潘德韬科技园项目入驻签约仪式在七星湾酒店举行

（夏海滨　摄）

省重点项目厦门抽水蓄能站

福厦高铁同安段　　（夏海滨　2020 年 10 月 26 日摄）

（夏海滨　2020 年 4 月 4 日摄）

2020 年 5 月 18 日，同安区“岛内大提升 岛外大发展”项目集中开工暨厦门顺丰创新产业园项目开工仪式在洪塘镇举行

（同安发改局供图）

【商贸发展】

2020年，同安区制定出台推动消费复苏一揽子政策措施，举办“安心消费节”“电商直播节”“汽车消费节”等促消费活动，促进商贸行业回稳增长。

2020年5月1日，同安区“安心消费节”开幕。上图为“一村一品”大联展军营村直播专场，网红主播与村干部直播推销特色农产品。右图为同安龙头企业——厦门新盛洲植物油有限公司参与“安心消费节”促销活动

2020 年 8 月 8 日，同安电商直播节项目在厦门金牌厨柜股份有限公司内容工场基地启动

2020 年 8 月 28 日，同安“电商直播节”项目第二场健康健身专场在同安工业园区管委会举行。图为区政府领导和同安健身器材企业代表通过踩动感单车开启健康健身专场直播

2020 年 12 月 19 日，同安区“汽车消费节”开幕。图为在开幕式上，同安区政府向消费者发放购车补贴

本版供图：同安区工信局

【文体活动】

2020 年，同安区积极推进文体事业发展，成功举办苏颂 1000 周年诞辰纪念活动、朱子文化节和厦门环东半程马拉松赛，承办青少年人工智能与编程教育论坛等，着力打造文化品牌，提升城市影响力。

2020 年 7 月 11 日，在厦门（同安）第五届国际朱子文化节开幕式上，第十三届“朱子之路”研习营开营　　　　（同安区社科联供图）

2020 年 7 月 17 日，第八届同安夏季旅游嘉年华暨金光湖森林泼水狂欢节启动仪式举行
（夏海滨　摄）

2020 年 11 月 28 日，2020 人工智能与机器人教育大会青少年人工智能与编程教育主题论坛在同安一中举行　　　　（同安区教育局供图）

2020 年 10 月 24 日，同安区在北辰山举办开闽王文化节。图为在文化节开幕式上举行民俗表演
（夏海滨　摄）

2020 年 12 月 13 日，厦门环东半程马拉松赛在同安新城滨海浪漫线举行　（夏海滨　摄）

2020 年 12 月 10 日，“纪念苏颂诞辰 1000 周年暨第九届厦门（同安）苏颂国际文化节”开幕式在同安影剧院举行。本版图片为开幕式活动，下图为文艺表演，右图自上而下依次为全球唯一按 1：1 比例复制还原的“假天仪”线上揭幕仪式、《北宋科学巨匠苏颂》专题纪录片首发仪式、苏颂书院线上建设启动仪式

千秋唯颂 五洲共光

千秋唯颂 五洲共光
纪念苏颂诞辰1000周年暨第九届厦门(同安)苏颂国际文化节
“假天仪”线上揭幕仪式
全球唯一1:1复制还原

千秋唯颂 五洲共光
纪念苏颂诞辰1000周年暨第九届厦门(同安)苏颂国际文化节
《北宋科学巨匠苏颂》
专题纪录片首发仪式

千秋唯颂 五洲共光
纪念苏颂诞辰1000周年暨第九届厦门(同安)苏颂国际文化节
苏颂书院线上建设启动仪式
苏颂书院

本版摄影：夏海滨

【文明创建】

2020 年，同安区深入开展文明创建活动，组织文明创建专题培训，开展交通文明劝导、清洁家园等志愿服务。推进“爱心厦门，同安在行动”建设，创新开展“爱心四季”主题活动，新增爱心驿站 46 个，上线运行全市首个政府主导的“云上爱心屋”商城。

2020 年 11 月 8 日，同安区在大同街道同新广场举行“云上爱心屋”上线仪式　　（夏海滨　摄）

2020 年 8 月 12 日，同安区文明志愿者在斑马线旁开展交通文明劝导活动　　（陈嘉新　摄）

2020 年 9 月 17 日，同安区总工会举办“文明交通快递小哥”专场培训会
（同安区委文明办供图）

2020 年 10 月，位于省道 217 上陵路段的“交通一家亲”爱心驿站建成
（莲花镇供图　2020 年 12 月 2 日摄）

祥平街道瑞祥小区幸福邻里展示栏
（夏海滨　2020 年 11 月 25 日摄）

同安名片

- 国家级生态区
- 国家卫生城市
- 国家义务教育发展基本均衡区
- 全国文化先进区
- 国家外贸转型升级基地（运动健身器材）
- 国家级出口健身器材质量安全示范区
- 国家农产品质量安全县
- 全国基层中医药工作先进单位
- 省级出口食品农产品质量安全示范区
- 全省脱贫攻坚帮扶先进集体
- 省级文明城区
- 省级双拥模范城
- 福建省妇幼健康优质服务先进区
- 福建省科普示范县（市、区）
- 第四批“四好农村路”省级示范县

同安数字

同安区下辖 2 个街道、6 个镇、60 个社区居委会、81 个村委会。户籍人口 41.91 万人，常住人口 85.90 万人。

地区生产总值 591.21 亿元，第一产业增加值 11.42 亿元，第二产业增加值 309.41 亿元，第三产业增加值 270.38 亿元。

全区规模以上工业企业 777 家，总产值 981.75 亿元。

财政总收入 104.26 亿元，其中区级财政收入 26.26 亿元。

社会消费品零售总额 394.64 亿元。

实际利用外资 18.90 亿元。

城镇居民人均可支配收入 51775 元。

农村居民人均可支配收入 24619 元。

辖区内普通中学 23 所，在校生 36473 人；小学 78 所，在校生 70952 人；幼儿园 237 所，在校生 40151 人。

全区各类卫生医疗机构 444 个，拥有病床数 1695 张，拥有卫生技术人员 3595 人。每万人拥有卫生技术人员 42.02 人，拥有病床数 19.81 张。

编辑说明

一、《同安年鉴》是由中共厦门市同安区委员会、厦门市同安区人民政府主办，中共厦门市同安区委党史和地方志研究室组织编纂的年度资料性文献，一年一鉴，以出版年号为卷次名称，国内外公开发行。首卷于2015年开始编纂，2021年卷为第七卷。

二、《同安年鉴（2021）》以马克思列宁主义、毛泽东思想、邓小平理论、“三个代表”重要思想、科学发展观、习近平新时代中国特色社会主义思想为指导，坚持辩证唯物主义和历史唯物主义的立场、观点和方法，主要记载2020年1月1日至12月31日期间同安区自然、政治、经济、文化、社会、生态各方面的基本情况，力求反映各项事业取得的新成就、新进展、新经验。

三、《同安年鉴（2021）》设专记、大事记、区情概览、中共厦门市同安区委员会、厦门市同安区人民代表大会、厦门市同安区人民政府、政协厦门市同安区委员会、纪检监察、民主党派与工商联、群众团体、法治、军事、外事·侨务·台港澳事务、应急管理、经济管理与监督、财政·税务·金融、城乡建设与管理、生态环境、农业·农村、工业、商业贸易、旅游、交通·物流、邮政·通信·信息化、教育、科学技术、文化、社科·史志·档案、体育、卫生健康、社会生活、街镇概貌、人物·名录、附录34个类目。

四、《同安年鉴（2021）》采用分类编辑法，主体内容为类目—分目—条目三个层次，部分分目下设二级分目，以条目为基本的记述形式，全书条目标题统一用黑体加方头括号【】标志。

五、《同安年鉴（2021）》的序数词使用规范为：一到九十九的序数词使用汉字数字，100（含）以上的序数词使用阿拉伯数字；会议的届次一律使用汉字。

六、《同安年鉴（2021）》长度计量单位为“米”或“千米”，面积计量单位为“平方米”或“公顷”。

七、《同安年鉴（2021）》稿件、图片主要由各相关单位和区宣传事务中心提供，并经单位负责人审核。涉及国民经济和社会发展的重要数据指标，均采用区统计局提供的统计资料。全书出现简称“市”“区”均指“厦门市”“同安区”。

八、为方便查阅，《同安年鉴（2021）》卷首设目录，卷末设索引。索引按主题词音序排列。

目 录

专 记

大 事 记

区情概览

中共厦门市同安区委员会

厦门市同安区人民代表大会

厦门市同安区人民政府

政协厦门市同安区委员会

纪检监察

民主党派与工商联

群众团体

法　治

军 事

外事·侨务·台港澳事务

应急管理

经济管理与监督

财政·税务·金融

城乡建设与管理

生态环境

农业·农村

工　业

商业贸易

旅　　游

交通·物流

邮政·通信·信息化

教　育

科学技术

文 化

社科・史志・档案

体　育

卫生健康

社会生活

街镇概貌

人物·名录

附　　录

索　　引

同安区“十三五”经济社会发展成就

“十三五”（2016—2020 年）时期，同安区以习近平新时代中国特色社会主义思想为指导，深入贯彻中共中央总书记习近平对福建、厦门工作的重要指示批示精神，坚持“五位一体”总体布局和“四个全面”战略布局，经济社会发展取得显著成绩，“十三五”规划目标任务基本完成，为推进“十四五”经济社会发展、奋力谱写全面建设社会主义现代化国家的同安篇章奠定坚实基础。完成情况如下：

综合实力显著增强。“十三五”时期，同安区经济保持平稳较快发展，提速进位态势凸显，地区生产总值、财政总收入等主要经济指标持续向好，综合实力明显提升。2020 年实现地区生产总值 590 亿元，是 2015 年的 2.1 倍，年均增长 7.9%，全市第一；人均地区生产总值突破 8.16 万元；财政总收入 102 亿元，比 2015 年增长 103.9%，年均增长 14.6%，全市第一；规模以上工业增加值 280 亿元，比 2015 年增长 162.0%，年均增长 7.9%；社会消费品零售总额 388.93 亿元，比 2015 年增长 405.1%，年均增长 27.1%，全市第一；固定资产投资 5 年累计完成 1708.74 亿元，年均增长 12.6%。

创新驱动有效实施。2020 年，全区规模以上工业企业研发投入占地区生产总值比重 3.65%，较 2015 年提高 2.02 个百分点。国内专利授权量 2871 件。培育新增科技小巨人领军企业 215 家、国家级高新技术企业 251 家，高新技术产业占规模以上工业产值比重 44%，较 2015 年提高 17.3 个百分点。“三高”企业培育成效良好，“三高”企业 346 家。新增市级以上研发机构 35 家，引进建潘德韬科技园、网易研究院等创新平台。制定完善“1+N”人才政策体系，引才聚才成效显现，累计引进和培育国家级高层次人才 7 人，省、市级高层次人才 134 人，区级人才 1079 人。

产业转型有序推进。工业发展质量效益加快提升，新增规模以上工业企业 434 家，传统制造业向智能化、高端化发展，康乐佳获评国家体育产业示范单位，金牌厨柜入选国家智能制造试点示范项目。服务业发展加力提速，2020 年服务业占地区生产总值比重预计达 45%，比 2015 年提高 4.6 个百分点。新兴产业加速集聚，新经济产业园启动建设，半导体与集成电路、生物医药与健康等产业产值超百亿元。都市现代农业稳步发展，百利现代农业科技园区完成建设，农业产业集群总产值突破 270 亿元，入选国家农村产业融合发展试点示范区，农村合作经济组织数量居全市首位。

城区品质显著提升。交通基础设施更加便捷完善，“一环两横四纵”骨干路网基本成型，厦门北动车客整所、同集路（海翔大道—福泽路段）跨线桥等项目建成通车。市政基础设施日益完善，埭头、后田变电站建成投用，西山水厂通水运行，建成天然气管道工程 109.65 千米。城市绿化景观持续提升，建成文笔塔、雪樵、南镇山等公园，同安绿道连海段全面打通。同安新城开发提速，累计完成投资 730 亿元，丙洲、美峰两大片区基本成型，滨海旅游浪漫线（同安段）、美峰生态公园等绿色生态和景观项目建成开放，环东海域医院、同安一中滨海校区高中部等民生保障项目加快建设。老城区改造提升加快，完成 33 个老旧小区改造和第二轮城市街区立面整治，宜居环境面貌逐步提升，综合承载力持续增强。

乡村振兴提质增效。在全面完成生猪等畜禽退养和“三厂”清退的同时，持续谋划农民增收项目，完成百利现代农业科技园、文顶设施农业、“军营红”小番茄种植、白沙仑坝头食用菌、亚琅设施大棚、宜兰阁设施大棚等农业项目。军营村、汀溪镇分别入选省首批“金牌旅游村”、省乡村振兴特色乡（镇），拥有 5 个全国最美休闲乡村、4 个国家级休闲农业与乡村旅游示范点、3 个省级休闲农业示范乡镇、14 个省级和 17 个市级休闲农业示范点，示范点数量位居厦门市前列。推进 21 个农业灌溉用电设施改造，完成

36 公里村庄道路硬化，推进 104 个行政村 9.4 万盏壁挂式路灯建设，推动畜禽养殖废弃物资源化利用，全区畜禽粪污综合利用率 95% 以上。城乡居民收入差距从 2.20∶1 预计缩小到 2.03∶1。

生态环境不断优化。污染防治攻坚战成效突出，实现流域内农村生活污水治理全覆盖，省级以上水功能区达标率 100%。大气和土壤污染防治加快推进，完成全国第二次污染源普查，空气质量优良率达 100%，获评“国家生态区”“全国百佳生态文明城市与景区”。国家生态园林城市创建全面完成，新增绿地 160.5 公顷，完成造林 3006 亩（200.4 公顷），人均公园绿地 18.3 平方米。市政园林环卫一体化管养全面推开，垃圾分类实现城市社区全覆盖。生态文明体制改革硕果累累，在全省率先开展领导干部自然资源资产离任审计试点和实施环境违法行为有奖举报，成立全省首个生态环境审判庭，完成全省首个以法院调解结案的生态环境损害赔偿案例，建设全国首个县区级生态文明建设目标评价考核平台。

改革开放持续深化。推进“放管服”改革，工程建设项目审批实现 100% 网上办理，推行告知承诺制、容缺受理等服务方式。打造审批服务“快速道”，审批事项承诺时限平均压缩至 17.21%，“一趟不用跑”事项数占比提升至 71.86%。实现商事登记“35 证合一”，开办企业“一个环节、一个工作日、零收费”。创新投融资机制，设立新旧动能转化等四大板块区级产业引导基金。国有企业改革稳步推进，成立 10 家混合所有制企业，同安国投集团改革成四家功能各异的区属国有企业。国家农村集体产权制度改革试点、国有农场、林场改革基本完成，土地承包经营权确权登记颁证工作顺利收官。对外开放取得实效，引进外资企业 280 家，实际利用外资超 12.67 亿美元。对台交流取得新进展，设立海峡两岸（厦门）交流基地 2 个，厦门同安闽台农业融合发展（种子种苗）产业园、青华同创农旅综合基地建设加快推进。

民生保障有力有效。人民生活水平显著提高，2020 年居民人均可支配收入 45462 元，年均增长 9.1%，全市第一。落实就业保障，实现城镇失业人员再就业 37026 人，城镇就业困难对象再就业 8263 人。教育供给持续增加，累计新增学位 42100 个，获全国教育信息化创新应用典范区域优秀实践奖。医卫水平稳步提升，新增床位 1434 张，完成家庭医生签约 76.17 万人次，入选国家级紧密型医共体建设试点区，获评全国基层中医药工作先进单位。养老服务体系逐步健全，新增养老院 2 所，建成镇级照料中心 4 家、农村幸福院 72 家，在全市率先实现城乡居家养老信息化服务全覆盖。安居工程建设继续推进，建设保障性住房 7975 套。推进“平安同安”建设，扫黑除恶成效评价居全市第二位。城乡治理持续加强，创新设立“议理堂”基层调解机构，梧侣社区跻身全国第一批流动人口社会融合示范社区。

精神文明全面提升。健全公共文化体系，建成 8 座 24 小时街区自助图书馆、11 个邻家公园（文体小广场）。推进历史文化传承与保护，新增同安农民画等省级非遗项目 8 个，吕厝送王船信俗和马来西亚成功联合申报人类非物质文化遗产，完成文笔塔、禾山石佛塔、五显第一溪桥等文物修缮工程。着力打造“莲花褒歌演唱团”“竹坝一台戏”等特色文化品牌，歌仔戏《无相欠》获华东六省一市小戏大赛金奖，答嘴鼓《讲阮兜》获省丹桂奖一等奖。入选全国新时代文明实践中心建设第二批试点，建成“实践中心 + 融媒体中心”，创建“银城文明引力波”品牌。推进“爱心厦门，同安在行动”，西池社区获“全国最美志愿服务社区”。继续保持“省级文明城区”称号，垵炉村、前格村、军营村、苏厝村和埔后村获评“全国文明村”，总数全市第一。移风易俗成效明显，社会风气持续净化，累计节约开支 8.3 亿元。

“十三五”时期同安区经济社会发展主要指标完成情况表

表 1

一级指标	二级指标	单位	2020 年目标值		2020 年完成情况		属性
			绝对值	年均增长（%）	绝对值	年均增长（%）	
经济发展	1. 地区生产总值	亿元	376	9.5	590	7.9	预期性
	2. 三次产业比重		2∶53∶45		2∶53∶45		预期性
	3. 人均地区生产总值	万元	5.97		8.16		预期性
发展动力	4. 规模以上工业总产值	亿元	900	14	1100	10.1	预期性

续表 1

一级指标	二级指标	单位	2020 年目标值		2020 年完成情况		属性
			绝对值	年均增长（%）	绝对值	年均增长（%）	
	5. 规模以上工业企业 R&D 经费支出占 GDP 比重	%	2.4		3.65		预期性
	6. 高新技术产业占规模以上工业产值比重	%	35		44		预期性
	7. 万人有效发明专利拥有量	件	13		13.25		预期性
	8. 五年累计全社会固定资产投资总额	亿元	[1700]	15	[1708.74]	12.6	预期性
	9. 财政总收入	亿元	80.5	10	102	14.6	预期性
发展动力	10. 区级财政收入	亿元	22.5	10	26.2	13.7	预期性
	11. 社会消费品零售总额	亿元	140	13	388.93	27.1	预期性
	12. 批发零售贸易业销售总额	亿元	500	16.8	1181	25.8	预期性
	13. 外贸进出口额	亿美元	61	7	无区级数据		预期性
	14. 五年累计实际利用外资总额	亿美元	[10]		[12.67]		预期性
	15. 五年累计合同利用外资总额	亿美元	[10]		[19.66]		预期性
	16. 居民人均可支配收入		46910	9.5	45462	9.1	
	城镇居民人均可支配收入	元	57000	8.7	51611	7.6	预期性
	农村居民人均可支配收入		26100	9.6	25466	9.4	
	17. 千人医疗床位数	张	4		4.24		预期性
	18. 每千人口执业（助理）医师数	人	2.7		2.98		约束性
	19. 五年累计新增义务教育学位数	个	[31960]		[33450]		预期性
	20. 五年累计新增公办幼儿园学位数	个	[6570]		[7560]		预期性
	21. 社会保险参保人数		—		—		
民生福祉	基本养老保险参保人员		22.3		33.94		
	基本医疗保险参保人员	万人	23.1		59.56		预期性
	基本工伤保险参保人员		21.9		28.47		
	基本失业保险参保人员		21.8		28.57		
	基本生育保险参保人员		20.9		28.44		
	22. 每千名老人养老床位数	张	35		35		约束性
	23. 新增保障性住房供给数	套	[2220]		[7975]		约束性
	24. 注册志愿者人数占居民人口比重	%	5		7.6		预期性
	25. 森林覆盖率	%	52.43		54		约束性
	26. 空气质量优良率	%	98		100		约束性
	27. 万元 GDP 用水量	立方米					约束性
生态文明	28. 单位 GDP 能耗降低	吨 / 万元					约束性
	29. 非化石能源占一次性能源消费比重	%	完成国家、省、市下达任务		无区级数据		约束性
	30. 万元 GDP 二氧化碳排放量下降	%					约束性
	31. 主要污染物排放量减少	%					约束性

注：[ ] 内的数字为“十三五”累计数。

（张　萍）

2020年同安区新冠肺炎疫情防控

2020年，在国内发生新冠肺炎疫情后，同安区贯彻落实党中央、国务院和省、市各项决策部署，开展疫情监测分析与风险研判、病毒核酸筛查检测、重点人群和重点场所排查监测、复工复产复学指导、健康知识宣教、应急物资调配、防控技术指导及新冠疫苗接种等工作，坚决打好疫情防控的人民战争、总体战、阻击战，成为全市唯一疫情防控保持“零确诊、零疑似”的行政区，较好地实现疫情防控“外防输入、内防扩散”的预期目标。

一、建立疫情防控机制

2020年，在新冠肺炎疫情发生后，同安区迅速落实中央和省、市工作部署，第一时间启动指挥部作战体系，成立同安区应对新型冠状病毒感染肺炎疫情工作指挥部，由区委书记、区长任总指挥长。下设综合协调组、疫情防控组、医疗救助组、物资保障组等9个工作组。全力推进联防联控、群防群控、精密智控，全面筑牢疫情防控防线。发挥“党建统领”作用，在防疫队伍中先后成立临时党组织11个、各类党员突击队348支，有效激发全区上下同舟共济战胜疫情的强大动力。建立直达村居工作机制，确保各项防疫措施高效推行。多次利用覆盖所有村居的区镇村三级视频会议系统进行动员部署，全区村居两委、小组长和群防群治队员等3000余人在分设的186个视频会议点上接受工作部署、领受工作任务，省、市各项疫情防控政策措施和工作要求由区委、区政府主要领导第一时间传达到位。

二、实施人员管控

同安区健全完善公安、海关，工信、交通运输、卫健、通信管理等部门协作联动机制，加强对境外和高中风险地区入（返）厦人员排查、核实、管控，严防疫情输入和传播。创新建立“以房管人”摸排机制，全面落实网格管理，实行“以房管人”核查机制，重点摸排租住外口公寓的外来人员和旅居风险地区的本地外出人员。村居拉网排查民宅住户，工信、建设、公安和旅游分别摸排企业厂区、工地和宾馆旅社住宿人员，区镇村三级房东协会和2万名会员快速响应，摸排外来租户，覆盖65个村居41万流动人口。实行“关口前移”管控。发动村居干部、护村队和志愿者等队伍，在全区设置1300多个临时检查点排查过往车辆和人员；组织专班核实风险地区漫游入同手机人员；点对点追踪密切接触人员；运用“雪亮工程”和云监控进行监管，发挥“科技＋管控”全天候巡防。设立境外入境人员集中医学观察定点酒店3家，共有房间352间，截至2020年12月31日，实行医学观察人员297人，累计境外入同实行医学观察5400人；累计境内管控人员医学观察25667人，累计实施留验观察135例。

三、提升核酸检测能力

同安区投入2500万元专项经费，加强市第三医院、区中医院和区疾控中心发热门诊、核酸检测实验室、快速检测设备等建设，制作《全员核酸检测流程》示教录像片，开展全员核酸检测应急推演，做好聚集性疫情处置以及核酸测试剂、人员、流调等专业队伍准备，提升全员核酸检测能力。强化市第三医院、区疾控中心和飞朔、泰普等6家核酸检测机构核酸检测能力建设，进一步落实“应检尽检”的重点人群核酸检测工作。全区有核酸采样专业人员362人，6家检测机构日检测量1.755万人份、10合1混管17.55万人份。截至2020年12月31日，同安区累计完成核酸检测152032人份。其中，重点行业、区域完成82837人份，重点机构完成69195人份。

四、医疗救治建设

全区医护人员2883人，其中医疗系统人员2570人、乡村医生313人，全部接受过防控培训。全区发热接诊医疗机构为第三医院、中医院两家。可用于保障发热门诊的医护人员有医生26人、护士46人。其中，第三医院医生19人、护士18人，中医院医生7人、护士28人。设立医检分诊点18个，医生57人、护士101人。成立由17名专家组成的2个专家组，其中，医疗救治专家组10人、预防控制专家组7人。全区有隔离病房47间。启动第三医院隔离病房5间，配备13名医生、19名护士；第三医院呼吸二科腾出42间作为备用简易隔离病房。

五、加强重点场所管理

同安区严格医院规范管理，防止院内感染。制定下发《关于严格医疗机构感染防控工作的通知》，督促厦门市第三医院不断加强门诊急诊、发热门诊等重点部门管理，并对发热门诊进行改造提升，同时加强其他非重点部门和普通病区的管理；严格落实患者住院、陪护、探视管理，做好体温检测、查看健康码、健康状况等工作；加强清洁消毒管理，做好诊疗环境、医疗器械、患者用物等清洁消毒，将1台CT机专用于新冠患者检查，确保“专人专机”，防止交叉感染。落实行业防控，强化减少人员流动聚集，加强对企业、风景区、民宿、餐馆、文化室、养老院、学校、监所、幼儿园、农贸市场、商超、药店等重点场所管理，1月22日至4月底，不举办大型文艺活动、庙会集市、宗亲祭祖等不必要的聚集性活动，学校开展线上授课，养老机构不接待访客，旅游景区不对外开放。5月疫情得到控制后，在公共场所严格做好体温检测、定期消毒、人员限流等措施。加强农村聚餐管理，提倡“红事”“白事”简办。

六、做好重点人群健康管理

同安区落实属地责任，落实境外入境人员“14+7”健康管理制度，做好境外入境人员落地查验、分流转运、集中隔离等全流程闭环管控措施，坚决防范境外疫情输入。深化网格摸排、以房管人等措施，及时摸排重点地区人员入厦信息，抓好高中风险地区入（返）同人员跟踪健康管理，依法依规落实核酸检测、医学观察等措施。对冷链从业人员做到应检必检，确保检测结果真实准确。

七、开展进口冷链食品防控

2020年11月20日至至2020年12月31日，完成627个冷库采样监测，采集2594份环境样本、1548份食品样本、14859份人群样本，结果均为阴性。完成（进口）冷链商超企业疫情防控监督检查43家次，落实从业人员核酸检测2810名，结果均为阴性。

八、保障企业复工复产

同安区率先在全市下派100余名干部组成“百人企业复工增援组”深入一线，围绕精准定、线上走、快兑现等关键词，制定帮扶企业“15条”，推动政策最快落地、标准顶格执行、红利叠加惠企，兑现惠企资金15.31亿元，惠及企业3586家次，为企业减负13.4亿元。设立中小微企业融资增信基金，服务金额3.7亿元，兑现民营小微企业扶持补助6900万元。

九、实施疫苗接种和常态化防控

2020年，同安区启动疫苗接种工作，从重点行业和人群开始，做到“应种尽种”。设置市第三医院及大同、祥平卫生服务中心三家疫苗接种点，完成重点人群疫苗接种1934针次。开展常态化防控，制订《同安区应对秋冬季新冠肺炎疫情防控工作方案》《同安区应对秋冬季新冠肺炎疫情防控应急预案》和《同安区应对秋冬季新冠肺炎疫情社区传播流行应急演练方案》，抽调各相关部门、各单位分管领导和科级干部组建区防控应急工作专班，确保紧急突发情况工作专班随时集中办公、即时运转，推进常态化防控机制有效运转。做好应对冬春季疫情准备，落实核酸检测准备、医疗救治准备、应急处置准备、防疫物资储备，开展应急演练，确保防控人员到位、设施设备到位、物资保障到位、处置能力到位。至2020年12月31日，全区储备各类口罩46.22万个，其他防疫物资（防护服、医用隔离衣、检测试剂盒、卫生手套、消毒液等）22.87万套，保障全区应急医疗物资用品需求。

（同安区应对新冠疫情工作指挥部办公室）

苏颂文化传承

苏颂（1020—1101年），字子容，汉族，福建同安人。北宋时期政治家、天文学家、药物学家。苏颂自幼勤奋好学，中进士后从政官至宰相，其间主持编撰药物学著作《本草图经》、领导制造世界上最古老的天文钟“水运仪象台”，在药物学、天文学领域做出杰出贡献。中科院原院长卢嘉锡曾对苏颂题联：“探根源，究终始，治学求实求精；编本草，合仪象，公诚首创。远权宠，荐贤能，从政持平持稳；集人才，讲科技，功颂千秋”，形象地概括苏颂的一生。理学家朱熹首仕同安主簿后，设立筹建苏公祠，在同安县首开纪念苏颂、传承苏颂文化的先河。自20世纪80年代到2020年，同安区开展苏颂文化挖掘、传承、宣扬工作，重修苏氏宗祠，建设苏颂科技馆、苏颂书院，组织研讨会、苏颂文化节等活动。2020年，同安区举办“纪念苏颂诞辰1000周年暨第九届厦门（同安）苏颂国际文化节”活动，向海内外推介苏颂。苏颂成为厦门的一张历史文化名片，苏颂文化在厦门同安扎根，走向世界。

一、苏颂生平及功绩

苏颂于宋真宗天禧四年（1020年）出生于同安县芦山苏氏衍派总祠堂、号称“十八进士第”的芦山堂。少年时期勤奋学习，以博学声名远扬。《宋史·苏颂传》记载，“自书契以来，经史、九流、百家之说，至于图纬、律吕、星官、算法、山经、本草，无所不通”。北宋庆历二年（1042年）登进士第，以宿州观察推官入仕。苏颂一生历仕仁宗、英宗、神宗、哲宗、徽宗五朝，先后任过汉阳、宿州（今安徽宿县）、江宁（今属南京市）、颍州（今安徽阜阳）、婺州（今浙江金华）、亳州（今安徽亳县）、应天府、杭州、开封府、凉州（今安徽凤阳）、沧州（今河北沧县）、扬州的地方官，还担任过礼部侍郎、刑部尚书、吏部尚书、翰林学士承旨（翰林院长官）、尚书左丞等职。元祐七年（1092年），苏颂任左光禄大夫、守尚书右仆射兼中书侍郎，任宰相，达到政治生涯的巅峰。建中靖国元年（1101年），苏颂病逝于润州（今属江苏省镇江市），被追封为“魏国公”，追谥“正简”，因而苏颂被世人称苏魏公。

苏颂一生中在政治、天文、机械、药学等多个领域里作出贡献。嘉祐二年（1057年），苏颂任校正医书官，参与编撰《嘉祐补注神农本草》，使该书载药增至1082种。后来领导并亲自参与21卷《本草图经》的编写工作。他参考以前的本草文献，发动广大的医师和药农呈送标本，绘制图样，撰写详细说明的方法，改变以往脱离实物的弊病，纠正以往药物的混乱与错讹，集历代药物学著作和中国药物普查之大成，是世界最早的雕刻版药物图谱。明代本草学家李时珍评论《本草图经》“考定详明，颇有发挥”。元祐元年（1086年）十一月，他以吏部尚书受诏定夺新旧浑仪，组成“详定制造水运仪象所”，选调韩公廉、王允之等科技人才，领导并亲自参与创造代表中国11世纪科学发展新成就的巨型天文仪器——水运仪象台。水运仪象台于1088年试制成功，集“仪、象、钟”于一体，兼有观测天体运行、演示天象变化、随天象推移准确报告时辰的三大功能，是世界上最早的天文钟。他还受水运仪象台中设置的浑仪启发，制成假天仪，即一种表演天体运行的仪器。英国的中国科技史专家李约瑟博士指出，水运仪象台、假天仪的创制早于西方约六百年，是欧洲天文钟和假天仪的先驱。他评价苏颂是“中国古代和中世纪最伟大的博物学家和科学家之一”。英国BBC电视台在拍摄的大型纪录片《中华的故事》第三集《黄金时代》中，介绍苏颂创制的水运仪象台，称赞苏颂“是中国的达·芬奇，但更准确的说法是，达·芬奇是西方的苏颂”。苏颂在晚年执政期间，回避党派纷争，潜心科学学术领域，于1096年撰写完成《新仪象法要》，图文并茂呈现工程图、行星运行图60余种，反映宋代工艺科学的高超水平。

作为北宋时期五朝元老，在几十年宦海生涯中，苏颂为官清正，远避权宠，不立党援，遵制守法，顾全大局，团结民族，既被百姓爱戴，又被皇帝器重，政绩可圈可点。苏颂十分重视水利建设。他提点开封府界县镇公事时，浚通白盟、白沟、圭、刀四条河，排除积水，保田防灾；知沧州时，他提出分洪引流解决黄河水患的办法；在杭州任内，他用竹管把凤凰山泉水引入府衙和市区作为饮用水，造福百姓，这是有史记载的中国最早的自来水工程雏形。他严惩瞒产逃税的劣绅，上书朝廷减轻百姓赋税，制止向百姓摊派的不良风气。苏颂曾参与中央政权的法制和官制改革。他于元祐元年（1086年）任刑部尚书、先后上奏《论省曹寺监法令繁密乞改从简更》《奏乞春夏不断大辟》《请重议加役流法》等，对中央的立法提出一系列改革措施，其“适时、简易、定制、画一”的立法思想具有重要的现实借鉴意义。他参与元丰年间的官制改革，在革除宋代官职和差遣的弊病方面做了大量的工作，提出许多有益意见。苏颂曾五次奉命出使辽国，详细考察辽国的政治制度、经济实力、军事设施、山川地理、风俗民情、外交礼仪等，提出联合辽国的睦邻友好外交政策，并编写一本与辽国外交往来的各种礼仪和文件程式的书籍《华戎鲁卫信录》，保存大量宋辽间来往史料。同时代的欧阳修曾评价苏颂：“才可适时，识能远虑，圭璋粹美，为异邦之珍，文学纯深，当为朝廷之用。”南宋理学大师朱熹则评价他：“赵郡苏公，道德博闻，号称贤相，立朝一节，终始不亏。”

二、苏颂文化成就

苏颂在科技、天文学、历法、药物学、化学、化工、矿物学、植物学乃至政治、文化、文学、外交、教育、历史、文献等诸多领域均占有一席之地。在他逝世后，苏氏一族人才辈出，他的家教思想也成为中国家风家训的宝贵财富。苏颂的科技创新、忠贞爱国精神，清正廉明品德，法制、民本思想，求真务实、勇于担当的工作风格，倡导“学识要渊博、学贵于勤，行完学富、道德先于文华”的理念和家风传承，构成宝贵的苏颂文化。苏颂文化主要体现在三方面：

（一）勇于创新的科学精神

苏颂在编撰《本草图经》、创制“水运仪象台”过程中，充分体现他所具有的勇于创新的科学精神。他在星图绘制、机制制图、假天仪研制等方面，都取得世界领先的科技成果。“水运仪象台”观测用的浑仪通过“天运双环”与“枢轮”相连，使浑仪能随枢轮转运，这套装置是现代天文台“转仪钟”的鼻祖；“水运仪象台”的活动顶部设有九块活动屋板，这活动屋顶是现代天文台活动圆顶的祖先；“水运仪象台”天衡系统对枢轮杠杆的擒纵控制与现代钟表的“锚状擒纵器”具有基本相同的作用，所以，水运仪象台的天衡系统是现代钟表的鼻祖。苏颂编撰的《新仪象法要》有星图14幅。在星图绘制方面采取圆、横结合的画法，把天球循赤道一分为二，画两个分别以北极和南极为中心的圆图，减少失真。这是星图绘制中的 ·项创造和新成就；书中还有天文仪器和机械传动的全图、分图、零件图共50多幅，多为透视图和示意图，绘制机械零件150多种，这是世界保存至今最早最完整的机械图纸。此外，他主编的《本草图经》，是世界上现存最早的雕刻版药物图谱。苏颂在主持天文、医药工作中充分发扬创新精神，为北宋时期中国取得领先世界的科技发展水平作出杰出贡献。

（二）勤政爱民的从政理念

作为一个历经五朝，从政50多年的名臣、贤相，苏颂始终秉持勤政爱民的从政理念，主要体现在：以民为本，求真务实，廉洁奉公，勇于担当，忠于职守，不立党援。苏颂在任地方长官时，体恤百姓，造福一方。兴修水利，建造学堂，赈济抚恤，所任之处百姓安居乐业。他主张为官学以致用，求真务实。他在民风淳朴的亳州、颍州任职，采用无为而治的治理方法；而在人口众多较为复杂的开封，则果断实行“弹压”之制，严厉惩罚不法之徒。他曾讲述某状元处理政事屡出差错而被罢官、嘉祐年间颍州知府四处贴告示广济灾民反而导致灾民过于聚集感染瘟疫等案例，教育子孙做事一定要切合实际。苏颂辗转任过多个职位，无论任何职均能廉洁奉公、恪尽职守，政绩卓越。他任校正医书官和受命定夺新旧浑仪时，在这两个领域里均作出领先世界的贡献；任吏部尚书，为立法改革提出有益的建议；数次出使辽国，既能坚持维护宋王朝及子民百姓利益，又能从实际情况提出睦邻友好外交政策，维护安定的发展环境。而他虽官到宰相，生活一直非常俭朴。曾肇著的《赠司空苏公墓志铭》记载，苏颂晚年“筑第京口，仅蔽风雨。比薨，来吊哭者见其服用俭素，皆叹息而去”。苏颂廉洁奉公、以民为本、求真务实的从政理念构成苏颂文化的重要组成部分。

（三）行完学富的家教思想

苏颂十分重视对子孙的教育。他在《议贡举法》提出“行完学富”，即道德要完美，知识要渊博。这是他一生践行的价值标准，也是对子孙后代的培养要求。苏颂的“行完学富”家教思想大略可以归纳为：学识要渊博，学贵于勤；道德为先，文华次之；诚实守信，谨言慎行；生活俭朴，持家以孝；言传身教，亲力亲为等。他曾作《感事述怀诗五言一百韵》作为家训，教育子孙要勤奋学习，谦虚谨慎；生活要俭朴，居家要和睦等。苏颂之孙苏象先著有《魏公谭训》，详细记述苏颂平时对子孙的教诲之言。苏颂在日常生活中重视家法传承，以言传再加以身教，引导子孙走上正确的人生道路，苏颂之子苏嘉曾被苏轼称赞才华，苏颂之孙也考中进士。以《魏公谭训》和家训诗为基础形成的苏颂家风家训，垂范千年，至21世纪仍有广泛的社会影响。中央纪委国家监委网站《中国传统中的家规》专栏推出“苏颂专题”，称赞他是“孝悌忠信礼义廉耻”的道德楷模。

三、苏颂文化传承基地

南宋绍兴年间，理学家朱熹首仕同安，任职同安主簿。他十分推崇、敬重苏颂，感叹同安人对这位宰相科学家居然并不熟知，特地向县府书呈《乞立苏丞相祠堂申县状》，主持在同安文庙右侧辟建苏公祠，将“荣义坊”改为“丞相坊”并迁至文庙前。自20世纪80年代起，同安县政府主持修葺苏公祠、苏氏宗祠芦山堂，建立苏颂科技馆等，大力宣扬这位北宋时期科学家为中国乃至世界作出的杰出贡献，让苏颂文化、苏颂科技精神发扬光大。同安区与苏颂相关的文化古迹与传承基地主要有：

（一）苏颂祠堂

位于大同街道三秀社区孔庙南侧，即苏丞相正简祠堂，也称苏颂祠堂。始建于南宋绍兴二十三年（1153年），由首仕同安主簿的朱熹在孔庙教思堂后建造，明嘉靖年间（1522—1566年）迁现址，清嘉庆十八年（1813年）重修，1989年、2019年修葺。原为两进，今存后进。祠堂坐西北朝东南，占地面积220平方米，建筑面积134.5平方米，砖石墙体单体建筑，抬梁式梁架，硬山顶，燕尾脊。建筑装饰简朴，堂内为敞厅，墙壁嵌有碑刻两方，一方为清嘉庆十八年（1813年）《重修正简公祠记》碑，另一方立于后墙正立面，高1.73米，宽0.66米，镌刻楷书“宋观文殿大学士太子少师进赠司空封魏国公谥正简字子容讳颂苏公神位”，为厦门仅见的祠堂石刻神位碑。1982年被列为县级文物保护单位。2011年被列为厦门市第一批涉台文物古迹。

（二）苏氏祖祠芦山堂

位于大同街道洗墨池路23号。芦山堂始建于五代后晋开运年间（944—946年），原为芦山苏氏入闽二世祖苏光诲改建的府第，也是苏颂出生地。元朝被毁，明朝嘉靖间（1522—1566年）于基址重建苏氏宗祠，现存建筑为清末建筑物，1949年前后为小学校舍，1988年同安区政府主持重修并重建后堂苏颂祠，此后经国家文物局、厦门市政府及同安区政府多次拨款修缮厢房、建设展室等。芦山堂是对台交流的重要平台，台湾苏氏宗亲有近25万人，其族谱记载家族均源于芦山堂。2006年，厦门市同安芦山堂苏颂研究会成立，成为传承苏颂文化的重要机构，承办历届苏颂文化节等活动，芦山堂也成为海内外各界人士了解苏颂文化的重要场所，2020年接待专家学者、各级领导及各界群众参观访问近万人次。芦山堂先后被评为

"同安县文物保护单位""福建省文物保护单位""厦门市涉台文物古迹",被授予"厦门市社会普及及宣传教育基地""同安区廉政教育基地""同安区爱国主义教育基地""闽台职工交流基地"等称号。

（三）丞相坊

位于同安实验小学东南部大榕树下。始建于宋代绍兴年间（1131—1162年），旧名"荣义坊"，为纪念苏颂而立。朱熹任同安主簿时，将其改名为"丞相坊"，迁至文庙前。明代成化十五年（1479年），同安知县张逊重建丞相坊。至2020年，该坊尚存四根圆形坊柱，两侧有方首圆孔夹柱石。

（四）苏公故里碑

位于同安区文笔塔公园甘露亭南侧。石碑高1.55米，宽0.68米，"宋熙宁三舍人丞相正简苏公故里"，落款为"大清光绪六年荷月知同安县事八十四敬立"。北宋熙宁三年（1070年），苏颂担任知制诰一职，认为某位官员才能无法服众，与其他两名同事一起拒绝起草诏书越级提拔该名官员而被撤职，故有"三舍人丞相"之称。

（五）苏颂科技馆

苏颂科技馆为同安科技馆前身。1988年，为纪念苏颂、传承苏颂的科技创新精神，同安县在城西路建设苏颂科技馆并对外开放。2006年，同安区重修苏颂科技馆，建成300多平方米展厅，一楼为科普知识展馆；二楼展馆设苏颂史迹陈列室，主要有《水运仪象台》、《新仪象法要》、苏颂塑像等；三楼设有苏颂人物群雕8组。展室采用"声""光""电"布展手段，形象逼真，内容丰富。苏颂科技馆相继被授予"厦门市爱国主义教育基地""厦门市科普教育基地""福建省科普教育基地"称号。2010年4月，同安区政府在苏颂科技馆的基础上成立同安科技馆并搬迁至同安区文体中心。

（六）苏颂纪念馆

2010年，同安区在同安科技馆二楼打造一个新展厅苏颂纪念馆。苏颂纪念馆展陈面积近800平方米，含六个主题展区，分别从天文、医学、文学、勤政亲民等方面介绍苏颂这一同安历史名人的伟大贡献。馆内既有高仿真的硅胶塑像，又有精美影雕作品、当代书法家的临摹字画、精致小巧的机械模型，还有古往今来社会各界人士对苏颂的高度评价。通往苏颂纪念馆的入口、同安科技馆一楼设有全球首台按1：1比例仿造的"假天仪"，直观展示苏颂在科技领域的不凡贡献。苏颂纪念馆自2011年元旦开放以后，实行免费开放政策，年均接待团队30个，接待群众近4.5万人次。苏颂纪念馆将传承苏颂科技精神与科普相结合，与同安辖区内的25所中小学签订馆校衔接合作机制，定期举办"科技体验日"、创客系列讲座、中小学生机器人创意赛、软件编程比赛、科学实验挑战赛等，组织学生来馆进行参观、学习、比赛。参与全国科技周、全国科普日和科技文化卫生"三下乡"活动，通过发放苏颂事迹宣传材料、参观苏颂科技成就图片展、听取苏颂事迹专题讲座和现场参与科技小实验等活动方式，让广大社会群众进一步了解苏颂、学习苏颂。

（七）苏颂公园

位于厦门市同安区旧城，北至银湖公园、南至环城南路、西至银湖中路、东至东西溪，面积12.78公顷，是集文化、休闲于一体的文化公园。始建于2008年，2009年6月一期竣工投入使用，2020年12月完成景观提升改造。园区以"舒展科学长卷，荟萃中华智慧"为主题，以"户外博物馆"为营造理念，以体现苏颂成就的"人生轴"和"科技轴"为主线，建造一座按1：1比例复制的水运仪象台。"科技轴"连接苏颂公园入口和水运仪象台，主要展示苏颂在科技方面的成就。"人生轴"以园区制主点——"洗墨池"和旱溪为依托，介绍苏颂出生、入仕、编撰《本草图经》等重要人生节点。

（八）苏颂书院

2020年12月，在纪念苏颂诞辰1000周年暨第

2009年6月，同安区在苏颂公园内建成按1：1比例复制还原可运转的水运仪象台

（芦山堂苏颂研究会供图）

九届厦门（同安）苏颂国际文化节开幕式上，同安区举行苏颂书院建设线上启动仪式。苏颂书院位于同安区苏颂公园内，建筑面积2780.11平方米，占地面积3270.69平方米，建筑层高均为一层，含琴棋书画教室、科技室、明伦堂、崇文阁、办公室、茶室等配套功能区。以纪念苏颂和科普教育为主题，打造为中小学生研学旅行基地。同安区将依托苏颂书院，成立苏颂文化研究中心，挖掘传承苏颂文化。

四、苏颂文化传承活动

自20世纪80年代起，同安县举办一系列活动纪念同安历史名人苏颂，传承苏颂文化。先后举办纪念苏颂首创“水运仪象台”九百周年大会、第六届世界苏姓恳亲大会暨苏颂学术研讨会、苏颂国际文化节等活动，苏颂的影响力在海内外不断扩大。

（一）纪念苏颂首创“水运仪象台”九百周年大会

1988年11月19—23日，同安县举办纪念苏颂首创“水运仪象台”九百周年大会。此次活动由厦门市人民政府指导，同安县委、县政府主办。来自新加坡、日本、加拿大等国家和中国台港澳地区嘉宾在内，总计近1000名专家、科技工作者、社会科学工作者参加大会，中国科协党组书记陈泓、福建省委副书记陈明义等领导出席。全国政协副主席、中科院院长卢嘉锡，全国政协副主席、复旦大学校长苏步青，全国人大常委会副委员长彭冲为大会题词。会议的成功召开在海内外产生较大影响，厦门市民自此熟知这位宰相科学家。

（二）第六届世界苏姓恳亲大会暨苏颂学术研讨会

2007年3月7—8日，在同安区委、区政府的指导下，第六届世界苏姓恳亲大会暨苏颂学术研讨会在同安会堂举行。海内外代表近2000人参加大会，其中海办外专家学者近70名。此次苏颂研讨会征集研究苏颂学术论文40多篇，印发苏颂故居芦山堂宣传手册，分发有关苏颂的书籍。这是继1988年举行的纪念苏颂首创“水运仪象台”九百周年大会之后，同安区第二次大张旗鼓地宣传苏颂，对于推动苏颂文化学术研究、打响苏颂文化品牌发挥重要作用。

（三）苏颂国际文化节

从2012年起，同安每年举办苏颂国际文化节，在2020年举办纪念苏颂诞辰1000周年暨第九届厦门（同安）苏颂国际文化节活动，对苏颂精神进行全方位宣传、挖掘和展示。历届均广泛邀请海内外政界、企业界、专家学者、苏氏宗亲参加。

第一届苏颂国际文化节 2012年8月17日举行。由同安区委宣传部主办，芦山堂苏颂研究会承办，主题为“文化传承·科技创新”。在开幕式上，中国科技馆原馆长王渝生作主题演讲，中共厦门市委宣传部、厦门市科协授予苏颂公园水运仪象台及苏颂科技馆为“厦门市科普教育基地”称号。主办方召开“科技创新　人才培养”苏颂学术研究会，举办苏颂故居芦山堂牌坊落成典礼。

第二届苏颂国际文化节 2013年11月29日举行。由同安区委宣传部主办，芦山堂苏颂研究会承办，主题为“本草本源·济世济人”。在开幕式上举行“苏颂本草园”授牌、“洗墨池”等拓本赠送、《本草图经》授书等仪式。举行苏颂故居芦山堂重修竣工典礼、苏颂本草文化论坛研讨会。

第三届苏颂国际文化节 2014年8月18日举行。由厦门市同安区社科联主办，洪塘镇人民政府、同安区灯谜、芦山堂苏颂研究会，主题为“清正廉明·惠爱于民”。在开幕式上，举行《勤廉兼优　惠爱于民》赠书仪式，该书籍由同安区纪委编写，宣传苏颂从政期间廉洁亲民的事迹。组织“苏颂文化网络灯谜大赛”，网络点击率超过20万人次。

第四届苏颂国际文化节 2015年6月14日举行。由同安区委宣传部主办，芦山堂苏颂研究会承办，主题为“遵法为民·廉静自守”。在芦山堂举行“苏颂法治思想宣传教育基地”揭牌及《同安苏颂文化节灯谜专辑》《同安历史名人与法制》赠书仪式；举行“遵法为民·廉静自守”学术研讨会。

第五届苏颂国际文化节 2016年6月21日举行。由同安区委宣传部主办，芦山堂苏颂研究会承办，主题为“忠贞爱国·传承家风”。在芦山堂举行同安区“社会科学普及宣传教育基地”揭牌仪式；举行“纪念苏缄诞辰1000周年纪念大会”及“纪念苏缄诞辰1000周年暨弘扬芦山堂家风家训学术研讨会”。

第六届苏颂国际文化节 2017年11月17日举行。由同安区社会科学界联合会等单位主办，厦门市同安芦山堂苏颂研究会、厦门同安文化旅游发展有限公司、厦门七品文化传播有限公司承办。该届文化节以“诗礼传家·兴贤育才”为主题，旨在从源头上追溯、理清苏氏家族科第辈出、英才竞立的根本原因。文化节与第四届海峡两岸（厦门）钟表珠宝博览会同期举办，活动内容主要有授牌芦山堂“同安区爱国主义教育基地”“同安区廉政教育基地”，评审苏颂纪念馆提升改造方案，评选“银城十大教育世家”，举办苏氏家训诵读大赛，举办纪念苏绅诞辰1018周年学术研讨会、展示古代计时仪器及苏颂文化作品，演出原创歌仔戏《贤相苏颂》。文化节进行全程线上宣传及活动现场视频直播，新浪网的直播视频观看量就超

370万人次，微博话题总阅读量2610.4万人次。

第七届苏颂国际文化节 2018年12月10日举行。由同安区社会科学界联合会、同安区科学技术协会主办，同安芦山堂苏颂研究会承办。以“海丝先贤　泽被世界”为主题，旨在从源头上追溯、理清苏颂与“海上丝绸之路”的渊源。开幕式上向苏颂故居芦山堂授牌“同安区党员干部教育培训基地”；举行“海丝先贤　泽被世界”主题研讨会。

第八届苏颂国际文化节 2019年12月10日举行。由同安区社会科学界联合会、同安区科学技术协会主办，厦门市同安芦山堂苏颂研究会承办。该届文化节以“学究天人　理学先哲”为主题，活动内容主要有举行苏颂与朱子理学的渊源学术研讨会，深入挖掘苏颂儒学思想及其在理学发展过程中的作用；举行苏颂1000周年诞辰纪念活动筹备工作座谈会。

纪念苏颂诞辰1000周年暨第九届厦门（同安）苏颂国际文化节 2020年12月10日举行。由福建省社科联、中共厦门市委宣传部、厦门市政协文化文史和学习委员会指导，中共同安区委、同安区人民政府、厦门市社科联主办，中共同安区委宣传部、同安区社科联承办，主题为“千秋唯颂　五洲共光”。中国工程院院士钟南山以贺信形式、院士倪光南以短视频形式对活动给予祝贺和勉励。全国多地政府领导、专家学者和海内外苏氏宗亲代表约200人参加活动。文化节在同安影剧院开幕，举行书籍《苏颂全集》全球首发、科教宣传片《北宋科学巨匠苏颂》首播、全球首座1∶1复制还原的“假天仪”揭牌仪式，启动苏颂书院线上建设仪式。下午，举行苏颂文化节的配套活动——苏颂文化学术研讨交流会，来自中、英、日等国的100余名专家学者，通过线下研讨、线上会讲等形式开展学术交流，众多专家学者分别就医药、人文、科技等方面展开讨论。研讨交流会现场，同安区政府向周济、管成学、彭一万三位老专家颁发苏颂研究纪念章。该届文化节还举办一系列配套活动。征集苏颂文化论文并择优汇编成书；以厦门市政府名义召开新闻发布会，提高活动规格和影响力；在市社科联支持下制作《寻找千年的苏颂》动漫视频；借助新华网新型融媒体开辟主题集纳式专栏，构建“永不落幕”的苏颂文化网络平台；打造线上“苏颂科技馆”；举办“苏颂文化传承”线上跑知识竞答活动。借助新华网融媒资源，文化节以中英日三种语言全球直播、转播，在600多家媒体相关报道阅读量超6000万次，影响力历年来最大。

（四）苏颂文化进校园

从2012年开始，苏颂纪念馆每年联合区教育局、区科协、区关工委、区城东中学等部门举办“传承苏颂文化、弘扬爱国精神”夏令营，从全区各学校推选60名学生代表，开展走进苏颂故里、学习苏颂生平、研讨苏颂成就等活动，传承苏颂爱国精神。2019—2020年，同安区分别在东海学院、城东中学、苏厝小学开展“苏颂文化进校园”宣讲活动，纪念苏颂1000周年诞辰。由本土文史专家张沧海开设《博学爱民　清白传家》专题讲座，并向学校赠送《魏公谭训》等历史文化书籍。

（五）厦门市苏颂科技教育基金会

2013年3月28日，厦门市苏颂科技教育基金会成立。该基金会由在厦门的苏氏家族企业家为主体发起，主要向海内外苏氏宗亲募集资金，用于开展苏颂研究和宣传，奖助学业优秀的苏氏子弟，奖励获国家级科技发明奖、国家级运动比赛前三名的苏氏子弟，鼓励苏氏后代学子以苏颂为榜样勤奋学习，报效国家。截至2020年，基金总共募集近400万元，累计奖励考取本一以上的学生351人，硕士研究生69人，博士研究生39人，博士毕业生39人。

五、纪念苏颂历史文献

朱熹建造苏公祠后，连续撰文宣扬苏颂，此后同安社会尊师重教、重德重文蔚然成风，同安科举文教事业蓬勃发展。明代嘉靖年间同安县重修苏公祠后，亦可见相关文献著作。

《苏丞相祠记》《奉安苏公祠告先圣文》《奉安苏公祠文》《奉安苏公画像祭文》南宋朱熹著。讲述建造苏公祠的前因后果，宣扬苏颂功绩、才华、品德，以苏颂为榜样激励同安学子勤学苦读、建功立业。

《重建苏丞相祠堂碑》明朝刘定之著。讲述苏颂的功绩、品德以及重建苏公祠的意义。

《嘉靖癸巳重建苏魏公祠碑》明朝苏信著。讲述苏颂生平事迹及苏氏家族源流，赞美苏颂品行高尚流传后世。

六、苏颂文化作品

20世纪80年代至2020年，同安区深入研究苏颂文化，组织学术研讨，支持出版有关苏颂文化著作15部，其中学术专著12部，对苏颂的科技、文学、从政与家教思想及苏氏家族的史料进行深入研究，同时开展苏颂文化的校本课程和科普从书撰写，通过音像、文字、戏曲等多种媒介，广泛宣传苏颂，在海内外产生较大影响。

（一）苏颂文化研究著作

1.《苏颂研究论文新编》周济、管成学主编，中

国文化出版社，2008 年

2.《论苏颂与〈本草图经〉》管成学、邓明鲁主编，吉林科学技术出版社，2011 年

3.《苏颂水运仪象台复制与研究》管成学主编，邹彦群著，吉林文史出版社，2011 年

4.《苏颂遗文研究》管成学主编，王兴文著，吉林文史出版社，2011 年

5.《苏颂与苏颂诗歌研究》管成学主编，胡彦、丁治民著，吉林文史出版社，2011 年

6.《苏颂诗歌分类选编》苏建民主编，管成学执行主编，吉林文史出版社，2012 年

7.《苏颂所撰诏书奏议评析》苏建民主编，管成学执行主编，吉林文史出版社，2012 年

8.《苏颂所撰碑铭题跋选集》苏建民主编，管成学执行主编，吉林文史出版社，2012 年

9.《苏颂与〈魏公谭训〉研究》管成学、王兴文著，吉林文史出版社，2015 年

10.《苏缄史料汇编与评析》管成学、杨效雷主编，吉林文史出版社，2016 年

11.《苏绅史料汇编与评析》孙桂平主编，南方日报出版社，2017 年

12.《苏绅学术论文集》管成学主编，鹭江出版社，2018 年

13.《魏公谭训》点校本（同安区党史方志室，2020 年）

14.《同安历史名人苏颂》（校本教材，张沧海、陈美园编撰，2020 年）

15.《宰相科学家苏颂》科普丛书（张沧海编撰，市、区社科联出版，2020 年）

（二）歌仔戏《贤相苏颂》

2017 年，由区委宣传部、区社科联组织，同安区吕实力芗剧演出团根据同安芦山堂提供的文史资料编创而成，剧情讲述熙宁年间，苏颂作为地方官，在审理陈世儒杀母冤案过程中，被奸人李定陷害入狱。在被押送监狱途中，为保护知情人小菊性命，苏颂又制止其上大理寺作证的故事。芗剧《贤相苏颂》获“第七届福建艺术节、第 27 届戏剧会演”剧目奖三等奖。至 2020 年，该剧在福州、厦门等地共对外演出 70 余场。

（三）专题片《苏门正简　德泽贻远》

2016 年 6—8 月，同安区纪委监委采集汇总苏氏家规家训相关文字和图片材料，邀请张沧海、管成学等专家学者撰写文稿，并在此基础上组织拍摄。该片发布于中央纪委国家监委网站“中国传统中的家规”专题栏目中，福建省纪委监委、厦门市纪委监委等官方网站予以转载。

（四）《博学爱民　清白传家》系列作品

同安区围绕苏颂博学多才、勤政爱民、清白俭朴的相关事迹创作一系列作品。2018 年 6 月 1 日，同安本土文史专家张沧海创作的长篇历史散文《苏颂：博学爱民　清白传家》在《中国纪检监察报》“文化周刊”头条刊登。2020 年 5 月，该文收录于厦门市纪委监委编写的本地孝廉故事汇编书籍《鹭江清流》。2020 年 7 月，同安区纪委监委联合同安区社科联、厦门市同安芦山堂苏颂研究会共同编绘、制作、印发《博学爱民　清白传家　苏颂》及《同安苏颂》连环画册。

（五）《千年银城　廉政清风》系列微视频

2019 年 8 月，同安区纪委监委根据苏颂、林一柱、叶成章、陈化成、朱熹和蔡复一等 6 位本地廉政历史人物生平事迹组织拍摄，配套举办首播仪式暨“开学第一课”孝廉文化进校园活动，中央纪委国家监委网站、“学习强国”、央广网、中新社、东南网、《福建日报》、《厦门日报》等媒体均发布相关报道。

（六）《一镇一孝廉之厦门同安苏颂》视频

2019 年 10 月，同安区纪委监委结合“一镇一孝廉”活动要求，整理制作有关苏颂事迹的视频，宣传苏颂廉洁奉公、并报送至省纪委监委宣传部，在省纪委监委网站发布。

（七）《苏颂全集》

由同安区委宣传部、区社科联组织出版，于 2020 年 12 月在第九届厦门（同安）苏颂国际文化节开幕式上全球首发。该书收录《苏魏公文集》《新仪象法要》，尚志钧辑录的《本草图经》，以及苏颂后代记述苏颂遗训、轶事之作《丞相魏公谭训》四部分内容，是一部完整展示苏颂才华与成就的“苏颂文化百科全书”。

（八）科教片《北宋科学巨匠苏颂》

由同安区委宣传部、区社科联组织拍摄，本土文史专家张沧海撰稿，于 2020 年 12 月在第九届厦门（同安）苏颂国际文化节开幕式上全球首发。该片是一部围绕苏颂与水运仪象台展开的科普视频，通过详细介绍水运仪象台的构造、原理，以及水运仪象台取得的世界性成就，传播中国古代卓越的科学技术成果。

（区委党史方志室综合）

大事记

1月

1月17日，同安区委召开“不忘初心、牢记使命”主题教育总结大会。

1月19日，同安区举行“2020年道路交通‘百日冲刺’项目集中通车暨同安大道（同南公路—同安东路段）通车仪式”。

1月28日，同安区应对新型冠状病毒感染肺炎疫情工作指挥部发布第1号通告，落实重大突发公共卫生事件一级响应部署，开展新冠肺炎疫情防控。

2月

2月10日，厦门市第三医院28名援鄂抗疫医护人员集结出发。

2月14日，滨海西大道提升改造工程开工。

2月16日，同安区在全区范围内统一开展公共场所预防性消毒和环境卫生综合整治，对辖区进行全面消杀，为复产复工构建安全卫生环境。

2月26日，同安区举行招商项目视频签约仪式，瀚途总部项目、路图旅拍总部项目等8个重点项目签约，总投资约18.2亿元。

3月

3月5日，中共福建省委常委、厦门市委书记胡昌升到莲花镇白交祠村和军营村调研农业农村工作。

3月6日，同安区组织、宣传、统战工作会议以视频会议形式召开。区委常委张毅、林国财、许珠明分别部署2020年度全区组织、宣传思想文化和统战工作。

3月10日，同安区纪委十三届五次全会以视频会议形式召开。

3月18日，同安区2020年第一季度项目集中开工仪式在同安新城西柯片区安置房工地现场举行，集中开工项目6个，总投资18.1亿元。

3月25日，同安区政府公布第十批5处区级文物保护单位。

4月

4月3日，厦门市政府公布第七批市级文物保护单位和第四批涉台文物古迹，同安区分别上榜4处、1处。

4月9日，同安区召开全区领导干部大会，宣布省委、市委关于同安区党政主要领导调整的决定，王雪敏任中共同安区委员会书记，不再担任同安区人民政府区长职务；陈高润任中共同安区委员会委员、常委、副书记，提名为同安区人民政府区长候选人。

4月17日，同安区农村工作会议通过视频形式召开，区、镇、村分别设立分会场。

4月20日，同安区第十九次招商引资暨企业服务、项目推进工作会议召开。

4月29日，同安区卫生健康工作会议召开。

5月

5月1日，同安区启动“寻味同安·安心实惠”安心消费节。活动持续至6月27日。

5月16日，同安区首批“爱心屋”分别在大同街道、祥平街道和莲花镇启用。

5月18日，厦门顺丰创新产业园项目开工仪式在同安区洪塘镇举行，项目占地面积7.1万平方米，总投资6亿元。

5月19日，同安区委副书记、代区长陈高润带领区党政考察团到甘肃省康乐县考察，双方召开“厦门市同安区—临夏州康乐县2020年东西部扶贫协作党政联席会议”。

5月28日，厦门银城智谷

双MALL商业综合体发布会在环东海域新城厦门波特曼七星湾酒店举行，红星美凯龙集团旗下的高端家居红星·欧丽洛雅（家居MALL）和爱琴海购物公园（购物公园商业MALL）落户银城智谷核心区。

6月

6月3日，同安区委书记王雪敏带领同安区党政考察团到漳州市诏安县考察，推进山海协作工作。

6月5日，同安区第十七届人民代表大会第五次会议闭幕，陈高润当选为同安区人民政府区长。

6月13日，同安区在区文化馆一楼展厅举办厦门市2020年文化和自然遗产日宣传活动主场仪式。

6月30日，同安区融媒体中心揭牌启用。市委常委、宣传部部长李辉跃参加启动仪式。

7月

7月11日，2020年厦门（同安）第五届国际朱子文化节在同安县衙旧址厦门朱子书院开幕。

7月15日，同安区举行公安干警李秀毅先进事迹学习会，全面掀起学习李秀毅先进事迹热潮。李秀毅因连续工作劳累，不幸因公牺牲。

7月24日，同安区首批5个“妇女微家”示范点揭牌。

7月24日，同安区教育局与厦门一中、厦门六中合作办学揭牌仪式举行。

7月28日，同安区委、区政府召开上半年经济形势分析反思会。

7月，莲花镇获评“国家卫生乡镇”。

8月

8月1日，位于同安区莲花镇的厦安高速云埔互通落地工程通车，同安莲花北收费站同步启用。

8月5日，全国政协副主席、台盟中央主席苏辉率团考察莲花镇军营村和闽台农业融合发展产业，现场察看厦门百利种苗有限公司。

8月7日，2020年厦门高山乡村旅游休闲季活动在莲花镇军营村、白交祠村启动。

8月7日，同安区政府与福建中医药大学在厦门市第三医院签署校地战略合作协议。

8月8日，同安区首届电商直播节在厦门金牌厨柜内容工场基地宣布启动。该届电商直播节由同安区人民政府主办，转吧MCN承办。

8月15日，由中国帆船帆板运动协会主办的2020年全国青少年帆船联赛第二站比赛在同安开赛。

8月18日，同安区溪苑社区及后炉社区居家养老服务站启用。2家服务站均为全国第四批居家和社区养老服务试点改革项目、同安区首批民办公助居家养老服务站。

8月，位于同安区的厦门康乐佳运动器材有限公司被认定为2019年国家体育产业示范单位。

9月

9月8日，同安区在厦门国际会展中心举行厦门投资洽谈会项目签约仪式，共有5个市级项目和1个央地合作项目签约，总投资213.5亿元。

9月9日，汀溪镇古坑村上榜“2020年中国美丽休闲乡村”。

9月9日，全省首个巾帼志愿“阳光行动”站点站在同安区祥平街道凤祥社区揭牌。

9月10日，由同安区委组织部、区工信局主办的“泛家居行业数字化生态”高峰论坛在厦门国际会展中心举行。

9月25日，同安区祥平地铁保障房一期项目交房，提供住宅4516套。

9月25日，位于同安环东海域新城银城智谷产业园内的建潘德韬科技园启动建设。

9月26日，同安区2020年农民丰收节在汀溪镇古坑村千日红三角梅基地开幕。活动由同安区人民政府主办，区农业农村局、汀溪镇人民政府承办。

9月30日，同安区在葫芦山烈士陵园举行向烈士敬献花篮仪式。

9月，同安区新设立的4所公办幼儿园、1所公办小学、2所公办中学投入使用。

9月，同安区入选“中国最美乡村百佳县市”榜单。

10月

10月1日，由同安区政府主办的同安首届小吃节在厦门特房波特曼七星湾酒店南侧广场举行。

10月11日，福建省委党校和福建行政学院现场教学基地在莲花镇军营村高山党校初心使命馆揭牌。

10月16—20日，厦门同安文

旅消费节暨第十二届青岛啤酒节在同安影视城举行。该届啤酒节通过淘宝直播带货、央广移动网、抖音、花椒、一直播等平台进行全方位现场直播宣传，累计4500万人次在线观看。

10月18日，由张嘉译、沙溢、刘敏涛等知名演员参演的电视剧《对你的爱很美》在厦门特房波特曼七星湾酒店开机。

10月20日，同安区政府联合厦门市文旅局在江西省景德镇市举行2020“诗意厦门·富美同安”旅游推介会，推广同安的特色文旅品牌及丰富旅游资源。

10月24日，以“开闽第一·云上共续”为主题的第六届开闽王文化节在北辰山景区开幕。

10月26日，“厦门市老年人体育健身（地掷球）示范点”暨“同安区老年人地掷球训练基地”在梧侣文体中心揭牌。

10月28日，2020年厦门（同安）孔子文化节在同安孔庙举行。该届文化节以“儒行两岸·鉴照未来”为主题，通过线上直播、线下活动的方式举行。

10月31日，2020厦门（莲花）高山茶文化节在军营村、白交祠村举行。

10月，位于同安区坑仔口以北、同安大道以南的西溪公园建成。

11月

11月1日，同安区启动第七次全国人口普查入户登记工作。

11月8日，“福建省海岸赛艇训练基地”在同安环东海域新城揭牌。该基地由厦门路桥体育产业集团与福建省皮划赛艇运动管理中心合作共建。

11月8日，2020厦门铁人三项公开赛在环东海域滨海浪漫线举行。这是厦门首次举办铁人三项公开赛。

11月8日，同安区政府主导、全市首个“云上爱心屋”专属平台正式上线，实现“爱心屋”消费线上线下联动便捷支付。

11月21日，同安区在梵天文化广场举行2020年海峡两岸禅文化节暨同安魁星文化助学活动，资助100名同安困难学子，资助总额20万元。

11月26日，第四季度全省重大项目视频连线集中开工活动举行，位于同安环东海域新城的厦门智能创新中心作为厦门市省重点项目代表开工建设。

11月26日，洪塘镇居家社区养老服务照料中心揭牌投用。同安区实现镇级照料中心全覆盖。

11月28日，中国第二届人工智能与机器人教育大会分会场——“青少年人工智能与编程教育主题论坛”在同安第一中学举行。

11月29日，同安区金秋艺术团在北京星光演播厅举行专场演出。

11月29日，北辰山国际越野赛在厦门同安区北辰山举行。

11月，同安区获评第四批“四好农村路”省级示范县（区）。

12月

12月3日，厦门东亚机械工业股份有限公司申请在深圳证券交易所创业板上市，获审核通过。

12月10日，“纪念苏颂诞辰1000周年暨第九届厦门（同安）苏颂国际文化节”在同安影剧院开幕。

12月12—22日，同安西柯镇吕厝社区举办第152届吕厝送王船文化节。

12月13日，2020厦门环东半程马拉松赛在环东海域新城滨海旅游浪漫线上开跑。近7000名选手参加。

12月19日，同安区汽车消费节在西柯镇阳光小镇商业综合体开幕。

12月26日，区委十三届十六次全会、区委经济工作会议召开。全会以习近平新时代中国特色社会主义思想为指导，审议通过《中共同安区委关于制定同安区国民经济和社会发展第十四个五年规划和二〇三五年远景目标的建议》。

12月30日，环东海域同安新城地标性建筑——银城智谷I—7地块二期工程超高层建筑主体封顶。

12月，同安区莲花镇入选福建省文化和旅游厅组织评选的2020年福建“全域生态旅游小镇”名单，是厦门唯一入选的乡镇。

12月，同安污水处理厂四期工程建成投入使用。

12月，厦门市首座全地下式污水处理厂——同安西柯污水处理厂一期建成投入运营。

（连志炜）

区情概览

自然地理

【位置和面积】 同安区位于福建省东南沿海、闽南金三角中心地带，厦门市北部，北纬24°32′35″～24°54′46″、东经117°54′46″～118°24′32″。东连厦门市翔安区，西接漳州市长泰县，北邻泉州市安溪县、南安市，西南与厦门市集美区接壤，东南面海。2020年，全区土地面积66936.23公顷。

【地　质】 同安区境内断裂构造，主要有永春东平—同安—厦门北东向断裂带，同安境内长23.5千米，宽10～12千米，主要有苻后、中甲、美人山断裂，小规模断裂有军营—尾林断裂，长约8千米，宽约2千米；另一组主干断裂为北西断裂带，自北西向南东延伸，经莲花入翔安内厝、大嶝，宽10千米；另有局部发育的东西向断裂和南北向断裂。地层出露：三叠系上统出露于西北部白格尖、淡溪一带，由上统文宾山组上下段组成，岩层厚度大于646米；侏罗系上统长林组出露于西坑村南部，岩层厚度244米，南园组出露于汀溪、小坪、三秀山一带北部，1～3段厚度分别为244米、405～1618米、337～1667米；第四系地层广泛出露于全区各地，其中未划分时代残坡积层主要出露于五显、竹坝、白沙仑、梧侣、潘涂等地，厚度5～20米，更新统同安组主要出露于泥山、凤岗、古山等地，厚度10米左右；更新统龙海组主要出露于沿海平原台地，厚10米左右；全新统长乐组分布于河溪流域及河流入海口，其中冲洪积层厚4～9米、海积层1～30米。侵入岩：主要有燕山早期四次侵入岩、燕山晚期三次侵入岩及与燕山各侵入活动相伴随的脉岩，岩类多种多样。

【地　貌】 同安地貌大致分为北—西北中低山区、中部中低丘区和平原3个区，细分为中山、低山、高丘、盆谷、低丘、台地、平原、海岸、滩涂、岛礁等类型。海拔800米以上中山24座、海拔500米以上低山26座，海拔250米以上高丘25座。

【河　流】 同安区溪涧纵横，流向差异大。水系呈树枝状。其发育受东向及北西向两组断裂控制。主要河流作北西往南东流向，其支流呈北东或南，自四周注入东、西溪，在城区双溪口合流，流至团结埭，再分为2股，西股经瑶头、东股经石浔分别注入东咀港。全区干流总长117.28千米，总流域面积531.6平方千米，约占总土地面积的80.8%。多年平均径流深为600～1000毫米，从西北往东南递减，径流发布趋势基本上和降水相似，4—10月，占年径流量的79.1%～88.6%。西溪是同安区的第一大河流，流域面积320.7平方千米，干流长30.44千米，最宽处136米，流域内多年平均降雨量1497毫米，径流深898毫米，径流量4.44亿立方米，十年一遇洪峰流量1188立方米/秒，发源于汀溪支流的云顶上（海拔1175.2米）和莲花溪支流的寨尖尾（海拔1042.8米）2处。西溪主要支流有汀溪、澳溪和莲花溪。汀溪长17.34千米，由造水、茂林、西源3条小溪汇流而成，在大同街道过溪草仔市汇入西溪。澳溪流经澳溪、云埔注入西溪。莲花溪由上陵、河田2条小溪在水吼汇流而成，流经新莲、溪东地、长沙注入西溪。东溪是同安第二大河流，发源于汀溪镇西格山（海拔826米），流经店仔、垵炉、五显宫、五甲，至双溪口与西溪汇合。最宽处85米，流域面积152.8平方千米，流域多年平均降雨量1479毫米，径流深887毫米，径流量1.36亿立方米，十年一遇洪峰流量827立方米/秒。主要支流有古宅溪、曾溪、竹坝溪、西洋溪。另有溪名与地名相同的3条溪：官浔溪，长20千米，流域面积69.7平方千米；龙东溪，长9.3千米，流域面积40.85平方千米；埭头溪，长15.8千米，流域面积37.1平方千米。

【土　壤】同安区土壤类型分为砖红性红壤、红壤、黄壤、潮土、盐土、水稻土6个土类、17个亚类、28个土属、40个土种。砖红壤性红壤（赤红壤），是同安区分布范围广泛的地带性土壤，主要分布于海拔200米以下的丘陵台地。砖红壤性红壤又分为酸性岩赤红壤和侵蚀赤红壤两属。侵蚀赤红壤可种植热带、亚热带果林。砖红壤性红壤经人工开垦旱作熟化而成的旱作土壤，分布于新民、五显、洪塘等镇。红壤主要分布于海拔200～900米的丘陵山地，其亚类红壤、黄红壤，表层有机质丰富，是发展用材林、水源涵养林和经济林的基地。黄壤主要分布于莲花、汀溪2个镇北部山区700～800米以上的山地。潮土主要分布于五显、汀溪、新民等镇的河流冲积平原中的河浸滩及沙滩地。盐土主要分布于洪塘、西柯的滨海平原中潮间带的滩涂、沙滩。水稻土为同安面积最大、分布最广的耕地土壤，总面积0.95万公顷，占全区耕作土壤总面积的83.1%。广泛分布于河谷冲积平原的洋田、滨海平原的埭田、低丘台地的台田、丘陵坡地的梯田、山间盆谷的畈田、低丘谷地的冲田及山地丘陵窄谷的垄田等处。

【植　被】同安的森林植被为亚热带雨林区次生植被和人工植被。森林覆盖率在50%左右。次生植被常绿阔叶林主要分布于中部海拔300米以下的丘陵台地，约占林业用地的15%；常绿针叶林成片连续分布于海拔800米以下的低山丘陵山地，约占林业用地的60%；针阔混交林呈块状分布于各镇海拔300米以下的部分丘陵山地，占林业用地5%；灌木草被主要分布于海拔600米左右的山脊、山顶地段的莲花白交祠、军营一带。人工植被毛竹林呈零星状分布于海拔300～500米山坡中下部或洼地，平原地区亦有小面积杂竹分布；经济林有油茶林，多分布于莲花、汀溪镇低山丘陵的缓坡地带；油桐林零星分布于新民镇、莲花镇、汀溪镇；茶叶林分布于莲花镇、汀溪镇等海拔较高、地势较开阔的山地；药材林分布于莲花镇、汀溪镇；果树林块状或散生分布于低丘台地和村镇附近，其中洪塘镇、五显镇、新民镇、西柯镇分布面积较广；橡胶林多种植于莲花镇、新民镇的丘陵坡脚避风地段，为人工引种；农田防护林分布于台地和小平原地带的村镇周围。

【资　源】2020年，同安区土地总面积66904.58公顷，占全市比重39.38%，其中农用地50302.3公顷（耕地6262.59公顷、园地10415.42公顷、林地30476.67公顷、其他农用地3147.62公顷），占土地总面积75.19%；建设用地12971.8公顷（其中城镇村及工矿用地9587.67公顷，水域及水利设施用地123.86公顷，交通运输用地2386.61公顷，特殊用地412.17公顷），占27.57%。未利用地3630.48公顷，占5.43%，土地利用率94.57%。全区水资源总量枯水年（P=95%）为3.95亿立方米，平水年（P=50%）为7.17亿立方米，丰水年（P=5%）为12.46亿立方米。2020年同安区属特枯水年，全区地表水资源量3.35亿立方米，地下水资源量1.1亿立方米；全区用水总量14600万立方米，万元生产总值用水量为29.21立方米，万元工业增加值为9.66立方米。全区流域面积30平方千米以上的河流有4条，水能理论蕴藏量56750千瓦。全区有水电站36处，总装机容量20899千瓦。同安区植物资源丰富，共167科549属755种。用材树种有杉木、马尾松等；经济树种有油茶、茶叶等。其中国家重点保护的森林植物有金毛狗、油杉、刺桫椤、红豆杉、水杉、福建柏、杜仲、台湾杉、闽楠、台湾苏铁等树种。全区果树有龙眼、荔枝等种类50多个。中药材植物有灵芝、金线莲等品种586个。同安海区水生动物种类繁多，对虾、三疣梭子蟹等虾蟹类76种，牡蛎、花蛤等贝类77种，文昌鱼、石斑鱼等海水鱼类420种。农作物害虫的天敌昆虫有寄生性的寄生蜂和寄生蝇、捕食性的蜻蜓、螳螂等两大类。野生动物有毛属类16种、鸟类51种、爬行类和两栖类25种。其中出没于汀溪林区的苏门羚及蟒蛇属国家一类珍稀野生动物。虎纹蛙、穿山甲、水獭及鹰、隼鸮科共18种列为国家二类保护。铁矿有汀溪镇云顶山、莲花镇内田等10处；黄铁矿莲花石莲1处；非金属矿钾长石5处；高岭土郭山矿段储量3873.18万吨，具有工业开发意义；耐火黏土5处；砖瓦黏土2处；花岗岩石产地数百处；建筑碎石各镇均有；泥煤4处；建筑砂有河砂、海砂；矿泉水1处；温泉1处。

【气　候】同安属南亚热带海洋性季风气候，气候温和，雨量充沛，热量充足。随着海拔高度变化，可分为沿海、平原、北部西北部山区3个气候类型。同安气候季节可划分为：12月至来年2

月为冬季；3—4月为春季或春雨季；5—9月为夏季；10—11月为秋季。3—9月为春夏多雨湿润季节，10月至来年2月为秋冬少雨干燥季节。

2020年同安平均气温异常偏高，降水量偏少，日照时数正常。气温方面，年平均为22.6℃，比常年（21.1℃）偏高1.5℃，属异常偏高；高温日数（日最高气温≥35℃）56天为常年平均的6倍多，创有气象观测纪录以来历史最多纪录，且持续性高温过程明显偏多。最高温度出现在7月14日，为37.9℃。影响范围广，除了北部高海拔山区的白交祠村、水洋村、云顶山及军营村外，其余测站均有高温纪录出现。2020年低温日数（日最低气温≤10℃）为22天，为有气象观测历史以来低温日数第四位。

2020年降水量998.1毫米，比常年（1526.7毫米）偏少528.6毫米（-34.6%），创历史最少纪录。冬季（12月至次年2月）降水量177.4毫米，比常年（151.3毫米）偏多26.1毫米（17.3%）。春雨季节（3—4月）降水量143.0毫米，比常年（272.8毫米）偏少129.8毫米（-47.6%）。梅雨季节（5—6月）降水量为299.0毫米，比常年（447.2毫米）偏少148.2毫米（-33.1%）。台风季（7—9月）降水量为407.8毫米，比常年（582.4毫米）偏少174.6毫米（-30.0%）。8月23日同安区部分地区出现了暴雨、局部大暴雨天气，最大降水量出现在五显镇布塘村，为143.1毫米，达到大暴雨量级，其中最大1小时（23日0～1时）雨量为45.3毫米。

年内降水分布差异突出，梅雨季节暴雨洪涝和干旱等自然灾害频发，出现夏季气象特旱和秋冬季气象大旱，严重影响了农业生产用水。夏季气象干旱从7月初开始，结束于8月初，干旱期间（7月4日至8月2日）同安站累计降水量5.4毫米，仅为常年同期的3.6%。接着出现秋冬季气象大旱，10月大部地区滴雨未下，且蒸发量大，导致气象干旱再次发展，于12月中旬初出现气象大旱，12月23日大范围中到大雨过程解除了此次气象大旱；干旱期间（9月25日至12月22日）同安站累计降水量21.9毫米，为常年同期的22.8%。2020年日照时数为2051.3小时，比常年（1934.4小时）偏多116.9小时（6.0%）。日照时数最少的是3月106.9小时，夏季日照时数偏多。2020年，同安区仅受1个台风影响，06号台风“米拉克”，带来强风和暴雨影响，整体影响偏弱。

2020年同安区气温变化情况表

表2　　单位:℃

月份	平均温度	极值			
		最高温度	日期	最低气温	日期
全年	22.6	37.9	7月14日	3.7	12月31日
1	15.1	26.8	1月23日	5.2	1月31日
2	15.4	29.9	2月26日	4.0	2月19日
3	18.0	29.9	3月22日	9.5	3月6日
4	19.3	31.5	4月30日	9.7	4月13日
5	25.5	35.1	5月17日	17.4	5月14日
6	28.7	37.7	6月23日	23.9	6月5日
7	30.0	37.9	7月14日	24.7	7月22日
8	29.1	36.9	8月8日	23.8	8月23日
9	26.6	37.1	9月1日	20.8	9月27日
10	24.5	34.3	10月4日	17.2	10月11日
11	22.7	31.5	11月20日	16.8	11月29日
12	16.8	25.4	12月11日	3.7	12月31日

2020年同安区降雨量情况表

表3　　单位：毫米

月份	旬降雨量			降雨量合计	一日最大降雨量	
	上旬	中旬	下旬		降雨量	日期
全年	390.0	264.7	343.4	998.1	87.5	8月23日
1	0.0	2.5	49.3	51.8	43.4	1月26日
2	8.8	47.9	0.0	56.7	25.8	2月16日
3	16.3	23.6	48.7	88.6	23.3	3月28日
4	45.0	0.3	9.1	54.4	17.2	4月3日
5	19.1	10.0	60.1	89.2	15.6	5月10日
6	154.5	28.4	26.9	209.8	39.3	6月5日
7	22.8	1.3	1.5	25.6	17.1	7月3日
8	40.3	60.0	120.8	221.1	87.5	8月23日
9	81.3	73.1	6.7	161.1	42.3	9月12日
10	0.0	0.0	0.0	0.0	0.0	10月23日
11	0.0	14.3	0.0	14.3	9.0	11月19日
12	1.9	3.3	20.3	25.5	20.3	12月23日

2020年同安区风速变化情况表

表4　　单位：米/秒

月份	平均风速	最大风速	最大风向	日期
全年	2.0	9.8	N（北）	11月12日
1	1.8	6.9	ESE（东南偏东）	1月8日
2	1.8	7.7	E（西）	2月8日
3	1.7	7.8	E（西）	3月29日
4	1.7	8.0	E（西）	4月28日
5	1.7	7.2	E（西）	5月21日
6	1.8	8.6	S（西）	6月10日
7	2.0	6.3	SSE（东南偏南）	7月19日
8	1.7	8.7	SE（东南）	8月11日
9	1.6	6.9	NW（西北）	9月12日
10	2.7	8.4	N（北）	10月24日
11	2.7	9.8	N（北）	11月12日
12	2.3	8.7	NNE（东北偏北）	12月3日

2020 年同安区日照时数情况表

表 5

月份	旬日照时数（小时）			日照时数合计（小时）	百分率（%）
	上旬	中旬	下旬		
全年	632.6	707.1	711.6	2051.3	46
1	69.5	33.5	54.4	157.4	47
2	35.5	42.9	73.6	152.0	47
3	36.0	32.0	38.9	106.9	29
4	36.6	81.8	57.9	176.3	46
5	62.3	47.7	20.9	130.9	32
6	25.3	93.9	90.9	210.1	51
7	48.3	100.0	85.3	233.6	56
8	66.6	75.2	84.9	226.7	56
9	60.4	66.4	8.8	135.6	37
10	83.5	48.6	68.2	200.3	56
11	70.2	63.8	61.1	195.1	60
12	38.4	21.3	66.7	126.4	39

（艾叶生　叶志艳　沈金凯）

人文历史

【建置沿革】 同安区境，商代属扬州地，周代为七闽地，春秋战国时属越地，秦属闽中郡。西汉初属闽越国，元封元年（公元前 110 年）属会稽郡。东汉属闽侯官县地，三国时属建安郡东安县。晋太康三年（282 年）析东安县置同安县，当年即废，属晋安郡。隋开皇九年（589 年）属南安县。唐贞元十九年（803 年）析南安 4 个乡置大同场，为同安县之前身。五代后唐长兴四年（933 年）升场置县，辖 3 乡 11 里，包括今厦门市、同安县、金门县及龙海市一部分。元，改里为都，共 3 乡 44 都。明初，恢复里，又增设在坊里（县城区），辖 2 隅，共 3 乡 12 里 2 隅 44 都。成化初，都下设图，共 3 乡 12 里 2 隅 37 都 53 图。清乾隆四十年（1775 年），析民安、翔风 2 里及同禾里之五、六、七都置马巷厅。光绪间行保甲制，改图为保。清末民初，同安县区划建制层级为县、乡、里、都、保、甲 6 级。民国元年（1912 年），裁马巷厅复归同安县。民国 2 年（1913 年）11 月，析大小嶝、金门岛及嘉禾里置思明县，次年再由思明县析大小嶝、大小金门岛置金门县。民国 3 年（1914 年），同安县辖区 3 乡 11 里 27 都。民国 36 年（1947 年），辖 13 乡镇 150 保 2325 甲，保持至 1949 年 9 月同安解放。1953 年 11 月，划集美乡归厦门市。1957 年 3 月，析灌口区锦宅、金山 2 个乡划归龙溪县；4 月 18 日，再将灌口区其余 12 个乡划给厦门市，设厦门市郊区。1971 年 3 月，划南安县大嶝公社及石井公社的莲河、霞浯 2 个大队归属同安县。1997 年 5 月撤县设区。2003 年 9 月，东部新圩、内厝、马巷、新店、大嶝 5 个镇和大帽山农场析出设立翔安区。同安县辖域面积由 1949 年初的 1481 平方千米，缩小到 1971 年的 1078.55 平方千米，到 2003 年减为 657.59 平方千米。宋至清，同安县的上级建制均属泉州（路、府），民国初废府，改隶于厦门道。民国 17 年（1928 年），直隶于福建省。民国 24 年（1935 年），改隶福建省第四专员公署至福建解放。中华人民共和国成立后先后2次隶属于晋江专区，1973年9月起隶属于厦门市至今。

【行政区划】 宋代同安县设永丰、明盛、绥德、武德4乡30里，后析出武德乡为场，置长泰县，存3乡并为27里，再缩为11里，即同禾、民安、翔风、嘉禾（以上属绥德乡），长兴、从顺、感化、归德（以上属永丰乡），仁德、安仁、积善（以上属明盛乡）。元代改里为都，3乡之下统44都。永丰乡下辖原从顺里西界1～5都、原感化里西界6～8都、原归德里西界9～10都、原长兴里东界1～3都，计13都；明盛乡下辖原仁德里西界11～13都，原安仁里西界14～16都、原积善里西界17～20都，计10都；绥德乡下辖原同禾里东界4～7都、原翔风里东界12～20都、原嘉禾里西界21～24都，计21都。明洪武元年（1368年）恢复里制，里下辖都。增置在坊里辖县城2隅。全县共划3乡12里2隅44都。洪武二十年（1387年），为防倭寇，尽徙大小嶝岛2都岛民于内陆。永乐元年（1403年）从顺里5都并为3都，感化里3都并为1都，长兴里3都并为1都，归德里2都并为1都，县辖3乡12里2隅35都。后都下设图。成化六年（1470年），大小嶝2都岛民奏复其旧。至此，同安县辖12里2隅37都53图。清沿明制，乾隆四十年（1775年）析翔风、民安2里（丙洲除外，划归从顺里）及同禾里的五、六、七都置马巷厅。光绪间行保甲制，改图为保。至清末，同安的行政建制层级为：县、乡、里、都、保、甲（每保10甲，每甲10户）。全县共3乡9里21都。民国前期（1912—1927年），同安区划沿清制。民国17年（1928年）版《同安县志》列清及民国同安县行政区划共分为3乡11里27都2隅222保：在坊里统东北隅、西南隅、附县城厢夹双溪水共领11保；长兴里统永丰乡1、2、3都，3都并1都，在县东10～50里，共领17保；同禾里统绥德乡4、5、6、7都，在县城东界10～20里，共领31保；民安里统绥德乡8、9、10、11都，在县东界30里及沙溪、小盈岭处，共领16保；翔风里统绥德乡12、13、14都，在县东界30里，共领21保；从顺里统永丰乡1、2都（并为1都），3、4、5都（并为1都），在西界10～20里，共领17保；感化里统永丰乡6、7、8都（并为1都），在县西界30～60里，共领16保；归德里统永丰乡9、10都（并为1都），在县西界20里，共领14保；仁德里统明盛乡11、12、13都，在县西界30里，共领26保；安仁里统明盛乡14、15、16都，在县西界50～60里，共领33保；积善里统明盛乡17、18、19、20都，在县西界70～80里，共领20保。民国24年（1935年）初，实施保甲制度，废里、都旧制，重新进行区署、保甲（联保）编制，年底完成，实行县、区、联保、保、甲层级制，同安县划为3区37联保406保4045甲。民国27年（1938年）初，联保增至40个，并设22个办事处，区署不变。全县划为3区22个办事处40个联保406保。民国29年（1940年）3月，撤销联保和办事处，重新划为3区26乡镇，下辖194保，保名由序数改以地名命名。民国32年（1943年），撤区建乡设保，确立自治基础，重新缩编为16乡2镇，下辖212保2963甲。民国33年（1944年）8月，再度整编为10乡3镇，辖150保。此区划沿用至1949年。1949年初，暂以民国旧保甲为基础，划全县为7区150保2325甲。第一区驻灌口后祥，辖27保；第二区驻潘涂后溪，辖22保；第三区驻垵柄，辖16保；第四区驻布塘，辖19保；第五区驻马巷，辖30保；第六区驻曾厝，辖22保；第七区驻大同，辖14保。自1950年年底开始，废除保甲制，建立乡政权。至1951年3月，全县共建立7个区2个镇，下辖139个乡9个街道。1952年10月民主建政，扩为10个区138个乡2个镇。1953年11月，划集美乡归厦门市。1955年10月，重新划为7个区（东孚、后溪、洪坂、后寨、布塘、马巷、洪钟）、1个镇（城关），下辖141个乡6个街。1956年6月，合并为4个区（策槽、汀溪、马巷、灌口）、2个镇（城关、马巷），下辖49个乡10个街道。次月，增设灌口镇，镇周围农村设张庄乡。1957年，灌口区的金山、锦宅2个乡被划入龙溪县，东孚、鼎美等12个乡改隶厦门市郊区。至此，全县实为3个区2个镇36个乡。1958年3月撤区并乡，全县为16个大乡2个镇。乡下辖高级农业社，镇下设居委会。是年下半年，开始撤销乡建制，建立人民公社。至1959年2月，全县共建立7个公社（莲花、汀溪、策槽、布塘、马巷、新店、城关）及6个农林场（天马、大帽山、白沙仑、竹坝、竹山、汀溪），下辖127个大队、5个居委会。1960年4月，全县并为4个大公社（策槽、汀溪、马巷、城关），下辖116个大队、5个居委会，增设4个国营农林场（凤南农场、白云飞林场、海滨林场、祥溪林场）。1961年9月，恢复区建制，全县设5个区（莲花、策槽、汀溪、马巷、新店区，下辖18个公社1

个农场）、2个县属公社（城关、渔业）及12个农林场，下辖213个大队5个居委会。1964年4月，撤销区级建制，全县共划为12个公社（莲花、汀溪、新民、策槽、洪塘、果园、新圩、巷东、马巷、新店、东坑、城关），下辖202个大队、5个居委会，另设8个农林场。此后行政区划相对稳定。1969年2月，撤销东坑公社建制，下辖的大队分别并入马巷或新店公社。1971年3月，原南安县属的大嶝公社及石井公社的莲河、霞浯2个大队划归同安县，全县仍为12个公社。1984年4月，恢

同安区行政区划一览表

表6

行政单位名称（驻地）	街道（镇）（驻地）	社区居民委员会和村民委员会名称（个数）
同安区（银湖中路） 2个街道办事处 6个镇 60个社区居委会 81个村委会	大同街道（朝晖路）	同新社区居委会、西安社区居委会、三秀社区居委会、后炉社区居委会、溪边社区居委会、城西社区居委会、凤山社区居委会、北门社区居委会、西池社区居委会、朝元社区居委会、东山社区居委会、碧岳社区居委会、新丰社区居委会、溪苑社区居委会（14个） 田洋村委会、古庄村委会、顶溪头村委会、东宅村委会、下溪头村委会、康浔村委会（6个）
	祥平街道（凤岗）	西溪社区居委会、陆丰社区居委会、祥平社区居委会、祥桥社区居委会、杜桥社区居委会、西洪塘社区居委会、西湖社区居委会、凤岗社区居委会、溪声社区居委会、阳翟社区居委会、祥晖社区居委会、芸溪社区居委会、祥文社区居委会、凤祥社区居委会（14个） 过溪村委会、卿朴村委会、瑶头村委会（3个）
	莲花镇（美埔）	白沙仑社区居委会（1个） 莲花村委会、后埔村村委会、蔗内村委会、内田村委会、上陵村委会、军营村委会、淡溪村委会、白交祠村委会、西坑村委会、罗溪村委会、尾林村委会、水洋村委会、小坪村委会、澳溪村委会、云埔村委会、云洋村委会、窑市村委会、溪东村委会、美埔村委会（19个）
	新民镇（乌涂）	四口圳社区居委会、后宅社区居委会、禾山社区居委会、梧侣社区居委会、乌涂社区居委会、西塘社区居委会、湖安社区居委会、兴店社区居委会、凤南社区居委会（9个） 洋厝埔村委会、西山村委会、蔡宅村委会、湖柑村委会、柑岭村委会、溪林村委会、后坂村委会、南山村委会、新塘村委会、土楼村委会（10个）
	洪塘镇（洪塘）	石浔社区居委会、龙东社区居委会、龙西社区居委会（3个） 洪塘村委会、三忠村委会、苏店村委会、新霞村委会、郭山村委会、龙泉村委会、新厝村委会、新学村委会、苏厝村委会、大乡村委会、下墩村委会、塘边村委会、埔后村委会（13个）
	西柯镇（西柯）	丙洲社区居委会、潘涂社区居委会、洪塘头社区居委会、后田社区居委会、西柯社区居委会、吕厝社区居委会、浦头社区居委会、下山头社区居委会、埭头社区居委会、官浔社区居委会、美人山社区居委会、滨海社区居委会、怡海社区居委会、金海社区居委会、东海社区居委会（15个） 西浦村委会、美星村委会（2个）
	汀溪镇（褒美）	汀溪社区居委会（1个） 隘头村委会、路下村委会、褒美村委会、古坑村委会、西源村委会、茬畲村委会、顶村村委会、堤内村委会、半岭村委会、前格村委会、五峰村委会、汪前村委会、造水村委会（13个）
	五显镇（西洋村）	香溪社区居委会、竹坝社区居委会、侨安社区居委会（3个） 垵炉村委会、下峰村委会、布塘村委会、店仔村委会、溪西村委会、竹山村委会、后垄村委会、军村村委会、后塘村委会、上厝村委会、明溪村委会、宋宅村委会、四林村委会、西洋村委会、三秀山村委会（15个）

复马巷镇建制。是年9月，改社为乡。城关镇改名大同镇，马巷公社改名后滨乡，新民公社改名祥桥乡，策槽公社改名西柯乡，巷东公社改名内厝乡，果园公社改名五显乡，以及莲花、汀溪、新圩、新店、洪塘、大嶝6个乡。1987年，撤后滨乡并入马巷镇，新店撤乡建镇。次年12月，新圩撤乡建镇。1991年12月，大嶝、莲花、西柯、汀溪、内厝、祥桥、洪塘、五显全部撤乡建镇。1992年3月，改祥桥镇为新民镇。至1997年4月撤县建区之前，全县共辖12个镇7个农林场213个村委会18个居委会，有2175个村民小组、246个居民小组。2000年12月，由大同镇、新民镇、西柯镇析3个居委会10个村委会置祥平街道。2003年4月，同安区析东部大嶝、马巷、新圩、新店、内厝5镇置翔安区。2020年12月，同安区下辖大同、祥平2个街道和洪塘、五显、汀溪、莲花、新民、西柯6个镇，共60个社区、81个行政村。

【语　言】 同安区通行普通话和闽南话，党政机关、企事业单位、群众团体公务活动使用普通话，人际交流视对象而定，本地人之间多说闽南话，与外地人则说普通话。民间交流基本用闽南话。同安话是闽南方言泉州次方言的一种。由于同安县在历史上未曾取得过区域性政治、经济、文化中心地位，与外界交流相对较少，同安话比起泉州话、漳州话、厦门话相对稳定，保留了更多的古汉语特征。因而，同安话是研究汉语发展史的重要化石之一。近现代作为闽南方言代表点方言的厦门话是由同安话发展而来的，研究同安话是探索厦门话形成的必由之路。在漫长的历史长河中，同安话逐步形成自己的特色。就声韵调及语词特点整体而言，泉州市所辖诸县市情形较为一致，而同安话却与它们迥然有别。研究同安话对于比较闽南几个主要的次方言，无疑也是相当重要的。同安话声母没有翘舌音、唇齿音，泥来同母、知端难分；韵母没有撮口呼，却有相当丰富的鼻化尾和塞音尾；声调则保留有入声。同安话有15个声母、87个韵母、7个声调。同安话文白异读特点突出，文读音称为“读书音、孔子白”；白读音称为“解说、土音”。同安话境内语音在厦门、集美、灌口、海沧、杏林、翔安相继划出后，趋于一致。

【民　俗】 同安民风淳朴，刻苦耐劳，崇神敬祖，俭于衣食住行而奢于岁时节事与迎神赛会，注重婚丧祭庆。重视文化教育，有“紫阳过化，海滨邹鲁”之誉。同安人主粮为大米，番薯、芋头次之。一日三餐，两稀一干。稀以大米粥或番薯粥为主，或以大米杂以瓜、芋、菜煮成咸粥。山区农家还自制豆豉腌菜配饭。年节食俗，除夕蒸糕炸枣、鸡鸭鱼肉祀神祭祖，年夜围炉，全家团圆，外人不参与。初九吃甜粿（年糕）。上元吃汤圆。三月初三吃薄饼。端午吃粽子。六月半吃“半年圆”（汤圆）。中秋吃月饼。立冬吃鸡鸭羊肉称“补冬”。冬至吃汤圆“过小年”。旧俗迎宾点心以炒米粉为“大礼”。同安人习惯喝茶，家庭、商店、办公室均以茶待客。村民多聚族而居，部分村落杂姓混居。旧时民居不少为闽南风格的汉式翘脊大厝，有“十间张”“六间张”“大九架”“六路”“棋盘厝”等式。歇山顶，燕尾脊，以“两落六间张”最为普遍。布局为前落两房一厅，中为两厢房（俗称东厅）夹天井，后落为两大房一祖厅，厅后隔有放祖先木主的“堂前后”。前有谷埕，旁有护厝。有钱人家以天井隔开，尚可续建多落，至“九十九间”有之。集镇商铺瓦面向街出檐，沿街均留有五六尺宽的“五脚架”，为行人遮阳避雨。进入新世纪后，城乡框架式钢筋水泥综合楼如雨后春笋般地涌现，保护古民居成了当务之急。同安民俗，过年从农历腊月十六日的“尾牙”开始，延续至正月十五日的元宵节结束，长达1个月之久。“尾牙”要宴请伙计（员工），一为辞岁放假，二为决定来年去留。席间被老板叫吃鸡头者，来年即被解雇，所谓“鸡头正对，伙计走路”。十二月二十三送灶神，汤圆、米糕、甜粿、各种糖的供品又甜又粘，灶君嘴巴又甜又蜜，上天专言好事。十二月二十五接玉皇，是日玉皇率众神巡视凡间，以验证灶君所奏善恶；家家设香案供果接玉皇，戒口角，做善事，安分守己，贴“天官赐福”图画，以悦神降福。除夕祭祖、贴春联、围炉吃年饭、守岁，丧家以青联书哀语以示孝思；神案上供插春花的“春饭”（“春”闽南话即“有余”之意）；小孩由长辈分给压岁钱。初一开中门拜“天公”开正，老少新衣新鞋，喜迎新岁，出门拜年，单位团拜盛行，文体娱乐活动纷呈。初二女婿日，女儿偕婿回娘家拜年，当日即回。初三凶日，禁出门访友，传说明嘉靖某年除夕倭寇陷城，掠杀至初二方退，初三全城大出殡，后视初三为忌日，出门不吉，故同学会、同乡会专拣此空闲之日聚会。初四接神，入晚后才摆香案接灶神下凡归位，民间相信“送神早、接神迟”能得吉利。初五撤供，商家开门营业。初九“天公生”，以“三牲”、糕点、果品祭拜天公。

【宗教信仰】 道教、佛教在五代同安建县以前即已传入，基督教（含天主教）在鸦片战争以后才传入。抗日战争爆发后，天主教停止活动，以后亦未恢复。唐中叶，邑治之西北建朝元观，东南部建东岳行宫。宋明又建城隍庙、关帝庙、北镇宫、玄坛宫、大元殿等宫观。明朝期间，相继设立社稷坛、山川坛、先农坛、邑厉坛和里社乡厉坛。地方民间信仰（主要是民间王爷信仰）逐渐道教化，城乡出现众多道教化的王爷宫庙，如大道公宫、妈祖宫、王爷宫、池王宫、太保爷宫等。古代同安道士有北派全真道与南派正一道两派。清代以后，只余正一派道士，也称符箓派，奉龙虎山张天师为教祖。道教徒与民间信仰紧密联系，且佛道汇流，教徒数量难考，在群众生产生活中有很大影响。同安道教比较常见的礼仪与法术有斋醮、符箓、祝咒、抽签等，社会活动有祈雨法会、医术济世、神诞法会、民间镇宅安宫驱邪引魂法会。佛教于隋代传入同安，隋时有莆田黄姓尼姑在城东九曜山下结庐修行，圆寂后里人为之建“黄佛寺”。隋末唐初，相继建造同山梅山寺和轮山兴教寺（今梵天寺）。唐武宗会昌（841—846年）灭佛时，江西黄檗山希运禅师曾入兴教寺弘法。其法嗣义玄禅师所创的临济宗于唐末五代盛行于同安。宋元轮山72庙合为一区，改称梵天禅寺，元末农民起义军焚寺。明初朱元璋下诏严厉限制正统宗教，同安佛教盛极而衰。明清两代，正统佛寺为求生存发展，开始与民间信仰融合，在同安出现奉祀普庵祖师、三平祖师及定光菩萨（五代同安僧人郑自严）等佛教化民间俗神的盛况。寺僧多学习风水、符箓、命相、医药、抽签等方术，与民众的生产生活相结合，从而获得相当广泛的群众信仰，至今不衰。同安还有唐陈黯建的白云寺（西山岩）、宋时建的铜钵岩等20多座佛寺。同安基督教有10个堂会，信教群众约2000人。清同治五年（1866年）厦门归正教会派郑国梁到同安传教，设立双圳头教堂，此后发展为包括双圳头、后河、杜桥、湖井、埭头、官浔、潘涂、塘边、洪塘头等堂会的西教区；今翔安区的堂会为东教区。清光绪三十二年（1906年），华人牧师郭子颖在城关创立“基督复临安息日同安教会”。民国9年（1920年），后河教堂传道士王鼎铭脱离中华基督教会另组“同安基督徒聚会处”于南门，又称“小群派”，后来大部分信教群众转入后河教会。

【历代名人】 同安历代名人为数众多。宋代苏颂为一代科技巨匠，吴夲为民间医圣，许顺之、吕大奎为朱熹高足，理学传人。明代同安科举勃兴，名臣硕学辈出，蜚声八闽。蔡复一以文人掌师，总制六省。林希元著作等身，为理学名宦。洪朝选执法不阿，一代直臣。探花林钎、会元许獬，以文才留名。陈永华辅郑氏经略台湾，至今祠祀不替。清代阮旻锡撰《海上见闻录》，详述郑成功史绩。陈伦炯著《海国闻见录》，记载台湾地理风情。吕世宜掌教玉屏书院，以金石名家名闻海峡两岸。林豪著《东瀛纪事》，纂《淡水厅志》《澎湖厅志》以及数十卷诗文传世，为良史文豪。晚清民初，语言学家卢戆章出版汉语拼音文字专著《一目了然初阶》《中国字母北京注音教科书》，倡导汉语改革，成为中国语文现代化运动的揭幕人。学贯中西的辜鸿铭译《四书》为英文，沟通中西文化。清末举人、名医吴瑞甫投身反帝制斗争，参加同盟会，任“同安青年自治会”会长，赞助共和革命，同时主编《同安县志》，创办厦门国医专门学校。会泉法师重兴开元寺，主持南普陀，创办“闽南佛学院”，为闽南地区一代高僧。同安人民富有爱国主义传统和革命精神。明代抗倭名将邵应魁、清代抗倭名将陈汶环、抗英名将陈化成，均为名垂青史的民族英雄。同安还是闽南地区共产主义运动的发源地之一。民国14年（1925年）6月，集美中学学生李觉民、罗明、罗扬才等7人成立闽南地区第一个共青团支部。民国16年（1927年）1月，彭友圃等人在马巷成立中共同安特支，配合北伐战争，积极开展农民运动。大革命失败后，中共、共青团同安地方组织继续率领人民战斗，前仆后继，彭友圃、许英宗、彭甘杏、陈先查、洪宗涂、李大华等一批优秀的党团领导骨干先后为革命事业英勇献身。

（区委党史方志室）

人口　民族

【人　口】 2020年，同安区常住人口85.9万人。户籍人口年末总户数147754户，总人数419113人。户籍人口中，男性208673人，女性210440人。17岁以下107460人，18～34岁85475人，35～59岁161082人，60岁以上65096人。城镇居民比率持续提高，城镇化率从2019年的72.2%提升到2020年的75.1%。常住人口占全市比重为16.6%。

2020年同安区户籍人口性别年龄结构情况表

表7

乡镇名称	总户数（户）	总人口（人）	按性别分（人）		按年龄分（人）			
			男	女	17岁以下	18～34岁	35～59岁	60岁以上
同安区	147754	419113	208673	210440	107460	85475	161082	65096
大同街道	22660	65381	32053	33328	15516	11536	26075	12254
祥平街道	24413	71320	35045	36275	19842	14175	27473	9830
五显镇	18321	49264	24883	24381	11635	9980	19533	8116
新民镇	19174	53449	26897	26552	13547	11223	20375	8304
汀溪镇	8594	25130	12546	12584	6285	5139	9958	3748
洪塘镇	16087	44767	22192	22575	11545	9526	16589	7107
莲花镇	16080	46839	23856	22983	11398	9660	18260	7521
西柯镇	22425	62963	31201	31762	17692	14236	22819	8216

2020年同安区户籍人口变动情况表

表8　　单位：人

乡镇名称	出生			死亡			迁入		迁出	
	合计	男	女	合计	男	女	省内迁入	省外迁入	迁往省内	迁往省外
同安区	5495	3004	2491	1991	1114	877	18305	3319	10999	367
大同街道	673	387	286	345	175	170	2780	323	3346	81
祥平街道	918	503	415	302	165	137	4642	1116	2478	82
五显镇	614	333	281	249	135	114	1264	219	974	52
新民镇	710	390	320	259	142	117	1401	488	1111	39
汀溪镇	284	152	132	119	64	55	416	90	483	17
洪塘镇	644	350	294	224	141	83	3188	286	741	13
莲花镇	599	310	289	254	154	100	794	114	702	42
西柯镇	1053	579	474	239	138	101	3820	683	1164	41

【民　族】 2020年，同安区户籍人口由34个民族组成，以汉族聚居为主。少数民族共2939人，所占比例低。主要有畲族、回族、土家族、壮族、苗族、蒙古族、朝鲜族、满族、维吾尔族、侗族、彝族、瑶族、布依族、白族、藏族、锡伯族、黎族、傣族、高山族等。其中畲族和土家族人数较多，畲族有470户843人；土家族有253户435人。

华侨华人　台港澳同胞

【华侨华人】 截至2020年，同安籍华侨华人约20万人，分布在全球40多个国家和地区，主要居住国有新加坡、马来西亚、越南、印度尼西亚、菲律宾、柬埔寨、缅甸和泰国等。同安籍华侨华人组建的社团有新加坡同安会馆、新加坡同安板桥儒林张氏公会、马六甲同安金厦会馆、马来西亚五条港同安联谊会、美国加州同安联谊会等。

【台港澳同胞】 据1926年统计，祖籍同安的台湾人有55.31万人，占当时台湾汉族总人口的14.7%。2006年经普查，祖籍同安的港澳乡亲4370人，港澳眷属579人。2020年，在台湾、香港的同安人社团主要有台北市福建省同安县同乡会、香港同安联谊会。

（同安区委统战部）

经济社会发展

【概　况】 2020年，同安区实现地区生产总值591.21亿元，比上年增长7.9%。规模以上工业增加值278.13亿元，比上年增长8.5%。一般公共预算总收入104.26亿元，比上年增长3.3%，其中地方一般公共预算收入26.26亿元，比上年增长2.3%。社会消费品零售总额394.64亿元，比上年增长8.1%。实际利用外资18.90亿元，比上年增长15.8%。城镇居民人均可支配收入51775元，比上年增长3.9%；农村居民人均可支配收入24619元，比上年增长7.3%。在全市公布的16项主要经济指标增幅中有11项位居前三，其中地区生产总值增速全市第二，规模以上工业增加值、社会消费品零售总额、零售业销售额、住宿业营业额、餐饮业营业额5项增速均居全市第一。“项目建设攻坚”绩效考核全市第一，省市重点项目土地房屋征收综合考评连续五年保持全市领先。

【实体经济发展】 2020年，同安区出台“稳岗援企15条”纾困措施，兑现惠企资金15亿元，惠及企业3586家次。落实“减税降费”政策，为商事主体减负13.4亿元。设立中小微企业融资增信基金，累计为292家次企业提供增信服务额度3.7亿元。为2311家次民营小微企业提供扶持资金6900万元。全区规模以上工业企业777家，完成规上工业增加值278.13亿元、比上年增长8.5%，增速位居全市第一；机械装备、新材料等6条重点产业链产值比上年增长13%；海辰新材料、麦丰密封件等8个项目开工建设，泰亘信智能制造、冠烽医疗等7家企业摘牌落地。234家规模以上高新技术企业产值比上年增长13%以上，“三高”企业增至346家；晋大纳米科技项目被列入国家“科技助力经济2020”重点专项，康乐佳获评“国家体育产业示范单位”。全年新增省、市级“科技小巨人领军企业”60家，国家、省级企业技术中心11家；引入网易研究院、福建中医药大学研究生院，推进产学研深度融合；开工建设全市首个、总投资42亿元的智能创新中心。

【重点项目建设】 2020年，同安区开展91个省市重点项目建设，完成投资603亿元。建成同集路跨线桥等项目并投入使用，推进福厦高速铁路等项目，开工建设新经济产业园等项目。实施415个“岛外大发展”项目，地铁4号线同安段贯通，直达岛内的地铁9号线项目启动前期，形成“十字”轨道线型。全年新增“五个一批”项目121个，总投资906亿元。完成土地征收面积666.67公顷、房屋征收面积149万平方米，分别居全市第二、第三。征拆工作各项考核指标连续5年保持全市领先。推进同安新城、同翔高新城两个重大片区征地拆迁工作，开展19个自然村整体搬迁工作。

【招商引资】 2020年，同安区着力引进龙头企业，提升招商质效。高能级项目落地32个。年纳税上亿元的华彬“总部+基地”、美瞳结算总部等项目注册运营，宝龙大型城市综合体摘牌落地，优尔智能、弓立医疗等21个项目增资扩产。东亚机械在深交所创业板IPO审核通过，全区上市挂牌企业增至8家，新增后备企业6家。“9·8”厦洽会签约项目投资总额896亿元，位居全市六区第二，项目签约、投资总额均创历史新高。建设开放型经济，新设外资企业52家，华诚纺纤等19家企业实现

2020年6月，位于环东海域同安新城的新经济产业园开工　（陈嘉新　摄）

增资。全年合同利用外资完成30.3亿元，实际利用外资完成19.6亿元，完成比例位居全市前列。

【城市建设】 2020年，同安区全面提速开发同安新城和同翔高新城，推进骨干路网及基础设施项目，建设中国移动、石墨烯产业园等一批重大产业项目，实施环东海域医院、同安一中滨海校区高中部等民生项目。波特曼七星湾等高端酒店项目建成运营。环东海域半程马拉松比赛、全国青少年帆船赛等高端赛事举行。全省首个海岸赛艇训练基地落户。推进老城区更新，完成乌涂商业街等城区立面改造，提升凤祥片区等12条市政道路品质，改造西安片区等老旧小区18个。建成停车场7个，新增停车位464个。建设燃气管道20千米，新增市政给水管网47千米，全面铺开管网排查，破解市政配套不完善问题。提升改造城西市场等农贸市场6个、苏颂公园等城市公园3座。完成高速、高铁沿线环境整治。同安绿道连海段建成贯通，新增绿道11千米、公园绿地面积1500亩（100公顷）。拓展文明创建成果，蝉联“省级文明城区”荣誉。国家级新时代文明实践中心建设任务完成，工作经验在全省宣传推广。创建全市首个政府主导的“云上爱心屋”商城，在全市率先实现线下“爱心屋”镇（街）全覆盖。完善“文明卫士”等市容管理数字平台，从严整治占道经营、油烟扰民等不文明行为，城市综合管理考评排名全市第二。

【乡村振兴】 2020年，同安区实现农业产值23.3亿元，康喜福、九龙谷等7个都市现代农业项目竣工投产，百利龙程、傲农夏商等23个产业项目扎实推进，闽台农业融合发展产业园入驻种苗企业10家。22个“一村一品”特色品牌实现收入超6.7亿元。农村人居环境整治三年行动收官，获评“省村庄清洁行动先进区”。15个“千村试点、万村推进”试点村建设稳步推进，9个美丽乡村项目有序实施，以全省第二名的成绩获评“四好农村路”示范区。累计认定新型职业农民388人，培育新型农业经营主体861个，数量均居全市首位。全区村集体经营性收入均在20万元以上，13个村集体经营性收入突破500万元，农村居民人均可支配收入比上年增长7.3%。汀溪镇入选“全省乡村振兴特色乡镇”，军营村被列为“全国乡村旅游重点村”，古坑村获评“2020年中国美丽休闲乡村”；省、市级休闲农业示范点达17个，省级以上休闲农业示范点数量位居全市第一。

【污染防治】 2020年，同安区推进中央生态环保督察反馈问题整改，第一轮中央生态环保督察反馈问题100%办结，第二轮中央生态环保督察反馈问题完成整改3个、按序时推进整改8个。推进实施流域治理项目92个，完成2000千米管道排查清淤，建成116千米安全生态水系，整改216个入海入河排污口。建设4座污水处理厂，新增日污水处理能力15万吨。埭头溪稳定消除黑臭水体，东西溪流域水质100%达标，龙东溪、官浔溪流域水质大幅提升。空气质量优良率100%。危险废物处置利用率、医疗废物集中处置率均为100%，土壤环境质量总体良好。

【精准扶贫】 2020年，同安区完善协同救助工作机制，投入7200万元帮扶困难群众1.2万人次，困难群众生活基本保障到位。深化“爱心结对”，组织党员干部、机关党组织帮扶633名困难群众，共筑爱心之城。推进与临夏州康乐县东西部扶贫协作、与漳州市诏安县省级扶贫开发、与龙岩市上杭县山海协作，加大资金支持、产业合作、消费扶贫和社会帮扶力度，劳务输转1232人；帮助康乐县、诏安县引进企业6家，安排扶贫项目71个，带动1.6万人脱贫增收。

【重大风险防控】 2020年，同安区推进涉众型经济金融风险专项整治等工作，排查整治涉金融企业1000余家。健全稳企业防风险工作体系，不良贷款率0.3%，低于省对市控制目标1.7个百分点。优化地方政府债券期限和债券结构，确保风险安全可控。落实房地产调控机制，着力化解涉房地产信访及历史遗留问题，保障房地产市场平稳健康发展。

【社会治理】 2020年，同安区探索乡村社会治理新模式，建设省级家风家训乡贤馆，五显镇、莲花镇获评“省乡村治理示范镇”。移风易俗专项治理帮助群众节省资金3亿多元。“高山议理堂”做法在全市推广。拆除“两违”197.82万平方米，处置总量居全市第一。全年刑事警情比上年下降28.7%，达历史新低。“雪亮工程”实现村（居）全覆盖，“以房管人”做法在全省、全市推广。全区生产安全事故起数、死亡人数实现“双下降”，市对区食安工作考核连续三年居全市第一。扫黑除恶好评率连续3次排名全市第二，成功打掉恶势力犯罪集团4个，实现2020年以前办理案件全面办结。

（区委党史方志室）

中共厦门市同安区委员会

综　述

【概　况】2020年，中共厦门市同安区委员会（以下简称同安区委）坚持“拉框架、腾空间、装项目、补短板、促落地、大发展”工作思路，统筹推进疫情防控和经济社会发展。贯彻省委、市委全会重要部署，召开区委十三届十五次全会，研究部署实现全方位高质量发展超越目标和举措，制订“1+9”行动方案和行动计划。落实市委“岛外大发展、岛内大提升”“招商引资与项目建设攻坚年”“百日冲刺行动”部署要求，制定《同安区“岛外大发展”三年攻坚行动方案》，推动高质量发展超越。2020年，全区经济社会平稳健康发展，16项主要经济指标增幅有11项位居全市前三，“项目建设攻坚”绩效考核成绩居全市第一，省市重点项目土地房屋征收综合考评连续五年保持全市领先。招商引资项目签约、投资总额均创历史新高。汀溪水库饮用水源及国省控断面水质实现100%达标，空气质量优良率达100%。蝉联“省级文明城区”称号，同安区获评“省村庄清洁行动先进区”。

【思想政治建设】2020年，同安区委贯彻落实习近平总书记重要讲话重要指示批示精神和党的十九届五中全会精神，着力抓学习、抓宣讲、抓执行，确保党中央决策部署在同安落地生根、开花结果。开展“深化大学习、提振精气神”专项活动，全区有基层党组织363个、党员6307名参加，开展集中学习研讨、党员领导干部带头讲党课等各项活动1500余场次；召开专题组织生活会378场次，查摆问题413个，提出解决措施596条。组织在职党员干部参加“学习贯彻十九届四中全会精神”“深学笃行、奋楫争先”等直播云课程20期；高山党校全年培训学员近2.6万人次，吸引31万余名党员群众学习考察；初心使命馆获评省级习近平新时代中国特色社会主义思想实践示范基地。落实意识形态工作责任制，规范宣传阵地管理，打造区级融媒体中心指挥平台，构建“同安发布”品牌宣传矩阵，创新网络舆情闭环管理模式；率先在全市建成“新时代文明实践中心智慧云平台”，实现148个“中心、所、站”三级全覆盖；连续四年在市对区意识形态工作考核中被评为优秀。

【高质量发展统筹谋划】2020年，同安区委科学谋划确定发展目标和发展思路，编制“十四五”规划和二〇三五年远景目标的建议，提出“12345”工作思路，即锚定“建设高素质高颜值现代化国际化富美新同安”总目标，突出“创新驱动”和“深化改革”两条工作主线，实现“产业兴、百姓富、生态美”三大战略任务，明确“创新活区、工业强区、文化兴区、生态立区”四大发展定位，建设“产城融合示范区、未来科技城核心区、乡村振兴样板区、生态人文名胜区和金砖未来创新基地”五大功能片区。力争到2025年，经济质量效益明显提升，全方位高质量发展超越迈上新台阶；到2030年，发展质量和效益大幅跃升，全方位高质量发展超越基本实现；到2035年，建成高素质高颜值现代化国际化的富美新同安，全面实现全方位高质量发展超越。

【重大事项研究决策】2020年，同安区委贯彻中央、省委和市委决策部署，召开常委会会议37次、专题会议32次，研究部署党的建设、疫情防控、征地拆迁、招商引资、乡村振兴、新城建设、重点项目、社会治理和民生保障等工作。制定出台《同安区实施食品安全战略创建人民满意的食品安全城市工作方案（2020—2022年）》，明确主要目标、基本原则、八大重点工程、五大攻坚行动和相关保障措施。出台《推进同安区总医院建设实施方案》，深化紧密型医共体改革，推动实施分级诊疗。出台《关于抓好“三农”领域重点工作确保如期实现全面小康的实施意见》，对标对表全面建成小康社会目标，抓好农业稳产保供和农民增收，推进农业高质量发展。制发《中共同安区委关于废止和宣布失效一批党内规范性文件的决定》，保证党内法规制度的统一性和权威性，不断提高党的建设科学化水平。制发《中共同安区委关于深入学习贯彻习近平总书记重要讲话重要指示批示精神全力推动富美同安实现全方位高质量发展超越的决定》，统一思想、锚定目标、抓住关键、着眼大局，推动富美同安实现全方位高质量发展超越。制发《中共同安区委关于学习宣传贯彻党的十九届五中全会精神的通知》，全面提升站位，提出总体目标，精心组织，兴起学习热潮。出台《中共同安区委关于健全完善区委政法委协管政法干部队伍工作机制》，明确相关要求，完善工作机制。出台《同安区汀溪水库水源保护区生态补偿实施细则》，明确补偿范围、对象、补偿方式和时限等，落实饮用水源地保护制度。出台《关于“爱心厦门，同安在行动”工作方案》，成立组织机构，明确具体内容、实施步骤、工作要求。制发《中共同安区委办公室印发〈关于深化区纪委监委派驻机构改革的意见〉的通知》，完善派驻监督体制机制，提高派驻监督全覆盖质量，实现全面深化改革、全面依法治区和全面从严治党的有机统一。出台《贯彻落实〈关于支持“三农”工作补齐发展短板若干措施〉的实施意见》，明确责任单位，推动农业全面升级、农村全面进步、农民全面发展。出台《同安区镇（街）职能配置、内设机构和人员编制规定》，明确镇（街）主要职责，建立权责一致、运行高效的基层管理体制。出台《同安区关心关爱基层干部若干措施》，建立正向激励体系，提供坚强组织保障，关怀、爱护基层干部。

【疫情防控与复工复产】 2020年，同安区委推进新冠肺炎疫情联防联控、群防群控、精密智控。疫情发生后，按照“外防输入、内防扩散”的策略，第一时间启动指挥部作战体系，设置6个交通卡口和1300多个临时检查点，创新“以房管人”机制，累计排查41万人次，全面筑牢疫情防控防线。千方百计服务保障大局，共为全国、全省提供口罩1.3亿个，选派31名医护骨干组成援鄂援杏医疗队，完成医疗支援和物资调拨任务。疫情稳控后，推动分级精准复工复产，成立企业服务（复工）组，推广“社区防疫通”便民惠企核查。出台“稳岗援企15条”等一揽子纾困措施，兑现惠企资金15亿元，惠及企业3586家（次）。在全市最早实现全面复工复产，工业用电增幅稳居全市第一。坚决落实防范境外疫情输入任务，实施落地查验、分流个转运、集中隔离等全流程闭环管理措施，疫情防控保持全市唯一“零确诊、零疑似”。

【党建引领基层治理】 2020年，同安区委加强基层党的建设，在全市率先实施“整镇（街）推进、整区提升”行动，打造党建典型点40个和学习动线8条。全国首创“邻长制”治理模式，实现全区173名村（居）党组织第一书记、书记在区委组织部备案管理。推行“近邻党建”工作模式，党建引领基层治理等经验做法在主流媒体刊发。

【党风廉政建设】 2020年，同安区委全面推进从严治党，整治群众身边腐败和作风问题，立案86件86人，查处违反中央八项规定精神问题14个16人、形式主义官僚主义作风问题21个31人。探索建立分类分层分级问责机制，贯通运用“四种形态”处理528人次，其中前两种形态占95.5%。十三届区委巡察全覆盖任务完成88.3%，村（居）巡察覆盖率93.6%。

【省委巡视问题整改】 2020年，同安区委坚决贯彻省委、市委关于巡视整改落实的部署要求，把巡视整改作为重大政治任务，以最坚决的态度、最有力的举措、最严格的要求推进全面整改。区委成立巡视整改工作领导小组，先后召开10次区委常委会会议、区委巡视整改工作领导小组会议，制定《关于落实〈省委巡视组关于巡视同安区情况的反馈意见〉整改任务与分解方案》和《关于落实〈省委巡视组关于巡视同安区情况的反馈意见〉补充问题清单整改任务与分解方案》。区四套班子领导按照“一岗双责”要求和责任分工，抓好分管领域整改工作。巡视反馈的63个问题，完成整改60个，处理问责干部203人，建立完善制度230项，移交的143条问题线索和122件信访件均全部办结。

（黄志军）

重要会议

【区委常委会会议】 2020年，同安区委召开常委会会议37次，传达学习中央、省、市有关精神，研究部署疫情防控、经济社会发展、党的建设、文化宣传等工作。

【区委十三届十五次全体会议】

2020 年 8 月 30 日，同安区委十三届十五次全体会议在同安会堂召开。会议以习近平新时代中国特色社会主义思想为指导，学习贯彻习近平总书记重要讲话重要指示批示精神，落实省委十届十次全会精神、市委十二届十一次全会精神，动员全区广大党员干部群众在经济特区设立 40 周年的新起点上，锚定目标，奋勇争先，推动富美同安实现全方位高质量发展超越，为全市率先实现全方位高质量发展超越作出更大贡献。会议审议通过《中共同安区委关于深入学习贯彻习近平总书记重要讲话重要指示批示精神全力推动富美同安实现全方位高质量发展超越的决定》等文件。

【区委十三届十六次全体会议】

2020 年 12 月 26 日，同安区委十三届十六次全体会议在同安会堂召开。会议以习近平新时代中国特色社会主义思想为指导，学习贯彻中共十九届五中全会和省委十届十一次全会、市委十二届十二次全会精神，贯彻落实习近平总书记对福建、厦门工作的重要讲话重要指示批示精神和中央、省市经济工作会议精神，总结“十三五”特别是 2020 年工作，研究提出《中共同安区委关于制定同安区国民经济和社会发展第十四个五年规划和二〇三五年远景目标的建议》，部署 2021 年工作，动员全区广大党员干部群众锚定目标、赓续前行、奋楫争先，在构建新发展格局的新起点上，以更加饱满的精神、更加昂扬的斗志，推动全方位高质量发展超越，为高素质高颜值现代化国际化富美新同安“十四五”良好开局而努力奋斗。

（黄志军）

2020 年同安区委常委会会议议题一览表

表 9

会议日期	议题
1 月 13 日	传达学习贯彻习近平总书记在中共中央政治局“不忘初心、牢记使命”专题民主生活会和中央主题教育总结大会上的重要讲话精神，听取同安区主题教育工作开展情况汇报，研究部署主题教育年底总结提升工作；研究关于购买补充耕地指标事宜；审议《同安区小型建设项目区内招投标管理办法》；审议《同安区汀溪水库水源保护区货币化生态补偿实施细则》；听取关于莲花镇蔗内村内庵自然村和白交祠村地质灾害就地搬迁安置项目建设事宜的汇报；听取关于某部队营区生活污水处理工程前期调整为新建的情况汇报；听取关于后曾污水处理系统临时提升工程调整概算的情况汇报等议题 10 个
1 月 20 日	传达学习省、市“两会”精神，研究同安区贯彻意见；传达学习 2019 年全国地方外办主任会议精神及省委、市委常委会会议精神，听取同安区贯彻意见汇报；传达全市干部教育培训暨市区党校（行政学院）工作联席会会议精神，研究同安区贯彻意见；听取同安区 2019 年荣誉榜有关情况的汇报；研究巡视反馈问题整改工作有关事宜等议题 6 个
2 月 10 日	深入学习贯彻习近平总书记在中共中央政治局常委会会议上的重要讲话精神和省委、市委常委会（扩大）会议精神，听取同安区疫情防控工作进展情况汇报，进一步研究部署同安区应对工作；研究企业复工相关工作；研究通报表扬在疫情防控阻击战中表现突出的先进个人（第一批）有关事宜等议题 3 个
2 月 12 日	书面传达学习 2 月 10 日习近平总书记在北京调研指导新型冠状病毒肺炎疫情防控工作时的重要讲话精神，研究同安区贯彻意见；听取有关干部事项报告议题 2 个
2 月 21 日	听取关于 2020 年政府投资项目基建计划的汇报；听取关于 2020 年度区级重点项目计划的汇报；研究第一季度攻坚促工项目有关事宜；传达学习贯彻习近平总书记在十九届中央纪委四次全会上的重要讲话精神和十九届中央纪委四次全会精神，研究审议区纪委全会工作报告；研究区委常委会 2020 年工作要点；听取关于“三险合一”优化调整方案的汇报；听取城北六号道路工程调整概算事宜的情况汇报；听取关于区总医院申请紧密型医共体配套试点补助资金的情况汇报；研究关于厦门市竹坝水库库区及库周整治工程建设的事宜；审议《厦门市同安区企业应急还贷资金管理办法》等议题 15 个
2 月 28 日	传达学习贯彻习近平总书记在中央全面深化改革委员会第十一次、十二次会议上的重要讲话精神和省委全面深化改革委员会第九次会议精神，研究同安区贯彻意见；听取区人大常委会、区政府、区政协、区法院、区检察院党组 2019 年工作汇报；传达学习全国、全省、全市组织部长会议精神，研究同安区贯彻意见；传达学习全国、全省、全市统战部长会议精神，研究同安区贯彻意见；听取关于核拨同翔大道（沈海高速—洪新路）土地征收补偿新旧标准资金的情况汇报；研究西柯二期、刘埭嘉园、美峰公园安置房项目有关事宜；研究《“才聚银城”紧缺人才引进和培育计划》等议题 9 个

续表9

会议日期	议题
3月10日	传达学习习近平总书记3月2日在北京考察新冠肺炎防控科研攻关工作时的重要讲话精神、在3月4日中共中央政治局常务委员会会议上的重要讲话精神，研究同安区贯彻意见；传达贯彻市委书记胡昌升到莲花镇军营白交祠村调研农业农村工作精神，研究同安区贯彻意见；传达全省、全市安全隐患大排查视频会议精神，研究部署有关工作；听取全市教育大会中涉及同安区相关工作任务完成情况和全区教育大会分解任务落实情况的汇报，研究存在困难问题和意见建议；研究关于同安区铁路高速公路沿线市容村容整治专项行动有关事宜；研究关于“爱心厦门，同安在行动”工作方案；听取2019年厦门市劳动模范和劳动工作先进集体评选表彰推荐名单的汇报等议题10个
3月20日	深入学习贯彻习近平总书记关于安全生产的重要讲话重要指示批示精神，听取关于全区安全生产工作情况的汇报，研究部署同安区安全生产和应急管理工作；通报2019年度区委常委班子述责述廉评议结果及整改情况；研究《中共同安区委财经委员会2020年工作要点》；听取全区房屋安全隐患排查整治工作情况的汇报，研究部署近期工作；审议《2020年全区党委（党组）理论学习中心组学习计划（送审稿）》；听取分析研判同安区意识形态领域情况的汇报；研究同安区2020年审计项目计划；审议《同安区应对新冠肺炎疫情推动工业稳增长若干措施（送审稿）》；审议《同安区应对新冠肺炎疫情推动商贸流通业稳增长若干措施（送审稿）》等议题12个
4月2日	传达学习贯彻习近平总书记3月27日在中共中央政治局常务委员会会议上的重要讲话精神和省委、市委常委会会议精神，听取区应对新冠肺炎疫情工作指挥部外事组工作情况汇报，研究部署疫情防控外防输入和内防反弹工作；听取政法有关工作汇报；听取2020年第一季度生态环境保护工作情况汇报；听取关于2019年度平安建设（综治工作）考评奖励有关事项的汇报；听取关于与厦门建潘德韬科技园发展有限公司签订《投资协议书》的汇报；研究《同安区2015—2019年度精神文明和生态文明工作先进集体和先进个人名单》等议题6个
4月14日	研究有关干部工作；听取关于厦门禾信供应链金融服务项目扶持方案的汇报、关于智布互联项目扶持方案的汇报、关于与瀚途控股有限公司签订《投资协议》的汇报议题2个
4月16日	传达学习习近平总书记在中央政治局会议、浙江考察调研时的重要讲话和对四川西昌市经久乡森林火灾作出的重要指示精神及国务院严防境外疫情输入工作电视电话会议精神、研究同安区贯彻意见；深入学习习近平总书记关于机关效能建设的重要论述和全省进一步深化机关效能建设推进社会治理现代化视频会议精神、研究同安区贯彻意见；听取《2020年全区党建工作要点（送审稿）》起草情况和主要内容汇报；听取《关于深化区纪委监委派驻机构改革的意见（送审稿）》起草情况和主要内容汇报；审议《同安区政协2020年重点协商和民主监督工作计划》；研究“三农”相关工作，听取区委农村工作会议建议方案的汇报；听取同安区关于市招商引资工作先进集体和先进个人推选工作的汇报等议题7个
4月27日	传达学习习近平总书记在中共中央政治局会议上的重要讲话精神，研究部署同安区常态化疫情防控和经济工作；深入学习贯彻习近平总书记在“不忘初心、牢记使命”主题教育总结大会上的重要讲话精神，研究同安区主题教育总结报告和贯彻意见；听取《中共厦门市同安区委深改委2020年工作要点（送审稿）》起草情况及主要内容汇报；听取《中共同安区委国安委2020年工作要点（送审稿）》《中共同安区委国安委关于建立国家安全重点领域工作协调机制的工作方案（送审稿）》起草情况及主要内容的汇报；听取学习贯彻《关于在全市机关国有企事业单位党组织和党员干部中开展“深化大学习、提振精气神”专项活动方案》有关情况的汇报；研究新旧征地补偿标准衔接有关事宜等议题6个
5月9日	研究征拆体制有关事宜；听取乡村振兴工作有关情况汇报；听取关于安全稳定有关工作汇报；听取《关于深化新时代学习思想政治理论课改革创新的若干措施（送审稿）》起草情况及主要内容的汇报；研究厦门市青少年综合实践基地地下停车场投资体制有关事宜；审议《关于修订〈厦门市同安区区级财政性投资基建项目管理暂行办法〉等文件部分条款的通知（送审稿）》；听取关于追加“企业发展扶持资金”专项资金的汇报；研究轨道6号线糖厂安置房一期工程（幼儿园）建设相关事宜；审议《关于同安工业集中区正本清源工程设计方案》；审议《双溪泵站配套污水干管工程（双溪合流口至双溪泵站）方案》；听取关于莲花镇蔗内村书记人选的情况报告等议题19个
5月22日	通报成立区委巡视整改工作领导小组有关事宜，研究部署巡视反馈问题整改工作；传达5月20日市委主要领导调研同安有关精神；传达贯彻落实全市“岛内大提升、岛外大发展”推进会精神；学习贯彻中共中央办公厅印发的《党委（党组）落实全面从严治党主体责任规定》，研究同安区具体落实措施；传达省委常委会会议暨省中央环境保护督察整改工作领导小组会议精神，通报中央第二生态环境保护督察组向我省反馈涉及同安区的督察情况，研究同安区贯彻落实督察反馈意见整改措施和即知即改工作；听取关于同安区贯彻落实《中国共产党宣传工作条例》工作情况的汇报；研究关于召开区十七届人大五次会议的有关事项等议题8个

续表 9

会议日期	议题
6月5日	研究巡视整改工作的任务分解方案及相关工作规则；听取意识形态专项巡视整改工作进展情况汇报，研究意识形态专项巡视整改方案；听取落实省委巡视整改意见专题民主生活会有关事宜汇报；听取巡视巡察专项巡视整改工作进展情况汇报；听取选人用人专项巡视整改工作进展情况汇报等议题6个
6月11日	学习《关于新形势下党内政治生活的若干准则》《中国共产党地方委员会工作条例》；深入学习习近平总书记在全国“两会”期间的重要讲话精神，研究同安区贯彻意见；研究依法治区有关事项；审议《同安区关于扎实做好“六稳”工作落实“六保”任务实施方案（送审稿）》；听取同安区财政局关于加强增收节支全力做好“六稳”“六保”工作的汇报；审议《同安区安全生产专项整治三年行动实施方案》（审议稿）；听取关于加强党群工作者队伍建设的情况汇报；听取关于竹坝开发建设事务中心体制机制改革有关事宜等议题15个
6月17日	学习《同安区集中整治形式主义、官僚主义的实施方案》等文件规定；深入学习贯彻习近平总书记关于退役军人工作的重要论述和中央退役军人事务工作领导小组第六次全体会议精神，研究同安区贯彻意见；听取“爱心厦门，同安在行动”工作情况汇报；研究同安区2019年度绩效评估结果、绩效奖励建议，审议《2020年度同安区绩效管理工作方案》和《2020年同安区机关效能建设工作要点暨实施方案》；听取关于象屿合作协议的情况汇报；研究区委常委民主生活会有关事宜等议题6个
6月24日	听取巡视整改进展情况汇报；听取两个专项问题整改情况汇报议题2个
7月6日	传达学习贯彻习近平总书记在宁夏考察时的重要讲话精神，研究部署同安区常态化疫情防控和经济社会发展工作；传达学习贯彻中央、省委、市委全面深化改革会议精神，研究同安区贯彻意见；听取乡村振兴工作进展情况及下一步工作计划的汇报；听取《厦门市同安区“信访矛盾纠纷大排查、大化解、大整治百日攻坚”专项行动方案（送审稿）》起草情况及主要内容汇报；听取《同安区实施分类分层分级问责工作办法（试行）》起草情况和主要内容的汇报；听取关于区委党内规范性文件集中清理工作情况的汇报；听取关于新经济产业园特房集团项目政策扶持措施的汇报等议题11个
7月20日	学习中共中央办公厅印发《关于加强乡镇干部队伍建设的若干规定》和《福建省干部挂职锻炼管理办法（试行）》《省委组织部关于进一步规范干部挂职工作的通知》等文件；听取巡视整改工作整体进展情况汇报；听取重点专项问题整改情况汇报等议题3个
7月22日	通报省纪委《关于生态环境保护领域违纪违法案件典型案例的通报》；传达全市个人有关事项报告专项工作部署会议精神，研究同安区初步贯彻意见；听取全区项目推进情况的汇报；审议《关于印发〈同安区2020年度党政领导生态文明建设和生态环境保护目标责任制考核细则任务分解表〉的通知（送审稿）》；审议《中共厦门市同安区教育工作领导小组2020年工作要点（送审稿）》；审议关于厦门市同安区2019年财政决算（草案）的报告；审议关于2019年度区本级预算执行和其他财政收支的审计情况报告；研究埭头溪水质提升攻坚行动方案；研究开展城中村排水管网溯源有关事宜；研究同安工业园区污水处理厂投资建设事宜；听取关于新经济产业园特房集团项目政策扶持措施的汇报；研究同莲路改造工程与大唐三期用地红线重叠地块征收有关事宜；研究同莲路片区旧村改造整村搬迁项目征收集体土地上房屋补偿补助区镇结算包干方案等议题15个
8月8日	传达学习贯彻习近平总书记对进一步做好防汛救灾工作作出的重要指示和给中国石油大学（北京）克拉玛依校区毕业生的回信精神，研究部署统筹做好常态化疫情防控、经济社会发展、防汛防台风等工作的具体措施；传达学习省委贯彻《中国共产党宣传工作条例》有关会议精神和市委常委会会议精神，研究同安区贯彻意见；听取同安区关于落实全市“三高”企业发展大会工作任务，推进“三高”企业倍增发展情况的汇报；听取“深化大学习、提振精气神”专项活动有关情况汇报；听取2020年上半年全区维稳工作汇报；研究追加“被征地农民社保补助”专项资金相关事宜；听取《关于深入贯彻落实〈中国共产党重大事项请示报告条例〉的通知（送审稿）》起草情况及主要内容汇报；听取《关于加强对区委常委会及其成员进行党内监督的暂行规定》起草情况和主要内容的汇报等议题8个
8月27日	传达学习中央、省、市有关会议精神；听取同安区1—7月经济运行情况汇报；听取关于2020年政府投资项目调整工作的汇报；听取《关于区级政府投资项目管线建设统筹机制（送审稿）》起草情况和主要内容的汇报；研究关于追加2019年度和2020年度继续教育经费事宜；深入学习贯彻习近平总书记重要讲话重要指示批示精神和省委十届十次全会、市委十二届十一次全会精神，研究区委十三届十五次全会方案及有关文件文稿；研究区委十三届十五次全会方案等议题7个
8月30日	听取安全生产整改及抓细抓实工作情况汇报；听取2020厦门国际投资贸易洽谈会厦门市代表团同安分团工作方案及招商工作进展情况汇报；研究有关干部工作等议题3个

续表 9

会议日期	议题
9 月 7 日	传达学习贯彻习近平总书记在安徽考察时的重要讲话精神、在中国医师节到来之际向全国广大医务工作者致以节日祝贺和诚挚慰问时的重要指示精神、致全国青联十三届全委会和全国学联二十七大贺信精神和对制止餐饮浪费行为作出的重要指示精神及省委常委会会议、市委常委会会议精神，研究同安区贯彻意见；听取关于房屋安全隐患大排查大整治暨百日攻坚专项行动开展情况的汇报；听取《中共同安区委关于省委巡视专项检查同安区委落实意识形态工作责任制反馈问题的整改报告（送审稿）》起草说明和主要内容的汇报；听取《关于调整区委常委工作分工的方案（送审稿）》起草说明和主要内容的汇报；听取关于拟推荐 2020 年度全国“最美家庭”参评家庭的情况汇报；听取关于华彬集团项目扶持方案的汇报等议题 6 个
9 月 13 日	传达学习习近平总书记在全国抗击新冠肺炎疫情表彰大会上的重要讲话精神和省委常委会会议、市委常委会会议精神，研究同安区贯彻意见，部署统筹推进常态化疫情防控和经济社会发展工作；听取《关于 2020 年 1—7 月份同安区国民经济和社会发展计划执行情况的报告（送审稿）》起草说明和主要内容的汇报；研究仁励窝网络科投资合作协议事宜等议题 4 个
9 月 28 日	研究有关干部工作；传达学习省十三届人大四次会议精神和市委常委会会议精神，研究同安区初步贯彻意见；研究同安区经济工作；研究同安区安全稳定工作；听取全区食品安全工作情况的汇报；研究疫情期间平安志愿者执勤补贴建议方案；听取关于全国文明城市创建工作总体情况的汇报；听取第三季度“爱心厦门・同安在行动”工作情况汇报；审议《厦门市同安区国民经济和社会发展第十四个五年规划基本思路（送审稿）》；听取 2020 年度财政预算调整工作情况汇报等议题 10 个
10 月 13 日	听取省扫黑办明察暗访督导情况汇报；研究部署扫黑除恶相关工作等议题 3 个
10 月 14 日	传达学习习近平总书记在基层代表座谈会上、在教育文化卫生体育领域专家代表座谈会上的重要讲话精神和对“十四五”规划编制工作网上意见征求活动作出的重要指示精神及省委常委会会议、市委常委会会议精神，研究同安区贯彻意见；听取同安区与甘肃临夏州康乐县对口扶贫工作情况汇报；听取关于《同安区今年以来党风廉政建设和反腐败工作形势分析报告》的汇报；听取关于同安区历史文化遗产集中保护修缮项目三年工作计划安排情况的汇报；听取关于同安区教师进修学校建设方案的汇报；研究成立区土地房屋征收协调领导小组有关事宜；研究关于对网易厦门数字产业中心项目的扶持方案、研究关于邦空间创客基地项目的投资合作方案等议题 7 个
10 月 30 日	传达学习习近平总书记在广东考察时和在深圳经济特区建立 40 周年庆祝大会上的重要讲话精神，深入领会习近平总书记关于改革开放的重要论述和推动厦门经济特区建设发展的探索与实践，研究同安区贯彻意见；听取区发改局、区重大办、区工信局、区招商办、区建设与交通局、区市政园林局等相关单位的分类分口项目建设开展情况汇报；深入学习习近平总书记关于宣传思想工作的重要思想，学习中共中央办公厅《关于当前意识形态领域情况的通报》、福建省委办公厅《关于当前我省意识形态领域情况的通报》《中共福建省委宣传思想工作领导小组（意识形态工作领导小组）工作规则（试行）》等，听取同安区宣传思想、意识形态工作情况汇报，研究同安区贯彻意见；听取关于平安建设“三率”提升工作情况的汇报；研究同安区计划生育协会改革方案和《同安区镇街综合行政执法改革试点方案（送审稿）》；听取关于同安区工会第十七次代表大会暨换届选举工作实施方案的汇报；听取关于给予厦门鑫同玺供应链管理有限公司扶持政策的情况汇报等议题 8 个
11 月 2 日	传达学习贯彻党的十九届五中全会精神和省委常委会（扩大）会议、市委常委会（扩大）会议精神
11 月 23 日	学习贯彻习近平总书记重要讲话重要指示批示精神，传达全国疫情防控工作电视电话会议、全省秋冬季疫情防控工作视频会议精神和省委常委会会议、市委常委会会议精神，研究部署统筹推进秋冬季常态化疫情防控和经济社会发展具体措施；听取《厦门市同安区人民政府关于“十三五”规划执行和“十四五”规划编制情况的报告（送审稿）》起草情况和主要内容汇报；审议《同安区城市社区工作者职数核定方案（送审稿）》；听取关于召开同安区第十五次妇女代表大会有关事项的报告；听取关于“环境整治不够到位”中“城镇污水处理设施和管网建设滞后、至 2020 年尚有四个村约 340 户村民未通自来水”问题整改进展情况；研究同安区促进影视产业发展扶持政策事宜；研究有关干部工作等议题 7 个
12 月 3 日	传达学习习近平总书记在金砖国家领导人第十二次会晤上的重要讲话精神及省委常委会会议、市委常委会会议精神，研究同安区贯彻意见；审议《关于省委巡视十二组巡视同安区反馈意见整改进展情况的报告，更新稿》《关于拟不公开整改事项的报告（送审稿）》《中共同安区委关于巡视整改进展情况的通报（党内通报稿，送审稿）》《中共同安区委关于巡视整改进展情况的通报（向社会公开稿，送审稿）》；听取《关于调整区委常委工作分工及区四套班子领导挂钩镇（街）的方案（送审稿）》起草情况和主要内容的汇报；听取关于高压钠灯更换为 LED 路灯事宜的汇报；研究同安区 1—10 月经济运行情况；听取关于今年以来全市营商环境提升工作情况及下一步工作安排建议的汇报等议题 6 个

续表 9

会议日期	议题
12月11日	传达学习习近平总书记在中共中央政治局会议审议《中国共产党统一战线工作条例》《中国共产党党员权利保障条例》和中共中央政治局第二十五次集体学习时的重要讲话精神及省委常委会会议、市委常委会会议精神，研究同安区贯彻意见；听取区十七届人大六次会议、区政协十三届五次会议有关事项汇报；研究同安区与珑耀集团新一轮合作协议方案、研究区资管公司向厦门建发股份有限公司提供反担保事宜等议题 3 个
12月18日	研究统筹“被征地农民社保补助”专项资金相关事宜；传达省委、省政府主要领导在厦调研时的讲话精神及市委常委会会议精神，研究同安区初步贯彻意见；审议区“两会”相关材料；研究《厦门市同安区 2020 年移民造福工程实施方案》；研究同安区全面实施零基预算改革工作方案事宜；研究调整 2021 年预算定额标准事宜；研究 2020 年度区属国有企业负责人经营业绩考核方案事宜；研究增加厦门同安城市建设有限公司资本金投入事宜；研究同安国投房地产公司成建制划转给同安置业公司事宜；研究与华中师大、“新教育”合作办学有关事宜；审议《同安区工商业联合会改革方案（送审稿）》等议题 12 个
12月26日	学习贯彻习近平总书记重要讲话重要指示批示精神、中央经济工作会议精神和省委十届十一次全会、省委经济工作会议、市委十二届十二次全会精神，研究同安区贯彻意见；研究区委十三届十六次全会方案，听取区委全会报告、《中共同安区委关于制定同安区国民经济和社会发展第十四个五年规划和二〇三五年远景目标的建议（讨论稿）》、说明、决议等文件起草情况和主要内容的汇报，听取区委经济工作会议有关文稿起草情况和主要内容的汇报议题 2 个
12月26日	听取关于《厦门市同安区国民经济和社会发展第十四个五年规划和 2035 年远景目标纲要（草案）》及《厦门市同安区人民政府关于厦门市同安区国民经济和社会发展第十四个五年规划和 2035 年远景目标草案的说明》起草情况和主要内容的汇报；听取《关于加强综合治理从源头切实解决执行难问题的实施办法（送审稿）》起草情况和主要内容的汇报（同时作为区委全面依法治区委员会会议）；研究有关干部工作等议题 3 个

（黄志军）

机制体制改革

【概　况】 2020 年，同安区召开 5 次区委深改委（专题）会议，研究部署 11 个领域 53 项年度重点改革任务及 38 项重点突破事项，创新体制机制统筹推进疫情防控和经济社会发展，聚焦科技创新、产业结构、营商环境、社会治理、乡村振兴、生态文明、疫情防控和公共卫生应急管理体系等重点领域，探索形成一批改革创新举措。军营、白交祠脱贫攻坚探索案例获评市 2020 年度改革创新优秀项目，28 项改革经验成果被媒体刊物报道，2020 年“改革热度指数”居全市各区首位。

【经济改革】 2020 年，同安区实施财政零基预算改革，绩效目标管理覆盖率 100%。深化民营和小微企业金融服务综合改革，创新“金融 + 园区”“金融 + 云端”“金融 + 司法”等金融平台，搭建“同安区中小微企业金融服务中心”。深化产业基金引导模式，与市级共同设立总规模为 16 亿元的“厦门市中小微企业融资增信基金”。创新以供应链公司为基础的纾困机制，组建厦门同顺供应链管理有限公司。加强国企国资风险管理，建立区属国有企业重点领域、关键环节风险点常态化监控管理机制。制定投资项目前期论证机制，投资项目管线建设统筹机制，简化投资项目审批程序。

【农村治理改革】 2020 年，同安区制订《同安区推进乡村治理集成改革试点总体方案》，推进 6 个方面 22 项工作。在党建引领乡村治理方面，率先全市实施“整镇（街）推进、整区提升”行动，打造 40 个党建典型点和 8 条学习动线。全面推行“近邻党建”工作模式，党建引领基层治理等经验做法在主流媒体刊发。在法治乡村建设方面，实施农村“法律明白人”培养工程，健全完善“4321”协同治村平台，推广“高山议理堂”模式。在乡村自治方面，建立健全村民民主协商议事平台，设立民主议事厅，田洋村党委创新设立《村情议事制度》，组建“民意智囊团”。在乡风文明建设方面，依托新时代文明实践站点实施文明培育行动，持续深化移风易俗工作，2020 年简办、停办婚丧宴席等 4000 余场次，帮助群众节省资金近 3 亿元。探索建立文明村创建激励机制，新增洪塘镇苏厝村、埔后村入选全国文明村，全国文明村总数居全市第一。在加强村级权力监管方面，建立村（居）干部履职清单和负面清单管理办法，实现全区 173 名村（居）党组织第一书记、书记在区委组织部备案管理。拓展村务公开新渠道，创新建立“村务通”手机平台，实现村（居）事务“掌上看”，“小微权力”有监督。推进村（居）巡察全覆盖，完成105个村（居）的巡察。在村（居）构建“一站一室一平台两员”监督模式，打通基层监督“最后一公里”。在推动乡村产业发展方面，探索“订制式开发”“合作社三统一”“国企示范＋村集体带动＋村民合作入股”等村集体经济发展模式，全区村（居）经营性收入均在20万元以上。开展农村集体资产股份质押融资试点，在全市率先开展集体资产股份权能质押担保业务，帮助解决集体经济组织和农民股东融资难问题。

【法制改革】 2020年，同安区推进民事诉讼程序繁简分流改革试点工作，制定出台改革试点工作方案和《适用简易程序审理民商事案件试点办法的指引》等配套性文件，在全省率先适用简易程序云审理公告送达的民事案件。建立完善人民调解与诉讼调解衔接联动工作的机制，在8个镇（街）分别挂钩设立一个“诉调对接”联络员。持续推进公共法律服务实体平台建设，实现区、镇（街）、村（居）公共法律服务实体平台全覆盖。发挥法律顾问基层服务作用，采取“自我推荐＋实地走访”模式，推动全区57个村（社区）法律顾问示范点建设。

【社会事业体制改革】 2020年，同安区强化宣传阵地管理，推进媒体融合，打造区级融媒体中心指挥平台，构建“同安发布”品牌宣传矩阵创新网络舆情闭环管理模式。推动新时代文明实践中心全国试点建设，在全市率先建成“新时代文明实践中心智慧云平台”，实现148个“中心、所、站”三级全覆盖。深化“爱心厦门，同安在行动”，创新开展“爱心四季”主题行动，全国首创“政府搭台、银企联动”的“云上爱心屋”微信小程序，全市率先实现“爱心屋”城乡全覆盖。建设全国首批、全省首个“巾帼志愿阳光行动”试点站——祥平街道凤祥社区巾帼志愿者“阳光站”，组建巾帼志愿阳光服务队，创设“妇女微家”。全省首创农村艺体学科购买课时服务工作机制，推行中小学校长职级制改革，“区级统筹、片区互补”工作经验在全市推广。继续推进紧密型医共体改革，整合提升总医院信息系统成立新的远程医疗会诊中心，完善总医院六大医疗中心联通运行，实施总医院医疗管理专家挂职基层卫生单位副职运行机制。

【社会治理体制改革】 2020年，同安区推进“雪亮工程”大数据平台项目建设，探索“雪亮工程＋”社会治理创新模式，“雪亮工程”实现村（居）全覆盖。深化区、镇、村三级房东协会运用，创新“以房管人”助力疫情防控工作方法，经验做法在全省、全市推广。在全市率先成立社会治安综合治理中心，推进各部门联运开展社会治安综合治理。深化“三险合一”工作机制，增加综治保险保障项目，全面提高保险金额，扩大大病医疗保险覆盖范围。常态化开展矛盾纠纷排查化解，建立“三级书记抓信访”和区、镇领导“带案下访”机制，对矛盾纠纷排查化解实行台账式、网格化、动态化管理。在基层设置集纠纷化解、普法宣传、道德评议于一体的“议理堂”，在潘涂派出所和西柯派出所试点“议理堂＋公证调解”模式。在全市率先建立“同安区精准帮扶信息共享社会救助平台”，实现全区各部门对困难群众救助帮扶的协同高效。探索应急救援合作机制，推进综合性应急救援队伍建设。

【生态文明体制改革】 2020年，同安区创新提出“全收集、全处理、全补水、全清淤、全生态修复”流域综合整治举措，开展流域治理项目92个，埭头溪稳定消除黑臭，汀溪水库饮用水源及国省控断面水质实现100%达标。落实河道保洁养护机制，实行管养分离，实现主要河道、湖库管护全覆盖。创新“环保管家”模式，实现57个重点污染源智能监控全覆盖。完善生态环境保护制度，出台大气治理管理办法，严控新建炉窑准入门槛，空气质量综合指数、空气优良率均排名全市第一。完善环保网格化监管体系，依托网格化平台开展“散乱污”回头看工作。推进净土保卫战，建立和委托第三方指导建立行业规范化管理试点。

【纪检体制改革】 2020年，同安区纪委完善派驻监督体制机制，制定《同安区纪委监委派驻纪检监察组监督责任清单》《同安区纪委监委派驻纪检监察组能力建设制度清单》《同安区纪委监委派驻纪检监察组工作任务清单》，建立跟班学习、统筹协作、挂钩联系指导等制度机制8项。推进纪律监督、监察监督、派驻监督、巡察监督“四个全覆盖”，建立纪检监察机关、巡察机构、相关部门联合审阅会签整改工作机制。探索建立分类分层分级问责机制，贯通运用“四种形态”处理528人次，其中前两种形态占95.5%。探索阳光村务模式，构建村（居）

“一站一室一平台两员”监督模式。

【行政管理体制改革】 2020年，同安区深化镇（街）机构改革和事业单位改革，完成8个镇（街）机关及11家下属事业单位“三定”工作，完成竹坝开发建设事务中心管理体制改革和同安工业园区管委会体制机制调整。全面启动镇（街）权责清单修订和执法事项清单制定工作。在五显镇试点探索镇（街）“一支队伍管执法”的基层综合执法模式。全面推进简政放权，组织实施90项下放事项承接工作。继续深化“放管服”，健全完善“网上办、自助办、掌上办、邮寄办”等“不见面审批”服务机制。推行跨部门“一窗受理、分类审批、统一出件”综合窗口服务模式，设置工程建设项目审批事项“统一收发件窗口”，办理3630件工程项目审批；企业存量房登记及契税缴纳实行“一号联办”，打造“企业开办专窗”，实现企业设立登记“一个环节、一窗办理、一日办结、零收费”服务模式，整合101个社会事务审批服务事项到“社会民生事务”综合窗口对外进行“一窗通办”。深化工程建设项目审批制度改革，推进“清单制+告知承诺制”试点改革工作，压缩审批时限。

（黄志军）

组织工作

【概　况】 2020年，同安区委组织部落实新时代党的建设总要求和新时代党的组织路线，围绕更高水平建设“两高两化”富美新同安的目标，开展基层党组织建设、党员干部人才队伍建设以及党建引领乡村振兴、基层治理等工作。开展“深化大学习、提振精气神”专项活动，举办集中学习研讨、党员领导干部带头讲党课等各项活动1500余场次。坚持好干部标准，公道正派选贤任能，全年调整交流处级干部95名、科级干部277名，选派158名干部到一线磨炼。做好人才引进、培育和服务工作，引进和培育高层次人才59名，柔性引才459名、完成率115%，接收院校毕业生3738名、完成率134%。至年末，同安区有基层党组织1293个，其中党委84个、党总支98个、党支部1111个；在基层党委中，有乡镇党委6个、机关党委10个、企业党委2个，以及区委派出的党工委5个（机关党工委3个、街道党工委2个）。有党员23365名，其中女党员8148名，占党员总数的34.87%；少数民族党员103名，占党员总数的0.44%；35岁及以下党员7338名、36～45岁5665名、46～55岁4135名、56～60岁1465名、61岁及以上4762名；研究生党员538名，大学本科8559名，大学专科4500名，中专1917名，高中、中技2340名，初中及以下5511名。

【“深化大学习、提振精气神”专项活动】 2020年，同安区按照“以上率下、梯次跟进，扎实开展、确保实效”的原则，在全区机关、国有企事业单位中全面开展“深化大学习、提振精气神”专项活动。全区有基层党组织363个、党员6307名参加，开展集中学习研讨、党员领导干部带头讲党课等各项活动1500余场次；召开专题组织生活会378场次，查摆问题413个，提出措施596条。组织在职党员干部参加“深学笃行、奋楫争先”等直播云课程20期，选调百名专业干部参加省市区“招商引资”“支持民营经济发展”“加快建设高颜值厦门”等专题培训。创新“家庭党校”“党员读报点”“企业党员微党课”等学习载体，利用“村务通”、微信群打造基层党员年度轮训的“云课堂”。修订《习近平同志在同安下基层》《高山军营红》《云上白交祠》等本土教材，开展“重走总书记走过的路、重温总书记的叮嘱”体验教学，全年高山党校培训学员近2.6万人次，吸引31万余名党员群众学习考察。高山党校初心使命馆获评为省级习近平新时代中国特色社会主义思想实践示范基地。

【基层党建】 2020年，同安区树立大抓基层的鲜明导向，在环东海域、乡村振兴示范村、非公领域等打造40个党建典型点，全面提升各领域基层党建工作质量和水平，全区基层党建工作现场推进会获市委组织部肯定。

农村基层党建　深化农村基层组织“1246”工作机制，开展农村基层党建“整镇（街）推进、整区提升”示范创建活动，增强农村基层党组织政治功能和组织力。推动村党组织、村民委员会、村集体经济组织领导班子“三位一体”，全区村级“一肩挑”比例达50%，村党组织书记兼任村集体经济组织、合作经济组织负责人比例达95.83%。开展“村居治理”主题活动，试点推行乡村治理“邻长制”，以“微治理”激发村民群众参与乡村振兴的主动性、积极性，相关做法获《福建日报》推介宣传。开展“党员我先行、振兴当表率”等主题党日活动，建立环境卫生评比“红黑榜”，增强农村党员群众人居环境整治主人翁意识。编写市委农村工作会

2020 年 11 月 25 日，同安区召开基层党建工作现场推进会，组织党务工作者参观厦门中药厂 （同安区委组织部供图）

议精神“三字经”，拍摄答嘴鼓《乡村振兴村民说》，通过“村村响”“村务通”APP 推动上级工作会议精神家喻户晓、人人皆知。

城市基层党建 成立 2 个街道大党工委、33 个社区大党委，在 126 个小区组建 67 个小区党支部（联合党支部），小区党组织覆盖率 87.5%。打造“近邻风祥 178”“御园一家亲”“化邻为整”“池家人”“户联网 +”等多个城市党建品牌。在“银城党建”开辟专栏，每周刊发“近邻党建”微故事，营造“与邻同安”的浓厚氛围。深化“双报到”，5200 余名在职党员到社区、小区解难题、办实事 7000 余项，构建党组织领导的共建共治共享的城市基层治理格局。同安区城市基层党建工作创新做法被《中国城市报》《八闽快讯》《福建组工通讯》相继报道。

机关党建 贯彻《中国共产党党和国家机关基层组织工作条例》，全面开展“让党中央放心、让人民群众满意”模范机关创建活动，激励广大机关党员干部在疫情防控、招商引资、征地拆迁等重点工作中发挥先锋模范作用。

国有企业和学校党建 坚持将党的领导贯穿公司治理、办学治校，实现国有企业、学校党组织书记和董事长、校长“一肩挑”，党建与业务“两手抓”。将党建工作要求写进区属国企公司章程，执行国企党（总）支部议事规则，制定完善党组织前置研究讨论重大经营事项清单。实行教育系统党建工作视导制度，打造新城小学“心诚 175”、梧侣学校“七化同心·幸福梧侣”等具有学校党建工作特色的党建品牌。

非公企业党建 开展“三高”企业党建红色领航行动，以党建带群建推动企业创新发展。开展组织关系排查工作，推进“两个覆盖”提质增效。以园区、龙头企业、行业为重点，建立区领导、区非公党建工作联席会议成员单位挂钩联席基层党组织制度，统筹发挥区直部门职能作用、群团组织协同作用和园区（街镇）兜底作用，构建“1+N”阵地矩阵，培育“中药厂”“金牌厨柜”等非公党建典型。

【党支部标准化规范化建设】 2020 年，同安区推进支部标准化规范化建设，开展“厦门党建 e 家”常态化巡查及支部达标创星活动。持续整顿软弱涣散基层党组织，推动 5 个软弱涣散村基层党组织全面整顿提升。严肃党内政治生活，采取基层自查、区级交叉检查等方式，开展落实党的组织生活制度专项排查整顿，规范党费收缴管理使用。严把党员“出入口”关，坚持“2233”工作法，制定下发《村（居）干部近亲属入党备案管理办法（试行）》，在疫情防控、征地拆迁等一线强化对入党积极分子队伍的锻炼考察，发展党员 189 名。严密组织农村发展党员违规违纪问题排查整顿，基本完成十八大以来 3355 名发展党员排查整顿任务。拍摄选送 10 余部优秀视频参评全市第二届党员教育微视频大赛，《出路》《冠军龙服》分获一、二等奖。推选优秀“厦门党建 e 家”管理员，《党建向阳·逆光飞翔》主题演讲在“我和我的党建故事”演讲大赛中获评全市第一。参与“爱心厦门，同安在行动”，推动 304 个党支部和 329 名处级以上党员领导干部走访慰问 1104 人次，累计使用资金 160.48 万元。

【“党建富民强村”工程】 2020 年，同安区实施“党建富民强村”工程，将三秀山村城市菜地、顶村村股份合作社等 12 个“党建富民强村”项目列入乡村振兴重点内容。管严用好 12 名第五批市派驻村蹲点干部，推动 121 家市、区单位挂钩帮扶薄弱村，实现全区 108 个村（居）集体经济年经营性收入均超 20 万元，其中 23 个村（居）集体经营性收入超 100 万元，梧侣社区、石浔社区、官浔社区、下墩村 4 个村（居）集体经营性收入突破千万元大关。

【干部教育培训】2020年，同安区委组织部实施政治能力提升计划，培训处级领导干部1200余人次。发挥区委党校主渠道主阵地作用，举办区委党校主体班3期，培训处、科级干部127人。持续打造高山党校特色品牌，依托初心使命馆加强党性教育，培训学员112期5600余人。组织“学习贯彻十九届四中全会精神”等线上专题班12期，覆盖党员干部3万余人次。

【干部选拔培养】2020年，同安区强化干部资源配置，调整交流处级干部95名，其中提拔39名、职级晋升24名、平级调整32名；调整交流科级干部277名，其中提拔66名、职级晋升170名。率先全省制定疫情防控干部考察方案，率先全市除夕日倡议发动党员干部冲锋抗疫，率先全市集结选派130名区直机关干部下沉一线，累计走访村居、企业等3257家，协调解决问题628个，助力疫情防控保持“零确诊零疑似”战果；通报表扬在疫情防控阻击战中表现突出的先进个人26人，提拔疫情防控、复工复产火线干部7名。深入一线考察识别激励干部，综合运用“调、挂、派”等方式，选派158名干部到征地拆迁、招商引资、乡村振兴、正本清源、主动创稳等重大工作、基层一线建功立业。出台《关于大力发现培养选拔优秀年轻干部的实施方案》，启用各方面条件成熟的年轻干部，提拔40岁左右正处4名、35岁左右副处8名。运用职务职级并行制度，激励年龄较大仍然兢兢业业干工作、搞好传帮带的干部，7名干部晋升一级调研员，4名干部晋升四级调研员。巩固事业单位改革成果，提拔副处级领导5名、正科级领导18名。

【干部监督管理】2020年，同安区委组织部深化选人用人工作专项检查，率先全市向镇街延伸开展干部选拔任用“一报告两评议”，各镇（街）民主评议满意度97.3%。出台《关于加强和改进巡察干部选配使用工作的意见》，制定《干部工作实务手册》《选人用人工作专项检查要点》，建立干部考察暨选人用人巡察干部库，深入18家单位开展专项检查。全年重点查核、随机抽查处级领导干部90人，移交纪委处理1人、诫勉6人、批评教育2人。制定推送《个人事项报告填报指南》H5，通报5起领导未如实报告典型案例，把两项法规落实情况列入党组织书记抓党建专项述职评议考核内容，领导干部的戒惧意识、规矩意识明显增强，个人有关事项如实报告率从上年度的84.38%提升到91.2%。扩大监督渠道，推行科级以上干部网上任前公示，在干部群众中取得较好反响。

【关心关爱政策落实】2020年，同安区委组织部出台《同安区关心关爱干部若干措施》，投入101.7万元完成6个镇“五小”设施改善。突出基层导向，53名镇（街）干部提拔晋级，为重大一线单列30%年度考核优秀指标。加强日常走访关心，累计慰问困难党员、伤病干部、关心关爱对象1101人，发放慰问金158.38万元。

【村干部日常管理】2020年，同安区落实《关于进一步加强村干部队伍管理的若干措施（试行）》，严格执行备案管理制度，实现全区173名村居党组织书记区委组织部备案管理，建立全区874名村居“两委”信息库。规范完善村干部坐班制等日常管理制度，制定《村“两委”成员考核实施方案》，将考核结果与年终绩效挂钩。建立村干部动态调整机制，落实村干部“履职清单和负面清单”管理办法、村“两委”届中调整“三级联审”机制，及时调整14名受过刑事处罚的村居干部。全面开展2021年村级组织换届选举前期调研，率先全市形成《前期调研报告》，提出10条措施吸引优秀人才返乡建设，培养储备360名村级组织后备干部作为换届人选。

【公务员管理】2020年，同安区机关单位考录公务员（含群团组织工作人员）12人。办理公务员登记37人。完成公务员2019年度工作考核1312人次，其中评为优秀等次253人，记三等功22人。开展新录用公务员培训工作，培训1期12人。强化公务员平时考核，相关工作经验被中组部公务员三局召开现场会推广。至年末，同安区机关（参公）人员1337人，平均年龄41.93岁，其中35岁及以下380人、占比28.42%，36～45岁453人、占比33.88%，46～50岁207人、占比15.48%，51岁以上297人、占比22.21%；博士10人，硕士研究生114人，大学本科1026人，大专及以下187人；处级及以上干部356人，科级干部509人，一级科员及以下干部472人。

【人才环境建设】2020年，同安区完善区四套班子领导挂钩联系“三高”企业和高层次人才工作制度，走访人才企业、“三高”企业160余次，掌握重点企业用才需求信息5600余条，协调解决困难问题728个。以“银城113”人才计划为总纲，先后出台高层次教育人才、卫生人才、农业产业人才、银城特色人才、人才住房租金补贴等系列配套政策，形成具有同安特色的人才“1+N”制度体系。制订“才聚银城”紧缺人才引进和培育计划，释放政策引才育才效应。加快政策兑现，协助“双百人才”企业申请市级创业扶持资金1600万元，兑现区级配套资金和创业场所租金补贴400余万元。送惠企政策上门，为68家企业办理兑现研发费用配套补助共计1167万元，新增4家省级企业技术中心，7家市级企业技术中心、4家市级工业设计中心。

【产业引才计划】 2020年，同安区实施产业引才计划，出台人才创业园管理办法，引进区属国企等专业运营管理机构，提升人才创业园配套服务水平，累计引进和培育国家、省、市级高层次人才141名。省级众创空间“特伦众创”有60多家企业及创业团队入驻，形成以中医药品及电商为主体的众创基地和服务平台。上线“智引英才·与尔同安”招聘服务平台，精准匹配数据库，覆盖企业120多家，高校50所。依托“园区＋平台”的载体，助力大招商招大商提质增效，吸纳一批优质企业入驻“三谷”。厦门国际投资贸易洽谈会期间，邀请高层次客商37团、120余名高层次人才参会对接，签约和落地同安的市区级项目43个，总投资896亿元，创历史新高。鼓励人才、企业以项目合作、技术指导、技术入股等多种形式开展产学研合作。晋大纳米科技公司与国家海洋三所合作开展项目研究，列入国家重点研发重点专项。

【重点人才住房补贴】 2020年，同安区启动新一轮“重点引进人才住房租金补贴系统”，实现企业高管、技术骨干、全日制本科生及以上人才全覆盖，审核通过1052人，发放645万元，比上年增长2.6倍。提高高层次教育人才住房补贴标准，最高可享受60万元购房补贴，推动校园教师直招43名。

【创新创业人才保障】 2020年，同安区健全人才项目联席会和人才联络专员责任制，实行“1（创业资金）+X”人才扶持体系，为人才“量身定制”扶持方案和服务清单。依托人才创业园、工业社区、金牌大学等5个人才工作站，建立人才企业诉求受理处置机制，点对点精准帮扶人才企业纾困解难。成立农村实用人才工作站8个，依托百利、银祥等17家农业龙头企业、599家农民合作社带动，构建农副食品加工业百亿产业链。实施“人才＋互联网＋农业＋金融”模式，推进总投资84亿元的174个乡村振兴项目实施。举办15场“人才服务月”系列活动，制作“同安区人才政策”动画宣传片，开展“同安区人才发展环境”抖音直播，化疫情为机遇，将同安区良好发展环境和疫情防控强大组织力转化为招才引才竞争力。举办“泛家居行业数字化生态”和“同聚力·育青才·助招商”高峰论坛，促进4个上云项目签约。深化两岸生态建设交流，举办“同安区农业科技人才交流研讨会”活动，促成两岸栽培技术专家、人才开展交流1120余人次。

（叶明扬）

宣传工作

【概　况】 2020年，同安区委宣传部开展习近平新时代中国特色社会主义思想和中共十九大、十九届五中全会精神等重大主题宣传，组建学习贯彻中共十九届五中全会精神区委宣讲团，开展宣讲100余场，受众1.2万余人。乡村讲师团被评为市“2020年基层理论宣讲先进集体”，高山党校初心使命馆被评为省、市“习近平新时代中国特色社会主义思想实践示范基地”，高山党校被评为“厦门市首批理论宣讲轻骑兵示范点”。策划专题报道，加强疫情防控宣传引导，在央级媒体平台刊发相关报道500余条。区融媒体中心指挥平台上线运行，入驻省广电集团海博TV融媒号，影响力居全省前三。举办文化科技卫生“三下乡”等活动，推动文化事业文化产业再上新台阶。推进“爱心厦门，同安在行动”建设，在全市率先实现“爱心屋”城乡全覆盖，在全国首创“政府搭台、银企联动”的“云上爱心屋”微信专业商城。建成148个新时代文明实践中心（所、站），开发全市首个“新时代文明实践中心智慧云平台”，继续保持省级文明城区称号。抓好省委巡视整改工作，连续四年意识形态工作责任制考核优秀。

【理论学习宣讲】 2020年，同安区组织区委理论学习中心组集中学习15次，推动党员领导干部带头学习《习近平在厦门》《习近平在福州》《习近平在宁德》采访实录及《习近平谈治国理政》第三卷等，并撰写心得体会文章，形成学思践悟、学以致用的浓厚学习氛围。学习宣传贯彻中共十九届五中全会精神，迅速启动宣讲工作，组建学习贯彻中共十九届五中全会精神区委宣讲团，深入镇（街）、企业、教育系统等单位开展宣讲。拓展提升理论宣讲平台，区委宣讲团、理论宣讲轻骑兵、乡村讲师团等理论宣讲队伍辐射带动作用持续发挥，全年到各单位提供“菜单式”宣讲服务，开展宣讲100余场，受众1.2万余人；乡村讲师团获评为市“2020年基层理论宣讲先进集体”。推广使用“学习强国”平台，打通稿件专供渠道，全年累计发布作品242件。制定《关于打通落实基层理论学习“最后一公里”的工作方案》，抓好以上率下宣讲工作，探索创新“宣讲+”（宣讲+百姓需求、宣讲+线上宣传、宣讲+文艺服务）模式，结合干部周末学堂、新时代文明实践中心、文艺轻骑兵等宣讲形式，构筑各级部门联动、线上线下互动的立体式理论宣传格局，工作专报件被市委常委、宣传部部长批示肯定并转各区学习。高山党校初心使命馆获评省、市“习近平新时代中国特色社会主义思想实践示范基地”，高山党校获评为“厦门市首批理论宣讲轻骑兵示范点”。

【意识形态工作】 2020年，同安区委成立宣传思想工作领导小组（意识形态工作领导小组），加强党对宣传工作的全面领导。制定《同安区贯彻落实〈中国共产党宣传工作条例〉责任分工方案》，细化11个方面48项具体工作，组织162名宣传工作者参加全区意识形态工作培训班。推动全区201个党政机关和事业单位、4家区属国企、8个镇（街）、141个村（居）明确负责（承担）宣传工作的机构（岗位），将《条例》执行情况的监督检查“四个纳入”，构建齐抓共管的大宣传格局。针对省委巡视反馈的5个方面11个问题，研究制定整改方案，细化提出整改措施52条，推动建章立制19项，完成全部整改任务。制定印发《同安区党委（党组）意识形态工作责任制考核指标体系2020版》，全年对21家单位开展意识形态专项巡察，指导督促相关单位落实好“规定动作”，着力提升意识形态工作水平。

【新闻舆论宣传】 2020年，同安区委宣传部策划学习贯彻中共十九届五中全会、疫情防控、乡村振兴、扫黑除恶、提振精气神等系列专题报道，全年在各级平台刊发新闻5800余条次，其中央级媒体500余条；改革、创新、发展等相关工作宣传的热力度排名全市第一。推动完成全区81个行政村“村村响”修复工作，统筹管理全区户外LED电子显示屏和“村村响”广播系统，形成多渠道、撒网式信息发送热度。强化宣传末端管理，通过各类微信群针对不同群体精准转发信息，实现从“单向发布”向“定向分发”的转变。推进网络文化建设，3个项目在第九届厦门网络文化节中获奖，实现零的突破。

【宣传阵地管理】 2020年，同安区加强宣传阵地管理，完成公共领域宣传载体自查整改434处；村（居）新建户外LED电子显示屏20块，总面积489.61平方米，及时传递主流声音。出台《关于加强对报告会、研讨会、讲座、论坛管理的工作方案》，实行报告人和报告内容“双审制”。制发《关于加强全区党政机关微信工作群规范化管理的通知》，统筹管理全区63个党政机关976个微信工作群，规范党员干部网络行为。开展网络安全风险远程监测及现场检查，整改网络安全问题13个，维护网络安全。

【疫情防控宣传】 2020年，同安区率先各区在《厦门日报》开设专栏《疫情防控阻击战》《提速提效攻坚战》等《同安一线微故事》系列专栏，累计报道微故事41期121个，获市委宣传部肯定。综合运用多种手段，率先录制普通话、闽南语双语音视频31条，制作宣传标语53条，通过全区279块电子显示屏、310套广播音响、

西柯镇滨海社区防疫宣传横幅（同安区委宣传部供图 2020年1月30日摄）

133辆宣传车广泛刊播；累计悬挂横幅2592条、张贴宣传海报和提示标志27644张、发放宣传单161703张，提升疫情防控宣传覆盖面和防范措施知晓率。区融媒体中心全网、全频道推出“众志成城 抗击疫情”专题。首次在央视新闻联播、福建新闻联播等中央和省级媒体密集刊播同安区新闻达22条。开展“疫无反顾”志愿帮扶活动，与全区52户一线医务人员家属“一对一”结对，做到“三个到位”（结对到位、慰问到位、宣传到位）。全区创作文艺作品1360余件，率先各区在“学习强国”平台刊登“答嘴鼓”“农民画”“芗曲说唱”等10余篇；部分书法作品在中国文艺网刊登；20篇作品在全省防疫抗疫征文比赛中获奖，超过全市一半。

【新闻发布会】 2020年，同安区落实新闻发布会制度，每季度组织召开新闻发布会，分别介绍2020年同安区政府投资基建计划及区级重点项目计划、2020年厦门（同安）第五届国际朱子文化节暨第十三届朱子之路研习营始业式活动、2020年厦洽会同安区筹备情况及签约项目、“纪念苏颂诞辰1000周年暨第九届厦门（同安）苏颂国际文化节”活动。

【媒体融合发展】 2020年，同安区上线运行区级融媒体中心指挥平台，创新融媒体互联互通技术，打造20个传统媒体搭配新媒体的全方位宣传矩阵；区融媒体中心入驻省广电集团海博TV融媒号，影响力居全省前三；区广播电视台获评省广播影视集团2020年度全省融媒体新闻协作先进集体。扩大“同安发布”微信公众号权威发布影响力，全年刊发新闻3300余条次；常态化开展融媒直播，全年完成直播81场，抖音最高点击量3562万人次。打造影视精品力作，电视纪录片《路》获省首届水仙花微电影短视频展最佳作品奖、省广播电视艺术奖三等奖，《竹坝家园》获省广播电视系统“共圆小康梦 我说新福建”入围奖；13件作品获厦门新闻奖，其中《银幕之后》《传心》获一等奖。

【优秀传统文化传承】 2020年，同安区实施文化遗产保护“六个一批”工程，新增10处区级以上文物保护单位。实施文物三年修缮行动，修缮17处文物，推进同安历史陈列馆及周边历史文化街区建设。举办孔子、朱子、开闽王等历史名人文化节庆活动，孔子文化节活动在《光明日报》头版头条刊登。以苏颂1000周年诞辰为契机举办纪念活动，《苏颂全集》（点校本）全球首发、全球首座1∶1复制还原的“假天仪”揭幕、苏颂书院启动建设。“送王船”入选人类非物质文化遗产代表作名录，中马“送王船”联合申遗成功大会在吕厝召开。开展“文化进乡村、进景区”活动，持续培育“莲花褒歌演唱团”“竹坝一台戏”等民间文化品牌。同安锡雕被人民日报关注报道。

（陈曼璐）

统战工作

【概　况】 2020年，同安区委统战系统学习贯彻习近平总书记关于加强和改进统一战线工作的重要思想，围绕落实区委区政府的决策部署，引导各民主党派、工商联和党外代表人士建言献策。全年召开参政议政座谈会4场，收集党外人士意见建议65条，汇总形成交办函交由各相关部门落实。搭建“党派建言直通车”平台，畅通资政建言渠道，党外人士结合疫情防控和经济社会发展中的热点难点问题，主动开展调研，报送建言献策稿件70篇。围绕市、区重大决策部署，落实好“党委出题·党派调研”工作，全年形成调研报告43篇，其中4个调研课题被纳入市委统一战线理论研究课题、6篇调研报告被区委《银城内参》采用刊发。加大党外人才的培养与使用力度，推进新的社会阶层人士实践创新基地规范化建设，强化网络人士思想政治引领；选派2名党外干部到政府部门挂职锻炼。发挥统战成员专业和人脉资源优势，实施统一战线“以企招商、以商招商”，在2020年首届厦门企业家日民营经济项目招商活动上，签约投资总额35.23亿元，排名全市第二。

【巩固统一战线思想政治基础】 2020年，同安区巩固统一战线思想政治基础，组织基层统战干部、党外代表人士和宗教界人士参加习近平新时代中国特色社会主义思想等专题学习培训，参训人数360余人次。开展“深化大学习、提振精气神”专题活动，在高山党校举办同安区2020年统一战线理论学习培训班，民主党派、工商联、新阶联、知联会等党外人士和区委统战部机关、侨联、各镇（街）统战委员共50余人参加；举办“习近平在福建、厦门工作期间侨务工作的探索与实践及中共十九届五中全会精神”专题学习讲座。围绕“新时代如何加强基层侨联建设”这一主题，深入各镇（街）开展2020年基层侨联培训，举办10场共250人次参训。组织区商会理事会成员及会员企业 58 人赴福建省民营经济人士理想信念教育基地（陈嘉庚纪念馆），开展非公有制经济人士理想信念教育培训。

【统战系统抗击新冠疫情】 2020 年，同安区委统战系统积极参与新冠疫情防控，疫情发生后第一时间以区海外联谊会和侨联的名义向海内外成员发布倡议书，号召社会各界积极捐款捐物，投身抗疫斗争。新加坡同安会馆、马来西亚同安金门厦门联合总会等海外社团和侨胞们踊跃捐款捐物，收到 5 个国家 12 个社团，以及 130 多位侨界人士捐献的钱、物总价值 340.69 万元，其中捐款金额 44.44 万元，捐物包括口罩 24.39 万只、防疫手套 151 万只、防护服 2600 套、额温枪 400 支、负离子空气净化仪 100 个、84 消毒液 300 千克、100 毫升 75% 酒精消毒液 1000 瓶和隔离衣 500 件。宗教界和民间信仰组织落实“双暂停”措施，参与联防联控，并捐款捐物合计 130.68 万元助力疫情防控。区工商联（商会）组织会员企业及所属商会开展捐赠，捐助款项近 1000 万元、疫情防控物资上万件，其中通过区商会渠道捐赠 127.09 万元。13 名民主党派医务工作者坚守疫情防控一线，其中民革成员吴秀玉、陈德梅随队出征援鄂抗疫。

【参政议政】 2020 年，同安区委统战部组织各民主党派、无党派人士开展调研活动，主持召开“重点项目用地保障及规划工作情况”“推动城市精细化管理体系建设情况”“同安文化遗产保护利用传承体系建设情况”“党风廉政建设和反腐败工作”等 4 场专题座谈会，汇总意见建议 65 条，形成交办函交由各相关部门办理。围绕市、区重大决策部署，结合疫情防控和经济社会发展中的热点难点问题，组织党外人士调查研究、资政建言，全年提交建议意见稿 70 篇，有关疫情防控建言稿 45 篇；完成调研报告 43 篇，其中 4 个课题被纳入市统一战线理论研究课题、6 个调研课题被区委《银城内参》采用刊发。

【新阶联组织建设】 2020 年，同安区委统战部做好新的社会阶层人士统战工作，按照有专人负责、有工作阵地、有联谊组织、有活动开展的“四有”要求，推进区新联会实践创新基地规范化建设；同安工业社区大学新的社会阶层人士实践创新基地获评市级“一鹭同心”新的社会阶层人士统战工作实践创新基地。加强新的社会阶层人士队伍建设，组织 2 名网络人士参加厦门市第二期网络人士培训，引导现有 377 名新阶联会员、15 名网络代表人士投身同安区的经济社会发展。保障新阶联活动开展，下拨 2020 年度区级新阶联活动补助经费 16 万元；支持新阶联举办 3 期主题各异的“新阶沙龙”，以及开展新阶联同新趣味运动会暨新阶会员座谈会、古田长汀爱国主义教育学习活动、“凝心聚力赢未来”团建活动、“传统文化　美育表达”主题研学活动、HR 知识讲座团建活动等联谊活动。

【统战系统组织换届】 2020 年，同安区委统战部加强与各民主党派市委会的沟通协商，按照“三加强、两规范、一提高”要求，协助做好民主党派基层组织换届工作。全年共协助致公党同安基层委、民革同安区总支、民盟同安区总支、九三学社同安区委员会等 4 个民主党派完成换届工作，11 月，区海外联谊会召开第六届会员大会，完成换届选举，区委常委、统战部长林进柱当选会长。

【党外人士培养与选拔】 2020 年，同安区委统战部贯彻《关于加强新形势下党外代表人士队伍建设的意见》有关精神，抓好党外代表人士队伍的调查摸底、教育培训、实践锻炼和选拔使用等。全年向政府部门推荐 2 名优秀党外干部挂职锻炼，向市委统战部推

2020 年 11 月 28 日，厦门市同安区海外联谊会第六届会员大会召开。图为参会代表合影
（同安区委统战部供图）

荐市新联会第一届会员代表10名、理事8名和网络人士分会会员4名。

【同心帮扶】 2020年，同安区委统战系统广泛开展助学助残活动，全年资助贫困大学生38名，合计金额22.8万元；慰问侨界困难人员235名，发放慰问金65.5万元。参与对口扶贫协作工作，落实上杭县庐丰畲族乡帮扶资金100万元，捐付临夏州康乐县帮扶资金71万元。制定出台《同安区委统战部关于鼓励、引导宗教界依法依规开展各类爱心活动工作实施方案》，引导宗教界开展各类爱心活动，厚学慈善会开展“雨露育青苗”帮扶孤困儿童活动，实施“厚学圆梦”助学项目；厦门铜钵岩寺启动第八届爱心助学活动，发放善款55.15万元；区道教协会慰问51户五保户及特困人员，送去油、米等生活物资。

【统战信息宣传】 2020年，同安区委统战部通过区委、区政府信息报送平台、《银城快讯》和统战网站等渠道及时报送统战工作动态信息，宣传统一战线工作，扩大统一战线的社会影响面。全年向市委统战部报送信息95条，其中19条信息被市委统战部网站、《厦门统战信息》刊登；向区委、区政府信息平台报送信息108条，其中9条被采用，信息工作情况被区委通报表扬。

（钟杨燕）

机构编制

【概　况】 2020年，同安机构编制委员会办公室巩固深化机构改革成果，稳步推进事业单位改革和镇（街）综合行政执法改革。统筹配置机构编制资源，全面提升机构编制工作水平，为建设现代化国际化的富美新同安提供坚实有力的体制机制保障。办理全区事业单位初始登记5家，变更登记46家81项，注销登记22家。办理全区机关群团变更登记23家。完成全区177家事业单位法人年度报告公示工作。

【镇（街）机构改革】 2020年，同安区整合审批、服务、执法等方面的职能和力量，按照“大综合、扁平化”原则，设置镇（街）党政机构和事业单位。改革后，各镇内设机构变为6个，各街道内设机构变为5个；各镇（街）均设置综合服务中心，加挂党建服务中心、社会治安综合治理中心、退役军人服务站三块牌子。同时，针对同安区镇（街）农业占比大的现状，在镇（街）综合服务中心设置农业农村科，加强服务“三农”（农业、农村、农民）、乡村振兴等职能。此次改革，调剂29名事业编制到各镇（街），充实镇（街）工作力量，构建功能明确、权责清晰、机构优化、运转顺畅、治理有效、服务便民的镇（街）行政管理体制和运行机制。

【工业园区管理体制改革】 2020年，同安区改革工业园区管理体制，重新构建服务体系，解决工业园区管委会、工信局、行政审批管理局等单位服务企业职责不清、责任不明、衔接不畅等问题。设立管委会与工信局联合党工委，由工信局局长任书记；管委会常务副主任兼任副书记，主管企业服务、协助书记抓好党建工作。同时，将管委会原开发建设、市政建设、道路建设等职能分别划归区市政园林局、区建设与交通局等行业主管部门；将工业园区建设服务中心转隶区工信局管理，充实招商引资、企业服务人员力量。

【镇（街）综合执法改革试点】 2020年，同安区以五显镇为试点，在全市先行先试探索推进镇（街）“一支队伍管执法”的基层综合执法模式，创新和完善行政执法体制机制，加强基层综合行政执法工作，促使一线执法力量下沉到基层。至年末，印发《同安区镇（街）综合行政执法改革试点方案》，并根据方案要求按时完成“五显综合执法队”的挂牌及镇（街）权责清单的梳理工作，建立边界清晰、分工合理、权责一致、运行高效的基层管理体制。

【权责清单管理】 2020年，同安区聚焦区级职能部门和镇（街）共同承担且层级间职责不清事项，梳理“属地管理”事项主体责任和配合责任清单共计十大类76项。同时，增减《同安区镇（街）“属地管理”事项主体责任和配合责任清单》事项，实行动态调整，2020年11月底前以区委、区政府名义公布《同安区镇（街）“属地管理”事项主体责任和配合责任清单目录》共计79项。调整优化事权管理体制，根据新调整的部门“三定方案”，组织力量对部门权责清单进行重新修订并公布，至12月31日，除区文旅局因省局、市局权责清单未公布外，其余部门权责清单均梳理完毕并向社会公布。在省、市编办的指导下，研究制定同安区镇（街）权责清单，其中西柯镇有涉海事项权责清单222项、其余各镇权责清单214项，街道权责清单142项。推动“强区放权”审批服务事项下放和承接工作，对市级下放的87个审批服务事项，除1个事项因商务部未授权暂无法承接、2个事项在承接过程中省里出文取消外，其余84个事项均按时保质承接到位，并入驻区级政务大厅。推进政府部门间办事事项“马上就办、办就办好”，梳理完成《同安区部门间办事事项》共30项。

【机构编制动态管理】 2020年，同安区执行机构限额、领导职数、编制种类和总量等规定，对职责任务萎缩、审批权限下放、管理手段升级的部门和领域，加大精简力度，有效腾出编制资源，重点保障经济发展、招商引资、民生事业及建设任务较重的单位。全年核增区教育局、区工业和信息化局、大同街道等10家单位13名人员编制。

【事业单位改革】 2020年，同安区加大对“小、散、弱”事业单位整合撤并力度，探索推进职能相近的事业单位机构整合，优化职能配置。按照成熟一家、研究印发一家的原则，分阶段推进事业单位“三定”工作，先后印发厦门市同安区市政公用工程建设中心、厦门市同安区市政公用保障中心等11家事业单位“三定”方案。理顺竹坝开发建设事务中心管理体制，将竹坝开发建设事务中心委托五显镇代管，在编在岗人员由五显镇统筹管理。

【事业单位登记管理】 2020年，同安区按照《事业单位登记管理暂行条例实施细则》规范管理事业单位法人，全年办理事业单位初始登记5家，变更登记46家81项，注销登记22家；办理机关群团变更登记23家。落实在线系统网上申报制度，开启“不见面受理”审批，完成全区167家事业单位法人年度报告公示工作。

（卓玉山）

区直机关党建

【概　况】 2020年，同安区直机关工委立足“围绕中心、建设队伍、服务群众”核心职能，引导全区机关在推进新冠肺炎疫情防控和经济社会发展中发挥积极作用，实现机关党建与业务工作同步发力，被市直机关工委推荐为全省机关工委先进集体。全年调整设立党组织22个，对11个党支部进行规范更名，指导36个党组织换届，因人事调整任命8名党组织书记。新发展党员16人，培养入党积极分子18人。至年末，区直机关党工委辖机关党委6个，直属党总支9个，直属党支部29个，分设支部97个，有党员1806名。

【区直机关理论学习】 2020年，同安区直机关工委坚持把学习宣传贯彻习近平新时代中国特色社会主义思想作为首要政治任务，制订印发《2020年同安区直机关工委理论学习中心组学习计划》，召开中心组理论学习会，组织意识形态工作专题学习等，筑牢区直机关干部职工思想根基。开展“深化大学习、提振精气神”专项活动，组织机关党员干部收看“深学笃行、奋楫争先”直播云课堂8场，累计参加8752人次；各机关党组织以“创建模范机关，提振精气神”“积极主动作为，提升工作质量”等为主题，开展专题学习366场次，专题学习研讨会275场次。用好“厦门党建e家”“学习强国”“干部周末学堂”等学习平台，灵活采取集中轮训、理论宣讲、组织生活等学习形式，将集中研讨与个人自学、线上教育与线下学习有效结合，激发广大党员干部的学习热情。

【机关党组织建设】 2020年，同安区直机关工委坚持抓基层、打基础，加强党支部规范化建设，调整设立区纪委监委机关、区法院、区税务局等部门22个党组织，对团区委机关等11个党支部进行规范更名，指导区市场监管局机关党委等36个党组织换届，因人事调整任命8名党组织书记。围绕建设过硬队伍，发展党员16人，培养入党积极分子18人；落实专题培训和集中学习任务，举办党务干部培训班3期，培训党务干部220人次。开展达标创星活动，以“厦门党建e家”积分考核为主要抓手，对所属117个支部进行评级定星。制定下发《2020年区直机关党建工作重点任务清单》和《关于严格落实“三会一课”等组织生活制度的通知》，建立完善党员组织关系管理、党费收缴使用管理、发展党员等工作考评体系，指导督促各基层党组织认真召开专题组织生活会，落实“三会一课”、主题党日以及党员领导干部双重组织生活和上党课等制度。组织参加“厦门党建e家”学习上线三周年系列活动，1人获“我和我的党建故事”优秀奖，2人被评为优秀管理员。

【区直机关参与防疫】 2020年，同安区直机关工委在新冠肺炎疫情发生之后，结合疫情防控开展党建工作，第一时间组建“党员突击队”“党员先锋队”“党员志愿者服务队”29支，设立党员责任区25个，以党建引领推进防控疫情工作。开展“双报到”活动，120个党支部1500名党员落实联

2020 年 2 月 10 日，同安区直机关工委党员干部到同心社区开展新冠肺炎疫情防控志愿服务（同安区直机关工委供图）

防联控措施，做好社区宣传、路口把控、测量体温等工作，充实基层疫情防控力量。动员党员干部增援镇（街），110 名党员干部组成 8 个增援组，赴各镇（街）协助做好企业复工复产和疫情防控等工作，累计走访企业 3117 家，帮助企业解决用工、防控物资、材料供应、返厦工人居住等问题 628 个。组织广大机关党员开展捐款活动，区直机关直属党组织 1762 名党员为疫情防控捐助 17.7 万元，参与率 100%。

【党建品牌培育】 2020 年，同安区直机关工委开展优秀党建品牌和党员活动阵地创建活动，培树“共产党员打头阵”“银城‘诚’管”等 10 个优秀党建品牌，创建区税务局、区城市管理局等 6 个优秀党员活动阵地。扩大高山党校影响力，使之成为党员干部的常态化培训基地。区税务局“蓝海红湾”党建文化展厅成为厦门城市党建学院实训基地和机关党组织活动的重要场所。

【模范机关创建】 2020 年，同安区直机关工委在全区机关组织开展“让党中央放心、让人民群众满意”的模范机关创建活动。把建设政治过硬机关作为创建活动重要内容，坚持问题导向，创新工作方法，推动区直机关在强化党建引领、推动中心工作、密切联系群众、建设过硬队伍上作表率、当模范。

【庆祝建党 99 周年“七个一”系列活动】 2020 年，同安区直机关工委组织庆祝建党 99 周年“七个一”系列活动，通过召开组织生活会，开展讲党课、重温入党誓词、学党章党规、主题党日活动、党课交流、政治生日等多种方式，庆贺党的生日，提高党员的政治意识和党性修养，助力模范机关创建工作向纵深发展。

【“爱心单位”建设】 2020 年，同安区直机关工委开展“爱心单位”建设，组织“爱心结对”“爱心敬老”“爱心扶幼”“爱心济困”“捐资助学”等活动，全力营造爱心文化。积极动员机关党组织开展党支部、党员领导干部与特殊困难群体的“爱心结对”活动，落实“一对一”帮扶措施，区直机关领导干部结对 164 户、党支部结对 98 户；结对党支部和党员领导干部上门走访慰问均达 3 次以上，让困难群众和弱势群体感受到党和政府的温暖、社会各界的关心。开展“深化双报到，爱心共筑建”活动，区直机关各单位组织党员志愿者下沉“爱心屋”“爱心驿站”，对困难群众实施精准帮扶。

（曾天娜）

老干部工作

【概　况】 2020 年，同安区委老干部局落实老干部各项政治待遇，开展以“我看脱贫攻坚新成就”为主题的“七个一”系列活动。结合国庆节和全国第 8 个老年节，开展以“弘扬养老孝老敬老传统，共建共享老年友好社会”为主题的“敬老月”活动。围绕“赞抗疫·庆国庆”组织老年书画作品展，展出老年书画作品 108 幅。组织老年人开展喜闻乐见的扑克（80 分）争霸赛、老年乒乓球等级赛、文艺会演和登山等活动 28 场，让老年人们同场展示，相互交流。推进社区老干部“四就近”服务站建设，香溪社区老干部“四就近”服务站挂牌成立，全区老干部“四就近”服务站累计达 8 个。至年末，同安区有离休干部 22 人（含异地安置 1 人），其中抗日战争时期入伍 3 人；“5·12”退休干部（1949 年 10 月 1 日至 1950 年 5 月 12 日参加革命工作，享受供给制的退休干部）9 人；退休区领导 24 人，其中副厅级以上 7 人。离休干部遗属 55 人。

【待遇保障】 2020年，同安区召开政情通报会1次、老干部座谈会2次，向老干部通报全区经济发展运行情况，听取老干部意见建议，引导老干部为同安区的经济社会发展献计献策。坚持重大节日走访慰问老干部及老干部遗属，发放慰问金、医疗补助金230人次共25.7万元，发放特困补助金25人次合计约3万元。组织区卫健局、镇（街）卫生服务中心开展“服务上门”走访活动，免费提供血压测量、健康饮食指导等服务，开通“家庭医生”签约绿色通道。运用公益性服务机构的专业特长，委托厦门益公里养老产业有限公司为离休老干部提供四大类30余项菜单式的精准服务，先后提供各类服务400余人次，做到无投诉且回访满意度100%。

【离退休干部党组织建设】 2020年，同安区按照《关于推荐省级离退休干部“示范党支部”的通知》要求，开展离退休干部“示范党支部”创建活动，同安区税务局等4个离退休党支部获评首批省级离退休干部“示范党支部”。组织老干部赴市教育系统离退休党支部开展参观学习，通过发挥“示范党支部”的辐射带动作用，引导全区各离退休党支部对标先进，推动各党组织活动规范开展。

【离退休干部参与防疫】 2020年，同安区委老干部局引导离退休老党员志愿者队伍参与基层疫情防控，协助做好小区入户排查、测量体温、公共场所消毒等工作。鼓励老干部发挥专业特长，通过书写宣传横幅、创作书法、唱芗剧、答嘴鼓等形式，宣防疫常识、讲战疫故事、赞抗疫典型。指导老年活动中心开展疫情防控应急演练，通过开放部分场馆、限制人流量等措施，满足疫情期间老人日常文娱需求。全区各离退休党支部响应号召，累计捐款4.7万余元。

2020年7月18日，“嘱托指引幸福来”情景剧在同安区文化馆进行排练

（同安区老干局供图）

【离退休干部学习教育】 2020年，同安区委老干部局参加“福建离退休干部服务管理系统”视频培训，组织专人对采集的“一人一档”信息进行审核，确保数据录入准确、汇总上报及时。区老年大学完善教学录播系统，构建与基层老年学校互通的教学网络，通过网站、微信点播等线上教学方式开展老年教育。离退休党工委努力探索新形势下的老干部政治学习新方法，利用“厦门党建e家”“学习强国”及离退休党支部书记微信群等信息化手段实现同步学、线上学，切实提升组织生活的吸引力。

【“嘱托指引幸福来”情景剧编排出台】 2020年7月，同安区委老干部局围绕“老党员看脱贫攻坚”的主题，以见证习近平总书记两度到同安边远山区村调研的老党员、老干部的回忆为蓝本，以军营村近30年来的巨变为主线，组织文艺领域退休老党员创作编排情景剧“嘱托指引幸福来”。该情景剧在厦门市文化馆举办的“我们的中国梦　文化进万家”2021年元旦文艺会演中正式演出。

【香溪社区老干部“四就近”服务站授牌】 2020年9月8日，同安区香溪社区老干部“四就近”服务站授牌成立。香溪社区位于同安影视城边上，拥有6万平方米的湿地公园，风景秀丽。居委会办公楼三楼、四楼是社区老人的活动场所，有舞蹈室、乒乓球场、阅览室、棋牌室、健身室等。香溪社区老干部“四就近”服务站的设立，将为社区老干部就近学习、就近活动、就近得到关心照顾、就近发挥作用提供平台，实现老干部老有所养、老有所医、老有所为、老有所学、老有所乐、老有所教。同日授牌的还有香溪社区“老干部（老年）活动中心”和香溪社区“老年学校”。

（陈　捷）

关心下一代工作

【概　况】 2020年，同安区有关心下一代工作委员会（简称同安区关工委）组织211个，其中区级1个，区直机关和事业单位9个，镇（街、场）10个，农村81个，社区51个，学校32个，企业27个。关工委“五老”志愿者队伍133支，在册人数2284人。开展“传承红色基因、争当时代新人”教育活动，组织“三爱”（爱劳动、爱学习、爱祖国）及“两史”（党史、国史）教育，举办主题报告会15场。组织社会实践、心理拓展等活动，举办夏令营48个，参加学生7700余人次。推进普法宣传进学校、进社区、进农村活动，开办法律讲座10余场，受众3000余人次。做好乡村创新创业人才培养工作，协同农业科技部门举办农业科技培训18场，参训人数300余人次。区关工委执行主任洪美霞被中国关工委评为全国关心下一代工作先进工作者。

【青少年法治教育】 2020年，同安区各级关工委推进普法宣传进学校、进社区、进农村活动，参与零犯罪校园、零犯罪社区等创建工作，全年开办法律讲座10余场，受众3000余人次。召开同安区第四届“关爱明天、普法先行”青少年普法教育推进会，走进同安职业技术学校、祥平中心小学等学校，开展法治讲座，赠送法治书籍。组织青少年参观法治教育基地、禁毒基地，现场开展法治教育活动，参加人数4000余人次。

【扶困助学】 2020年，同安区关工委联系各部门开展扶贫助学活动，资助贫困学生、奖励优秀学生3400余人，总金额402万元。其中，由区关工委牵头联系区商会爱心企业家和区爱心人士资助考入大专院校的学生38人，每人资助6000元，总金额22.8万元。

2020年11月12日，福建省鸿源技校关工委授牌仪式在鸿源技校举行

（同安区关工委供图）

【关工委“基层建设提升年”活动】 2020年，同安区关工委开展“基层建设提升年”活动，在深入宣传贯彻、加强政治引领、精创工作品牌、关爱持续深入、强化工作堡垒、抓好社会实践六大方面推动基层关心下一代工作建设提升。加强青少年政治引领，举办爱国主义教育讲座、抗疫绘画比赛等。完善青少年社会劳动实践基地建设，支持市、区重点基地竹坝青少年社会实践教育基地在原有劳动实践基地基础上，把厦门百利种苗公司生产基地、竹坝航天小镇等纳入基地，充实科技内涵。联合区委文明办等单位开展关爱联盟活动。跟踪镇（街）、村（居）领导班子成员调整情况，及时提出补充关工委领导成员建议，年内调整20人。按照“需要、自愿、有效”原则，发展非公企业关工委组织。11月，福建省鸿源技校关工委成立。

【“传承红色基因、争当时代新人”教育研学活动】 2020年12月12日，同安区关工委在青少年社会实践基地——革命老区汀溪镇路下村云林山寨举办“传承红色基因、争当时代新人”教育研学活动。引导中小学生提升对“爱劳动、爱学习、爱祖国”的理解和认识，增强践行的自觉性和坚定性。汀溪中心小学100多名学生参加。此次研学活动由研学基地老师讲授如何制作茶叶、组织学生开展军事操练；学生在云林山寨体验采茶、制茶，到田地体验农作劳动。

【鸿源技校关工委成立】 2020年11月12日，福建省鸿源技术学校关心下一代工作委员会成立。鸿源技校关工委的成立，为学校强化思想道德建设、开展思想政治教育搭建一个更好的平台，全面引导学生树立正确的世界观、人生观、价值观。同时还将学校的汉家书院、林忠阳道德讲堂、志愿服务队融入全区关心下一代工作体系中，提升同安区关心下一代工作的品牌辐射力。

【“五好小公民”教育】 2020年，

同安区教育局关工委开展以“美好生活　劳动创造”为主题的“五好小公民”教育，获国家教育关工委表彰。组织中小学生参加教育部举办的征文比赛，共406人次获奖，其中一等奖66名、二等奖137名、三等奖203名；区教育局关工委、新民中学、新星小学获评全国先进集体。

（林惠瑜）

精神文明建设

【概　况】 2020年，同安区推进文明城市（区）、文明单位创建工作，开展“十大专项整治行动”，在省级文明城区测评中位列全省第九。建成148个新时代文明实践中心（所、站），开发全市首个“新时代文明实践中心智慧云平台”；全国新时代文明实践中心建设试点工作在“学习强国”、中国文明网等媒体推广，经验做法在《八闽快讯》专刊交流。加强未成年人思想道德建设，培育“两工程两学堂”品牌。深化“志愿服务超市＋星火工程”，14个志愿服务实践品牌荣获省级以上表彰。建设省级“家风家训乡贤回廊”，全年简办、停办各类红白喜事和民俗日活动5790余场次，为群众节约开支约3.4亿元；洪塘镇苏厝村和埔后村获评“全国文明村”。2篇创新案例在《厦门宣传》发表，4篇创新案例入选市文明单位（校园）创新案例汇编，省委文明办“年度综合信息采用情况”考评全省第四、全市第一。

【文明城市（区）创建】 2020年，同安区坚持“创建靠民、创建为民、创建惠民”的理念，推进文明城市（区）创建工作，在省级文明城区测评中位列全省第九。

落实区、镇（街）、村（居）三级“一把手”负责制，形成“条块结合、以块为主、块负总责、条条保证、全民动手、齐抓共管”的创建模式。建立完善“统一指挥、镇街吹哨、部门报到、高效运作”的统筹协调联动机制，“媒体曝光、文明督导、督查整改”的监督反馈机制，“区领导挂钩镇街、机关领导、包村干部挂钩村居”的挂钩联系推动机制，以及“快速反应、责任到人、通信畅通、指挥有力”的应急响应机制，推动文明创建常态化。

开展“弘扬鹭岛新风，文明有你有我”精神文明12项主题活动，动员6万多人次参与清洁家园行动，发放倡议书、宣传单2万余份。聚焦交通秩序、市容市貌、公共设施等重点领域，紧盯《厦门城市随访发现的主要问题整改清单》反馈的24个问题，组织“内务大清理”“垃圾分类”“牛皮癣”“渣土扬尘”等系列专项整治行动，解决区商会大厦物业管理、BRT总站周边环境等一批群众关注的市容问题。实行“全覆盖、走透透”式督查，督促农贸市场、餐饮场所开展环境清洁、消毒防控、除“四害”等爱国卫生统一行动；规范跨店（越门）经营画线1600处，劝离流动摊点3万余个。征集文明创建建议200余条。

【文明村镇（单位）创建】 2020年，同安区推进社会主义精神文明建设，开展文明村镇、文明单位和文明校园创建活动，洪塘镇苏厝村、埔后村获评第六届全国文明村。至年末，同安区有全国文明村5个，文明单位1个；省级文明村镇13个，文明单位19个，文明社区2个，文明校园5所，文明风景旅游区1个；市级文明村镇20个，文明单位52个，文明社区26个，文明校园42所；区级文明村镇34个，文明单位45个，文明社区18个，文明校园83所，文明风景旅游区2个。文明村占全区村（居）比例81.5%。

【文明乡风建设】 2020年，同安区开展“文明逗阵行”和“银城文明引力波”公益广告宣传进农村活动，发挥文明创建品牌的内

2020年6月21日，同安区委文明办在朱子学院举办“端午民俗话传承”主题文化活动

（同安区委文明办供图）

在凝聚力和外向辐射力，提升农村精神文明创建实效。深入推进移风易俗，利用“移风易俗”APP破除红白喜事大操大办的陋习，全年简办、停办各类红白喜事4990余起，停办各类民俗日活动800余场次，为群众节省开支3.4亿元。深化传家训、立家规、扬家风活动，建设省级“家风家训乡贤回廊”，组织“好家风好家训”巡讲教育，培育乡土人才，弘扬乡贤文化；开展寻找“最美家庭”活动，选树一批好媳妇、好儿女、好公婆等孝老爱亲典型，倡导广大居民共同营造美满家庭，做积极向上、文明高尚家风的建设者，做和谐文明家庭的创建者，夯实文明乡风基石。

【全国第二批新时代文明实践中心试点区建设】 2020年，同安区推进全国第二批新时代文明实践中心试点区建设，投入2550万元建成1个中心、8个实践所和139个实践站，文明实践中心、所、站三级阵地实现全覆盖、全投用。延伸设立各类阵地实践岗和志愿服务实践岗，探索建立1个“邻长”带领10个实践岗的文明实践“邻长制”，形成网格化、立体化的四级实践阵地网，构建“人人可为、处处可享”15分钟文明实践圈。建设厦门首个“新时代文明实践中心智慧云平台”，整合“实践中心+融媒体中心+学习强国+超星图书资源库”，推行“百姓点单、中心派单、队伍接单、百姓评单”扁平化服务，实现精准化、便捷化和智能化。依托区融媒体中心举办“新时代文明实践中心”文艺直播，发布服务项目1800多个，服务群众100多万人次。构建“五端”（“嘴端”家庭党校、“耳端”文笔之声、“指端”同安发布微信、“云端”智慧云阅读、“理端”议理堂）全方位宣传理论知识、科技知识渠道，辅以南音、答嘴鼓、荷叶说唱、讲古等非遗艺术或小视频等形式，全年开展宣讲768场次。

【“文明健康　有你有我”公益广告宣传行动】 2020年，同安区开展“文明健康　有你有我”公益广告宣传行动，更新“银城文明引力波”防腐木公益广告宣传栏版面1103块，设置景观小品27座，制作刊播“不文明交通行为曝光台”16期。组织文艺工作者以答嘴鼓等非遗形式制作文明公益宣传音视频32部；通过户外LED电子显示屏、村村响广播、流动宣传车、“同安发布”微信公众号及各类微信群开展文明宣传活动，累计发放宣传单3万份、宣传品2万份。开展“文明健康　有你有我”公益作品征集比赛，征集海报881件、抖音短视频37件、摄影作品82幅，评论15篇。推出“城必创，创必成”为主题的手绘版创城系列漫画，举办“文明同安我添彩”创城手绘活动，营造“人人参与、全民共享”的浓厚氛围。文明同安微博话题“文明生活一起来”阅读量2213.6万次。市级以上主流媒体刊载同安区文明创建工作达115篇。

【交通文明专项整治行动】 2020年，同安区开展交通文明专项整治行动，新建城区临时、限时停车（夜间免费停车）项目及配套系统35套，设置停车位408个。新建斑马线不礼让行人监控抓拍22套。排查21所学校周边道路道安设施，新增学校周边道路交通改善项目设备7套。施划停车位10024个，物业小区新增停车位2437个。创新设置“摩托车待行区”30个，发放车辆有序停放宣传单1.26万张、顺向停车温馨提示牌8000个。开展“文明礼让斑马线”“交通路口文明提示”“小手拉大手　文明一起走”“规范停车”“零酒驾”等系列活动，动员志愿者1万余人次参与文明交通劝导。组织“七进”宣传活动853次，制作张贴海报3976张、分发宣传单9995份；发送文明交通宣传短信160万条，推送警示提示信息33万余条。通过各类电视报纸宣传报道17次，其中央视媒体报道1次；在微信、微博等新媒体上推送344次，与网友互动127次。通过“同安文明卫士平台”上报交通违法行为和不文明交通行为1321条，已处理1215条，处理率92%；交通秩序考评事件306条，已处理292条，处理率95.4%。清理“僵尸车”769辆。

【志愿服务活动】 2020年，同安区新增志愿服务队伍287支、志愿者16844人，全区志愿服务队伍达1021支、志愿者6.3万余名。建立18支区级志愿服务总队，新增4个志愿服务驿站，全年志愿服务总时长达128万小时。组织志愿者投身抗疫志愿服务3.3万人次、参与“快乐健步走　文明齐动手”清洁家园主题活动2.1万人次，开展“垃圾分类不落地”宣传教育活动115场次。实施“烟头换爱心鸡蛋”活动，共捡拾烟头50余万个，兑换鸡蛋3万余枚。开展“电池换眼镜”活动，回收电池2600余颗，兑换眼镜250余副。区红十字会在新时代文明实践中心（所、站）组织应急救护培训100场次。各慈善组织开展爱心扶幼、爱心敬老等活动220余场次，其中静善义工协会开展“百孝圆梦”爱心敬老活动51场，慰问470人次，发放慰问物资合计金额3万余元；东山民俗协会开展爱心敬老活动，慰问575人次，发放慰问物资合计金额9万余元；同心慈善会开展“银城银发”7场，“四点钟学堂”8场等。

【志愿服务品牌培育】 2020年，同安区打造“920”志愿服务联盟品牌，派出118支志愿服务队深入乡村开展“志愿服务超市＋星火工程”。积极培育“妇爱妇助”“益同来”“爱心商户联盟”“高山上的阅读”“助学圆梦”“池家人”“银城银发”等品牌项目，西池社区荣获全国“最美志愿服务社区”称号；金秋艺术团赴北京参加央视2020感动中国综艺盛典，荣获金奖；“助学圆梦”获省第三届“善行八闽——海峡公益慈善项目大赛”一等奖，“高山上的阅读”“暖心宅急送”荣获二等奖；罗炳章获2020年省“最美疫情防控志愿者”称号；吴招治、刘志勇、林韶东等3人获评市第八届道德模范；陈明旺、刘志勇等8人分别获评市级三、四、五星级志愿者。

【“爱心厦门，同安在行动”建设】 2020年，同安区深化“爱心厦门，同安在行动”建设，制定“三项清单”（责任清单、项目清单、规则清单），完善“四项机制”，实施“五大行动”，创新开展“爱心四季”主题活动，全年新增爱心驿站46个、“爱心奉茶点”4处，累计走访慰问2000余次。采用“公办民助”模式，引入国企经营指导，率先各区实现“爱心屋”城乡全覆盖；全国首创“政府搭台、银企联动”的“云上爱心屋”微信专业商城，拓展爱心货源，引入爱心企业（供货商）20家，纳入500多种商品，打造特色爱心扶贫链；倡导干部职工到“云上爱心屋”、线下实体“爱心屋”消费，通过“爱心打卡日”、党员“双报到”等形式，拓宽营销渠道，全年营业额350余万元。开展“外卖送进照料中心”试点活动，为年满60周岁以上的老人、特困人员及低保户提供点餐、送餐服务。推进“爱心超市”建设，组织爱心物资发放活动14场、发放爱心物资4765件，折合金额3万余元，受助群众725人。

【未成年人工作】 2020年，同安区坚持“守正创新，立德树人”的未成年人德育理念，组织开展“清明祭英烈”“童心向党”“新时代好少年”推选宣传、“向国旗敬礼”等主题教育活动，1人获评市级“新时代好少年”。开展“高山上的阅读”“亲子悦读成长计划”“云埔传统文化讲堂”等特色活动，培育“两工程两学堂”品牌，受益人数近3万人次。加强未成年人心理健康教育与服务，组建疫情防控心理危机干预志愿服务队47支，开设网课20场，参与人数2万余人次；开通24小时应急心理疏导公益服务热线，接收电话咨询569个。开展“携手战疫情　别样少年心”未成年人防疫抗疫作品征集活动，共征集相关作品600余件，其中20篇作品在全省防疫抗疫征文比赛中获奖。区级辅导站提供各类咨询服务2000余人次，推送各类心理科普文章365篇；开展线上、线下心理健康公益巡讲活动230余场，受众3万余人次。组织校园周边环境专项整治行动，推动建设竹坝区级未成年人综合道德实践基地，推进凤祥社区未成年人社会实践指导站建设试点，营造未成年人健康成长的良好环境。

【网络文明传播】 2020年，同安区委文明办运用新媒体传播正能量，发起新浪微博话题“文明生活一起来”“爱心厦门同安在行动随手拍”等，引导社会大众自觉践行文明健康、绿色环保的生活方式，话题阅读量分别达2733.4万人次、1071.4万人次。拍摄“文明行为·八不”系列宣传视频6部，出版《同安身边好人榜》在市、区媒体全面宣传，营造讲文明树新风良好氛围。

（周妙娟）

党校工作

【概　况】 2020年，同安区委党校举办各类培训班次12期，培训学员2543人次。高山党校教学点举办培训班125期，培训学员5731人次，接待参观团队700批次。完成调研课题论文1篇，5篇精品科研文章汇编成册。向各级部门报送信息10篇，其中被上级部门采用1篇。年内，高山党校初心使命馆挂牌省委党校、福建行政学院现场教学基地。

【理论宣讲】 2020年，同安区委党校选派5名优秀教师参加各类理论宣讲团、理论宣讲轻骑兵队伍，围绕党的十九届四中、五中全会精神和“两会”精神及《中华人民共和国民法典》等专题，为机关、企事业单位，学校，村（社区）等开展宣讲活动100余场，受众1万余人次。

【教育培训】 2020年，同安区委党校举办主体班培训3期71人次，其中处级干部进修班1期15人次、科级干部进修班1期25人次、年轻干部培训班1期31人次。举办专题班培训4期303人次，其中康乐县干部综合能力提升专项培训班3期213人次、保密业务培训班1期90人次。举办入党积极分子、党务干部、发展党员培训班3期219人次。探索线上教学模式，举办十九届四中全会网络专题培训和公务员职业道德培训网络专题培训班，通过“云课堂”教学连线省委党校第2期青年干部理想信念宗旨教育专题班，受训1950人次。高山党校教学点举办培训班125期，培训学员5731人次，其中省委党校(行政学院)、省社会主义学院培训班次5期203人次。

【教学管理】2020年，同安区委党校修订、编印《教师外出授课管理办法》《教学管理制度》和《教学人员考核办法》，加强教学管理。建立学员培训考核评价体系，采取考试考察、班级评价、学员自评、日常量化考核等方式，全面考核学员掌握运用理论和知识、学习态度和表现、党性修养和公仆意识、作风养成等情况。完善学员管理制度，重新修订《学员管理规定》，严格执行请销假、培训纪律等，培养良好学风。搭建学员学习交流平台，专门设置小组讨论课程和研讨课题，建设完善学员研讨室，提供可发挥、可互动的学习交流空间；收集学员学习心得和党性分析材料，编印《中共同安区委党校学员心得汇编》《同安党校年轻干部培训班党性分析和思想剖析材料汇编》。

【教学科研】2020年，同安区委党校把学习习近平新时代中国特色社会主义思想作为教学重点，将《习近平谈治国理政》《习近平新时代中国特色社会主义思想三十讲》《习近平的七年知青岁月》《习近平在厦门》《习近平在宁德》《习近平在福建》等著作列为必读书目。组织修订《习近平同志在同安下基层》本土教材，重新编印《高山军营红》《云上白交祠》画册，完善“高山党校初心之路”现场特色教学。拍摄《高山上的初心之路》教学视频，作为现场教学精品视频在省委党校教学网站展播。召开多场选题会，组织老师深入基层开展教学调研。重点围绕习近平新时代中国特色社会主义思想在厦门、在同安的孕育和实践进行专题研究，对中共中央总书记习近平曾经两次到莲花镇军营村、白交祠村指导扶贫的重要事迹进行深入挖掘。建立教师精品课题库，党校课题库课题共44个，其中精品课题36个，教师沈丽英的精品课《不忘初心，牢记使命，做好新时代的答卷人》参加省委党校举办的全省校院系统精品课评选活动获三等奖。《习近平生态文明思想及其在厦门市同安区的生动实践与战略思考》课题入选第三批全省党校、行政学院系统优秀教学专题，被市社科联列为重点科研课题。

【高山党校教学基地建设】2020年，同安区委党校深入挖掘莲花镇军营村、白交祠村作为习近平总书记精准扶贫理念重要萌发地和生态文明理思想重要孕育地两个专题教学，全面建成高山党校初心使命馆，年内，初心使命馆挂牌“厦门城市党建学院实训基地”，入选“厦门市首批红色文化经典线路”之一，成为全省“习近平新时代中国特色社会主义思想实践示范基地”。高山党校特色现场教学吸引来自全国各地的党员干部参观学习，全年举办培训班125期，参观团队达700批次。高山党校的办学模式、教学模式、运营机制、品牌推广成果作为同安区“军营村、白交祠村实现全面小康、助推乡村振兴的成功范例”入选全市改革创新案例之一。

【高山党校初心使命馆挂牌省委党校、福建行政学院现场教学基地】2020年10月11日，福建省委党校、福建行政学院现场教学基地挂牌仪式在同安区莲花镇军营村、白交祠村的高山党校初心使命馆举行。高山党校初心使命馆共有两层，一层为展馆，二层为同安

2020年10月11日，福建省委党校、福建行政学院现场教学基地在莲花镇高山党校初心使命馆挂牌 （夏海滨　摄）

高山党校总部，总面积987平方米。其中展馆由序厅、“两上高山情缘”“厦门探索足迹”“鹭岛红色印记”“践行特区使命”五大展厅组成。重点展示习近平总书记当年两上高山访贫问苦、指导脱贫的高山情缘，再现习近平总书记在厦门经济特区与广大干部群众并肩奋斗的探索与实践，开辟重温鹭岛红色印记的党员政治生活空间，反映厦门践行特区使命、建设高素质高颜值现代化国际化城市的奋斗经历。

（叶　菁）

信访工作

【概　况】 2020年，同安区来访总计406批657人次，分别比上年下降1.7%、44.0%，其中集体访25批199人次；来信247件，上升10.3%；网上信访（含网上投诉、领导信箱投诉）2684件，上升179.9%。“12345”便民服务平台诉求件31126件（其中i厦门随手拍7073件），上升42.33%。完成全国和省、市“两会”，以及数字中国建设峰会、十九届五中全会等重要节点的信访保障工作，维护群众权益和社会安定稳定。

【疫情期间信访工作】 2020年，同安区加强工作统筹，妥善处置疫情期间各类信访问题，办理涉疫情事项2910件、办结率100%，助力疫情防控、复工复产、复商复学等。根据疫情防控要求，设立受理办理市域外返厦人员复工住宿等问题区级24小时服务热线，快速解决返厦人员复工复产问题，累计受理839件、办结率100%，取得良好效果。

【矛盾纠纷化解攻坚】 2020年，同安区开展信访矛盾化解攻坚，推动4件国家级攻坚件和3件中央联席办带案来闽督导信访件全部办结化解；推动“9个专项行动”涉及10件信访积案息诉息访。开展矛盾纠纷大排查大整治大化解百日攻坚专项行动，摸排信访矛盾纠纷110件，办结化解96件，办结化解率87.27%。开展集中治理重复信访、化解信访积案专项行动，省、市信访联席办交办的92件信访件化解40件。

【信访工作机制建设】 2020年，同安区制定印发《关于进一步提升信访工作实效推进主动创稳的实施意见》，对加强信息预警研判、强化排查调处、实行分级包案化解、落实领导接访下访制度、强化重要节点保障等10个方面内容进行明确，加强和规范全区信访工作。健全完善主动下访工作机制，深化“四门四访”（开门接访、进门约访、登门走访、上门回访），推行“四访四化”（开门接访标准化、全员接访规范化、带案下访制度化、入户走访常态化），组织开展全区领导干部下访活动，完善领导干部接访档案，全年各级领导干部792人次共接访约访下访1846批次。实施“最多投一次”阳光信访工作机制，推进信访诉求一次性解决，全区“最多投一次”纳入率84.1%，一次性办结率94.8%。推进访调对接和分类处理投诉请求工作，完成访调对接8件，分类处理投诉请求274件。依法妥善办理群众复查117件、复核17件。使用区级特殊疑难信访专项资金43.3万元，化解信访问题11件。

【畅通信访诉求渠道】 2020年，同安区畅通信访诉求渠道，将原设在同安区政府门户网站的“政民互动”模块整合到“12345”平台，变更为“我要写信”模块，并增设“网上信访”“电话受理”“短信受理”子模块，避免多平台操作，提高转送交办效率；将“同安区网上信访服务窗口”“区长信箱”和“我要写信”三个模块整合在同安区政府门户网站“互动”模块，方便群众反映问题。加强宣传引导，让群众深入了解网上信访公开透明、快捷高效、便于监督的特点和优势，提高网上信访占比。全年网上信访总量2684件，占比80.4%。

【“信访评理室”建设】 2020年，同安建立1个区级、8个镇（街）级、141村（居）级共150个“信访评理室”，镇（街）村（居）覆盖率100%。建立评理员库，全区评理员共1699人，其中区级评理员56人、镇（街）214人、村（居）1429人。加强“信访评理室”正规化建设，完善硬件设施，组织制度上墙、评理员公示等。运用信访评理工作优势开展信访矛盾化解，全年信访评理91件，化解89件，化解率97.8%。总结“信访评理室”息诉息访的经验做法，通过厦门日报、微信公众号等新闻媒介广泛宣传。

（徐根旺）

厦门市同安区人民代表大会

综　述

【概　况】 2020年，厦门市同安区人民代表大会常务委员会（以下简称同安区人大常委会）制定出台区人大监察司法委、社会委议事规则，开展“深化大学习、提振精气神”专项活动，加强科学理论武装，提高人大常委会组成人员及机关干部履职能力。研究出台《厦门市同安区人大常委会同人大代表联系的若干意见》，适应新时期人大工作要求。全年召开区人民代表大会会议2次、区人大常委会会议12次、主任会议13次，作出《厦门市同安区人大常委会关于依法全力做好新冠肺炎疫情防控工作的决定》等重大事项决定、决议10项。聚焦疫情影响下经济社会发展的大事要事，围绕经济转型发展、民生福祉、社会治理、生态环境、法治同安建设等工作重点行使监督权，听取和审议区政府、区法院、区检察院专项工作报告27项。开展《中华人民共和国劳动争议调解仲裁法》《厦门经济特区生活垃圾分类管理办法》落实情况执法检查。对区政府食品安全监管工作开展专题询问，对区政府社会保障专项资金绩效情况和区十七届人大四次会议重点建议办理情况等专项工作报告进行满意度测评。开展对区工信局、区农业农村局的专项工作评议。组织专项视察7项、专题调研6项。完成区十七届人大四次会议确定的工作任务。

【人大抗疫行动】 2020年，同安区人大常委会面对突如其来的新冠肺炎疫情，紧急加开线上会议，审议作出《厦门市同安区人大常委会关于依法全力做好新冠肺炎疫情防控工作的决定》，提高依法防控、依法治理能力。及时增加疫情防控监督议题，听取审议区政府关于疫情防控工作情况的报告，针对存在问题提出审议意见，推动疫情防控工作。率先在全市发布《致全区人大代表的一封倡议书》，号召代表努力做到“带头提高政治站位、带头开展宣传引导、带头参与抗击疫情、带头做好自身防护”等“四个带头”，各条战线代表们带头参与疫情防控、复工复产，捐款捐物价值超过100万元。区人大常委会领导下沉一线调研指导，带队深入走访挂钩联系的镇街、村居和“三高”企业，走访防控重要部门和重点单位，推动解决防疫物资紧缺、复工复产等问题30多个。配合省人大开展野生动物保护法执法检查，推动革除滥食野生动物陋习，防范重大公共卫生风险。

【人大代表“双联系”制度建设】 2020年，同安区人大常委会强化人大代表与人大常委会及群众的双向联系制度，研究出台《厦门市同安区人大常委会同人大代表联系的若干意见》，详细规定区人大常委会同人大代表联系的内容和要求，建立基层代表列席常委会会议、常委会向代表通报情况等制度，明确常委会组成人员联系代表的方式、工作内容以及对代表反映情况和提出意见的处理方式。修订完善《厦门市同安区人大代表联系人民群众办法》，新增向人民群众宣传习近平新时代中国特色社会主义思想，宣传党的路线、方针、政策；代表联系群众活动平台、监察委员会等内容；明确代表每年至少一次参加所在镇人大主席团或者街道人大工委组织的视察、调研等相关活动，进一步加强上下级人大代表的联系，保障代表知情知政。

【人大宣传工作】 2020年，同安区人大向上级人大常委会机关及新闻媒体推送人大工作信息90余篇，涉及常委会服务中心工作、监督工作、代表工作等方面。其中11篇被新闻媒体采用，《疫情大考当前　推动补齐短板》等文章被《人民代表报》刊载，区人大代表张福荫、柯溪水及时回应基层群众需求，撰写议案建议推动解决城区慢行系统建设、同集路提升改造等问题，履职事迹在《光明日报》《人民政坛》等刊物上刊载。

【同安人大微信公众号开通】 2020年2月，同安人大微信公众号正式启用，设消息、服务2个栏目，发布区人大常委会重要会议、重要活动、代表履职风采、法律法规宣传等内容，2020年度共发布信息72篇。

（庄根森）

重要会议

【区十七届人大五次会议】 2020年6月4日至5日，厦门市同安区第十七届人民代表大会第五次会议在同安会堂举行。会议实有代表178人、实到176人，请假缺席2人。会议传达学习十三届全国人大三次会议精神；补选陈高润为厦门市同安区人民政府区长。

【区十七届人大六次会议】 2020年12月29日至31日，厦门市同安区第十七届人民代表大会第六次会议在同安会堂举行。会议实有代表175人、实到170人，暂时停止执行代表职务1人、请假缺席4人。会议听取和审查区长陈高润所作的《厦门市同安区人民政府工作报告》；审查和批准《关于厦门市同安区2020年国民经济和社会发展计划执行情况与2021年国民经济和社会发展计划草案的报告》及厦门市同安区2021年国民经济和社会发展计划；审查和批准《关于厦门市同安区2020年财政预算执行情况和2021年财政预算草案的报告》及2021年区本级预算；听取和审查区人大常委会主任王秀珠所作的《厦门市同安区人大常委会工作报告》、区法院院长李桦所作的《厦门市同安区人民法院工作报告》、区检察院检察长郑祥发所作的《厦门市同安区人民检察院工作报告》，并通过以上6个报告的决议。大会收到代表建议77件，其中作为重点建议3件，交由区政府研究办理。

【区十七届人大常委会主任会议】 2020年，同安区第十七届人大常委会共举行13次区人大常委会主任会议，即区第十七届人大常委会第三十四次主任会议至第四十六次主任会议。讨论提出区人大常委会2020年度工作要点草案，提请常委会会议审议；决定区人大常委会每次会议开会日期、列席人员，提出区人大常委会会议的议程草案，提请区人大常委会会议决定；讨论提出《厦门市同安区人大常委会关于依法全力做好新冠肺炎疫情防控工作的决定（草案）》的议案，提请区人大常委会会议审议；讨论提出区人大常委会关于接受王雪敏辞去厦门市同安区人民政府区长职务的请求的决定草案，提请区人大常委会会议审议；讨论、通过区人大常委会主任会议关于提请决定陈高润代理厦门市同安区人民政府区长职务的议案；讨论提出区人大常委会关于陈高润代理厦门市同安区人民政府区长职务的决定草案，提请区人大常委会会议审议；讨论提出区人大常委会关于提名黄建锋为厦门市第十五届人民代表大会代表候选人的议案，提请区人大常委会会议予以补选；讨论提出区人大常委会关于接受毛立臻、许素勤、张高梁辞去厦门市同安区第十七届人大代表职务的请求的决定草案，提请区人大常委会会议审议；讨论提出区人大常委会关于接受李虹、王龙雏辞去厦门市第十五届人大代表职务的请求的决定草案，提请区人大常委会会议审议；讨论提出区人大常委会关于接受林中英辞去厦门市同安区第十七届人大常委会副主任、区第十七届人大代表职务的请求的决定草案，提请区人大常委会会议审议；讨论提出区人大常委会关于接受林进柱、陈艺萍、康自展辞去厦门市同安区政府副区长职务的请求的决定草案，提请区人大常委会会议审议；讨论提出区人大常委会关于接受郑志献、何岚岚、吴原木辞去厦门市同安区第十七届人大常委会委员、区第十七届人大代表职务的请求的决定草案，提请区人大常委会会议审议；处理区人大常委会其他重要日常工作。

【区十七届人大常委会会议】 2020年，同安区第十七届人大常委会共举行12次人大常委会会议，即区第十七届人大常委会第三十二次至第四十三次会议。第三十三次会议以线上会议形式召开、第四十一次会议在同安会堂4号会议室召开，其余各次会议均在同安区人大常委会6楼会议室召开。听取和审议区政府、区法院、区检察院专项工作报告27项，对区政府开展食品安全监管工作专题询问1项，任免国家机关工作人员35人次。

【食品安全监管工作专题询问会】 2020年10月28日，同安区第十七届人大常委会第四十一次会议在同安会堂4号会议室举行，听取、审议区政府关于食品安全监管情况的报告，对区政府开展食品安全监管工作进行专题询问。

2020 年 11 月 12 日，厦门市同安区举办纪念同安区人大成立常委会 40 周年座谈会　（庄根森　摄）

区人大常委会组成人员围绕老百姓关注的热点问题，共提出问题 17 个，涉及食品安全监管的关键处和薄弱点。政府 9 个部门诚恳作答，明确加强食品安全监管的思路和举措，坚定共同打好食品安全保卫战的信心和决心。

【纪念同安人大设立常委会 40 周年座谈会】 2020 年 11 月 12 日，厦门市同安区人大常委会在同安会堂 4 号会议室召开纪念同安人大设立常委会 40 周年座谈会，回顾总结常委会创新发展的重要历程，推进新时代区人大工作更上新台阶。会议由区人大常委会主任王秀珠主持。市人大常委会副主任刘绍清、区委书记王雪敏出席会议。

（庄根森）

人大监督

【概　况】 2020 年，同安区人大常委会依法履行监督职责，加强和改进监督工作，有效助力经济社会发展和改革攻坚。全年听取和审议专项工作报告 27 项，开展执法检查 2 项，开展专题询问 1 项，开展专项工作评议 2 项、满意度测评 2 项。

【经济高质量发展监督】 2020 年，同安区人大常委会围绕提升经济发展质量和效益，听取和审议区政府关于厦门市同安区 2020 年 1—7 月国民经济和社会发展计划执行情况的报告，关注产业转型发展，跟踪了解常态化疫情防控下全区经济运行情况，加强分析研判，提出针对性的意见建议，促进全区经济保持增长。聚焦创新驱动发展，组织视察创新创业工作情况，督促政府持续优化创新创业环境，吸引集聚人才，为经济可持续发展提供有力科技支撑。督促政府强化计划执行，激发市场主体活力，强化精准招商，积极培育新经济，保障经济健康运行，推动做好“六稳”工作、落实“六保”任务。听取审议“十三五”规划执行和“十四五”规划编制情况报告，开展初步审查工作，为代表大会审议奠定基础。督促政府高水平完成“十四五”规划纲要编制。

【预决算审查和国有资产监督】 2020 年，同安区人大常委会听取和审议区政府关于厦门市同安区 2019 年财政决算（草案）、2020 年财政预算调整方案（草案）、2020 年 1—7 月份财政预算执行情况等报告，加强预算执行监督，推动区政府及有关部门加强财源培植，优化支出结构，深化预算绩效管理。注重加强财政支出政策拓展监督，听取和审议区政府关于社会保障专项资金绩效情况的专项工作报告，并开展满意度测评，促进提高专项资金使用效益。继续加强国有资产管理监督，审议行政事业性国有资产管理情况报告、国有资产管理情况综合报告，开展金融企业国有资产管理情况专题调研，推动优化资产配置和管理，促进国有资产管理公开透明。

【社会治理监督】 2020 年，同安区人大常委会坚持共建共治共享的社会治理监督标准，助推治理现代化，更好地促进人民安居乐业、社会安定有序。围绕“稳就业”，开展劳动争议调解仲裁法执法检查，督促政府完善多方联动工作机制，提高劳动争议处理效率，构建和谐劳动关系。回应广大群众关切，督办重点建议“尽快破解学校周边交通拥堵问题”，推动相关部门因校施策，多管齐下，有效缓解学校周边交通压力。关注公共安全保障问题，组织视察防火防汛指挥体系及应急设施建设情况，推动提高防灾救灾减灾能力。紧盯“舌尖上的安全”，听取审议食品安全监管情况报告，针对群众普遍关注的 13 个方面 17 个问题开展专题询问，推动政府及职能部门重视监管短板弱项，强化监管合力，坚决打好食品安全保卫战。

【生态文明建设监督】 2020年，同安区人大常委会听取和审议区政府2019年度环境状况和环境保护目标完成情况的报告。严格落实环境报告“年检”制度，持续关注生态文明建设，针对存在问题提出审议意见，督促推动环保有关问题的解决。督促政府加快补齐环保基础设施建设和运营短板，扎实抓好中央环保督察问题整改，争创国家生态文明建设示范区。聚焦打好蓝天保卫战，专题视察大气污染防治工作情况，形成视察建议交由区政府研究处理，推动政府及相关部门进一步加强扬尘污染防控，加快清洁能源替代步伐，从源头管控和遏制臭氧污染。聚焦打好净土保卫战，积极呼应省、市、区三级人大联动“查土”，组成执法检查组参与市人大开展的土壤污染防治法执法检查视察活动，推动加大土壤污染风险管控力度，推进受污染耕地安全利用工作。聚焦打好碧水保卫战，组织视察埭头溪流域整治等项目建设情况，督促政府进一步强化攻坚措施，全面提速加力，持续改善流域水质。积极配合市人大开展农村人居环境整治情况专题调研，助力打好农村人居环境整治攻坚战。

【民生问题监督】 2020年，同安区人大常委会坚持把人民群众对美好生活的向往作为人大工作的出发点和落脚点，大力推动民生社会事业领域补短板、强弱项，增强人民群众的获得感、幸福感、安全感。聚焦学龄前儿童“入园难”问题，听取审议幼儿园发展情况报告，督促政府进一步优化幼儿园空间布局，加快公办园建设，鼓励社会力量举办普惠性民办幼儿园，推进更高水平的“幼有所育”，全年有7个新改扩建幼儿园竣工投入使用，增加学位2160个。关注“健康同安”建设，听取审议体育设施建设情况报告，大力推动“加强我区体育设施建设与维护”重点建议办理，督促政府进一步完善体育设施布局规划，加大体育设施管护力度，提高体育设施共享水平。关注文化事业发展，专题视察公共文化建设情况，促进加快实施文化惠民工程，提升公共文化服务水平；督办关于“做好闽南古厝保护修缮和文化传承”的重点建议，督促政府积极探索古厝保护性修缮和活化利用的新路径，加强同安历史文化的保护、研究与开发。

【司法工作监督】 2020年，同安区人大常委会支持和督促“一府两院”依法行政、公正司法，为全区经济社会发展提供法治保障。开展对区工信局、区农业农村局的专项工作评议，客观公正评议两家单位的工作情况，针对存在问题提出评议意见，督促落实整改，提高依法行政水平；两家单位均被评为满意单位。继续做好政府规范性文件备案审查工作，促进规范行政行为，全年共审查政府规范性文件3件。聚焦司法体制改革，组织代表视察区法院生态审判工作情况，督促提升生态审判专业化水平，打造同安特色的生态司法品牌；听取并审议区检察院关于公益诉讼工作开展情况的报告，督促履行公益诉讼职责，更好地维护社会公共利益。关注法治宣传教育工作，听取并审议“七五”普法规划实施情况的报告，推动完善普法工作机制，创新普法方式，增强普法宣传的精准度和实效性；推动民法典学习宣传贯彻，协调开展“12·4”国家宪法日活动，促进营造全民守法的良好氛围。主动融入全区信访工作大格局，加强和改进人大信访工作，全年共处理群众来访32批40人次、来信10件，省、市人大转办信访件15件，推动解决一批群众反映的突出问题。

【规范性文件备案审查】 2020年，同安区人大常委会依照有关规定，对区政府报送的规范性文件进行接收、登记、分类和初步审查，及时分送有关专委、工委和法工委委员进行审查并汇总审查结果。全年区政府向区人大常委会报备规范性文件共3件，其中财经类1件、社会建设类1件、城建类1件，内容主要涉及企业应急还贷资金管理、部分区域禁止燃放烟花爆竹、促进建筑业加快发展等方面，旨在解决经济和社会发展中的热点难点问题，促进富美同安高质量发展超越，为推动治理体系和治理能力现代化建设提供制度保障。

【执法检查】 2020年6月23日，同安区人大常委会对同安区贯彻实施《中华人民共和国劳动争议调解仲裁法》的情况进行执法检查，实地察看厦门蒙发利电子有限公司、工业社区调委会、区劳动仲裁院，并在同安会堂召开座谈会。8月13日，同安区人大常委会对同安区实施《厦门经济特区生活垃圾分类管理办法》的情况进行执法检查，实地察看大同街道古龙御园小区、五显镇垵炉村、五显市场、同安影视城等点位垃圾分类工作开展情况，并就进一步贯彻实施管理办法进行座谈交流。

（庄根森）

重大事项决定和人事任免

【重大事项决定、决议】 2020年，同安区人大常委会围绕全区经济社会发展，作出关于依法全力做好新型冠状病毒肺炎疫情防控工作的决定等10项决定、决议。

【人事任免】 2020年，同安区人大常委会坚持党管干部原则和人大依法任免的有机统一，新修订《厦门市同安区人民代表大会常务委员会任免国家机关工作人员办法》，严格规范拟任人员任前法律知识考试、任前发言、宪法宣誓等程序，依法任免国家机关工作人员35人次，其中任免区人大常委会机关工作人员2人次、决定任免区人民政府组成人员20人

2020年同安区人大常委会通过的决定、决议一览表

表10

时间	会议	通过的决定、决议
2020年1月21日	区第十七届人大常委会第二十二次会议	厦门市同安区人大常委会关于调整厦门市同安区人民代表大会常务委员会妇女儿童工作组成员的决定
2020年1月21日	区第十七届人大常委会第三十二次会议	厦门市同安区人大常委会关于调整厦门市同安区第十七届人大常委会代表资格审查委员会成员的决定
2020年2月19日	区第十七届人大常委会第三十三次会议	厦门市同安区人大常委会关于依法全力做好新型冠状病毒肺炎疫情防控工作的决定
2020年4月15日	区第十七届人大常委会第三十五次会议	厦门市同安区人大常委会关于陈高润代理厦门市同安区人民政府区长职务的决定
2020年5月28日	区第十七届人大常委会第三十六次会议	厦门市同安区人大常委会关于召开厦门市同安区第十七届人民代表大会第五次会议的决定
2020年7月29日	区第十七届人大常委会第三十八次会议	厦门市同安区人大常委会关于批准厦门市同安区2019年财政决算的决议
2020年9月29日	区第十七届人大常委会第四十次会议	厦门市同安区人大常委会关于批准厦门市同安区2020年财政预算调整方案的决议
2020年11月27日	区第十七届人大常委会第四十二次会议	厦门市同安区人大常委会关于修改《厦门市同安区人民代表大会代表联系人民群众办法》的决定
2020年12月15日	区第十七届人大常委会第四十三次会议	厦门市同安区人大常委会关于表彰区十七届人大优秀议案建议领衔代表的决定
2020年12月15日	区第十七届人大常委会第四十三次会议	厦门市同安区人大常委会关于召开厦门市同安区第十七届人民代表大会第六次会议的决定

2020年同安区人大常委会任免国家机关工作人员一览表

表11

时间	会议	任免名单
2020年1月21日	区第十七届人大常委会第三十二次会议	任　命：张镇安为厦门市同安区人民法院副院长、审判委员会委员、审判员；王兴安为厦门市同安区人民法院审判员；冯涛为厦门市同安区人民法院审判员；史雯雯为厦门市同安区人民法院审判员；林甲乙为厦门市同安区人民法院审判员；康钰祺为厦门市同安区人民法院审判员 通　过：厦门市同安区人民代表大会常务委员会妇女儿童工作组组长：蔡志宏；副组长：吴良泉、林素梅（女）；成员（按姓名笔画排序）：卜祥伟、史晓钧、朱小宁、何岚岚（女）、张贻乐、陈春兰（女）、洪明理（女） 通　过：厦门市同安区第十七届人大常委会代表资格审查委员会主任委员：王松；副主任委员：赖腾隆；委员：（按姓名笔画排序）李雪萍（女）、何岚岚（女）、郑志献、洪作亭、洪明理（女）

续表 11

时间	会议	任免名单
2020 年 3 月 26 日	区第十七届人大常委会 第三十四次会议	决定任命：叶国生为厦门市同安区建设与交通局局长因单位更名，其原任的厦门市同安区建设局局长职务自然免除 确　　认：厦门市同安区第十七届人大代表、厦门市同安区第十七届人大常委会委员高泉阳因病不幸去世，其代表资格自然终止，厦门市同安区第十七届人大常委会委员职务相应终止
2020 年 4 月 15 日	区第十七届人大常委会 第三十五次会议	决定任命：陈高润为厦门市同安区人民政府副区长 接　　受：王雪敏辞去厦门市同安区人民政府区长职务的请求，报厦门市同安区第十七届人民代表大会第五次会议备案 决　　定：陈高润代理厦门市同安区人民政府区长职务 确　　认：厦门市同安区第十七届人大代表黄燕添调离本行政区域，其代表资格自行终止
2020 年 5 月 28 日	区第十七届人大常委会 第三十六次会议	决定任命：洪耀荣为厦门市同安区人民政府办公室主任；郑发华为厦门市同安区财政局局长；吕子祥为厦门市同安区教育局局长；卓永强为厦门市同安区市政园林局局长 免　　去：黄剑波的厦门市同安区人民法院审判员职务 接　　受：毛立臻辞去厦门市同安区第十七届人大代表职务的请求 补　　选：陈高润为厦门市同安区第十七届人大代表 确　　认：补选陈高润为厦门市同安区第十七届人大代表的代表资格有效
2020 年 6 月 18 日	区第十七届人大常委会 第三十七次会议	接　　受：林进柱、陈艺萍辞去厦门市同安区人民政府副区长职务的请求，报厦门市同安区第十七届人民代表大会第六次会议备案 决定任命：林郁香为厦门市同安区人民政府副区长；颜志良为同安区人民政府副区长 接　　受：李虹辞去厦门市第十五届人大代表职务的请求，报厦门市人大常委会备案 补　　选：黄建锋为厦门市第十五届人大代表，其代表资格，报厦门市人大常委会代表资格审查委员会审查确认
2020 年 7 月 29 日	区第十七届人大常委会 第三十八次会议	决定任命：郑森为厦门市同安区农业农村局局长；叶振宇为厦门市同安区行政审批管理局局长 决定免去：郑森的厦门市同安区城市管理局局长职务；王永远的厦门市同安区农业农村局局长职务 免　　去：李隽的厦门市同安区人民法院副院长、审判委员会委员、审判员职务
2020 年 8 月 27 日	区第十七届人大常委会 第三十九次会议	决定任命：郑志献为厦门市同安区城市管理局局长 任　　命：洪秀娟为厦门市同安区人民法院审判委员会委员；林振泰为厦门市同安区人民法院审判委员会委员 免　　去：王辛的厦门市同安区人民法院审判员职务；徐丽碧的厦门市同安区人民法院审判员职务 接　　受：王龙雏辞去厦门市第十五届人大代表职务的请求，报厦门市人大常委会备案 接　　受：张高梁辞去厦门市同安区第十七届人大代表职务的请求
2020 年 9 月 29 日	区第十七届人大常委会 第四十次会议	接　　受：郑志献、何岚岚辞去厦门市同安区第十七届人大常委会委员、区第十七届人大代表职务的请求，报厦门市同安区第十七届人民代表大会第六次会议备案 接　　受：康自展辞去厦门市同安区人民政府副区长职务的请求，报厦门市同安区第十七届人民代表大会第六次会议备案 接　　受：颜志良辞去厦门市同安区第十七届人大代表职务的请求 接　　受：叶振佳辞去厦门市同安区第十七届人大代表职务的请求
2020 年 10 月 28 日	区第十七届人大常委会 第四十一次会议	任　　命：陈开顺为厦门市同安区人大常委会大同街道工作委员会主任 免　　去：吴原木的厦门市同安区人大常委会大同街道工作委员会主任职务 决定任命：梁景忠为厦门市同安区司法局局长；钟明远为厦门市同安区人力资源和社会保障局局长 决定免去：朱祥甫的厦门市同安区司法局局长职务；林建省的厦门市同安区人力资源和社会保障局局长职务 免　　去：叶小波的厦门市同安区人民法院大同法庭副庭长、审判员职务

续表 11

时间	会议	任免名单
2020 年 11 月 27 日	区第十七届人大常委会第四十二次会议	决定任命：李祖光为厦门市同安区人民政府副区长；王旭辉为厦门市同安区人民政府副区长 决定免去：李毅的厦门市同安区人民政府副区长职务 接　　受：林中英辞去厦门市同安区第十七届人大常委会副主任、区第十七届人大代表职务的请求，报厦门市同安区第十七届人民代表大会第六次会议备案 接　　受：吴原木辞去厦门市同安区第十七届人大常委会委员、区第十七届人大代表职务的请求，报厦门市同安区第十七届人民代表大会第六次会议备案 接　　受：许素勤辞去厦门市同安区第十七届人大代表职务的请求
	区第十七届人大常委会第四十三次会议	补　　选：李毅、申长清、叶钰洁、谢育添、张毅敏、颜允候为厦门市同安区第十七届人大代表 确　　认：补选李毅、申长清、叶钰洁、谢育添、张毅敏、颜允候为厦门市同安区第十七届人大代表的代表资格有效

次、任免区人民法院审判人员 13 人次。组织宪法宣誓 24 人次，全年对 22 名拟任命人员进行任前法律知识考试，对“一府两院”及其工作部门进行专项工作评议，对 2 项专项工作报告进行满意度测评。

（庄根森）

代表工作

【代表履职平台建设】 2020 年，同安区人大常委会继续推广“互联网 +”代表履职模式，推进省三级人大代表履职服务平台、同安人大 APP、人大代表微信群、人大代表网上联络站等平台应用常态化，增强代表履职意识，促进代表积极为民代言、为民履职。规范提升人大代表联系群众活动室、站，通过召开现场推进会、调研指导等，打造活动室、站示范点，推进代表接待群众、走访选民等活动常态化、制度化。至年末，全区共建成活动室、站 124 个，其中示范活动室、站 22 个。全年代表共走访、接待选民群众 1495 人次，收集群众意见建议 306 件，帮助解决实际问题 281 项，在协助做好矛盾纠纷化解、重点项目攻坚等工作中发挥了重要作用。《厦门市同安区人大常委会依托平台开展代表联系群众活动》一文被全国人大常委会办公厅《联络动态》刊发推广。

【代表建议督办】 2020 年，同安区人大常委会完善《厦门市同安区人大代表议案建议办理和督办办法（试行）》，将代表建议预交办、常委会领导领衔督办、工委对口跟踪督办，以及代表建议逐件督办落实和“面对面”督办测评工作的成功经验制度化，进一步规范代表建议的交办、办理和督办工作，区十七届人大四次会议 73 件代表建议经过两轮督办，代表满意率达 100%，经验总结《“面对面”督办测评，破解代表“被满意”问题》入选新时代福建省县乡人大工作创新案例。探索建立 B 类代表建议（所提意见正在解决或已列入计划准备解决）办理台账和跨时段跟踪督办机制，督促有关承办单位继续办理，每半年向建议领衔代表反馈办理进展情况，进一步提高代表建议的落实率和问题的解决率。

【“履职尽责、发挥作用”代表主题年活动】 2020 年，同安区人大常委会开展“履职尽责、发挥作用”代表主题年活动，引导代表认真落实代表履职“六个一”活动，发挥带头作用积极参与招商引资、项目建设等中心工作。召开 2020 年度政情通报会暨代表集中学习培训会，保障代表知情知政，增强代表履职能力。根据代表的专业背景、职业特点，有针对性地邀请基层代表列席常委会会议 132 人次、参加常委会视察、调研、执法检查等活动 102 人次，代表参与常委会工作的深度和广度进一步拓展。推选和表彰 20 件优秀代表议案建议的领衔代表 30 名，进一步激发代表履职的积极性。

【专题视察】 2020 年，同安区人大常委会及市人大同安代表小组围绕民生和发展两大主题，组织市、区人大代表开展专题视察活动 8 次。

4 月 15 日，区人大常委会组成人员到区法院生态环境审判庭视察，察看生态环境审判庭及厦门市生态司法文化宣传教育基地一期建设情况，听取同安法院关于生态审判工作情况的汇报，观看生态公益微电影《童画》，并开展座谈交流。

4月22日，区人大常委会组织代表到科技创新企业视察，察看厦门倍杰特科技股份公司和厦门国家健康产业国际创新园（泰普生物）的创新创业工作开展情况，听取区工信局关于创新创业工作情况的汇报，并进行座谈交流。

6月10日，区人大常委会组织代表视察大气污染防治工作情况，察看风岗小学建筑工地、厦门同集热电有限公司、厦门保沣实业有限公司。

7月15日，区人大常委会组织代表视察区防火防汛指挥体系及应急设施建设情况，现场察看汀溪镇造水村森林防火哨卡、石浔水闸、防汛指挥部、森林防火指挥部。

8月19日，区人大常委会组织代表视察部分省、市、区重点项目建设进展情况，现场察看同安区教师进修学校附属中学、埭头溪流域综合整治及同安污水处理厂四期工程等项目。

9月15日，区人大常委会组织代表视察区公共文化建设情况，现场察看五显镇庶安楼、卢戆章故居及梧侣文体活动中心。

11月24日，区人大常委会组织代表视察区十七届人大四次会议重点建议办理情况，现场察看美峰体育公园、实验一小西洋校区、叶拱南故居，提出若干视察建议。

12月15日、17日，在区十七届人大六次会议召开前夕，区人大常委会围绕新城建设、乡村振兴两大主题，组织代表分组分批视察同安新城和五显竹坝。

【专题调研】 2020年，同安区人大常委会组织区人大常委会组成人员及部分区、镇人大代表开展专题调研活动6次。

3月，区人大常委会组织部分常委会组成人员和社会委组成人员对同安区体育设施建设情况开展调研。到五显镇垵炉村、大同街道大溪地步行道、新民镇梧侣文体中心、祥平街道阳翟小学现场调研，听取区文旅局、区农业农村局、区教育局、区市政园林局、区建设与交通局关于同安区体育设施建设情况的汇报，提出要规划引领，统筹推进体育设施建设工作；要以项目带动，提升体育设施建设水平；要加强管理，提高体育设施管护水平；要持续开放，提高体育设施共享水平4点意见建议。

3月，区人大常委会副主任蔡志宏带领部分常委会组成人员组成调研组，紧盯生态建设短板，实地察看2019年水污染防治工作专题询问有关问题整改情况，召开座谈会听取区农业农村局、区市政园林局、同安生态环境局有关情况汇报，对区政府年度环境报告进行初审，提出“切实扛起生态环保责任、着力推进环保设施建设、持续加大污染防治力度”等调研意见，推动政府及相关部门整治环境突出问题，持续推动生态环境质量改善。

4—8月，区人大常委会组成课题调研组，开展“浅谈地方人大如何加强国有资产监督”专题调研，形成《浅谈地方人大如何加强国有资产监督——以厦门市同安区国有资产监督实践为例》调研报告，指出现阶段地方人大在加强国有资产管理监督方面存在的国有资产管理监督制度不够完善、管理监督基础比较薄弱、监督方式创新不足、监督人手不足、缺乏专业力量等问题，提出要完善监督机制、加强国有资产摸排、夯实监督基础，加强协作配合、拓宽监督广度和深度，加强跟踪督办、提高监督刚性，强化队伍建设、提升监督专业水平等建议。

5—8月，区人大常委会开展关于改革完善疾病预防控制体系情况的调研，走访第三医院、区疾控中心、工业集中区管委会、祥平社区卫生院等单位。发现流行病防控形势不容乐观、疾病预防控制水平亟待提高、配套设施设备有待完善等问题，提出加强疾病预防控制体系建设的组织保障、人力保障、条件保障等建议。

8—11月，区人大常委会组成调研组，走访区财政金融办、厦门农银村镇银行、厦门市融资担保有限公司等单位，调研了解区属金融企业的情况，形成《关于同安区属金融企业国有资产管理情况的调研报告》。针对同安区金融企业存在的投资体量比较小、服务地方经济发展作用发挥不够、金融人才匮乏、金融风险防范风险意识待加强等问题，提出要强化政策支持，加强宣传引导，积极培育金融人才，完善考核激励机制，加强风险防控制度建设，切实增强金融企业风险防范意识，提高服务地方经济能力等建议。

9月，区人大常委会成立由部分常委会组成人员、区人大监察司法委组成人员组成的调研组对同安区公益诉讼工作情况开展调研。实地察看厦门市同安区青少年法治教育基地、厦门同安生态检察基地、生态检察展厅，听取区检察院关于区检察院公益诉讼的开展情况、存在的问题以及下一步工作思路的汇报，提出要加大宣传力度，营造公益诉讼良好氛围；要加强协作配合，形成公益诉讼工作合力；要强化跟踪监督，提高公益诉讼监督质效；要加强能力建设，提升公益诉讼队伍素质等四点意见和建议。

（庄根森）

厦门市同安区人民政府

综　述

【概　况】 2020年，厦门市同安区人民政府（以下简称同安区政府）坚持稳中求进工作总基调，做好“六稳”工作，落实“六保”任务，围绕全市“招商引资与项目建设攻坚年”的目标任务，统筹推进疫情防控和经济社会发展，推动高质量发展超越。全年地区生产总值比上年增长7.9%，规模以上工业总产值增长6.8%，财政总收入突破100亿元，城乡居民人均可支配收入增长6.4%，在公布的16项主要经济指标增幅中有11项位居全市各区前三。“十三五”规划主要目标全面完成。

【政治建设】 2020年，同安区政府学习贯彻习近平新时代中国特色社会主义思想和习近平总书记重要讲话重要指示批示精神，增强“四个意识”、坚定“四个自信”、做到“两个维护”，始终在政治立场、政治方向、政治原则、政治道路上同以习近平总书记为核心的党中央保持高度一致，全面对标对表，确保习近平新时代中国特色社会主义思想在同安落地生根、开花结果。开展“深化大学习、提振精气神”专项活动，通过学习强国、厦门党建e家、直播云课程等载体，结合“三会一课”、主题党日、专题党课等形式，强化各级党员干部理论武装实效，全年开展集中学习研讨16场、组织线上线下理论学习46场。扛起省委巡视整改政治责任，做好巡视整改“后半篇文章”；贯彻落实党组工作条例、重大事项请示报告条例和党内法规执行责任制规定等，加强政府系统党的建设。

【改革创新】 2020年，同安区政府坚持创新驱动与改革开放并行，加快理念变革、动能变革、效率变革。深入实施创新驱动，引进网易研究院、福建中医药大学研究生院，推进产学研深度融合。开工建设全市首个智能创新中心，总投资42亿元。新增省、市级“科技小巨人领军企业”60家，国家、省级企业技术中心11家。国内专利授权量2871件，比上年增长7.6%。全区研发投入占GDP比重达3.65%。优化营商环境，实施国际一流营商环境建设措施36条，推进2020年全国营商环境评价工作。推行产业项目“保姆式”全程帮办服务，服务项目总量位列全市首位，百亿级海辰锂电项目从签约到开工的审批时间从常规9个月缩短至1个月。区级审批服务事项承诺办理时限压缩至法定时限的17.21%，小型社会投资工业类项目审批时限压缩到15个工作日。98.2%的事项实现“一网通办”，60个高频事项实现“秒批秒办”，“一趟不用跑”事项占比提升到71.86%。全面深化改革开放，基本完成53项年度重点改革任务和38项重点突破事项，改革热力度指数居全市各区第一。乡村治理集成改革工作加快推进。镇（街）机构改革全面完成。五显镇入选全市镇（街）综合执法改革试点。主动融入厦漳泉都市圈建设，区域综合运输大通道加快构建，协同高效的发展格局加速形成。建设开放型经济，新设外资企业52家，华诚纺纤等19家企业实现增资。全年合同利用外资完成34.6亿元，实际利用外资完成18.9亿元，完成比例位居全市前列。

【新兴产业培育】 2020年，同安区实施金融服务综合改革试点，厦门大家居投资并购基金等行业子基金项目落地，比财科技等金融科技总部企业注册落户。推进“智谷”“云谷”“创谷”等新经济产业载体建设，引入网易、美图等180余家企业，华彬快消品东部总部等一批项目落户运营。打造同安新城网红基地等三大直播基地，引导金牌厨柜等企业开辟线上带货直播，全年限上商贸企业通过互联网累计实现销售额超180亿元。

2020年8月14日，祥平地铁社区保障房二期工程封顶　（陈嘉新　摄）

子文化节等活动。“送王船习俗”入选世界级非遗名录。实施文化遗产保护“六个一批”工程，新增区级以上文保单位10处，开工建设区历史陈列馆。

【政务督查】 2020年，同安区政府围绕中心工作，统筹疫情防控和经济社会发展，针对年度目标任务落实、安全生产、上级巡视巡察督察整改等重点，累计承办国务院“互联网＋督查”平台留言办理13条，市委交办督查件9件，区委会议纪要137条、区委书记批示件182件、区委书记明确事项188件，区政府专题会议纪要304条、区政府领导批示件1223件、区政府领导明确事项265件，推动上级和区委、区政府重大决策部署落地见效。

【人大建议与政协提案办理】 2020年，同安区政府自觉接受区人大的法律监督和工作监督、区政协的民主监督，办结区人大代表建议76件、区政协提案94件。

（李炜波）

重要会议

【区政府第一次全体会议】 2020年1月20日，同安区政府召开2020年第一次全体会议，学习贯彻中央、省委、市委经济工作会议精神和省、市“两会”精神，动员区、镇两级政府和区政府各部门全体工作人员以昂扬向上、争先进位的精神状态，狠抓各项工作落实，确保完成全年目标任务。会议回顾同安区在2019年取得的经济与社会发展成就，要求各部门、各镇街贯彻落实习近平总书记在中央“不忘初心、牢记

【民生保障】 2020年，同安区政府坚持把保障和改善民生作为一切工作的出发点和落脚点，民生保障领域资金支出占年度一般公共预算支出比重在74%以上。全年社会保障投入9.48亿元。城乡居民基本养老保险、基本医疗保险参保率均达100%。帮助8400多名失业人员再就业。新增镇级照料中心2家，农村幸福院19家，完善三级基本养老服务体系。健全老年人、残疾人关爱服务体系和设施。推进危房整治。建设保障性住房22854套，祥平地铁社区（一期）交付使用，二期工程封顶。

【社会事业】 2020年，同安区政府全面发展社会事业，提升公共服务水平。

推进教育事业均衡发展　厦门二外高中部等22个项目开工建设，进修附中等13个项目竣工投用，新增学位9270个。学前教育普惠性覆盖率99%，省级义务教育管理标准化学校占比95%。创新农村艺体学科购买课时服务工作机制，提高农村学校艺体教学水平。教师校际交流数量位居全市首位，“区级统筹、片区互补”工作经验在全市推广。区教育发展公司投入运营。厦门一中与汀溪中学、国祺中学，厦门六中与五显中学合作办学实质落地。

提高卫生健康服务质量　实施“健康同安”行动，推进第三医院整体提升改造等项目建设，环东海域医院引入浙大附属邵逸夫医院合作运营。加强高水平医疗技术协作，与福建中医药大学签署校地战略合作协议，与8名国内顶级专家签订学科共建特聘主任协议。推动医疗资源向基层倾斜，基本公共卫生服务项目增至29个，完成家庭医生签约15.1万人。再获“全国基层中医药工作先进单位”称号。莲花镇获“国家卫生乡镇”称号。

推动文化事业繁荣发展　落实全市文化旅游会展产业发展大会精神，巅峰影业、福莱磨石等文旅产业项目落地见效。完成同安影剧院和12个村级综合文化服务中心提升改造，推进人民体育场设施升级。举办苏颂1000周年诞辰纪念活动和孔子文化节、朱

使命”主题教育总结大会上发表重要的讲话精神，坚定政治站位，要聚焦发展重点，狠抓工作落实，特别是要推进招商引资、征地拆迁、项目建设、城市提升、新城建设、乡村振兴、“爱心厦门”建设、问题整改、安全生产和社会稳控、确保实现“开门红”等10项具体工作，共同努力把政府工作做得更好，为加快富美同安高质量赶超发展作出新的贡献。

【区政府常务会议】 2020年，同安区政府召开政府常务会议20次，即第五十九次至第七十八次区政府常务会议，传达学习国家、省、市各项工作会议精神和相关文件规定，研究审议政府性投资项目等议题144个。其中第五十九次至第六十三次会议由区长王雪敏主持，第六十四次至第七十八次会议由代区长、区长陈高润主持。

2020年同安区政府常务会议一览表

表12

时间	会次	会议议题
1月17日	第五十九次	学习全国扫黑除恶专项斗争第2次推进会精神及省委、市委常委会会议精神，学习新修订的《中华人民共和国土地管理法》，听取并原则同意区财政局郑发华关于《2019年度区属国有企业负责人经营业绩考核方案》的汇报，听取并原则同意区建设局关于刘埭家园安置房项目设计方案的汇报，听取并原则同意区建设局关于同安新城西柯片区安置房二期工程设计方案的汇报，听取并原则同意区建设局关于美峰花园安置房项目设计方案的汇报等议题11个
2月18日	第六十次	听取并原则同意区发改局费薇关于《同安区2020年首季攻坚拟开工项目和促开工项目清单》的汇报，听取并原则同意区发改局费薇关于区2020年度省市区重点项目安排情况的汇报，听取并原则同意区农业农村局王永远关于厦门市竹坝水库库区及库周整治工程建设事宜的汇报等议题6个
3月11日	第六十一次	传达学习习近平总书记在统筹推进新冠肺炎疫情防控和经济社会发展工作部署会议、2月26日中共中央政治局常务委员会会议、3月2日在京考察新冠肺炎防控科研攻关工作时的重要讲话精神，传达学习习近平总书记关于安全生产工作重要指示精神、全省安全隐患大排查视频会议精神以及市政府常务会关于安全生产工作会议精神，听取区建设与交通局叶国生关于全区房屋安全隐患排查整治工作情况的汇报，听取并原则同意区文旅局关于同安区新一轮拟申报文物保护单位相关事宜的汇报等议题8个
3月20日	第六十二次	传达学习习近平总书记在湖北考察新冠肺炎疫情防控工作重要讲话精神以及3月18日中央政治局常务委员会会议精神，听取区发改局费薇关于市对区“比”“晒”工作情况的汇报，听取区工信局徐火祥关于服务“三高”企业考评指标情况及相关措施建议的汇报，听取并原则同意区道交办陈基础关于《关于尽快破解学校周边交通拥堵问题重点建议办理措施的报告》的汇报，听取并原则同意同安资源规划分局许宗权关于《同安区2020年地质灾害防治方案的汇报》的汇报，听取并原则同意区建设与交通局叶国生关于《关于做好闽南古厝保护修缮和文化传承建议办理措施的报告》《关于成立同安区闽南古厝保护修缮和文化传承工作领导小组的通知》的汇报等议题12个
4月15日	第六十三次	传达国家、省、市防汛会议精神并听取同安区当前防汛工作重点建议，听取并原则同意区农业农村局王永远关于《同安区关于抓好“三农”领域重点工作确保如期实现全面小康的实施意见（送审稿）》《厦门市同安区贯彻落实〈关于支持“三农”工作补齐发展短板若干措施〉的实施意见（送审稿）》以及区委农业农村会议三步走目标数据的汇报，传达全省和全市农村人居环境整治工作视频会议主要精神，听取并原则同意区发改局费薇关于同安区应对疫情扶持其他经营性服务业企业事宜的汇报等议题5个
5月7日	第六十四次	听取并原则同意区发改局费薇关于《关于修订〈同安区区级财政性投资基建项目管理暂行办法〉等文件部分条款的通知（送审稿）》的汇报，听取并原则同意区发改局费薇关于《同安区政府投资项目前期论证机制（试行）》的汇报，听取区工信局徐火祥关于追加“企业发展扶持资金”专项资金的汇报，听取并原则同意区财政局郑发华关于修订《同安区行政事业单位国有资产使用管理办法》的汇报，听取区统计局邵美华关于同安区第七次全国人口普查前期筹备工作情况及经费预算的汇报，听取并原则同意区建设局叶国生关于轨道6号线安置房一期工程（幼儿园）设计方案及投资规模的汇报，听取区重大办关于2019年度省市区重点项目征拆奖励有关事宜的汇报，听取区市政园林局卓永强关于同安工业集中区正本清源工程设计方案的汇报等议题14个

续表 12

时间	会次	会议议题
6月5日	第六十五次	传达学习习近平总书记重要讲话重要指示批示和全国“两会”精神，听取并原则同意区发改局费薇关于《同安区关于扎实做好“六稳”工作落实“六保”任务的实施方案（送审稿）》的汇报，听取并原则同意区财政局郑发华关于《同安区关于加强增收节支全力做好“六稳”“六保”工作的通知（送审稿）》的汇报，听取并原则同意区应急局陈金墩关于《同安区安全生产专项整治三年行动实施方案（送审稿）》的汇报，听取并原则同意同安资源规划分局许宗权关于《同安区过渡期间宅基地管理工作实施意见》的汇报，听取区农业农村局王永远关于鳗鱼退养补助相关事宜的汇报，听取区建设与交通局叶国生关于 2020。年老旧小区改造项目建设相关事宜的汇报，听取区教育局吕子祥关于五显中心幼儿园概算超估算情况的说明等议题 12 个
6月13日	第六十六次	听取并原则同意区效能督查办胡捍东关于《同安区 2019 年度绩效评估结果及档次评定结果》《2020 年区级绩效方案》《2020 年同安区效能建设工作要点》的汇报
7月16日	第六十七次	传达学习习近平总书记在宁夏考察时的重要讲话精神，传达学习习近平总书记关于防汛救灾工作重要指示精神，听取区应急管理局陈金墩关于同安区防汛救灾工作的汇报，传达学习习近平总书记关于乱占耕地建房问题的重要批示精神及国务院全国农村乱占耕地建房问题专项整治工作部署电视电话会议精神，听取同安资源规划分局沈思东关于开展农村乱占耕地建房问题专项整治工作情况的汇报，听取区建设与交通局叶国生关于全区房屋结构安全隐患大排查大整治工作进展情况的汇报，听取区市政园林局蔡水涵关于开展城中村排水管网溯源事宜的汇报，听取并原则同意区审计局陈进团关于《关于 2019 年度区本级预算执行和其他财政收支的审计结果报告》的汇报，听取并原则同意区财政局郑发华关于《厦门市同安区人民政府关于厦门市同安区 2019 年财政决算（草案）的报告》，听取并原则同意区城建公司康征宇关于投资建设同安工业园区污水处理厂相关事宜的汇报等议题 18 个
8月5日	第六十八次	传达学习习近平总书记关于禁毒工作的重要指示精神、听取区禁毒办蔡永满关于同安区禁毒工作开展情况的汇报、研究并原则同意《关于研究同安区整治突出毒品问题（2020—2022 年）工作意见》，听取区人社局林建省关于追加“被征地农民社保补助”专项资金相关事宜的汇报等议题 2 个
8月20日	第六十九次	听取并原则同意区工信局徐火祥关于《2020 厦门国际投资贸易洽谈会厦门市代表团同安分团工作方案（送审稿）》的汇报，听取并原则同意区卫健局陈再进关于《健康同安行动实施方案》的汇报，听取并原则同意区发改局费薇关于《同安区区级政府投资项目管线建设统筹机制（送审稿）》的汇报，听取并原则同意区工信局徐火祥关于《关于给予临夏科司特电子科技有限公司扶持措施的通知（送审稿）》的汇报，听取区教育局吕子祥关于追加 2019 年度和 2020 年度教师继续教育经费情况的汇报并原则同意追加教师继续教育经费 3015.104 万元等议题 6 个
8月27日	第七十次	听取区工信局、发改局、生态环境局、教育局、卫健局、人社局关于相关行动方案的汇报，原则通过《同安区实现高质量发展科技创新行动计划（送审稿）》《同安区全方位推动高质量发展超越优化产业结构行动计划（送审稿）》《同安区全方位推动高质量发展超越增强内生动力行动计划（送审稿）》《同安区全方位推动高质量发展超越扩大对外开放行动计划（送审稿）》《同安区率先全方位推动高质量发展超越生态文明建设行动计划（送审稿）》《同安区教育现代化高质量发展行动计划（送审稿）》《同安区全方位高质量发展超越全民健康行动计划（送审稿）》《同安区补齐居民收入短板实施计划（送审稿）》
9月5日	第七十一次	传达学习市政府廉政工作会议精神，听取区安委办陈金墩关于安全生产整改及抓细抓实工作情况的汇报，听取区信访局叶谋荣、区委政法委陈清林关于近期信访维稳工作情况的汇报，听取区委政法委王仁跃关于疫情期间平安志愿者执勤补贴方案的汇报，听取并原则同意区财政局郑发华关于同安区纳入划转部分国有资本充实社保基金范围企业名单的汇报，听取区卫健局陈再进关于省级托育服务试点工作的汇报等议题 10 个
9月28日	第七十二次	听取并原则同意区财政局郑发华关于《同安区 2020 年 1—7 月份预算执行情况及预算调整方案（草案）的报告》的汇报，听取并原则同意区发改局费薇关于《厦门市同安区国民经济和社会发展第十四个五年规划基本思路（送审稿）》的汇报，传达学习全市安全生产形势季度分析会精神、研究部署贯彻落实措施，听取区应急局陈金墩关于全区森林防灭火工作情况的汇报等议题 4 个

续表 12

时间	会次	会议议题
10 月 9 日	第七十三次	听取区发改局费薇关于同安区 2020 年优化营商环境工作情况的汇报，听取区文旅局王育玲关于同安区列入市历史文化遗产集中保护修缮三年计划情况的汇报，听取区市政园林局蔡水涵关于竹坝片区自来水进村入户工程建设事宜的汇报，听取并原则同意区建设与交通局叶国生关于修订《同安区人民政府关于促进建筑业加快发展的实施办法》的汇报，听取并原则同意区教育局吕子祥关于同安区教师进修学校建设方案的汇报等议题 5 个
11 月 2 日	第七十四次	传达全省秋冬季疫情防控工作视频会议精神及市政府常务会有关精神、听取并原则同意区卫健局陈再进关于贯彻落实意见的汇报，听取区司法局梁景忠关于《中华人民共和国民法典》的法治讲座，传达学习《福建省生态环境保护督察工作实施办法》及市政府常务会议相关精神、听取并原则同意区生态环境局潘飞舟关于同安区中央生态环保督察整改进展情况的汇报，听取同安资源规划分局沈思东关于核拨同安区耕地“非农化”整治经费的汇报，听取区残联唐小江关于《同安区“一户多残”低保和低收入家庭生活补助实施办法》《同安区重度老年残疾人托养补助实施办法》《同安区“四残”儿童康复护理补助实施办法》延续执行事项的汇报等议题 9 个
11 月 21 日	第七十五次	听取同安资源规划分局关于同安区农村乱占耕地建房专项整治工作进展情况的汇报，听取同安资源规划分局张君福关于同安区土地例行督察问题整改相关事宜的汇报，听取并原则同意区发改局费薇关于《厦门市同安区人民政府关于“十三五”规划执行和“十四五”规划编制情况的报告》，听取区市政园林局卓永强关于道路高压钠灯更换为 LED 路灯事宜的汇报等议题 4 个
12 月 14 日	第七十六次	审议区“两会”相关材料（听取并原则同意区政府办史晓钧关于《2021 年政府工作报告》、区发改局费薇关于《同安区 2020 年国民经济和社会发展计划执行情况和 2021 年国民经济和社会发展计划》及区财政局郑发华关于《厦门市同安区 2020 年财政预算执行情况和 2021 年财政预算草案》的汇报），听取并原则同意区市政园林局卓永强关于《同安区垃圾分类提升三年（2020—2022 年）行动方案》的汇报，听取并原则通过区农业农村局郑森关于《厦门市同安区 2020 年移民造福工程实施方案》的汇报，听取并原则同意区卫健局陈再进关于《同安区慢性非传染性疾病综合防控示范区建设实施方案》的汇报，听取并原则同意区财政局郑发华关于《厦门市同安区规范罚没建筑物纳入国有资产管理体系暂行办法》的汇报，听取并原则同意区财政局郑发华关于调整 2021 年预算定额标准事宜的汇报，听取并原则同意区教育局吕子祥关于与华中师大、“新教育”合作办学有关事宜的汇报，听取并原则同意区人社局钟明远关于追加“被征地农民社保补助”专项资金相关事宜的汇报等议题 13 个
12 月 25 日	第七十七次	审议区委经济工作会议相关材料、听取并原则同意区政府办洪耀荣关于《在区委经济工作会议上的讲话（送审稿）》的汇报，听取并原则同意区人社局钟明远关于统筹“被征地农民社保补助”专项资金相关事宜的汇报等议题 2 个
12 月 26 日	第七十八次	审议区委经济工作会议相关材料、听取并原则同意区发改局费薇关于《厦门市同安区国民经济和社会发展第十四个五年规划和 2035 年远景目标纲要（草案）》及《厦门市同安区人民政府关于厦门市同安区国民经济和社会发展第十四个五年规划和 2035 年远景目标草案的说明》的起草情况和主要内容汇报

（连志炜　卢诗航）

行政审批

【概　况】 2020 年，同安区行政审批管理局以“放管服”改革为抓手，以优化行政审批服务流程、创新审批服务方式、提升审批服务质量为目标，推动审批制度改革向纵深发展，助力优化办事创业和营商环境。至年末，区行政服务中心有办事窗口 79 个，进驻审批服务部门（机构）45 个，审批服务事项 1214 项（行政审批事项 783 项、公共服务事项 266 项、其他权利事项 165 项）。全年区行政服务中心（含分中心）受理行政审批类和公共服务类业务 678456 件，其中窗口现场办理量 303753 件、网上办理量 296806 件、掌上办理量 12281 件、自助终端办理量 65616 件；8 个镇（街）便民服务中心受理行政审批类和公共服务类业务 46651 件，其中窗口现场办理量 34769 件、网上办理量 3955 件、掌上办理量 3674 件、自助终端办理量 15143 件。同安区在“行政服务质量”市对区绩效考核中名列全市第二。

【简政放权】 2020 年，同安区行政审批管理局推进简政放权工作，承接省、市下放行政审批权限事项 87 项，清理、保留行政审批中介服务事项 27 项，取消行政审批中介服务事项 6 项。

【审批服务】 2020 年，同安区行政审批管理局推进政务服务标准化建设。

实施行政服务事项精细化管理　在“四级四同”工作的基础上，推动部门开展事项“五级十五同”细化梳理工作，实现事项名称、事项类型、申报条件等 15 个基本要素在国家、省、市、县（区）、镇（街）范围内统一标准，确保事项调整信息同步到位，实现事项无差别、同标准受理。全年发布审批服务事项 1293 项，实现“五级十五同”绑定 1219 项，绑定率 94%。

推进“减材料、减时限、减跑动、减环节”工作　通过精简申请材料、减轻办事负担，优化审批流程、减少中间环节，压缩办理时限，提高审批效率，提升服务水平。全年区、镇（街）、村（居）审批服务事项平均承诺时限压缩至 3.4 个工作日，压缩比例为 82.8%；平均申报材料数压缩至 5.33 份，比上年减少 0.9 份；平均审批环节数不超过 0.5 个环节；平均群众办事跑动率 0.35 次。

深化“互联网 + 监管”　全年梳理生成检查实施清单 360 项，在省三级网上行政执法平台关联监管事项 712 条，监管行为覆盖率 89.12%；双随机计划填报数 197 个；执法人员填报 406 人。

【便民服务】 2020 年，同安区行政审批管理局优化行政审批流程，提高审批效率和服务效能。

推动“不见面审批”改革　实现线上大厅与线下大厅有机融合，全区审批服务事项实现 100% 上网部署，群众可通过“网上办、掌上办、自助办”等方式办理实体大厅所有办事事项。特别是新冠肺炎疫情发生后，“不见面审批”打破空间、时间限制，群众网上办理量 42.6 万件，占全年办件量的 60.6%。

推进“一窗受理　集成服务”　建立“前台综合受理，后台分类审批，综合窗口出件”新工作模式，实现窗口“全科服务”。整合工程项目 14 个审批部门共 208 个审批服务事项，集成设置“工程建设项目综合窗口”，实现一个窗口统一收、发件；开通“存量房买卖企业专窗”，实现企业存量房登记及契税缴纳“一号联办”；设立“社会民生综合窗口”，将气象局、烟草专卖分局、应急局等 10 个部门 101 个事项归并到一个窗口，实现“一窗办多事”；设立“企业开办专区”，推行企业设立登记、印章刻制、发票申领等集成服务，实现企业开办“一个环节、一日办结、零收费”。全年服务新开办企业 4189 家、受理新开办企业免费公章刻制业务 4124 单，为企业减负 146.44 万元。

实施“证照分离”改革　全年梳理 76 项“证照分离”改革事项清单，提升“准营准入”便利度，让全区企业都能享受到“改革红利”。推行周末无休办事制度。公安部门（户籍、出入境）、公积金、不动产登记、契税缴纳、婚姻登记、社保、医保、公证等审批服务窗口 139 个事项实施周六无休办事，破解办事群众“上班时间没空办事、休息时间没处办事”的窘境。全年办件量 5785 件。

推出“免费邮寄服务”　实现审批材料和审批结果“双向寄送”零费用，全年企业、群众通过免费寄送方式办件量 15397 件，为企业、群众节约办事费用 15.46 万元。

梳理“一件事一次办”集成服务套餐　探索解决跨部门联办事项存在的共享难题，制订出台“一件事”集成方案，全年梳理部署“一件事”集成套餐 119 个。

【工程审批制度改革】 2020 年，同安区落实《厦门市人民政府关于印发开展工程建设项目“清单制 + 告知承诺制”审批改革试点工作方案》相关精神，推进 52 项改革任务，制订出台《2020 年同安区深化工程建设项目审批制度改革提升营商环境“办理建筑许可”实施方案》。推行“竣工验收阶段”审批“多批合一”，实现“一个阶段一个事项一本证书”。转变“投资项目备案”办理方式，与项目赋码合并办理，取消“项目报建”“建设项目竣工环境保护设施（固废、噪声）验收”、生产建设项目水土保持方案登记表备案等事项。压减审批工作时限，将全流程审批时限压减 70% 以上，一般工程建设项目审批时限由 308 个工作日压减至 50～90 个工作日以内。

【“互联网 + 政务服务”】 2020 年，同安区推进“最多跑一趟”和“一趟不用跑”改革工作，全区 95% 以上依申请事项实现“一趟不用跑”和“最多跑一趟”，均部署至省网上办事大厅，实现“一网化，同源化”。至年末，部署在省网上办事大厅的区级审批事项 1373 项，平均部署镇级事项 50 项、街道事项 54 项，网上可办率 99.61%，全流程网办率 51.6%。

【基层便民服务中心规范化建设】 2020 年，同安区行政审批管理局加强镇街便民服务规范化建设，建立“好差评”制度，完成便民服务中心办事环境提升改造。梳理便民、高频审批服务事项348项，前移、延伸至镇（街）便民服务中心、村（居）便民代办点办事窗口，实现个人事项“就近办”。完成8个镇（街）便民服务自助区建设，实现221项事项自助办理，初步形成“15分钟便民服务圈”，全年8个镇（街）自助服务终端办理量15143件。

【项目服务“全馨办”】 2020年，同安区行政审批管理局提升审批服务全要素保障水平，实施项目服务“全馨办”机制，以全方位的温馨服务，促进项目更好更快落地投建。

建立项目常态对接机制　梳理、制定项目清单，实时动态地跟进项目报批进度。全年梳理、跟进政府投资续建、新建项目607个，总投资额206.22亿元，项目开工率81.4%。采取并联推进、穿插并行的方式，推进策槽中干渠水系连通工程、同安工业集中区正本清源工程等重点流域治理项目前期节点优化提速，实现4个流域治理项目提前开工投建，确保流域治理任务按时完成。

实施项目“保姆式”全程帮办　通过专人负责、专项对接，实施靠前指导，为产业项目前期审批服务破解办理难题，促进项目开工投产。全年帮办产业项目51个，总投资219.99亿元，“保姆式”全程帮办项目总量位列全市首位。

推进项目审批、验收制度改革　实施“交地即交证”、项目竣工联合验收并联审批等试点改革，省重点工程海辰锂电项目实现全市首例“交地即交证”，开工审批时限从常规9个月缩短至1个月。率先在全市推行竣工联合验收全程网办，协助尤扬电器公司、华润置地公司等企业完成项目竣工联合验收“全流程网办”，实现“多验合一”，其中尤扬电器公司厂房验收项目被市级部门点评为优秀案例。

【政务服务监督管理】 2020年，同安区行政审批管理局建立政务服务“好差评”制度，实现区、镇（街）政务服务窗口、政务服务平台全覆盖。推行群众不满意评价回访制度，强化在线监督，形成检查台账，倒逼各窗口提升服务质量，全年群众服务评价满意率99.91%。

（纪良盛　钟瑜宸）

人事工作

【概　况】 2020年，同安区有事业单位工作人员7166人，其中管理人员434人、专业技术人员6559人、工勤人员173人。按照按需设岗、竞聘上岗、按岗聘用、合同管理的要求开展事业单位岗位设置，完成83家事业单位、4122个岗位的重新设置工作。补充事业单位编内人员99人。

【工资福利和退休管理】 2020年，同安区人社局审核机关事业单位年度考核“称职”（合格）以上人员正常增加薪级工资6719人。确定并审批机关事业单位新录用人员工资663人，审批职级变动、岗位工资变动1448人。审核新增退休人员100人，增加高龄补贴163人，落实死亡抚恤待遇56人，办理遗属补助18人。

【年度考核】 2020年，同安区人社局完成区政府系统事业单位7561人年度考核，其中优秀1397人、合格5688人、不定等次393人，授予嘉奖1536人。

【职称评审】 2020年，同安区人社局按照职称评聘有关规定，及时通报评审申报事项，组织开展评审申报工作。全年为6089名专技人员办理聘任及续聘手续；审核完成教育、卫生、文化、农业、建设、化工、交通等高中级专业职称晋升材料399份，其中高级117人、中级282人。确认及转发确认专业技术职务1054人，其中高级95人、中级268人、初级691人。指导区教师系列、工程技术系列各开展1次初级评审会议，评审284人、确认通过261人。

【人才工作】 2020年，同安区人社局办理毕业生接受核准手续3562人，办理干部调动核准手续794人。协调引进大专及以上毕业生3598名（任务指标数2800名），完成率128.5%；引进柔性人才435人（任务指标数400人），完成率108.8%。完成农村人才培训200余人。审核发放新引进人才一次性生活补贴330万元、毕业生人才租房补贴313.9万元。

（卢　超）

机关事务管理

【概　况】 2020年，同安区机关事务管理局推进公务用车改革，制定公务用车出场制度，确保车辆运行规范有序。加强办公用房管理，移交相关单位办公用房2162平方米，审批同意租赁办公用房1363平方米，监交办公用房4048平方米。做好会务、后勤等保障工作，全年保障各类会议、活动1600余场次。推进公共机构节能工作，组织“节能宣传周主题宣传日活动”，开展节约型机关创建，引导干部职工养成简约适度、绿色低碳的生活和工作方式。开展机关事业单位住房货币化补贴工作，全年审核217人，总计发放2177.17万元。实施市政园林局办公场所修缮、区政府大院避难场所建设等项目4个，完成投资418万元。

【公车管理】 2020年，同安区机关事务管理局制定公务用车出场制度，确保车辆运行规范，行驶轨迹清晰可追溯。做好公务出行车辆保障工作，全年车务中心为区直机关单位派车13279单；新冠肺炎疫情期间，及时组织驾驶员对公务车辆和设施设备进行清洗、通风、消毒、杀菌，固定安排公务用车3辆、驾驶员5名，保障在集美嘉庚体育馆和思明体育馆驻点的工作人员每天上下班出行，累计保障车辆403辆次、人员1898人次。配合区建设与交通局、财政局、公交公司做好同安城区两条线路，同安至厦门5条定制公交线路运行工作，保障区直机关单位和区行政中心工作人员的通勤需求。

【会务保障】 2020年，同安区机关事务管理局创新服务管理模式，突出规范化、精细化、特性化和个性化，实行会务服务“一颗心”、制度建设“一块石”、日常培训“一把尺”、服务创新“一跬步”和团队精神“一股绳”，提升会务保障水准。加强会议场所管理，建设完善会堂5G网络，定期开展水电、音响、音频等设备的检测、调试工作，做好地毯、桌布、椅套的清洁与消杀。全年保障各类会议、活动1600余场次，参会人数10.21万余人次。

【办公用房管理】 2020年，同安区机关事务管理局加强办公用房管理，接收市发改委土地面积298平方米；移交区退役军人事务局、劳动就业中心、区委文明办办公用房2162平方米；审批同意工业园区管委会租赁办公用房1363平方米；监交城投公司办公用房4048平方米。与区财政局联合下发《关于加强机关事业单位办公用房和政府性资产经营用房安全管理工作的通知》，组织全区党政机关、事业单位开展办公用房自查，累计排查房屋93栋、总建筑面积27.5万平方米，其中暂无危险91栋、危险1栋（党校）、待拆迁1栋，危险和待拆迁房屋均安全完成拆除。

【后勤维保】 2020年，同安区机关事务管理局加强办公场所维护保养，投入278万元，对区政府大院和“三馆”电梯、空调、消防等设施设备进行维修改造。投入59万元，用于区政府大院和政府旧址、“三馆一院”等区域的防疫工作。投入26万元，用于区政府大院和政府旧址内树木和花草的杀虫修剪、绿化管养等工作。

【物业安保】 2020年，同安区机关事务管理局加强区政府大院物业管理，投入6万元新增人大政协楼应急电源线路；投入7万元开通食堂洗碗机专用线路；完成物业维修370单、施工审批69单。做好政府大院安全保卫工作，加强门卫值班人员培训，提升工作人员安全意识；组织机关开展反恐、消防等演练6次，增强突发事件应急处置能力。

【垃圾分类管理】 2020年，同安区机关事务管理局投入7万元，用于推进区政府大院垃圾分类处理工作。印发《2020年同安区公共机构生活垃圾分类工作要点》，按照“强制分类无死角、源头减量无盲区、示范创建全覆盖、部门统抓全责任”要求，设置垃圾收集点，建立垃圾分类基础台账。推进电子政务建设，推行无纸化办公，带头停止使用不可降解一次性塑料制品，以回形针、长尾夹代替订书钉等，实施垃圾源头减量。定期联系环卫部门，及时清理废弃口罩专用垃圾桶，清运疫情期间食堂开放后产生的一次性餐盒。开展垃圾分类示范单位创建工作，牵头组织对54个区直单位进行检查验收，均达垃圾分类示范单位标准。

（韩玮隽）

政协厦门市同安区委员会

综　　述

【概　况】 2020年，政协厦门市同安区委员会（以下简称同安区政协）落实党组理论学习中心组、“三会一课”等制度，召开学习会议14次，学习贯彻中共十九大和十九届二中、三中、四中、五中全会精神，以及习近平总书记系列重要讲话精神和治国理政新思想新战略。召开常务委员会会议6次，审议通过常委会2020年工作要点等事宜。召开主席会议11次，审议通过《区政协第十三届常委会2020年工作要点和工作任务分解表》等。组织重点调研视察活动4次，涉及乡村振兴、污染防治等经济社会热点问题。全年完成重点课题调研4个，举办主席接待委员日活动1次，编发《社情反映》10期、《专报件》5期、《同安政协》信息10期。成立乡村振兴工作组，指导汀溪乡村振兴动线工作。助力新冠疫情防控，组织委员捐款捐物。

【文史工作】 2020年，同安区政协协商推动文笔塔公园夜景工程，打造同安文化新地标。联合区文联开展“传文脉·送春联”活动。联合区档案馆制作“同安老县衙3D模型”，让更多年轻人了解老县城模样。开展“话说文笔塔”“对话朱子在同安”等访谈直播节目，讲述同安故事。组织文史专家考察林希元故居，梳理同安传统文化脉络。完成历史文化书籍《同安文史三千问》编写并在各中小学推广，发挥传统文化“团结、育人”的作用，获市政协领导肯定与批示。举办“同舟共济、协力战疫”抗击疫情书画作品网络展2期，讴歌抗疫精神，传递社会正能量。

2020年6月4日，同安区政协副主席洪祖溢（右三）、文史专家颜立水（左四）等考察林希元故居　　　　（同安区政协供图）

【政协抗疫行动】 2020年，同安区政协先后向全体政协委员发出《致全区政协委员的一封信》、省委书记于伟国的《致全省政协委员的倡议书》和市政协办公厅等六部门发出的《吁请书》，号召全体政协委员献计献策、捐资捐物。疫情防控期间，委员们除带头做好本区域的疫情防控、新闻宣传、网络舆情疏导等工作外，还组织捐款捐物，累计捐款324.72万元，捐赠价值18万元的红外测温仪1台，口罩等医疗物品22万件、食品饮料500多件。区政协领导班子成员深入镇街和村居督查指导疫情防控工作，主动走访挂钩的“三高”企业，实地了解企业复工复产情况，协调解决企业复工复产、防疫工作中的困难和问题；区政协机关全体党员干部自觉在疫情防控中做到“十个带头”，结合“双报到”参加基层防控工作。

（邵菲婷）

重要会议

【区政协第十三届第五次会议】2020年12月28—30日，同安区政协第十三届第五次会议在同安会堂举行，165名政协委员和政协各界别代表出席，市政协领导黄国彬、区各套班子成员及公检法主要负责人应邀参加大会。区政协主席黄小林代表常委会向大会作工作报告，区政协副主席蔡江瑶代表常委会作提案工作报告。会议审议通过政协第十三届同安区委员会常务委员会工作报告、提案工作报告、提案初审报告以及大会决议。

【区政协主席会议】2020年，同安区第十三届政协召开主席会议11次，审议通过区政协2020年民主协商和民主监督议题、重点提案、重要课题调研，以及2020年政协各委处活动计划等。

【区政协常委会会议】2020年，同安区第十三届政协召开常务委员会会议6次。

4月23日，同安区政协召开第二十次常委会会议，学习贯彻习近平总书记系列重要讲话精神和省、市政协会议有关精神；审议通过《常委会2020年工作要点和工作任务分解表》和提案委员会领导调整名单；通报疫情防控工作情况和相关年度工作计划方案。

7月10日，同安区政协召开第二十一次常委会会议，传达学习中国人民政治协商会议第十三届全国委员会第三次会议主要精神，以及市委《关于新时代加强和改进人民政协工作的实施意见》文件精神；审议通过方奇南任专委办主任，张国滨不再担任专委办主任；审议通过增补方奇南、李文训为政协第十三届厦门市同安区委员会委员。

9月17日，同安区政协召开第二十二次常委会会议，围绕“关于推进农村改厕的建议”提案办理情况开展民主监督性协商议政。

11月10日，同安区政协召开第二十三次常委会会议，围绕“进一步完善疾病预防控制应急体系建设”开展民主协商议政。

12月17日，同安区政协召开第二十四次常委会会议，审议通过召开区政协十三届五次会议的决定、区政协十三届常委会2020年工作报告（草案）及报告人、区政协十三届常委会2020年提案工作报告（草案）及报告人、区政协十三届五次会议大会发言篇目及发言人、先进单位和优秀委员表彰名单、区政协十三届五次会议邀请列席会议人员名单（草案）、关于授权主席会议审议区政协十三届第二十四次常委会会议未尽事宜的决定。

12月30日，同安区政协召开第二十五次常委会会议，听取各组讨论情况汇报，讨论并原则通过大会决议（草案）。

（邵菲婷）

2020年同安区政协主席会议一览表

表13

时间	会次	主要内容
1月10日	第二十六次	研究“传文脉　送春联”活动相关事宜
2月14日	第二十七次	研究调整区政协领导班子成员工作分工及AB岗制度有关事宜
3月19日	第二十八次	研究讨论区政协2020年重点工作和常委会2020年度工作要点
4月23日	第二十九次	审议并原则通过政协第十三届厦门市同安区委员会提案委员会领导调整名单和研究确定第二十次常委会会议相关事宜
7月10日	第三十次	审议并原则通过相关认识安排事项；研究确定政协第二十一次常委会会议的相关事宜
7月23日	第三十一次	研究举办十三届区政协第四期暑期研习班的相关事宜
10月22日	第三十二次	围绕“力促产业升级，推动农村经济振兴”课题进行协商议政
11月10日	第三十三次	研究确定政协第二十三次常委会会议议程
12月7日	第三十四次	研究意识形态领域和成立十三届五次会议筹备委员会等相关事宜
12月17日	第三十五次	研究确定政协第二十四次常委会会议议程；确定政协第二十四次常委会会议研究的有关事项
12月27日	第三十六次	研究确定政协第二十五次常委会会议议程；审议提交第二十五次常委会会议研究的有关事项

政治协商

【专题协商】 2020年，同安区政协围绕“力促产业升级，推动农村经济振兴”召开主席专题协商会议，协商成果得到区政府领导高度认可并予以采纳。围绕“进一步完善疾病预防控制应急体系建设”开展常委会协商议政，助力全区提升疾病预防控制能力，加快构建更加优质高效的医疗卫生服务体系。

【对口协商】 2020年，同安区政协各委处发挥界别优势，经常性开展对口协商。经贸委与区工信局开展“关于搬迁同安区燃气公司的建议”协商，助推城区规划整体提升。农业与城建委围绕“农村村民居住难”与区农业农村局进行座谈协商，助力农村民生改善。工商联联络处围绕“民营企业高质量发展”与区工信局进行座谈协商，提出促进民企高质量健康发展的思路与建议。社会法制委围绕“加强生态环境保护，推进生态修复”与区城市管理局、同安资源规划分局、区文化和旅游局进行座谈协商。教育委围绕“学校发展建设规划”与区教育局进行座谈协商。文体委围绕“同安区民间文化艺术与人才队伍现状及发展”讨论协商办法。协商后及时形成建议案报送区委、区政府。

【提案工作】 2020年，同安区政协征集提案109件。经审查，立案104件（并案后为94件），其中集体提案40件、委员提案69件。主席会议确定《关于推进农村改厕的建议》《关于汀溪西路（同莲路—同翔大道段）工程建设的建议》《关于支持备案养猪场扩大产能，确保猪肉供应和价格稳定的建议》《改善西溪片区幼儿教育现状的建议》4件为重点提案。并案后的94件提案交由31家承办单位办理，至2020年11月30日，提案全部办复，其中已解决或基本解决31件、正在解决或已列入计划解决56件、因受条件限制或其他原因只能以后研究解决7件。提案办理质量比上年明显提高，提案者对承办单位办理结果满意度提升，94件提案中，表示满意90件、基本满意4件，满意和基本满意率100%。

【课题调研】 2020年，同安区政协确定“同安古县城描述及城市‘双修’的若干建议”“力促产业升级，推动农村经济振兴”“关于进一步完善疾病预防控制应急体系建设的建议”“关于优化同安区营商环境，以促进民企健康发展的建议”4个重点调研课题。各委处、党派围绕商圈规划、公共场所体育设施的配备、营商环境、疾病预防控制体系等社会热点问题，组织委员开展调查研究，撰写课题调研报告8篇。

【社情反映】 2020年，同安区政协报送社情反映信息27篇，其中1篇被市委信息室采用。编发《社情反映》10期、《专报件》5期。

2020年度同安区政协社情反映一览表

表14

序号	期号	名称	签发日期
1	第一期	督促我区“二手房东”向租户落实疫期见面物业租金	2020.2.10
2	第二期	建议规范防疫期间的住户信息调查程序	2020.2.10
3	第三期	关于完善口罩预约发放的几点建议	2020.2.19
4	第四期	建议科学设置教培行业准入门槛为“保就业、稳就业”助力	2020.5.18
5	第五期	关于加强政府小区物业监管、完善社区治理体系的建议	2020.5.21
6	第六期	加强对我区医疗机构药品采购监管的几点建议	2020.6.12
7	第七期	关于兴建“爱心屋”的几点建议	2020.6.12
8	第八期	关于优化公交线路　解决我区学生上下学出行难的建议	2020.9.10
9	第九期	关于助力文明城区创建的若干建议	2020.10.12
10	第十期	关于重新规划改善银湖西路路段交通及溪声村坑仔口路口红绿灯改造的建议	2020.11.19

2020 年度同安区政协专报件一览表

表 15

序号	期号	名称	签发日期
1	第一期	关于疫情防控的几点建议	2020.2.8
2	第二期	建议加大对农业经营主体的贷款扶持	2020.2.12
3	第三期	关于推进农村改厕的几点建议	2020.10.10
4	第四期	关于力促多产融合　推动乡村经济振兴的几点建议	2020.11.2
5	第五期	建议对接种对象信息重新进行全面统计　以确保 2 价 HPV 疫苗接种实施方案在我区落细落实	2020.11.26

（邵菲婷）

专项视察

【概　况】 2020 年，同安区政协常委会组织专项视察活动 2 次，内容涉及农村人居环境整治、生态环境保护等经济社会热点问题。组织委处开展调研视察活动 32 场次，内容涉及校外培训机构、教育布局建设、家庭医生签约、体育运动设施配备、民营企业生存现状等。举办政情通报会 1 次，开展“主席接待委员日”活动。全年委员提出建议意见 41 条。

【专题视察】 2020 年，同安区政协开展“深入基层走一线”活动，开展各类专题视察。

4 月 30 日，同安区政协副主席赵建明带领教育委委员实地调研厦门市后田学校的疫情防控和复课准备工作。

7 月 14 日，同安区政协主席黄小林、副主席叶文雅调研汀溪镇乡村振兴动线工作推进情况。

7 月 29 日，同安区政协主席黄小林和副主席洪祖溢、赵建明、叶文雅，带领社会法制委、农业与城建委全体委员到兴星珍滨污水处理厂、埭头溪开展“生态环境保护”专题调研视察。

8 月 27 日，同安区政协主席黄小林率调研组赴莲花镇、洪塘镇开展“力促产业升级，推动农村经济振兴”专题调研。

11 月 4 日，同安区政协副主席洪祖溢带领文史专家颜立水和部分政协文史委成员赴莲花镇澳溪村调研，挖掘同安历史文化遗存，并对澳溪村历史文化建设给予指导。

12 月 17 日，同安区政协副主席洪祖溢带领政协委员视察环东海域新城。

2020 年 12 月 17 日，同安区政协委员视察环东海域新城。图为参观规划沙盘

（同安区政协供图）

【对口视察】 2020 年，同安区政协各委处建立与政府相关部门、有关民主党派和人民团体对口部门联系制度，定期开展对口视察，关注实体经济发展，助力乡村振兴和民生改善。教育委视察厦门市后田学校、洪塘镇大乡小学和厦门市振坤记养殖有限公司，指导复工复产和疫情防控工作。文体与科技委视察澳溪村、莲花水库、西溪水源头保护区，了解水库水资源环境状况和人居环境整治工作开展情况；走访委员企业厦门彬诚木业有限公司，了解企业复产的相关情况。工商联联络处走访视察同安区消防救援大队和厦门市同安区五菱汽车销售服务有限公司，了解企业的发展状况。社会与法制委参观同安区检察院检察文化系列展厅，实地感受同安生态检察成就。经贸委视察西溪公园芸溪小区至过溪村段完工情况，了解民生项目建设成果。

（邵菲婷）

纪检监察

综　述

【概　况】 2020年，同安区纪律检查委员会、同安区监察委员会（以下简称同安区纪委监委）坚守政治监督定位，聚焦疫情防控、脱贫攻坚、中央生态环保督察整改等强化政治监督，发挥监督保障执行的职能。协助区委抓好省委巡视反馈问题整改，督促各责任单位细化整改措施259条，归并办理移交问题线索143条，促进建立健全制度230项。持之以恒纠治“四风”，严肃查处违反中央八项规定精神问题15个17人、形式主义官僚主义作风问题19个31人，并予以通报。全年受理初信初访214件，办理检举控告154件。运用“四种形态”批评教育帮助和处理572人次，其中，第一、二种形态占比94.9%，对干部的批评监督成为常态。深入排查涉恶腐败和充当“保护伞”问题，立案8件8人，追责问责17人。加强不敢腐、不能腐、不想腐制度建设，全年立案86件，其中开除党籍21人，留党察看4人，移送司法机关2人。

【廉政文化建设】 2020年，同安区纪委监委加强廉政宣传，利用“银城清风”微信公众号、“富美同安”APP平台载体，及时上传党内重要法规和典型案例，在春节、中秋节等重要节点向全区党员干部编发廉洁短信；挖掘身边的勤廉人物和勤廉故事等廉政文化资源，弘扬正面典型，全年在上级媒体刊物发布新闻宣传稿件213篇，其中在中央级媒体发布稿件31篇、省级媒体发布宣传稿件64篇，涵养风清气正政治生态。

【纪委监委派驻机制完善】 2020年，同安区纪委监委着力推动监督下沉，向同安区总医院派驻纪委；制定出台《关于深化区纪委监委派驻机构改革的意见》和派驻机构监督责任、能力建设、工作任务“三张清单”，从领导体制、职责权限、工作机制、队伍建设、组织领导5个方面强化派驻机构建设，建立统筹协作、挂钩联系指导等8项制度机制，明确派驻机构加强专项监督、加强自办案件等14个方面工作任务，增强派驻机构工作力量，5个派驻纪检监察组开展谈话函询85件，完成自办案件6件。

【审查调查机制创新】 2020年，同安区纪委监委优化“推磨式”分片审理模式，完善审理人员管理办法等制度，全年“推磨式”审结案件40件。实行“审复分离”制度，确定专职人员负责申诉复查工作，实现全年案件零申诉。强化纪法贯通，出台暂扣没收追缴涉案款物管理规定，制定《关于对拟给予重处分的党员干部提出降低职务职级建议的办法（试行）》，提升规范化法治化水平。开展案件办理复盘研讨，着力提升审查调查质效。

小资料：

“推磨式”审理即同安区纪委在镇街分片成立综合派驻纪检组，实行查审分离办案制度，由第一组审理第二组、第二组审查第三组、依此类推，形成一种递推式的良性循环不交叉式审理模式。

【信访难题积案化解】 2020年，同安区纪委监委实施“十百千”“找差距、抓落实、解难题、化积案”专项行动，开展重复信访举报大起底、大排查、大化解攻坚战，制定《同安区纪委监委处理检举控告工作细则》《同安区纪委监委联合会审工作规定》，建立健全分类处置等5项工作机制。全年受理初信初访214件，办理检举控告154件，区纪委监委班子成员带信下访6人30件次，纪检监察干部入户走访1200余户，为群众解决问题25个，精准化解“多年、多层、多头”信访难题积案21件，重复举报数量比上年下降35.3%。

【纪检监察队伍建设】2020年，同安区纪委监委打造“清风护航”党建品牌，组织纪检监察干部600余人次投身疫情防控等志愿服务。选拔优秀干部充实纪检监察机关，干部队伍梯队结构更加优化。创建“每日一学”机制，丰富“银城清风”微信公众号等平台载体，举办监督执纪专题培训6期558人次，组织应知应会测试4场243人次，提高精准监督和执纪执法水平。健全完善全员接访、交流轮岗、跟班学习等机制，组织近500人次参加接访工作，调整委机关4名干部进行内部交流轮岗，安排14名镇（街）纪检监察干部轮流到委机关跟班学习，锻炼干部做到一专多能。建立健全督导提醒、谈心谈话等内控机制，形成互相监督提醒氛围。规范党员干部廉政档案建设、管理和运用，实行一人一档、专人专柜、统编统管，通过年度更新与随时补充相结合，通过经常性整理查阅档案，强化政治生态分析研判和干部廉政情况整体把握。

（黄莹雯）

执纪执法

【从严治党主体责任落实】2020年，同安区纪委监委实施“清风银城　书记面对面”等制度，印发《关于加强对区委常委会及其成员进行党内监督的暂行规定》，实现党委全面监督、纪委专责监督的有机贯通、相互协调。协助开展2019年度落实全面从严治党主体责任情况检查工作，移交问题163个、问责建议9条，督促建章立制31项。出台《同安区实施分类分层分级问责工作办法（试行）》，运用“四种形态”批评教育帮助和处理572人次，其中第一、二种形态占比94.9%，“红脸出汗、咬耳扯袖”成为常态。

【政风民风建设】2020年，同安区纪委监委加大对民生领域损害群众利益、农村乱占耕地建房、宅基地审批等方面监督力度，推动解决惠民资金发放不到位等一批事关群众切身利益的问题。持之以恒纠治“四风”，开展“1+X”专项监督，查处违反中央八项规定精神问题15个17人、形式主义官僚主义作风问题19个31人，点名通报典型案例9件15人。巩固拓展移风易俗成果，监督推动“三个一律”落实到位，全区简办、停办婚丧宴席等近5000场次，帮助群众节省资金3.3亿元。

【涉黑涉恶案件查处】2020年，同安区纪委监委推进扫黑除恶专项斗争“六清”（线索清仓、逃犯清零、案件清结、伞网清除、黑财清底、行业清源）行动，在全市率先完成“线索清仓”“案件清结”双清零任务，群众安全感和满意度持续提升。排查涉恶腐败和充当“保护伞”问题，落实班子成员挂钩监督、联点包案、蹲点调研、“一案三查”（查办黑恶势力犯罪、追查黑恶势力背后的保护伞、倒查党委政府的主体责任和部门监督管理责任）等工作机制，立案8件8人，第一种形态处理其他涉黑涉恶腐败问题2人，追责问责15人。

（黄莹雯）

政治巡察

【概　况】2020年，同安区委巡察办紧盯被巡察党组织的政治建设、政治责任落实情况开展巡察，将习近平总书记对被巡察单位所在行业系统重要指示批示精神落实、实施乡村振兴战略、扫黑除恶、基层减负等情况作为政治巡察重点，统筹推进日常巡察工作和省委巡察工作专项检查反馈问题整改，完成十三届区委第九轮、第十轮（前两批）17个单位常规巡察，并延伸巡察11个基层站（所）和对2个单位巡察“回头看”以及六批对6个镇（街）86个村（居）巡察，开展市区联动巡察莲花镇、村，协助做好市委对同安区疫情防控和乡村振兴专项巡察。做好11个单位、5个基层站（所）和98个村（居）巡察情况反馈，共反馈问题1573个并督促整改，移交问题线索80条，移送司法机关2人，党纪处分3人、诫勉3人。落实巡察整改长效机制，建立巡察整改联审会签制度，发挥巡察综合监督平台作用，把巡察情况抄报相关区领导并通报给有关部门，将巡察整改情况纳入2019年度区委落实全面从严治党主体责任检查重要内容及纪检监察机关和组织部门日常监督工作中，召开“清风银城　书记面对面”工作会议，区委书记对前期巡察反馈问题整改主体责任落实不够到位的5名党（工）委书记进行约谈。加大巡察宣传力度，有27篇稿件被中纪委网站、《中国纪检监察报》、《福建日报》等中央和省、市级媒体采用。截至2020年12月，常规巡察单位覆盖率88.3%、村（居）巡察覆盖率86.5%。启动区委第十轮第三批对7个单位和第七批对祥平街道10个村（居）的巡察。

【巡察工作机制健全】2020年，同安区委修订《中共厦门市同安区委巡察工作领导小组工作规则》，调整区委巡察工作领导小组成员，完善区委书记担任巡察工作领导小组组长、区纪委书记担任常务副组长、区委组织部部长担任副组长的领导体制和工作机制。建立健全协作机制，制定下发《关于建立健全巡察工作协作机制的若干意见》，完善巡察机构与纪检监察机关、组织、宣传、审计、信访、政法等部门协作配合机制。落实《关于进一步加强巡察整改和成果运用的意见》要求，强化巡后整改日常监督合力，做实巡察整改。通过增加巡察组、优化人员编组、科学区分任务、落实疫情防控要求等措施，加强各巡察组统筹协调。加强巡察档案规范化建设，制定《同安区巡察工作档案管理制度》，指定专人负责巡察档案接收、整理、保管，严格每轮巡察归档材料移交手续，做到按时限移交，按目录要求提交，按相关要求审核。同时对2017年以来巡察相关材料进行收集整理，做好归档，避免缺漏，至年末，完成2017—2019年3年巡察文书和区委前七轮32个单位4个村（居）巡察相关材料的收集、整档立卷工作。

【村（居）巡察】 2020年，同安区委巡察办组建村（居）巡察组，在区分行政村、村改居社区、城市社区基础上，有针对性区分资源大村、经济强村、组织弱村和治安乱村等类型，同时结合巡前函调纪检、组织、政法、信访、农业、民政等部门反馈的情况精准开展巡察监督。明确村（居）级班子和“两委”成员以及村（居）民小组长为村（居）巡察主要对象，重点查找村（居）党的领导、党员意识、党员干部服务意识以及集体“三资”管理、惠民涉农等专项资金使用、工程项目建设、黑恶村霸和宗族势力影响村（居）发展等方面存在的突出问题开展巡察监督。截至12月底，巡察村（居）122个，反馈问题1178个、立行立改问题13个、督促建立完善制度14项，向各镇（街）和区直有关部门提出意见建议24条，移交问题线索45条，移送司法机关22人，党纪处分8人，清退各类违规违纪资金909.9万元，追回承租（包）资金636.8万元，督促发放生态林补偿金588.5万元。先后发现并推动查处“‘万亩菜篮子基地’上违章搭盖”“违规收取建房村民‘捐资费’”“私扣村民《房屋建设许可证》《建设用地批准书》”“公职人员违规领取征地补偿款”“虚报冒领失能老人补贴”等一批侵占集体和村民利益的典型问题。

【巡察助推机构改革】 2020年，中共同安区委巡察办在对机关事业单位开展巡察时注重梳理单位职能运转情况，推动机构改革开展。发现并推动解决区农业农村局在推进机构改革和事业单位整合中局机关个别内设科室未实际运行、人员设岗推进缓慢、支部建设未同步调整、职能衔接不够顺畅，区审批管理局和区人社局在服务审批窗口建设方面统筹协调不够等问题。

【巡察队伍建设】 2020年，同安区委巡察办（组）5名行政编人员全部配齐到位，区巡察事务中心增编5名，机构规格升级确定为正科级并核定领导职数1正1副，至年底选配主任1名、工作人员3名。加强巡察干部业务培训，5月25—27日，组织23名干部参加省委第八轮巡视暨巡察指导督导工作专题视频培训会；7月22—24日举办为期3天的区委第十轮巡察业务培训。健全激励约束机制，区纪委、区委组织部、区委巡察办联合制定下发《关于加强和改进巡察干部选配使用工作的意见》，明确对参加巡察工作表现优秀的干部优先推荐提拔使用，同时建立健全巡察干部退出机制。调整充实巡察人才库，对巡察人才库进行动态更新。至年末，在库人员135人（其中组长、副组长库44人）。区委巡察办会同区委组织部适时选配优秀年轻干部特别是拟提任、刚提任干部参加巡察工作并择优入库，通过巡察工作锤炼干部能力，解决人员抽调难问题。全年抽调56人参加巡察。

【巡察整改联审会签制度建立】 2020年，同安区委巡察办推动建立巡察整改联审会签制度，实行纪检监察机关综合审核、组织和宣传部门专项审核、巡察机构协助审核工作机制，推动被巡察党组织认真抓好巡察整改，形成合力提升巡察整改质效。全年组织召开3次巡察整改进展情况会审和3次巡察整改方案会审专题会议，分别对区委第七、八轮被巡单位和首批被巡村（居）整改进展情况以及区委第九轮被巡察单位、第三、四、五批村（居）巡察整改方案进行专题会审。

（陈建伟）

中国国民党革命委员会厦门市同安区总支部

【概　况】2020年，中国国民党革命委员会厦门市同安区总支部（以下简称民革同安总支）加强组织建设，发展民革新党员4名，组织党员235人次参加各级各类学习和培训。参加各类文艺演出，组织义诊、慰问贫困幼儿等公益社会服务。全年召开主委会5次、全委会6次。提交人大建议、政协提案17件，调研课题2项。至年底，民革同安总支有2个基层支部；民革党员70名，其中女党员32名。党员中大专以上学历60人，占党员人数的85.71%；中高级职称45人，占党员人数的64.29%。党员主要来自机关、企事业单位、文教卫生系统等，其中教育系统党员33人，占党员人数的47.14%；医疗系统党员15人，占党员人数的21.43%。党员中，人大代表2人，其中人大常委会委员1人、市人大代表1人；政协委员5人，其中政协常委1人。年内，民革同安总支吴秀玉被评为“福建省三八红旗手”；吴秀玉、陈德梅被湖北省政府授予新时代“最美逆行者”称号；陈德梅家庭被评为“2020年度福建省抗疫最美家庭”。

【参政议政】2020年，民革同安总支开展教育均衡、乡村振兴、旅游发展等课题调研，全年提交人大建议、政协提案17件，调研课题2项；提交市区参政、活动报道信息近30条。《后疫情时代金融行业如何做实做深做细小微企业信贷工作》《同安区中医药事业发展的现状和建议》2篇调研报告转化为民革市委界别提案。《同安中医药事业发展的现状和建议》被《银城内参》收录。《加大乡村学校师资投入，补齐乡村教育“短板”》被列为同安区人大重点建议，所提出的师资补短模式为全省首创，被全市推广。

【社会服务】2020年1月，民革同安总支党员陈德梅、吴秀玉报名赴湖北一线抗疫，被湖北省政府授予新时代“最美逆行者”称号；郑永恭、马龙等党员克服困难、坚持抗疫，被省、市媒体报道。7月，民革同安二支部主委、同安中医院内科主任郑永恭医师作为医疗专家组成员随同安区扶贫队伍到康乐县开展医疗对口帮扶工作，用医技为当地扶贫扶智，开出“健康扶贫”良方。10月，民革同安二支部党员、第三医院内分泌科主任、鹭江讲坛报告人高允盛为社区医生和住院患者进行《降糖药的选择》专题讲座，义务开展社会科学普及宣传。

【换届选举】2020年11月8日，民革同安总支在同安区政府会堂召开全体党员大会，选举产生民革同安区总支部第十一届委员会。邵真当选总支主委，陈春兰、郑永恭当选副主委，张理想、陈秋草当选总支委员。

（陈春兰）

中国民主同盟厦门市同安区基层委员会

【概　况】2020年12月，经中国民主同盟厦门市委会批准，同安民盟由总支升格为基层委。至2020年底，中国民主同盟厦门市同安区基层委员会（以下简称同安区民盟基层委）设有3个支部、盟员73名，其中人大代表1人，为区人大常委；政协委员5人，其中区政协常委1人。年内，民盟同安区基层委被民盟厦门市委会评为“厦门民盟成立70周年”先进集体、2020年度调研提案工作先进集体、宣传信息工作先进集体。2名盟员被评为“厦门民盟成立70周年”优秀盟员，3名盟员被民盟福建省委会评为2020年度民盟福建省社情民意工作先进个人，被民盟厦门市委会评为2020年度调研提案工作先进个人一等奖1人，二等奖2人。

【课题调研】 2020年，民盟同安区基层委开展课题调研10个，其中民盟市级课题3个。《打造“台胞服务台胞”一站式服务平台促进惠台政策落实落细》《加强厦台合作打造全国台湾农渔产品集散中心》入选民盟界别市政协大会书面发言内容；《打造好闽台农业融合发展产业园推进厦台农业深度融合》被转化为党派委员市政协大会提案；《落实落细惠台政策推进闽台农业深度融合发展》被作为省政协大会快报。

【信息报送】 2020年，民盟同安区基层委报送各类信息反映社情民意总计42篇，其中10篇被民盟省委采用，3篇被市、区党政机关采用。《建议为疫情严重国家华人华侨紧急提供医疗防疫物资》被省盟采用后报盟中央采用；《就金融扶持中小微企业渡过疫后难关的若干建议》提出对受疫情影响小微企业给予扶持措施，被省盟采用，报省政协采用，获省领导批示；《关于做好幼儿园开学前疫情防控工作的几点建议》被区委办采用，并转区教育局以文件形式下发至全区各幼儿园。

【社会服务】 2020年，民盟同安区基层委邀请民盟厦门青年委委员、自然资源部第三海洋研究所助理研究员、中国第11次科考队队员纪建达博士到同安区教师进修学校开展“科普送教”活动，为全区地理学科教师开设《第11次北极科考见闻》专题讲座。牵线搭桥助厦台农业融合发展，联系并陪同台湾丰山生态园区总经理蔡志阳、台冠霖新兴果苗有限公司总经理林子财到同安区农业农村局走访，了解闽台农业融合发展（种子种苗）产业园的招商入驻情况，促进台农初步达成落户闽台农业融合发展（种子种苗）产业园的意愿，并着手开展用地选址等基础性工作。

【疫情防控捐赠】 2020年，在新冠肺炎疫情发生后，民盟同安区基层委动员捐款捐物。盟员厦门海马化妆品有限公司总经理谢谦组织公司向厦门卫生健康委员会、湖北省黄冈市黄梅县人民医院、厦门市“110”指挥中心、厦门市台湾同胞联谊会、甘肃省临夏州人民政府驻厦门办事处、厦门市广播电视集团、厦门市海沧医院及厦门市多所中小学捐赠累计价值87.26万元的抑菌免洗洗手液、84消毒水、环境清洁剂等抗疫用品；主委卜祥伟向厦门市慈善总会捐款1万元用于新冠肺炎疫情防控工作。

（涂志耿）

中国民主建国会厦门市同安区总支部

【概　况】 2020年，中国民主建国会厦门市同安区总支部（以下简称民建同安总支）坚持以“学习研讨”推进组织建设，组织会员赴军营村高山党校、禾伯鲜农创新农场等开展专题学习讨论68人次；全年发展新会员2人。至年末，民建同安总支下设大同、祥平2个支部，拥有会员85人。会员中有女性20人，占会员总数的24%；大专以上学历46人，占会员总数的54.1%；中级职称29人、高级职称9人，分别占会员总数的34.1%和10.6%；文教行业4人，政府机关事业单位20人，企业界（含个体工商业者）60人。会员中人大代表2人，政协委员15人。2020年，民建同安总支祥平支部获评“民建全省先进支部”；总支主委洪汇前获“民建福建省优秀会员”称号，副主委林志刚、叶红色获评民建福建省委抗击新冠肺炎疫情先进个人，会员黄岩岩获评民建福建省委新闻宣传优秀通讯员；6名政协委员被区政协授予“优秀政协委员”荣誉。

【参政议政】 2020年，民建同安总支提交人大议案、政协提案32篇，提出合理化意见建议50余条。完成调研课题7篇次，《关于提升我区民办幼儿园办学水平的建议与对策》入选民建市委重要课题。全年向民建市委会、区委统战部和区政协机关报送信息及社情民意102条，其中《呼吁给予在我省抗击疫情一线人员人事政策优惠》等6条社情民意被采用。《同安民建政协委员工作室：让委员“动”起来、“活”起来、“实”起来》被人民政协网、民建中央网站采用。

【社会服务】 2020年，民建同安总支率先在全区各民主党派中发起以“同心战疫克时艰民建同安在行动”为主题的抗击新冠疫情募捐活动，累计筹集价值13.9万元的款物支持湖北省武汉市的疫情防控工作，被民建中央、央视移动网、民建省委、民建市委、《厦门日报》、同安电视台等官方媒体相继报道。新冠肺炎疫情防控期间，会员林志刚召集社区居民组建疫情防控志愿服务队，驻点“外防输入”留观酒店，专班协调90天；会员叶红色、张燕燕等坚守岗位一线，服务和保障防疫工作。祥平支部副主委、厦门森露达环保科技有限公司董事长刘进森，带领企业分别与田洋村党委、过溪村党委合作举办2020

2020年2月5日，民建同安总支向武汉市捐赠10万元用于新冠肺炎疫情防控
（民建同安总支供图）

年爱心助学活动，为田洋村15名准大学生、过溪村13名准大学生颁发荣誉证书及奖学金。

（黄岩岩）

中国民主促进会厦门市同安区总支部

【概　况】 2020年，中国民主促进会厦门市同安区总支部（以下简称民进同安区总支）发展入会积极分子2名。组织会员参加各种学习、视察、考察和调研活动156人次。参加民进市委会、区政协、区统战部组织的骨干培训班、新会员培训班、履职能力建设班等学习培训，开展新农业调研实践、"不忘合作初心、继续携手前进"会史教育学习等活动。至年底，民进同安区总支有会员56人，其中女会员23人，占会员总数的41.1%；大专及以上学历有45人，占80.4%；中级及以上职称有37人，占66.1%。教育界别31人，卫生界别5人，经济界别9人，其他行业11人。人大代表3人，政协委员4人。

【参政议政】 2020年，民进同安区总支完成《探索建设政务服务"客服中心"》《关于打造厂社协调发展特色工业小镇的调研》《关于加强机关内部事业单位人力资源管理组织建设的建议》《关于0～3岁早教机构设置的调研报告》《关于治理校园及周边环境维护校园安全的调研》《强化司法职能维护妇女权益的几点建议》《关于加大扶持力度进一步壮大三高企业的调研》《关于同安区新能源充电站管理的建议》8篇调研报告，其中市级课题6篇。社情反映《加强对我区医疗机构药品采购监管的几点建议》针对医疗机构药品采购可能存在的监管漏洞提出对策建议，被区政协采纳，被市委会采用报送；社情反映《关于鼓励外来务工人员留厦过年的几点建议》被区政协、市委会、市统战、市委办采用，获得市领导批示。在年底两会期间，提交政协民进集体提案5件和人大建议案1件。其中《农村电商销量不好的原因及建议》引起委员广泛关注，《海西晨报》以《农村电商铺就产业致富》一文给予褒议。

【会员活动】 2020年，民进同安总支开展新农业调研实践、"不忘合作初心、继续携手前进"会史教育学习等活动。10月17日，前往同安汀溪镇禾沣农业生态园科普体验中心开展"生态美，乡村富"新农业调研实践活动，参观体验现代智慧农业，深入了解社会主义新农村建设情况。11月29日，为纪念民进成立75周年，赴厦门民进会员之家开展"不忘合作初心、继续携手前进"会史教育学习活动，参观厦门民进会员之家，聆听讲解员介绍民进成立的经过，观看民进专题宣传片，回顾中国民主促进会矢志奋斗及同中国共产党团结合作的光辉历史。

【社会服务】 2020年，民进同安总支发挥教育、医疗、卫生行业会员较多的优势，参与社会服务工作。1月，组织"永和九年书院"学生参加区政协、区文联主办的"传文脉、送春联"活动，弘扬祖国优秀传统文化；5月，会员施淮榆参加最高人民检察院"走进一线检察官"系列活动，以"防疫开学季，未爱公益行"为主题，到同安一中、东山中学等学校查访开学防疫措施；10月，组织会员参加溪边社区洁净家园行动。

（林永矛）

中国农工民主党厦门市同安区基层委员会

【概　况】 2020年，中国农工民主党厦门市同安区基层委员会（以下简称农工党同安区基层委）

新发展党员3人。围绕区委、区政府中心工作和群众关心的热点难题问题开展课题调研，提交人大议案、政协提案共12件，完成调研报告6份，撰写社情民意信息30篇。至年末，农工党同安区基层委下设同安一中支部、同安医卫支部、同安综合支部3个支部；有党员83人，其中一中支部35人、医卫支部35人、综合支部13人。党员中女党员30人，占党员总数的36%；大专及以上学历78人，占94%；中级及以上职称73人，占88%。有人大代表3人、政协委员7人，其中政协副主席1人。2020年，农工党同安区基层委被中国农工党福建省委员会授予省级先进基层委；3个支部均被农工党厦门市委会评为星级支部，其中综合支部获“五星支部”称号。

【参政议政】 2020年，农工党同安区基层委共提交市、区人大议案5个，提交区政协提案7个。党员参加厦门市第十五届人大三次会议，提交提案4篇，内容涉及污泥高效利用、解决中小学教师支教困难、消除民办教育机构安全隐患、岛外超标电动车管理等。党员参加区两会，提交区人大议案2篇、区政协提案8篇，内容涉及升级滨海东大道、保护施琅故居、加快推进地铁9号线、提升改造城南工业区、应对离婚冷静期等。

【课题调研】 2020年，农工党同安区基层委围绕区委、区政府中心工作和群众关心的热点难题问题开展课题调研，全年完成调研报告8篇。其中，基层委完成《突发重大公共事件下学校教学实施方式调研》；一中支部完成《关于加强校园心里工作的研究》《关于加强校园心里工作的研究》《厦门市农改居及农村互助式养老调研》3篇；医卫支部完成《新时代民营企业高质量发展模式和路径研究》《关于两岸医疗、健康产业交流的研究》2篇；综合支部完成《台湾当局现行台商回流政策评估及应对的调研》《关于发展厦门市东部临空产业带的调研》2篇。所有调研文章均收入区委统战部课题调研汇编。

【社会服务】 2020年，农工党同安区基层委一中支部与综合支部联合开展活动，组织党员参观苏颂公园改造提升工程。医卫支部组织党员参加新年祈福“送医送健康”义诊活动。一中支部组织党员开展送教下乡活动。综合支部开展苏颂文化推介、未成年人权益司法保护、环境公益诉讼宣讲、法制进镇街等社会服务10余次，服务范围覆盖全区所有镇（街）。

（黄献磅）

中国致公党厦门市同安区基层委员会

【概　况】 2020年，原中国致公党厦门市同安区总支部转制为中国致公党厦门市同安区基层委员会（以下简称致公党同安区基层委）。新发展党员2人。至年末，致公党同安区基层委下辖3个基层支部，有党员85人。其中女党员34名，党员中大专以上学历79人，占党员总人数的93%；中高级职称54人，占63.52%；企业界13名，教科文卫50名，公务员7名；市级人大代表1人，区级人大代表2人（其中常委1人），镇级人大代表1人，区政协委员8人（其中常委1人）。年内，致公党同安区基层委获“致公党福建省委抗击新冠肺炎疫情工作先进集体”、致公党厦门市委“基层组织活动奖”等荣誉；第三支部获“致公党福建省委十佳特色支部”、致公党厦门市委“基层组织工作先进集体”、“2020年度参政议政工作先进集体”称号。会员1人获“2020年致公党福建省委抗击新冠肺炎疫情先进个人”称号，1人获厦门市委“致公党抗击新冠肺炎疫情先进个人”称号，1人获致公党厦门市委“2020年度参政议政先进个人”称号。

【致公党同安区基层委员会成立】 2020年8月8日，原中国致公党厦门市同安区总支部转制为中国致公党厦门市同安区基层委员会，致公党同安区基层委员会成立，叶少静当选为第一届主任委员，邹标、翁海燕、林建旋、王莹当选为副主任委员。基层委下设第一支部、第二支部、第三支部3个支部。

【机制创新】 2020年，致公党同安区基层委创新参政议政“一库两课三班”的工作机制，即建立参政议政“智囊库”，开设“理论课”和“分享课”，不定期办好“板凳学习班”“田间学习班”“开放学习班”。分别在顶村、军营村举办参政议政理论课和实践学习分享班，让党员通过实地考察农村建设深入领会相关理论，启发参政议政的思路。

【思想建设】 2020年，致公党同安区基层委开展各类培训和座谈会7次，提高党员政治理论水平。8月12日，参加2020年同安区统一战线理论学习培训班；8月13日，配合致公党厦漳泉三地市委会调研同安新农村建设，参观莲花镇“初心使命馆”，调研台农简福川的莲花基地，感受边远山村乡村振兴带来的发展变化；重阳节期间组织老党员座谈会，聆听老党员们讲述近几十年同安区的发展成就；9月19日，邀请致公党员马春财律师为党员们普及《中华人民共和国民法典》基本知识；组织广大党员学习中共十九届五中全会精神并交流心得体会，引导党员坚定服务党政大局、服务社会民众的信念。

【参政议政】 2020年，致公党同安区基层委在11月28—30日人大、政协两会期间共提交10件提案。全年完成4篇调研，其中《新时代海外统一战线宣传理论研究》被列入厦门市统一战线重点课题；《推动农村社区化治理　促进基层社会治理创新》被选入省政协专题协商会，由致公党省委常委、农业与农村工作委员会主任王松良作即席发言；《关于提升我区民营企业竞争力的探讨》入选区统战部参政议政调研文选（第十集）。共提交社情民意9篇，其中《关于保存老地名留住乡愁的建议》被致公党福建省委会采用，《建议多部门联动规范厦门市餐饮商事登记审批工作》《关于加大厦门市民个人信用“白鹭分”宣传力度的建议》《关于审慎设置交通标识规范交通行为的建议》《关于保存老地名留住乡愁的建议》《关于建设侨批展览馆的建议》5篇被致公党厦门市委会采用。撰写宣传信息25条，其中15条被致公党福建省委会采用，17条被致公党厦门市委会采用。年内，参与区委、区政协、区委统战部及有关部门召开的协商会、情况通报会、座谈会、征求意见会等10多次，分别就《同安区文化遗产保护利用传承体系建设情况》《同安区今年以来党风廉政建设和反腐败工作情况通报》等工作提出意见和建议，其中《聚焦民生领域微腐败　净化基层政治生态》一文入选市政党协商通报会发言材料。

【社会服务】 2020年，致公党同安区基层委打造“爱心厦门·书香快递·阳光驿站”的志愿服务品牌，全年组织送法下乡活动3次，为汀溪、莲花等贫困山区捐资助学。联手致公党厦门市委、法制委在汀溪镇西源小学举行“爱心厦门·书香快递”之民法典进校园系列讲座活动，活动现场向西源小学捐赠价值1200多元的大米和食用油；联合致公党厦门市委在莲花镇罗汉山书院开展爱心苹果捐赠活动，向厦门颐年网安养中心及莲花恩慧养老院捐赠20箱爱心苹果。新冠肺炎疫情防控期间，通过红十字会、“致公爱心小包裹”等捐款共计54290元，向海外捐赠口罩6000个。

【参与侨界活动】 2020年，致公党同安区基层委发挥侨界人士党员较多的优势，参与各项侨界爱国爱乡活动。1月20日，参加区侨联在雪樵公园举行的迎新贺岁送福到侨亲活动；5月10日，二支部参观柯朝阳故居，缅怀柯朝阳老主委爱国爱乡的家国情怀；6月26日，参加五显镇三秀山村市侨联“爱心图书角”挂牌仪式，向三秀山村“儿童之家”捐赠价值2000元的户外活动设施；10月24日，参加以“凝聚侨心侨力，共建文明城市”为主题的2020年厦门市侨界健步行活动和第七届侨界广场文化节活动。

（叶少静）

九三学社厦门市同安区委员会

【概　况】 2020年，九三学社厦门市同安区委员会（以下简称九三学社同安区委）撰写课题调研文章1篇，提交政协提案6件。整理归档历年档案资料，完善社员个人信息，全年新发展社员1人。至年末，九三学社同安区委下设支社3个，有社员56人。社员中女性社员14人，占社员总数的25%；高级职称24人，占42.86%。界别分布中，教育、医卫、科技系统人数分别占总人数的比例为14.26%、33.93%和39.29%。有区政协委员6人，其中区政协常委1人。2020年，社员杨金胜被九三学社厦门市委评为新冠肺炎疫情防控工作先进个人。

【参政议政】 2020年，九三学社同安区委在同安区政协十三届五次会议上，提交《关于扶持我区既有住宅增设电梯的建议》《关于发展我区新型农业的几点建议》《关于保留环东海域连片旧村落、打造独具特色的闽南乡土文化旅游带的建议》《关于滨海西大道附近拆迁过程中“先安置后拆村”的建议》《关于在同安一中滨海校区小学部对面建设一所公立幼儿园的建议》《关于推进公共图书馆总分馆制建设、提高分管利用率的建议》等提案6件。全年完成《沿滨海浪漫线并行开发闽南乡土文化旅游带》调研课题1篇。

【队伍建设】 2020年，九三学社同安区委组织社员参加九三学社厦门市委和中共同安区委统战部组织的各类培训。1月12日，举办全体社员大会，总结2019年、安排2020年工作，社员35人参加。9月5日，组织7名骨干社员参加九三学社厦门市委举办的纪念九三学社创建七十五周年口述史报告会暨新社员入社仪式。11月15日，召开第三次全体社员大会，选举产生新一届九三学社同安区委及3个支社委员会。12月27日，与九三学社湖里区委联合举办信息沙龙活动，围绕撰写社情信息进行学习和研讨，共计20余名社员参加。

【社会服务】 2020年，九三学社同安区委开展爱心捐助、义诊等社会服务活动。2月6日，组织社员开展“抗击疫情·爱心捐助”活动，共筹集款项7800元。9月7—9日，携手厦门市智力残疾人及亲友协会，在“2020爱不后退——腾讯99公益日”为自闭症儿童捐款。9月13日，联合九三学社中山医院支社前往同安区莲花镇小坪村开展公益义诊活动，接诊服务群众上百人。

（纪天富）

台湾民主自治同盟厦门市同安区总支部

【概　况】 2020年，台湾民主自治同盟厦门市同安区总支部（以下简称台盟同安支部）有盟员8名，其中女性盟员5名。盟员中硕士研究生学历1人，大学学历6人，大专学历1人；台盟福建省委委员1人，台盟厦门市委委员2人，市政协委员2人，区政协委员1人。全年组织盟员参与参政议政专题座谈会4场，提交调研报告1篇，提案2篇，报送信息1篇。

【参政议政】 2020年，台盟同安支部向台盟市委提交《关于防止疫情蔓延，厦门封岛的建议》信息1篇，向区政协提交《关于依托社区建立养老寄托中心》提案1篇。与其他支部合作共同完成调研报告《两岸共讲中国故事，切实提升台湾青年民族认同感》。参与区统战部参政议政专题座谈会4场，分别在《重点项目用地保障及规划工作情况》《依托信息化手段，推动城市化精细管理体系建设情况》等专题会上发言。

【志愿服务】 2020年，台盟同安支部发动盟员捐款850元扶持贵州省赫章县金银山街道筹建街道少儿活动中心；组织盟员向汉川市人民医院捐款，助力抗疫前线医院，总计捐款1000元。盟员蔡锦婷参与盟中央发起的云合唱活动录制，用歌声鼓舞奋勇抗疫，传播抗疫正能量。

（蔡锦婷）

厦门市同安区工商业联合会

【概　况】 2020年，同安区工商联（商会）立足会员需求，开展会务活动，全年召开主席扩大会议1次，执委（理事）、监事会议1次。组织民企参加检察院开放日活动1场，开展理想信念教育、政企座谈会各1场。撰写会员及企业问题专报3件、课题调研3篇。发展新会员18家。参与制订《同安区工商业联合会改革方案》，指导同安区商会、同安区平和商会依法登记，指导同安区泉州商会、同安区漳浦商会成立党支部；指导祥平街道商会完成换届并变更业务主管单位；指导4个所属商会开展2019年度年报工作。深入近百家企业走访宣传省、市各惠企政策，配合开展综合评价13人次，推荐10家会员及企业参加评优评先活动。健全民企投资项目对接机制，推进以商招商，组织34家骨干企业到湖南张家界考察；组织4家企业参加2020年中国（厦门）商人节招商项目签约仪式，共签约项目4个、投资总额35.23亿元，居全市第二名。指导区商会会员企业及各基层商会开展爱心帮扶活动，获“爱心厦门”建设典型集体奖。至年末，同安区工商联有区级商会1个、镇（街）商会8个、行业商会1个、异地商会4个，理事以上人员189人，包含所属商会会员在内的企业会员共1968家。

【参政议政】 2020年，同安区政协工商联联络处委员参加区政协十三届五次全委会，提交提案28件。完成《关于优化我区营商环境以促进民企健康发展的建议》《同安区民营经济发展报告（2018—2019）》《加强统战工作向商会组织全面有效覆盖问题的研究》3篇课题调研，其中《关于优化我区营商环境以促进民企健康发展的建议》《加强统战工作向商会组织全面有效覆盖问题的研究》分别被同安区政协、市委统战部列为重点调研课题。组织区政协工商联联络处委员开展学习培训座谈会2场、提案办理暨对口协商座谈会1场。

【理想信念教育】 2020年，同安区工商联（商会）开展理想信念教育，组织骨干企业家赴上海交大、广州中山大学等高校参加由市工商联举办的专题培训。组织理事会成员及会员企业58人，到福建省民营经济人士理想信念教育基地（陈嘉庚纪念馆）开展非

2020 年 12 月 9 日，同安区工商联组织企业会员参观全省民营经济人士理想信念教育基地（陈嘉庚纪念馆）。图为活动结束后合影　（同安区工商联供图）

公有制经济人士理想信念教育培训。组织骨干企业家参加同安区检察院开放日活动。

【政企对话平台搭建】 2020 年，同安区工商联（商会）积极搭建政企对话平台，组织企业家参加市、区政企座谈会 2 场，着力解决制约企业发展的瓶颈问题。11 月 26 日，在银祥集团组织召开座谈会，区领导、相关部门负责人与民营经济代表人士共同探讨后疫情时代民营企业如何突围等问题。12 月 4 日，到同耀电器有限公司现场办公，协调解决企业有关涉及林地使用权问题。

【商会抗疫行动】 2020 年，同安区工商联（商会）组织会员企业及所属商会开展“大爱捐赠”活动，捐助款项近 1000 万元、疫情防控物资上万件。组织会员企业开展商会内部企业互助和供需对接活动，实施资源共享。搭建银企对接平台，推动企业用好各项疫情快贷政策。联合厦门市工商联、区委统战部及统战系统成员单位，指导 32 家民营企业复工复产。主动收集企业意见诉求，组织撰写关于推进企业全面复工、扶持企业发展的专报件 2 件。通过区商会公众号、微信工作群发布宣传各项惠企政策，线上为企业穿针引线、答疑解惑。

【先进典型选树】 2020 年，同安区工商联（商会）加强先进典型选树，推荐 10 家会员及企业参加评优评先活动。其中，厦门银祥集团有限公司上榜“2020 福建省百强民企及百强制造业”名单；金日制药（中国）有限公司、厦门亿力天龙科技有限公司、厦门加晟生物科技有限公司、太阳城（厦门）户外用品科技股份有限公司、厦门创凯工贸有限公司等 5 家会员企业获评“国家级高新技术企业”；厦门磐金集团有限公司、厦门城健建设有限公司、厦门大同建筑工程有限公司、厦门百利控股有限公司等 4 家公司被评为厦门市 2018—2020 年度非公组织文明单位。

【会员企业服务】 2020 年，同安区工商联（商会）加强会员企业服务，利用微信公众号、微信工作群等载体，开展惠企政策宣传活动。落实《同安区应对新冠肺炎疫情推动商贸流通稳增长若干措施》相关精神，指导福建省定制家居行业协会获 2020 年度活动补贴 20 万元。组织会员企业参加厦门市总商会举办的“商人节”活动。组织 34 家企业到湖南省张家界市开展商务考察。

【扶贫助困】 2020 年，同安区工商联（商会）举行 2020 年同安商会资助贫困大学生捐助仪式，资助贫困大学生 38 名、合计 22.8 万元。联合厦门市残疾人基金会，签订协议帮扶残疾预防、扶贫、康复、救助、托养、倡导等项目。组织区商会和各镇（街）商会到临夏州康乐县开展扶贫助困工作，落实帮扶资金 71 万元，被中共甘肃省临夏州委、临夏州政府授予“2020 年助推临夏州脱贫攻坚爱心集体”称号。

（柯雅莲）

群众团体

厦门市同安区总工会

【概　况】 2020年，厦门市同安区总工会（以下简称同安区总工会）新建企业工会57家，指导基层换届、更名、补选340家；采集会员信息16.7万名，办理工会会员服务卡16.2万张。推动保安、快递（外卖）员、货车司机、护工护理员等“八大群体”入会取得突破，八大群体企业入会率97.2%，发放入会礼包450份。同安区总工会成立工会经费管理使用专项督查小组，审计监督20家基层工会经费使用情况。向359家小微企业全额返还工会经费367.7万元。通过“劳模读书班”、微信《大学习》栏目、职工书屋、“工悦领读”活动等工会学习载体，组织各级工会干部开课堂办座谈46场次。在新冠疫情发生期间开通24小时应急援助热线，指导职工正确疏导压力和情绪。面向企业经营、管理者开展员工情绪管理技能培训8场次，惠及职工1500余人。开展“平安返厦”活动，助力复工复产复市，向12472人发放交通费补助342.03万元；“包车返厦”活动补助15个车次315人返厦，发放补助金16.96万元。引导广大职工群众立足岗位建功立业，推荐评选市级以上劳动模范、五一劳动奖章获得者11名。关怀帮扶职工，开展和谐劳动关系创建活动，打造“爱心驿站”“爱心妈妈小屋”等各类爱心阵地21处。至年末，全区有基层工会组织2568个（机关事业单位工会180个，百人以上企业工会369个），其中独立工会2425个，联合工会140个。基层工会涵盖7815个单位、17.2万名职工，有工会会员17万人。

【工会阵地建设】 2020年，同安区推进职工素质建设工程，划拨专项经费13万元用于职工书屋改造升级，建成区级职工书屋12家，申报市级书屋3家；整合资源，优化配置，建成区级“职工学堂”300多平方米，融合爱心驿站、书法培训、舞蹈瑜伽、公益课堂等多功能“一站式”服务。培育“爱心厦门”服务阵地，在市第三医院建成“医生休息室”1个。在公交公司、环卫道班房、各大公园、社区等建成“工会爱心驿站”17个，供环卫工人、快递员和网约车司机等户外作业人员休息。在祥平街道办事处、西洪塘小学、厦门英诺尔充源电子有限公司等政府部门及企事业单位建成“哺乳室”9个，为女职工休息、哺乳提供方便。出资18万元扶助康乐县总工会建成3所工人爱心驿站。

【职工建功立业激励】 2020年，同安区总工会鼓励职工开展技术创新，新建劳模（职工）创新工作室3家，发动职工技术革新26项、发明创造14项；推选职工技术创新成果41项。推动产业工人提升技能素质，承办第26届职工技术竞赛同安赛区“市容环卫”“叉车”等项目赛。推荐评选全国劳动模范1名、市劳动模范8名、省五一劳动奖章2名；推选表彰49个班组（科室）为市“工人先锋号”，3个单位为省“工人先锋号”。

【职工维权】 2020年，同安区总工会培育120家基层工会劳动法律监督委员会，全年开展职企劳动关系培训12场次，参训人员500多人次；开展法律健康检查20场次，提供公益法律服务250多人次，调解集体工资争议1件115人。率先全市开展工资集体协商竞赛，选拔培育5名基层协商指导员参加全市竞赛。建立疫情防控特殊时期工资集体协商制度，开展“特别要约”行动，发出“提示函”255份，指导单独签订工资专项集体合同企业188家，惠及职工3.8万人；区域性要约覆盖企业2000余家、覆盖职工3.2万人。督促规模以上企业普遍建立工会劳动法律监督委员会，实现规模以上企业劳动法律监督全面覆盖。全区建立工会劳动法律监督委员会722个，通过培训持证上岗1073人。推动各级工会在重点行业、重点领域发放“工会劳动法律监督提示函”1733份。处理职工群众来电来访13件（次）。

【职工关爱帮扶】 2020年，同安区总工会推动职工医疗互助保障工作，办理5.1万名职工参加保障，为1822名职工发放医疗补助349.1万元。关心关爱劳模，为129名农业劳模、退休职工劳模发放荣誉津贴及生活补贴207.06万元。关爱女职工特殊权益，新建哺乳室9家，开办暑托班6家、服务职工子女1800人次，免费两癌筛查女职工3200人次。春节、元旦两节慰问16名困难职工及106名一线职工，分别发放慰问金6.2万元、10.6万元；开展防暑降温慰问活动，走访37家企业职工及重点工程建设人员，向7866名职工发放慰问金183.31万元；开展“金秋助学”活动，为11名困难职工家庭就学子女发放补助2.9万元。

【区总工会助力复工复产复市】 2020年，同安区总工会拓展“平安返厦”“轻松返乡”“包车包列包机”服务，帮助1250名职工平安返厦返岗，为1.2万名职工发放交通补助260万元；协调解决34名返厦职工住宿问题。组织开展安全生产大排查189次，整治隐患168处；助推爱心消费节，发放现金消费券100万元，培育“会员特惠商家”13家，优惠项目21个。举办会员服务日、月月抽好礼等活动9场次，加快消费潜力释放。

【和谐劳动关系创建活动】 2020年，同安区总工会开展和谐劳动关系创建活动。培育和谐企业示范点16家，打造参观动线6条，编写基层工会促和谐谋发展微故事100个，探索在和谐劳动关系创建领域里的同安经验。《工人日报》以《奏响“和谐曲”，打造“银城梦”》为题整版刊发创建做法，“和谐劳关微故事”系列被评为福建省“十佳”工会工作宣传新媒体系列作品。

2020年11月27日，“和谐劳工·亲密关系三部曲”心理健康沙龙在凤祥社区共享职工之家举行，由心理讲师余少明主讲 （同安区总工会供图）

【首次举办工资集体协商竞赛】 2020年7月30日，同安区总工会首次举办全区工资集体协商竞赛活动，来自全区非公企业12支队伍、60名选手参赛。比赛以给定的案例为背景，针对模拟谈判辩题分企业方和职工方进行模拟集体协商。共有6支队伍取得优胜奖，6名选手取得个人优秀辩手。

【“共享职工之家”推广】 2020年，同安区总工会推广共享职工之家建设，依托现有职工之家、工会驿站、党群中心等，建成共享职工之家15家，建设共享图书室、共享舞蹈室、共享健身房、共享会议室等，为社区居民及周边小微工会组织提供共建场所、共享服务，全年组织开展讲座、心理辅导、党建活动、趣味运动会等各类共享服务108场次，丰富职工精神文化生活。

【文明交通快递小哥专场培训会】 2020年9月17日，同安区总工会在区总工会六楼会议室召开文明交通快递小哥专场培训会，全区13家快递公司快递员86人参加培训。邀请建设与交通局工作人员授课，开展文明交通知识培训。参训快递员现场开展文明承诺“打卡”活动，正式成为文明志愿者，助力全国文明城市创建工作。

（张云青）

中国共产主义青年团厦门市同安区委员会

【概　况】 2020年，中国共产主义青年团厦门市同安区委员会（以下简称共青团同安区委）紧扣五四青年节、少先队建队日等重要时间节点，开展“五四同行　青年向上”“红领巾心向党，争做新时代好少年”主题教育实践活动，开展线上线下一体青年大学习。积极选树同安区优秀青年榜样，编印《青年向上——团员青年微故事100例》，强化青年思想政治引领。组建15人的同安区青年讲师团队伍，开展青年理论宣讲工作。开展青少年成长关爱、权益维护、志愿服务、就业帮扶等工作，成立同安区青少年权益中心，组建乡村振兴等各类青年志愿服务队148支，举办各类公益课程128场，服务2万多人次。发挥青年文明号、青年突击队等“青”字号品牌的引领作用，激励广大团员青年在疫情防控、项目征拆、乡村振兴等工作中建功立业。梳理37个基层团委、8个基层团总支、437个基层团支部，组织9382名团员报道，清理、撤并涣散、空心团支部27个。破解“学社衔接”难题，实现应届毕业生团员50%以上完成组织关系转接。深化“三会两制一课”等基础团务，开展团员青年干部培训共3场，组织各界团员青年干部开展学习交流。至年末同安区有13个直属团（工）委，482个基层团组织，11635名团员，团员占常住人口中14～28岁青年的比例为11.86%。推进全面从严治团工作，选树优秀青年榜样，王澎涛获评“福建省优秀共青团干部”，陈小清获评“福建省优秀少先队辅导员”，共青团厦门市第二外国语学校委员会获评“福建省五四红旗团委”，共青团同安区委被授予2020年度助推临夏州脱贫攻坚爱心集体称号。

【青少年成长关爱】 2020年，共青团同安区委打造“同安区青少年权益中心”，以“一线决策、资源下沉、精准服务”为指导，形成多维度、多层次的青少年成长支持体系，面向社区、家庭、学校开设心理线上微课程25场，参与人数5000余人次；接听24小时心理咨询热线228个。依托同安工业社区团校、区青少年活动中心等青年之家阵地，举办社工公益培训、高考志愿填报辅导等活动8场，开展线下亲子互动活动12场，安全自护生命教育活动6场，营造青少年健康成长良好环境。开展爱心扶幼工作，联合区爱心扶幼成员单位按照“一个中心、七个服务阵地、N个品牌服务”的工作思路，编印《同安区青少年服务手册》，方便群众了解同安区爱心扶幼相关资源，服务青年成长成才。

【青少年事务社工服务】 2020年，共青团同安区委试点下沉基层开展青少年事务服务项目，实施“新城馨少年”项目，以学校为服务中心、社区为服务延伸，建设少先队品牌，引领孩子们参与社会服务、社会实践等多元文化内容。打造“家—校—社”三方联动的青少年支持体系，组织开展心理疏导讲座、生命教育活动、亲子线上教育活动等17场；组织45名小记者参加培训，成立官浔小学小记者站。实施“让爱更有智慧”事务社工项目，聚焦青少年心理健康，提升青少年和家长认识情绪及掌控情绪能力，开设心理线上微课程56场，受益2万余人次。

【青少年志愿服务】 2020年，共青团同安区委通过新媒体平台向全区青年少年发出志愿服务行动倡议，招募青年导师志愿者，组建乡村振兴志愿服务队，开展开学季禁毒宣传、安全自护课程、中高考减压、“青春伴夕阳，关爱眼健康”等志愿服务活动，参与志愿者2000人次。1月，结合“青春自护·平安春节”自护教育，开展少先队员和教师志愿服务培训，传递志愿服务精神；新冠疫情防控期间，开通24小时线上线下应急心理疏导公益服务，组建防疫一线青年志愿服务队，鼓励青年参与协助社区（村）防疫工作；结合文明城市创建，发出“文明创建我助力”行动倡议，单条阅读量超过1万人次，先后组织洁净家园、文明交通督导、垃圾分类小课堂等志愿活动51场次；结合“爱心敬老”活动，组织志愿者深入村居，开展“青春伴夕阳　关爱眼健康”义诊咨询和视力检查活动7场，服务1100余名老人；联合区青企协举办“梦想巴士　益起成长”公益活动，组织河田小学40名学生参观通士达光影体验馆。

【青少年权益维护】 2020年，共青团同安区委对接团市委、各青年工作联席会议成员单位，依托同安区青少年权益中心，举办高考志愿填报、公考辅导等公益活动8场，开设1期公益课程培训。开展预防校园欺凌、性侵等安全自护教育进校园，服务本区青少年超过1000人次。开展“共青团与人大代表、政协委员”面对面交流活动，聚焦如何更好发挥青年在城乡社区治理中的作用，组织人大代表、政协委员与40余名青年进行面对面交流。开展“新城馨少年”“青年向上友出路”项目，举办大型讲座、团辅活动29场，接待心理咨询200人次，对210余名青年进行升学就业辅导。推动同安区青少年“双零”（零犯罪零受害）社区建设试点，促进预防青少年违法犯罪工作向基层延伸。

【青少年法治教育】 2020年，共

2020 年 9 月 8 日，共青团同安区委开展“金秋助学 爱心圆梦”扶助困境青少年活动 （共青团同安区委供图）

青团同安区委开展“法治进校园”“宪法周宣传”等活动，组织参观青少年法治宣传基地，鼓励学校团委开展法治主题团课、班课、队课 200 节，普及宪法、未成年人保护法等内容，提升青少年法治意识。利用“同安团团”“青春同安”新媒体平台，开展《中华人民共和国未成年人保护法》《中华人民共和国社区矫正法》等法治宣传，夯实健康成长法治思想基础。

【困境青少年帮扶】 2020 年，共青团同安区委开展“金秋助学”“青春助学”等困境青少年帮扶工作，帮扶同安区户籍贫困准大学生 11 人、贫困高中生 13 人，资助金额共计 8.1 万元。疫情期间，通过线上线下多种途径对接同安区事实孤儿、困境青少年家庭 74 户，送去口罩和免洗手液等防护物资。

【共青团助力精准扶贫】 2020 年，共青团同安区委引领广大青年开展东西扶贫、山海协作对口帮扶工作，推进与康乐县、诏安县青年的交流合作。发出爱心倡议，组织爱心捐赠，累计向康乐县捐赠现金 3 万元和价值 10 万元的儿童、成人口罩；聚焦青少年心理健康，探索“心理 + 社工 + 互联网”的帮扶模式，邀请专业心理老师录制线上心理视频课程 8 课时，与康乐县、诏安县青少年开展“特别的爱，给最可爱的你们”视频分享课程；与诏安团县委联合开展“星星点灯，逐梦前行”等走访交流活动，向诏安县梅洲乡中心小学送去价值 1.9 万元的爱心书柜和图书，为 20 名贫困学生捐赠书包等文体用品。开展同安区内农村挂钩帮扶工作，挂钩帮扶五显镇竹山村，助老扶幼，向竹山村老人幸福院捐赠油、米等物资。共青团同安区委被授予 2020 年度助推临夏州脱贫攻坚爱心集体称号。

【共青团参与疫情防控】 2020 年，在新冠肺炎疫情防控期间，共青团同安区委发挥“青”字号品牌的引领作用，组建疫情防控秩序维护、专业医护青年突击队 12 支、人数 800 余人，参与到社区村居防疫一线的秩序维护、专业医护工作；组建疫情防控心理危机干预青年志愿服务队 2 支，开通 24 小时心理热线咨询，开展线上线下应急心理疏导公益服务。号召全区团员青年及社会力量参与爱心捐赠，联系同安区青年企业家协会募集爱心款 9.8 万余元及价值 1 万元的口罩、手套等医疗物资定向捐赠给厦门市第三医院和区各抗疫一线；联系爱心企业向厦门市竹坝学校和官浔小学捐献消毒水 2687 瓶，向同安区教育局、同安第一中学捐赠口罩 8000 个，助力学校复学复课。

【青年就业服务】 2020 年，共青团同安区委对接相关部门，征集整理区内企业用工需求，通过公众号不定期推送就业信息，推出“千校万岗”系列微信推文 9 期，累计提供岗位数 349 个；帮助建档立卡家庭大中专毕业生 7 人实现就业。开展公益辅导培训班 8 期，多途径做好青年学生稳就业工作。6 月 5 日，会同组织部等相关部门共同举办“同聚力 · 育青才 · 助招商”同安区青年企业家人才交流座谈会，解读人才政策，搭建沟通交流和创业发展平台。

【网络宣传引导】 2020 年，共青团同安区委依托团属新媒体平台“同安团团”“青春同安”微信公众号，举办“挥墨聚力，青春战‘疫’”网络征文大赛、“五四同行 青年向上”线上手势舞和线上跑活动，发出“弘扬鹭岛新风 文明有你有我”倡议，组织“全国文明城市基本知识问答”网络竞答活动、综治平安“三率”宣传等，宣传优秀青年典型，展示基层组织风采，倡导社会文明新风。累计推送消息 404 条，线上图文阅读量 16.4 万余次。

【同安区青少年权益中心成立】 2020 年，共青团同安区委成立同安区青少年权益中心，引入专业青少年事务社工力量，围绕青少年困境帮扶、就业指导和预防犯罪等方面工作重点，为青少年提供全方位、多层次的专业服务。权益中心在新冠疫情防控期间开展线上心理微课堂课程21场，参与5000余人次。年内资助贫困学生24人，资助总额8万元。开展高考志愿填报指导公益课1场，“放飞梦想　扬帆起航”增能拓展活动2场，指导贫困准大学生更好地融入大学生涯。开展“晨曦关爱行动”，关怀服刑人员子女，年内完成电话探访23人次，家庭探访7人次。

（谢溢芬）

厦门市同安区妇女联合会

【概　况】 2020年，厦门市同安区妇女联合会（以下简称同安区妇联）开展妇女政治引领工作，开展“百万巾帼大宣讲”250场。组织妇女投身新冠疫情防控工作，联合区委文明办开展“携手抗疫，巾帼有我”摄影比赛。疫情防控期间创新公益服务模式，开展线上公益课堂、亲子活动40余场次。打造“妇爱妇助”巾帼志愿服务品牌，至年末全区有145支巾帼志愿服务队总计2.7万名巾帼志愿者。开展妇女维权，通过多种渠道调解家庭纠纷44件。继续实施“蒲公英”“幸福空间”“银城小树苗”等妇女儿童关爱帮扶项目，全年发放困难妇女儿童慰问金、救助金、助学金等总计825人次92.6万元。在全区设立7个“妇女微家”，47个“儿童之家”。编发《新时代银城巾帼风采微故事100篇》，与区电视台合作制作5部专题片，全面宣传在乡村振兴、疫情防控、家庭文明建设中涌现出的优秀妇女典型。开展寻找“最美家庭”“五好家庭”“抗疫最美家庭”活动，有15户获市级以上家庭荣誉。是年，全区有镇、街妇联组织8个，村、居妇联组织141个，妇女干部521人；在妇女干部中，区妇联5人，镇、街妇联30人，村、居妇联486人（各级妇联统计人数均含兼职副主席）。2020年12月25日召开同安区第十五次妇女代表大会，选举产生47名区级执委。年内，推荐获评全国巾帼建功标兵1名，省级三八红旗手1名，省级三八红旗集体1名，省级优秀基层妇联主席3名，省级巾帼文明岗1个，省级“三百四有”创建活动达标基层妇联组织3个、达标的村（社区）妇联4个，省级关爱女性健康活动县级先进单位1个、乡镇级先进单位2个。

【区妇联助力疫情防控】 2020年，同安区妇联组织各级妇联全面参与新冠疫情防控工作。加强宣传引导，通过微信公众号和工作群及时发出倡议并宣传发布疫情防控相关信息要求，传播正确的防疫知识和做法，促进家庭科学防控。引导镇（街）、社区妇联组织执委、妇女代表、巾帼志愿者们参与社区防疫工作。发挥妇联所能，通过走访调研，送政策送服务送关爱，助力妇女创业企业复工复产。联合区委文明办开展“携手抗疫，巾帼有我”摄影比赛，征集优秀作品600余幅，从不同角度记录同安区众志成城抗击疫情的巾帼力量。比赛评选出一等奖1名，二等奖2名，三等级3名，优秀奖10名及入围奖84名。

【区妇联思想政治引领工作】 2020年，同安区妇联开展“百万巾帼大宣讲”活动，开展“百万巾帼大宣讲”250场；其中线上135场，线下115场，覆盖妇女群体近12万人次；宣讲十九届四中、五中全会精神18场，抗疫主题65场。以妇联官方微信“银城女声”为基点，优化“一呼百万”的妇联干部微信群建设，微信公众号累计阅读量177271人次。推出《携手抗疫　巾帼有我》专题宣传43篇，《妇爱妇助》专题宣传44篇，市级以上妇联内部刊物及媒体先后全篇或部分刊用同安区妇联相关工作报道31篇，妇女工作信息连续第六年获厦门市妇联系统信息评比第一。

【妇女创业就业扶持】 2020年，同安区妇联为200名创业妇女争取到市妇女创业小额贴息贷款4000万元，是上年的6.6倍。受益创业行业主要有创办民宿、校外教育培训、服装、箱包、种植类、医疗美容、健身类、零售类、餐饮、酒店等类型。全年举办家政等各类公益技能培训15班次，培训妇女700余人次。通过“春风行动”暨助力女性就业和复工复产线上专场招聘会，区妇联公众号平台共收集推荐百余家企业1335个岗位。

【巾帼文明岗示范作用发挥】 2020年，同安区妇联发挥各级巾帼文明岗的作用，将妇女服务精准高效地落到企业、群众、基层急需处。新冠肺炎疫情防控期间，全国巾帼文明岗同安区税务局推行“非接触式办税”，运用大数据，为企业排忧解难，力促优惠政策宣传和落地，助力企业复工复产；“六一”节期间，省级巾帼文明岗区检察院联合区妇联邀请全区留守、困境儿童及“爱心妈妈”开展“法在身边·走进同安检察院”研学活动；全国巾帼文明岗同安区兴国幼儿园、实验幼儿园组成巾帼帮扶团队，前往康乐县开展讲座讲课、教学教研、教学物资等送教送培帮扶活动。

【乡村振兴巾帼行动】 2020年，同安区妇联在顶村、军营、白交祠、洪塘头4个村（社区）开展乡村振兴巾帼行动。通过挖掘妇女创业优秀典型、提升妇女的创业能力、带动优秀人才到乡村创业就业、推动社区孝廉文化建设、建立村（居）巾帼志愿服务队、开展巾帼议事、引导巾帼志愿者积极参与助老爱幼服务、营造和谐邻里氛围等活动，为乡村振兴贡献巾帼力量。全年开展社区活动6场，团体活动12场，专项培训3场。服务妇女400余人次，打造顶村特色民宿多元共享空间1个，白交祠初级手工坊1个；录制妇女手工制作视频2个，组织顶村“妇女微家”微家长制作手工作品参与扶贫日爱心义卖活动。

【妇女儿童关爱】 2020年，同安区妇联联合镇（街）、村（社区）妇联开展“守护童年·牵手共成长”关爱儿童主题活动10场次，融入垃圾分类、移风易俗、爱国教育、禁毒宣传等主题，活动得到市、区电视台多次报道。开展“蒲公英”同安工业社区企业女性关爱服务项目，关注女性职工身心健康、亲子教育，开展线上咨询等活动6场次，服务约150人次；组织女职工参与社区公益、志愿服务共3场，参与约200人次。开展“幸福空间”妇女儿童关爱服务项目，举办“公益大篷车”“周末时光”“小种子”生命教育成长、女性关爱沙龙等活动共20场，参与人数1000人次以上。

【家庭文明建设】 2020年，同安区妇联开展“父母课堂”3场，服务236个婴幼儿家庭。组织线上亲子活动4场。开展线下“小手拉大手　弘扬好家风”亲子户外活动1场，23组0～6岁亲子家庭参加。开展寻找“五好家庭”“平安家庭”“最美家庭”“梦想起航——好家庭好家风巡讲”等活动，寻找1户全国“最美家庭”、1户省级“五好家庭”、1户省级“抗疫最美家庭”、2户省级“最美家庭”、13户市级“最美家庭”。

【困难妇女儿童帮扶】 2020年，同安区妇联在元旦、春节慰问贫困妇女儿童195人，发放慰问金13.2万元。救助“四癌”妇女、特困儿童50人，发放救助金43.21万元。资助449名困难学生，资助总额33.86万元。“六一”节期间向140名困难儿童发放慰问金7万元。继续实施“银城小树苗”困境儿童关爱项目，组织开展“温馨呵护小树苗　书香进入儿童家”新春关怀活动、“守护银城小树苗　筑牢疫情防控线”防疫工作、“书香守护希望　知识改变命运”书房改造活动、“益童成长　走进厦门科技馆”研学活动、“每天一杯爱心奶　助力银城小树苗”营养补充等活动，累计发放物资价值2.37万元。“银城小树苗”爱心妈妈志愿服务队成员增至74人。

【妇女儿童权益保护】 2020年，同安区妇联推进“妇联+律师+心理咨询”婚姻家庭法律服务模式，发挥信访窗口、“12338”维权热线等阵地作用，妥善处理群众来信来访来电50件，其中涉及家暴13件，引导心理咨询15件，办结率100%。与区法院、区检察院等部门加强日常联动协调，与区法院共建的“家和暖心驿站”全年调解家庭纠纷30件。在区检察院设立“同心未爱”妇女微家，链接检察院VR儿童防性侵自护系列课程、同安青少年法制教育基地暨厦门同安生态检察展厅等法治资源开展预防性侵安全教育活动，同时进行妇女、儿童权益保护相关法规的宣传工作，借助区妇联公众平台“银城女声”推送20篇项目服务，提倡男女平等、文明家庭、预防性侵、反对家暴等，浏览关注2275人次。开展“建设法治中国·巾帼在行动”活动。在“12·4”全国法制宣传日等时间节点，到社区宣传男女平等基本国策、反家暴法、妇女权益保障法等。

【“妇爱妇助”巾帼志愿品牌打造】 2020年，同安区妇联坚持“党建引领、服务下沉、精准定位、广泛参与”的原则和“立足社区、面向家庭、见诸日常、细致入微”的巾帼志愿服务宗旨，依托各个新时代文明实践中心开展志愿服务，打造“妇爱妇助”巾帼志愿服务品牌，涌现凤祥实践站“金玉满堂剪纸协会”剪纸义卖、西池“池家妈妈”手工微公益、滨海“巾帼帮帮团”及凤山“心莲心”“低龄助高龄”等巾帼志愿服务典型。截至2020年12月，同安区巾帼志愿服务队志愿者总人数148人，总服务时长3586小时。“妇爱妇助”巾帼志愿服务活动被中国文明网、《中国妇女》杂志等刊登报道。

小资料：

“妇爱”即围绕爱国爱乡爱家开展涵养家国情怀宣讲等活动，“妇助”即围绕助老扶幼助困、社区治理、家庭教育等开展帮扶活动。

2020年9月9日，福建省首个“巾帼志愿阳光站”在同安区凤祥社区揭牌

（同安区妇联供图）

【全省首个巾帼志愿阳光站在同安揭牌】 2020年9月9日，全国首批试点、全省首个巾帼志愿阳光站在祥平街道凤祥社区新时代文明实践站成立，省妇联副主席陈铁晗，中共同安区委常委、宣传部部长林国财等领导参与揭牌。“巾帼志愿阳光站”试点站由区妇联指导凤祥社区设立，整合社区祥英志愿者协会、“金玉满堂”剪纸协会、“妙手生花”丝网花制作协会等各类志愿服务资源，组建巾帼阳光服务队，为社区居民提供帮扶服务，开展各类关爱长者、妇女、儿童活动，结对帮扶社区困境长者，同时也为社区及协会提供一个宣传推广平台。

【首批“妇女微家”示范点授牌仪式举行】 2020年7月24日，同安区在新设立的首批5个“妇女微家”示范点举行授牌仪式，分别为汀溪镇顶村村“民宿·妇女微家”、祥平街道凤祥社区“剪纸·妇女微家”、大同街道西安社区“志愿·妇女微家”、祥平街道凤山社区“助老·妇女微家”、五显镇明溪村“农业·妇女微家”。5个“妇女微家”各具特色，发挥各自优势推动妇女创业、敬老、济困、扶幼、助残等公益事业。“民宿·妇女微家”位于顶村民宿杰克院子一楼，依托一间集“服务、创业、文化、议事、宣传”功能为一体的工作室开展志愿服务，带动村里妇女创业，同时设立特色农产品中转区，为顶村蜂蜜、地瓜等农产品提供展示平台，拓宽销售渠道。“剪纸·妇女微家”以“金玉满堂”剪纸协会为阵地，开展爱心敬老等志愿服务，传承剪纸文化，丰富社区文化生活。“志愿·妇女微家”以西安社区志愿服务站为阵地，依托东山民俗志愿者协会资源，发动不同年龄段社区居民在本社区开展政策宣传、抗疫防疫、文明创建等活动。“助老·妇女微家”在社区工作中组织成员常态化开展学党史、唱红歌等活动，丰富社区中老年人的生活。“农业·妇女微家”以五显镇明溪村菌菇合作社为基地，开展各类活动助推乡村振兴、农业生产以及乡风文明建设。

（杨伟宏）

厦门市同安区科学技术协会

【概　况】 2020年，厦门市同安区科学技术协会（以下简称同安区科协）应对新冠疫情防控和经济发展需要，采取线上和线下结合的方式，抓好全国科普日、科技活动周、全国科技工作者日、文化科技“三下乡”等活动，组织开展各类科学技能培训64场次、各类科普宣传活动128场次，全区接受科普宣传受众达40余万人次。至年末，全区有企业科协27家，其他基层科协6家。2020年，同安区科协获评福建省全民科学素质网络竞赛区县级优秀组织单位，科技馆获全国科学实验挑战赛优秀组织单位和“致敬新时代、礼赞科学家”全省科技馆联合行动优秀组织奖。

【新冠疫情防控科普宣传】 2020年1月，新冠肺炎疫情发生后，同安区科协会同区委宣传部和相关单位，在全区各大户外电子屏上推送防疫视频“新型病毒预防”科普视频和“口罩正确选择和佩戴”公益MG动画短片，为村居发放防疫挂图330套，围绕“什么是新型冠状病毒、新型冠状病毒的传染途径有哪些、如何正确防范新型冠状病毒感染、万一感染了应该怎么办”等基本内容开展科普知识宣传。通过全区各大型室外LED大屏和富美同安工作群、“同安发布”、同安区科技馆等各大微信公众号及时转发中国科协下发的预防新型冠状病毒科普常识，对网络谣言进行辟谣，让广大群众辨清是非。

【全国科技工作者日活动】 2020年，同安区科协开展全国科技工作者日活动。制作致敬科技工作者的小视频上传中国科协网站，表达对科技工作者的敬意；挑选10幅同安区科技工作者的工作照片推荐至市科协进行展出，宣传同安区科技工作者的良好形象；区科技馆开展“致敬新时代、礼赞科学家”活动，向省科技馆提交“致敬新时代、礼赞科学家”绘画作品96幅、征文52篇、音视频10个，有21件作品在省科技馆组织的联合评审中获奖，区科技馆被省科技馆授予“致敬新时代、礼赞科学家”全省科技馆联合行动优秀组织奖。

【同安区组织参与全省网上全民科学素质竞赛活动】 2020年6—10月，同安区全民科学素质纲要实施工作领导小组在全区组织开展参与全省网上全民科学素质竞赛活动，提高同安区全民科学素质。区、各镇（街）、各村（居）指定专人负责公民科学素质调查工作网络体系，通过宣传栏、纸媒、电视、互联网、科普e站、科普大屏、新媒体等广泛宣传，发动青少年、农民、城镇劳动者、领导干部和公务员、科普信息员、科技志愿者、学会会员等参与，动员全区社会群众25万余人次参加。同安区科协获得2020年福建省全民科学素质网络竞赛区县级优秀组织单位称号。

【苏颂科技精神弘扬】 2020年，同安区科协、科技馆为配合区委宣传部、社科联组织的苏颂1000周年诞辰纪念活动，实施多个项目展示和传承苏颂科技精神。对苏颂纪念馆的内部相关设施进行提升改造，新开辟“假天仪”展区，重点展示苏颂天文成就；指导鑫美园中草药科普基地提升建设，传承苏颂医学研究；区科协、区科技馆开展苏颂进校园系列活动，包括苏颂夏令营、苏颂科技文化进校园、“小小科普志愿者”体验活动。

【“全国科普日”活动】 2020年9月19—25日，同安区科协联合各全民科学素质纲要实施行动计划领导小组成员单位、各科普教育基地等举办“全国科普日”活动，以“决胜全面小康、践行科技为民”为主题，深入农村、社区、学校等，开展教育培训、科普知识宣传、先进科学技能体验、科学知识竞赛等活动40余场次，直接参与活动人员3万余人次，覆盖群众近40万人。全国科普日同安区主场活动暨科普进农村活动在汀溪镇褒美村举行，开展义诊、科普宣传等惠农活动。同安区科协、科技馆联合举办“科普智惠行”系列活动，重点推出“科技体验日”之科技体验工作坊、“科技小实验网上教学活动”两个项目，有2000余人次参加；区科协联合区教育局组织校园科普行动，面向全区中小学生举办以“数字生活、智能未来”为主题的编程比赛；区卫健局开展以新型冠状病毒防控知识科普为主题的卫生健康科普活动覆盖大同街道等5个镇（街），有5000余人次参加；区安委办在企业和学校组织开展的“安全生产科普进企业”“安全生产科技体验”活动，提高广大群众的安全防范意识和自救互救技能。相关活动被今日头条、新浪新闻、东方网、《厦门日报》等媒体报道。

【网上科技实验挑战赛】 2020年3月，在新冠肺炎疫情防控期间，同安区科协、区科技馆开通为期10天的线上课程，为青少年学生直播“魔法三分钟”科技小实验制作课，并组织“魔法三分钟”科技小实验制作比赛。比赛吸引近500人次参与，收到参赛作品158件，分别涉及热传导、大气压强、分解、压缩空气等科学现象，有46件参赛作品推荐至中国科技馆参评，其中44件被中国科技馆大赛专题网站收录并获得中国科技馆授予的“科学实验挑战小斗士”称号。区科技馆被中国科技馆授予全国科学实验挑战赛优秀组织单位称号。

【同安区举办首届中小学编程比赛】 2020年7月，同安首届中小学编程比赛启动。该届比赛由同安区科协、区教育局联合主办，世纪海航（厦门）科技有限公司策划，大同第二中心小学承办，面向全区中小学开展。比赛以“数字生活，智能同安”为主题，分为小学A组（1～4年级）、小学B组（5～6年级）、初中组和高中组4个组别，共有30多个中小学逾千人报名，最后有786人提交作品。经过筛选评比，12月19日，总决赛在大同第二中心小学举行，27所学校、187名学生参加，经现场作品制作、现场展示答辩两个环节，决出一等奖11名、二等奖20名、三等奖31名和艺术审美奖、创意构思奖、程序设计奖等奖项若干名。

（余泽松）

厦门市同安区归国华侨联合会

【概　况】 2020年，同安区归国华侨联合会（简称同安区侨联）召开第十三次归侨侨眷代表大会，完成换届工作。年内指导汀溪镇侨联、祥平街道侨联完成换届。

是年，全区有镇、街场侨联组织9个，重点社区、村设侨联小组81个。同安区侨联开展新冠肺炎疫情防控工作，在国内外发动捐款捐物支援国内及海外侨胞疫情防控，总计筹集捐款捐物折合人民币509.31万元。疫情期间不间断拓展海外联谊工作，接待来同安商务考察、联络联谊的侨商和同安乡亲6批次20多人次。承接中国侨联2020年“亲情中华·为你讲故事”网上夏令营活动。举办以“同安区侨界广场文化节”，组织歌唱《我和我的祖国》“快闪”活动及“凝聚侨心侨力，传递爱心力量”图片展，开展爱国主义教育。启动建设竹坝归侨史迹馆。继续开展“爱心助侨”等为侨服务品牌工作，侨界群众受助493人次。

【侨联组织建设】 2020年，同安区侨联召开第十三次归侨侨眷代表大会，完成换届工作，林一亭连任主席，李卫红、叶水龙、李添水、禤达明当选为兼职副主席，曾明辉当选为秘书长；指导汀溪镇侨联、祥平街道侨联完成换届工作。实施“侨联+社区”模式，培育竹坝侨联、五显侨联，创建省级“侨胞之家”示范点。在香溪社区五显镇“侨胞之家”组织召开基层组织建设现场观摩会，以点带面推广基层侨联工作经验，夯实基层侨联基础。深入各镇、街举办10场基层侨联干部培训，围绕“新时代如何加强基层侨联建设”主题，重点学习中国侨联《关于新时代加强基层侨联建设的指导意见》文件精神，探讨当前基层侨联组织如何契合时代发展动向等，近450人次参训。开展党建三级联创。区侨联支部与市侨联总支部、莲花上陵村党总支开展共建“三联创”活动，市侨联、市侨商会、区侨联共同出资8万元修建上陵村“幸福院”，助力乡村振兴。

【助力新冠疫情防控行动】 2020年，同安区侨联开展“守望相助，共克时艰——助力新冠疫情防控行动”。通过各种渠道向海内外侨团和乡亲发出倡议书，组织动员区侨界力量，以及海内外社团和侨胞们为国内疫情捐款捐物。总计收到14个海外社团以及130多位侨界热心人士的捐款和捐赠物资，总价值497.44万元。在疫情防控期间，区侨联进村入户走访慰问回国的侨胞，为区内入境隔离观察的华人华侨送上《致海外侨胞的一封信》及慰问品300份，体现人文关怀。区侨联支持美国、英国、马来西亚、澳大利亚、印度尼西亚、新加坡等6个国家侨胞防疫，筹集资金向14个海外社团、商会捐赠防疫物资，总价值11.87万元。发动同安侨界有关社团及海内外侨界热心人士，为8个海外商会、社团捐赠防疫口罩236.7万个。协助海外社团、侨商与国内有资质的医用防疫物资生产企业对接，联系洽谈购买相关防疫物资。

【帮扶救助】 2020年，同安区侨联开展“爱心助侨”“爱心健侨”“侨帮侨”和送“福”到侨家等为侨服务品牌工作，全年发动捐资67.5万元，493人次侨界群众受助。协调民政、慈善会等帮助解决五显、竹坝3户因病致贫侨界困难家庭，发放困难补助金1.2万。节日期间慰问竹坝学校贫困归侨侨眷儿童15名，进村入户走访慰问贫困归侨侨眷57人次；与区委统战部到大同东宅村慰问结对帮扶困难户3户。发动侨界爱心人士在竹坝华侨农场开展2020年“爱心助学”活动，与厦门市侨联青委会、市侨商会共同为39名侨界困难学生发放助学金4.15万元。

【侨益维护】 2020年，同安区侨联深入厦门东纶织造有限公司等30多家企业开展走访调研活动，详细了解企业复工复产情况及防控疫情的工作落实情况，宣传相关优惠政策，破解企业发展难题，协调解决侨资企业防疫物资短缺的问题。帮助海外侨胞寻亲寻根30人次。调处涉侨信访件21件。

【参政议政】 2020年，同安区侨联围绕同安华侨历史文化挖掘保护、助力乡村振兴、基层侨联组织建设等事宜，撰写调研文章4篇。同安区人大、政协“两会”期间提出议案、提案22件，其中人大代表议案6件、政协提案16件。《关于恢复建设竹坝归侨史迹馆的建议》的政协提案被采纳，年内项目启动建设。

【“缘聚银城·情系云端”网上夏令营活动】 2020年8月13—28日，同安区举办“亲情中华·为你讲故事——缘聚银城·情系云端”武术、书法、美食制作网上特色海外华裔青少年夏令营活动。该活动由中国侨联、福建省侨联和厦门市侨联主办，同安区侨联承办，北美华人华裔寻根协会协办，45名北美华裔青少年参加。通过网络平台，开设中华武术、书法、同安特色美食制作等线上课程，采用“音频+视频”“录播+直播”等多元模式，以预前连线形式，录制有关专家学者的视频讲话片段，经审核后置入活动有关议程，通过线上直播平台实现全球直播，让北美华裔青少年感受中华传统文化的博大精深，增进对中华文化的认同及对同安的认识和了解。

（李卫红）

厦门市同安区文学艺术界联合会

【概　况】2020年厦门市同安区文学艺术界联合会（以下简称同安区文联）指导成立同安区音乐艺术协会、曲艺家协会、旗袍促进会，吸收管乐协会，下设有作家协会、摄影家协会、书法家协会、美术家协会、音乐舞蹈家协会、交谊舞协会、民俗文化家协会、灯谜协会、书画院等协会（团体）13个，累计注册会员560名，国家级会员13人，省级会员68人。区文联聚焦厦门经济特区成立40周年、全面建成小康社会的决胜之年等重要时间节点，组织各协会创作一批文学、音乐、书法等文艺作品。开展“高雅文艺五进”“四下乡”和“送艺术、送文化、送欢乐”等惠民服务；书法美术、摄影、作家、民俗文化、管乐、武术志愿队等13支“文艺轻骑兵”队伍，发挥文艺特长、创作文艺精品，每周深入村居、大街小巷开展2场快闪式街头演出。主办“同舟共济，协力战疫”及“同心同安”主题书画书法作品网络展、富美同安新时代同安农民画长卷展等大型活动。

【防疫文艺创作】2020年，在新冠肺炎疫情防控期间，同安区文联组织全区文艺工作者创作诗歌、曲艺、书法、音乐等防疫文艺作品1360件，在中国文艺网、学习强国、省电视台和市委宣传部、市文联等平台发布。组织同安区农民画爱好者创作《答嘴鼓，宣防疫》《戴好口罩保安康》绘画，南音爱好者创作《英雄赞》和《万载河山今胜夕》南音作品。其中，抗疫主题原创歌曲《英雄，非你莫属》获《人民日报》报道。组织“同心同安”主题书画书法作品网络展，特邀30名书法家创作以抗击疫情为主题的书法作品，致敬抗击疫情一线的英雄和先进人物，书法家李伟新、张贵容抗击疫情的书法作品被推送刊登在中国文艺网。

【乡村振兴题材文艺创作】2020年，同安区文联推进“决战脱贫攻坚”“决胜全面建成小康社会”等主题文学创作工作。组织相关协会为乡村振兴重点村军营村和白交祠村提供摄影作品230件，邀请中国书法家协会会员为白交祠村撰写光明顶匾联。邀请作家纪红建、欧阳伟共同创作长篇报告文学《山村中国》。结合中国广播电视社会组织联合会“盛世欢歌颂小康”活动，由林茂荣（作词）、林伟民（作曲）联合创作歌曲作品《自从您到我们家》。

【本土文化资源保护传承】2020年，同安区文联协助军营白交祠片区莲花褒歌、五显竹坝片区南洋风情等文化推广，打造“莲花褒歌演唱团”“竹坝一台戏”文艺品牌，协助创作《褒歌调·茶乡来了总书记》《乡村振兴咱先来》《请茶歌》等特色歌曲。重点扶持同安名片省级非物质文化遗产“同安农民画”的层次提升与发展，2020年10月，在厦门美术馆举办富美同安新时代同安农民画长卷展，展出农民画作品数量超过100幅。2020年下半年，联合同安区银安堂南乐研究会推进闽南地区的传统音乐南音的不断发展，举办“南音进校园”活动，组织南音老师到翔安区新圩学校、山亭小学和同安区凤岗小学等学校的南音社团任教。依托同安文化馆开办南音公益培训班，累计培训约440人次。2020年7月，为纪念苏颂1000周年诞辰，推出同安区第一首由本土作家华旭辉作词、陈小清作曲并主唱的原创歌曲《千年名相》。

【区文联文化惠民活动】2020年，同安区文联联合同安区政协，组织书法协会、书画院开展“传文墨　送村联”活动，为市民送出春联3000副，福字5000张。组织书法美术、摄影、作家、民俗文化、管乐、武术志愿队等“文艺轻骑兵”队伍，定期开展综合性文艺演出64场、街头快闪表演数十场。以新时代文明实践中心为依托，定期开展旗袍表演训练、读书会等公益活动。民俗文化家协会旗下金秋艺术团不定期下社区和乡村演出，国庆期间走进北辰山、影视城、金光湖三大景区进行演出。区文联组织各协会参加“同安百姓大舞台”“2020年同安农民丰收节”“献礼建党99周年，文艺走进乡村”等演出。

【同安区3家协会成立】2020年5月，在同安区文联指导下成立3家协会。5月，同安区音乐艺术协会成立，选举庄韬为会长，李振春为秘书长，年内累计注册会员50名。协会成立后扩充“文艺轻骑兵”文艺志愿者服务队，开展原创音乐创作，组织“同安区文联文艺下乡第九场活动”“践行初心，红心向党”热烈庆祝中国共产党成立99周年文艺演出、周末百姓大舞台快闪活动等各类演出活动。6月，同安区旗袍文化促进会成立，在同安旧县衙内的朱子学院举行成立大会。协会由林娜燕出任会长、林荣杰出任秘书长，拥有注册会员53名，旨在向社会宣传旗袍文化和促进旗袍文化交流。9月，同安区曲艺家协会成立，由市级非遗传承人林丽虹出任会长，陈慧萍出任副会长。年内注册会员60人。协会依托同安银安堂南乐研究会，联合芗曲说唱、答嘴鼓多位艺术创作者，开展曲艺创作、交流、表演等活动。

【原创文艺作品首发式举行】 2020年6月19日，长篇报告文学《山村中国》和原创歌曲《自从您到我们家》首发仪式在同安区高山党校初心使命馆举行。本次活动由厦门市委宣传部指导，同安区委宣传部、厦门市文艺创作中心共同主办，旨在展现乡村振兴成果。首发的两件作品均为“厦门市委宣传部军营村文艺创作基地”成果。长篇报告文学《山村中国》由第七届鲁迅文学奖获得者纪红建和中国作家协会会员欧阳伟共同创作，是首部完整叙述军营村、白交祠村发展与蜕变历程的报告文学作品。歌曲《自从您到我们家》用质朴的歌词反映了军营村、白交祠村民情民风，表达村民脱贫致富的喜悦和对中共中央总书记习近平的思念和感恩之情。

2020年同安区文联组织文艺活动一览表

表16

单　位	活动内容
区文联	2020年，开展“高雅文艺五进”“四下乡”“送艺术、送文化、送欢乐”等惠民服务，引领的包括书法美术、摄影、作家、民俗文化、管乐、武术志愿队在内组建“文艺轻骑兵”文艺志愿者服务队，发挥文艺特长持续创作文艺精品，每周深入村居、大街小巷开展2场快闪式街头演出
区书法家协会、书画院	2020年1月，在春节前夕，书法协会、书画院开展“传文墨　送村联”活动，为市民送出春联3000副，福字5000张。2月，举办抗击疫情主题书法作品网络展，特邀30名书法家创作以抗击疫情为主题的书法作品
区作家协会	2020年6月，在军营村高山党校举行长篇报告文学《山村中国》首发式
区美术家协会	2020年2月，参加同安区艺术教育委员会举办的同安区中小学师生“生肖艺术作品展”；11月，组织101幅同安农民画在厦门美术馆展出，其中一幅长70多米；同月参与区艺教委举办一届“德三杯”中学生环东海域现场绘画写生比赛。庄德明等7名会员参加“同安区乡村振兴计划”大型活动，在同安区竹坝等7个乡村进行实地写生
区摄影协会	2020年4月，配合市文联、市摄影家协会到同安的抽水蓄能电站、福厦高铁等重点工程项目进行摄影采风创作；8月，联合福建摄影家协会，开展近2个月的举办走进“苏颂故里”同安影友联谊会暨摄影作品擂台赛，组织两次共同摄影采风活动，收集作品350多件；举办“摄影作品的创作与经营”主题公开课
区灯谜协会	2020年1月，会员许友金在双溪讲古场举行场“灯谜”讲座。6月27日，在同安区同新路双溪讲古场，同安区灯谜传习中心举办有奖灯谜竞猜。6月，承办“厦门市创建第六届全国文明城市”专题灯谜竞猜。9月，参加同安区2020年“八闽丰收节节高，幸福小康样样红——我们的节日”“农民文化周”活动；举办线下厦门市争创文明城市“六连冠”有奖灯谜展猜。10月，参加“决胜全面小康，决战脱贫攻坚”2020年同安区社会科学普及宣传周活动启动仪式，制作40条灯谜
区音舞协会	2020年1月，协助文化馆在五显镇竹坝新村、三秀山村和莲花镇军营村举办“新时代　新同安　新乡村”——同安区乡村振兴首场巡回慰问演出。6—11月，开展系列艺术讲坛活动：邀请厦门市文化馆研究馆员林玉坤等5名专家开设艺术讲座5场次，讲授声乐学习、舞蹈编创、交响乐赏析等主题。5—12月，派出协会器乐、舞蹈骨干，协助文化馆做好成人古筝、成人电子钢琴、青少年陶笛、排舞及广场舞等免费培训项目。9月，协助文化馆在洪塘镇龙西社区举办“八闽丰收节节高　幸福生活样样红”——2020年同安区农民周文艺演出
区民俗文化协会	2020年10月，举办“文化进景区”活动，在同安影视城、北辰山、方特、金光湖进行演出
区曲艺家协会	2020年下半年，举办“南音进校园”活动组织南音老师到翔安区新圩学校、山亭小学和同安区凤岗小学等学校的南音社团任教。9月至11月底，在同安文化馆开办第六期南音公益培训班
区管乐协会	2020年，组织旗下的文艺轻骑兵管乐分队在钟楼步行街和同安工业社区大学连续开展每周1～2次的音乐节目会演。8月，举办献礼建军93周年文艺活动
区音乐艺术协会	2020年5—8月，每周六开展以文艺轻骑兵进社区活动为主的志愿者服务，分别在梧侣社区、环东海域、丙州社区、文笔塔公园、苏颂公园、双溪公园、莲花书院等地方举办快闪形式的文艺演出。组织“同安区文联文艺下乡第九场活动”、“践行初心，红心向党”热烈庆祝中国共产党成立99周年文艺演出。下半年，参与同安工业社区大学献礼建军93周年文艺活动、参与2020年梧侣爱德促进会奖学奖教表彰大会演出、参与2020年同安区农民丰收节的演出等各类演出活动

续表 16

单　位	活动内容
区旗袍协会	2020 年 5—10 月，每周二举办旗袍训练公益课；6—8 月，参加厦门市同安区文艺志愿服务队“献礼建党 99 周年，文艺走进乡村”系列活动、同安工业大学举行的文艺献礼建军 93 周年会演；举行“旗袍助力‘六连冠’、文明健康你我他”活动；9 月举办“自然美学疗愈力”沙龙等交流活动，参加同安区 2020 年农民丰收节表演。10 月 7 日，联合同安区摄影协会，在同安区莲花书院举办主题“国繁荣旗袍盛、家团圆靓影留”大型活动

2020 年同安区文联文艺创作成果一览表

表 17

类　别	成　果
文学	组织创作长篇报告文学首部完整叙述军营村、白交祠村发展与蜕变历程的报告文学作品《山村中国》
书画	2020 年 11 月，组织 101 幅同安农民画在厦门美术馆展出，其中一幅长 70 多米，分为“工业腾飞”“秀美乡村”“文化古城”“自然生态”“滨海新辉”五个部分
民俗文化 / 曲艺	2020 年 2 月，创作宣传“抗疫情”的南音新曲《英雄赞》《春天时》和《万载河山今胜夕》。11 月 29 日，厦门市同安区金秋艺术团地北京星光演播厅举行专场演出，表演《山路弯弯幸福长》等 6 个闽南特色的民俗作品
音乐 / 舞蹈	疫情期间，区音乐、文学志愿者合作创作歌曲《愿你寿比南山》《逆行而上》《坚守》《风雨过后》《英雄，非你莫属》等歌曲、配乐诗朗诵等共 10 首，协助组织全区教育系统、医疗系统、舞蹈工作者，以线上合舞的创作形式拍摄制作视频《天佑中华》；旗袍促进会创作《东方旗袍》会歌，创作文联主题曲《心中的明灯》
灯谜	2020 年 2 月，《富美同安“苏颂杯”谜诗联大会专辑》出版，获评 2019 年全国十佳（内部）谜书、谜集。3 月，《文虎摘锦》增刊（总第 143 期）《战疫谜情——抗击新型冠状病毒肺炎灯谜特刊》，共收录同安谜人许友金、蔡秋湖、陈晓映、詹彬彬、吴艺辉等人谜作；许友金编著的《长庚谜作评析集》完成。吴艺辉各一谜获得《中华谜艺》第七届“雁云灯谜艺术奖”、获得“遗产之谜”全国灯谜创作大赛佳谜奖

（王洪喜）

厦门市同安区残疾人联合会

【概　况】 2020 年，同安区投入残疾人事业发展经费 869 万元，建设残疾人社会保障体系和服务体系，落实各项扶残助残政策，拓展残疾人的事业宣传、康复、教育、劳动就业和生活保障等各项工作。厦门市同安区残疾人联合会（以下简称同安区残联）全年办理残疾人证 1487 件，其中新办证 547 件、变更或残损补办 689 件、注销 251 件。至年底，全区有持证残疾人 8273 人，按年龄段分，0～7 岁残疾人 85 人，8～16 岁残疾人 243 人，17～59 岁残疾人 4970 人，60 岁以上残疾人 2975 人。区残疾人福乐家园及 8 个镇（街）残疾人职业援助中心有工作人员 33 人、学员 257 人。全区专职残疾人联络员 156 名，其中区、镇（街）级残疾人联络员 13 名、社区残疾人联络员 28 名、村改居残疾人联络员 27 名、村残疾人联络员 88 名。3 月，启动第三代残疾人证（智能卡）换发工作，年底前完成 7800 余人基础信息采集和换证工作。10 月，走访 140 个社区（村）8154 名残疾人，开展残疾人基本服务状况和需求情况入户专项调查。年内，区残联接待各类来电来访 35 件，其中“12345”便民服务平台 20 件，市残联转办单 12 件，省长信箱 2 件，区政府转办单 1 件。

【同安区残联系统改革方案出台】 2020 年 8 月，同安区委出台《同安区残疾人联合会改革方案》，全面推开同安区残联系统改革。完善残疾人工作领导机制、优化区级残联机关干部结构，实行区残联机关兼、挂职副理事长制度。加强和规范村（社区）残协工作、力争 2022 年 6 月底前全面完成村（社区）残协组织建设和制度建设，建立健全基层残疾人工作组织。确定加强党和政府对残疾人工作的领导、合理优化组织结构和运行机制、加强残疾人工作者队伍建设、提升服务残疾人的能力和水平、提升服务大局的能力和水平、创新残疾人工作的载体和方式等 6 个方面 21 项任务，着力实现“两聚焦、两服务”（聚焦

2020 年同安区残疾人基础数据情况表

表 18　　　　单位：人

残疾等级	视力残疾	听力残疾	言语残疾	肢体残疾	智力残疾	精神残疾	多重残疾	合计
一级	201	167	31	373	41	30	382	1225
二级	34	213	25	667	248	1188	214	2589
三级	12	167	51	1068	453	369	51	2171
四级	114	39	52	1740	307	28	8	2288
合计	361	586	159	3848	1049	1615	655	8273

主责、聚焦主业，服务残疾人事业、服务基层），更好地推动残疾人事业发展。

【残疾人社会保障与救助】 2020 年，同安区为 1780 名残疾人办理低保，并对享有低保救助的“一户多残”残疾人每户每月给予 500 元生活补助，全年为 682 户次、1556 人次的“一户多残”残疾人发放 156.64 万元补助。为残疾人购买意外伤害险和农村医疗保险，按每人每年 120 元标准为全区 8197 名办证残疾人购买意外伤害险；按每人每年 360 元标准为 6335 名残疾人缴交城乡医疗保险费 288.06 万元。

【残疾人康复服务】 2020 年，同安区残联实施白内障“光明行动”，免费为 30 例低保户、五保户及经济比较困难、无职工医保待遇的白内障患者实施复明手术。实施助行工程，配合市残联开展辅具整村入户适配，为 5 个村 90 名残疾人免费发放各类辅具 156 件。落实“康复补助”，为全区 1560 名精神病患者申报每月 300 元的处方用药及基本检查医疗康复费用。落实《同安区“四残”儿童康复护理补助实施办法》，为 58 名脑瘫、听障、智障和自闭症患儿等“四残”儿童发放市级抢救性康复补贴 20.58 万元；为 44 名脑瘫、听障、智障和自闭症患儿等“四残”儿童发放区级抢救性康复补贴 8.67 万元。为 49 户困难残疾人家庭实施加装楼梯扶手、卫生间改造和室内外坡道改造等无障碍环境改造工程，投入经费近 10 万元。启动实施“残疾人康复体育进家庭”项目，为全区 50 户不易走出家门或家庭困难的重度残疾人实施康复体育家庭关爱服务。执行市级、区级关于重度残疾人托养补助相关办法，为 43 人次重度残疾人提供市、区两级托养服务补助 20.78 万元。推进残疾人精准康复服务，协调区财政局、卫健局和第三医院召开区政府专题会，形成《关于入户评残便民服务经费保障等事宜专题会议的纪要》，推动重度残疾人入户鉴定便民服务机制化，为解决长期瘫痪在床、行动不便、生活不能自理的重度残疾人评残需求提供有力保障。协调推进第三医院区残疾儿童康复中心筹建，年内完成立项并启动前期建设工作。

【残疾人教育】 2020 年，同安区在各类学校就读的残疾学生 331 名，其中幼儿园 39 名、九年义务教育阶段 254 名、高中及中职 22 名、全日制大专以上 11 名、自考大专以上 5 名；另有困难残疾人家庭子女 311 名，其中幼儿园 37 名、九年义务教育阶段 195 名、高中及中职 23 名、全日制大专以上 56 名。同安区残联向 610 名残疾学生及贫困残疾人子女发放每人 500～10000 元不等的助学补助，向 1 家接收 4 名残疾儿童的幼儿园给予特护补助，全年发放助学补助 77.17 万元；向当年被高校录取的 11 名残疾学生和 39 名困难残疾人家庭子女新生分别发放 3000 元 / 人、1500 元 / 人的一次性交通生活补助，共计发放 9.15 万元。

【残疾人就业扶助】 2020 年，同安区残联支持安置 241 名残疾人在各用工单位就业；为 2 名残疾人全日制普通高校毕业生发放就业援助补贴 2 万元；为 74 名残疾人个体工商户发放职工基本养老保险和职工基本医疗保险补助金 57.6 万元；为 48 人次自主创业的残疾人发放残疾人自主创业一次性创业补贴或经营补贴 26 万元。为 44 户残疾家庭购置微耕机、拖拉机、动力喷雾机等农业机械并已申请农机购置补贴的农村残疾人再次发放农机购置补助 11.9 万元。常态化开展残疾人就业援助“春风行动”，年内组织 3 场残疾人网络专场招聘会，截至 12 月底，全区城镇新增就业 96 人、指标完成率 192%，新增农村就业 190 人、指标完成率 327.59%。依托 8 个街（镇）残疾人职业援助中心培训 217 名残疾人，帮助解决就业问题。

【残疾人慰问】 2020 年，同安区残联配合开展困难残疾人结对帮扶活动，累计参与结对帮扶的困难残疾人对象有 1011 户，占同安区困难残疾人家庭户数的 59.12%。春节期间开展为百户困难残疾人送温暖活动，动员 ECCO 公司为全区 395 户“一户多残”家庭发放油、米及年货等慰问品价值 19.75 万元；为 126 户遭遇变故的新增困难残疾人发放慰问金 7.3 万元及油、米等慰问品（非 ECCO 公司捐助，为 2020 年疫情期间区政府对困难残疾人家庭临时救助）；配合市残联和市残疾人福利基金会为 11 户特别困难户、80 户生活困难户发放慰问金 7.72 万元和油、米慰问品。结合第 30 次“全国助残日”助残活动向 101 名困难残疾人共计发放慰问金 5.05 万元及油、米等慰问品各 1 份。向全区 322 名残疾儿童发放六一节日慰问金 16.1 万元。采取政府购买服务方式，委托社区服务机构按计划完成 20 户残疾人家庭“五个一”活动（困难残疾人家庭读一本书、看一次电影、游一次游园、参观一次展览、参加一次文化活动）。支持社会各界关爱残疾人，协助红十字会慰问福乐家园中心学员，向 44 名学员各发放大米 2 袋、食用油 1 桶和排骨面 1 箱。

【残联疫情防控工作】 2020 年，同安区残联开展新冠肺炎疫情防控工作。落实残疾人证办理“不见面审批”和送证上门服务，为 191 名残疾人办理残疾人证业务，入户为援鄂医生亲属评残和办理残疾人证；建立精神残疾病人“一对一”帮扶举措，做好 1547 名精神残疾人疫情期间用药服务保障；动员基层残疾人联络员开展入户服务活动，协调解决残疾人家庭疫情管控期间矛盾困难，做好政策宣讲和心理辅导，直接入户走访 2560 多户次；协调爱心企业“中途之家”对疫情期间新增 6 户困难残疾人开展临时性救助慰问活动；为 179 名区福乐家园、镇（街）残疾人职业援助中心学员发放临时救助性生活补贴 76.25 万元；先后 3 次采取实地走访、电话联系等方式，对 180 多家残疾人法人企业和个体工商户开展疫情影响调查，并深入一线协调解决企业用工、生产困难等问题，指导企业复工复产。全面落实疫情防控就业创业帮扶措施，下发租金、运营补贴金额 52.41 万元，确保 178 家疫情期间残疾人自主创业企业平稳运行。

【残疾人文体活动】 2020 年，同安区残联组织开展各类残疾人文体活动。5 月，区、镇（街）两级开展第 30 次全国助残日文体活动；6 月，五显镇和西柯镇镇残疾人职业援助中心分别开展端午节主题活动；8 月，同安区残联组织开展第四次全国残疾预防日宣传教育活动；9 月，同安区福乐家园组织开展第十届“残疾人健身月”活动；11 月，同安区聋人协会组织 6 名聋人参加第 63 届国际聋人节暨 2020 年厦门市第五届聋人飞镖比赛，取得团体赛冠军、男子组个人冠亚军及第四名、女子组个人亚军的佳绩；12 月，同安区残联开展第 29 个“国际残疾人日”暨“关爱进家庭・进社区”志愿服务活动；同安区福乐家园举办庆祝第 29 个“国际残疾人日”趣味运动竞赛活动；祥平街道残疾人职业援助中心与同安区福乐家园芸溪点联合举办“关爱残疾人，让爱洒满人间”活动；莲花残疾人职业援助中心开展“心系残友・关爱残友”主题活动。

【“爱心屋”建成运营】 2020 年，同安区推进助残就业“爱心屋”建设，先后于 5 月 16 日、5 月 30 日分两批次建成 8 个“爱心屋”，全市率先实现“爱心屋”镇（街）全覆盖。“爱心屋”经营按照属地原则，采取公办民助、镇（街）组织就业残疾人自主经营模式，以个体户形式注册登记，公有制企业运营管理，主要由国企和爱心民企供货，也可自主选择其他合法合规、有价格优势的供应商和商品。“爱心屋”主营食杂、玩具、厦门本地特色产品、残疾人

2020 年 5 月，大同街道同心路步行街“爱心屋”建成并投入运营

（同安区残联供图）

手工艺品、福利彩票、对口扶贫协作地区或本地农特产品及社会爱心捐赠商品等，通过现场、团购、线上等多种销售方式经营，所得利润用于帮扶其他困难残疾人。2020年，全区爱心屋安置23名残疾人、1名困难残疾人家属就业，营业额收入390万元。

【无障碍环境建设】 2020年，同安区全面推进无障碍环境建设，由区残联牵头研究制定《“爱心助残”行动“完善无障碍设施工作举措方案”》和《同安区进一步完善无障碍设施建设2020—2021年行动方案》，以完善村（社区）公共服务机构无障碍设施建设为突破口，按照“现状调查、整体规划、分步实施”的思路和“问题牵引、量力而行”的原则推进全区无障碍环境建设。首次成立区级无障碍环境建设督导队，落实年度不少于3次对全区无障碍环境建设情况进行督导检查，2020年通过对区政务服务中心、各镇（街）便民服务中心、公立医院、文化体育馆、公园、城区人行道等公共服务机构和场所的无障碍设施建设管理情况督导检查，先后发现便民服务中心无障碍卫生间（厕位）、扶手、无障碍坡道、低位服务台等无障碍设施不齐全、不达标及随意占用盲道等问题，分别向区分管领导、区政府办及相关镇（街）作反馈并提出整改建议，得到妥善解决。

【残疾人职业援助中心全区覆盖】 2020年，同安区汀溪、莲花、新民3个乡镇残疾人职业援助中心先后建成投用。截至6月底，实现残疾人职业援助中心8个镇（街）全覆盖。依托8个镇（街）残疾人职业援助中心分别开展残疾人个案管理、就业服务、康复帮扶、辅助照顾家庭等工作，帮助残疾人实现再就业80人次。

【残疾人社会保障机制改进完善】 2020年，同安区政府延续执行《同安区“一户多残”低保和低收入家庭生活补助实施办法》《同安区重度老年残疾人托养补助实施办法》《同安区“四残”儿童康复护理补助实施办法》3个到期实施办法，为低收入残疾人帮扶、老年人残疾人托养、残疾儿童的康复护理提供体制保障；协调通过入户评残医生补助发放标准及办法，解决同安区入户评残落实难的问题。

（刘巧英）

厦门市同安区红十字会

【概　况】 2020年，厦门市同安区红十字会（以下简称同安区红十字会）募集322笔爱心捐赠款（物）846.48万元，其中新冠肺炎疫情防控捐赠款（物）315笔824.92万元。首次组织参与省红十字会举办的“99公益日”网络募捐活动，发动全区7个团队及198人次共捐款3015.02元。开展“红十字博爱送万家”等系列人道救助行动，全年发放救助金73.65万元，救助物资价值62.23万元。以“富美同安·卷袖之爱”为主题，开展无偿献血宣传活动，近百人参加无偿献血2.4万毫升，在“医师节”组织医生开展无偿献血活动。全年累计有15位居民登记成为器官遗体捐献志愿者。加强人道救助平台建设，启动博爱驿站建设，在国祺中学承办全市红十字博爱超市观摩交流会。加强基层组织建设，镇级、社区建会率比2019年分别提高25和49.27个百分点，镇建红十字会由6个增加到8个、社区建会数由67个提高到136个，实现基层组织全覆盖。至年底全区有镇级红十字会8个，社区红十字会136个，中学红十字会4个，小学红十字会2个。

【人道救助】 2020年，同安区红十字会开展“红十字博爱送万家”等系列人道救助行动，先后举办2020年红十字博爱送万家启动仪式、云埔村慰问活动仪式以及参加市、区春节前的“三下乡”活动。2次深入麻风村慰问25位麻风病康复老人，送上油、米、面等救助慰问物品并为他们打扫卫生、贴春联。组织志愿者常态化进村入户走访慰问困难群众，全年发放慰问物资2947份（件）、疫情防控物资95批，价值387.94万元。继续做好大病救助，全年救助290人每人2000元，一般（困难）慰问313人每人500元。开展帮助困难群众实现“微心愿”活动，让48名困难群众实现有油、米、面物资等愿望。对因公牺牲的公安民警家属进行人道主义关怀，组织上门慰问。

【救护培训】 2020年，同安区红十字会引进专业机构，与区文明办、区妇联、区计生协、区教育局等部门联合举办公益培训。7月，与区文明办在祥文社区文明实践站举办同安区应急救护公益培训启动仪式暨首场培训。开展应急救护“六进”活动，推动机关人员参与“‘救’在身边、机关先行”活动7场，联合教育局在32所学校举办相关活动32场。至年末，组织人员参加全市红十字会应急救护技能大赛，获团体组织奖。全年举办110场4000多人参加的公益培训，受益1万余人次；全区取证培训304人，公益普训和取证培训人数相比上年增长 20% 以上。

【红十字志愿服务】 2020 年，同安区红十字会按照红十字志愿服务组织和志愿者的招募、培训、管理、激励、保障等制度，规范全区红十字志愿服务管理。4 月，组建、授旗同安区红十字志愿者服务队和同安区应急救护志愿者服务队，各有队员 130 人、120 人，年内开展红十字人道救助慰问、应急救护公益培训等活动，同时结合活动进行队伍业务培训，提高红十字志愿服务水平，打造有红十字特色的志愿服务品牌。全年共组织志愿者 9 人参加市组织的救护师资培训。

【新冠肺炎疫情防控捐赠】 2020 年，同安区红十字会组织新冠肺炎疫情防控捐赠活动，做好捐赠款物管理工作和款物接收、拨付、公示、反馈工作。健全台账，及时回应社会关切，自觉接受社会各界监督。发动 315 个爱心单位（个人）捐赠款物合计 824.92 万元，其中捐款 220 笔总计 436.98 万元，捐物 95 笔价值折合 387.94 万元，居全市 6 个区首位。举办疫情防控爱心捐赠仪式 79 场，电视报道爱心捐赠典型 17 条，报纸刊登爱心典型专版 3 版，按照“现场 + 当场 + 及时”的做法服务好每笔爱心捐赠。多次接受并通过各级民政、审计、纪委等部门对捐赠使用情况的检查督查。

【青少年红十字会精神培育】 2020 年，同安区红十字会继续巩固培育省级红十字示范学校 2 所、市级红十字示范学校 4 所。走访慰问 80 名困难学生、爱心帮扶对象。在五显中心小学举办爱心小书包发放仪式，为五显、莲花小学生发放 1000 个爱心小书包。面向区中小学校的保卫人员、校医举办应急救护培训，参加预防学生防溺水工作，开展青少年生命安全教育。与妇联联合举办“儿童牵手共成长”暑期儿童关爱服务活动，为 20 多个家庭普及常见意外伤害及水上安全知识。在五显中学举办以“珍爱生命、守护健康”为主题的红十字夏令营活动，组织 40 名学生参加“自救互救，守护健康”培训、“真情援助，人道传播”主题班会、“青春扬帆，炫夏联欢”联谊等活动。

2020 年 8 月 24 日，同安区第一台“AED”（自动体外除颤器）在芸溪小区安装
（同安区红十字会供图）

【红十字精神宣传】 2020 年，同安区红十字会利用传统媒介和互联网新技术，加大对重点工作、特色项目、服务品牌等宣传力度，全年举办 82 场爱心捐赠仪式，报送 20 条爱心捐赠典型在电视台报道，刊登 6 版爱心典型专版，讲好爱心单位捐赠款物的故事。在“5·8”世界红十字日及科技周活动期间组织开展博爱周活动、世界急救日、人体器官捐献志愿服务月等主题宣传活动，共发放宣传册 3000 余份。组织 1058 名会员、志愿者参加全国抗击新冠肺炎疫情和红十字应急救护知识竞赛，开展红十字标志和名称使用调查，并结合“七五”普法开展红十字法宣传。

【红十字会救援物资管理】 2020 年，同安区红十字会抓好备灾救灾仓库规范化管理。向区文明办、卫健局提供价值 18.84 万元的健康秤，为全区志愿服务队、基层卫生院、卫生所以及母婴室配备健康秤 471 台。配合市红十字会在同安区首批投放 4 台“AED”（自动体外除颤器），分别安装在芸溪小区、乐海广场、体育馆、梵天寺等人群聚集地。

【博爱驿站建设】 2020 年，同安区红十字会建设博爱驿站，作为组织广大红十字会会员和志愿者开展活动、服务群众的重要阵地。调整红十字会办公场地，规划办公场所一、二楼各 47 平方米作为博爱驿站场地，配置桌椅、电脑、投影仪等办公设施，设置红十字应急救护角和应急救护体验场所。至年末基本建成，开展群众咨询、应急救护培训等工作。

（张东勤）

法　治

政法及综治

【概　况】2020年，同安区委政法综治部门坚持把群众满意作为平安建设工作的重要标准，强化公共安全监管，结合新冠疫情防控开展社会治安综合治理。率先在全市完成三级综治指挥中心实体化建设，完成1个区级综治指挥中心、8个镇街级综治监控中心和110余个村级综治监控中心建设。完善区、镇（街）、村（社区）三级房东协会建设，至年末有房东协会会员1.8万名。优化提升“三险合一”保险方案，全年项目投入1995万元，受益人群6000余人。开展“雪亮工程”建设，打造智能化治安防控体系。年内，建成同安青少年法治教育基地。2020年上半年，同安区扫黑除恶好评率全省第九名。2020年下半年，同安区群众安全感率位列全省第14名，全市第二名；政法队伍执法工作满意率位列全市第二名，扫黑除恶好评率位列全市第三名。

【公共安全监管】2020年，同安区加强治安复杂场所和重点路段的巡逻防控、治安清查，开展围村围楼等清查行动，全年核查人员12938人次。开展道路交通安全治理、交通亡人事故专项整治和交通违法行为查处，推动全区交通安全形势持续向好。全年，同安区道路交通亡人事故41起死亡43人，比前三年平均水平下降25.86%。做好社会面火灾防控工作，全年火灾起数83起、比上年下降26.55%，直接财产损失637.41万元、下降37.58%。至2020年年末，连续6年未发生亡人火灾。推进安全生产隐患大排查大整治工作，全年检查企业和单位4681家次，排查隐患1479处，完成整改1497处，限期整改720处。

【社会矛盾化解】2020年，同安区完善社会矛盾预警机制、化解机制，推进纠纷调处多元化，提升群众满意度。推动镇（街）将维稳形势分析纳入工作例会，完善应急处突工作预案，做到早发现、早预防、早处置。建立区每月、镇（街）每半个月矛盾纠纷滚动摸排机制，紧盯涉房地产、涉众型经济纠纷、涉军、涉网贷投资平台、征地拆迁和劳资纠纷等热点领域的重点群体，全面排查掌握各类苗头性隐患。建立劳资纠纷预警联动机制，协调人社、司法、建设、公安等部门，加强劳资纠纷发现、预警、预防，为第一时间化解纠纷奠定基础。推动矛盾纠纷化解，制定《关于进一步提升信访工作实效推进主动创稳的实施意见》，开展“信访矛盾大排查、大化解、大整治”百日攻坚专项行动，集中力量、集中时间、集中问题推动一批历史遗留的信访矛盾纠纷得到有效化解。截至2020年12月31日，110件信访矛盾纠纷办结化解96件，办结化解率87%，其中息诉息访42件。

【扫黑除恶专项斗争】2020年，同安区开展扫黑除恶专项斗争“六清”（线索清仓、逃犯清零、案件清结、伞网清除、黑财清底、行业清源）行动，打掉恶势力犯罪集团4个，查封冻结扣押涉案资金5.25亿元，破获十类涉恶案件109件，移送检察机关起诉128人。法院一审判决恶势力犯罪集团5个45人。判处五年以上有期徒刑11人，重刑率20.37%。区违纪查办组查处6名党员干部涉恶违纪违法问题，问责干部8人。2020年在全省87个县（市、区）群众安全感测评中，同安区扫黑除恶好评率86.75%，全省排名第26位，连续3次均位居全市前二。区法院的司法建议书获评“全省扫黑除恶十佳司法建议”。

【三级房东协会建设】2020年，同安区持续完善区、镇（街）、村（社区）三级房东协会建设。依托1.8万名房东协会会员，基本实现同安辖区出租房全覆盖，通过“以房管人”实现对全区流动人口的有效管理。房东协会按照行业自律公约，实施“网格划分、包片管理、包事到楼”管理模式，协助开展“一标三实”信息采集、社会治安隐患、消防火灾隐患排查等平安综治工作。年内，配合公安机关推行“防疫通”系统，核实出租屋涉疫人员，累积采集出租屋2.4万户，核实65.4万人次，检查发现涉疫问题居住人员487人。房东协会“以房管人”的经验做法被中央政法委《长安》杂志刊发，在省委“进一步深化机关效能建设，提高社会治理现代化”会议及全市政法工作会议作为经验交流，同时被厦门市应对疫情工作指挥部综合协调组作为典型全市转发。

【“雪亮工程”项目建设】 2020年，同安区推进“雪亮工程”建设，至年末，在8个镇（街）141个村（居）建设高清视频监控、电子警察系统、周界报警系统、高空瞭望系统等智能前端设备。整合包含政府机构、学校、景区、医院等21个单位二类视频监控资源，对接收集信访局、教育局、建设与交通局等27个委办局业务数据，汇聚为全区综治资源，打造同安区社会治理大数据平台。深化雪亮工程试点应用，接入“雪亮社区”“雪亮公园”“雪亮景区”“雪亮校园”等场景应用建设，运用大数据云上技术、人工智能，加强重点行业、重点区域视频图像的智能化分析。推进滨海智慧警务（二期）建设，通过整合视频资源、融合社区数据，有效解决资源碎片化、孤岛化问题，为同安新城的治安防控提供科技保障。

【三级综治中心实体化建设】 2020年，同安区在全市率先完成三级综治指挥中心实体化建设，建立健全运转机制。至年底，完成1个区级综治指挥中心、8个镇街级综治监控中心和110余个村级综治监控中心建设，形成三级综治指挥中心体系框架，为重大、应急事件快速反应、指挥调度提供技术支撑。制定《同安区综治网格信息和问题流转、处置工作规定（试行）》，明确三级综治中心工作任务与职责，做好全区社会综合治理事务信息汇总、分析、研判、流转、处置工作，推动基层政法综治工作有效运转。

【“三险合一”优化提升】 2020年，同安区实施“爱心厦门　同安在行动”，优化大病医疗救助保险、道路交通事故救助保险、社会治安综合保险“三险合一”保险方案。将“三险合一”保障人群进一步扩大，提升保险金额，优化理赔服务。针对特困人员、低保对象、低收入家庭、优抚对象、重度残疾人、计生特殊困难家庭、独生户及农村二女户等重点对象实行零起付赔付标准，弥补有关救助政策盲区，实现精准帮扶。全年项目投入1995万元，受益人群6000余人。该做法被中央人民政府网站、手机央广网、《经济日报》、《长安》杂志、《福建日报》、《厦门特区快讯》、《厦门改革简报》等刊发。

【同安青少年法治教育基地开馆】 2020年8月19日，同安青少年法治教育基地开馆投用。该基地位于同安区检察院办公楼内，是全省第一家智能化、互动式、娱乐式青少年法治教育基地。面积约500平方米，分家风家训、法律相伴一生、法治迷宫、情景体验区、法治小剧场等14个展区，引用同安区查办的典型案例及群众关注的热点问题，采用大量高科技手

2020年8月19日，同安青少年法治教育基地暨厦门同安生态检察展厅开馆启用，右图为青少年在馆内体验法治跑道项目

（同安区检察院供图）

段，将虚拟解说、互动多媒体等现代声光电技术融入多项展示环节，以动画合成、游戏互动、法条展示、以案说法、模拟法庭等形式，有针对性地宣传与青少年群体密切相关的法律知识，是集释法说理、科普教育、寓教于乐等多功能于一体的现代化展示馆。至年末接待中小学生、人大代表、政协委员等访客共计800人次。

（吕沛忻）

法治政府建设

【概　况】 2020年，同安区加强重大行政决策法治审核，全年受理以区政府为被告的行政诉讼案件33件，办理行政复议案件39件；向市政府和区人大常委会备案规范性文件3件，备案审查区政府部门和各镇（街）规范性文件2件；开展规范性文件清理2次，废止规范性文件2件，待修订1件。开展法治政府示范市创建，向市司法局提出《厦门经济特区依法没收的建筑物处置规定》立法建议，被市司法局列入2020年市政府立法计划法规调研项目。

【行政诉讼】 2020年，同安区办理区政府行政诉讼案件33件，案件涉及征地拆迁、行政处罚、履行法定职责、信息公开等；汇总梳理同安区2019年全年行政诉讼案件，形成专题报告，分析总结2019年全区行政诉讼案件基本情况和主要特点，并提出工作建议，为政府规范行政行为、做出行政决策提供法律依据。

【行政复议】 2020年，同安区办理行政复议案件39件，涉及行政强制、行政处罚、信息公开等行政领域，其中受理17件，不予受理3件，转送19件。

【法治审核】 2020年，同安区审议区政府常务会议题及土管办会议议题101件，安排区政府法律顾问参加全区各项会议120次，审核区政府有关协议文书99件。

【行政执法监督】 2020年，同安区开展行政裁决事项梳理工作，梳理出全区11个行政单位行政裁决事项6类，并在各单位网站公告。开展规范自由裁量权梳理和自查工作，清理清查有自由裁量权单位15个，梳理自由裁量细化标准文件9件。在全区推行实施《厦门市行政执法监督管理系统》，实现全区行政执法网上全覆盖监督。开展执法证换发工作，新申领执法证81人，更换执法证134人，申请延期注册130人，缴销执法证5人。

（余　洁）

公　安

【概　况】 2020年，厦门市公安局同安分局（以下简称同安公安分局）接报刑事警情2630起，比上年下降28.73%，创近十年新低。7件现行命案全部侦破。开展新冠疫情防控，设置6个交通检疫站，累计核查人、车数80余万次，妥善处置涉疫警情1321起。全年完成十九届五中全会、环东半程马拉松赛、非遗“送王船”等重大时间节点安保维稳任务。在全区推广“议理堂+公证调解”机制，提高矛盾纠纷调处率。推动智慧警务建设，将金海社区警务室打造成全区智慧警务建设典范，更好服务环东海域新城建设。打好扫黑除恶收官战，专项斗争质效考评名列全市第二，在下半年省对区平安“三率”测评中，同安区群众安全感率、执法工作满意率均居全市第二名。开展机制创新，在全市首创摩托车待行区；建成分局执法办案管理中心，带动全局整体执法质量提升。推进“坚持政治建警　全面从严治警”教育整顿，加强公安队伍建设。做好出入境管理，全年受理出入境业务2198人次。年内有33个次集体和124人次民警、辅警受到上级表彰奖励，因公牺牲民警李秀毅、庄根章被省公安厅追记个人一等功，被市委追授“厦门市优秀共产党员”称号。

【公安系统“扫黑除恶”专项斗争】 2020年，同安公安分局以“六清”（线索清仓、案件清结、逃犯清零、伞网清除、黑财清底、行业清源）行动为抓手，打好扫黑除恶收官攻坚战。打掉涉恶犯罪集团4个，打掉3人以上十类涉恶案件未达恶势力标准犯罪团伙18个，抓获十类涉恶案件犯罪嫌疑人236人，破获十类涉恶案件109件，移送检察机关起诉128人。

【刑事侦查】 2020年，同安公安分局贯彻落实打击犯罪新机制，按照“大案同步上案、小案合成快侦”的要求，开展一系列专项行动，保持对刑事犯罪严打高压态势。全年破各类刑案1646件，抓获犯罪嫌疑人1757人、各类在逃人员471人。7件命案全破，破获命案积案2件，抓获潜逃12年的命案积案在逃嫌犯李某发，破获发生在同安区五显镇的“2008.9.1”故意杀人案。清剿电信网络诈骗窝点61个，破获电信网络诈骗案件303件（涉案金额

50万元以上5件、10万元以上13件），冻结诈骗赃款1643.66万元。

【交通安全管理】 2020年，同安公安分局推进“一盔一带”“减量控大”等专项行动，整治各类交通违法行为，维护全区道路交通安全平稳态势。全年现场查处各类交通违法行为14.19万起，其中涉酒1521起。全区交通事故受伤420人，死亡43人（比前三年平均值下降25.86%）。开展文明城市创建工作，整治交通秩序，确保交通测评项目零扣分。推进完善交通安全设施，在全市首创设置135个红绿灯路口“摩托车待行区”，新增停车位3000个，推动路权单位施划交通标志线13600余米，安装护栏3289米。新增85套固定式道路交通技术监控，升级电子警察监控系统148套。开展驾驶管理，全年办理机动车业务71422笔、驾驶人业务35882笔。

【社会治安管理】 2020年，同安公安分局推进整治黄赌违法犯罪及“昆仑2020”“食安5号”等专项行动，全年破获涉枪刑案3件，起诉犯罪嫌疑人6人；破获涉黄涉赌刑事案件124件，查处涉黄涉赌行政案件575件，破获涉食药刑事案件64件。运用危险物品“一体化”监管平台，推动涉危涉爆企业严格落实相关制度，检查场所1000余家次，发现并整改隐患25处。强化寄递物流、网约房等领域明察暗访，取缔无证宾旅馆、网约房25家，处罚未实名登记旅馆28家次，整改寄递物流业安全隐患16处。完成大型活动安保3场次，其中在为期12天的第152届福建厦门同安“送王船”文化节期间，投入警力800余人次。

【禁毒工作】 2020年，同安公安分局以“飓风肃毒2020”专项行动为牵引，破获毒品刑事案件46件，抓获毒品犯罪嫌疑人67人，移送检察机关起诉62人，查处吸毒人员132人次，打掉涉毒团伙2个，缴获各类毒品170.04件，毒资82万元，其中破获省挂目标“11.12贩卖毒品案”，抓获犯罪嫌疑人7人，缴获毒资65万余元，疑似毒品冰毒3000余克，汽车3辆。

【公安法治建设】 2020年，同安公安分局以开展执法规范化建设年活动为抓手，推进公安法治建设，紧盯重点执法环节，与区检察院建立刑事办案联席会议工作机制，围绕案件审查阶段存在的若干侦查取证问题及侦查取证存在的难点、重点进行沟通，统一司法理念，促进执法规范化建设，提升办案质量。

【社区警务】 2020年，同安公安分局受理居民身份证34123张，受理省外异地证7299张。至年末，同安区登记流动人口483526人，常住人口418638人。年内，同安公安分局滚动开展流动人口信息登记，排查出租房屋12710栋（58620间），处罚未按规定登记承租人信息的房屋出租人384人。

【多元调解机制建立】 2020年，同安公安分局建立常态化矛盾纠纷排查、化解工作机制，滚动排查矛盾纠纷7223起，调处7005起，调处率96.98%。总结“高山议理堂”工作经验，推动公调对接在辖区落地生根，在潘涂派出所金海社区和西柯派出所开展“议理堂＋公证解调”工作试点，在五显派出所引入公证团队驻所调解。

【公安系统阻击新冠疫情】 2020年，同安公安分局开展新冠肺炎疫情阻击工作，成立疫情防控处置工作指挥部，紧盯“外防输入、内防扩散”目标，健全完善防疫期间信息研判、任务交办、情况通报、会商决策“四项机制”，确保防控处置闭环覆盖。落实外防输入，科学统筹交警、巡特警、派出所及机关警力，在6个交通卫生检疫站（占全市31.58%）逐车逐人查控，1月26日至2月22日，累计检查车辆25.21万辆、人员57.85万余人次，检测体温异常人员32人，均按规范核验处置。强化沿海岸线管控，印制10万份《关于严厉打击海上非法入境、严防境外疫情输入》宣传公告分发张贴，在渔船民主要出海点及沿海治安复杂部位设置11个岸线巡查点，确保沿海岸线全线封控。严格实施防疫举措。妥善处置涉疫纠纷警情1321起，在全市首推“防疫通”做好疫情防控工作，指导和帮助企业11000余家，服务工地近80处，核查实有人口65万余人，助力全区复工复产工作。

【“断卡”行动】 2020年10月，同安公安分局开展“断卡”行动，对前期涉诈人员、本地电信网络诈骗线索及先前打掉的黑灰产业犯罪线索等进行全面梳理研判，快速锁定一批重点目标。10月15日，分局组织多警种联合开展“断卡”集中抓捕行动，抓获17名犯罪嫌疑人，缴获作案手机20部、银行卡30张，破获系列电信网络诈骗案件50余件。

【同安公安分局执法办案管理中心揭牌启用】 2020年12月2日，同安公安分局执法办案管理中心揭牌启用。中心设在警务技能综合训练基地，建成总面积约1100

2020年12月2日，同安公安分局在警务技能综合训练基地举行执法办案管理中心揭牌仪式 （同安公安分局供图）

平方米，有执法办案区、涉案财物管理区、案件管理区、服务保障区、合成作战区5个区域，设置各类功能室23间，优化门禁、定位、信息采集、智慧执法办案管理“四大系统”，并设有远程会见、民警快速办案会商及休息等功能区，配备各类办公设备，有效保障执法办案、监督管理、服务保障一体化运作，满足民警一站式、及时性办案需求。

（卓夏成）

检 察

【概 况】 2020年，厦门市同安区检察院（以下简称同安区检察院）办理各类案件1094件，其中审查逮捕案件302件，比上年下降41%；审查起诉案件681件，下降27%；审查刑事执行检察监督案件48件，下降70.6%；审查民事、行政检察案件33件，增长36%；审查公益诉讼案件30件，增长173%。依法办理涉疫情刑事案件，提前介入3件，批捕2人，起诉3人。快捕快诉1起涉案191.28万元额温枪诈骗案。落实群众来信件件有回复制度，加强“12309”检察服务中心建设。接待群众来访81批次92人次，对受理的232件信访7日内程序回复率和3个月实体答复率均达100%。开展“领导大接访”专项活动，通过带案下访和国家司法救助，将检察工作触角延伸至基层，及时化解群众矛盾纠纷。主动增强案件办理的透明度和公信力，邀请人大代表、政协委员、人民监督员、律师参与接访、公开审查和公开听证工作，开展公开听证案件10件。2020年，区检察院获评省级文明单位、“法治进校园”全省巡讲活动表现突出单位等区级以上集体荣誉6次，获得区级以上个人荣誉39人次。

【刑事监督】 2020年，同安区检察院开展侦查机关刑拘后未报捕且未移诉案件专项监督，启动立案监督程序5件，其中监督立案2件、监督撤案3件。深化刑事侦查活动监督，改变定性27件59人，追诉遗漏犯罪嫌疑人8人，追诉遗漏罪行6件、遗漏犯罪事实22件。适用认罪认罚从宽制度570件766人，适用率84.18%，量刑建议采纳率96.94%，一审服判率96.13%，在有效节约司法资源的同时促进罪犯改造。提出刑事抗诉6件，获市检察院支持4件。开展监外执行检察监督，立案调查17件17人，发出纠正违法通知书3份，督促司法行政机关规范执法。加强交付执行检察监督，协助有关单位将79名判实刑未交付执行罪犯收监执行刑罚。开展强制医疗执行检察监督专项活动，立案调查4件4人，发出纠正违法通知书1份。对19名指定居所监视居住人员执行场所定期检查，保障犯罪嫌疑人合法权益，维护法律权威。

【民事行政检察】 2020年，同安区检察院办理各类民事、行政检察案件33件。加大对弱势群体的保护力度，办理支持起诉、支持仲裁案件3件，帮助19名进城务工人员、交通事故被害人追讨劳动报酬及经济损失共计31万余元，保护农民工、残疾人等特殊群体的合法权益。针对3件民事案件存在违反法定审理期限等问题，发出检察建议，得到落实整改。针对申请人认为行政机关违法行使职权或者怠于行使职权问题，通过主动走访行政机关，在依法作出不支持监督申请的同时，发出建议函2份并做好释法说理，推进行政争议实质性化解。针对在办案中发现应当作出行政处罚但未作出的情况，发出检察意见书7份、检察建议书1份，督促行政机关依法履职。

【公益诉讼检察】 2020年，同安区检察院探索刑事附带民事公益诉讼办案模式，办理刑事附带民事公益诉讼案件13件，经审查提起刑事附带民事公益诉讼5件，其中2件诉讼请求获区法院判决支持。加强对社会热点问题的监督，办理行政公益诉讼案件17件，发出诉前检察建议13份。与区委巡察办制定公益诉讼监督协作配合工作机制，发挥“1+1 > 2”的监督成效，一体推进检察建议和巡察整改工作落实。针对森林防火监管、排污许可监管、国有土地出租、违法占用基本农田等问题向责任主体发出检察建议，督促相应整改，为国家追回行政补偿金16.22万元。开展食品药品领域专项检察监督，建议责任主体依法履职。探索开展“等外”领域行政公益诉讼，针对辖区部分路段人行盲道存在的问题，发出检察建议，督促责任主体强化监管。推进公益诉讼观察员制度，聘任144名教师担任“校园公益诉讼观察员”，相关经验做法获最高检转发推广。办理涉未成年人群体利益的公益诉讼案件，针对未成年学生到“黑网吧”消费问题，向责任主体发出行政公益诉讼诉前检察建议，促成开展专项整治行动。

小资料：

检察机关等外领域：按照民事诉讼法、行政诉讼法和英烈权益保护法规定，检察机关履行公益诉讼职责的范围是“4+1”，即生态环境和资源保护、食品药品安全、国有财产保护、国有土地使用权出让和英烈权益保护。“等外”领域，就是除了法律明确规定的领域之外，其他需要同等保护的公共利益的领域。

【生态环境检察】 2020年，同安区检察院打击污染环境、非法占用农用地、非法采矿等破坏生态环境刑事犯罪，批捕4人，起诉42人，提前介入4件，立案监督1件。提出抗诉的被告人洪某某、叶某某等非法采矿、非法占用农用地一案获二审改判，法院采纳检察机关抗诉意见，判决追缴违法所得4416.18万元。促成3人开展“补植复绿”生态修复，涉及补植面积约16500平方米。促成9人缴纳补植复绿费332.34万元，追缴矿产资源赔偿款471.08万元，追缴林木赔偿款16.22万元。

【扫黑除恶专项检察】 2020年，同安区检察院按照“清到底、清干净”的要求，以案件回溯为抓手，深入开展“六清”（线索清仓、逃犯清零、案件清结、伞网清除、黑财清底、行业清源）行动，开展扫黑除恶专项检察，共批捕涉黑恶犯罪嫌疑人42人，起诉52人。落实“黑恶案件百分百提前介入”机制，引导侦查取证，确实把牢立案追诉标准。深入挖掘黑恶势力线索，及时向相关部门移送“保护伞”及党员违纪等线索。协助各行业开展涉黑清理整顿，针对办理涉黑恶案件发现的行业监管、治安整治等社会治理问题发出检察建议。针对老人会监管问题发出检察建议，加强检察建议整改落实跟踪工作，联合区纪委监委开展“回头看”，促进全区老人会规范有序发展。开展扫黑除恶专项斗争财产刑执行专项监督，立案调查16件16人，发出纠正违法通知书2份。

【民营经济法治保障】 2020年，同安区检察院充分发挥检察职能，主动服务统筹推进疫情防控和经济社会发展工作。疫情防控期间，派员对接走访企业180余家，助力企业复工复产。落实与区工商联建立的协作配合机制，强化检察环节服务保障招商引资措施，开展“服务‘六稳’‘六保’，护航民企发展”检察开放日活动，征求民营企业家的意见建议。设立涉台检察联络室，聘请台商担任涉台检察联络员，保障台商台企合法权益。在一件台资企业被合同诈骗案中，通过补充调取相关证据、分析比对货物及赃款去向，并向相关证人核实，追诉不认罪的被告人合同诈骗金额160万余元，将量刑档次由“数额巨大”提高到“数额特别巨大”，维护台企利益。

【群众生命财产安全法治保障】 2020年，同安区检察院从严惩治毒品犯罪，严厉打击涉枪涉爆犯罪活动，坚决打击利用邪教破坏法律实施的刑事犯罪活动。严惩安全生产领域犯罪，坚决惩治危险驾驶犯罪，维护社会公共安全。严厉打击严重暴力犯罪，批捕43人，起诉62人。落实最高人民检察院“三号检察建议”，惩治盗窃等多发性侵财犯罪，批捕106人，起诉299人。惩治电信网络诈骗、利用网络赌博和侵犯个人信息等犯罪，批捕36人，起诉145人。贯彻宽严相济刑事政策，对涉嫌犯罪但无须逮捕的不批捕47人，对犯罪情节轻微、依法可不判处刑罚的不起诉178人。加大追赃挽损工作力度，共查扣、冻结犯罪嫌疑人退缴退赔涉案款项889.18万元。

【未成年人司法保护】 2020年，同安区检察院落实最高人民检察院关于防治校园性侵的“一号检察建议”，聘任15名检察官兼任法治副校长。建立校园公益诉讼观察员制度，5月22日，联合区教育局举行公益诉讼观察员聘任暨培训座谈会，聘任全区中小学

2020年5月22日，同安区检察院举行“校园公益诉讼观察员”聘任仪式

（同安区检察院供图）

教师144人为校园公益诉讼观察员，建立信息通报、线索移交、协商沟通等检察官和公益诉讼观察员实时对接机制，预防校园性侵、食品安全等问题。在新冠疫情防控背景下，以视频形式讲授主题为“筑牢安全防线，学会自我保护”的“开学第一课”，并将录制课程在“同安教育网”播出。拍摄“别霸凌我”系列微电影，以未成年人易于接受的方式讲解宣传法律知识。惩治性侵害等侵害未成年人犯罪，起诉47人，在检察环节形成打击犯罪的威慑力。改进司法办案方式，挂牌成立“同心未爱”妇女微家，构建妇女儿童权益保护联动机制。建成全省首家智能化、互动式、娱乐式青少年法治教育基地和生态检察展厅，全年接纳1000余名学生参观。

【检察案件质量评查】 2020年，同安区检察院每季度召开检察业务态势分析会，构建以“案一件比”为核心的案件质量评价指标体系，加大流程监控力度，发起流程监控264起。建立集日常评查、重点评查、专项评查、随机评查于一体的案件质量评查体系，评查案件125件，提升案件质效。

【同安生态检察展厅建成】 2020年8月19日，厦门同安生态检察展厅在同安区检察院建成并开馆。该展厅面积约100平方米，集展示、宣传、教育等功能于一体。除传统图文展示外，融合标本展示、全息幻影电子沙盘、沉浸式漫游等多元展示方式。参观者可以看到涉案物品标本，通过全息展示柜及穿戴VR设备，身临其境探查厦门市森林、水、野生动植物等各类资源占有情况，直观感受生态修复效果。

（吴伟龙　柯　瑾）

法　院

【概　况】 2020年，厦门市同安区人民法院（以下简称同安区人民法院）受理各类案件16361件，审执结14977件，结案率91.54%，结收比102.82%，分别比上年上升26.06%、30.88%、5.03%、3.79%。结案率在全市基层法院位列第三，结收比在全市基层法院位列第二。有8个集体和24名个人获得市级以上荣誉表彰。

【刑事审判】 2020年，同安区人民法院受理各类刑事案件624件，审结527件，分别比上年下降22.00%、29.73%。运用“快立快审快办”“认罪认罚从宽”等审理机制，全年依法审结涉恶案件5件61人，黑财执行到位金额1567.80万元，实际执行到位率92.90%，针对监管漏洞发出司法建议5条，其中向厦门市公安局集美分局就强化外来流动人口管理提出四项意见的建议书，入选全省扫黑除恶十佳司法建议。依法严惩故意伤害、绑架、强奸等严重暴力犯罪67件，打击抢劫、抢夺、盗窃、诈骗等多发性财产犯罪123件，依法审结涉黄赌毒犯罪案件30件。

【民商事审判】 2020年，同安区人民法院受理各类民事案件9331件，审结8549件，分别比上年上升41.10%、49.96%。完善民生权益保障机制，依法妥善审理就业、教育、养老、医疗、交通等领域涉民生案件5520件。成立不动产审判团队，依法审结涉“中洲滨海城”“和谐天下”等楼盘的商品房销售合同纠纷以及祥丰建材城退租纠纷等系列案件650件，妥善调处征地拆迁引发的各类矛盾纠纷128件，主动为高新技术产业基地、科技创新园等重点项目提供司法服务。关注经济下行压力下稳就业问题，平衡各方利益妥善审结劳资纠纷472件。完善裁审衔接机制，加强与劳动仲裁机构的业务交流和联动调解，探索建立劳动用工失信通报制度，遏制劳动市场“碰瓷”现象。工业集中区劳动巡回法庭参与创建的“园区枫桥经验”受到中华全国总工会的肯定。深化家事审判方式改革，发挥“家和暖心驿站”作用，推进家事矛盾纠纷诉前、判后联动调解，依法保护家暴受害人的人身安全，妥善审结家事纠纷 337 件，发出人身安全保护令 3 份。推广“道交一体化平台”应用，快速审结道路交通事故人身损害赔偿及衍生纠纷 456 件，分别就伪造道路运输从业资格证乱象及垃圾转运车管理漏洞向有关部门发出司法建议。

【行政审判】 2020 年，同安区人民法院受理各类行政案件 223 件，审结 192 件，分别比上年下降 35.73%、40.92%。其中，审结行政诉讼案件 61 件，审查行政非诉执行案件 131 件。已结行政诉讼案件中，驳回起诉 12 件。审查的行政非诉案件，裁定准予执行 125 件，准执率 95.42%。

【案件执行】 2020 年，同安区人民法院受理各类执行案件 6183 件，执结 5709 件，分别比上年上升 13.10%、22.33%。结案率 92.33%，实际执行到位金额 5.8 亿元。推进联动机制常态化，起草同安区《关于加强综合治理从源头切实解决执行难问题的实施办法》，借助“雪亮工程”智能化监控系统查人找物，推动涉农补助款发放、宅基地申请、农村自建房流转、村（居）“两委”成员竞选等事项失信审查前置，将失信曝光纳入基层法治宣传范围，强化诚信公益宣传。施行执行事务集约化，实行团队化改革和分段集约执行，形成“简案快办、繁案精办、类案集中办、难案团队协作办”的流水线式作业格局，引入执行救助险和悬赏保险，利用金融杠杆破解执行难问题。健全流程节点公开化，开发“云执行”APP 程序，向执行线索举报人实时反馈举报事项处置进展，邀请人大代表、政协委员及检察官观摩执行行动，将执行流程、强制措施、财产处置等信息一应公开。

【生态环境司法保护】 2020 年，同安区人民法院审结全市涉生态资源案件 178 件。审结中华人民共和国成立以来厦门市涉案面积最大的非法占用农用地案和 2 件涉生态恶势力犯罪案件。强化判后跟踪，落实生态修复，发出“补植令”，督促缴纳履约保证金 257.6 万元，责令涉林刑事被告人补种、管护林木面积 35.96 万平方米。深化生态环境行政执法、司法联动保护机制，服务同安区“两违”综合治理和农村人居环境整治工作，为生态环境监管部门开展执法专项培训 3 次，针对盗挖高岭土的监管漏洞向相关部门发出司法建议被采纳。在发生森林火灾的新民镇南山村建立“厦门生态审判碳汇教育实践基地”新片区，促进当地受损生态环境修复。创新生态法治宣传形式，继续举办好植树节、世界环境日生态审判公众开放日活动，“生态司法宣传教育基地”二期竣工开放并入选全省法院十大生态体验基地，举办“与法童行”环保主题儿童绘画比赛获评全省法院十大生态司法创新举措，自编自演的环保公益微电影《童话》获评全省法院十大生态司法影视作品，宣传短片《城市绿梦　司法守望》在“学习强国”平台播出。行政与生态环境审判庭在“福建生态环境司法十佳百优”评选中获“十大标杆示范”称号。

【新冠疫情防控司法保障】 2020 年，同安区人民法院坚持新冠疫情防控与办案统筹兼顾，参加社区疫情防控 224 人次，增援村居、高速路口及复工一线 80 余人次。依托微信公众号、官方微博等新媒体及时做好防疫法律政策解读和典型人物宣传。落实疫情常态化防控要求，推进网上审执，充分运用网上立案、律师平台、移动微法院、“12368”诉服热线等信息化平台及网络查控、网上拍卖等手段，保障群众诉权。全年线上立案 1876 件，在线开庭、调解 351 件，网络查控 16431 次，网拍成交额 5609.05 万元，“12368”诉服热线接受群众来电咨询 949 次。学习把握上级法院关于办理涉疫案件的指导意见，依法妥善审结涉疫案件 72 件，其中一起借疫情假售防疫物资案件涉案金额 191 万元，为厦门市涉案金额最大的涉疫诈骗犯罪。5 月，发出全省首份“受疫情影响减免租金”判决书，判决承租某居委会店面的饭店租户可减免半个月租金 12507 元。

【营商环境司法服务】 2020 年，同安区人民法院主动对接辖区企业、商会、行业协会，做好疫情防控期间涉企矛盾风险研判分析，推动区疫情防控指挥部设立服务企业解纷保障组，抽调 2 名干警到工业集中区驻点值班，走访联系企业 120 余家，收集反馈意见建议 10 余条，靠前与相关部门合力化解各类涉疫情纠纷 70 余起。召开民营企业家座谈会，贯彻落实服务保障民营经济健康发展 24 条司法措施，出台《关于疫中疫后服务企业解纷的若干司法举措》，建立“同法助企抗疫解纷微信群”，推出线上法律问诊和订单式普法课程，更新《企业法律风险提示手册》，针对企业运营风险发出司法建议，帮助民营企业筑牢守法合规经营底线。坚持审慎善意文明司法，通过促成执行和解、适当延长履行期限、调整履行方式以及采取活封活冻等执行措施维护企业正常运营，将528家符合条件的企业移出失信名单。推动设立厦门金融司法协同中心同安分中心，审结各类金融案件2649件，为辖区互联网金融行业发展保驾护航。

【“两个一站式”机制完善】 2020年，同安区人民法院完善一站式诉讼服务中心、一站式多元解纷机制“两个一站式”机制。诉讼服务中心升级改造突出一站式服务、一体化运行、一揽子解决的综合性枢纽功能，从群众需求出发，设置立案服务、诉讼辅导、自助服务、调解速裁、信访接待等功能区，实行审判辅助事务集约化管理、精细化服务。围绕群众反映强烈的诉讼难点堵点问题，简化开具生效证明、申请强制执行、领取执行款等办理流程，打造阳光温馨的开放式服务窗口。健全一站式多元解纷机制，细化《诉源治理减量工程建设实施方案》，加强与25家部门及行业的联动，分类建立婚姻家庭、道路交通、劳动人事、医疗纠纷、涉企纠纷等诉调对接机制，推动诉非联动中心建设，在工业集中区、商会、妇联设立“外来员工纠纷援助中心”“涉企纠纷巡回办案点”“家和暖心驿站”等外派调解工作室，引入律师、公证保险、代表委员、特邀调解员等第三方参与法律咨询、纠纷调解、信访化解和心理辅导，为当事人提供多元服务。全年诉非联动化解矛盾纠纷1564件。

【“议理堂”多元解纷平台】 2020年，同安区人民法院完善“议理堂”多元解纷平台。依托与司法局建立的乡村治理与法律服务机制，将资深法官线上线下“坐诊”、“家和暖心驿站”专业心理辅导、派出所“警民联调”，以及公证调解纳入“议理堂”多元解纷平台，运用信息技术开展智能司法服务、法律咨询和普法宣传，全年开展抗疫普法、民法典宣讲和线上庭审观摩10次，为东宅村征地拆迁提供法律指导，“高山议理堂”辐射的9个行政村调解各类纠纷40余起。根据真实案例改编的“议理堂讨说法”系列动漫短片登上“学习强国”平台并受到网友围观点赞。“议理堂”社会治理创新机制受到国家和省市各级领导高度肯定，获批在全市范围内推广、复制，推动司法机构法律服务下沉乡村。

【司法责任制落实】 2020年，同安区人民法院以审判体系和审判能力现代化为导向，完善与新型审判权力运行模式相适应的制约监督体系，细化院庭长的监督管理职责，全年院庭长办案5437件，占同期结案数的36.3%，其中院领导办案261件，庭长、副庭长办案5176件。加强“四类案件”识别监管，加强纪检监察权对审判运行的监督制约，落实“一案双查”工作制度，院党组研究部署开展长期未结案件审务督察专项行动，12个月以上长期未结诉讼案件比上年下降66.67%。以司法公开推动审执工作阳光化、规范化，全年区法院裁判文书上网率115.69%，在全市基层法院位列第一。庭审直播公开1888场，比上年同期增加1119场，在全省基层法院位列第14名。

【司法体制改革】 2020年，同安区人民法院全面深化诉讼制度改革，推进民事诉讼程序繁简分流改革试点工作，在全省率先适用简易程序审理公告送达的简单民商事案件，适用小额诉讼程序及普通程序独任审，全年适用小额诉讼程序审结596件，平均审理期限10.10天；适用简易程序审理结案4564件，简易程序适用率84.97%，平均审理期限63.35天；推行集约化送达改革，适用电子送696次，送达成功率90.23%。深化以审判为中心的刑事诉讼制度改革，健全刑事案件速裁和轻刑快审工作机制。全年审结认罪认罚案件480件579人，适用速裁及简易程序审结386件437人，适用比例占全部刑事案件的73.24%。全面深化综合配套改革，及时谋划、推动人员晋升工作，完成综合管理类、法官助理和书记员职级晋升23人次，司法警察职务晋升5人，员额法官遴选3人。

（叶林薇　陈　思）

司法行政

【概　况】 2020年，同安区通过市级“七五”普法考核验收。区司法局全年开展各类普法宣传68场。“两抓两助”（抓法律服务，抓疫情防控，服务复产复工，服务基层一线）疫情防控，制作便携宣传折页12万份，分送发放到村（居）小区设卡点及过往群众。制作宣传横幅146条，悬挂至全区各村居、司法所、基层法律服务所。开展民间纠纷调解工作，全年各司法所、各基层人民调解组织共排查各类民间纠纷1836件。贯彻落实《中华人民共和国社区矫正法》，截至年底在册社区矫正283人，安置帮教1370人，无

“脱管”“漏管”现象。全年开展扫黑除恶专项教育活动40场，受教育社区服刑人员2266人次，排查走访社区矫正对象295人次，发现涉黑涉恶类人员13名。落实援助服务，全年为社会贫弱群体及特殊案件当事人提供法律援助1287件。

【疫情防控司法服务】 2020年，同安区司法局开展疫情防控司法服务，疫情排查拨打电话1300余次，发送短信500余条，排查联络外来员工近千人。先后抽调4人服务集中观察点矛盾纠纷化解、抽调3人服务保障洪塘镇企业复工、10人参加检查卡口执勤，50余人直接参与社区基层一线防疫，1名机关干部主动报名支援基层防疫工作。发挥法律服务职能优势，为湖北籍返回同安务工人员集中住宿区起草入住承诺书，组织区公证处协调确定定点酒店。升级掌上公共法律服务平台“法治同安”微信公众号，开通疫情专栏，设置疫情法律知识“百问百答”、相关法律法规、疫情实时动态3个子模块。线上宣传传染病防治法、突发公共卫生事件应急条例、野生动物保护法等疫情防控重要法律法规，全年推送宣传100余次。线上提供24小时在线服务，律师在线随时解答问题，村居法律顾问电话坐班提供通话服务。发布法律援助、公证、人民调解、行政复议四项服务公告，推行“不见面”便民服务流程。

【“七五”普法】 2020年，同安区通过市级“七五”普法考核验收。年内突出领导干部学法，邀请福建英合律师事务所陈雪律师等人员到同安开展专题法治讲座，专题学习《中华人民共和国突发事件应对法》《中华人民共和国传染病防治法》等法律法规。组建《中华人民共和国民法典》宣讲团，在凤山社区、龙西社区等开展专题宣讲6场。全年有1048名国家工作人员参加统一学法考试，121位拟任领导干部参加任前法律知识考试。落实“谁执法谁普法”普法责任制，开展群众性法治文化活动。推进法治乡村建设，开展基层法治示范创建活动，组织村（社区）开展省级民主法治示范村复核工作。深化法律六进活动，开展“三下乡”“科普周”“食品安全周”等法治宣传活动，举办国家宪法日系列宣传活动。全年在全区开展普法宣传活动68场，受众约3万人次。

【公共法律服务】 2020年，同安区成立疫情防控法律服务顾问团，由区政府法律顾问、村居法律顾问等15人组成，为党委政府防范化解风险提供决策参考，为企业复工复产、正常经营和市民生活提供法律意见、法律咨询和法律帮助。制定公共法律服务领域政务公开试点方案和目录，并在区政府网站公示公开。梳理司法局行政执法事项和委托事项，完成基层法律服务所服务指南、样本等工作手册事项编制，协助推动一窗受理分类审批窗口整合。组织对区法律援助中心、区公证处、基层法律服务所三家法律服务机构进行2020年上半年双随机抽查，提升法律服务窗口质量水平。推动司法所、村居法律顾问统一使用福建省法律援助信息化平台登记法律咨询事项，并建立考核通报机制。倡导、推行在防疫期间“不见面审批”服务，加强“网上办、掌上办、邮寄办”服务力度，法援中心对与疫情相关的申请事项广泛开启绿色通道予以优先办理，有651名群众受益。

【人民调解】 2020年，同安区加强企业调委会建设，年内，指导8家百人以上企业建立人民调解组织；加强“访调对接”工作，指导全区8个镇（街）成立访调对接室，选聘区人民调解中心优秀人民调解员参与信访接待咨询，引导信访人依法理性表达诉求，指导信访当事人优先选择调解方式化解矛盾纠纷，同安区司法局组织对因疫情防控封村封路封小区引发的人员进出不便的纠纷、因疫情引发的经济类矛盾纠纷、企业因疫情而无法履行合同或按期交易的引发的矛盾纠纷、房东与外地返同租客的纠纷等几类重点纠纷开展摸排，并指导疫情矛盾化解专班合力攻坚化解。2020年，全区各司法所、各基层人民调解组织共排查化解各类民间纠纷1836件，其中涉及死亡赔偿纠纷28件，涉及死亡赔偿金额1143.82万元。预防婚姻家庭和邻里纠纷“民转刑”案件，排查调处婚姻家庭和邻里纠纷共528件。排查调处损害赔偿纠纷110件，物业纠纷99件，房屋宅基地纠纷47件，拖欠农民工工资纠纷31件，其他劳动争议纠纷40件，征地拆迁纠纷9件。全年防止群体性上访25件92人，防止民间纠纷转化为刑事案件2件4人。

【社区矫正】 2020年，同安区成立社区矫正管理局及社区矫正委员会，增配社区矫正工作者3名，配强社区矫正执法力量。疫情期间，开展社区矫正安全隐患大排查、大整治专项活动，落实“零报告”制度，做好请假审批，持续保持对违规违纪人员的打击惩处力度。推进刑罚执行一体化工作，同安监狱戒毒警察大队对接社区矫正中心，集中点验50人次，受教育社区矫正对象288人次。持续推进智慧矫正工作，实施社区矫正中心智能化工程，形成以智能化办公系统为核心，结合视频安防系统、远程督察系统、门禁报警系统、多媒体会议系统等为辅助的智能化监管指挥体系，确保社区矫正信息互通共享。区司法局联合区检察院、区人社局研究出台《同安区建立服刑人员养老保险待遇处置联合工作机制》，严防社区矫正对象违规领取养老金。做好日常教育，每月开展入矫教育20课时、思想教育8课时、解矫教育6课时。

【安置帮教】 2020年，同安区司法局联合区红十字会开展“博爱送万家”活动，核查全区有帮扶救助需求的社区矫正对象42人，走村入户开展新春慰问。根据疫情防控需要通过微信宣传、视频语音、网络教育等方式规范开展教育，邀请华侨大学、集美大学等大学教授以及律师事务所律师等开展线上专题教育。通过购买服务引入一家厦门本地专业社会机构参与社区矫正服务，开展心理矫治、教育矫正、技能培训等项目，为社区矫正对象提供系统化教育帮扶。提供技能培训91人次，开展个案矫治103人次，心理咨询56人次，危机干预10人次。联合区检察院对未成年社区矫正对象与附条件不起诉考察期间涉案青少年开展联动帮教行动，帮助引导未成年对象的形成良好思想和健康心理。引导参加疫情防控，全区社区矫正对象累计捐款43330元，捐赠消毒液11桶、口罩2020个等，200余名社区矫正对象参加社区志愿服务。开展刑满释放人员排查走访，其中重点刑满释放人员6名。

【法律援助】 2020年，同安区司法局开展优化企业用工环境法律援助专项活动，开通企业员工法律援助“绿色通道”，推行“容缺受理”制度，简化审查程序，实现快速办理。深化法律援助志愿服务，全年开展“爱心援助惠民生·扶贫济困奔小康”等法律援助志愿服务活动30场次。全年法律援助中心接待群众来电来访法律咨询8153人次，为社会贫弱群体及特殊案件当事人提供法律援助1287件，其中提供民事诉讼、非诉讼法律援助1046件，提供刑事辩护援助件241件；为受援人挽回经济损失2160.62万元，免收法律服务费用321.75万元。“厦门市同安区法律援助中心对余某等976人追索劳动报酬提供法律援助案”被福建省司法厅评为“十佳农民工法律援助案件”。

【司法系统扫黑除恶专项斗争】 2020年，同安区司法局开展涉黑涉恶对象社会调查评估2件，适宜2件。开展社区矫正对象情况摸排，排查走访社区矫正对象295人次，发现涉恶社区矫正对象13名，组织签订参与扫黑除恶专项斗争承诺书266份，防止社区矫正对象被黑恶势力引诱拉拢。开展扫黑除恶专项教育活动40场，受教育社区矫正对象2266人次。利用法治同安微信公众号推送扫黑除恶专项斗争新部署、新动向、新要求共12次。

【公证工作】 2020年，同安区公证处办理各类公证1012件，其中内地经济公证17件、民事公证847件，涉台湾公证43件，涉香港1件，涉外公证104件，收取公证费175.46万元。同安区公证处优化办证程序，扩大“最多跑一趟”公证事项范围，全年办理“最多跑一趟”公证178件。开展“孝亲敬老”家庭建设活动，实行“三优”公证服务，对75岁以上老人到公证处申办公证优先受理、审批和出证，敬老月优先为老人办理公证10件，并为75岁老人免费办理遗嘱公证5件。8月，同安区公证处成立公证处调解委员会，进驻潘涂派出所金海社区警务室和西柯派出所，开展“议理堂＋公证调解”试点工作，凝聚多元合力，推动矛盾纠纷多元化解、源头化解、依法化解。

【“一村（居）一顾问”工作】 2020年，同安区深化“一村（居）一法律顾问”工作，法律顾问通过面对面、电话等方式，及时解答群众在日常生产生活中遇到的各类法律问题，全年开办法治讲座21场，帮助化解矛盾纠纷、参与人民调解180件，协助起草、审核、修订自治组织章程、村规民约等规章制度10件。

（余　洁）

军 事

人民武装

【概　况】 2020年，同安区人民武装部（以下简称同安区人武部）学习贯彻中央军委的开训动员令，按照备战打仗的要求，全面开展民兵整组、役前教育训练、国防教育等各项工作，完成年度征兵任务。扩充民兵战备、训练装备器材，建立区民兵战备和训练装备器材库，提高民兵执行任务行动能力。把国防教育纳入全民教育体系，建立以宣传部、人武部为主导，以学校为重心、党政机关和社区群众为支撑的“三位一体”国防教育工作机制，实现国防教育进课堂、进单位、进社区。

【兵员征集】 2020年，同安区人武部坚持以兵员质量为核心，和同安区地方政府紧密合作，按照“两高、三不变”的要求（“两高”是廉洁征兵要求更高、大学毕业生征集比例增高，“三不变”是主体对象不变、程序步骤不变、体检录入不变）开展兵员征集。面向全体社会人员开设征兵微信群宣传征兵政策，组织征兵宣传进校园活动，现场发放征兵宣传品。利用微信公众号、新闻媒体向大学生推送征兵政策，共发送征兵短信近60万条，在各主要街道、企事业单位、公共场所进行征兵宣传视频循环播放，张贴各类横幅标语100余条，各类LED屏、宣传橱窗、宣传海报200余块，完成上级赋予的兵员征集任务，连续36年实现无责任性退兵的目标。

【国防教育助学金设立】 2020年，同安区人武部设立国防教育助学金，资助品学兼优的学生，激励青少年学生刻苦学习，提高国防意识，增进爱国情感，增强报效祖国的本领；同时向社会弘扬崇文重教、乐善好施的传统美德，推动慈善公益以及教育事业的发展。11月26日，“戎光圆梦，感恩前行”——同安区2020年人民武装部国防教育助学金发放仪式在厦门市梧侣学校举行，区人武部、区教育局负责人及受资助学生、家长和所在学校教师出席。该次助学金资助澳溪中学、汀溪中心小学等28所学校50名中小学生，每名学生发放2000元，总计发放10万元。

【役前教育训练】 2020年8月11—22日，同安区人武部按照“模拟化组织、正规化训练、封闭式管理”的方法，在民兵训练基地分批组织预定新兵开展役前教育训练活动。通过训练全面考察预定新兵的思想和身体状况，端正预定新兵入伍动机，提高入伍适应能力，及时淘汰不合格人员。

【民兵整训】 2020年，同安区人

2020年11月26日，同安区人武部在厦门市梧侣学校举行国防教育助学金发放仪式

（同安区人武部供图）

武部按照平时服务、急时应急、战时应战的要求，共组建应急、专业和特殊3类民兵队伍，制订民兵参加防汛防台、森林防火、反恐维稳、抗震救灾等非战争军事行动方案。6月，同安区选送的民兵教练员队伍在全省防化专业骨干考核比武中取得个人综合成绩、单位总评成绩和教练员考核等三个第一名的好成绩。下半年，区人武部在民兵训练基地组织民兵队伍集训。

【民兵正规化建设】 2020年，同安区人武部组织开展区本级和8个镇（街）民兵队伍拉动点验，核对民兵个人档案信息，组织民兵体格检查和政治考核，落实党管武装和预建党组织制度，组织民兵政治教育和党员党课教育，民兵队伍中党员和退伍军人比例保持在30%以上，民兵骨干队伍整体素质水平较高。

（黄晓斌）

人民防空

【概　况】 2020年，同安区人民防空办公室（以下简称同安区人防办）落实厦门市人防工作“十三五”规划要求，组织防空警报试鸣，增设防空警报器设施，开展人防基层建设，加强人防宣传教育。全年办理人防建设行政审批3件，验收备案1件。

【防空警报试鸣】 2020年5月10日，在厦门市“防空警报试鸣日”，同安区人防办组织全区警报器管理员进行防空警报试鸣，全区警报器准时鸣响，试鸣“预先警报”“空袭警报”“解除警报”3种警报。

【防空警报器设施建设】 2020年，同安区人防办做好通信警报设施维护保养与指挥器材的完善工作。对全区防空警报器终端进行全面检查和维护保养，重点做好固定设施性能检测；新安装防空警报器2台。组织警报器管理员进行警报器管理、使用、维护等相关知识培训。

【人防宣传教育】 2020年，同安区结合“5·10”厦门市防空警报试鸣，在同安区电视台播放警报试鸣公告。向全区中小学生发放人民防空手册（中小学读本）及管理办法手册4000本，开展人防知识教育。

【祥文社区人防工作站建成】 2020年，同安区按照基层人防规范化建设的要求建成祥文社区人防工作站，配置投影、播放等设备，向居民发放人防知识手册、开展人防知识宣传等，获得厦门市人民防空办公室授予的基层人防规范化建设示范单位称号。

（何洪艺）

退役军人事务

【概　况】 2020年，同安区退役军人事务局初步建成全区退役军人事务工作组织体系，开展社保接续、转业安置、拥军优属等各项退役军人服务保障工作，为优抚对象发放各类补助、奖励金。以“基层基础基本建设年”和“思想政治工作年”为抓手，实施“五比五看”争先创优活动，动员全区退役军人参与新冠疫情防控和助推经济发展。开展退役军人信访工作，化解退役军人信访矛盾，解释答复退役军人网络、来信信访，解决部分转业士官工龄待遇诉求问题和部分农村籍退役士兵服务年限计算问题。建立与伤残人员、特困退役军人常态化联系机制。

【退役军人事务基层规范化建设】 2020年，同安区退役军人事务局组织实施“基层基础建设年”活动，开展退役军人事务基层规范化建设。召开1场全区退役军人系统培训会，并在全区各镇（街）分别召开8场退役军人服务站示范点建设座谈会，按照《关于加快推进退役军人服务保障体系建设的意见》，设立镇（街）退役军人动态表、退役军人服务站人员监督栏，配备编制人员、落实专项经费、配置必要设备，全区选定21个基层服务站作为试点单位，按照实体化、规范化、专业化运行要求，融合基层党建，激活基层服务站政治功能，从服务成效、平台搭建等方面，全方位推进退役军人服务体系规范化。

【退役军人思想政治引导】 2020年，同安区退役军人事务局建立“同安区退役军人典型”红色资源库，把学习宣传“优秀退役军人”与“深化大学习，提振精气神”专项活动结合起来，引导全区广大退役军人保持积极向上的思想政治本色，在局机关及镇（街）退役军人服务站办公区域建立荣誉走廊，宣传市、区优秀退役军人典型事迹，营造学习先进、争当先进的社会氛围。

【“五比五看”创“五有”活动】 2020年，同安区退役军人事务局在全区开展“五比五看”创“五有”活动（比“五有”看落实、比服务看成效、比引领看作用、比创新看特色、比文化看“军味”)。每个镇(街)至少建立一个基层服务站示范点，按照实体化、规范化、专业化运行要求，印发宣传手册，上墙工作细则，将服务站的宣传、动态与党建有机融合，营造争先创优浓厚氛围，涌现出西池社区“老兵工作室”等先进典型。

2020 年 8 月 1 日，西池社区“老兵调解室”成员走访慰问社区内退役老兵
(同安区退役军人事务局供图)

【优抚帮扶】 2020 年，同安区落实优待抚恤政策，发放各类抚恤补助金、慰问金，为义务兵家庭发放优待金，为入伍大学生发放一次性奖励金。帮扶退役军人就业创业，区退役军人事务局会同区人社局就业中心召开同安区退役军人及随军家属专场招聘暨政策宣讲会 2 场，共 70 余家企业为退役军人提供岗位，并通过转发招聘信息和退役士兵培训信息为退役士兵解读当前就业形势。组织重点优抚对象免费体检。

【拥军优属】 2020 年，在春节、“八一”建军节期间，同安区走访慰问驻同部队官兵、重点优抚对象和功臣英模。协调解决驻同安部队子女入学、入园及市政保障等驻军难题。开展双拥模范城创建工作。全面收集汇总双拥创建资料，组织拍摄同安区双拥共建工作的专题纪录片。

【英烈精神传承】 2020 年，同安区结合抗战胜利 75 周年、抗美援朝出国作战 70 周年纪念活动，宣传英烈事迹，帮助百岁高龄的抗战老兵送医送诊。组织开展“致敬 · 2020 清明祭英烈”活动，号召全区企事业单位参加中华英烈网的网络祭扫，开展“9 · 30”烈士纪念日活动，举行向烈士敬献花篮仪式。为葫芦山烈士制作烈士英名录。

【西池社区“老兵调解室”品牌创建】 2020 年，同安区退役军人事务局扶持培育大同街道西池社区“老兵调解室”品牌。在原西池社区退役士兵志愿服务队的基础上，通过对社区退役军人摸底调查，组织 15 个热心退役士兵，成立“老兵调解室”，作为西池社区退役军人服务站，开展退役军人关怀慰问工作，同时为退役军人参与社区治理提供平台。制作规范的“老兵调解室”标志牌，明确“老兵调解室”的工作流程和法规依据，完善队伍的组织网络体系和工作衔接机制。结合社区网格化管理，让老兵成员兼任网格矛盾纠纷调解员，定期同片区网格管理员联系沟通，了解社区事务，化解居民矛盾。2020 年，西池社区“老兵调解室”共处理社区治理、人民调解等各类纠纷 26 起。相关事迹被退役军人事务部作为典型在网站报道推广。

(杨毅炜)

外事·侨务·台港澳事务

外　　事

【概　况】2020年，同安区加强党对外事工作的集中统一领导，完善涉外工作机制。成立应对新冠肺炎疫情工作指挥部外事工作组，按照“外防输入、内防扩散”的策略，全面筑牢疫情境外防控防线。按照相关政策，及时调整外国人入境来同疫情防控措施，服务同安区复工复产需求。做好面向海外的疫情防控宣传。

【涉外疫情防控机制建立】2020年，同安区建立涉外新冠肺炎疫情防控机制，成立应对新冠肺炎疫情工作指挥部外事工作组，由区委常委、副区长担任组长，明确疫情防控中的外事工作职责。落实属地责任，实施境外航班来同安区落地查验、分流转运、集中隔离、“点对点”接回目的地等全流程闭环管控措施，严防境外疫情输入。

【外国人到同安事项办理】2020年，同安区按照相关政策，动态调整外国人申请到同安的疫情防控措施，合理管控外国人申请到同安的规模、节奏，根据到同安外国人主要为企业高管及技术工程师的实际情况，保证必要人员的到同安需求，并引导走“普通通道”方式办理外国人来华事项。全年办理外国人来华事项32批次，助力同安区经济社会更快恢复与发展。

【境外疫情防控宣传】2020年，境外新冠疫情发生后，同安区第一时间开通咨询热线接受咨询电话，做好境外输入疫情相关政策及国内疫情防控情况宣传工作。及时对进行集中观察的外国人开展走访，做好疫情防控相关政策宣传。

（林　文）

侨　　务

【概　况】2020年，同安区结合新冠疫情防控开展与海外侨胞联络联谊。2月，区海外联谊会和侨联向海内外成员发布倡议书，号召海外侨胞支援抗疫，共计收到海外同安社团以及130多位侨界人士捐款捐物总价值121.35万元。新冠疫情在全球相继发生后，同安区支援海外华侨华人抗击疫情，为侨胞联系洽谈购买相关防疫物资，广泛发动社会各界为海外侨胞捐款捐物。是年，同安区侨办编撰《同声》4期共6000本，广泛发放给海外社团，使海内外侨胞更好地了解同安区疫情防控、复工复产情况和经济发展、社会建设成就，提升海外侨胞和归侨侨眷对家乡的认同感和归属感。

【涉侨群众扶贫慰问】2020年，同安区侨办开展涉侨群众扶贫慰问。1月，开展“两节”走访慰问困难归侨侨眷活动，根据各镇（街）上报的困难归侨侨眷人员，结合2020年困难归侨侨眷摸底情况，为31人发放慰问补助款2.05万元。1月10日，协同市委统战部、市人大侨委、市政协“四胞”委、致公党市委、市侨联前往同安竹坝华侨农场开展“两节”困难归侨联合慰问活动并座谈交流。

【联谊联络】2020年，同安区继续拓展海外联谊工作，帮助美国、英国、马来西亚、新加坡、印度尼西亚、澳大利亚等6个国家侨胞开展防疫，筹集资金总计向海外社团捐赠防疫口罩243万个。接待到同安商务考察、联络联谊的厄瓜多尔、阿根廷、新加坡、巴西、马来西亚、菲律宾等国家的侨商和同安乡亲共6批次20多人次。

【涉侨事项办理】2020年，同安区办理“华侨回国定居”不具备华侨身份审批13件；“归侨、华侨子女、归侨子女考生身份确认”2件；“华侨身份证明”3件。

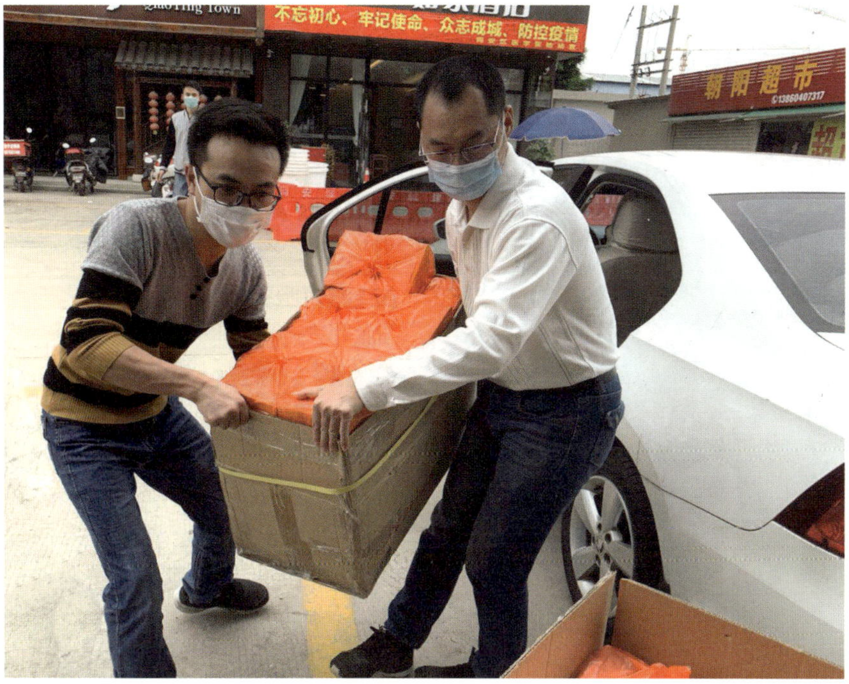

2020 年 3 月 24 日，同安区委统战部为在盛之乡、如家酒店集中观察的华人华侨送去同安特产马蹄酥、素馅饼，并附上祝福卡和《文明祭扫　共同防疫——致海外侨胞的一封信》（同安区委统战部供图）

【侨胞抗疫服务】2020 年，同安区做好海外华侨华人抗击新冠疫情服务工作，倡议广大海外侨胞乡亲就地抗击疫情，做好防护，保重身体。区侨联第一时间开通咨询热线电话，做好境外输入疫情相关政策及国内疫情防控情况宣传工作，接受海外社团及乡亲咨询电话 83 人次，及时准确地掌握返回同安并已解除隔离观察的回乡侨胞人数及情况，主动上门走访，带去慰问与关怀。区海外联谊会、区侨联对入境在酒店隔离集中观察的华侨华人开展慰问工作，送上大礼包 300 份，内含同安特产马蹄酥、素馅饼及祝福卡和“致海外侨胞乡亲的一封信”。发动侨界爱心人士为 14 个海外单位、社团捐赠防疫物资价值 11.87 万元、防疫口罩 236.7 万个。

【侨资企业复工复产】2020 年，同安区委统战部领导带队走访全区 15 家侨资企业，了解企业经营情况及发展规划，宣传同安区惠企政策，协调解决企业在复工复产中遇到的实际困难，协调解决厦门国种食品有限公司等侨资企业防疫物资短缺问题。

【竹坝归侨史迹馆建设】2020 年 9 月，同安区在归侨聚集的竹坝片区建设竹坝归侨史迹馆，以图片、实物展示等形式讲述竹坝归侨侨眷“出去、归来、融合、发展”的史迹故事，展现新时代归侨侨眷爱国爱乡、同心筑梦的发展历史，展示社会主义制度强大优越性和“国爱侨，侨爱国”的华侨文化。

（钟杨燕　李卫红）

台港澳事务

【概　况】2020 年，同安区克服新冠肺炎疫情影响保持与台港澳地区合作交流。向台港澳同胞发出号召，携手共同抗疫，共收到台港澳地区捐赠折合人民币 641.09 万元。在疫情得到控制后及时对辖区内台港澳资企业开展调研，协助解决受疫情影响的困难。全年接到台企台胞求助件 16 件，均予以回复办理；接待中国香港地区的同安社团 5 批次 8 人次。

【台资企业调研】2020 年 2 月 12 日，同安区台港澳办陪同厦门市政府办公厅、市台港澳办领导调研同安区重点台资企业，了解企业疫情防控落实情况，针对企业反映的困难问题开展点对点服务。3 月 4 日，区台港澳办陪同省台港澳办、市台港澳办，调研市台商协会会长企业佳好建材，了解企业疫情防控和复工复产情况。4 月 15 日，省台联会长江尔雄一行调研涉台资企业百利种苗、东亚机械，了解疫情对企业生产经营的影响，和台青代表座谈交流，鼓励他们在重点领域取得突破，为厦门招商引资和经济发展作贡献。9 月 3 日，区台港澳办协助省台港澳办到同安区开展“进台企、进基地、进社区”调研，着重了解当前台企发展遇到困难和需要协调解决的问题，并向台商台胞征求完善福建省相关惠台政策的意见。

【与台湾民间交流】2020 年 1 月 1 日，同安阳翟浯阳颁谱盛典暨浯阳陈氏宗亲联谊会在同安区阳翟社区陈氏宗祠举行，来自台南、仙游、漳浦等海峡两岸总计 400 多名浯阳陈氏宗亲参加。1 月 8 日，送王船传习中心在吕厝社区成立，推动把送王船活动作为大陆同海外华人华侨、台湾同胞民间文化交流的纽带。年内，分别举办“心追往圣　云上同行”2020 年厦门（同安）第五届国际朱子

2020 年 3 月 31 日，同安区检察院在厦门聚荣兴纸业有限公司设立的涉台联络员检察室揭牌。图为同安区检察院向 2 名台商发放涉台检察联络员聘书

（同安区检察院供图）

文化节、第六届北辰山闽王民俗文化节、2020 厦门（同安）孔子文化节、2020 年海峡两岸禅文化节暨同安魁星文化助学活动、“纪念苏颂诞辰 1000 周年暨第九届厦门（同安）苏颂国际文化节”等活动，利用各类直播平台进行网络直播，吸引大陆及台湾地区同胞共同参与，并以网络连线形式与台港澳地区专家开展学术研讨，克服疫情影响，推动与台湾交流。

【涉台企业服务】 2020 年 3 月 31 日，同安区检察院在台资企业厦门聚荣兴纸业有限公司设立涉台检察联络室，并聘请 2 名同安台商担任涉台检察联络员，为检察机关宣传法律法规、落实惠台政策、化解涉台案件矛盾纠纷、保障台商台企合法权益搭建交流沟通平台。5 月 18 日，同安区台港澳办组织召开台资企业座谈会，为辖区台企减税降费、拆迁、招工、扶持政策等方面提供相关咨询与支持。

【台胞支援同安抗击新冠疫情】 2020 年 2 月 4 日，同安区台胞台属联谊会调动辖区台胞台属力量，将筹集到的 1.1 万只口罩捐赠给在厦台胞及同安区的街道、派出所和环卫工人。同安区台企群鑫机械、东亚机械、佳好建材、永裕机械分别捐款 120 万元、115 万元、20 万元、10 万元用于抗击新冠疫情。

【港澳同胞支援抗疫】 2020 年初，在新冠肺炎疫情发生后，香港同安社团、港资企业及港澳同胞支援同安及湖北等地区防疫工作。港资企业厦门华诚实业有限公司投入重资改造增设生产线，转产口罩。来自港资企业、香港同安社团、港澳同胞捐款捐物共计折合人民币 376.09 万元，其中向湖北省武汉市捐款和捐赠防疫物资价值合计 31.45 万元。香港同安联谊会永远荣誉会长、鑫东森集团董事长洪顶超向湖北武汉市慈善总会捐款 20 万元，并购置 30 万只防疫口罩捐赠给厦门市、同安区等相关单位。金日制药（中国）有限公司通过浙江省疾病预防控制中心、南京红十字会等机构，向抗疫一线医护人员及工作人员捐赠价值 100 万元的西洋参含片和营养蛋白粉等增强免疫力的产品；向武汉市抗击新冠肺炎指定收治医院武汉市第九医院捐赠 120 箱金日禾野高钙多维蛋白粉，价值 11.45 万元。

（林　臻　李卫红）

应急管理

安全生产监督管理

【概　况】2020年，同安区开展安全生产隐患大排查大整治和安全生产专项整治三年行动，完善责任体系、管控安全风险、堵塞监管漏洞、规范法治秩序、提升基础建设、营造社会氛围等，全区安全生产形势总体稳定。全年发生各类安全生产事故9起、死亡11人，分别比上年下降35.7%和8.3%，实现安全生产事故起数、死亡人数连续两年双下降，大部分行业领域持续多年实现“零亡人事故”；未发生较大以上安全生产事故，达到“坚决杜绝较大以上安全事故，全力减少一般事故，努力实现全年一般事故起数、死亡人数持续下降”的年度工作目标。

【安全生产责任制落实】2020年，同安区召开区委常委会会议7次、区政府常务会议7次、区政府专题会议18次以及区、镇（街）、村（居）三级视频会议3次，学习贯彻习近平总书记关于安全生产重要论述以及国家、省、市安全生产工作指示，研究解决全区安全生产中的突出矛盾和重大问题。贯彻落实《党政领导干部安全生产责任制实施细则》，实施警示约谈、督查督办等机制，密切跟踪、监控各项安全生产工作指标完成情况，全年区安委办与成员单位对接工作71次，对工信、建设、交通等重点行业主管部门开展专项督导10轮次，对区建设与交通局、区工信局、区道交办和新民镇开展安全生产约谈，严格事故责任追究，开展事故调查6起、查实安全生产责任事故3起，对事故责任单位行政处罚95万元、相关责任人行政处罚47309元。

【安全隐患大排查大整治活动】2020年，同安区开展安全生产隐患大排查大整治活动，制定《同安区安全隐患大排查大整治工作方案》《同安区进一步深化房屋安全隐患大排查大整治暨百日攻坚专项行动方案》，深化道路交通、建筑施工、危险化学品、消防安全、自然灾害等重点行业领域专项整治，及时消除安全生产隐患。全年出动执法人员15470人次，检查企业和单位12449家次；排查隐患3394处，完成整改3390处、限期整改消防隐患4处（含重大隐患1处）；关闭取缔5家，行政处罚102家、处罚金额57.78万元；警示约谈2家，警示通报3家；建立“一企一档”等资料13118份。

【企业风险分级管控】2020年，同安区推动重点行业领域企业开展风险辨识、评估和分级等工作，聘请安全技术机构对全区166家危化品使用企业的危化品储存场所进行危险因素辨识和现场隐患排查，提升危化品企业安全管理水平。通过购买服务方式，委托第三方中介机构对全区323家规上工贸企业进行较大危险因素辨识与管控工作，建立危险源辨识和隐患排查双重管控机制，为实现事前预防、消减危害、控制风险提供有力支撑。

【安全生产专项整治三年行动】2020年，同安区推进安全生产专项整治三年行动，明确目标要求，建立项目清单，形成“2+9+1”任务框架，解决一批涉及生产安全的突出问题。全年成立检查组219个，开展督导检查478次，排查问题隐患6956处；形成项目清单35个，其中已完成11个、继续推进21个、拟生成3个；行政处罚43次。

【安全生产资金投入】2020年，同安区安排财政资金6000万元，用于改善基础设施、隐患排查治理、应急基本生活物资存储、应急演练和安全生产宣教服务等安全生产领域。其中，投入2550万元建设新建工程安全配套设施，投入1300余万元建设微型消防站，投入473万元用于房屋结构安全隐患排查整治，投入534万元开展道路交通安全隐患排查整治等；区应急局投入110万元推进企业风险分级管控建设、投入65万元用于安全生产文化长廊建设，区卫健局投入633万元用于安全生产隐患排查整治和安全生产设备保障等。

【安全生产宣传教育】 2020年，同安区打造安全生产文化长廊、主题公园和科技体验馆，全面普及安全知识，培育特色安全文化。开展“防灾减灾周”和第十九个“安全生产月”活动，出动7辆宣传车深入街道、社区、农村、学校及工业园区宣传安全生产法规常识及警示案例，累计运行240小时，发放安全生产宣传品13200份。督促生产经营单位加强对员工的安全教育和培训，将是否组织员工进行安全教育培训列为必查内容。利用新媒体手段开展宣传活动，“同安应急”微信公众号推送文章266篇、浏览量25666人次，开展安全生产有奖知识问答参与1800余人次；户外公益LED显示屏更新23次；微信朋友圈推送安全生产宣传标语，累计曝光量42.8万余人次；发送安全提醒短信150万条。区委宣传部、区应急局、同安电视台联合制作消防安全7个专题宣传视频，在福建公共频道同安新闻23频道展播；同安电视台以“创新监管模式　护航生产安全”为标题，对全区安全生产经验做法进行报道。

【“隐患举报＋保险”机制建立】 2020年，同安区推行“隐患举报＋保险”安全生产责任保险事故预防制度，引入商业保险机制，鼓励群众对安全隐患进行举报，由保险机构支付奖励金，完善政府、企业和公众三结合的隐患排查机制，提升安全隐患整治水平。全年排查企业170家次，排查隐患2007处，兑现奖励金额55.97万元。

【安全生产“双随机、一公开”监管】 2020年，同安区推进安全生产“双随机、一公开”监管，将危险化学品、烟花爆竹、综合监督、应急管理、重大危险源、教育培训、特种作业持证上岗7项重点监管内容列入随机抽查事项清单，更新抽查对象名录库企业148家，建立36名执法人员组成的执法人员名录库，明确年度执法工作计划中采用“双随机”抽查比例不低于30%，重点企业实现检查全覆盖。全年随机抽取85家重点检查企业进行“双随机”执法，发现问题隐患88处，均完成整改。

【安全生产标准化建设】 2020年，同安区推进辖区内工贸企业安全生产标准化达标创建工作，按照“计划一批、申报一批、达标一批”的思路，引入第三方机构、专家参与考评，强化服务与指导，提升企业排查治理隐患、监控重大危险源等安全生产保障能力。印发《企业安全生产标准化基本规范》学习读本，督促企业健全机构、完善制度，落实安全生产主体责任，规范安全生产行为。推广有创新特色的经验做法，激发企业安全生产标准化自主创建积极性。全年自主申报评审的大中型企业99家、评审通过93家，通过率93.9%；自主申报评审的小微企业115家、评审通过111家，通过率96.5%。全区冶金等7个行业大中型企业累计达标416家（其中二级7家、三级409家），达标率100%；小微企业达标1109家，达标率100%。

（张　辉）

防灾减灾

【概　况】 2020年，同安区组织灾害隐患排查，围绕台风、暴雨、地质灾害和森林火灾等，制定整治措施，减轻灾害风险。开展自然灾害风险普查试点，推进自然灾害风险隐患数据摸底工作，在全国自然灾害综合风险普查系统中录入调查对象基本信息824个。加强避灾安置场所规范化建设，推进综合减灾示范社区创建，完成西柯镇金海社区“全国综合减灾示范社区”创建工作。组织防灾减灾宣传教育，开展第十二个全国“防灾减灾日”宣传活动，普及防灾减灾和避险互救知识。开展应急演练活动，做好应急物资储备，提升应急避险和自救互救能力。探索建立防灾救灾合作机制，推动构建以消防救援大队为主体力量、安能公司同安大队为补充力量、镇（街）救援抢险队伍和村（居）企业应急小分队为后备力量的应急救援队伍体系。至年末，全区有各类应急救援队伍364支7618人。

【防汛抗台】 2020年，同安区修订完成《区防洪防台风应急预案》，指导各部门、镇（村）修订完善预案150余份，开展防汛应急演练231场、参加人员5098人。组织风险隐患排查整治，出动人员186人次，检查重点部位、重点区域98处，梳理问题隐患193处，均按时完成整改。开展防汛责任人防汛业务培训，明确镇级防汛责任人8人、村级防汛责任人141人，落实水库、水闸、堤防、重要小山塘“三个责任人”210人次。落实防灾预警铜锣长764人。登记抢险队伍219支

4127人，其中社会抢险队伍16支453人；抢险机械社会资源383台（套）。完善危险地带转移群众建档立卡，发放“明白卡”392户。加强监测预警，突出点对点指挥，全年组织防御16次，其中启动防御暴雨洪水应急响应9次、防台风应急响应2次、短历时强降雨5次，防御“9·7”暴雨和6号台风“米克拉”；组织干部下沉一线3431人次、船只回港620艘次，转移危险地带人员4089人次，汛情总体平稳，无较大灾情险情，无人员伤亡和重大财产损失。

2020年12月4日，同安区扑灭洪塘南路“白地”森林火灾

（同安区应急管理局供图）

【抗旱工作】 2020年，同安区做好夏季干旱和秋冬连旱抗旱工作，采取限水节水、压减建筑工地用水、限压供水、增加域外供给、寻找替代水源、开源节流等措施，最大限度减少旱情影响。投入260余万元新开辟竹坝水库、茂口水库、隘头潭3处应急水源，全区可供水天数延长140天。全年农业累积受旱面积467.9公顷，完成抗旱浇灌面积1127公顷次，落实抗旱经费517万元；11月25日至12月10日，从汀溪水库调水60万立方米，经莲花水库、汀溪总干渠支援五显镇抗旱，缓解五显片区农业旱情。

【森林防灭火】 2020年，同安区落实“全方位、全领域、全天候”应急值守制度，实现全年无发生重特大森林火灾。加强森林防灭火基层基础建设，维修森林防火道路136千米，建设生物防火林带500亩（33.33公顷），启动5G智慧防火项目；发放护林员和防火哨卡补助经费150.12万元。开展森林防灭火宣传教育活动，张贴防火宣传标语12000多张，张贴禁火令6500多张，悬挂宣传条幅328条，发放宣传单20万张，出动防火宣传车130辆次，发送防火宣传短信18万条；提高火情前期处置能力，区政府召开森林防火工作会议9次，专题研究部署森林防灭火工作；全年发布高温森林火险橙色预警信号11次，组织全区森林防灭火演练6次。推进“查禁烧杂百日”专项行动，区应急管理局、农业农村局、城市管理局等部门联合安能同安大队，投入经费78万元，出动人员266人次，排查整改隐患24处。12月，扑灭洪塘南路“白地”森林火灾。

【地质灾害治理】 2020年，同安区编制《同安区2020年地质灾害防治方案》，推进65个在册地灾点和高陡边坡点防治工作。推进实施莲花镇西坑村淡溪村整体搬迁项目。完成白交祠村就地搬迁项目立项，蔗内村内庵自然村就地搬迁项目设计招标。提升建设汀溪镇5个自然灾害避灾点。结合危房整治工作，组织对全区209个自然灾害避灾点进行安全隐患大排查，其中面临拆迁的避灾点2个、房屋结构存在安全隐患的避灾点3个，5个点位均按时完成整改。组织全区161名灾害信息员进行业务培训，提升灾情报送、自然灾害信息统计的业务水平，提高灾情信息报送的及时性、准确性。结合“5·12”防灾减灾日宣传活动，在汀溪镇西源村开展地震应急培训演练，强化基层综合防灾自救能力。

【自然灾害综合风险普查】 2020年，同安区作为全国86个、全省3个试点县区之一，推进自然灾害风险普查试点工作，制定印发《关于开展第一次全区自然灾害综合风险普查的通知》，开展自然灾害风险隐患数据摸底。至年末，全区第一次自然灾害综合风险普查完成第一阶段清查工作，清查对象共3个大类、7个中类、30个小类；清查内容为调查对象基本信息，包括单位名称、地址、机构代码等指标信息和空间位置信息（点位）。824个调查对象基本信息录入全国自然灾害综合风险普查系统。

（莫文华）

消防救援

【概　况】 2020年，同安区完善消防救援体系，挂牌成立8个镇（街）消防工作站、建立5支企业专职消防队，构建全区“金字塔型”消防救援矩阵，全区消防队员1400多名。开展消防安全专项整治三年行动，常态化整治出租房、电动车、“三合一”场所。消防救援大队和各派出所履行消防安全监管职能，全年检查单位4681家次，督促整改火灾隐患或违法行为1497处，下发责令整改通知书720份、行政处罚决定书72份，责令“三停”单位16家，罚款50.02万元。接警出动1281次，出动消防车2366辆次、消防人员13205人次，抢救被困人员196人，疏散人员282人，抢救财产价值375.10万元。成功处置新民“11·12”厂房火灾等影响较大火灾事故，完成防洪抗台、重大安保等急难险重任务，队伍灭火和应急救援实战能力明显增强。年内发生火灾83起，火灾起数比上年下降26.55%、直接财产损失下降38.37%；辖区实现连续六年火灾事故零亡人。

【消防安全管理】 2020年，同安区健全完善“党委政府负责、镇（街）部门落实、社区村居自治”的消防安全责任三级架构。将消防工作纳入党委、政府重要议事日程，区委、区政府主要领导和分管领导召开区委常委会、区政府常务会和消防工作专题会等会议8次，研判全区火灾形势，部署重点工作。组建应急信息快报群、区消防联席会工作群，由区委、区政府主要领导直接下达工作指令。建立火灾事故延伸调查工作机制，强化责任追究，督办重大火灾隐患1处，约谈消防安全责任落实不到位、火灾防控不力的镇（街）部门2个，约谈消防安全管理职责落实不到位的企业8家。开展全区性消防安全督察考评2次，部门相互函告47件次，对2家无证、无照KTV、足浴及网吧等重点场所实施综合治理。

【消防隐患整治】 2020年，同安区开展消防安全专项整治三年行动，推进出租房“保命墙”建设工程，全年排查需硬隔离出租屋921栋，全部完成建设，建成率100%。加强消防通道整治，完成全区226所学校、57个高层住宅小区、229个消防安全重点单位和44个老旧小区消防车通道标线标志集中施划工作；组织交警、消防、执法以及各镇（街）每月联动，开展生命通道执法。划拨专项资金50万元，推动“三合一”整治常态化，建立整治办督查、镇（街）和派出所自查、政府购买服务第三方机构排查和微型消防站每月巡查的“三合一”场所滚动“四查”机制，全年排查“三合一”场所7932家、督促整改4070家，整改验收率51.31%；完成全区515栋高层建筑消防安全隐患排查，督促整改隐患91处。出台学校、医疗机构、文博单位和大型商业综合体标准化建设方案。召开酒店、宾馆、商超等企业消防安全标准化创建工作现场会，对乐海百货进行达标创建验收。将消防基础提升纳入老旧小区建设改造事项，投入600万元完成121个点位、2754个充电桩建设，日均充电量近万次。

【智慧消防建设】 2020年，同安区完成消防物联网一至三期工程建设，实现消防安全重点单位火灾自动报警系统联网运行、406栋高层建筑和120家单位电气火灾自动监测，1.3万余个点位无线智能感烟探测器并网率100%，确保火情实时监测，火警信息触发同步向微型消防站人员报警，达到“早预判、早发现、早除患、早扑救”建设目标，惠及单位500余家、群众1.35万户。

【基层消防建设】 2020年，同安区推进基层消防综合执法队伍建设，将消防安全工作纳入乡镇（街）综合执法事项日录清单。挂牌成立8个镇（街）消防工作站，派驻14名专职消防网格员，落实专职人员、办公场地、巡防车辆和运行经费，协同镇（街）基层执法力量、村居、单位开展消防工作，依托民治力量守护出租房消防安全，将1.8万余名房东编入房东协会，辐射租客20余万人，确保消防工作指令及时下达。结合全区自来水提升改造工程，开展消火栓建设工作，强化消防水源保障能力。建成11个危化品微型消防站、141个村居微型消防站。配备各类消防车88辆，器材设备2.5万余件（套）。

【消防安全宣传培训】 2020年，同安区开展“119”消防宣传月活动，面向社区、企业、机关、学校、农村等场所10万余名重点人群，以及200余所学校、14万余名师生，开展360场消防专题培训，内容包括初期火灾扑救能力、疏散逃生能力、检查消除火灾能力等，增强群众的消防安全意识和自防自救能力。针对人员密集场所、公共聚集场所、高危企业开展实地消防演练86场，提升群众的火灾应急处置能力。全年投放消防安全常识彩信10万余条。

（陈美圆）

经济管理与监督

宏观经济管理

【概　况】2020年，同安区完成“十四五”规划编制工作。组织编制《同安区“岛外大发展”总体方案》，拟制《同安区关于扎实做好“六稳”工作落实“六保”任务实施方案》《同安区“百日冲刺行动”工作方案》，推进经济社会赶超发展。分析全区经济运行情况，加强研判、监测和预警，编制《2020年国民经济和社会发展计划执行情况与2021年国民经济和社会发展计划草案的报告》，推动各项指标任务完成。提出打造九大产业链群发展思路，培育新能源和新材料等新经济产业发展。强化重点项目管理，做好企业、项目入库工作，力推一批大项目好项目落地、开工、建成（投产）。修订《厦门市同安区区级财政性投资基建项目管理暂行办法等文件部分条款的通知》，制定《同安区政府投资项目前期论证机制（试行）》和区级政府投资项目管线建设统筹机制，扩大有效投资。推进“放管服”改革，行政审批服务事项100%开通网上预审功能，98.2%事项实现“一网通办”“一趟不用跑”事项占比提升到70.98%，企业开办办理时限压缩至1天。主动对接全国信易贷示范平台，建立全市首个“园区信易贷”，解决中小微企业融资难问题。出台推动工业稳增长、商贸流通稳增长等一系列扶企惠企措施，推动上市后备企业加快改制上市进程。

【主要经济指标制定与实施】2020年，同安区经济社会发展主要预期目标为：地区生产总值比上年增长8%左右；规模以上工业总产值增长9.5%；财政总收入增长8.3%，其中区级财政收入增长8.0%；全社会固定资产投资增幅保持与全市同步；社会消费品零售总额增长10.0%；城镇居民和农村居民人均可支配收入增幅均略高于全市平均增幅。1—12月，同安区加强研判、监测和预警，编制《2020年国民经济和社会发展计划执行情况与2021年国民经济和社会发展计划草案的报告》，保持经济运行在合理区间。全年实现地区生产总值591.21亿元，比上年增长7.9%；全社会固定资产投资完成305.60亿元；财政总收入104.26亿元，其中区级财政收入26.26亿元，分别增长3.3%、2.3%；社会消费品零售总额394.64亿元，增长8.1%；城镇和农村居民人均可支配收入分别增长3.9%、7.3%。全市公布的16项主要经济指标中，11个指标增幅位居全市前列，其中规模以上工业增加值、社会消费品零售总额、零售业销售额、住宿业营业额、餐饮业营业额等5项指标增幅位居全市第一，地区生产总值、全体居民人均可支配收入、农村居民人均可支配收入等3项指标增幅位居全市第二，区级财政支出、批发业销售额、城镇居民人均可支配收入等3项指标增幅位居全市第三。

【重点项目管理】2020年，同安区开展142个省、市、区重点项目管理，年度计划投资436.44亿元，其中，同安区作为责任单位的省、市级重点项目31个，区级重点项目51个，年度计划投资48.21亿元，全年完成投资69.34亿元。强化“五个一批”项目管理，全年新增“五个一批”项目121个，计划总投资906亿元，其中谋划20个、总投资203亿元，签约22个、总投资55亿元，开工26个、总投资157亿元，投产53个、总投资490亿元；“五个一批”综合考评第二、三、四季度均居全市第二。促进项目开竣工，全年计划开工项目52个、总投资101.3亿元，建成项目33个、总投资33.71亿元；实现开工项目50个、开工率96.15%，实现建成项目33个、建成率100%。其中，第一季度开工项目5个、总投资10亿元，建成项目5个、总投资

5亿元；第二季度开工项目14个、总投资13亿元，建成项目6个、总投资7.8亿元；第三季度开工项目25个（实际开工24）、总投资约47亿元（实际投资43亿元），建成项目5个、总投资约7亿元；第四季度开工项目8个、总投资31.26亿元，建成项目17个、总投资13.91亿元。

【政府投资项目制订与审批】 2020年，同安区修订《厦门市同安区区级财政性投资基建项目管理暂行办法等文件部分条款的通知》，印发《同安区政府投资项目前期论证机制（试行）的通知》《同安区区级政府投资项目管线建设统筹机制》等，简化项目审批程序，推进和完善投资审批改革。组织编制区级政府投资项目建设计划，全年推进政府投资项目（续建和新建）607个、计划总投资206.22亿元，其中新建项目320个、计划总投资96.30亿元，续建项目287个、计划总投资109.92亿元。开展项目立项审批工作，全年审批项目367个、项目总投资96.03亿元，其中可研审批30个、概算审批337个。拨付资金61.49亿元，其中区级资金25.14亿元，市级资金36.35亿元。

【固定资产投资】 2020年，同安区做好企业入库、项目入库工作，细化分解具体单位和具体项目，千方百计挖掘各领域投资潜力，全年完成固定资产投资305.60亿元，比上年下降24.7%，低于全省平均水平24.2个百分点。其中：基础设施和社会事业投资比上年下降31.6%，主要因为新增项目数下降34.9%，支撑力减弱；房地产投资下降33.4%，主要因为土地购置费下降57%，拉低房地产投资12个百分点；工业投资增长9.2%，主要得益福建厦门抽水蓄能电站、同安污水处理厂四期工程、蜜蜂智能科技园1号楼、海辰新材料一期项目等重大产业项目加快推进，赶超序时进度。

【产业发展规划】 2020年，同安区结合“十四五”规划前期研究工作，开展产业课题调研，提出打造九大产业链群发展思路，培育新一代信息技术、高端家居制造、现代流通、食品与都市现代农业等支柱产业，发展生物医药与健康、新能源和新材料、高端机械制造、新文旅等战略性新兴产业，全力打造新经济产业集聚高地。统筹推进央企、总部和新经济产业的招商工作，推动建潘德韬、鲸准、千鸟电商、仁励窝、金电联行等项目落地。制定《加快5G网络建设工作机制》，推进全区5G网络建设和产业发展，开通5G基站165个，完成5G配套设施改造124个。在新冠肺炎疫情得到控制后落实各项复工复产政策措施，推动新兴产业和高新技术产业发展，新增省、市级科技小巨人领军企业60家，新增国家、省级企业技术中心11家；新增“三高”企业74家，高新技术产业企业产值比上年增长13%以上。一、二、三产业结构比例从2019年的1.9∶54.2∶43.9调整为1.9∶52.4∶45.7。

【企业上市扶持】 2020年，同安区扶持企业上市，组织企业参加线上创业板注册制学习培训会，加强上市政策条款解释，深化政策实施。协助上特展示、东亚机械等重点上市后备企业完善证监会审核材料，加快企业上市进程。兑现企业股改、新四板挂牌交易奖励，兑现上市奖励金301万元。东亚机械深交所创业板IPO成功过会，源裕盛供应链在新四板挂牌，新增古龙食品、唯恩电气等上市后备企业。全区上市、挂牌企业6家，报厦门证监局辅导备案企业3家，在库上市后备企业32家。

【营商环境建设】 2020年，同安区制定出台《关于全面深化国际一流营商环境建设的实施措施》，针对厦门市2020年营商环境建设先后下达的涉及同安区的四批共计38项清单任务，逐一进行整改或提升，至年末完成任务35项、未完成3项。配合做好全市参评2020年全国营商环境评价工作，发动辖区企业参与2020年营商环境创新举措满意度调查活动。推进“放管服”改革，行政审批服务事项100%开通网上预审功能，98.2%事项实现“一网通办”，“一趟不用跑”事项占比提升到70.98%，企业开办办理时限压缩至1天。出台推动工业稳增长、商贸流通稳增长等一系列扶企惠企措施。主动对接全国信易贷示范平台，建立全市首个“园区信易贷”，解决中小微企业融资难问题。

（张　萍）

自然资源管理

【概　况】 2020年，同安区加强资源规划要素保障，节约利用土地资源，梳理并处置“批而未供”土地面积74.96公顷，完成省自然资源厅下达任务的112.38%。处置闲置土地面积259.9公顷。办理划拨用地58宗，面积170.46公顷。实施12个地质灾害防治项目，开展矿区恢复生态治理。开展卫片执法，同安区2019年度土地卫片监测图斑查处整改52宗、整改到位率64.2%，履职到位率100%。

【"批而未供"土地处置】 2020年，同安区推进"批而未供"土地处置，依托数字中心技术力量，厘清同安区2009—2017年"批而未供"总用地面积329公顷；通过与空间管控要素叠加分析，策划形成可利用地258宗。综合分析地块现状、农转和储备情况、征拆情况、相关规划、出让计划等，逐宗核实地块信息及供地条件，定义可推进地块优先级别，形成同安区批而未供用地策划招商用地信息表、同安区批而未供策划招商/划拨用地分布图，精准策划批而未供存量用地。建立完善调度推进机制，敦促各业主单位抓紧办理供地手续。全年同安区批而未供土地处置任务1000亩（66.67公顷），至年末完成处置面积74.96公顷，超额完成省自然资源厅下达的年度批而未供土地处置任务。

【闲置土地处置】 2020年，同安区依据省自然资源厅下发的各县（区）闲置土地清单梳理闲置项目，组织各业主单位重新提供佐证，将相关信息录入"动态监测监管系统"，推进闲置土地处置工作。全年省自然资源厅下发同安区闲置土地项目清单29宗，至年末完成处置并通过省自然资源厅审核21宗，土地面积259.9公顷，处置率82.74%，处置率居全省第一。

【土地收储收购】 2020年，同安区做好土地征收前期工作，开展西柯北片区、洪塘头社区、塘边村房屋征收拆迁权属调查、登记和历史档案查询等工作。开展土地收储收购工作，实施收储项目13个、涉及企业44家（不含住宅），完成收储7家、土地面积19.19万平方米。实施征地项目70个8272.27亩（550.93万平方米），完成征收并办理土地移交25宗151.63万平方米。完成西柯北片区重大项目补偿确权。

【土地出让】 2020年，同安区出让土地6宗26.11万平方米，总出让金额68.34亿元。其中，商住用地2宗21.84万平方米，分别为凤岗祥郡西侧地块、双溪片区，工业用地4宗4.26万平方米，分别为冠烽医疗用地及黄金园、工业集中区、轻工食品园3个边角地建设通用厂房项目。

【农村宅基地管理】 2020年，同安区制定出台《同安区过渡期间农村宅基地管理工作实施意见》，确定改革过渡期间按原程序原审批主体继续审批农村宅基地，全年审批宅基地1170宗，保障农村村民住宅建设用地需求。依据《厦门市村庄空间布局规划（2018—2035年）》《关于印发加强农村村民住宅建设管理意见的通知》等相关文件精神，对全区农村宅基地实施分类管控，控制农村建设随意性大的问题。做好农村村民住宅农转用报批工作，全年报送农村村民住宅农转用3个批次、面积0.95公顷，获市政府批复1个批次、面积0.13公顷。

【不动产与自然资源管理】 2020年，厦门市自然资源和规划局同安分局（简称同安资源和规划分局）完成农村土地房屋权属登记609宗，缮证609宗，注销59宗。审核乡镇企业抵押4宗，注销5宗。配合国土测绘院完成第三次土地变更调查。

【国土资源执法监察】 2020年，同安资源和规划分局推进耕地"非农化"问题集中整治，完成56宗堆放占压、平整场地类不实耕地整改。开展乱占耕地建房摸排整改工作，拆除第一批和第二批产业类图斑461宗、清理244宗、复耕45宗，拆除整改率92.02%、清理整改率48.70%、复耕整改率8.98%。开展"两违"整治工作，全年发现违法占地、违法建设案件923件，总占地面积348.22公顷，其中耕地84.25公顷，总建筑面积81.63万平方米。

【矿区生态恢复治理】 2020年，同安区推进已关闭矿区生态恢复治理工作，完成全区矿山地质环境详查。至年末，金镇石材加工厂建筑用花岗岩矿区、建福兴石子场建筑用花岗岩矿区、同安区国辉石料开采场矿区完成治理并通过验收；朝山建材有限公司建筑用凝灰熔岩矿区改为市政渣土填埋场并通过验收；溪狮石子加工场建筑用花岗岩矿区改为生猪养殖基地，处于建设中。

（艾叶生）

国有资产管理

【概　况】 2020年，同安区有区属国有企业4家，分别为厦门同安国有资产投资有限公司、厦门同安置业有限公司、厦门同安城市建设有限公司、厦门同安资产管理有限公司。厦门同安国有资产投资有限公司（简称同安国投公司）承接政府投资项目代建工作、企事业单位安保任务及机动车辆检测等业务，做好所属旅游景区及体育场馆的运营管理，全年完成营业收入15312.46万元，实现利润总额-839.32万元，上缴利润及各项税费合计1576.57万元。厦门同安置业有限公司（简称同安置业公司）开展土地收储出让、征迁业务、农贸市场管理、项目投资和东西部产业扶贫等工作，全年完成经营收入12299.1万元，实现利润总额2441.61万元，上缴税金1433.97万元。厦门同安城市建设有限公司（简称同安城建公司）承担全区“一体化管养”工作，承接政府性投资代建项目，全年完成主营业务收入55527万元、完成年度预算的101.89%，实现利润总额4267万元、完成年度预算的292.66%。厦门同安资产管理有限公司（简称同安资产管理公司）做好房产接收、维修维护、招租定价及清理回收等各项工作，拓展停车场建设管理、充电桩建设运营等业务，全年完成营业收入20417.88万元、比上年增长217.63%，实现利润789.89万元、比上年增长28.53%；上缴税金1642万元，比上年下降18.74%；代管收入8053万元，比上年下降13.59%。

【政府投资项目代建】 2020年，同安国投公司承接代建项目112个，其中前期项目66个、在建项目46个；至年末完成前期手续并开工项目25个、竣工验收项目23个，累计完成投资4.1亿元。推进四口圳学校、汀溪小城镇集中安置房（一期）工程、后宅中学工程、凤岗小学迁建、官浔村安置用地5号及6号楼项目等省、市重点项目，至年末均完成总工程量的60%以上。同安城建公司承接代建项目470个，至年末完工171个，总投资7.6亿元。在建项目217个，总投资11.9亿元。另有前期项目82个，其中，提升工业园区基础设施项目20个，保障北部山区人饮工程供水项目23个，推进乡村振兴项目78个，治理埭头溪环境整治项目22个。提升主城区慢行系统网络约21千米，构架通山连海绿道约6千米，形成安全生态水系约7千米，贯通“四好农村路”约35千米，打造苏颂公园等精品文化公园约13万平方米，改造建设农村公厕55座。

【国有资产投资经营】 2020年，同安区4家区属国有企业加强主营业务发展，推进国有资产保值增值。全年营业收入合计10.36亿元，利润总额6659.18万元。

同安国投公司承接“文化和自然遗产日”宣传展示活动、朱子国际文化节等文创项目15个，聘请台湾夜市策划设计专家开展夜市业态规划，推动解决金光湖森林人家项目用地事宜，推进蔗内村旅游道路建设，全年各景区接待游客551432人次。全年为500余家单位提供安保服务、保安员1300余人；疫情期间抽调400名安保人员加强全区6个交通卡点、3个隔离留观点和酒店、车站等重要场所防疫工作。开展涉案车辆停放管理业务，承接市政道路巡查、渣土巡查管控等购买服务项目，新增同安水资源与河务管理中心业务、新民镇公共安全服务项目等。妥善处理国企遗留问题，跟踪富贵家园项目销售、回款情况，督促磐金文化城项目清盘工作，配合政府部门按闲置土地收回荷兰小镇项目地块。

同安置业公司推进实施配套工程项目60个、完成投资9000万元，其中续建项目34个（完工20个）、新建项目6个（开工5个）、开展前期项目20个。建成闽南农副产品物流中心二期（A地块），完成国际银行污水处理站主体工程等污水设施项目。统筹完成房屋征迁项目23个，签订协议1354份，征收房屋面积75.15万平方米，组织拆除56.93万平方米。通过厦门产权交易中心公开招租，提高资产效能。通过招拍挂取得工业区边角地3宗，分别位于轻工食品园、工业集中区、黄金工业园区，预计投资1.2亿元建设通用厂房，土地总面积1.86万平方米，总建筑面积4.6万平方米。拓展生鲜超市网点，新开业西池店、古庄店、银城明珠店、凤山店等4家门店，面积约1900平方米。推动设立子基金“大家居产业投资并购基金”，用于投资智能家居行业，同时投资智能化科技和互联网科技。子基金总规模10亿元，首期3亿元，申请区产业引导基金首期出资0.9亿元，可撬动社会资本2.1亿元。

同安城建公司承建全区园林市政环卫一体化管养、溪流公路养护和污水设施运维项目，全年投入经费3亿元。提升主城区慢行系统，改造苏颂公园、大轮山公园、西溪公园等精品文化公园。推进城区同安大道至双溪大桥安全生态水系建设和23个北部山区人饮工程项目建设，开展泥山溪、乌涂溪等22个流域治理项目。策划、启动实施一批以军营村、白交祠村为代表的乡村振兴项目，完善农村公厕。

同安资产管理公司配合区政府完成7个地块征地拆迁工作，其中海关联通地块、城北八号路和西柯交管站等3个地块完成协议签订和结算工作，补偿款项2176.67万元；新民交管站、西溪52号宗地、西柯美人山冷冻厂和东桥店面等4个地块完成收储。移交工业集中区片区8个资产到期的“金边”项目经营管理权限。新承接区教育局物业管理服务项目，建筑面积3659平方米。签订流转土地面积 6.99 万平方米，完成全年指标的 105%。开展车辆租赁服务业务，44 辆出租运营车辆应收租金 320.62 万元、实收租金 320.62 万元，租金收取率 100%。参股厦门同安农银村镇银行，所有者权益增值至 1664.46 万元。参与出资设立厦门市中小微企业融资增信子基金，首期出资资金 1200 万元。

【国有资产出租管理】 2020 年，同安国投公司落实减免租金扶持个体工商户及小微企业发展的政策，为 79 家承租户减免租金 234.1 万元。同安置业公司规范管理储备用地 94 宗 3553.54 亩（236.90 公顷），妥善处理侵占、破坏储备用地事件 19 起，清理租期到期未清退企业 4 家；落实国企减租政策，主动减免出租房屋、摊位租金 723 万元。同安资产管理公司做好房产接收、维修维护、招租定价及清理回收等各项工作，新接管双溪林场、区土地开发公司、大同经济建设发展公司、区民政局、区建设与交通局 5 个单位资产 9309.86 平方米、土地 22280.11 平方米，年租金收入增加 228 万余元；调整招租方案，提升“金边”项目资产经营效益，全年“金边”公寓出租率 78.2%、店面出租率 88.8%、综合配套出租率 97.5%，租金收入 4900 余万元；推动区人才创业园资产的招商招租，引入优质企业厦门市智联信通物联网科技有限公司、厦门市汉飞鹰航空科技有限公司 2 家企业，完成入园租赁审批，租赁面积 5814 平方米、年租金收入 128 万元；盘活国有资产，启动环东海域邻里中心 3 号楼长租公寓试点项目，总面积 7591.88 平方米、房屋 224 间。

【机动车综合性能检测站运营管理】 2020 年，同安国投公司提升机动车综合性能检测站运营管理水平，新设机动车自主登记服务站，新增摩托车检测线，全年完成机动车安全检测 27898 辆、摩托车检测 33 辆、营运车辆检测 1987 辆，收入比上年增加 180 万元。

【“产业＋消费”扶贫】 2020 年，同安区深化产业扶贫与消费扶贫，加强对口帮扶临夏州康乐县工作。打造 19.03 万平方米中药材种植基地，扶持发展新华牧业、金存中药材 2 个扶贫车间，推动建设康之琳鞋业、同乐雨具、科司特电子 3 个扶贫工厂，全年吸纳 1018 人就业、带动 674 个建档立卡贫困户就业脱贫。推进工会采购和高原夏菜购销项目，完成总消费扶贫 2022.8 万元。

【城市一体化管养】 2020 年，厦门同安城建管护有限公司负责城市一体化管护工作。至年末，承接全区 576.62 万平方米市政道路养护、766.87 万平方米市政道路保洁、300.46 万平方米绿化养护、575 棵名木古树管养、428.57 千米溪流养护、760.45 千米农村公路养护、141 个村居保洁、101 座环卫公厕保洁、603 座农村公厕保洁和 73 座清洁楼管护任务，有养护设备 576 台、作业车辆 472 辆；同安区城市管理综合考评成绩年度排名全市第二，城乡接合部考评成绩全市第一，农村村容考评年度平均成绩全市第二，群众满意率 98%。

【停车场与充电桩建设运营】 2020 年，同安资产管理公司加强停车场、停车位建设与管理，全年对外运营停车场 37 个、总车位 3939 个，其中新投用停车场 21 个、总车位 2106 个。启动城区道路两侧停车和城区停车智能化管理项目，三秀路、新安路、银莲路、祥桥路 4 条道路路侧共计 181 个停车位收费管理项目试营业收费。推进“同民安”充电桩项目建设，完成项目四期工程，全年上线运营充电桩站点 128 个、插座 2965 个，实现年收入 70 万元。

2020 年 7 月 22 日，东西部协作“高原夏菜”发车仪式在甘肃省康乐县举行
（同安置业公司供图）

【同安城建水务公司成立】 2020

年，同安城建公司成立全资二级子公司厦门同安城建水务环境有限公司，负责同安区生活污水设施运维工作。至年末，接管农村污水处理站337座、农村污水泵站50座、农村污水管道1694千米，城镇泵站46座、城镇市政管网555千米，排洪沟21.6千米，高效处理站2座，小型污水处理厂4座；全区生活污水设施运维工作成绩突出，在全市城区污水设施考核中排名第三，2020年下半年全市农村污水处理设施出水达标率排名第二。

【同安教育发展公司成立】 2020年1月，同安资产管理公司出资2000万元，独资设立厦门同安教育发展有限公司。教育发展有限公司立足完善区域教育体系、推进多元化主体办学、补齐普惠基础教育短板、延伸拓展教育产业链等目标，配合区教育局推动“华中师大”和“新教育”集团等知名教育品牌落地，完成所属厦门市同安区梵艺幼儿园开园招生工作、接收幼儿80余人。

（叶雅桑　陈小莹
蒋玉婵　陈　岚）

市场监督管理

【概　况】 2020年，同安区市场监督管理局深化商事登记改革，全年新增商事主体18429家，其中新增企业6671家、比上年增长6.2%。构建以信息公示为基础、以信用监管为核心的新型监管体系，完成年度企业年报公示工作，2020年度同安区企业年报率97.02%，位列全市第二名、创历史新高。深化招商引资项目登记对接机制，推动459家区政府重点招商引资企业落户同安，其中注册资金上亿企业36家，增资49亿元。开展食品、药品、特种设备、工业产品质量安全监管，纳入监察范围的特种设备15834台（套）。同安区食安工作考核连续四年（2017—2020年）排名全市第一。加大对民生相关领域违法违规行为打击力度，全年立案查处违法案件232件，比上年上升9.95%；罚没款项422.25万元，比上年下降48.13%。发挥动产抵押登记职能，帮助企业解决融资难问题，完成动产抵押登记102件、抵押金额27.3亿元。至年末，全区有各类市场主体92669家，其中内资企业34963家，注册资本2252.38亿元；外资企业909家，注册资本40.7亿美元；农民专业合作社537家，个体工商户56260家。

【商事登记改革】 2020年，同安区市场监督管理局推动实施“开办企业”专窗，实现企业开办一个环节、一日办结，全年开办企业3358家、刻章3287家、申领发票226家。推行证照联办“一件事”集成套餐服务，服务相关企业215家，实现“一份清单、一窗送件、一次领取”。

【疫情期间市场监管】 2020年，同安区市场监督管理局坚决落实疫情防控要求，加强疫情期间市场监管工作。

抓好进口冷链食品安全　落实摸排建档、追溯管理、应急处置等重点工作，印发《同安区冷链食品排查奖励方案》，实施“挂图作战”“实战演练”等举措，经验做法得到市市场监督管理局肯定。推广“入厦通行码”，指导辖区进口冷链食品经营单位“凭码入库”“亮码销售”，要求经营单位严格履行申报、查验及公示义务。向区政府申请财政拨付，实行小容量冷库统一消杀，推进存量进口冷链食品“两证”全覆盖。全年排查建档进口食品冷库305个、涉及经营主体134家，检查冷库998个次、经营单位559家次，配合区卫健局采集环境样本3605份、食品样本2548份，组织从业

2020年2月13日，同安区市场监督管理局执法人员到厦门海马化妆品有限公司检查防疫消毒产品生产情况　（同安区市场监督管理局供图）

人员核酸检测16157人次、结果均为阴性。

加强农贸市场管理　督促落实农贸市场环境消杀、体温检测等疫情防控措施。联合区农业农村局、区城市管理局等部门开展严禁农贸市场活禽销售专项执法11次，查扣活禽399.5千克。

管控防疫物资市场　深入防疫物资生产企业了解防疫物资生产情况。开展防疫物资市场专项整治，深挖案源线索，严厉打击制售伪劣口罩、哄抬物价等违法行为，累计查处违法案件18件，查扣问题口罩、手套5.2万余只（副），总计罚没款44.9万元。开展出口防疫物资标识标签专项检查，检查74家次，发现并督促整改不当描述1家。

落实用餐、购药疫情防控措施　开展医学观察点食品安全监管，区食安办下发《同安区关于加强疫情防控集中健康管理（医学观察点）食品安全工作的通知》，加强医学观察点周边食安检查并及时通知“饿了么”“美团”等外卖平台下线脏乱差餐饮单位。强化购药信息采集报送，全年采集、报送购买退热止咳药品患者信息94167条次。倡导文明就餐，最大限度阻断疫情传播途径，督促镇（街）劝停农村聚餐708场。

【助力企业复工复产】　2020年，同安区市场监督管理局为确保新冠肺炎疫情防控期间窗口服务不断档，增设6部咨询电话、2个电子邮箱，安排专人专职解答群众咨询。实行“网上办”“寄递办”等“不见面”服务，全年通过邮政快递办理证照12949份、办理网上审批业务7977件。加强复工复产企业现场检查指导，推动早龙、乐肴居等企业员工资源共享，协调解决企业用工难题。发动辖区食品生产企业参与爱心捐赠活动，向湖北返厦务工人员捐赠食品物资304箱。

【食品安全监管】　2020年，同安区市场监督管理局加强积压食品集中整治，销毁腐败变质猪肉340千克、罗汉肉等过期食品5.4吨。保障疫情后复课学校食品安全，对23所中学复学第一餐进行全程监厨；联合区教育局实施首餐陪餐，提振师生与家长复课复学信心。全年开展食品安全快速检测4253批次，发现并处置不合格产品8批次，1批次粘米粉涉嫌添加硼砂移送公安机关立案侦查；完成“金鸡奖”、环东半程马拉松赛、“青岛啤酒节”等重大活动安全保障17次。全区食品安全形势稳中向好，食品安全工作评议考核连续4年位居全市第一。

【“两品一械”监管】　2020年，同安区市场监督管理局加强新冠疫苗流通和使用质量监管，督促配送和接种单位落实质量管理主体责任。开展五大类医用防疫物资专项检查，立案9件、罚没款23.88万元。组织中药饮片、无菌和植入类医疗器械、药械“清网”等各类专项行动，完成监督抽检115批次，回收销毁过期失效药品1500余千克。加强学校药械质量安全管理，检查复课学校卫生站21家次，责令整改4家。针对“白玉佳人”化妆品汞含量严重超标问题开展专项整治，立案调查4件。全年开展“两品一械”宣传培训活动12场次；组织药品监管人员、药械经营企业参加全国“两法”知识竞赛，平均分进入全省县（区）前10名。

【特种设备监管】　2020年，同安区市场监督管理局开展特种设备安全隐患大排查大整治、电梯困人专项整治等活动，累计检查特种设备使用单位815家次、设备1783台（套），排查发现并督促整改隐患152处，立案调查5件。加强安全教育和普法培训，创新“电梯安全进校园”活动形式，首次采用网络直播方式向全区中小学师生开展电梯应急演练和安全知识讲座，提高受众范围、扩大宣传广度。先后在旅游景区、小区、生产企业等重点场所开展应急演练11场，提升企业应急处置能力和公众安全意识。

【产品质量安全监管】　2020年，同安区调整质量强区工作领导小组成员名单，健全完善工作机制，推进产品质量安全监管。加强成品油质量监管，区政府召开专题会议研究具体措施，组织相关部门、领域专家开展实地调研，建立由市场监管部门牵头、各相关部门齐抓共管的长效监管机制；全年抽检成品油34家105批次，合格率100%。开展燃气器具、电动自行车等产品质量安全专项检查，全覆盖检查工业生产许可获证企业108家次，开展不合格报告后处理工作62份。

【社会热点领域要案查办】　2020年，同安区市场监督管理局聚焦口罩质量等社会热点，加大假冒伪劣案件查办力度，查办“译春祥（厦门）科技有限公司涉嫌虚假宣传销售三无口罩案”，处以没收违法所得2440元并罚款31.1万元的行政处罚。该案入选全国2020年消费品质量执法稽查优秀案例、市场监管总局“联合双打行动”典型案例及省局2020年度反不正当竞争执法典型案例。回应群众关切的“减肥”食品问题，严查食品生产企业非法添加情况，查办酵素类食品非法添加案件5件，罚没款181万余元。

【标准化战略奖励办法出台】2020年，同安区市场监督管理局牵头修订《同安区实施标准化战略奖励办法》，对同安区从事标准研制、承担国内或国际化组织秘书处工作、标准化示范建设项目等予以资助和奖励，项目资助总额度为国际标准100万元、国家标准50万元、行业标准40万元。年内，同安区对符合条件的19家申报企业给予奖励，总计发放358万元。

（章晓婉）

价格管理

【概　况】2020年，同安区加强宏观调控，做好物价、粮食管理工作，推进稳增长、促改革、调结构、惠民生、防风险等宏观经济目标间的均衡。强化市场价格监测和分析预警，通过同安政府网、同安电视台、"微同安"公众号等多渠道发布农副产品价格信息，总计发布197期，引导市民理性消费、企业合理定价。启动平价商店13家，执行政府差价补贴销售农副产品政策，全年补贴种类15种。加强粮油储备和价格监管，面向全区粮食应急加工企业3家、粮食应急供应网点23家不定期开展巡查工作。全年编写《同安发展改革简报》12篇，发布主要农副产品价格分析等内容。

【行政事业性收费监管】2020年，区发改局审核区属行政事业性收费单位及其收费项目，向社会公布43个具有收费资质的收费单位名单及19项收费项目。运用国家市场价格管理系统，开展2019

2020年厦门市同安区有资质的行政事业性收费单位名单及收费项目一览表

表19

序号	单位名称	收费项目
1	厦门市同安区人力资源和社会保障局	事业单位公开招聘人员考务费
2	厦门市同安区工业和信息化局	职称评审费
3	厦门市同安区建设交通局	防空地下室易地建设费
4	厦门市同安区老年大学	老年大学学费（培训费）
5	厦门市同安区工商业联合会（商会）	职称评审费
6	厦门市同安区人民法院	诉讼费
7	厦门市同安区卫生健康局	社会抚养费
8	厦门市同安区农业农村局	水资源费、拖拉机驾驶许可考试费
9	厦门市同安区水土保持事务中心	水土保持设施补偿费
10	厦门市同安区市政公用保障中心	城市道路占用费、挖掘修复费
11	福建省同安第一中学	高中学费、普通高中住宿费
12	厦门市第二外国语学校	高中学费、普通高中住宿费
13	厦门市同安实验中学	高中学费、普通高中住宿费
14	厦门市五显中学	高中学费、普通高中住宿费
15	厦门市国祺中学	高中学费、普通高中住宿费
16	厦门市同安职业技术学校	中等职业学校住宿费、职业技能培训考核鉴定费、计算机信息高新技术考试费
17	厦门市同安区教师进修学校	计算机应用技术证书考试费
18	厦门市第三医院	专业技术继续教育培训费
19	厦门市同安区实验幼儿园	公办幼儿园保育教育费
20	厦门市同安区兴国幼儿园	公办幼儿园保育教育费
21	厦门市同安区洗墨池幼儿园	公办幼儿园保育教育费
22	厦门市同安区教师进修学校附属幼儿园	公办幼儿园保育教育费
23	厦门市同安区大同中心幼儿园	公办幼儿园保育教育费
24	厦门市同安区祥平中心幼儿园	公办幼儿园保育教育费
25	厦门市同安区洪塘中心幼儿园	公办幼儿园保育教育费
26	厦门市同安区汀溪中心幼儿园	公办幼儿园保育教育费
27	厦门市同安区五显中心幼儿园	公办幼儿园保育教育费
28	厦门市同安区西柯中心幼儿园	公办幼儿园保育教育费
29	厦门市同安区西柯第二中心幼儿园	公办幼儿园保育教育费
30	厦门市同安区莲花中心幼儿园	公办幼儿园保育教育费
31	厦门市同安区新民中心幼儿园	公办幼儿园保育教育费
32	厦门市同安区凤南中心幼儿园	公办幼儿园保育教育费

续表 19

序号	单位名称	收费项目
33	厦门市同安区竹坝幼儿园	公办幼儿园保育教育费
34	厦门市同安区梧侣幼儿园	公办幼儿园保育教育费
35	厦门市同安区西溪幼儿园	公办幼儿园保育教育费
36	厦门市同安区朝阳幼儿园	公办幼儿园保育教育费
37	厦门市同安区阳翟幼儿园	公办幼儿园保育教育费
38	厦门市同安区同城四季幼儿园	公办幼儿园保育教育费
39	厦门市同安区第三实验幼儿园	公办幼儿园保育教育费
40	厦门市同安区凤岭幼儿园	公办幼儿园保育教育费
41	厦门市同安区丙州幼儿园	公办幼儿园保育教育费
42	厦门市同安区滨新幼儿园	公办幼儿园保育教育费
43	厦门市同安区天骄幼儿园	公办幼儿园保育教育费

年度行政事业性收费情况统计调查，全年收费总额9338.93万元，比2018年下降2.15%，其中行政性收费1311.45万元、事业收费7988.98万元。

【市场价格监测】 2020年，同安区物价主管部门开展市场价格监测与分析，建立7个价格监测网点，重点监测与群众生活密切相关的粮、油、副食品、肉、蛋禽、水产、水果、蔬菜等八大项68种农副产品民生价格。采集价格数据9006条，发布农副产品平均价格197期，其中粮油副食品平均价格36期，价格周分析52篇。

【平价商店管理】 2020年，同安区物价主管部门启动平价商店13家，执行政府差价补贴销售农副产品政策，全年补贴种类15种。加强疫情期间、重大节日等时段平价商店的巡查，全年巡查432人次。各平价商店规范价格公示栏、导购牌等，商品明码标价，保质保量供应，未发生市场商品抢购、脱销断档等异常情况。

【价格认定】 2020年，同安区价格认证中心完成各类价格认定业务265件，认定标的总金额345.55万元。其中，协助司法机关刑事案件涉案财物价格认定216件，认定标的金额344.19万元；其他复函306件。各项价格评定无一例出现重新认定或复核裁定，办结率100%。

（叶书建　杨碧花）

统　计

【概　况】 2020年，同安区统计局做好农业、规模以上工业、项目投资、建筑业、房地产业、重点服务业、限额以上商贸业、劳动工资、能源、科技等常规统计工作，开展城乡居民收支、农产品价格、畜禽监测、粮食播种面积、农产量、小微服务业、劳动力、规下工业、限下商业、生产者价格调查。组织第七次全国人口普查工作，组建普查机构，落实普查经费，严选“两员”（普查员和普查指导员）4283人开展入户登记，按时完成人口普查登记工作。强化基本单位名录库建设，推进“四上”企业入库工作，2020年受理“四上”企业372家，其中新增262家，变更名称44家，申报退出66家。加强统计调查分析，印发《同安统计月报》11期，编写《厦门市同安区统计年鉴（2019年）》，发布同安区第四次全国经济普查公报，为市统计部门、区委区政府提供决策依据，为社会各界提供信息咨询服务。

【第七次全国人口普查工作】 2020年1月，同安区启动同安区第七次全国人口普查工作。组建普查工作机构，成立厦门市同安区第七次全国人口普查领导小组，由区委常委、常务副区长任领导小组组长，20个相关部门领导任组员。制定《厦门市同安区第七次全国人口普查领导小组成员单位职责分工和工作机制》，将全区所辖8个镇（街）141个村（居）共划分成141个普查区、3971个普查小区和4个虚拟小区，落实办公场所并配备16台电脑、690台PAD等设备。从村（居）骨干、网格员、房东协会、大学生中选拔组建一支4283人的普查员队伍，采取点面结合方式创新开展业务培训。组织专场业务培训，先后开展区办人员、镇（街）人普办人员、村（居）指导员、系统操作管理员、数据管理员、“两员”区域划分、普查方案综合业务培训等专场业务培训；推进培训下镇入村，镇（街）人普办组织“两员”强化培训，区指导组成员现场答疑解惑。同安区于10月启动入户登记及宣传工作，营造工作氛围，组织“人口普查宣传月”活动。11月1日举办入户登记启动仪式，制作分发折页4.6

万册，海报5.39万张，发送宣传短信60万条，通过宣传标语、微信群、短视频播放等形式开展普查宣传动员。10月11—31日，完成8个镇（街）总计47.2万户的入户摸底，11月1—15日，完成短表登记（7个住户项目，12个个人项目）；11月18日至12月3日，完成长表登记（19个住户项目，29个个人项目），完成第七次全国人口普查登记工作。

【统计法治建设】 2020年，同安区统计局强化统计制度建设，制定年度法治工作要点、普法责任清单，落实防范和惩治统计造假弄虚作假责任制。开展法治宣传活动，结合中国统计开放日、国家宪法日活动和第七次人口普查入户登记启动仪式等，倡导“诚信统计光荣　虚假统计可耻”理念，宣传统计法有关知识。组织“统计法”进党校专题培训，邀请市统计执法监督局局长开展以“统计、督察、责任”为主题的统计法治授课。开展“双随机”执法检查，针对规上服务业、资质建筑业、劳动工资三个专业随机抽取26家企业进行检查，并对有统计违法行为的企业进行立案查处。

【统计服务】 2020年，同安区统计局深化数据开发分析，及时反映经济社会发展的新特点、新变化和新趋势，全年编印《同安统计信息》11期、《同安统计月报》11期，编写《厦门市同安区统计年鉴（2019年）》，发布同安区第四次全国经济普查公报，撰写同安经济运行分析、主要经济指标快报等58篇，报送其他信息101篇。加强预警研判，高度关注工业、投资、商贸业等重点指标数据，及时跟踪、报告主要经济指标完成情况，做到早监测、早预警、早报告，服务党委、政府决策。助力疫情防控，系统汇总梳理镇（街）村（居）末端跟踪管理“大数据”，核查个人信息1万余人次。

（陈燕秋）

审　计

【概　况】 2020年，同安区审计局组织实施审计项目21个、专项调查2个。出具审计报告、审计结果报告47篇，提出审计建议61条。查出主要问题金额580.70万元，其中违规金额119.09万元、管理不规范金额461.61万元；非金额计量问题62个。审计处理应上缴财政金额102.88万元。提交审计信息39篇。配合做好巡视巡察工作，派出业务骨干19人次加强审计监督；指导被审计单位建立健全内控机制，深化廉政风险点防控，确保改革发展政策落实。

【重大政策落实情况审计】 2020年，同安区审计局围绕重要民生资金管理、重点工程项目等领域，开展2020年国家重大政策措施落实情况跟踪审计、关于新增财政资金直达市县基层直接惠企利民审计项目，检查新增财政资金预算分配、指标下达完成情况。与省、市三级联动完成应对新冠肺炎疫情防控资金和捐赠款物专项审计、应对疫情“六稳”措施落实情况跟踪审计，提出进一步落实医务及防疫工作者保障补助、及时健全完善物资交接及分配台账的建议；配合市审计局做好产业项目合同履约督导审计专项行动等项目，助力优化营商环境。

【本级预算执行审计】 2020年，同安区审计局对2019年度区本级预算执行和其他财政收支情况进行审计，重点关注区本级财政管理、重大政策措施落实、重点项目和资金、自然资源资产、国资国企等方面，抽查惠企专项资金、镇（街）小额工程相关资金使用情况。对区财政部门结合体制执行和发展实际，调整优化区、镇财政体制，引导镇（街）主动挖掘财力，调动基层发展经济的内生动力提出建议。

【领导干部经济责任审计】 2020年，同安区审计局开展领导干部经济责任审计，围绕任职期间公共资金、国有资产、国有资源的管理、分配和使用领域，重点关注贯彻执行党中央决策部署、“三促进”专项、挖掘财力财源、经济风险防范、财政财务管理、民生保障和改善、生态文明建设及落实党风廉政建设责任、遵守廉洁从政规定等情况。全年开展领导干部经济责任审计项目19个，审计领导干部24人、比上年增长118.18%；审计查出主要问题中认定被审计领导干部应负责的金额930.52万元。

【自然资源资产离任审计】 2020年，同安区审计局开展领导干部自然资源资产离任审计项目1个，主要审计水资源、土地资源、大气污染防治、森林资源等主要内容，提出加快中央环保督察件整改销号进度、加大对入河排污口污染源的整治力度、加强招投标管理的建议。同时对其他领导干部经济责任审计中重点关注土地资源、水资源、环保督查整改等领域，加强推动污染防治和生态环境保护，促进自然资源规范管理和开发利用。

（郑　达）

财政·税务·金融

财　　政

【概　况】 2020年，同安区一般公共预算总收入104.26亿元，比上年增长3.3%。其中，区级一般公共预算收入26.26亿元，比上年增长2.3%。区级一般公共预算支出71.75亿元，比上年增长11.03%。政府性基金预算收入41.18亿元，比上年增长19.08%。政府性基金预算支出28.56亿元，比上年增长9.83%。国有资本经营预算收入1393万元，比上年增长73.04%。国有资本经营预算支出697万元，比上年增长72.10%。年内，同安区共接收中央直达资金7.25亿元，实际支出6.93亿元，主要统筹用于疫情防控和保就业、保基本民生、保市场主体及社会事业建设等方面。

【财源培育】 2020年，同安区

2019—2020年同安区财政收入情况表

表20

指　标	2019年（万元）	2020年（万元）	2020年比2019年增长（%）
一般公共预算财政总收入	1009620	1042595	3.3
一、区级财政收入	256692	262568	2.3
二、上划市级税收收入	346219	330433	-4.6
三、上划中央税收收入	406709	449594	10.5
政府性基金预算收入	345805	411778	19.08
国有资本经营预算收入	805	1393	73.04

2019—2020年同安区财政支出情况表

表21

指标	2019年（万元）	2020年（万元）	2020年比2019年增长（%）
年度支出合计	906621	1003745	10.71
一般公共预算支出	646202	717475	11.03
一般公共服务支出	41757	46759	11.98
国防支出	801	866	8.11
公共安全支出	54453	55890	2.64
教育支出	173373	201438	16.19
科学技术支出	62283	55112	-11.51
文化旅游体育与传媒支出	9663	10172	5.27

续表 21

指标	2019 年（万元）	2020 年（万元）	2020 年比 2019 年增长（%）
社会保障和就业支出	68506	57294	–16.37
卫生健康支出	55429	64477	16.32
节能环保支出	8291	8088	–2.45
城乡社区支出	47925	112382	134.50
农林水支出	42642	40273	–5.56
交通运输支出	5866	6462	10.16
资源勘探信息等支出	10563	10916	3.34
商业服务业等支出	1111	4646	318.18
金融支出	46	18	–60.87
援助其他地区支出	3350	2949	–11.97
自然资源海洋气象等支出	11663	9360	–19.75
住房保障支出	1474	1652	12.08
粮油物资储备支出	25	40	60.00
灾害防治及应急管理支出	3923	4655	18.66
其他支出	37755	18701	–50.47
债务付息支出	5303	5303	0.00
债务发行费用支出	0	22	—
政府性基金预算支出	260014	285573	9.83
文化旅游体育与传媒支出	59	3	–94.92
社会保障和就业支出	3194	1038	–67.50
城乡社区支出	251073	236704	–5.72
农林水支出	330	0	–100.00
其他支出	1477	964	–34.73
债务付息支出	3881	3881	0.00
抗疫特别国债安排的支出	0	42983	—
国有资本经营预算支出	405	697	72.10

加强培育新经济业态，建设“智谷”“云谷”产业园区并对外招商，印发《支持环东海域新城新经济产业园发展若干政策》，引进金融科技、人工智能、5G 大数据、互联网平台等高端养老、智能制造等新经济企业，推进新经济企业集聚发展，打造区域经济发展的主阵地和新引擎。持续增强创新驱动，落实《同安区进一步推动创新驱动发展若干措施》，鼓励企业加大研发投入，提升自主创新力和竞争力，推动区域产业高质量发展。加大金融招商力度。参股“厦门市中小微企业融资增信子基金”，为中小微企业融资提供风险补偿，提升民营与中小微企业融资服务便利度。

【财政保障民生】 2020 年，同安区民生事业支出共 57.85 亿元，占财政支出比重达 80.63%，保障教育、科学技术、卫生健康、社会保障、农业、公共安全等领域发展需求。

支持教育发展 全年教育支出 20.14 亿元，用于支持新开办校（园）建设，提升和改善各类学校基础设施、信息化建设等办学条件，全面落实义务教育、学前教育学位建设行动计划，推进教育均衡发展，助力教育事业全方位提升。2020年，全区新增学位9270个。

支持科技创新发展　全年科学技术支出5.51亿元，用于补助企业开展科研项目、企业发展扶持奖励、企业发展扶持奖励等，提高科技扶持资金的使用效率，引导企业加强制度、质量、技术和管理创新，支撑产业转型升级和经济提质增效。

完善社会保障体系　全年社会保障支出5.73亿元，用于被征地人员基本养老保险参保补助、贷款贴息及保障性就业补贴，重点支持重点群体就业工作，加强援企稳岗和托底帮扶力度，累计发放社会救助帮扶资金8000余万元，帮助9000余名失业人员再就业，提振失业群体再就业信心。

发展卫生健康事业　全年卫生健康支出6.45亿元，落实区属公立医疗机构财政补偿政策，推进同安区总医院实施建设，有效融合区域公共卫生服务资源，逐步构建公共卫生应急体系，提升基层医疗服务能力。出台疫情防控经费保障、疫情期间政府采购等财政支持政策，全年新增购置基层医疗机构常态化疫情防控仪器设备104台，支持辖区联防联控、群防群治体系建设，构建全覆盖防控网络。

保障公共安全　全年公共安全支出5.59亿元，在做好法院、检察院、司法局等司法部门资金保障工作的基础上，健全经费保障机制，按照相关标准，将综治平安建设经费纳入财政预算，推进道路交通安全等综治平安建设，构建立体化防控体系，保障辖区公共安全。

实施乡村振兴战略　全年农林水支出4.03亿元，重点保障“千村试点、万村推进”试点村、美丽乡村，以及汀溪、莲花两条动线等乡村振兴项目建设；开展铁路、高速路沿线整治工作，推进农房整治、绿化美化等乡村建设；支持都市现代农业产业、“一村一品”特色农业，促进农村一、二、三产融合发展。

生态建设　全年全区污染防治和生态文明建设共投入资金9.59亿元，用于黑臭水体治理、小水电站清退、牛蛙和禽畜退养、城乡环境卫生整治及饮用水源地保护等项目。

对口帮扶　全年投入资金7199万元，用于落实东西部扶贫协作和山海协作对口帮扶三年行动计划，深化扶贫项目招引和产业帮扶。

【新冠疫情防控财政支持】2020年，同安区累计投入疫情防控资金15619万元，重点推进公共卫生和医疗体系建设，保障辖区联防联控日常物资供给、防疫宣传、公共场所防疫消毒等疫情防控相关支出。出台《关于有效应对新冠肺炎疫情影响加强财政资金统筹若干措施的通知》《关于加强增收节支全力做好“六稳”“六保”工作的通知》，减低行政运行成本、强化预算执行监控、盘活存量资产资源。严格控制一般性支出，全区机关事业单位一般综合定额一律压减25%，“三公经费”压减50%以上，节约资金6016万元；促进企业复工复产，出台《同安区贯彻落实应对新型冠状病毒肺炎疫情扎实做好“六稳”工作的若干措施的通知》等系列稳企纾困政策，对冲疫情冲击影响。全年累计为企业减轻税费负担13.4亿元。出台房租减免政策，2020年行政事业单位减免经营性用房租金342.72万元，涉及296宗房屋，区属国有企业减免租金1487万元，惠及1464家中小企业及个体户。

【零预算改革】2020年，同安区出台《同安区全面实施零基预算改革工作方案》，推行零基预算管理改革。树立收支平衡零差额、预算编制零基点、低效项目零预算、一般性支出零增长、预算执行零新增、年终结余零结转、风险防范零容忍等“七个零”零基预算理念。在项目安排上实行“零基数”，将零基预算和绩效管理理念贯穿至预算编制、执行、决算和监督全过程，更好发挥财政资金使用效益，降低行政运行成本。

【政府采购管理】2020年，同安区开通疫情采购“绿色通道”，出台《关于疫情防控采购便利化的通知》等政策，保障各单位在疫情防控期间能快速采购防疫有关物资和服务。印发《关于开展政府采购意向公开工作的通知》《关于进一步加强地产工业品采购备案管理的通知》等文件，规范采购人和代理机构行为。全年同安区政府采购预算总金额8.60亿元，实际采购总金额7.94亿元，节约率7.75%。

【行政事业单位资产监管】2020年，同安区深化行政事业国有资产监管。出台《同安区行政事业单位国有资产使用管理办法》，落实向人大常委会报告国有资产管理情况制度。出台《同安区规范罚没建筑物纳入国有资产管理体系暂行办法》，全市率先规范罚没建筑物纳入国有资产管理体系。开展代管政府性资产专项监督检查，部署代管资产系统入账排查工作，厘清资产家底。

【财政审核机制完善】 2020年，同安区财政局研究探索EPC项目实施模式，对同安工业集中区“正本清源”工程项目（容污纳管污水收集环保工程）深入研究探讨，制定项目工程预算审核模式，完善招标清单，促使同安区首个涉及造价4亿多EPC项目招标。全年完成财政审核工作累计金额77.4亿元，累计节约财政5.89亿元。

【国有资产管理办法出台】 2020年，同安区出台《同安区企业国有资产监督管理办法》，对国有企业出资人的职责、国有企业职责及人员管理、重大事项管理、成本费用及收入管理、财务及审计监督、责任追究等作出规定，形成国有资产管理完整、科学、规范的制度框架，明确各部门管理权限，提高国有资产运转效率和运营效益。

（杜思宁）

2019—2020年同安区各税收收入情况表

表22

征收项目	2019年（万元）	2020年（万元）	2020年比2019年增长（%）
1. 国内增值税	364404	345627	-5.15
2. 国内消费税	1601	2372	48.16
3. 营业税	-6	4	166.67
4. 企业所得税	253525	176456	-30.40
5. 个人所得税	39117	50366	28.76
6. 资源税	148	93	-37.16
7. 城镇土地使用税	8676	7739	-10.80
8. 城市维护建设税	26775	25928	-3.16
9. 印花税	7813	9089	16.33
10. 土地增值税	118803	50892	-57.16
11. 房产税	27648	27881	0.84
12. 车船税	28	35	25.00
13. 车辆购置税	7965	9120	14.50
14. 耕地占用税	188	90	-52.13
15. 契税	45983	41404	-9.96
16. 环境保护税	407	368	-9.58

税务

【概 况】 2020年，同安区税务局累计各项收入121.13亿元，比上年减收21.59亿元，下降15.13%。其中，税收收入82.66亿元，比上年减收18.19亿元，下降18.04%；税收直接收入74.75亿元，比上年减收15.56亿元，下降17.23%。免抵调库7.91亿元，比上年下降24.94%；非税收入38.48亿元，比上年减收3.40亿元，下降8.12%，其中社保收入35.42亿元，比上年减收3.26亿元，下降8.42%。全年受理申报出口额182.39亿元，免抵退税额22.67亿元，办理出口退税12.66亿元。

【税收征管模式完善】 2020年，同安区税务局统一征管方式。结合同安税情实际，实行分类层次化税源管理模式、属地管理与专业化管理相结合的征管模式，对不需下户实地核查且业务流程清晰、标准相对明确、工作量集中的涉税事项，设立集中审核岗专项审批，减少税收征管层级和环节，实现“管事”与“管户”的有机结合、高效运作，有效降低税企双方征纳成本。全年根据税源划分原则实现税源动态化调整4203户次。

【税种管理】 2020年，同安区税务局加强各税种管理。个人所得税管理方面，成立个人所得税汇算清缴工作领导小组及专项工作组，开通小呼中心、征纳互动平台、在办税服务厅设置个税汇算专窗，受理咨询和解答纳税人涉税问题。采取网格化管理措施开展个税汇算清缴申报辅导，多渠道强化宣传报道。汇算期间，同安区税务局办理退税56300人次，受理个人所得税异议申诉5419人次，涉及企业1461户次。企业所得税方面，落实公益捐赠全额税前扣除、疫情防控重点保障物资生产企业固定资产税前一次性扣除等疫情防护救治优惠政策。对2017—2019年度产生的企业所得税汇算清缴多缴税款应退未退疑点数据进行核实整改。完成2019年度企业所得税汇算清缴，并开展后续风险应对管理。完成64家资格到期的高新技术企业的重新认定审核，完成16家新认定的高新技术企业的认定审核，完成5

家非营利组织免税资格认定。贯彻落实疫情防控和复产复工的各项税收优惠政策，通过电话辅导、税企邮箱等方式向辖区内纳税人进行宣传辅导；成立疫情防控工作专班，对符合税收优惠政策的纳税人加急办理涉税事项。其间，为符合疫情防控重点保障物资生产企业办理增值税退税合计2451.37万元；核准房产税困难性减免8家，减免金额765.20万元；核准城镇土地使用税困难性减免3家，减免金额49.51万元；减免车船税6.45万元。

【社会保险费与非税收入】 2020年，同安区社会保险费累计入库35.42亿元，比上年下降8.42%；非税收入累计入库3.05亿元，比上年下降4.13%。其中，教育费附加累计入库1.40亿元，比上年下降4.04%；地方教育附加累计入库0.93亿元，比上年下降4.00%；残疾人保障金累计入库0.29亿元，比上年下降11.46%；工会经费累计入库0.43亿元，比上年增长4.24%。全年阶段性减免社保费9.23亿元，剔除政策性减免和一次性收入因素，社会保险费同比实际增长12.49%。

【税收法制建设】 2020年，同安区税务局全面推行行政执法三项制度（行政执法公示制度、行政执法全过程记录制度、重大执法决定法制审核制度），全年对外公示信息78191条、采集音像信息2782条，完成重大执法决定法制审核28次。完成4984户历史未申报户的清理工作，推进涉税文书电子送达签约，清理历史遗留问题，为下阶段通过网络渠道开展税务行政处罚、维护税收秩序夯实基础。做好政府信息公开工作，全年主动公开政府信息165条，受理1起依申请公开并予以及时答复。组织开展妨碍统一市场和公平竞争的政策措施及涉及外商投资的规范性文件清理工作。

【减税降费】 2020年，同安区新增减税降费15.61亿元，其中2020年新增减税降费12.15亿元，主要用于支持疫情防控和经济社会发展。2019年出台政策在2020年翘尾新增减税降费3.46亿元。

2020年新出台政策　税收减免19778万元，其中疫情防控重点保障物资生产企业增值税留抵退税2451万元，疫情防控重点保障物资生产企业新设备一次性税前扣除5599万元，提供公共交通运输服务、生活服务，以及为居民提供必需生活物资快递收派服务取得的收入免征增值税2786万元，疫情防控捐赠税前全额扣除（企业所得税）461万元，提高出口退税率新增减税降费280万元，抗击疫情财产行为税地方性政策809万元，支持个体工商户复工复业减免增值税7220万元。社保降费减免93708万元，其中阶段性减免企业社会保险费87791万元，阶段性减征职工基本医疗保险4975万元，2020年展期实施的政策降费942万元。非税收入减免8046万元，其中残疾人就业保障金优惠7946万元，免征文化事业建设费100万元。

2019年减税降费政策延续实施　税收减免34128万元。其中，增值税税率调整及配套措施（翘尾期1—3月）10046万元，增值税留抵退税19890万元，实施个人所得税综合税制减税4192万元。社保降费减免428万元，其中继续阶段性降低工伤和失业保险费率（翘尾期1—4月）428万元。非税收入减免42万元，其中文化事业建设费、国家重大水利建设基金降费（翘尾期1—6月）42万元。

【纳税服务】 2020年，同安区税务局推进“放管服”改革，以“战疫情促发展　服务全面小康”为主题，连续第七年开展“便民办税春风行动”。全年落实4类24项72条便民办税服务措施，截至年底，超过95%的业务实现全程网上办，88%的办税事项实现“最多跑一趟”，同安区税务局发票代开非接触比例达80%；发票领用非接触比例达90%。推动企业开办全环节便利化工作落地实施，将新办企业税务部门办理时间压缩至0.5个工作日。加强税收政策宣传，全年共通过短信推送政策信息14万余条、开展纳税人学堂5场，发放政策宣传手册2万余本，在厦门税务微信公众号、在厦门抖音号等推送减税降费政策宣传52条。全年为纳税人办理业务25万余笔，纳税人评价满意率超99%，纳税人满意度位居全市税务系统第二名。开展纳税人信用评定，全年共评选出A级纳税人3720户、B级11598户，分别占纳税人总数的12.06%和37.59%。

【税源培育】 2020年，同安区税务局涵养税源增长潜力。快速响应落实扶持企业税惠政策，加强与182家重点税源监控企业的沟通和辅导，重点围绕新招商企业、出口转内销企业和外贸型企业做好分类辅导，开设《六稳六保护小微　税务助力腾飞》《食品行业相关税收优惠政策讲解》《是真的吗？享受疫情期间免征增值税优惠小规模纳税人可以这样做吗？》《增值税电子发票公共服务平台介绍》等讲解课堂。保障好防疫物资、健身器材等逆势成长行业企业的税务服务需求，为美润医疗科技有限公司提供英文版税收证明等服务。强化银税互动，为受疫情影响企业和金融机构牵线搭桥，协助解决受疫情影响企业融资难、融资贵的问题。利用厦门税务与腾讯微众银行合作开发“手机微信端银税互动平台”，为信用良好的中小企业提供“非接触式”的便捷融资服务。同时推出延期还贷服务，缓减本地受疫情影响的中小企业流动资金压力。推广企业先进经验，发挥示范带动作用。如在同类企业中推广厦门银祥肉业有限公司通过联系线上销售平台，实现疫情冲击下销量不减反增的经验，引导企业通过多种形式拓展市场，同时联系当地线上平台为其提供当地相关货源企业信息，降低其外地采购运输成本，实现互利双赢。

（盛　捷）

金　融

【概　况】 2020年，同安区继续推进金融改革，出台系列金融政策扶持民营企业和小微企业发展。面对疫情冲击出台政策，引导金融行业支持企业复工复产。至2020年年末，同安区有银行网点56家，注销1家；保险网点55家，其中当年新增4家；证券营业部4家、小额贷款公司1家、担保公司6家。同安区人民法院受理金融类案件2801件，其中刑事案件77件，民事案件2724件。刑事案件中，非法吸收公共存款案件1件2人，信用卡诈骗案2件2人，妨害信用卡管理案4件10人，窃取、收买、非法提供信用卡信息案1件1人。

【金融服务改革】 2020年，同安区制定《同安区支持深化民营和小微企业金融服务综合改革试点实施方案》，拓宽企业融资渠道、加大产业支持力度、打造综合服务平台及强化资金使用绩效。出台《同安区企业信贷风险补偿金管理办法（试行）》《同安区人民政府关于推动金融产业发展的若干措施》等配套扶持政策，发挥财政资金引导撬动作用，支持民营和小微企业可持续发展，推进实体经济转型升级。

【金融产业发展】 2020年，同安区审批通过2只基金和4家基金管理公司，其中“厦门德韬大家居产业投资并购基金”落地银城智谷产业园区，重点投向大家居和高科技领域，促进智能家居产业链群集聚发展。出资设立“厦门市中小微企业融资增信子基金”，以“批量增信、智能管理、及时分险”方式为中小微企业融资提供风险补偿。发展现代金融服务体系，引进1家金融科技总部企业落户新经济产业园，壮大金融机构总部经济。

【金融行业支持复工复产】 2020年，同安区出台《同安区贯彻落实应对新型冠状病毒肺炎扎实做好“六稳”工作的若干措施》，引导工行、建行、农行、中行、兴行和厦门银行等辖区金融机构为辖区资金周转困难的重点企业提供复工复产优惠贷款，全年累计贷款金额超10亿元，为企业节省财务成本超2100万元。

【金融风险防控】 2020年，同安区金融办共组织属地镇街排查企业1333家，将排查信息纳入区金融风险排查及预警信息系统进行跟踪、监测和管理；通报“亿鑫融财富”“鑫铭豪公司”“宇芯链公司”等预警信息，组织实地走访核查、实施分类处置。年内全部结案。联合区处非单位和辖区金融机构开展防范非法集资宣传活动28场。

【金融司法协同中心同安分中心成立】 2020年，同安区金融办联合区法院成立金融司法协同中心同安分中心，加挂设立在区法院立案庭，为专门受理厦门金融司法协同中心指定的相关金融案件审判部门，人员由立案庭的2名法官、法官助理及金融办借调人员组成，全年受理案件2648件，全部为支付令案件，涉案金额477万元。

【2020年厦门银城智谷企业金融对接会】 2020年6月5日，厦门银城智谷企业金融对接会暨金融服务中心入驻签约仪式在厦门万丽度假酒店举行。本次对接会由厦门市同安区人民政府、厦门市财政局、厦门市环东海域新城暨现代服务业基地片区指挥部、厦门市地方金融监督管理局联合主办，同安区财政局、厦门市城市建设发展投资有限公司承办，邀请农业银行、兴业银行、厦门银行、厦门海峡科技创新股权投资基金管理有限公司等金融机构以及30多家高科技类企业参加，在企业与金融机构间牵线搭桥，拓宽企业融资渠道，为企业可持续发展提供保障。座谈会现场，同安区金融工作办公室与厦门城投公司签订协议，在银城智谷内设立以企业服务为主题的中小微企业金融服务中心，搭建线下金融服务平台，形成企业诉求一站式受理的服务枢纽，为企业提供政策宣传解读、企业融资需求信息收集、量身制定金融服务方案、

2020 年 9 月 23 日，厦门银行“园区信易贷”政银企对接会在同安区梧侣文体活动中心召开　（同安区发改局供图）

惠企扶持资金受理、融资知识培训等服务。

【同安区推出“园区信易贷”】 2020 年 9 月，作为全市首个园区特色金融服务项目同安区“园区信易贷”在全国信易贷示范平台正式上线。厦门银行创新设计“园区信易贷”产品也同步加挂平台。该产品具有授信额度高、授信期限长、品种多等多种优势，企业提供有针对性、精准化、便利化的金融服务。9 月 23 日下午，厦门银行“园区信易贷”政银企对接会在同安区梧侣文体活动中心召开，130 多家企业代表参加此次对接会。活动现场开展了主题宣讲会，内容涉及中国人民银行稳企惠企政策、厦门银行“园区信易贷”金融服务方案及增信基金业务、厦门信易贷平台相关业务介绍等多方面内容。厦门闻佳科技有限公司、奕鑫（厦门）皮革制品有限公司、厦门金宏达汽车部件制造有限公司和厦门市智联信通物联网科技有限公司 4 家意向企业与厦门银行进行现场签约。

（杜思宁）

【中国农业银行同安网点】 2020 年，中国农业银行股份有限公司在同安辖区设有一级支行同安支行，支行本部在行长室下设对公业务部、普惠金融事业部、风险管理部、个人金融部及综合管理部 5 个部门；下辖支行营业部、西柯、工业集中区、城南、城东、中山、新安洲、洪塘 8 个二级支行及郭山、云洋 2 个惠农金融服务点，共有员工 148 人。同安农行发挥金融服务作用，支持地方实体经济发展，存贷规模连续多年保持区域市场份额第一。截至年末，同安农行支行本外币各项存款余额 105.52 亿元，比上年增加 12.45 亿元。本外币各项贷款余额 136.52 亿元，比上年增加 10.74

2020 年农行同安支行存贷情况表

表 23　　　　单位：万元

单　位	各项存款	对公存款	个人存款	各项贷款	对公贷款	个人贷款
城南支行	107407.36	23058.04	84349.32	50379.05	27594.20	22784.85
新安洲支行	65399.36	8860.59	56538.77	45442.29	18325.38	27116.91
西柯支行	110086.89	41148.42	68938.47	69912.02	43286.43	26625.60
洪塘支行	41490.67	9487.03	32003.64	32841.48	14570.78	18270.71
同安支行	529273.29	364487.65	164785.64	973920.29	387396.68	586523.60
同安工业集中区支行	72058.80	13238.67	58820.12	47308.98	23675.44	23633.54
中山支行	58563.56	13611.16	44952.40	111698.71	20438.12	91260.59
城东支行	70894.59	15722.20	55172.39	33754.78	16825.55	16929.22
小　计	1055174.52	489613.77	565560.75	1365257.60	552112.58	813145.02

2020 年中国邮政储蓄银行同安片区存款情况表

表 24　　单位：万元

单　位	各项存款			各项贷款		
	合计	个人存款	对公存款	合计	公司类贷款	零售类贷款
同安区支行	46280	39739	6541	73016	15114	57902
同安区南门支行	32521	28633	3888	39497	590	38907
同安区株厝支行	35706	34126	1580	55186	9796	45390
同安区西柯支行	22120	21261	859	55728	5886	49842
同安区凤南营业所	33526	33526	—	—	—	—
同安区美埔营业所	24622	24622	—	—	—	—
同安区潘涂营业所	26958	26958	—	—	—	—
同安区城北营业所	16400	16400	—	—	—	—
同安区大同营业所	16095	16095	—	—	—	—
同安区阳翟营业所	24910	24910	—	—	—	—
同安区新民营业所	28424	28424	—	—	—	—
同安区五显营业所	6578	6578	—	—	—	—

亿元。2020 年，同安农行获得厦门农行“2019 年度优秀支行班子”等称号。

（林秀丹）

【中国邮政储蓄银行同安营业网点】
2020 年，中国邮政储蓄银行在同安辖内设有同安区支行营业部、南门支行、株厝支行、西柯支行等 4 家支行及凤南营业所、美埔营业所、潘涂营业所、城北营业所、大同营业部、阳翟营业所、新民营业所、五显营业所等 8 家营业所（以上统称同安片区邮储银行），有员工 167 人。同安片区邮储银行坚持“服务三农、服务城乡居民、服务中小企业”的服务定位，在小微企业服务方面，持续丰富产品线，2020 年年内针对本地客户需求推出极速贷、网商贷、小微易贷、工程信易贷等线上产品，解决小微企业融资难问题，全年为小微企业客户新增放款 2.09 亿元。至年末，各项存款余额 31.41 亿元，比上年净增 40323 万元，增长 14.73%，各项贷款余额 22.34 亿元，比上年净增 46212 万元，增长 26.07%。

（叶惠萍）

【厦门农村商业银行同安营业网点】
2020 年，厦门农村商业银行股份有限公司（简称厦门农商行）在同安区辖内设立同安中心支行、汀溪直属支行、西柯直属支行 3 家一级支行，下辖同安支行、新民支行、西柯支行、梧侣支行、西塘支行、潘涂支行、汀溪支行、五显支行、洪塘支行、莲花支行、大同支行 11 家营业网点（以上统称同安片区农商行）。至年末，有员工 188 人。截至 2020 年 12 月 31 日，同安片区农商行各项存款余额 1073668 万元，比上年增加 259299 万元，增长 31.84%；各项贷款余额 708107 万元、比上年增加 122931 万元，增长 21.01%。继续推进服务品牌建设，提升网点服务品质，在中国银行业协会组织开展的 2020 年银行业文明规范服务千佳营业网点达标评估工作中，再获“千佳网点”称号，成为全省农信系统第一家获得千佳称号的网点。年内发展民生业务，在接到社保政策即将调整的通知后，配合区人社局开展相关社保服务工作。针对符合参保条件但因年龄问题不符合政策性贷款条件的群体，向总行申请个人社保专项贷款服务专案。截至 2020 年 12 月 31 日，各项民生项目贷款 36499 万元，其中：失地农民社保贷款 9924 户，余额 21051 万元；再就业小额担保贷款 453 户，余额 13375 万元；巾帼创业贷款 86 户，余额 1698 万元；国家助学贷款 512 户，余额 375 万元。

（张子鑫）

城乡建设与管理

城乡规划

【概　况】2020年，厦门市自然资源和规划局同安分局（简称同安资源规划分局）统筹开展各类专项规划、村庄建设规划、交通影响评价、项目策划等工作，提升优化规划的覆盖面和操作性，为重点项目设计和审批提供上位依据。全年完成17个城镇开发边界内村庄规划、白交祠村传统村落保护与发展规划专家评审工作。完成土地利用总体规划调整，修改6个批次、10个项目涉及用地50.17公顷，调入有条件建设区26.5公顷。

【规划审批】2020年，同安资源规划分局办理建设工程规划许可证186件，其中审批制工规37宗、承诺制工规61件、变更88件；办理建设工程竣工规划条件核实（竣工规划和土地核实）46件；办理加装电梯规划意见函5件，均按时或提前完成。双随机抽查18件，告知承诺制抽查61件。

【用地规划】2020年，同安区启动编制国土空间要素保障三年行动规划，落实国土空间总体规划、专项规划安排，梳理近3年可供的重要项目用地空间，形成供地、储备、征拆计划的图纸和任务清单，推进工作落实。完善发展用地专项规划、安置房专项规划编制成果，启动部分限建区社区整治提升规划，完成白交祠村传统村落保护与发展规划专家评审工作。提前编制项目空间实施规划，完成海翔大道与同集中路交叉口西南侧地块、双溪片区地块2个居住地块，以及同翔片区和环东海域片区海辰电池、冠烽医疗、泰艮信电子等9个工业用地的规划调整和规划设计条件编制。

【规划策划】2020年，同安资源规划分局容缺受理申报材料，推动项目策划生成。指导用地单位做好前期工作，缩短项目前期生成时间。联合同安区乡村振兴办、同安区发改局和相关部门，对纳入储备库的“乡村振兴”项目分类提出快速生成途径，优化原流程，解决一批“乡村振兴”项目策划生成。全年依托“多规合一”协同平台策划储备项目567个，策划成熟项目413个。

【规划服务】2020年，同安资源规划分局办理刘埭嘉园安置房、轨道6号线糖厂安置房、同安新城西柯片区安置房、洪塘污水处理厂一期工程、厦门市中小学生综合实践基地二期项目、同安区第二外国语学校高中部、优尔智能化小家电生产基地、厦门陈纪乐肴居食品有限公司厂房及配套设施、特房新经济产业园、2019TP02、T2020P02、同翔通用厂房二期项目等12个重点项目规划审批。完成同安东路（同新路—民安大道段）、滨海西大道（集美大道—新324国道段）提升改造工程、324国道提升工程、同安工业集中区污水处理厂等4个基础设施项目前期手续办理。为同安职业技术学校扩建工程、厦门六中同安校区、西山小学、莲花中心幼儿园、褒美小学、埭头小学、同安区雪樵小学、厦门市中小学生综合实践基地二期等8个教育补短板项目出具选址意见书和规划意见函。

（艾叶生）

老城区建设

【概　况】2020年，同安区加快老城区更新步伐，提升凤祥片区等12条11.5千米道路，打通朝晖路、城北八号路等城区断头路。基本完成乌涂商业街、中医院综合楼等立面整治工程。开工建设18个老旧小区提升改造项目，惠及居民1699户。新建公共停车场7座，新增停车位464个。建设西湖安置房等安置房项目8个。

【道路建设改造】 2020年，同安区新建、改造城区道路13条，其中新建道路1条，为城北八号路；改造道路12条，分别为凤祥社区片区道路（5条）、古庄路、东山路、育新路、古庄二路、西福路洪塘头一路、洪塘头北路，改造内容包括人行道、机动车道路面提升改造，管线改造，景观改造等。至年末，13条新改建道路项目完成建设。

【立面整治工程】 2020年，同安区加快城市更新，投入资金约800万元，推进重要街区、重点部位的立面整治工程，至年末，完成第三医院食堂外立面提升改造工程、中医院综合楼立面改造及景观提升工程和同安交警大队业务技术用房外立面工程等3个工程，完成改造面积1.9万平方米。

【停车场建设】 2020年，同安区建成禹州大学城东北侧停车场、建设局停车场工程及周边景观提升工程、西柯镇洪塘头一路北侧沿线地块环境整治提升工程、祥平中心小学停车场工程、同安物资公司停车场、同安集群路10-1号停车场、同安集群路10-2号停车场等7个公共停车场项目，均设立智能收费系统。新增车位464个，完成投资584.22万元。

【老旧小区改造】 2020年，同安区推进实施18个老旧小区提升改造项目，涉及135栋房屋、总建筑面积约42万平方米，总投资额6100万元，提升改造内容主要有建筑外立面粉刷，防盗窗刷漆，楼道、围墙和大门修缮，区间道路铺装，增设环卫设施，路灯、雨污管网改造，楼道灯、防盗门提升改造等。至12月底，老旧小区改造任务全部完成。

2020年9月，祥平地铁社区保障房（一期）交房。图为该社区外观

（夏海滨　2020年10月10日摄）

【城区居民危房翻改建审批与监管】 2020年，同安区建设与交通局做好422.3公顷旧城中心区范围内个人申请危房翻改建的规划审批、监督管理工作，全年办理个人住宅危房翻改建申请件3宗次、批准建筑面积324.08平方米；受理关于个人住宅信访件、交办事项50件次。

【安置房建设】 2020年，同安区推进17个安置房项目建设，完成年度投资4.78亿元。开工建设西柯片区安置房二期2号地块、刘埭嘉园安置房。推进福厦客专（同安段）西湖安置房、福厦客专（同安段）龙西安置房等8个在建安置房项目，建成可提供安置房3996套，总建筑面积56.45万平方米。

【保障房建设】 2020年，同安区有保障性住房项目7个，总投资150亿元，可提供住房27370套。推进祥平保障房地铁社区二期工程、保障性住房官浔公寓、保障性住房龙秋公寓3个在建工程，开工建设同安城北小区A地块、龙泉公寓2个项目。祥平保障房地铁社区一期工程竣工并移交使用，交付住宅4516套，总建筑面积49.48万平方米。

（何洪艺）

新城建设

【概　况】 2020年，位于厦门环东海域的同安新城完成固定资产投资167亿元，占全区固定资产投资的54.6%。推进滨海西大道改造工程等20个骨干路网及美山路地下综合管廊、西柯污水处理厂等基础设施项目，滨海旅游浪漫线二期（同安段）建成开放，文体公建群启动建设。建成投用银城智谷一期，波特曼七星湾等高端酒店项目运营，新经济产业园开工建设。环东海域医院、泰康医养中心、同安一中滨海校区高中部等民生项目继续实施。围绕公共交通服务配套、市政设施提升、公园绿地及慢行系统等，策划生成微循环公交线路、旅游标识指示牌等一批强弱项、补短板项目。建立多部门联合办公机制，推动市政环卫绿化一体化管养及资产投资运营。建立公安、交警、执法、市政管理4支队伍，提高新城管理水平。

【土地房屋征收】 2020年，同安新城31个建设项目、9个村庄计划完成土地征收460亩（30.67万平方米）、交地822亩（54.8万平方米）、房屋征收35万平方米，实际完成土地征收2117亩（141.13万平方米）、交地2713.6亩（180.91万平方米）、房屋征收81.8万平方米，分别完成年度计划的460.2%、330.1%和234%。其中，滨海西大道提升改造工程、通福路二期工程、美峰花园安置房、洪塘头北部配套道路、塘边整村搬迁、西柯北片区等项目征迁工作完成。

【基础设施建设】 2020年，同安新城推进实施骨干路网项目20个，启动跨东海域通道项目主干路网规划建设；提升改造滨海西大道，实现主线通车；推动轨道交通4号线工程，开工建设通福路二期、洪塘头北部配套道路和丙洲岛道路工程一、二期项目。美山路地下综合管廊完成基坑开挖支护10.5千米、管廊主体结构10.3千米。西柯污水处理厂一期完成主体结构建设和设备安装，通水试运行。中洲变电站、同集变电站开展项目前期工作。

【产业项目建设】 2020年，同安新城推进产业项目建设，加快打造产城融合的高地。总投资34.81亿元的新经济产业园、总投资42亿元的厦门智能创新中心开工建设。银城智谷一期建成投用，二期、三期开工建设；总建筑面积23万平方米的双MALL项目（红星·欧丽洛雅和爱琴海购物公园）落地智谷核心区并启动建设。滨海旅游浪漫线二期（同安段）建成开放，厦门环东半程马拉松赛在浪漫线赛道鸣枪开跑。特房波特曼酒店开业运营，方特酒店封顶装修，环东海域滨海高端酒店群集聚成型。

【社会民生项目建设】 2020年，同安新城加大优质教育、医疗资源供给，推进同安一中滨海校区高中部建设，建成投用滨城中学；环东海域医院主体结构通过验收，泰康鹭园医养中心完成封顶。加快建设文体公建群，启动文化演艺中心、现代艺术馆、图书馆等公共服务配套项目，满足市民文化体育需求。实施保障性住房项目建设，推进西柯安置房一期、二期工程建设，后吴公寓建成投用，官浔公寓竣工验收。

2020年9月，位于环东海域同安新城的滨海中学开办招生。图为滨城中学校园

（陈嘉新　摄）

【新城社会管理】 2020年，同安区统筹推进新城社会管理工作。由新城指挥部同安分部和区城建公司联合办公，通过协调执法、交警、海事、公安、市政园林等职能部门以及路桥体育集团、海沧城建集团、市市政开发公司、百城公司等国有企业，做好新城片区摊贩管理、交通维序、疫情防控、非机动车停放、日常管养等工作。围绕社会民生，策划生成环东海域旅游标识指示牌项目、同安一中（滨海校区）沿线公交候车亭项目、埭头溪溪边防护坡阶梯工程、环官浔溪慢行系统项目、智能停车指引牌项目等强弱项、补短板项目25个，解决公共交通不便、基础设施不足、社区配套服务不到位等群众反映强烈的突出问题。至年末，环东海域旅游标识指示牌项目完成施工。

【产业园区规划】 2020年，同安新城高标准谋划推动产业园区发展，推进创谷、智谷、云谷3个产业园区建设。

创谷（美峰科创园）项目总投资35亿元，用地面积22.9万平方米，总建筑面积62万平方米，规划为以企业总部、物联网、高新技术企业、信息科技企业等为主的产业总部基地。至年末，美亚柏科、欧米总部、火炬创业中心、联展讯等公司或平台先后入驻，美图公司、网易厦门数字产业中心项目、沈阳新松智能研究院项目、国青创新项目完成签约。

智谷（银城智谷）项目总投资约104亿元，总用地面积33.3万平方米，地上建筑面积108万平方米，是集办公、商业、众创空间、配套公寓等物业于一体的现代服务园区。至年末，先后核准30家企业入园申请，合计拟租售面积7.8万平；累计有建潘德韬、智优沃、红星美凯龙等162家企业注册落户，注册资本金44.3亿元。

云谷（新经济产业园）项目总用地面积17万平方米，地上总计容面积42.6万平方米，规划发展以互联网、现代信息技术服务、创新创业服务、现代生产性服务、新型生活性服务等为主的“四新”经济。至年末，对接企业267家，其中注册落地企业53家、注册资本金合计24.3亿元；瀚途全国总部、珠海锦发石油化工总部结算平台、比财南方总部、南京喜悦科技区域总部、蓓蕾初华电商总部等5个项目通过入园审核。

【欧丽洛雅和爱琴海购物公园落户银城智谷】 2020年5月28日，银聚双星，智创未来——银城智谷双MALL商业综合体发布会在环东海域厦门特房波特曼七星湾酒店隆重举行。厦门市、同安区相关领导和红星美凯龙集团总裁徐国新、爱琴海集团执行总裁王东等出席活动。发布会上宣布，红星美凯龙集团旗下高端家居欧丽洛雅（家居MALL）和爱琴海购物公园（购物公园商业MALL）落户银城智谷核心区。双MALL商业综合体总建筑面积23万平方米，5月22日动工建设。

【环东海域新城标杆性建筑封顶】 2020年12月30日，被誉为“同安第一高楼”的银城智谷I-7地块二期工程超高层建筑主体封顶。银城智谷I-7地块超高层写字楼项目是省、市重点工程，总建筑面积约10万平方米，共49层，总高247.85米。建筑按照五星级甲级写字楼标准打造。

【滨海浪漫线招商运营】 2020年，厦门路桥体育公司开展同安新城滨海浪漫线招商工作，引进特步跑者俱乐部、自行车驿站、文化艺术馆、帆船培训、亲子体验馆、浪漫书院等多元化商业项目，主要开展跑者服务、自行车出行租借、茶香器传统文化体验、帆船培训课程教学及阅读休憩等市民及游客出行补给的业务，补充沿线商业配套。引进多功能移动餐车、炫彩自行车、友宝自助售货机、共享充电宝等多项便民利民项目且全部投入使用。年内，厦门路桥体育公司在滨海浪漫线举办影视拍摄、沙滩篝火、企业跑等30余场社会公益活动与商业活动。

（陈晓阳）

镇村建设

【概　况】 2020年，同安区加强村庄规划编制工作，完成10个村庄的规划编制评审，推动实施21个村庄的规划编制。提升农村人居环境，推进美丽乡村项目8个，开展15个省级“千村试点万村推进”试点村的农房整治工作。创建省级“四好农村公路”示范区，建成4条7千米县乡路网、绿化配套，完成公交候车亭工程9座，完成道路路灯工程8条。

【美丽乡村建设】 2020年，同安区推进莲花镇云洋村溪墘自然村、汀溪镇隘头村坤泽洋自然村等8个美丽乡村项目建设，内容包括

同安区五显镇三秀山村移民房旧貌

（五显镇供图　2018年初摄）

同安区五显镇三秀山村移民房新貌

（夏海滨　2020年10月14日摄）

村道完善、房屋改造、污水整治、沟渠及雨水管沟改造、绿化景观提升等。至年末，7个项目完成建设并通过镇级验收、1个项目（五显镇后垄村后垄项目）进入收尾阶段，完成投资1740万元。

【农房整治】 2020年，同安区开展15个省级“千村试点万村推进”试点村的农房“平改坡”和裸房整治工作，完成裸房整治124栋、农房平改坡6栋。组织2020年度农村建筑工匠培训，为参加2019年度培训的275名工匠发放合格证，提升农村建筑工匠带头人水平。向农户推广《农村住宅通用图集》，累计发放图集15600本。落实农村“五类重点对象”住房隐患整治，采取拆除重建、修缮加固、投亲靠友等方式处置“五类重点对象”共计1753户，保障重点人员安全。

【村庄内道路硬质化工程】 2020年，同安区继续推进村庄内道路硬质化工程，全年谋划、推动村庄内道路硬质化项目共5个批次。至年末，前4个批次总计24个项目全部完成，涉及大同街道、祥平街道、洪塘镇、五显镇、新民镇、西柯镇总计24个村庄，总里程38.23千米；启动建设第五批6个项目，涉及莲花、五显2个镇6个村庄，总里程13千米，至年末完成工程量的20%。

（何洪艺）

市政建设与管理

【概　况】 2020年，同安区市政园林局实施污水设施建设项目51个，其中污水厂项目3个、污水泵项目5个、污水管网项目35个、清淤及污水引流项目3个、正本清源（雨污水管网改造）项目5个。新增市政污水管网31.3千米。对全区约365千米市政雨污水管网进行深度排查，建成智能化排水系统一期并投入运行。新改建公厕65座、清洁楼6座。新增燃气临时供应站点3座，新建改造天然气管道13.87千米。垃圾清运率100%。生活垃圾分类覆盖率100%。

【自来水进村入户工程】 2020年，同安区推进自来水进村入户工程，实现新民镇湖安社区石丹里和五显镇大尖、三秀山、北山里4个平原村通水，受益农村居民340名。

【燃气基础设施建设】 2020年，同安区新建改造天然气管道13.87千米，入户6120家。建设燃气供应站点12座，建成洪塘供应站、祥平供应站和军营村临时供应站3座，开工建设官浔供应站、美星供应站、西柯供应站和汀溪镇临时供应站4座，继续建设梧侣供应站、城北供应站、溪东供应站、五显供应站和小坪村供应站5座。

【给排水管理】 2020年，同安区市政园林局开展排水许可管理、污水处理设施管养、排水设施管养、道路排水设施维护、二次供水管理等给排水管理工作。

排水许可管理　开展排水许可检查，检查排水单位271家，其中洗车场75家、企业178家、餐饮店18家，开具整改通知单40份。自2020年4月7日起接收厦门市市政园林局下放的排水许可审批服务，年内城镇排水许可收件126件，出证83件。

污水处理设施管养　全年检查农村污水处理站及农村污水管道357座；发现问题1003个，全部完成整改。对352座农村污水处理站的出水水质进行检测。对城镇市政管网开展日常检查工作，累计检查路段65条；抽查考核泵站37座，发现问题226个，全部完成整改。对汀溪污水再生处理站、五显污水再生处理站、同安区科技创新园污水源利用工程、布塘再生处理站4个小型污水处理厂进行入场检查，并对发现问题进行通报。

市政排水设施管理　重点加强汛前排水防涝设施的隐患排查，并对存在的隐患问题进行整改。督促管养单位对雨水篦、检查井进行巡查疏通。1—12月，现场巡查时发现井盖下沉破损803处，管道堵塞569处，均整改完毕。

道路排水设施维护　截至12月，累计清淤疏通109千米，清掏雨水篦1350余座，清掏雨水篦垃圾及淤泥12立方米，截流口及排洪沟清淤320立方米。

二次供水管理　对119家二次供水设施单位进行建档管理并开展专项检查工作，对35个单位发出整改通知单。牵头组织卫健局、城市管理局、教育局等单位，对辖区内学校二次供水设施管理情况开展联合检查，保障学校饮用水安全。督促二次供水设施单位每季度至少一次对水池进行清洗，辖区内二供水池清洗率100%。

【环卫管理】 2020年，同安区建设公厕65座，其中城镇公厕15座、农村公厕50座；完成清洁楼新改建6座。全年投用清洁楼74座、城区公厕102座、垃圾转运车113辆；转运生活垃圾20.60万吨（大件垃圾9686立方米），日均转运量560余吨，垃圾清运率100%。累计出动洗扫车2.23万辆次、洒水车1.62万辆次、雾炮车

6630 辆次，管养市政道路 563 条、771.97 万平方米。

【垃圾分类处理】 2020 年，同安区全面推行垃圾分类处理，所有村居、社区和学校、公园、景点等公共区域均实行垃圾分类处理。开展撤桶并点工作，按照规范要求撤离、合并相关点位，全区垃圾分类投放点位由原来的 14833 个减少到 4248 个。配齐分类直运专用车辆，开设其他垃圾直运线路 44 条、厨余垃圾直运线路 17 条、餐厨垃圾直运线路 8 条；所有车辆均统一标志标识，加强全过程管理。

【同安污水处理厂四期工程建成投入使用】 2020 年 12 月，同安污水处理厂四期工程建成投入使用。项目位于同安区滨海西大道与林瑶东路交叉口东北侧，于 2019 年 9 月开工，总投资 5.2 亿元，按照 10 万吨 / 日处理规模扩建，其中预处理、深度处理及污泥处理土建规模按远期规模一次性建设。

【厦门市首座全地下式污水处理厂投产运行】 2020 年 12 月，厦门市首座全地下式污水处理厂——同安西柯污水处理厂一期建成投入运营。该项目位于同安区西柯镇西洲路与西柯街交叉口东南侧，总投资 4.5 亿元，采用全地下双层加盖建设形式，以及“预处理 + 二级生化处理 + 深度处理”污水处理工艺，出水水质按厦门自定的类地表Ⅳ类水标准。一期占地面积 3.8 万平方米，建设内容包括综合楼、机修间及生活楼、污泥脱水机房及变电所等配套建筑物、进水出水管网等。

【同安区农村污水收集管网建设工程完工】 2020 年，同安区农村污水收集管网建设工程完工，累计完成投资 1.25 亿元，实现同安区农村生活污水治理全覆盖。年内在西柯镇、莲花镇、汀溪镇共 11 个村（居）、103 个自然村建设收集管网 94.52 千米，累计在 2 个街道、6 个镇建成污水收集管网 1081.8 千米。

【排水排污监管联合执法制度建立】 2020 年 9 月 1 日，同安区市政园林局与区城市管理局、区生态环境局联合印发《同安区排水企业联合执法检查工作方案》，建立区市政园林局牵头，会同城市管理局、生态环境局对涉及排污排水企业进行巡查监管、联合执法制度。年内检查同安工业集中区、轻工食品园 55 家企业办理城镇排水许可证情况、内部雨污水分流情况、雨污水排口接入市政管网情况等，抽取水样 45 份，开具整改通知书 18 份。

【雨污水管网溯源排查】 2020 年 3 月，同安区启动雨污水管网溯源排查项目。该项目以实现“雨污分流、各行其道、污水处理、雨水利用”为目标，对全区市政、公路、建筑小区、村庄雨污水管网进行深度排查，并开展内部结构检测、清淤，为下一步雨污水分流改造计划提供依据。至年末，完成市政管网排查长度 396 千米，完成建筑小区管网排查长度 547 千米、排查面积 17.59 平方千米，完成公路雨水管网排查长度 297 千米、面积 8.32 平方千米；推动建成区村庄及周边地段排水管网排查，至年末完成排查管网长度 1509 千米，排查面积 34.86 平方千米。

【智能化排水系统一期建成】 2020 年，同安区市政园林局建成同安区智能化排水系统一期并投入使用。对 40 个泵站进行改造，完成后实现远程控制和数据采集；在重要污水管网安装 30 个液位计，实时监测污水管网运行情况。建设智能化排水系统平台，该平台包含排水管理系统、排水防涝可视化平台以及泵站管理系统，可将排水管线、路灯管线以及路牌、交通牌、绿地、环卫设施等城市部件的空间及属性信息准确、直观、图文并茂地显示出来，提高市政部门巡查、检测、清淤和维修的工作效率，实现排水管网在线监测、可视化管理，同时为城市建设提供大数据分析。同安区将全区市政排水管网排查结果录入该系统，形成全区管网一张图，实现排查信息可视化，为管网规划新建、改造提供可靠数据支撑。

（何洪艺）

园林绿化

【概　况】 2020 年，同安区实施绿化项目 38 个，新增、提升绿地面积 182.16 万平方米。新改建城市公园 1 座、山体公园 2 座，新增邻家公园 5 座。改造提升绿道慢道 26.5 千米。全区纳入市政管养公园及市政道路绿地面积 458 万平方米，其中城市公园 18 座，面积 187 万平方米；邻家公园 9 座，面积 6.97 万平方米；街旁广场 6 个，面积 6.76 万平方米。全年彩化重要公园、重要道路、慢行系统、天桥及下穿通道等 35 处，更换草花量 1.8 万平方米。

【邻家公园建设】 2020 年，同安区推进社区、村庄公园绿地建设，建成投用邻家公园 5 座，总面积 1.44 万平方米。

大同街道西池社区邻家公园　项目地处同安区朝晖路与朝洋路交会处，面积3900平方米，建设内容为入口广场区、休闲文化区、康体活动区、儿童活动区等。公园入口标识景墙为红砖铺设，建有闽南特色建筑屋脊。休闲文化区设置石材雕刻“福禄寿喜”纹样的点数，展示厦门博饼文化。儿童活动区设有特色弧形坐凳，供大人看护和休憩，同时设置沙坑，健身器械等运动活动器材。

祥平街道西溪花园邻家公园　项目位于同安区祥平街道西溪社区，面积1250平方米，建设内容为儿童娱乐设施、树池、透水砖铺贴、舞台和绿化提升等，主要特色是利用社区空地，打造以儿童娱乐设施为中心的社区小公园。

汀溪镇吊视村邻家公园　项目地处同安区新民镇吊视村，面积3450平方米，建设内容为公厕改造、绿化提升、新增座椅、排水系统、特色景墙等，主要特色是结合吊视村的竹子元素，打造与当地风格相符的景观休闲节点。

新民镇西塘社区坂尾里邻家公园　项目位于新民镇西塘社区坂尾里，面积1300平方米，建设内容为绿化提升、地面铺装和新增休闲座椅等，主要特色是利用边角地块，打造一个可供周边居民休闲娱乐的场所。

新民镇西塘社区马鞍村邻家公园　项目位于新民镇西塘社区马鞍村，面积4500平方米，建设内容为新增成品公厕、休闲座椅、花池车挡，并对原有绿化进行提升，主要特色是结合原有广场，打造疏林草地的邻家公园。

【西溪慢道（连海段）基本建成】
2020年10月，同安区基本建成西溪慢道（连海段）主轴线，实现洋麻山至滨海浪漫线全线贯通。项目总长7.15千米，包括西溪（营边—大岭溪桥段）慢道工程、206省道同安大道至莲花水库段慢行系统、西溪公园景观工程、芸溪路坑仔口路段慢行系统工程等，主要建设内容有慢行道、自行车道等园建工程及绿化工程、排水工程、照明工程和灌溉系统等，新建、提升改造绿化面积共20.16公顷。

【大轮山公园提升改造工程开工建设】　2020年5月，大轮山公园提升改造工程开工建设。大轮山公园位于同安区大同街道，北临大学山、南连同新公路、东接西洋路，内有AAA级风景名胜区梵天寺。此次改造提升工程总面积4.1公顷（不含梵天寺），主要建设内容包括景点铭牌、生态公厕、步道提升、绿化提升及相关附属配套设施等。

【洋麻山公园提升改造工程建成】
2020年12月，洋麻山公园提升改造工程完成建设并对外开放。洋麻山公园位于汀溪镇隘头村与路下村之间，紧邻汀溪大道。此次改造提升工程总面积7.25公顷，于2020年5月开工动建，建设内容包括景观提升、改造及新建步道、新建休憩平台、道路沿线绿化提升、花海景观营造等。

【苏颂公园景观提升工程完工】
2020年12月10日，苏颂公园完成景观提升工程并对外开放。苏颂公园是同安区首座以历史名人命名的公园，位于厦门市同安银湖桥南侧，东面临溪、南靠324国道，总面积12.78公顷。此次景观提升内容包括对主入口轴线进行强化、水系的引入、沿溪滨水退台的设计、绿植的彩化和梳理、艺术小品的融入等，同时强化苏颂公园纪念和科普教育主题。

2020年10月，206线同安大道至莲花水库段慢行系统建成。图为慢行系统建成前后对比　（同安市政园林局供图）

改造后的苏颂公园　（夏海滨　2020年12月8日摄）

【西山岩生态步道（一期）工程完工】 2020年12月，西山岩生态步道（一期）完成建设并对外开放。项目位于同安区新民镇大西山山体南面，南接西山郊野公园园路，北至半山柑岭茶园，建设步道1.45千米。主要建设内容包括景观工程、绿化工程、安装工程、智能化系统等。

【南镇山公园周边慢行道建成】 2020年12月，南镇山公园周边慢行系统工程（石浔南路至龙东村段）建成并对外开放。项目位于同安区洪塘镇，用地为龙东溪（石浔南路至龙东村段）河道河岸及退线绿地，起点与石浔南路相交，终点为龙东村口，长3千米，总面积11.87万平方米。主要建设内容包括绿化提升，滨水步道景观提升，灌溉、照明系统以及坐凳、垃圾桶、指示牌等配套设施建设等。

（李　灏）

建筑业

【概　况】 2020年，同安区推进工程建设项目审批制度改革，推行“清单制＋告知承诺制”。开展项目招投标工作，修订出台《同安区小型建设项目施工招投标管理办法》，全年公开招标、简易公开招标项目123个，降低各类工程造价2.66亿元。促进建筑业企业投资发展，兑现各类奖励金额1042.6万元。加强建筑工地管理，遏制各类事故发生。至年末，全区入统建筑业企业116家，比上年增加40家；完成建筑业产值75.57亿元，比上年增长41%。

【工程建设项目审批制度改革】 2020年，同安区加强工程建设项目审批制度改革，试点推进工程建设项目“清单制＋告知承诺制”。推行政府购买服务方式开展施工图联合审查，全年支付非财政性投融资项目施工图审查费用167.98万元。承接上级下放的建筑业企业资质认定60项。办理人防“结建”审批77宗，收取易地建设费44.54万元。

【建筑工程招投标】 2020年，同安区400万元以上施工公开招标项目77个，总预算价154820.98万元、总中标价129692.89万元，降低工程造价25128.09万元，降幅16.23%。400万元以下（市级限额标准以下）区内施工简易公开招标项目46个，总预算价11242.64万元、总中标价9699.57万元，降低工程造价1543.07万元，降幅12.73%。勘察公开招标1项。设计公开招标19项，总设计费6290.90万元。监理公开招标8项，总监理费2049.01万元。

【建筑业企业服务】 2020年，同安区制定出台《同安区促进建筑业加快发展实施办法》，落实相关奖励措施，全年奖励建筑业企业27家、兑现金额1042.6万元。及时办理施工企业农民工工资保证金返退，返还27个项目工资保证金947.41万元。加强城建档案利用管理，全年接收档案1973卷，为群众及单位提供查询服务4000余人次。

【建筑工地管理】 2020年，同安区推进建筑工地从业人员实名制，组织合同履约、工人工资支付等落实情况检查268个次。加强在建工地扬尘管控，开展工地扬尘检查467个次、发出整改通知书152份，约谈15个落实扬尘防治措施不到位的项目施工、监理单位负责人；同时，对12个在扬尘防治方面表现突出的在建工程项目施工单位、监理单位予以通报表扬并记录良好行为。加强在建工程安全生产与质量监管，组织实施双随机检查，全年检查项目152次、发出整改通知书152份，对相关项目经理、施工企业、监理工程师等进行违规记分；约谈279个相关单位负责人，对1家施工、监理单位予以通报批评并记入不良行为记录。

（何洪艺）

房地产业

【概　况】2020年，同安区有房地产企业29家。全年房地产完成投资128.8亿元、比上年下降35%，其中地价入统35.35亿元、比上年下降58.3%。同安区房地产建设总施工面积791.62万平方米，商品房销售面积为92.43万平方米。

【商住地块出让】2020年，同安区共出让3个地块（商服、商住用地），总地价72.69亿元。3个地块分别是：厦门市特房新经济产业园运营有限公司的2020TP01地块，地价为4.54亿元；厦门中玮房地产开发有限公司的T2020P02地块，地价为16.15亿元；厦门潜龙置业有限公司的T2020P03地块，地价为52亿元。

【房地产建设】2020年，同安区房地产竣工面积57.58万平方米，同比增长400.7%，占总施工面积的7.3%。至年末，全区在建楼盘39个，在建施工面积734.04万平方米、比上年增长5.9%，占总施工面积的92.7%；其中，新开工面积43.32万平方米、同比下降50.4%，续建面积690.72万平方米、同比增长14%。

【房地产销售】2020年，同安区商品房销售面积为92.43万平方米，比上年下降8.4%。其中：住宅销售面积52.4万平方米、同比下降32.%，销售金额126.04亿元、同比下降39.6%；办公楼销售面积9.4万平方米、同比增长62.1%，销售金额8.7亿元、同比增长61.1%；商业营业用房（店面）销售面积1.39万平方米、同比下降65.4%，销售金额2.98亿元、同比下降67.4%；其他房屋（车库）销售面积29.2万平方米、同比增长111.4%，销售金额11.93亿元、同比增长5.1%。

【物业管理】2020年，同安区新增（前期）物业服务合同备案42宗，其中住宅类40宗、非住宅类2宗。同安区建设与交通局调处物业投诉件317件，其中信访件138件、文明卫士APP平台转交件179件；约谈物业服务企业4家，发出责令整改通知书3份。召开物业行业培训会3次，各镇（街）、社区及物业服务企业负责人220余人次参加。开展2020年度住宅小区物业服务质量星级评定工作，聘请专家组对辖区75个物业小区进行全覆盖实地检查。

（陈燕秋　何洪艺）

城市管理

【概　况】2020年，同安区加强城市精细化管理，从严整治流动摊贩占道经营、非机动车辆乱停放、非法户外广告、“僵尸车”、渣土车乱倾倒以及烧烤油烟扰民等突出问题，提升市容市貌。“两违”综合治理成效突出，成为全市首个新增“两违”核减权限下放试点区。全年受理城市管理各类投诉举报2.23万件。作出行政处罚（处理）案件1308件，处罚款702.12万元，缴清罚款717.929万元（含滞纳金）。城市综合管理考评成绩位居全市第二。

【市容市貌管理】2020年，同安区以全国文明城市创建、省级文明城区考评为抓手，创新管理，精准施策，常态化落实市容环境提升工作。坚持疏堵结合，推进摊规点建设，劝离流动摊点66335个，依法暂扣杂物1581件。落实三级街长巡查、考评、督导等制度，处罚涉及“门前三包”案件223件，罚款33550元。加强436条路段、136个村居乱张贴问题整治，清理小广告1662处、乱涂乱画427处。按照“一店一招”要求，开展城区主要道路和乡镇主次干道“线上”广告招牌整治，坚决取缔各类违章广告，拆除户外广告招牌2928块、面积12236.09平方米。全区“门前三包”、城区社区市容管理、城乡接合部等三项考评排名全市第一。

【“两违”综合治理】2020年，同安区开展生态敏感区域“两违”整治、铁路和高速公路沿线“两违”整治、农地非农化违规项目整治、重点征拆项目周边“两违”整治等专项行动，处置“两违”建筑面积197.82万平方米、完成年度目标（110万平方米）的179.9%，腾出土地面积222.25万平方米；年度“两违”综合治理考评排名全市第二。加强巡查监控，有效遏制新增“两违”，全年核查处置疑似新增“两违”案件3397件，完成核实或整改3331件，处置率98.1%；第三季度实现新增“两违”零增长工作目标；成为全市首个新增“两违”核减权限下放试点区。

【城市管理联合整治行动】2020年，同安区推行“大城管”模式，开展多部门联合执法，集中整治城市治理顽疾。开展联合交通执法，组织执法行动24次，拖离僵尸车903辆。加强BRT站点机动车和非机动车整治，实施整治行动19次，劝导、整治各类车辆1470辆。开展建筑废土专项整治，组织联合整治行动72次、排查渣土车610辆次，立案246件、查处土方车256辆，处罚金额2912638元。处理文明养犬投诉举报36起，协调、协助地方捕犬人员抓捕流浪狗36只。

【城市管理行政处罚】 2020年，同安区城市管理局深入推进行政执法“三项制度”，梳理权责清单76个大项、626个小项；作出行政处罚（处理）1308件，其中一般程序案件506件、简易程序案件802件，快查案件183件；处罚款702.12万元、缴清罚款717.929万元（含加处的滞纳金），下达协助执行通知书（停水停电）70户，结案827件（含简易案件）。收到行政复议案件15件，均按规定按时提交答复意见书、作出行政处罚的证据材料及法律依据，行政复议无被确认违法、撤销、责令履行的案件。行政诉讼案件应诉17件，其中败诉4件，败诉率（占所有一般程序行政处罚案件）0.79%，所有行政诉讼案件均按规定由行政首长出庭应诉。全年行政执法“三项制度”考评成绩居全市前列，执法系统案件评审全市第一。

【违法建设联合惩戒】 2020年，同安区城市管理局落实行政处罚、行政许可信息“双公示”，并将严重违法行为纳入“联合惩戒目录”。全年向“信用同安”平台报送数据667条；联合国土部门对物业小区涉嫌违法建设的房屋不予办理房屋转移登记9起；联合供水、供电部门对在建建筑物不予提供施工用水用电37起。

【环境保护管理】 2020年，同安区城市管理局加强环境保护管理，开展以非法砂场整治、流域两侧50米范围内“两违”整治、河道范围内垃圾倾倒整治和餐饮综合整治等为重点的环境提升行动。全年打击非法洗砂违法行为15起，强制拆除洗砂机械设备及附属设施14台、面积10平方米，查扣非法采砂车辆5辆。立案查处非法洗砂污水未经处理直接排放的违法行为1起，罚款4900元。立案查处无证开采和承运无证开采土资源的违法行为16起，罚款68185元。立案查处随意倾倒垃圾的违法行为139起，罚款265万余元。督促餐饮经营者按要求设置隔油池2725家，立案查处餐饮类相关案件4件，罚款3万余元。启动轻微污染天气应急响应120余次，立案查处涉及扬尘违法行为43起，罚款47万余元。立案查处露天焚烧违法行为2起，罚款2600元。立案查处涉及垃圾分类案件617件，罚款154500元。承办第二轮中央生态环保督察信访交办件69件，均按时完成销号。

【燃气安全管理】 2020年，同安区城市管理局开展安全生产隐患大排查大整治行动，严厉查处非法生产、储运、销售“黑气”的违法行为，及时有效消除安全隐患。全年出动执法人员4881人次，检查燃气供应站点202家、餐饮场所及企业548家，查扣液化气瓶106瓶。

【城市管理宣传】 2020年，同安区城市管理局宣传城市管理法律法规和服务型城管新理念，利用微信公众号、美篇、易企秀（H5）等媒体平台推送宣传报道860余次；通过城市广场投屏、路口显示屏，以及移动电视滚动播放宣传片9800余次；张贴和悬挂宣传海报、宣传标语1200多张（条）。组织城管队员与城管志愿者开展“七进”宣传活动36场（次），发放问卷调查表1.5万余份，发放各类法律法规刊物、宣传册（单）和宣传品6.5万余份。32条信息被国家级网络媒体网站刊用、61条信息被省级网络媒体网站刊用，相关事迹被省级电视台新闻报道1次、市级报纸报道73次，自媒体视频《新蓝聚力，筑梦银城》《城管战“疫”》等在“学习强国”平台、人民视频和央视移动网络播出，点击量超300万人次。

（吕志宽）

生态环境

环境质量

【概　况】2020年，同安区空气质量综合指数2.16（比上年改善20.6%），空气质量优良率100%（比上年提升0.3%），城市水质综合指数（CWQI）3.56，均排名全市第一。水环境功能区达标率67.5%（比上年提升9%），其中集中式饮用水源地汀溪水库水质达标率100%并提升到Ⅱ类水质，隘头潭国控断面水质达标率100%，省控断面水质达标率100%，东西溪流域水质达标率100%，埭头溪稳定消除黑臭，官浔溪、龙东溪水质持续改善。近岸海域同安湾水质由劣Ⅳ类提升至Ⅱ类。噪声、土壤环境质量达到功能区标准。

【大气环境】2020年，同安区环境空气质量综合指数2.16，比上年改善20.6%。空气质量优的天数261天，良的天数105天。空气质量优良率100%、优级率71.3%，分别比上年上升0.27个百分点和9.12个百分点。无轻度污染的天数。首要污染物为臭氧75天、可吸入颗粒物（PM10）14天、细颗粒物（PM2.5）17天。

【六项主要大气污染物年际变化】2020年，同安区市控评价点位的二氧化硫（SO_2）、二氧化氮（NO_2）、可吸入颗粒物（PM10）、细颗粒物（PM2.5）年平均浓度值分别为0.004毫克/立方米、0.011毫克/立方米、0.032毫克/立方米、0.017毫克/立方米，一氧化碳（CO）95百分位浓度值、臭氧（O_3）90百分位浓度值分别为0.6毫克/立方米、0.113毫克/立方米。按照《环境空气质量标准》（GB3095-2012）评价，SO_2、NO_2、CO、PM10年均浓度符合一级标准要求，PM2.5、O_3年均浓度符合二级标准要求。与上年相比，SO_2、NO_2、CO、O_3、PM10、PM2.5浓度分别下降42.9%、42.1%、14.3%、4.2%、20.0%、27.7%。

2017—2020年厦门市主要大气污染物年均浓度一览表

表25

年度＼指标		污染物（单位：毫克/立方米）					
		SO_2	NO_2	PM10	PM2.5	CO	O_3
2017年		0.009	0.020	0.057	0.033	1.2	0.117
2018年		0.008	0.025	0.049	0.030	0.9	0.134
2019年		0.007	0.019	0.040	0.022	0.7	0.118
2020年		0.004	0.011	0.032	0.017	0.6	0.113
《环境空气质量标准》（GB3095-2012）	一级	0.020	0.040	0.040	0.015	4*	0.1**
	二级	0.060	0.040	0.070	0.035	4*	0.16**

说明：*24小时平均浓度限值，**日最大8小时平均浓度限值

【酸　雨】2020年，同安区降水pH范围为3.91～5.65，pH加权平均值为5.15，酸雨发生率97.3%，降水总离子浓度平均值126μeq/L。与上年相比，酸雨发生率有所下降，降水总离子浓度有较大下降，pH加权平均值略有上升。

【水环境】2020年，同安区集中式饮用水源地水质达标率100%，汀溪水库水质监测指标全年符合《地表水环境质量标准》（GB3838-2002）Ⅱ类水质标准。辖区地表水水环境功能区达标率67.5%，比上年提高9%。主要流域国、省控断面Ⅰ～Ⅲ类水质比例达100%。西溪流域隘头潭国控断面上半年水质改善率排名全国第21，为全省唯一进入全国前30名的国控断面，创历史最好成绩。

【海域环境】2020年，根据同安区近岸海域2个国省控点位海水

2019—2020 年同安区近岸海域富营养情况表

表 26

监测时间	点位数量	活性磷酸盐（毫克 / 升）	无机氮（毫克 / 升）	化学需氧量（毫克 / 升）	富营养化指数	富营养化等级
2019 年	2	0.055	0.493	0.73	4.4	中度富营养
2020 年	2	0.019	0.247	0.88	0.92	贫营养

水质监测结果，2020 年同安区近岸海域水质一般、略有改善，主要污染物为无机氮和活性磷酸盐，平均浓度 0.247 毫克 / 升和 0.019 毫克 / 升，分别比上年下降 50%、66.4%；富营养指数 0.92，为贫营养等级，下降 79%，富营养状况明显改善。其余监测项目（高锰酸盐指数、溶解氧、汞、铜、铅、镉、砷、石油类）浓度均基本符合一、二类海水水质标准。

【声环境】 2020 年，同安区严格施工审批，减少夜间施工作业，降低夜间噪声。强化企业管理，督促企业落实噪声污染防治措施，减小噪声对周边环境的影响。开展执法巡查活动，组织重点部位、重点时段噪声监测，解决噪声扰民投诉问题。全区昼间区域声环境质量总体一般，声级范围在 50.5dB（A）～63.8dB（A），平均等效声级 57.0dB（A），污染程度比上年略有上升。昼间道路交通声环境质量总体较好，平均等效声级 66.3dB（A），没有发生等效声级超过 70dB（A）的路段，污染程度比上年略有上升。城市功能区声环境质量良好，昼间、夜间达标率均为 100%，昼间达标率与上年持平、夜间达标率略有上升。

【辐射环境】 2020 年，同安区加强辐射监管，出动执法人员 193 人次，组织对 32 家核技术利用单位（4 家放射源利用企业和 28 家射线装置利用企业）、23 家市级审批的输变电站（其中 18 家未建成）、3 家通信基站进行检查与监测，检测工业Ⅲ类射线装置 10 台、医用Ⅲ类射线装置 37 台（其中 3 台停用）、Ⅴ类放射源 9 枚、输变电 5 个，责令整改 30 家、整改完成率 100%。2020 年，全区辐射环境质量保持稳定，电离辐射和电磁辐射环境处于正常水平；32 家持证核技术利用单位未发生辐射超标问题，所有放射源及射线装置均处于可控状态。

（柳先淑）

环境监管

【概　况】 2020 年，同安区加强环境监管，在对辖区内的 67 家排污企业及 11 家空气质量监测站安装监控设备，并建设监控中心，对污染物排放进行可视化在线监控。在新冠肺炎疫情防控期间加强对涉疫污水、医废物资监管。受理环境保护类投诉件 1687 件（包含重复件），办结 1687 件、办结率 100%。办理人大主办件 4 件、协办件 4 件和政协会办件 1 件，均如期完成，满意率 100%。

【环境监测网络建设】 2020 年，同安区加强环境监测网络建设，按照厦门市排污单位自动监控安装计划，超额完成 5 家企业在线设备安装及数据联网任务。加强污染源在线监控，安排专人对报备信息进行审核，辖区在线监控传输有效率均在 99% 以上。加强生态环境监测数据质量监管，委托第三方检测机构及时跟进项目合同、监测报告以及相关原始记录的上传、审核和存档。督促企业制定自行监测方案，开展自行监测工作，落实自行监测数据公开，辖区排污企业自行监测完成率 90% 以上。

【环保审批】 2020 年，同安区生态环境局依法审批建设项目环境评价，办理环评审批 382 件、比上年增长 10.4%；通过“多规合一”业务协同平台出具策划项目审查意见 611 条。全面排查固定污染源，建立固定污染源基础信息清单库，实现固定污染源排污许可管理全覆盖，全年核发排污许可证 207 件、变更许可证 78 件。

【环保执法】 2020 年，同安区生态环境局出动执法人员 5884 人次，检查企业 2054 家次，立案查处违法企业 92 家次，责令限期整改（责令停止生产）92 起，实施查封 10 起，申请法院强制执行 10 起，合计处罚金额 536.59 万元。办理行政复议案件 1 件。开展小流域、清水蓝天等专项执法行动。

【环保信用体系构建】 2020 年，同安区推行企业信用承诺和审查制度，开展 307 家企业环境信用等级评价工作，采集和推送环保信用信息。全年公开生态环境信息 1456 条，其中行政处罚信息 92 条，环境信访信息 217 条，自行监测企业信息 258 条，排污许可证信息公开 285 家，建设项目环境影响报告书（表）受理公示 256 条、拟审批意见公示 111 条、审批决定公示 50 条，验收决定公告 187 条。

【环境风险防控】 2020 年，同安

生态环境局落实落细疫情常态化防控下生态环保工作，全面消杀涉疫污水，规范处置涉疫医废、生活垃圾和冷链食品等。强化医疗废物环境监管平台应用，推进"小箱进大箱"医疗废物收集转运，全区445家医疗机构纳入厦门市医疗废物管理平台，实现医废100%处置。开展环境安全大检查活动，出动人员578人次、检查企业195家次；委托第三方服务机构，对143家环境风险等级为一般及以上的工业企业进行风险隐患排查，建立"一企一档"，督促企业整改。制订突发环境事件应急处置预案，开展应急演练，提升应急处置能力。

【环保网格员队伍建设】 2020年，同安区持续加强环保网格员队伍建设，建立完善"全面覆盖、层层履职、网格到底、责任到人"的环保监管体系。组织全区170名三、四级环保网格员开展小型培训会、交流会3场次，内容涉及廉政教育、环境质量提升工作部署和建设项目日常监管等，提升网格员队伍整体素质。发挥网格员基层一线工作优势，引导网格员队伍在参与专项执法行动、协助处理投诉和开展环保宣传教育等工作中履职建功，全年网格员队伍巡查、上报各类环保事件1.57万件，促进各类环境问题的解决。

【生态环保督察】 2020年，同安区建立完善领导协调机制，成立中央生态环境保护督察整改工作专班，开展联合督导、专项督查和跟踪督办，高标准严要求抓好问题整改。第一轮中央生态环境保护督察反馈的7项问题全部完成整改，交办的79件信访件100%办结。第二轮中央生态环境保护督察反馈的11个问题，完成整改3个、其余8个按序时进度推进；交办的94件信访件100%办结。

（柳先淑）

污染防治

【概　况】 2020年，同安区生态环境局围绕创建国家生态文明建设示范区目标，做好污染防治工作。开展守护蓝天百日攻坚专项行动、养殖回潮督查等，做好各类污染源监控、排查、整治。组织危废规范化管理、辐射安全管理等各类污染防治培训9场，受训约200人次。建设智慧环保信息化系统，实现重点污染源可视化监控。创新实行"环保管家"机制，推进环境污染第三方治理。

【大气污染防治】 2020年，同安区完善轻微污染应急措施，开展三轮次守护蓝天百日攻坚专项行动。加强扬尘管控，制定、细化在建工地文明施工与扬尘防控标准，检查企业606家次，责令整改9家，立案处罚9家；出动雾炮车7549次，发现并扑灭秸秆焚烧现象238起。深化废气治理，加强对269家挥发性有机物（VOCs）排放企业的技术指导，减少挥发性有机物排放约40吨/年；完成辖区70家锅炉窑炉重点行业工业企业现场排查整治，完成4家重点行业工业炉窑深度治理验收工作；组织检查加油站油气回收设施运行情况124人次，推动5家加油站安装油气回收在线监控系统；巩固提升"散乱污"企业整治成效，新增摸排"散乱污"企业109家，整治完成率100%。推进机动车污染防治，完成高排放机动车限行交通标志牌改造项目，配合市生态环境局完成100台非道路移动机械信息核对和100份档案现场核对验收工作。

【水污染防治】 2020年，同安区推进污水处理设施建设，建成同安污水处理厂四期和西柯污水厂一期项目，新增污水处理能力15万吨/日，实现污水全收集全处理。建立入海排放口台账，完成43个入海排放口的溯源、整治工作。健全海漂垃圾"四化"治理机制，清理近岸海域上岸后垃圾1463吨，海漂垃圾156吨；清理转运河道垃圾及破坏水体的水生植物1.02万立方米。推动石垄水库、莲花水库饮用水源地保护区的"划、立、治"工作。开展6轮养殖回潮督查，8家规模养殖场畜禽粪污综合利用率和处理设施装备配套率均达100%。投入561.47万元实施"流域环保管家"项目，完成181个入河排口的溯源排查、定期监测和综合整治工作。制订出台《同安区埭头溪水质提升攻坚方案》，系统推进"全收集、全处理、全补水、全清淤、全生态修复"五大举措，完成总投资10.5亿元的22个治理项目，实现埭头溪稳定消除黑臭。投入785万元完成乌涂溪至泥山溪水系连通工程、梧侣溪（珠厝立交—同明路）中水回用工程2项工程的河道补水。投入4000万元实施13个清淤项目、清淤29.23千米，完成新民镇柑岭片区截污和霞碧路、泥山溪箱涵清淤分流等项目3个。建设梧侣闸至三角洲湿地河道环境工程等生态修复项目3个，增加水体自净能力。

【土壤污染防治】 2020年，同安区加强34家土壤重点行业企业监管，完成4家重点监管企业周边区域土壤环境调查工作；督促5家企业建立隐患排查制度，开展土壤与地下水检测等；完成2个地块用途变更为住宅的土壤污染状况调查工作。印发实施《2020年同安区受污染耕地安全利用工作方案》，完成1742.52亩（116.17公顷）耕地的安全利用工作，超额完成省下达的1500亩（100公顷）任务。开展危废小微收运试点工作，委托第三方机构对617家产废企业进行技术指导，开展危废规范化管理业务培训5次；危废集中处置率100%。全年危险废物产生量1.71万吨，处置利用1.30万吨；医疗废物产生量99.78吨，处置量99.78吨，处置率100%。全区利用单位限制进口类可用作原料的固体废物“零进口”。

【农业面源污染防治】 2020年，同安区开展农药减量相关技术宣传培训7场，参与346人次；指导种植者对症用药、精准防治，减少农药使用量，全区农药使用量从2016年的187吨逐年减至2020年的153吨，减量幅度18.2%。推行测土配方施肥，实施化肥零增长减量化行动，举办技术培训会和科技下乡咨询活动8场次；开展粮食（经济）作物田间肥效试验19个，建立酸化土壤改良示范片和商品有机肥推广示范片2个；申报示范推广商品有机肥6746.45亩（449.76公顷）、下达资金156.27万元，全年化肥使用量（化肥折纯量）4135.2吨、比上年下降2.8%。建立12个农膜等农资废弃物收集点，农膜回收率85.02%。

【智慧环保建设】 2020年，同安区建成全区生态环保视频监控系统，实现对67家重点企业、11个空气站点和8家规模化养猪场污染治理情况的实时在线监控。启用企业用电环保监测平台，强化“散乱污”企业排查和环保设施运行监管，提高环境治理效能。建立排水智能化管理系统，采用大数据平台对辖区雨污水排水管网进行智能化管理，在2020年全省城镇污水处理提质增效培训班上作典型发言介绍相关经验，向全省推广成果。

【“环保管家”机制建立】 2020年，同安区创新设立、常态运行“环保管家”机制，引入有管理经验的第三方机构，通过排查、检测、溯源、整改、销号、日常管控的闭环管理模式推进环境污染第三方治理，在环境综合整治、重点行业集中治污等领域先行先试，并推广运用至全区4条流域排口溯源整治工作，保障流域管理的常态化、长效化，实现流域基础排查和日常管理服务相结合。经验做法被《经济日报》刊载。

【工业集中区正本清源项目开工】 2020年12月12日，同安工业集中区正本清源工程开工仪式在同安区新民镇西塘社区举行。该工程是埭头溪治理项目核心工程，施工范围为新民大道、同集北路、苏颂大道、同安大道交会处，总面积为13.5平方千米。覆盖区域包含工业厂区类、公共建筑类、居住小区类及城中村类建筑排水小区。工程主要开展溯源排查、雨污分流、修复和完善雨污管网等，竣工后同安工业集中区将彻底实现雨污分离，确保污水全部得到有效处理。

（柳先淑）

生态保护

【概　况】 2020年，同安区落实生态文明体制改革任务，创建国家生态文明建设示范区，开展《同安区“十四五”生态环境保护规划》和《同安区国家生态文明建设示范区规划（2021—2025年）》编制工作。推动莲花水库饮用水源保护区划定，发放水源保护区货币化生态补偿和耕地地力保护补贴2亿元。加强生态控制线违法开发管控，完成违法图斑整改49宗，整改到位率92.45%。开展农村环境综合整治，集中清理农村垃圾9000余吨。至年末，同安区陆域自然保护区面积1945.45万公顷，自然岸线保有率36.87%；有水源保护区1个（汀溪水库），森林公园3个（莲花国家森林公园、同安郭山村森林公园、同安洋麻山森林公园），省级风景名胜区1个（北辰山风景名胜区）。

2020年，同安区举办第49个“6·5”世界环境日、低碳日等宣传咨询活动，利用报纸、网站、微信公众号宣传平台刊发生态环境工作宣传报道340篇。开展环保知识专题培训6场次。公众对环境质量满意度93.94%。表彰奖励一批在2015—2019年度生态文明建设工作中表现突出、作出积极贡献的先进集体和先进个人，全区25个先进集体、60位先进个人受到表彰。

【生态环保目标责任考核机制建立】 2020年，同安区建立年度党政领导生态文明建设和生态环境保护目标责任制考核“四个一”机制，即每周“一调度、一汇总、一协调、一推动”，先后召开151次相关会议研究部署生态环保工作，推动“党政同责”“一岗双责”落实。全区纳入生态环保目标责任考核单位34家，考核结果均运用于绩效和政绩考评。

【“绿盈乡村”创建】 2020年，同安区开展34个村庄“绿盈乡村”创建工作。根据生态保护红线、水土保持、生态修复、饮水安全、河湖管理等29类指标开展考评，评出初级版27个、提档升级中级版6个、高级版1个；同时在2019年创建成功的村庄基础上提档升级5个中级版村庄和1个高级版村庄。至年末，全区“绿盈乡村”总数65个，占全区79个行政村比例达81%，其中中级版村庄6个、高级版村庄6个，超额完成省生态环境厅下达的目标任务。军营村、白交祠村、顶村村入选省“绿盈乡村”典型案件村，经验做法被编印成书并在全省推广。

【厦门生态审判碳汇教育实践基地南山片区签约揭牌】 2020年3月12日，同安区法院、区环委办、区农业农村局、新民镇政府、森林公安同安派出所及新民镇南山村委会共同在南山村“12·4”火烧山现场签订《关于共建厦门生态审判碳汇教育实践基地南山片区的框架协议》，并举行基地揭牌仪式。2019年12月4日，新民镇南山村发生森林火灾造成同安区、集美区700亩（46.67公顷）山林损毁。同安区法院联合当地镇政府和相关部门在新民镇南山村建立“厦门生态审判碳汇教育实践基地”新片区，组织涉林刑事案件被告人到基地补植复绿，促进受损山林生态修复。

（柳先淑）

节能减排

【概　况】 2020年，同安区政府开展落后炼铁设备淘汰工作，淘汰落后产能。开展公共机构节能工作，创建节约型机关。开展节能示范工程项目评选工作，评选出节能示范工程项目5个，发放奖金总计30.52万元。举办同安区2020年节能宣传周宣传活动。

2020年度同安区节能示范工程项目奖励资金一览表

表27　　单位：元

序号	企业名称	项目名称	奖励金
1	厦门通士达照明有限公司	节能空气压缩系统改造项目	73265
2	厦门安明丽光电科技有限公司	LED灯具老化测试节能改造	60780
3	厦门升兴实业有限公司	屋顶454.45千瓦分布式光伏发电	94070
4	厦门世凯威包装工业有限公司	瓦楞纸板生产线智能温控系统	51600
5	厦门绿泉实业有限公司	绿泉生产线辅助升级改造	25480
合计			305195

【“地条钢”监管】 2020年，同安区印发《同安区关于建立严防“地条钢”死灰复燃长效工作机制方案》，要求各镇、街加强对辖区内的铸造行业的监管力度，每月报送“地条钢”企业巡查情况“零报告”登记表，防止“地条钢”企业死灰复燃。9—12月，同安区工信局组织检查3次、检查企业4家次，未发现“地条钢”生产。

【落后炼铁设备淘汰】 2020年，同安区工信局联合相关镇、街对辖区内铸造企业进行排查，检查铸造行业落后炼铁设备项目淘汰情况，对不合标准设备要求整改或替换。至年末，有3家企业拆除使用的4台中频炉并替换为钢壳中频炉，3家企业的4台“无磁轭（≥0.25吨）铝壳中频炉”均按标准完成整改。

【公共机构节能】 2020年，同安区按照公共机构节能“十三五”规划和市公共机构节能目标要求，制定同安区公共机构节能目标，印发《关于2020年全区公共机构能源资源节约和生态环境保护工作安排的通知》，推进公共机构节能工作。指导各公共机构做好能源资源消费统计数据的收集、汇总、会审和报送工作，督促有关单位开展既有建筑和建筑节能示范项目节能改造，客观公正组织绩效指标考评。推进节约型机关创建工作，全区申报节约型机关单位35家。

【同安区2020年节能宣传周主题宣传日活动】 2020年7月9日，同安区节能办（工信局）在同新路（钟楼步行街）举办同安区2020年节能宣传周主题宣传日活动，倡导全社会形成崇尚节约能源、绿色消费与低碳环保的风尚，提升全民节能意识。区发改局、财政局、建设与交通局等10多个部门参加。活动以“绿水青山，节能增效”为主题，通过设立咨询台、悬挂横幅标语、宣传品牌APP、现场答疑、有奖知识问答等方式宣传节能环保理念，鼓励垃圾分类回收。区节能办现场发放2000多份政策汇编、节能宣传图片、节能宣传手册、小纪念品等；组织通士达、东港智能2家企业开展绿色照明、太阳能等产品展示及节能灯和LED灯优惠销售活动。

（陈延安　苏燕东）

农业·农村

综　述

【概　况】 2020年，同安区实现农业总产值23.28亿元，比上年增长3.9%。其中，种植业产值12.55亿元，比上年下降1.3%；林业产值711万元，比上年增长43.1%；畜牧业产值6.24亿元，比上年增长12%；渔业产值1.05亿元，比上年下降12.5%；农林牧渔服务业产值3.37亿元，比上年增长19.6%。康喜福、九龙谷等7个都市现代农业建设项目建成投产，22个“一村一品”特色品牌实现收入超6.7亿元。全区所有村集体经营性收入均在20万元以上，13个村集体经营性收入突破500万元。全年农村居民人均可支配收入24619元，比上年增长7.3%，居全市第二。

【设施农业建设】 2020年，同安区完成亿谷、康喜福、九龙谷、御蔬佳、敦煌、绿丰、伊和等8个都市现代设施农业项目建设，其中7个项目通过验收、建成高标准设施农业大棚480亩（31.97万平方米）。推进五显镇明溪村650亩（43.29万平方米）高标准农田项目建设，提升农业综合产能。组织都市现代农业项目申报工作，正心精致、和平兴农等3个项目完成立项。

【农产品质量监管】 2020年，同安区农业农村局推进农产品质量安全监管体系建设，推动设立镇级农残检测室，全年各镇（街）农残检测室均完成快速检测任务1000份以上。落实流动检测车不定期、不定点抽检，完成流动检测任务1000批次。开展农产品质量安全定量监测（种养殖）602批次，监测农药残留参数68项，其中种植业风险监测209批次、监督抽检223批次、畜禽产品风险监测70批次、生猪非洲猪瘟监督抽检100批次。开展定性检测33631批次，其中种植业28895批次、畜禽产品定性检测4736批

2019—2020年同安区农林牧渔业总产值情况表

表28　　单位：万元

项目	2019年（当年价）	2020年（当年价）
农林牧渔业总产值	213190	232757
一、种植业产值	125995	125479
谷物	3265	3370
蔬菜	81913	84931
食用菌	2061	2376
花卉	1623	1756
园林水果	17028	19310
二、林业产值	507	711
三、牧业产值	43948	62415
猪	26205	42251
肉禽	12174	12713
蛋	2130	1840
奶	727	1039
四、渔业产值	12358	10453
海水	1570	2378
淡水	10789	8075
五、农林牧渔服务业产值	30382	33700

次。接受市级以上种植业风险监测 407 批次，其中合格批次 405 批次、不合格批次 2 批次，合格率 99.4%。

【惠农政策实施】 2020 年，同安区加大惠农政策落实力度，下达叶菜稳产保供专项资金 217.07 万元，推动 289.57 公顷蔬菜生产基地叶菜种植，实际完成种植面积 225.35 公顷、兑现补助资金 188.89 万元。发放耕地地力保护补贴资金 868.13 万元。落实农业经营主体贴息补助 14 家、37.70 万元。

【农机管理】 2020 年，同安区农业机械总动力 15.99 万千瓦，其中柴油发动机动力 11.32 万千瓦、汽油发动机动力 1.81 万千瓦、电动机动力 2.86 万千瓦。全区机耕面积 3987 公顷，机播面积 360.2 公顷，机电灌溉面积 2680 公顷，机械植保面积 1560 公顷，机收面积 1577.93 公顷。全年大中型轮式拖拉机注册登记 39 台，检验拖拉机 148 台，拖拉机驾驶证换发证 48 本，公告报废多功能拖拉机 71 台。加强农机安全生产管理，深入镇村、田间和场院，排查农机安全隐患；组织检查组 51 个、出动检查人员 159 人次，对大宏驾校、顺仔农机合作社等农机安全生产工作进行督查；结合拖拉机年检，发放农机安全知识手册和安全宣传画册等材料 1760 份，发放普法手册 1760 份，发送手机短信 1790 条。继续实施农机道路交通安全综合整治“三年提升工程”，联合区交警大队组织执法检查 5 次。持续开展拖拉机违法行为、道路交通亡人事故专项整治活动，全年未发生农机亡人事故。

【农资产品监管】 2020 年，同安区加强省农资监管信息平台巡查，全年组织网上巡查 1272 次，监控重点农资流向，确保农资市场安全稳定。开展春耕备耕农资打假“春雷”行动、秋冬季农资打假保安全促增收专项治理行动等，检查农资生产、经营单位 267 家次；考核、验收农资监管信息平台 151 家，发放考核奖励金、硬件补助经费 144.8 万元。开展农资产品执法抽检 45 批次，立案查处 11 件，其中农药 4 件、肥料 5 件、饲料 1 件、兽药 1 件，均结案。打击违规使用禁限用农业投入品违法行为，检查农产品生产主体 188 家次，农产品执法抽检 223 批次，查处案件 1 起并移送公安机关处理。

【农村人居环境治理】 2020 年，同安区农业农村局持续推进农村人居环境治理工作。推进“厕所革命”工程，每个乡镇都建设多座示范性、高标准农村公厕，完成公厕新改建 130 座、总计投入使用 567 座。完成 800 户农村户用厕所改造，全区农村户厕无害化普及率 99.43%。治理农村生活垃圾，打造“一把扫把扫到底”管养模式，全区 140 个村居共配置农村保洁员 1699 名，清洁楼 73 座，生活垃圾转运车 122 辆，转运量约 700 吨 / 日，实现日产日清，垃圾无害化处理率 100%。提升生活污水治理水平，完成 480 个自然村分散式污水治理设施建设，建成处理设施 379 座、各类管径管长 1081.8 千米；完成 247 个自然村集中纳管建设，建设各类管径管长 639.6 千米。推进农房整治，探索“四统房”建设模式，落实“一户一宅”政策，规范农村建房管理。对铁路、高速公路沿线环境进行整治，2018—2020 年投入资金约 9905 万元对铁路、高速沿线的市容市貌开展整治提升，农房整治超额完成 1195 栋，绿化美化完成面积 7.8 万平方米。建设农村公路 123.68 千米，完成道路绿化 11.75 万平方米，河段沿岸绿化 14.87 万平方米，提升农村通行质量以及村庄绿化水平。

【古坑村获评中国美丽休闲乡村】 2020 年 9 月 9 日，同安区汀溪镇古坑村入选“2020 年中国美丽休闲乡村”。古坑村位于同安区汀溪镇中南部，面积 9.5 平方千米，下辖 5 个自然村。古坑村挖掘自然资源优势，发展以三角梅为主打

2020 年，汀溪镇古坑村被评为“中国美丽休闲乡村”。图为古坑村内盛开的三角梅
（夏海滨　2020 年 11 月 11 日摄）

产业的集文化、居住、休闲、度假、生态于一体的休闲农业，收集国内外三角梅品种200余种，是“同安红”三角梅地理性商标发源地。先后成立满枝红花卉种植专业合作社，引入千日红企业建设三角梅种植基地，以发展三角梅种植产业带动乡村休闲旅游发展。被列为厦门市乡村振兴试点村，先后获评“福建省乡村旅游特色村”、省级“一村一品”示范村等。

【同安区2020年农民丰收节】 2020年9月26日，同安区2020年中国农民丰收节活动在汀溪镇古坑村千日红三角梅基地举行。活动由同安区人民政府主办，同安区农业农村局、汀溪镇人民政府承办。该次活动以“庆丰收　迎小康　享富美”为主题，活动现场有近30家优秀农业经营主体及个体农户展示特色农产品并邀请网络红人通过线上直播方式展销，同时举行多个非遗项目展示及文艺演出。启动仪式后，千日红公司被授予“中国花卉协会绿化观赏苗木分会福建省工作站”称号，同时揭牌“国家林业和草原种质资源库厦门三角梅基地”“福建省亚热带植物研究所科技支撑单位”。中国建设银行厦门分行与同安区农业农村局签订“涉农资金监管平台战略合作协议”，对涉农资金统一监管。

（叶志艳）

种植业

【概　况】 2020年，同安区农作物总播种面积9554.37公顷，比上年增长1.59%。粮食作物以水稻、甘薯、马铃薯为主，其中水稻播种面积1335.47公顷，产量8073吨；甘薯播种面积403.5公顷，产量2471吨；马铃薯播种面积134.2公顷，产量791吨。油料作物以花生为主，种植面积440公顷，比上年下降7.1%；产量1301吨，比上年下降7.71%。蔬菜以茄子、黄瓜、四季豆、番茄、辣椒等为主，种植面积6678.6公顷，总产量25.65万吨。

【农作物病虫害防治】 2020年，同安区农业农村局针对主要农作物病虫害进行监测预报，通过纸质情报、电视预报、手机短信、网络传递等方式适时更新病虫害发生动态；发布《病虫情报》15期。开展病虫害防治、绿色防控、农药使用等技术培训7场，指导种植者科学防治。全年农作物病虫草鼠总计发生140.05万亩次（93413.35公顷次），防治144.99万亩次（96708.33公顷次），挽回农作物产量损失7.06万吨。

【农业补贴发放】 2020年，同安区农业农村局发放农机购置补贴，补贴11种类型农机具469台，受益农户350户。完成补贴资金结算总额167.3万元，其中中央补贴资金108.6万元、市级配套资金58.7万元。实施水稻和设施大棚蔬菜种植保险，完成水稻种植保险面积626.67公顷，财政补贴15.68万元；完成设施大棚蔬菜种植保险面积133.33公顷，财政补贴100.14万元。

【品种培育改良】 2020年，同安区推进4个镇、17户果树的高接换种工作，总面积共650.30亩（43.07万平方米）。平均合格率91.5%。果树高接品种19个，其中龙眼14个、荔枝3个、柑橘2个。加大农作物新品种引进力度，全年引进“丰田”“中夏316”“大粉16102”“圣地斯617”“中夏318”“ZX252”“大红番茄375”“ZX006”“福粉103”番茄新品种9个，引进“37-79”“长川3号”“37-94”“育禄99”“美人1885”“中夏一椒”“丽香”“雪娜瑞”辣椒新品种8个，在全区示范、推广。

【农业标准化生产推广】 2020年，同安区推行测土配方施肥和化肥零增长减量化行动，举办技术培训会和科技下乡咨询活动8场（次）。开展粮食（经济）作物田间肥效试验19个。建立酸化土壤改良示范片和商品有机肥推广示范片2个。申报示范推广商品有机肥4563.21亩（304.37公顷），下达资金222.31万元。全年化肥使用量（化肥折纯量）4135.2吨，比上年下降2.8%。做好“三品一标”认证管理工作，全年辖区新增无公害认证企业1家、产品11个，绿色食品新增6个；“三品一标”复查换证品种13个、复查换证率达92.86%。至年末有认证产品57个，其中无公害产品44个、绿色食品12个、有机食品1个。

（叶志艳）

林　业

【概　况】 2020年，同安区林地总面积37298.16公顷，其中防护林面积15961.24公顷、特用林面积3055.27公顷、用材林面积9415.17公顷、薪炭林面积271.63公顷，经济林面积7057.62公顷。森林总面积35521.06公顷，森林覆盖率54.51%，比上年增加0.08个百分点。林木蓄积量199.34万立方米，林地绿化率55.73%。年内，汀溪镇前格村获评为“福建省森林村庄”。

【造林绿化】 2020年，同安区完成造林面积11868亩（791.2公顷），其中重点生态区位林分修复造林804亩（53.6公顷）、乡村生态景观林造林50亩（3.33公顷）、森林抚育11014亩（734.27公顷），比上级下达的任务超额完成13.57%，且各造林地块的成活率均在90%以上，符合设计要求，通过上级验收。

【森林采伐管理】 2020年，同安区农业农村局审批采伐面积257.36平方米，采伐蓄积量1235.84立方米。根据各镇（街）及有关部门提供的年度林地利用变化情况，及时更新同安区森林资源档案。

【林业有害生物防治】 2020年，同安区投入防控经费426万元，加强林业有害生物防治工作。继续推进松材线虫病防治项目，采取社会化防治、绩效承包的模式，将防治任务分解至各镇（街、场），实现全区综合防控、统一监理，全区挂设诱捕器3000套，诱捕松墨天牛31万多只；设置诱木3200处，施放绿僵菌15000亩（1000公顷），喷洒噻虫啉500千克，释放花绒寄甲1万对；全年除害处理枯死树19003株，综合防治松林28万亩（18666.67公顷）。全区林业有害生物成灾率控制在4‰以下，无公害防治率在85%以上，水源涵养区全部采用人工和物理生物无公害防治。

【林业执法】 2020年，同安区林业案件刑事案件立案50件，办结50件。全年区农业农村局受理信访件50件，办结涉林信访件28件。实施野生动物救助出警308次。新冠肺炎疫情防控期间，区农业农村局出动车辆287辆次，检查超市54家、商铺518家、饭店555家、林场4处、市场139处、冻品厂3家、养殖场63处、屠宰场4处、公园84处、木材加工厂6处、防火哨卡24处，发放宣传材料4118份，查没疑似野生动物制品4只。开展卫片图斑执法，对全区所有违法违规的林木采伐、林地征占用等破坏森林资源情况进行全面排查，2020年福建省下达同安区违法违规图斑19个，经现场核查涉及林地违法违规图斑18个。至年末，18个图斑受案、办结11个，地类为农地不予立案查处7个，查处率100%。

（叶志艳）

畜牧业

【概　况】 2020年，同安区畜牧养殖总产值6.24亿元，养殖种类有猪、牛、羊、鸡和鸭。生猪存栏10.16万头，比上年增长153.2%；出栏12.01万头，比上年增长10.9%；产值5.4亿元。牛年存栏1078头，比上年增长49.5%；出栏1878头，比上年增长266.1%；产值0.19亿元。羊存栏112只，比上年下降23.8%；出栏289只，比上年下降39.9%；产值0.07亿元。家禽存栏31万羽，比上年下降25.2%；出栏229.9万羽，比上年增长209.6%。全年肉蛋奶总产量14399.79吨、比上年增长45.7%，其中肉产品13648.79吨、比上年增长48.9%，蛋产量751吨、比上年增长6.7%；产值0.05亿元。

【生猪稳产保供】 2020年，同安区落实生猪稳产保供政策，鼓励增栏补栏。全年落实生猪贷款贴息71.83万元，落实能繁母猪增量补贴16.7万元，落实病死猪无害化处理补助（养殖环节）37.27万元，落实能繁母猪保险、育肥猪全生命周期保险160.17万元。推进傲农嘉烨兴和振坤记改扩建项目建设，核定可增加生猪存栏产能7.78万头。

【畜禽检测】 2020年，同安区农业农村局开展畜产品沙丁胺醇、莱克多巴胺、克伦特罗等项目检测。检测6795头份，其中屠宰场抽检5725头份、养殖场1070头份。抽检生猪样品4563头份，牛羊样品1162头份，检测结果均为合格，合格率100%。

【动物疫病防控】 2020年，同安区农业农村局开展高致病性禽流感、口蹄疫等重大动物疫病强制免疫工作，全年强制免疫高致病性禽流感81.77万羽次、牲畜口蹄疫10.14万头次，应免密度100%。开展日常与集中监测相结合的免疫抗体检测12次，覆盖全区8个镇（街）237个畜禽养殖场（户），抽检畜禽血清1580份，高致病性禽流感（H5，H7）、口蹄疫、猪瘟、猪蓝耳病免疫抗体合格率均超国家规定的70%的标准。开展动物及动物产品检疫，年产地检疫牲畜6.55万头，家禽18万羽；年屠宰检疫生猪19.2万头、羊3.3万头、牛3400头，冷冻动物产品3566吨，无害化处理检疫不合格生猪283头。全区8家生猪备案养殖场自行无害化处理病死猪，全年无害化处理病死猪4659头。开展非洲猪瘟防控工作，提升生猪养殖场、屠宰场生物安全防控水平。全年未发生重大动物疫情。

【畜牧行业监管】 2020年，同安区农业农村局检查企业90家次，开展饲料抽样检测40份。办理行政许可5件，其中动物诊疗许可2件，兽药经营许可（不含生物制品）3件。开展打击私屠滥宰工作，建立健全联合执法工作机制，制定《同安区2020年生猪私屠滥宰专项整治实施方案》，联合公安机关、各镇街、执法大队开展多部门联合打击行动19次，累计出动执法人员450人次，捣毁私宰生猪窝点25个，查处案件8件，查获生猪（生猪产品）69.5头，移交公安机关处理。

【嘉烨兴生猪生态养殖项目建成】 2020年年底，厦门嘉烨兴生猪生态养殖改扩建项目一期建成投产。该项目位于五显镇四林村，由厦门嘉烨兴农业科技有限公司投资2.5亿元建设，建筑总面积9.6万平方米，占地总面积近300亩（20万平方米）。项目采用楼房养猪的集约型养殖形式，一期建设7栋8层的楼房用于育肥，二期建设2栋5层的楼房用于饲养母猪。环保设施用地近40亩（2.67万平方米），投入近2000万元，建设除臭墙、粪污处理中心、有机肥加工区、种养结合生态循环排污系统等，实现生猪养殖智能化、绿色化。至年末，该养猪场生猪存栏5.8万头，占同安区生猪存栏数的57%。

（叶志艳）

渔　业

【概　况】 2020年，同安区渔业生产总值10453万元，比上年下降12.5%。全年水产养殖面积259公顷，比上年下降0.77%，其中海水养殖面积59公顷，比上年增长5.36%，淡水养殖面积200公顷，比上年下降2.44%。产品总产量3196吨，其中海水养殖282吨，比上年增长22.61%，淡水养殖2718吨，比上年下降20.36%，近海捕捞产量196吨。

【水产养殖】 2020年，同安区主要养殖品种有鳗鲡、草鱼、鲢鱼、鳙鱼、罗非鱼、南美白对虾等。其中，鳗鲡养殖面积13公顷，产量790吨；草鱼养殖面积20公顷，产量315吨；鲢鱼养殖面积15公顷，产量303吨；鳙鱼养殖面积11公顷，产量186吨；罗非鱼养殖面积50公顷，产量656吨；南美白对虾养殖面积126公顷，产量515吨。

【水产品检测】 2020年，同安区农业农村局开展水产品检测工作，全年抽取产地水产品12个批次，其中鳗鲡样品3个、罗非鱼样品4个、倒刺鲃样品2个、澳洲龙虾样品1个、南美白对虾样品1个、南美白对虾苗样品1个，主要抽检孔雀石绿、硝基呋喃等指标，抽检合格率100%。

【渔政执法】 2020年，同安区开展河湖整治百日攻坚活动，排查整治辖区19个水库和四大流域河道管理范围内的违法建筑，受理并依法处理群众举报件45件，送达《责令停止违法行为通知书》14份，解决水事纠纷1起。做好巡查监管工作，组织1700多人次，开展海域、河道、水域和水产品质量安全、渔业安全生产日常执法监管巡查，渔政执法艇累计出航50多航次、航程800多海里，出动执法车120多辆次、行驶6000多千米，巡查河道长2200多千米。参与莲花水库联合执法巡查行动；海洋协管队员分别进驻丙洲、金都、后田3个执勤点，开展全天候、无节假日值班和巡查。

【海域非法捕捞整治】 2020年，同安区农业农村局开展涉渔“三无”（无船名船号、无船舶证书、无船籍港口）船舶整治工作，全年开展“封港清查”行动4次，累计出动执法人员56人次；组织海域巡航8航次、岸线巡查86人次；检查涉渔船舶56艘次、涉渔船舶停泊点6个次，整治小型涉渔“三无”船只（筏）8条，未发现大中型涉渔“三无”船舶。打击非法采捕交易红珊瑚、使用违规渔具等，清除绝户网12张、吊缯6个、地笼36槽。联合市海洋支队开展电捕鱼专项整治行动，收缴电捕鱼手操网14套、电渔船（筏）10艘。

【海域残留养殖设施清理】 2020年，同安区开展海域残留养殖设施清理整治，集中组织海域养殖设施拆除行动，先后雇用机械设备28台次、民船58艘次、民工194人次，出动执法船只14艘次、执法人员254人次，清理后田至丙洲海域及同安、翔安两区交界处的竹蛎、石蛎、围网等海域养殖设施。

【渔业法律法规宣传】 2020年，同安区组织渔船民宣传会6场次，举办现场法律宣传咨询活动8场次，开展联合进场宣传12场次、联合进村入户座谈318户次。悬挂横幅16条，张贴《福建省海洋与渔业局关于实施海洋伏季休渔的通告》等内容海报和标语168张，发放《禁止到敏感水域越界捕捞作业宣传材料》《美丽海洋平安渔业宣传手册》等水政法律法规宣传资料1758份。

（叶志艳）

农业产业化

【概　况】2020年，同安区推进农业产业化发展，建成军营村圳上观光茶园品种改良项目，打造厦门同安闽台农业融合发展（种子种苗）产业园。持续开展休闲农业示范基地、示范点以及美丽休闲乡村培育创建活动，汀溪镇古坑村入选“2020年中国美丽休闲乡村”榜单，莲花镇军营村获评全国乡村旅游重点村；全区省、市级休闲农业示范点达17个，省级及以上休闲农业示范点数量位居全市第一。3家合作社获评省级农民专业合作社示范社、7家合作社获评市级农民专业合作社示范社，获评省级、市级家庭农场示范场各1家。至年末，全区有农民专业合作社543家、家庭农场318家，其中农民专业合作社市级以上示范社46家、家庭农场市级以上示范场13家。“一村一品”专业村22个，其中国家级“一村一品”示范村3个、省级“一村一品”示范村2个。农业产业化龙头企业19家，其中区级8家、市级以上（含市级）重点龙头企业11家，全年销售收入185.57亿元，带动农户10.23万户。

【绿色农产品建设】2020年，同安区新增无公害认证企业1家、产品11个，绿色食品认证企业1家、产品6个。对辖区内当年新认证的无公害农产品企业补助2万元，新认证的绿色食品补助2.5万元，有机食品补助3万元，做好证后监管工作。至年末，全区认证产品57个，其中无公害产品44个、绿色食品12个、有机食品1个。

【同安闽台农业融合发展（种子种苗）产业园建设】2020年，同安区五显镇建设打造厦门同安闽台农业融合发展（种子种苗）产业园，产业园核心区位于五显镇竹坝片区，面积79万平方米，主要用于吸纳闽台两岸种子种苗公司，发展种子种苗，市区两级专门出台产业园优惠政策。至年末，入驻种子种苗企业20家。

【航天农业特色小镇试营业】2020年1月，同安区重点农业项目航天农业特色小镇一期北斗七星园建成并对外试营业。该项目位于五显镇竹坝片区，计划投资50亿元，分为两期建设，打造“一园两馆四区两中心”的空间格局。“两馆”包括航天科技博览馆和航天农业体验馆，“四区”包括航天五谷创意观光区、航天果蔬休闲采摘区、航天中药养生体验区和航天花卉摄影采风区，“两中心”为航天育种产业促进中心和航天国际交流中心。

【龙眼专业合作联社成立】2020年9月7日，厦门绿群龙眼专业合作联合社在洪塘镇石浔村揭牌，由联合社引进的同安凤梨穗龙眼干绿色烘焙生产线也同步启用。该联合社由厦门欣禾丰合作社、绿惠园合作社等8家合作社、农场、农产品加工厂组建而成，成立后的联合社实行“五个统一”，即统一采购、统一加工、统一商标、统一包装、统一销售。同安区农村经纪人协会向联合社授权使用“同安凤梨穗”原产地地理商标，共同打造“同安凤梨穗”品牌，带动同安凤梨穗龙眼产业发展。

【现代农业招商】2020年，同安区引进优质现代农业招商项目，

航天农业小镇　　（同安电视台供图　2020年10月7摄）

全年对接项目23个、总投资额38.8亿元，其中落地项目13个，主要项目有百利垅程、傲农嘉烨兴生猪养殖，涉及农产品加工、畜禽养殖、水产养殖等。已签约促落地项目3个，分别为瑞幸咖啡、亚美秘境、后田发展用地；在谈项目7个。

（叶志艳）

水 利

【概　况】 2020年，同安区用水总量1.46亿立方米，新审批发放取水许可证3家；对在用取水户进行取水计量登记，征收水资源费71.28万元，其中地下水水费25万元、地表水水费46.28万元。发放2019年度莲花水库、汀溪水库水源保护区生态补偿款21478.38万元，涉及户籍人口70690人。完成30座水电站的销户、拆除工作，下达奖励金4603.68万元。实施水利工程建设项目49个，其中安全生态水系建设项目13个、农田水利基础设施建设项目17个、农村人饮改造提升项目13个、流域综合治理项目4个、水利设施维护项目2个，至年末完成46个、在建3个，实现投资1.47亿元。4月，位于洪塘镇的旧石浔水闸拆除完成，石浔水闸改建工程通过验收。

【安全生态水系建设】 2020年，同安区推进实施安全生态水系建设项目13个、年内完工10个，建成安全生态水系总长30.57千米，实现投资4200万元，完成市下达任务的210%。其中，2017年安全生态水系工程包续建1个子项目，完成投资105万元，建成安全生态水系1.37千米；2018年安全生态水系工程包续建8个子项目、新建2个子项目，完成投资2860万元，建成安全生态水系27千米；2019年安全生态水系工程包新建2个子项目，完成投资1235万元，建成安全生态水系2.2千米。

竹山溪与东溪合流口至国际银行段安全生态水系项目　治理河段长度5.87千米，总投资约1470万元，2019年2月开工，2020年7月完工、8月验收。主要建设内容包括新建干砌石挡墙护岸长1087米，自嵌式生态挡墙761米，浆砌石挡墙护岸长200米；新建滚水坝3座、集水坑2座、农用桥6座、涵洞2座、机耕路5.6千米、排水沟5.6千米，滨水步道2处，绿化种植19864平方米等。

埯炉溪与竹坝溪合流口至后塘村段安全生态水系项目　治理河段长度1.56千米，总投资约960万元，2019年2月开工，2020年9月完工。主要建设内容包括清障6400平方米；硬质挡墙软化440米，干砌石挡墙护岸长2千米，浆砌石挡墙护岸650米；新建滚水坝2座；拆除重建农用桥1座，绿化种植9396平方米等。

竹坝溪五显段（竹坝溪与埯炉溪合流口至后垅村）安全生态水系项目　治理河段长度2千米，总投资约436万元，2019年2月开工，2020年8月完工、10月验收。主要建设内容包括新建护岸300米，休闲步道1537米，改造拦河设施3座，绿化种植23281平方米等。

官浔溪高速公路桥至官浔溪水闸段安全生态水系项目　治理河段长度5.4千米，总投资约421万元，2019年5月开工，2020年9月完工。主要建设内容包括新建亲水步道；修复水毁浆砌石墙的坡面、浆砌石挡墙；整修汀步、拆除违章、侵占河道建筑物，拆除雷达水闸闸门；新建项目介绍牌、道路导向指示牌、安全提示牌；对两岸堤防迎水坡进行绿化。

埯炉溪后塘村至石垅水库段安全生态水系项目　治理河段长度3.92千米，总投资约979万元，2019年2月开工，2020年5月完工、6月验收。主要建设内容包括清障1.61万平方米；硬质挡墙软化310米；干砌石挡墙护岸4.31千米，浆砌石挡墙护岸240米；块石矮挡墙护岸880米；新建滚水坝5座；绿化种植17024平方米等。

竹坝溪后垅村至竹坝水库段安全生态水系项目　治理河段长度2.3千米，总投资约339万元，2019年2月开工，2020年5月完工、7月验收。主要建设内容包括新建护岸551米、休闲步道2071米；改造拦河设施1座，绿化种植11456平方米等。

龙东溪马巷庄埯村至高速公路段（同安区段）安全生态水系项目　治理河段长度1.64千米，总投资约440万元，2019年2月开工，2020年9月完工。主要建设内容包括新建块石护脚1194米，改造排水口1处，硬质护岸软化提升141.5米，设置生态巡查步道3060米；新建滨水休憩小广场、滨水步道以及亲水平台等。

洪塘溪与龙东溪合流口至郭山村段安全生态水系项目　治理河段长度8.5千米，总投资约1090万元，2019年2月开工，2020年9月完工。主要建设内容包括清淤清障7.6千米，设置生态护岸及护脚长3.92千米；铺设巡查步道3794米，硬质挡墙软化提升6862米。

三忠溪与龙东溪合流口至庵内水库段安全生态水系项目　治理河段长度5.29千米，总投资约757万元，2019年2月开工，2020年12月完工。主要建设内

容包括清淤清障1.71千米，设置块石护脚长及布置生态护岸1715米，改造排水口9处，铺设巡查步道3697米，硬质挡墙软化提升475米及绿化、设施小品建设等。

澳溪莅畲溪支流小坪三级电站至鳗鱼养殖场段安全生态水系项目　治理河段长度2.32千米，总投资约185万元，2019年8月开工，2020年6月完工。主要建设内容包括生态清淤，新建滚水坝、干砌块石矮墙护脚、水土保护毯护坡、景观节点、亲水步道等。

【流域治理工程】 2020年，同安区加强流域综合治理，投入资金1600万元，完成西源溪坤泽洋湿地、汀溪支流补水点改造、东溪城区段景观用水以及梧侣溪（珠厝立交—新桥水闸）综合治理等4项工程建设。

西源溪坤泽洋湿地工程　总投资约1100万元，2019年12月开工，2020年10月完工。工程范围包括西坑桥至西源溪汀溪交汇口，涉及河段长度1.3千米。主要建设内容包括新建砾间净化区7013平方米，滩涂湿地面积6497平方米，新建生态堰坝2座，生态清淤6867立方米等。工程建设可有效削减由西源溪进入汀溪的总磷污染物，提升汀溪隘头潭断面水质。

汀溪支流补水点改造工程　总投资118万元，2019年12月开工，2020年7月完工、9月验收。主要建设内容包括新建2条景观汀步共144米；敷设2根无缝输水钢管并设置排气阀井1座、镇墩3处、支墩2处；新建2座预制钢闸门，铺设钢筋混凝土灌溉涵管8.7米等。

东溪城区段景观用水工程　总投资160万元，2020年4月开工，7月完工并验收。项目位于东溪东桥至梅山寺段，主要建设内容包括新建输水管1025米、设置计量设施1套、新建景观拦水坝4座等。

梧侣溪（珠厝立交—新桥水闸）综合治理工程　总投资约222万元，2020年7月开工，8月完工。主要建设内容包括新建生态护坡和复合式生态护岸等约570米；河道清淤硬化400米、河道清淤换填140米。

【溪流养护】 2020年，同安区投入资金1725.12万元，将溪流养护统筹纳入“一把扫把扫到底”管养机制，开展437千米河道养护，全区河道保洁率100%。清理转运河道垃圾和水生植物1.02万立方米，实现河面无漂浮物、河中无障碍物、河岸线无垃圾和无杂草丛生的“四无”目标。

【水利基础设施建设】 2020年，同安区农业农村局推进17个、总投资3600万元的农田水利基础设施项目建设，其中续建市级项目4个、区级项目2个，新建区级项目11个。至年末，17个项目全部完工，实现投资2500万元。

【农村人饮改造提升工程】 2020年，同安区农业农村局推进23个北部山区人饮改造提升工程建设，其中续建2019年度项目10个、新建2020年度项目13个，总投资9260万元。至年末，23个人饮改造提升工程项目全部完工，完成投资6160万元，建成水源点129处、制水配套设施117套，建设供水管道总长622.45千米，惠及莲花、汀溪两镇23个行政村141个自然村5579户约2.5万人口。

2020年同安区水利基础设施建设部分完工项目情况表

表29

项目名称	项目级别	投资额（万元）	建设内容
汀溪镇西源村“名优果场”抽水灌溉项目	市级	169.95	新建滚水坝1座、抽水泵站4座、蓄水池4座；输水干管650米，支管2500米，毛管5500米；沿路的输电线路以及部分土方工程
莲花镇美埔蔡林自然村农田水利基础设施工程	市级	214.84	池塘清淤935.36立方米、渠道清淤1657.97立方米；渠道浆砌块石挡墙723米、底板360.5米；泥结石路面866.5米、路肩墙1637.5米；农用桥2座；滚水坝2座；深水井1座；泵房1座；蓄水池1座；DN50PE输水管长150米等
新民镇蔡宅村农田水利建设工程	市级	370.19	建设渠道总长4826米，过路涵6处；建设2.5～3米宽机耕路17条总长5115米；渠道清淤282米，清淤量31.65立方米，池塘清淤3座，清淤量5087立方米等
郭山村（大坝）山塘除险加固工程	市级	260	大坝加固涉及大坝迎水坡、坝顶、背水坡、放水涵洞、景观绿化工程等

续表 29

项目名称	项目级别	投资额（万元）	建设内容
同安区新民镇和尚田水库引水工程	区级	206.07	渠首段修复拦水坝 1 座、新建沉砂池 1 座；明渠段对原有土渠进行修复改造，总长 672 米；隧洞段修复改造洞身 235 米；陡槽段新建陡槽 101 米等
五显镇军村农田灌溉改造工程	区级	382.01	对总长 3248.5 米的 9 条排灌渠进行改造加固；防渗加固渡槽 454 米
五显镇四林村农田水利基础设施建设工程	区级	381.39	新建机耕路 61.8 米，排洪渠衬砌 447.71 米、排水渠道衬砌 3240.43 米、山塘改造加固 2 座等
五显镇布塘村大溪里农田水利基础设施建设工程	区级	302.23	新建 4 条机耕道路共 1581.9 米，5 条排水渠共 614.5 米，灌溉大井 1 口，对现状 4 个池塘进行清淤并加固，设置下坝台阶 2 处
五显镇上厝村马塘里马塘宫口片农田水利基础建设工程	区级	81.52	新建机耕路 2 条，宽 3 米，总长 1085.07 米；新建排水渠 7 条，宽度 1.12 米，深度 0.5 米，总长 872.93 米
五显镇溪西村农田水利基础设施建设工程项目	区级	183.33	改造加固排灌渠 10 条，共 1418.5 米；新建 DN200 排水管 642.2 米及翻建简易农桥 5 座
五显镇下峰村美珠堂至寨阳村河道清淤及局部河岸加固工程	区级	96.04	河道清淤 271.44 米，新建河岸生态挡墙 129.4 米；新建渠道，宽度 2.22～2.62 米，深度 1.41 米，总长 522 米

【水土保持】 2020 年，同安区启动生产建设项目水土保持“天地一体化”监管新模式，动态监测在建项目 170 个。推进水土保持工程建设，完成水土保持综合治理 240 公顷，超额完成市下达的年度目标任务。全年征收水土保持补偿费 157.17 万元，其中清缴往年应交未缴补偿费 21.8 万元。

小资料：

“天地一体化”，即综合运用卫星或航空遥感、地理信息系统、GPS、无人机、移动通信、快速测绘、互联网、智能终端、多媒体等多种技术开展的生产建设项目水土保持和监管及其信息采集、传输、处理、存储、分析、应用的过程。

【水利设施维护管理】 2020 年，同安区成立水电站退出工作领导小组，制定印发《同安区水电站退出实施方案》，完成 30 座水电站销户和机电设施拆除任务，下达奖励金 4603.68 万元，通过市级验收。加强水利设施维修保养，定期检查警示标志、隔离围栏和消防安全措施等，更新一批老旧破损设备设施；投资 270 万元完成瑶江橡胶坝泵站和电力提升工程。改革小型水库管理体制，推行物业化管养模式，被水利部评为第一批深化小型水库管理体制改革样板县。

【河（湖）长制实施】 2020 年，同安区落实党政领导双河长制，全区设区、镇两级河长办公室 9 个，河（湖）长 29 人，其中区级河（湖）长 6 人、镇级河（湖）长 23 人。全年 2 名总河长召开调度会议 21 次，现场巡河 20 余次，研究流域治理和水质提升工作；3 名区级河长召开专题调度会议 35 次，现场巡河 48 次，解决埭头溪泥山支流、梧侣支流水质提升项目、安全生态水系项目等河湖治理重难点问题。聘任 4 名企业河长发挥优势参与河道治理，吸收 24 名志愿者开展河道治理志愿服务。完善公安机关协同河长制工作联络机制，设立驻区河长办检察联络室、驻区河长办法官工作室，开展“行刑对接，同堂研习，共同守护美好生活”专题系列研学活动，行政公益诉讼违法占用河道行为 1 起。完成 2 期河长培训和 12 期河道专管员业务培训。发布系列信息宣传报道“河长在行动”，评选“最美治河人”，52 篇河长制宣传报道被人民网、“学习强国”平台、《福建日报》、《厦门日报》等国家和省、市媒体刊用。

【水利执法监督】 2020 年，同安区巡查全区河道 74 次，出动车辆 74 辆次，人员 150 人次，巡查河道长 800 余千米。结合日常巡查和群众举报，对发现的水事违法行为及时处理。全年送达“责令停止违法行为通知书”14 份，处理水事案件举报 8 件，解决水事纠纷 1 件。

（叶志艳）

工　业

综　述

【概　况】 2020年，同安区在新冠肺炎疫情发生后推动辖区内4家口罩生产企业快速恢复生产，提高产能。出台《同安区应对新冠肺炎疫情推动工业增长若干措施》，推动辖区企业率先全市复工复产。全年同安区工业保持平稳增长态势，实现工业增加值278.13亿元，比上年增长8.5%。全区规模以上工业企业777家，完成工业产值981.75亿元，比上年增长4.6%，其中产值超亿元企业219家，完成产值863.4亿元，占全区规模以上工业企业产值的78.64%。传统骨干企业支撑作用明显，产值总额前20名企业年产值均超6亿元，累计完成产值359.06亿元，比上年增长6.25%；其中15家企业出现正增长，比上年增加61.46亿元。新增规模以上工业企业快速增长，新纳入的116家规模以上工业企业全年累计完成产值101.89亿元，比上年增长58.46%，拉动全区规模以上工业产值增加3.7个百分点；厦门美润医疗科技有限公司、厦门科司特电子工业有限公司、厦门东方银祥油脂有限公司等81家企业实现正增长，比上年增加42.07亿元。

【工业项目开工投产】 2020年，同安区促建、促投产工业项目49个（促开工项目7个、在建项目18个、促投产项目14个、已投产项目10个），投资总额188.20亿元；其中区管项目28个、投资总额74.79亿元，火炬项目21个、投资总额113.41亿元。推动优尔智能、环海精密、海辰新材料、晋大纳米等13个项目开工建设，

2020年同安区规模以上工业企业单位数和工业总产值一览表

表30

分　组	企业单位数（个）	工业总产值（万元）	工业总产值比上年增长（%）
总　计	777	9817526	4.6
一、按登记注册类型分组			
内资企业	616	7256621	7.0
有限责任公司	12	272577	−70.8
股份有限公司	5	564037	25.9
私营企业	599	6420008	18.8
港、澳、台商投资企业	93	1449540	−2.2
合资经营企业（港或澳、台资）	21	464350	−12.9
港澳台商独资经营企业	66	853728	8.7
外商投资企业	68	1111364	−0.5
中外合资经营企业	21	452593	−4.8
外资企业	47	658771	6.8
二、按工业类别分			
轻工业	483	5937433	3.8
重工业	294	3880093	5.9
三、按企业规模分			
大型企业	13	1520433	24.3
中型企业	85	2586485	6.8
小型企业	679	5710607	−0.5

明和、海新、科锋、赢晟等7个项目竣工验收，高时石业、美润、同恒金属等10个项目投产。

【工业固定资产投资】 2020年，同安区做好工业项目入库工作，推进工业固定资产投资。至年末，全区有在库工业项目211个；全年完成工业投资41.04亿元，比上年增长11.25%。福建厦门抽水蓄能电站、同安污水处理厂四期工程、海辰新材料一期等重大项目超序时进度。

【技改项目投资备案】 2020年，同安区工业和信息化局根据《产业结构调整指导目录》，做好企业技改投入备案工作。全年窗口受理企业技改备案项目377个，总投资20.64亿元，其中备案投资500万元以上的项目118个、备案金额18.14亿元，实际完成投资4.1亿元。

【惠企政策兑现】 2020年，同安区加大企业扶持力度，落实各项惠企政策，兑现标准化战略奖励26家，奖励金额357万元。受理企业货梯补助申请10家，发放补助金额153.68万元。兑现市级技改政策，对于符合技改奖补条件的134个项目，予以50个奖励项目奖励资金合计2046万元；予以129个补助项目补助资金合计4739万元。受理工业产值、工业增加值大户7家，奖励金额904万元；稳增长奖励20家，奖励金额580万；规下转规上91家，奖励金额1068万元。发放2020年2月至6月增产增效奖励428家、金额2826万元。

【应对疫情扶持工业生产措施出台】 2020年3月，同安区出台《同安区应对新冠肺炎疫情推动工业增长若干措施》，在疫情防控期间加大对同安区重点工业企业、产值大户的扶持力度。以资金奖励和补助的方式鼓励企业增资扩产，加大固定资产投资，支持企业实施技术改造、节能降耗减排等。年内受理稳增长奖励工业企业20家，奖励金额580万元；受理规下转规上工业企业91家，奖励金额1068.58万元；受理2019年度用电奖励项目工业企业46家，补助金额294万元。

（陈小兰）

主要工业行业

【概　况】 2020年，同安区食品行业、水暖厨卫业、机械制造业和光电照明业累计完成产值569.94亿元，比上年增长1.1%，占规模以上工业总产值的51.91%。食品行业继续占据主导地位，全年累计完成产值181.56亿元，占全区规模以上工业产值的16.54%。水暖厨卫业全年累计完成产值165.66亿元，比上年增长9.5%，占全区规模以上工业产值的15.09%。机械制造业全年累计完成产值117.59亿元，比上年增长18.6%，占全区规模以上工业产值的10.71%。光电照明业全年累计完成产值105.13亿元，占全区规模以上工业产值的9.58%。

【食品行业】 2020年，同安区规模以上食品工业企业69家，完成工业产值181.56亿元，占全区规模以上工业产值的16.54%。以厦门中禾实业有限公司、厦门东方银祥油脂有限公司为首的食品行业呈现良好的增长态势，成为地方经济发展的重要产业。其中，厦门中禾实业有限公司、厦门东方银祥油脂有限公司完成年产值39.46亿元、20.64亿元，分别比上年增长0.4%、123.54%。

【水暖厨卫业】 2020年，同安区规模以上水暖厨卫企业95家，完成工业产值165.66亿元，比上年增长9.5%，占全区规模以上工业产值的15.09%。水暖厨卫行业形成以四口圳片区为依托，以百路达、金牌橱柜为龙头，下游配套企业集聚发展的完整产业集群。龙头企业百路达（厦门）工业有

同安区厨卫龙头企业金牌厨柜数控开料车间

（同安区工信局供图　2020年11月3日摄）

限公司受益于机器换工、提高产能，全年完成产值 20.49 亿元，比上年增长 4.21%。

【机械制造业】 2020 年，同安区规模以上机械制造企业 87 家，完成工业产值 117.59 亿元，比上年增长 18.6%，占全区规模以上工业产值的 10.71%。其中，厦门蒙发利电子有限公司完成年产值 18.68 亿元；厦门优尔智能科技股份有限公司完成年产值 8.16 亿元，比上年增长 34.88%；厦门东亚机械工业股份有限公司完成年产值 7.65 亿元，比上年增长 29.59%。

【光电照明业】 2020 年，同安区规模以上光电照明企业 28 家，完成工业产值 105.13 亿元，占全区规模以上工业产值的 9.58%。其中，厦门市三安半导体科技有限公司完成年产值 44.69 亿元，比上年下降 13.95%；厦门三安光电有限公司完成年产值 29.13 亿元，比上年下降 4.95%。

（陈小兰）

2020 年 8 月 28 日，在同安工业园区管委会举办的电商直播节健身器材专场上，主播向消费者介绍厦门康乐佳运动器材有限公司生产的跑步机（陈嘉新　摄）

重点产业链

【概　况】 2020 年，同安区以工业集中区、同翔高新技术产业基地同安片区、轻工食品园等工业园区为载体，重点打造生物医药与健康、机械装备、半导体与集成电路、计算机与通信设备、新材料等产业链 5 条。全年完成产值 999.98 亿元，占规模以上工业总产值的 91.08%。

【生物医药与健康产业链】 2020 年，同安区依托轻工食品园、城东工业区等工业园区，重点发展生物医药、健身器材等产业资源，加快整合形成产业集聚。全年生物医药与健康产业完成产值 460.4 亿元，比上年增长 20.2%。全区药品生产企业 4 家，完成年产值 13.37 亿元，其中厦门中药厂有限公司完成年产值 4.58 亿元，比上年增长 12.01%。

【机械装备产业链】 2020 年，同安区依托工业集中区，推动机械装备行业由传统制造向智能制造转型，提高市场竞争力。全年机械装备产业完成产值 168.42 亿元，比上年增长 15.18%。重点制造企业厦门保沣实业有限公司、厦门太平货柜制造有限公司，分别完成年产值 24.14 亿元和 5.79 亿元；健身器材制造企业厦门群鑫机械工业有限公司、厦门康乐佳运动器材有限公司，分别完成年产值 12.2 亿元和 8.65 亿元。

【半导体与集成电路产业链】 2020 年，同安区依托火炬工业园区，发展半导体与集成电路产业链，完善产业园区配套建设和上下游配套产业体系，加快形成产业集聚。全区 25 家半导体与集成电路产业规模以上企业完成年产值 110.54 亿元，比上年下降 2.42%。重点企业有厦门市三安半导体科技有限公司、厦门三安光电有限公司，分别完成产值 44.69 亿元和 29.13 亿元。

【计算机与通信设备产业链】 2020 年，同安区依托同翔高新技术产业园区，发展计算机与通信设备产业链，推进研发平台建设，发展计算机、智能穿戴设备、通信导航设备等。全年计算机与通信设备产业完成产值 33.24 亿元，比上年增长 26.9%。重点企业厦门亚锝电子科技有限公司、厦门华联电子科技有限公司，分别完成年产值 2.12 亿元和 1.87 亿元。

【新材料产业链】 2020 年，同安区以同翔高新技术产业基地、工业集中区为载体，发展新材料产业链。全年新材料产业完成产值 227.37 亿元，比上年增长 2.78%。重点企业厦门华诚高新纺织有限公司完成年产值 6.82 亿元；厦门固克涂料集团有限公司完成年产值10.1亿元。

（陈小兰）

工业园区

【概　况】 2020年，同安有具备规模的工业园区8个，其中大型工业园区4个，分别为同安新城工业园区、同安工业集中区、同翔火炬高新城（同安片区）、同安轻工食品区；中小工业园区4个，分别为城东、城南、城北、莲花工业区。

【同安新城工业园区】 同安新城工业园区用地面积2.5平方千米。至2020年年末入驻企业403家，其中规模以上工业企业73家（产值上亿元企业18家）；全年完成产值70.64亿元，比上年增长10.6%。园区逐步形成光电照明、运动器械、电子科技等产业集群，通士达光电产业、协成、睿康科技、玛司特电子、康泰兴运动器材等一批国内行业领先的龙头企业入驻生产。

【同安工业集中区】 同安工业集中区位于国道324线以南、同集快速路以西，2005年7月动工建设，建成区域面积约16平方千米（含社区村庄），其中工业用地面积约7平方千米。园区有同安园、思明园、湖里园和火炬园4个分园区，建设通用厂房258栋、总用地面积176.37万平方米，发展定位为以水暖厨卫、健身器械、机械电子、物流配送等产业为主的综合性产业园区。至2020年年末，同安工业集中区引进企业1078家，其中规上企业278家（亿元以上企业73家），全年完成规上工业产值371.87亿元、比上年增长17.6%。园区形成服装鞋帽、运动器械、水暖厨卫等产业集群，入驻有中国驰名商标企业、拥有行业唯一的国家级厨房工业设计中心、企业排名全国第三的金牌橱柜，拥有“中国卫浴工业设计中心”、亚洲最大卫浴五金制造商百路达，全国轻工业健身器材行业十强、中国驰名商标企业康乐佳，以及国内按摩器具最大的企业之一、省著名商标企业蒙发利等一批国内行业领先的龙头企业。

【同翔火炬高新城（同安片区）】 同翔火炬高新城（同安片区）总用地面积35.07平方米，建设用地面积28.42平方米。规划工业用地面积1039公顷（约10.4平方千米）。其中，在同安区内743公顷，在翔安区内287公顷。2020年，一期、二期产业用地面积112公顷，有92公顷完成招商；三期产业用地10公顷，经火炬管委会研究用于建设通用厂房；四期产业用地105公顷，有海辰新材料等6家企业40公顷落地，剩余65顷可用于招商；六期产业用地123公顷。至年末，落地的产业项目有29个，实际入驻的企业有京东、海辰新材料、石墨烯产业园等50余家。法睿科技、超宇环保等8个项目竣工验收，佰明自动化、京东西区等4个项目投产。

【同安轻工食品园】 同安轻工食品园总体规划面积7平方千米，开发建设面积5平方千米，是同安区重点发展的食品医药专业化、集约化支柱产业园区。2003年园区启动建设，先后整合美禾园（开发建设面积2.3平方千米）、黄金园、西福园、古龙园、同吉园等5个园区，引进企业近300家。至年末，园区规上企业34家（亿元以上企业20家），全年完成规上产值94.27亿元，比上年下降16.3%。逐步形成以中盛（中国驰名商标企业、食用油品牌前五名），银祥（中国驰名商标企业、农业产业化国家重点龙头企业），日清（亚洲品牌百强、方便面发明企业）等为龙头的较为成熟的食品产业。

【凤南高端制造业基地】 凤南高端制造业基地位于同安区西南部，片区东侧紧邻同安工业集中区，轻工工业区；南北紧挨厦沙高速和沈海高速；新324国道与新民大道东西向穿越片区。2020年，基地总用地面积6.18平方千米，建设用地面积5.81平方千米。以生物医药与健康、机械装备、新材料等新兴产业发展为主导，以良好的自然景观环境和丰富的自然资源为依托，形成产业先进、环境优美、生活便捷的宜业宜居宜游的创业创新城区。

【中小工业园区】 同安区先后建成城东、城南、城北、莲花等中小工业园区。至年末，城东工业区引进企业134家（规上企业19家），以食品、医药、纺织为主，其中中国保健品行业的标杆企业金日制药、全国氨纶制造业前三名企业力隆氨纶、青岛啤酒等先后入驻；城南工业区引进企业356家（规上企业47家），主要引进中禾、ECCO等一批龙头企业；城北工业区引进企业26家（规上企业8家）；莲花工业区引进企业62家（规上企业9家），主要引进兴恒隆照明、固克科技等上市企业。

（陈小兰）

商业贸易

国内贸易

【概　况】 2020年，同安区批发零售贸易业销售额完成1158.32亿元，首次突破1000亿元，比上年增长37%。其中，限额以上批发零售贸易业销售额完成1038.23亿元，比上年增长47.57%。社会消费品零售总额实现394.64亿元，比上年增长8.1%。商圈建设日趋成熟，初步形成以夏商百货为中心的老城区钟楼壹号、钟楼百货商圈，以乐海购物广场为核心的乐海商圈，以舜弘现代城为核心的现代城商圈，以阳光小镇为核心的环东海域新城商圈。

2020年同安区限额以上批发零售法人企业商品购进、销售和库存情况表

表31

指标名称	法人企业数（个）	从业人员期末人数（人）	商品购进额（万元）	商品销售额（万元）	期末商品库存额（万元）	年末零售营业面积（平方米）
总　计	247	10733	10100441	10382307	468081	172015
一、批发业	196	6994	7836178	8077219	383916	25518
（一）按行业分						
农、林、牧、渔产品批发	2	37	994251	938806	121988	—
食品、饮料及烟草制品批发	32	3171	452577	501476	29720	1669
纺织、服装及家庭用品批发	29	502	1329421	1400572	10537	20
文化、体育用品及器材批发	15	529	1043189	1031418	39412	—
医药及医疗器材批发	8	535	140295	149933	15261	12000
矿产品、建材及化工产品批发	77	1285	3250337	3372640	108652	9649
机械设备、五金产品及电子产品批发	24	807	575398	628254	56784	2180
其他批发业	9	128	50710	54120	1563	—
（二）按登记注册类型分						
内资企业	172	4793	5896977	5989716	329565	25438
港、澳、台商投资企业	14	235	1140664	1166397	49399	—
外商投资企业	10	1966	798538	921105	4953	80
（三）按经营形式分						
独立门店	78	1674	2498804	2647252	126715	11804
其他	117	4653	5323854	5415145	257140	13634

续表 31

指标名称	法　人企业数（个）	从业人员期末人数（人）	商品购进额（万元）	商品销售额（万元）	期末商品库存额（万元）	年末零售营业面积（平方米）
（四）按单位规模分						
大型	3	1326	547512	611606	55811	820
中型	49	3939	3922403	4008241	272826	13277
小型	106	1636	1719142	1752366	24126	9271
微型	38	93	1647121	1705006	31154	2150
二、零售业	51	3739	2264263	2305088	84165	146497
（一）按行业分						
综合零售	6	506	26259	33387	1238	59483
食品、饮料及烟草制品专门零售	4	248	18757	69818	117	2670
医药及医疗器材专门零售	4	334	6627	8004	2214	7260
汽车、摩托车、零配件和燃料及其他动力销售	31	2075	392631	364955	64787	72680
家用电器及电子产品专门零售	3	556	49303	53175	9506	4404
货摊、无店铺及其他零售业	3	20	1770687	1775749	6303	—
（二）按登记注册类型分						
内资企业	49	3637	465870	495442	76737	139997
（三）按经营形式分						
独立门店	35	1621	328464	387251	33558	118220
连锁总店（总部）	6	441	20562	22177	2356	9560
连锁直营店	2	140	14384	15557	952	5413
其他	8	1537	1900853	1880103	47299	13304
（四）按单位规模分						
大型	2	1386	124366	97533	39619	10304
中型	18	1658	259539	321812	21576	63442
小型	23	674	117062	116427	16994	68931
微型	8	21	1763297	1769316	5976	3820
（五）按经营类型分						
有店铺零售	48	3719	493576	529339	77862	146497
无店铺零售	3	20	1770687	1775749	6303	—

2020年同安区限额以上住宿和餐饮业法人单位经营情况表

表32

指标名称	法人企业数（个）	从业人员期末人数（人）	营业额（万元）	客房数（间）	床位数（个）	餐位数（位）	年末餐饮营业面积（平方米）
总　计	29	1959	37657	1886	2615	26760	186784
一、住宿业	11	1176	19581	1886	2615	18167	158539
（一）按住宿行业分							
旅游饭店	7	1083	17702	1456	2033	18122	158208
一般旅馆	4	93	1879	430	582	45	331
（二）按登记注册类型分							
内资企业	10	918	15420	1632	2325	3167	155539
（三）按经营形式分							
独立门店	9	1130	18276	1618	2243	18122	158208
（四）按单位规模分							
中型	3	943	15996	1078	1466	17498	149358
小型	8	233	3585	808	1149	669	9181
其他	10	1147	18614	1757	2447	18122	158208
二、餐饮业	18	783	18076	—	—	8593	28245
（一）按餐饮行业小类分							
正餐服务	13	453	10891	—	—	4263	12876
餐饮配送及外卖送餐服务	4	310	6845	—	—	4065	14719
（二）按经营形式分							
内资企业	18	783	18076	—	—	8593	28245
（三）按经营形式分							
独立门店	15	352	9406	—	—	2652	15591
连锁总店（总部）	2	238	4284	—	—	3941	12454
（四）按单位规模分							
中型	2	420	8486	—	—	5841	12434
小型	11	337	8591	—	—	2190	14391
微型	5	26	1000	—	—	562	1420

说明：根据统计制度要求，单家企业统计数据不对外公开。以上两表中如分项只有单家企业，则该企业数据未在表中列出，故总项可能不等于分项之和

【商贸发展环境优化】 2020年，同安区兑现商贸业“一企一策”扶持资金1.34亿元，惠及企业6家；兑现商贸扶持奖励1702.32万元，惠及企业136家。策划实施“安心消费节”“电商直播节”“同安汽车消费节”等一系列促消费、助销售活动。

【商贸流通稳增长措施出台】 2020年3月，同安区出台《应对新冠肺炎疫情推动商贸流通稳增长措施》，推动商贸流通稳增长。通过支持统一结算、鼓励设立商贸法人单位、扶持商贸企业开拓国内外市场和行业商协会活动、鼓励电子商务和连锁便利店发展等措施，扶持同安区限上批发零售企业、餐饮业发展。

【“菜篮子”工程建设】 2020年，

同安区开展闽南农副产品物流中心二期项目建设，建设集果蔬交易、冷藏、加工、配送于一体的综合楼，建筑面积5.65万平方米。完成对嘉德胜市场、杜桥市场、洪塘市场、阳翟市场、城东市场5个农贸市场的提升改造工作。完成2018年度7个农业标准化示范基地验收工作，全区累计建设基地23家。落实农产品质量安全属地管理责任，对镇（街、场）农产品质量安全检测室予以补助，全年发放补助80万元。加强肉菜追溯平台建设，推行生产环节追溯体系，全年新增40家、累计138家农产品生产主体被纳入“一品一码”追溯体系；将闽南农副产品物流中心农产品追溯系统接入厦门市市场监管局“入市必登”管理平台，物流中心商户注册259家，采购商注册835家，共1094家。落实“菜篮子”保价稳价工作，区发改局发布农副产品价格信息8402次，粮油副食品价格信息33次，启动平价商店2次。至年末，全区个体生鲜食品零售网点1796家，企业食品零售网点（生鲜超市、农贸市场、菜市场、社区菜店、平价商店、蔬菜社区直通车等）200家。全区蔬菜播种面积100129亩（6678.6公顷），比上年增长2.16%；蔬菜产量25.65万吨，比上年增长2.37%。同安区“菜篮子”工程工作在同安区年度绩效考核中获得满分。

【农贸市场标准化提升改造工程】2020年，同安区开展农贸市场标准化提升改造工程，按照2.0的标准改造提升嘉德胜、洪塘、杜桥、城西4个农贸市场，按照1.0的标准改造提升城东、阳翟2个市场。至年末，洪塘、杜桥、城东、阳翟4个市场提升改造工程通过验收，嘉德胜及城西2个市场提升改造工程完成。

【厦门市首个水果一级交易市场在同安开业】 2020年10月1日，厦门市首个水果一级交易市场——闽南农副产品物流中心二期水果批发市场开业，这也是同安区最大的水果交易市场。该市场位于同安区洪塘镇闽南农副产品物流中心二期A地块的三层综合楼，经营面积约2万平方米，设有50多个水果商铺，销售的水果大多为产地直供，水果日交易量2000多吨。

2020年同安区农贸市场提升改造情况表

表33

市场名称	基本情况	改造内容	年末进度
嘉德胜	位于西柯镇滨海西大道4999号，面积8690.63平方米	标准2.0版农贸市场提升改造，增设1～6号楼隔油设备，1～2号楼墙体及基础、门窗、楼地面、墙面、天棚、摊位、广告招牌等土建、安装及配套农残检测室、广播系统、监控系统、排污系统、食品溯源系统等	2020年12月主体工程竣工，通过工程预验收，出竣工验收报告
洪塘	位于洪塘镇苏厝二路，面积1270.1平方米	标准2.0版农贸市场提升改造，完善提升消防系统、水电系统，摊位重新规划布局，配套农残检测室，明码标价公示栏、广播系统、监控系统、排污系统、食品溯源系统等	2020年9月16日通过验收
杜桥	位于同安区祥平街道杜桥里659号，面积5377.7平方米	标准2.0版农贸市场提升改造，完善提升消防系统、水电系统，摊位重新规划布局，配套农残检测室、明码标价公示栏、广播系统、监控系统、排污系统、食品溯源系统等	2020年11月19日通过验收
城东	位于于大同街道凤山二里117号，面积1490.08平方米	标准1.0版农贸市场提升改造，完善提升消防系统、水电系统，摊位重新规划布局，配套农残检测室、明码标价公示栏、广播系统、监控系统、排污系统、食品溯源系统等	2020年12月3日通过验收
阳翟	位于祥平街道阳翟路，面积750平方米，1.0标准农贸市场	标准1.0版农贸市场提升改造，完善提升消防系统、水电系统，摊位重新规划布局，配套农残检测室、明码标价公示栏、广播系统、监控系统、排污系统、食品溯源系统等	2020年12月3日通过验收
城西	位于大同街道市场路190号，面积4963平方米	标准2.0版农贸市场提升改造，完善提升消防系统、水电系统，摊位重新规划布局，配套农残检测室、明码标价公示栏、广播系统、监控系统、排污系统、食品溯源系统等	2020年12月消防与通风安装完成80%，消防水池建设完成90%，市场内摊位店招完成95%，市场内店铺总体完成98%，市场内摊位店招完成95%，石材地铺完成95%

2020 年 5 月 1 日，“寻味同安 · 安心实惠”同安区安心消费节启动仪式在同安新城阳光小镇举行　（同安区工信局供图　2020 年 5 月 1 日摄）

【“寻味同安 · 安心实惠”同安区安心消费节】 2020 年 5 月至 6 月，同安区举办“寻味同安 · 安心实惠”同安区安心消费节。活动由同安区人民政府指导，同安区工业和信息化局、同安区总工会、同安区市场监督管理局主办，海西晨报社、同安区餐饮协会承办。消费节以“五一”黄金周为契机，联合全区五大商圈 400 家商铺，围绕餐饮、商场、小吃、超市四大板块举办。区政府通过支付宝、云闪付平台等发放 400 万元现金券，可用于线上线下消费使用，线下商圈开启万元抽奖活动，通过一系列促销推动消费复苏、新兴商圈发展，助力同安复商复市。5 月 1 日，消费节启动仪式在厦门阳光小镇 3 楼观海平台举行，同安“一村一品”特色村的村干部、“大学生村官”以及同安特色品牌创始人，与抖音网红开展“云逛街”直播活动，组织美食博主直播探店；5 月 20 日，在钟楼广场举办消费节现场促销，以主播现场直播的方式，展示作为同安地标式商贸片区钟楼商圈的商业业态，为群众打造足不出户、“宅家逛街”的消费新场景。5 月 1 日至 6 月 27 日活动期间，同安区五大商圈总计进店客流量约 607 万人次，比上年同期增长 43.38%；总营业额超 1.5 亿元，增长 19.48%。

【首届同安小吃节】 2020 年 10 月 1—3 日，以“曼食记 · 寻味同安”为主题的首届同安小吃节在同安环东海域新城特房波特曼七星湾酒店南侧小广场举行。该次活动由同安区人民政府主办，同安区餐饮协会、厦门特房波特曼七星湾酒店承办，旨在宣传同安美食传统和美食文化，扩大同安的旅游知名度和美誉度，拉动假日消费经济。在开幕式上，同安区政府领导为同安区“同安小吃集体商标”揭牌。活动现场设有同安封肉、大肠血、薄饼等 20 种同安本地美食小吃摊位，以及“凤梨穗”龙眼干、状元月饼等名优特产摊位 10 个，还有“博饼”比赛、现场动手包薄饼等互动活动。

【同安区汽车消费节】 2020 年 12 月 19 日，同安区汽车消费节在阳光小镇开幕。汽车消费节以“四轮驱动 · 驾享同安”为主题，以汽车为主线，联动同安辖区内的宝马、奥迪、丰田、本田、别克等 21 家知名品牌车企，开展年度汽车品牌联展、汽车下乡巡游以及烂漫山海自驾游等主题活动，推动企业开展个性化促销、团购活动等。在启动仪式上，同安区政府正式推出“驾享同安 · 汽车助购金”计划，统筹发放 400 万元汽车助购金，消费者在同安区指定车企购车，除企业促销优惠外，还能再享政府补贴。活动现场还向军营村、顶村村、三秀山村颁发山海自驾游基地牌匾。车企将通过组织车友会自驾游、采风等形式，与共建乡村深入合作。

（陈晓雪）

对外及对港澳台经济贸易

【概　况】 2020 年，同安区有重点跟踪进出口企业 17 家。主要外贸行业为运动健身器材行业，全年全区运动健身器材基地企业总产值 66.88 亿元。年内新批准外资及港澳台资项目 62 个，累计合同利用外资及港澳台资 34.58 亿元，比上年同期上升 10.11%。

【利用外资及港澳台资】 2020 年，同安区新设立的主要外资及港澳台资项目有瀚途控股（4.34 亿元）、钰德服装（7439 万元）、泰亘信电子（7104 万元）、瑞耳图电器（1.18 亿元）、海福盛（6999 万元）、同灏供应链（2.63 亿元），增资主要项目有美福佳业（13.78 亿元）、协生针纺织（7132 万元）、泰亘信（13709 万元）、冠烽医疗用品（1.78 亿元）、永裕机械（6102 万元）、泰亘信电子（1.36 亿元）、灏景盛（6578 万元）。实际利用外资及港澳台资18.9亿元，完成市任务17.27亿元的109.4%，比上年同期（16.32亿元）上升15.8%，比全省增幅多5.5个百分点，完成比例列全市六区第三位。主要到资项目为美福佳业（2.2亿元）、美达复材（3099.42万元）、钰德服装（4500万元）、灏景盛（2.79亿元）、瀚途控股（3034万元）。

【健身器材出口主要企业】 2020年，同安区被列为厦门市重点健身器材企业的有奥佳华健康科技集团股份有限公司、厦门康乐佳运动器材有限公司、厦门群鑫机械工业有限公司，生产跑步机、椭圆车、踏步车、健身车、划船器、按摩器具、康复器具等运动健身器材，销往全世界100多个国家和地区。年内，厦门康乐佳运动器材有限公司获评国家体育产业示范单位。

（陈晓雪　叶茹芬）

供销合作商业

【概　况】 2020年，同安区供销社抓好化肥、农药、液化气、烟花爆竹、日用品经营业务，保障农业生产用肥用药和民生用气等市场供应，完善区联社治理结构。全年组织实施3个基层供销社改造项目，开展农资科技下乡活动2次、“庄稼医生”下乡义诊活动3次，接待各种咨询8000多人次。融合发展10个农民专业合作社。巩固和提升农村社区综合维修服务体系，推广网上预约平台“同安便民综合维修平台”，提供网上预约服务，在大同街道及五显镇共举办3场义务维修服务活动；在莲花镇云埔村、西柯镇埭头里新建2个维修站，在祥平街道祥桥路新建1个维修点。全年全系统商品销售额11893.16万元，比上年增长14.34%；缴纳税收973.98万元，汇总利润2076.44万元，下降13.08%。

【农资经营管理】 2020年，同安区供销社系统冬储化肥5200吨、农药17吨、农膜11吨，销售化肥5500吨、农药16.5吨、农膜11.2吨。在新民镇后坂村、洪塘镇郭山村、五显镇溪西村等村开展农资科技下乡和“庄稼医生”下乡义诊活动，现场开展病虫害防治、科学用肥用药、农资质量识别、农业机械使用，以及新肥、新药推广等活动，推动农资销售与“庄稼医院”技术服务有机结合。

【基层供销社改造提升】 2020年，同安区供销社妥善安置因拆迁而搬离的莲花供销社，借用莲花镇原财政大楼改造装修作为房屋拆迁过渡期的经营场所，确保其持续发挥服务“三农”职能。改造提升莲花供销社云洋分社年久失修的房屋，加固屋顶瓦片413平方米，加固支柱5支，粉刷墙体234平方米，整理排水沟130米。因同莲路拓宽改造拆迁，重新建成新民供销社凤岗综合商场两层钢结构经营场所，总建筑面积794平方米。4月20日，商场重装开业。

【“农民丰收节”农业嘉年华活动】 2020年9月19日至20日，在“厦门全城欢动消费节”举办期间，同安区供销社在莲花镇云洋村丽田园举办厦门市供销社系统首届“农民丰收节”农业嘉年华活动。活动以“庆丰收·迎小康”为主题，开展惠农政策宣传、农副产品产销对接、供销社品牌推广，来自全市供销社系统13家企业和各区具有鲜明地方特色产品的26家农民专业合作社参加。活动共设58个展位，包括农副土特产品、粮油、茶叶、手工制品、药材、食用菌、酒类及农资科技下乡、义务维修、农机具展示以及乡村旅游推广等，为城乡交流、产销对接提供平台。

【融合发展农民专业合作社】 2020年，同安区供销社与农民专业合作社结对签订融合发展协议，推进农民专业合作社规范发展，将厦门顺仔农机服务专业合作社等10个农民专业合作社纳入供销社统计直报报表系统，实行加盟管理。根据总社开放办社、拓展服务功能的要求，区供销社创新体制机制，确立洪塘百信种植专业合作社为区供销社第一家开放办社企业并指导该合作社拓展服务领域。年内，洪塘百信种植专业合作社融合发展4家专业合作社、改造17家星级服务社。

【农村假冒伪劣食品专项整治活动】 2020年，同安区供销社组织对系统内自营、加盟的日用品食杂商店，以及出租的经营网点，开展拉网式宣传和检查督促，确保供销社网点没有经销假冒伪劣食品。组织开展食品生产经营者培训20人次、宣传活动5次。组织食品安全协管员分发宣传材料300余份。

（叶祝阳）

电子商务

【概　况】 2020年，同安区互联网销售企业新注册2127户，累计6761户。同安区限额以上批发业通过公共网络平台实现销售额182.31亿元，占商品销售额

2020年8月8日，厦门转吧数字文化传播有限公司在金牌厨柜内容工场直播基地揭牌成立（同安区工信局供图）

17.76%；其中非自营平台销售额2.39亿元。限额以上批发业通过公共网络平台实现零售额180.38亿元，占商品零售额4.96%；其中非自营平台零售额2.07亿元。限额以上零售业通过公共网络平台实现销售额178.17亿元，占商品销售额的77.29%，比上年提高2.21个百分点；其中非自营平台销售额1779万元。网络销售成为同安区限额以上零售业的主要销售渠道，总销售额中大型商贸企业——厦门京东东和贸易有限公司贡献最大。

2020年，同安区企业厦门银祥集团有限公司等企业或通过第三方、或建立自营平台开展网络销售。除传统淘宝网、拼多多等互联网购物平台外，同安区零售业出现传统商超依托线上平台开展配送服务、30分钟快送新零售超市、社区线上团购等多种业态。直播带货销售模式兴起。年内，同安区政府出台《同安区关于加快直播电商发展三年行动方案》，促进同安电商直播产业快速发展。8—10月，同安区政府举办首届同安电商直播节，同安首家MCN机构——厦门转吧数字文化传播有限公司同步揭牌运营。

小资料：

MCN是多频道网络Multi-Channel Network的英文缩写，代表一种多频道网络的产品形态、一种新的网红经济运作模式。MCN机构是利用自身资源提供内容生产管理、内容运营、粉丝管理、商业变现等专业化服务和管理机构，实现内容创作从个体生产模式到规模化、科学化、系列化的公司制生产模式转型，从而实现商业稳定变现。

【直播电商发展方案出台】 2020年8月，同安区政府出台《同安区关于加快直播电商发展三年行动方案》。方案提出，到2022年，同安区将力争打造3个以上直播电商产业基地，分别为以农特产品及乡村振兴为主的莲花抖音小镇直播基地，以同安工业园区产业特色打造地产工业品的直播产业基地，借助同安新城发展以推荐旅游资源网红打卡点的直播基地。引进5个以上具有示范带动作用的头部直播机构，发展10家以上有影响力的MCN机构，孵化100家以上网红品牌，培育1000名以上直播带货主播人，争取3年内直播电商累计交易总额突破150亿元，将同安打造成为闽西南有影响的电商直播产业高地。

【首届同安区电商直播节】 2020年8月8日至10月18日，同安区举办首届电商直播节。该活动由同安区政府举办，转吧MCN承办，包括4场主题专场及8场分会场直播。10多位娱乐界明星及各领域网红主播现场参与直播，线上推出各种买赠、满送和折扣优惠促销。除本地特色产品外，穿插播放生态景观、体育赛事及文创产品等。全程参与的各行业代表性企业达64家，直播累计时长突破60个小时。主办方制作视频发布在抖音、一直播、微赞等全媒体矩阵平台，并在《海峡导报》《厦门晚报》《厦门日报》等主流媒体宣传，直播期间累计观看量1740万人次，总销售额超过2800万元，拉升同安厨卫、健康、食品、日用品等行业企业的产品销售额和市场影响力。

厨卫专场电商直播主会场　8月8日在金牌厨柜内容工场举行，莲花抖音小镇、滨海浪漫线两个分会场活动同步启动。主会场为厨卫家居会场，共有金牌厨柜、倍杰特科技、睿家居、百霖净水、得尔美卫浴、精一诚金属、三昌卫浴、欧圣斯科技8家厨卫企业分别开展1次品牌直播活动，由直播星推官及网红主播带领线上观众线上逛展。莲花抖音小镇分会场及滨海浪漫线分会场分别推介莲花镇特色农产品及同安新城产业发展情况、文旅产品等。该场活动直播观众突破270万人次，实现销售额1160万元。

健身器材专场　8月28日在同安工业园区管委会举行，同安区政府领导及同安健身器材等相关企业代表50余人通过踩动感单车的运动方式开启直播。由人气网红大人三木联合形体馆资深健身顾问，通过直播间分享家庭健身、产品体验、健康知识等。该场直播参与互动人数共计50万人次，在线总流量超过340万人次，实现成交额超过670万元。

食品专场　8月18日至19日在线上和线下同时开展。18日，当红美食主播线上推介古龙、银祥、娃哈哈等同安本地食品企业的品牌龙头产品20多个；同时，莲花镇分会场及滨海浪漫线分会场也同步上线推介农产品及同安新城各酒店、商家特色美食特色。18日至19日，同安乐海城市广场在一楼中庭开展中秋博饼欢喜购活动，推出购满博饼和转发直播博饼福利，有机结合线上线下促销活动。该场活动在线观看数近530万人，网红主播在线直播销售累计超20小时，累计销售额420万元。

快消日用品专场　10月18日在金牌厨柜总部家居体验馆举行。该场直播摒弃柜台摆放商品传统思路，把企业品牌产品全部融入居家体验馆中，主播采用模拟居家休闲方式介绍70多款特色产品功能和特点，为观众提供居家沉浸式直播体验。莲花小镇以及滨海西滨海浪漫线分会场同步直播。该场太阳城伞、古琳达姬、通士达等18家日用品企业参与，此外，配套的滨海西铁人三项赛事直播同步举行，提升直播活动人气。在线观看数量突破600万人次，销售金额550万元。

【同安首家MCN机构揭牌】 2020年8月8日，同安首家MCN机构——厦门转吧数字文化传播有限公司（简称转吧MCN）在金牌厨柜内容工场直播基地揭牌成立，同安区政府区长陈高润，金牌厨柜董事长温建怀、高级副总裁朱灵，艺人周韦彤共同揭牌。该公司为厦门金牌厨柜股份有限公司旗下子公司，是以覆盖家居垂直品类为主，以泛娱乐、美食等其他垂直领域为辅的专业MCN机构。公司以“短视频+内容+直播”为核心，延伸出内容电商、IP短剧、知识付费等业务，孵化、签约网络红人，协助网络红人实现全方位的商业变现规划。公司的成立是金牌厨柜公司开展数字化营销的一次新举措。

【农产品电子商务发展】 2020年，同安区惠尔康集团有限公司、厦门银祥集团有限公司、厦门古龙食品有限公司、厦门振坤记养殖有限公司、厦门市源香食品工业有限公司、厦门分分钟食品有限公司6家农产品经营企业主要通过天猫、淘宝、微信（微店）等第三方平台开展线上销售农产品，全年线上销售额合计6484.7万元。厦门银祥集团有限公司通过在天猫网设立“银祥食品旗舰店”销售肉制品；厦门市振坤记养殖有限公司在淘宝建立企业自营店；古龙食品有限公司直营平台（天猫旗舰店、天猫专营店）共计直播近千场，累计吸引访客50万人次，并自建直播间直播，共计直播268场，累计吸引访客6万多人次，合计销售1890万元。银祥、振坤记、千日红等农业企业自建网站开展产品宣传推介。

【网购新零售平台发展】 2020年，美团优选、多多买菜、i上鲜等多个社区团购平台在同安区开展销售，利用同安社区零售、小吃点等建设配送点，开展线上下单隔天网点配送服务。i上鲜社区团购平台2018年入驻同安开展业务，2020年末在同安区有300多家配送点，日均配送1万单左右。多多买菜为拼多多互联网购物网站旗下社区团购平台，2020年入驻同安开展业务。厦门朴朴电子商务有限公司同安分公司于2019年10月成立，2020年在同安区开展即时配送零售服务，顾客依托“朴朴”互联网购物平台下单，配送员约在30分钟配送货物到户。

（孙振华　叶志艳）

旅　　游

综　述

【概　况】2020年，同安区文化和旅游局举办第八届同安夏季旅游嘉年华暨金光湖森林泼水狂欢节，开展"诗意厦门·富美同安"文化旅游推介会活动。莲花镇军营村、白交祠村联合厦门旅游集团举办2020厦门高山乡村旅游休闲季活动。同安区完善旅游设施建设，至年底，累计批办乡村民宿15家。5月，位于环东海域滨海新城特房波特曼七星湾酒店、首个度假公寓式酒店厦门阳光城睿湾酒店先后开业，同安滨海新城高端酒店累计达4家。完善乡村休闲游品牌和产品，莲花镇获评全域旅游生态小镇，顶村村入选省级"金牌旅游村"。

区文化和旅游局推进北辰山AAAA级景区复核复评，组织行业专家对北辰山景区服务质量、旅游厕所建设等情况进行检查并形成报告上报。至年末，全区有国家AAAA级景区2家，AAA级景区3家。全年接待国内外游客1141.51万人次，比上年下降25.61%；实现旅游收入45.66亿元，比上年下降21.65%；限额以上住宿业实现营业收入2.1亿元，比上年增长11%。

【莲花镇获评全域旅游生态小镇】2020年，同安区莲花镇被福建省文化和旅游厅评选为"全域旅游生态小镇"，是厦门唯一一个入选的小镇。莲花镇依托自然生态和资源禀赋优势，打造军营村、白交祠村、小坪森林公园等观光、休闲游项目；引入"热陶"艺术进驻莲花村形成艺术家部落，打造游客陶瓷体验馆、"无界"展览馆等多个文化旅游融合项目；筹划乡村文化旅游节、地摊夜市等活动，创建"莲花抖音小镇"开展直播宣传，打造集休闲娱乐、美食饕餮、旅游观光、文旅消费等多功能于一体的全域旅游休闲模式。

（郑则仁）

旅游行业管理

【概　况】2020年，同安区检查旅游企业600余家次、司导人员90人次。组织疫情防控暨人流管控应急演练、防汛防台应急演练、反恐防暴应急演练等各类安全演练，共260余人参加。落实新冠肺炎疫情防控，在1月25日至3月5日期间关闭景区，3月6日起恢复景区对外开放。扶持旅游企业复工复产，出台《关于应对新型冠状病毒肺炎疫情扶持旅游企业发展九条措施》，兑现财政扶持资金670.67万元。开展民宿批办，全年批办民宿9家，其中3家位于西柯镇后田社区，6家位于竹坝片区。累计批办15家，总客房119间，总床位189张。处理"12345"平台便民投诉处理件76件。

【旅游行业疫情防控】2020年，同安区旅游行业落实新冠肺炎疫情防控有关规定，利用微信公众号、户外LED屏、宣传栏、横幅等载体，做好新冠肺炎疫情防控宣传。1月25日起，A级景区停止对外开放、景点关停，落实每日重点区域消杀，并建立日消杀台账；3月6日，各景区恢复对外开放，A级景区开园、景点营业，企业开通网上购票，实行预约、扫码、登记、客流不超过最大承载量75%接待，景区景点引导游客按照预约、错峰、限流的要求进入景区，落实引导游客科学佩戴口罩、保持"一米线"距离等疫情防控要求。指导旅游企业复工复产，做好复工复产氛围宣传和舆论引导，对全区旅游景区、宾馆酒店、民宿、旅行社等80多家企业进行专项检查，督促各旅游企业落实疫情防控措施，做好核酸检测、游客承载量控制、体温测量、公共场所消杀等相关工作。出动检查人员100余人次，

2020 年 1 月 20 日，同安区在西柯镇举行“同安区乡村民宿授牌仪式”
（同安区旅游发展中心供图）

悬挂疫情防控横幅 15 条，制作、发放防疫宣传手册 5000 册，完成公共场所核酸检测 300 人次。

【旅游行业复工复产扶持】 2020 年，同安区出台《关于应对新型冠状病毒肺炎疫情扶持旅游企业发展九条措施》，年内兑现古龙酱文化园、通士达光影体验馆、顶上乡村、丽田园 4 家旅游企业提升改造项目补助共计 207.4 万元；兑现同安星程酒店（速伯特酒店）、君之悦酒店、万豪酒店、盛之乡温泉度假村和金穗园温泉酒店 5 家酒店提升改造项目补助共计 368.4 万元。

【旅游行业安全整治】 2020 年，同安区开展旅行社租赁旅游包车安全隐患专项整治，检查旅行社 40 家次。开展安全隐患大排查大整治百日攻坚专项行动，检查全区 27 家旅游企业，出动检查人员 480 次，排查、整改各类隐患 292 处，主要涉及消防、电气火灾、地质灾害、房屋安全、水上安全、娱乐设施等问题。开展房屋安全质量检查，涉及全区 16 家酒店，9 家景区景点共 25 家旅游企业，排查房屋 52 栋，建筑面积 52.9 万平方米。开展以“消除事故隐患，筑牢安全防线”为主题的安全培训，旅游企业共 70 人参加。

【同安区乡村民宿授牌】 2020 年 1 月 20 日，同安区在西柯镇慢筑小院民宿广场举行同安区乡村民宿授牌仪式，推动同安民宿业规范发展。阳光海居、慢筑小院、三六五夜 3 家民宿获同安区文化和旅游局授牌。3 家民宿位于西柯镇后田社区，毗邻滨海旅游浪漫线、方特主题公园及万豪酒店等高星级酒店群，客房 42 间，可提供床位 59 张。获批开办后进一步丰富同安滨海旅游住宿业态。

（郑则仁）

旅游项目建设

【概　况】 2020 年，同安区支持各景区开展设施提升改造。向古龙酱文化园等 4 家旅游企业发放补助 207.4 万元。完善旅游配套设施，新改建旅游厕所 5 座。酒店类项目在建 4 个，分别为特房波特曼二期、东方神画酒店、厦门汉景大酒店和同安假日自选酒店改造，完成投资 3.3 亿元。年内，特房波特曼七星湾酒店、厦门阳光城睿湾酒店相继开业，环东海域同安新城高星级酒店累计开业 4 家，环东海域文旅产业带酒店群初具规模。

【景区建设和改造】 2020 年，同安影视城承办同安夜间文旅消费节暨第十二届青岛啤酒节，提升改造景区设施，投资 25.02 万元实施夜景灯光安装工程，打造太和殿广场景观。投资 10.88 万元实施绿化改造和停车场提升项目，维护提升宫灯、仿古建筑、喷水池等基础设施。金光湖景区投资 41.84 万元开展木屋和金光寨景点改造，投资 35.34 万元完成 A 线游步道改造和景区防护栏彩绘升级。北辰山景区改造提升旅游公厕、闽王馆景点、景区绿化等。

【旅游厕所建设】 2020 年 11 月，同安区建设旅游厕所 5 座并投入使用，其中改建 1 座，为方特东方神画节庆广场 B 栋旅游厕所；新建 4 座，分别为莲花书院广场旅游厕所、鑫野山谷热带雨林旅游厕所、云洋村溪墘祖厝广场左侧旅游厕所、鑫野山谷雨林馆休息站左侧旅游厕所。5 座厕所均配备第三卫生间或无障碍厕位。

【环东海域新城 2 家酒店开业】 2020 年，位于环东海域新城滨海旅游浪漫线旁的 2 家酒店开业运营。5 月 1 日，厦门特房波特曼七星湾酒店（一期）正式开业。该酒店为五星级豪华酒店，客房总数 511 间，提供床位 717 张，有宴会厅、多功能厅演播厅、恒温泳池、户外无边泳池、ROCK运动俱乐部等配套设施，可满足度假、婚庆、商务等不同需求。5月18日，环东海域同安新城首个度假公寓式酒店——厦门阳光城睿湾酒店正式开业。该酒店以“度假公寓”为主要特色，有128间公寓式海景房，提供床位240张。酒店推出“长短租运营”模式，为宾客提供居家型旅居生活。

【方特旅游景区启动夏季夜场】2020年8月11日，方特旅游景区举行“夜厦门，夜同安”方特夏季夜场启动仪式暨全新项目《飞越中华》体验日活动。活动推出全新升级改版项目《飞越中华》，演出大型原创主题演艺节目“梦回长安”，燃放神州塔烟花秀。景区还推出数十个摊位，应邀摆摊的汉服爱好者展示国风手作、国风饰品等文创产品，现场传授制作技艺。活动当天，方特东方神画园区开放夜场到21时。

（郑则仁）

旅游营销

【概　况】2020年下半年，在新冠肺炎疫情得到控制之后，同安区举办第八届同安夏季旅游嘉年华暨金光湖森林泼水狂欢节、“诗意厦门·富美同安”文化旅游推介会等活动，促进旅游行业复工复产。推进旅游品牌创建，莲花镇获评“全域旅游生态小镇”，汀溪镇顶村村获评“金牌旅游村”，莲花镇后埔村、云洋村，五显镇侨安社区被评为三星级旅游村，军营村被评为第二批全国乡村旅游重点村。开展同安特色伴手礼评选活动，评选出20件产品。

【同安特色伴手礼评选推广活动】2020年1月，同安区文化和旅游局主办的2019“礼遇同安”人气伴手礼评选活动公布评选结果，活动累计收到66个单位报送的107件产品，涵盖特色食品、土特产品、工艺文创、康养保健四个类别。经过网络投票、专家评审等环节，军营红小番茄、雅幸鱼皮花生、“阿吉仔”马蹄酥、和合盏、升津牌蜂蜜、漆线雕书签、吴招治古法柴烧封肉罐等20款产品入选，入选产品和所属单位可使用同安区文化和旅游局统一设计的“2019‘礼遇同安’人气伴手礼”专属标识，并进入同安旅游购物攻略和指南。1月10日，活动颁奖仪式暨推广对接会在区文化馆举行，20款产品在文化馆展厅展出并向市民销售，手礼网、厦门晚报“放心购”、“来三斤”农特产新零售平台、72变趣、豆丁海宝等电商平台和旅游相关企业在现场与伴手礼获奖单位洽谈，签订合作协议。

【第八届同安夏季旅游嘉年华】2020年7月17日，第八届同安夏季旅游嘉年华暨金光湖森林泼水狂欢节在金光湖景区启动。活动应防疫要求，人数控制在100人以内，全程进行线上直播。全区各主要旅游企业代表以暑期旺季和“跨省游”恢复为契机，在现场开展联合营销。全区各主要景区景点也在嘉年华期间推出特色主题活动，其中，方特梦幻王国推出“夜方特夜狂欢”活动，“极光电音趴”“梦幻泡泡秀”等主题演出及水上乐园嘻哈表演、水上电音派等。同安影视城、北辰山推出戏水等活动。

【厦门同安夜间文旅消费节】2020年10月16日至20日，同安区在同安影视城景区举办“富美同安　畅享欢聚”厦门同安夜间文旅消费节暨第十二届青岛啤酒节，首次将“文旅消费”元素融入青岛啤酒节，打造丰富时尚的夜间消费场景。该次活动由同安国投公司、青岛啤酒东南营销公司、青岛啤酒厦门公司主办，同安文

2020年1月10日，在区文化馆同安伴手礼展览上，市民游客驻足浏览“同安伴手礼地图”

（朱道衡　摄）

2020 年 10 月，厦门同安夜间文旅消费节暨十二届青岛啤酒节在同安影视城举行　（厦门同安影视城供图　2020 年 10 月 20 日摄）

旅发展公司承办，在同安影视城景区现场设置文旅集市、夜间消费集市、同安特色美食区、青岛啤酒国潮集市以及舞台演艺 5 个板块，策划 5 个不同的主题之夜，开闭幕式为“富美同安　畅享欢聚”，其他 3 天为百年青啤国潮之夜、TSINCTAO1903 经典之夜、奥古特传奇之夜，推出夜演、夜展、夜娱、夜秀、夜食、夜购等沉浸式体验项目，将啤酒文化、美食文化、非遗文化、民俗文化、景区文化等进行深度融合，实现“吃、喝、玩、赏、乐”一站式消费。

【“诗意厦门·富美同安”文化旅游推介会在江西举行】 2020 年 10 月 19 日至 23 日，由厦门市文化和旅游局、同安区人民政府主办，同安区文化和旅游局承办的“诗意厦门·富美同安”文化旅游推介活动在江西省景德镇、抚州、南昌 3 地举行。推介会紧扣厦门和同安文化旅游资源，向江西市民推介五大精品旅游路线。该次“诗意厦门·富美同安”文化旅游推介活动邀请江西约 300 家旅行社、旅行商参加，并分别和江西 3 地旅行社代表签订合作协议。推介活动还邀请 54 名地方主流媒体记者及网红到现场采访报道，3 场推介会现场直播累计观看量超过 1500 万人次。

【同安中秋博饼文化节】 2020 年 10 月，同安区首次举办中秋博饼文化节。活动由同安区文旅局指导，区旅游协会主办，以“欢乐中秋·喜游同安”为主题，分两轮举行。10 月 1—6 日，同安区 4 家 AAA 级以上景区（同安影视城、金光湖、北辰山、方特）和 6 家中大型酒店（特房波特曼、盛之乡、万豪酒店、万丽酒店、金穗园温泉酒店、帝乐酒店）在现场设置博饼点，面向全体市民游客开放博饼活动。10 月 8 日，“状元王中王”大赛在阳光小镇举行，各博饼点产生的“状元”角逐产生“王中王”。同安伴手礼、品牌食品商家在现场摆摊设点，推出买赠福利；博饼活动在线上同步直播，由网络“红人”们通过各大直播平台，向网民介绍闽南中秋博饼民俗，传播厦门传统文化。

（郑则仁）

旅游景区

【概　况】 2020 年，同安区有方特梦幻王国、北辰山 2 家国家 AAAA 级景区，古龙酱文化园、同安影视城、金光湖 3 家 AAA 级景区。另有丽田园、德安古堡等乡村旅游景点。

【方特梦幻王国】 2020 年，厦门方特梦幻工国接待游客 83.81 万人次，比上年下降 72.06%。春节开始因新冠肺炎疫情防控闭园，4 月重新开放。各个节日举办节庆活动，4 月，举办“熊出没欢乐跑”主题活动，促进亲子家庭间的沟通交流。“五一”节、中秋节、国庆节期间延长营业时间至 21 时，营造节日氛围。“五一”节期间开展“五一方特夜”活动，举办“无人机灯光秀”等演出。中秋节、国庆节双节同庆，举办万人合唱为祖国庆生活动，其间每晚表演城堡焰火秀。暑假期间，东方神画园区举办“夜方特夜狂欢”活动，7 月 1 日至 15 日每周末开放夜场至 21:00；梦幻王国举办“方特梦幻夜”活动，8 月 7 日至 31 日开放夜场至 21 时，举办“极光电音趴”“梦幻泡泡秀”等主题演出。水上乐园举办嘻哈表演及水上电音派对等，打造暑期夜生活。11 月至 12 月，举办“方特冰雪变装节”“冰雪跨年夜”活动。

【北辰山景区】 2020 年，北辰山景区接待游客 12.1 万人次，比上年下降 8.4%。春节期间由于疫情原因闭园；“五一”期间免费开放，举办 2020 年北辰山“玉米节”，推出玉米君快闪、精彩的剥玉米、花式玉米美食秀、吃玉米等趣味赛等项目，接待游客 11461

2020年11月29日，厦门北辰山国际越野赛在北辰山景区举行

（同安国投公司供图）

人次，比上年同期增长74.6%；端午假期举办2020年厦门北辰山端午——粽艺端午·趣味无穷活动，推出手工纸版龙舟、手工粽子DIY等项目；国庆节期间推出“2020年国庆厦门北辰山登高节——玩转网红打卡地把小红旗带回家”活动，以数字“70”、国徽、五星及天安门组成“网红打卡地标”供大家拍照留影，接待游客8829人次。11月29日，北辰山国际越野赛在北辰山景区举行。

【古龙酱文化园】 2020年，古龙酱文化园接待游客7.07万人次，比上年下降79.2%。由于新冠肺炎疫情原因闭园长达5个月，于6月23日起恢复开园。闭园期间，古龙酱文化园对园区木栈道、展厅地面、制酱DIY教室、旅游厕所等进行改造提升，改造完的DIY教室一次性可容纳200多名学生同时参与古法制酱活动。中秋国庆期间接待游客4172人次，比上年同期下降71.1%。年底，获评市级劳动教育基地。

【同安影视城】 2020年，同安影视城接待游客34.49万人次，比上年下降50.17%。春节期间由于新冠肺炎疫情原因闭园；“五一”期间免费开放，举办“铜铃祈福灯笼传情”活动，接待游客1.64万人次，比上年同期下降62.61%；国庆期间推出2020年迎中秋国庆同安影视城第七届影视文化旅游节——中国崛起国潮来袭系列活动，举办国潮盛典，国潮演绎——脸谱，国潮手绘脸谱DIY，国潮市集，国潮上装等活动，同时推出大型情景秀《皇城巡游记》、抛绣球招亲、小品《御赐大将军》、江湖·绝活等节目演出，接待游客42.65万人次，比上年同期下降48.96%。10月16日至26日，承办“富美同安畅享欢聚”厦门同安夜间文旅消费节暨第十二届青岛啤酒节，推出音乐、美食、民俗表演等多个沉浸式体验项目，吸引数万游客。

【金光湖景区】 2020年，金光湖景区接待游客8.87万人，比上年下降9.3%。其中“五一”期间接待游客6599人次，比上年同期增长1.1%；国庆期间接待游客12254人次，比上年同期下降8.35%。7月，景区举办第八届夏季森林泼水狂欢节——山泉养生活动，设置山泉泼水、漂流等项目，吸引游客消暑、休闲；中秋及国庆假期举办第九届森林旅游节——多彩金光湖活动。10月，开展探秘自然、乐在“金秋”主题活动，邀请游客一起亲近自然，探索自然之美。

（郑则仁）

高山乡村旅游休闲季

【概　况】 2020年8月至11月，2020厦门高山乡村旅游休闲季活动在莲花镇举行。活动由厦门市文旅局、同安区人民政府指导，同安区莲花镇政府和同安区文旅局支持，厦门旅游集团与军营村村委会、白交祠村村委会共同主办。自8月初启动后，主办方以“共享高山乡村生活”为主题，以“清新福建——清凉避暑气候福地”“厦门离天空最近的乡村”为特色进行宣传，推出特色旅游线路7条；开展军营村网红打卡点评选，高山摄影大赛以及最美乡村民居客房和乡村风味评选等一系列活动。活动期间，军营村被授予“厦门市青少年气象天文科普基地”，厦门旅游集团文创团队为军营村、白交祠村设计的高山家族文旅IP揭幕，进一步提升同安区乡村休闲旅游文化内涵。军营村、白交祠村村委会和驻地企业通过组织高山乡村学堂和返乡青年创业联盟，邀请文旅专家、烹饪专家等上山辅导村民打造特色民居客房和乡村农家菜品，提升同安乡村旅游品质。高山乡村旅游休闲季活动被《厦门日报》、《厦门晚报》、厦门电视台等媒体报道，并在新华网、人民网、厦门市文旅局“海上花园诗意厦门”微信公众号等网络平台宣传，吸引旅客约15万人次。

2020年9月22日，“高山家族文旅IP”揭幕仪式在军营村举行。图中为“高山家族文旅IP”，从左到右依次为“柿子妹”“小茗”“阿土伯”“地瓜哥”

（厦门旅游集团供图）

【高山乡村旅游休闲季开幕式】 2020年8月7日，2020年厦门高山乡村旅游休闲季活动在同安区莲花镇军营村、白交祠村启动，厦门市气象局局长葛小青、厦门旅游集团董事长肖平、同安区人大常委会主任王秀珠、厦门市旅游协会副会长汪沂增等领导共同为启动仪式揭幕。现场发布7个高山乡村旅游休闲季特色旅游线路产品，举行一系列基地揭牌、合作共建签约仪式，向聘请的高山乡村学堂专家顾问发放聘书。

【特色乡村旅游线路发布】 2020年8月7日，2020年厦门高山乡村旅游休闲季活动开幕式发布7条高山乡村旅游休闲季特色旅游线路，分别是“夜宿银河畔·高山乡村星空露营二日游”“爸爸的童年·高山乡村家庭亲子一日游”“哪儿凉快哪儿去·高山乡村清凉避暑亲子二日游”“在厦门茶山体验茶人生活——知茶，懂生活，高山茶人之旅”“985军营夏令营·听山的话”“野趣一天”以及“房车侧畔，星河相伴·房车星空二日游”，包含房车露营、家庭亲子、在高山做茶人、夜宿银河畔等特色乡村旅游项目。

【基地揭牌】 2020年8月7日，在2020年厦门高山乡村旅游休闲季活动开幕式上，集美大学党员教育基地、厦门大学附属第一医院思明院区党员教育基地、军营村返乡青年创业联盟、厦门高山乡村学堂揭牌。集美大学党员教育基地、厦门大学附属第一医院思明院区依托设在军营村、白交祠村的高山党校开展党员培训，军营村返乡青年创业联盟、厦门高山乡村学堂将在军营村、白交祠村开展乡村振兴项目和培训工作。

【合作签约】 2020年8月7日，在2020年厦门高山乡村旅游休闲季活动开幕式上，厦门大学附属第一医院思明院区与军营村村委会签署医疗共建合作协议。上汽集团大通房车科技有限公司与厦门厦旅中星文化旅游有限公司签署房车营地合作协议，在军营村、白交祠村合作开展房车露营基地等相关旅游产品线路建设和推广。

【军营村获“厦门市青少年气象天文科普基地”授牌】 2020年9月22日，“厦门市青少年气象天文科普基地”军营分基地授牌仪式在军营村举行，厦门市气象局副局长李棠华等领导出席。该分基地的设立是由厦门市气象局、市旅游集团指导，厦门市气象服务中心、军营红乡村开发有限公司、南方天文工作室共同打造的成果，是厦门市气象局助力军营村乡村振兴的重要举措。在授牌仪式上，厦门市气象天文学会向军营村授牌；军营红乡村开发有限公司发布高山乡村气象研学产品。同日，军营村第一期天文科普沙龙举行。沙龙结合军营村特有的高海拔、没有光污染等特点，组织参与者共同体验天文望远镜的使用，并就气象天文科普与研学旅行的相互融合展开深入交流，对“厦门市青少年气象天文科普基地（军营村）”研学内容进行讨论。

【高山家族文旅IP在军营村揭幕】 2020年9月22日，“高山家族文旅IP”揭幕仪式在军营村举行。高山家族文旅IP是由厦门旅游集团旗下厦旅中星的创意策划团队设计的。该团队经过在军营村的多次调研后，结合当地的人文历史和风物特产精心设计一组卡通人物形象，有“阿土伯”“地瓜哥”“柿子妹”“小茗”“番茄兄弟”和“朵朵”等，并让这些卡通人物藏身于茶园、溪流之间，成为高山乡村的形象代言人，打造乡村休闲度假的网红打卡地。

（郑则仁）

交通·物流

公　路

【概　况】 2020年，同安区加快补齐骨干路网短板，开展2个省、市重点道路交通项目建设，全年完成投资3.64亿元。至年末，同安辖区公路总里程944.04千米，其中国道30.82千米、省道101.29千米、县道117.1千米、乡道694.8千米。厦门市同安区建设与交通局开展省级“四好农村公路”示范区建设，全年完成农村公路新改建11千米。厦门市公路局同安分局（简称同安公路分局）开展19条国道、省道、县道的公路养护管理，总长170.65千米，年内获得2020年度全省公路养护管理综合评价第一名。

【对外路网建设】 2020年，同安区新建公路有同安大道（同南公路—同安东路段）、同翔大道（同新路—洪新路段）、同安东路（同新路—同安大道段）建成通车，总里程20.42千米。同集路（海翔大道—福泽路段）跨线桥、厦安高速云埔互通建成通车，提升同安区对外交通便利性。年内，同安区完成同安东路（同新路—民安大道段）Ⅰ标段、北站连接线（天马山路—上湖路段）、同莲路（城南大街—莲花镇段）改造工程（凤岗段）、海翔大道（同安段）交通完善工程等4个项目主体工程；推进省道206线（华诚三路—同安大道段）市政化改造工程、国道324复线（同安段）二期完善工程等2个工程，新开工滨海西大道提升改造工程、同安东路（同新路—民安大道段）Ⅱ标段工程、沈海高速同安（后垵）出口道路整治提升工程、国道324线华兴学校及乌涂商业街人行天桥工程、同集路（泥山段）人行天桥工程、同安大道同安区第一实验小学人行天桥、同集路潘涂人行天桥及洪塘头人行天桥改造工程、后垵村道路交通组织优化工程、同莲路凤岗小学人行天桥等9个工程。

【省级“四好农村公路”示范区建设】 2020年，同安区开展省级“四好农村公路”示范区建设。推进全区农村公路路网、桥梁、安保、通村、路灯等四好农村路建设项目。

道路安保工程建设　全年完成投资1.1亿元，建成4个农村公路提升改造项目，分别为Y669（四林—西洋）道路提升工程、X421（小木屋至南洋会馆）道路提升工程、X421（新村至上寮）提升改造工程、四房山道路白改黑等，道路总长7千米，建设内容为道路白改黑、绿化配套、交通工程及9座公交候车亭工程。

道路路灯工程　完成Y842线（县道422线—栋佐桥）道路路灯工程等8条道路路灯工程，实现亮灯里程20千米。

道路配套完善工程　完成汀溪镇、莲花镇“四好农村路”道路完善工程项目等19条道路，总里程103千米，建设内容为修补路沿、路面修复、路面清灌缝、增补安全设施。

通村公路建设　继续推动大同街道东宅过坑里南村口至北村口道路改建工程等6个通村项目建设，道路总里程4千米，建设内容为道路硬质化、涵洞工程、路基路面、交通工程等。

【公共交通】 2020年，同安区新增460路（第三医院总站—溪苑社区）、463路（梧侣公交场站—梧侣公交场站）微循环公交2条，新增公交站点17个，调整公交线路11条，填补同安城区、工业园区等地公交盲点。至年末，有公交运营线路57条，其中跨组团线路14条（进出岛线路9条、厦门北站线路3条、岛外跨区线路2条），组团内线路43条（其中山区线路14条，包含旅游专线2条、城际公交1条、微循环公交2条），建制村公交通达率100%。

【高速公路沿线综合整治】 2020

年，同安区开展高速公路沿线环境综合整治，以房屋整治、绿化美化、卫生治理3项工作为重点，完成沈海高速沿线农房整治407栋，厦沙高速沿线农房整治242栋；绿化美化完成面积15788平方米，卫生清理20处。

【道路养护管理】 2020年，同安公路分局开展国道、省道、县道公路管养，累计投入小修保养资金2805.23万元，其中养护方面2270.79万元，小修方面534.44万元。

日常养护管理　做好扬尘防治、市容考评、绿化补植。深化文明城市、城区创建，做好新冠肺炎疫情常态化防控工作，累计出动清扫车1983辆次、洒水车3147辆次、加强对边沟、涵洞、雨水井等排水系统的疏通清理，清理边沟210592米、涵洞289道、雨水井3427个、地下通道累计清洗69座。

小修养护标准化　全年开出小修指令累计500份，全年修补水泥混凝土路面250平方米，修复人行道砖3760平方米、修复护栏3783米，修复弹性示警柱1236根，修复道口桩135根，修复波形护栏140米，修复路缘石185米，修复反光镜8套，修复地下通道截水沟板材盖板25米；修复公路水沟盖板230米，安装防抛网90米，安装障碍墩82套，更换雨水井盖156个，修剪绿化遮挡标志162处。

绿化养护　精细养护道路绿化，针对缺株断档、黄土裸露等问题，开展专项排查，并形成问题清单，及时对地被灌木缺株断档及部分景观效果薄弱的绿地进行补植，加大水肥养护，提高成活率，巩固补植效果，累计补植绿化11513平方米。

公路防汛　对辖区公路沿线排水设施进行清理，确保排水通畅。累计清理道路沿线两侧边沟垃圾堆物35950米；清理雨水检查井1881个、雨水篦1742个；清理涵洞223座；清理地下通道22座。做好积涝点处置。对同集路珠厝立交原有积水严重路段增设雨水管约100米，增加雨水篦8个，对同集路通福路口处辅道原有积水严重路段增设雨水管30米，增加雨水篦2个。

【路产路权维护管理】 2020年，同安公路分局开展监督检查427车次、913人次，纠正、制止违章行为109起；受理各类路政许可申请86件，作出行政许可决定84件；受理路产损坏赔偿案件91件。加强与交通综合执法部门协作，开展联合整治行动54次，参与人员156人次，制止违法架设管线、损坏公路附属设施等行为，维护路产路权。

【道路移交接养】 2020年，同安公路分局接收国道324复线（西湖—马巷段）、国道324复线（纵二路—同安大道段）、美星立交、省道206线莲花水库改线段、瑶江路人行天桥5条新建道路的移交接养工作，提前介入同集路（海翔大道—福泽路段）、同翔大道（洪塘东路—同新路段）的保洁工作。

【“交通一家亲”爱心驿站建设】 2020年，同安公路分局配合市交通运输局实施“关爱特殊岗位工人”行动，在同安公路辖区通过改造旧道班房、新建造等方式设立10个爱心驿站，主要分布在同安公路分局办公大院门口、城关站、泥山站、汀溪站、白沙仑站、滨海西南站等地，为养路工人、公交司机、的士司机等岗位工人提供休息、用餐、应急药物等方面的便利服务。

【同安大道（同南公路—同安东路段）建成通车】 2020年1月19日，同安区举行“2020年道路交通‘百日冲刺’项目集中通车暨同安大道（同南公路—同安东路段）通车仪式”，同安大道（同南公路—同安东路段）建成通车。该工程总投资3.13亿元，于2017年3月开工，建设全长4.1千米、双向六车道的城市一级主干道，以同南公路为起点，终点连接同安东路，其中，长763米的大轮山隧道为同安大道重点控制性工程。该工程建成投用，标志全长17.96千米的同安大道全线通车，实现同安区北部与西南部、集美区便捷通行，改善同安城区以西区域开发水平。

【同翔大道（洪新路—同新路段）建成通车】 2020年1月19日，同翔大道（洪新路—同新路段）建成通车。该工程于2017年5月开工，总投资3.08亿元，全长2.84千米，起点位于下张村西侧，呈南北走向，终点为同新路。道路为双向六车道主车道加双向四车道辅道，按城市快速路标准建设，设计时速80千米/小时。

【同安东路（同新路—同安大道段）建成通车】 2020年12月，同安东路（同新路—同安大道段）建成通车，通车总里程0.82千米，为双向六车道、城市一级主干道。工程于2018年11月开工，总投资8974万元，全长0.82千米，起点为同新路，终点接同安大道，建设横跨东溪、110米长的下峰大桥。工程建成后连接同安大道与同安东路（同新路—民安大道）2条主干道。

【同集路（海翔大道—福泽路段）跨线桥建成通车】 2020年2月，同集路（海翔大道—福泽路段）跨线桥完工通车，标志同集路改造工程全线完工。该项目全长4.57千米，于2018年9月开工建设，通过新建高架桥、优化地面交通组织等措施，实现同集路禹洲大学城路段快速通行，缩短同安城区到厦门本岛所需时间，并与同安大道、海翔大道等城市快速路无缝衔接，缓解该片区交通压力。

【厦安高速云埔互通启用】 2020年8月1日，位于同安区莲花镇的厦安高速云埔互通落地工程通车，同安莲花北收费站同步启用。工程总投资2.02亿元，起于已通车的沙厦高速云埔互通，完善该互通四条匝道及主线，往东南方向建设长约3公里的高速公路，连接省道217线，主线按双向六车道标准建设，设计时速100千米；连接线按双向四车道标准建设，设计时速60千米，与之配套的同安莲花北收费站位于连接线靠近省道217线处。工程建成投入使用后可实现云埔互通全互通，便利厦门市民往返安溪县、长泰县等地。

【滨海西大道提升改造工程开工】 2020年2月14日，连接厦门岛和同安城区的滨海西大道提升改造工程启动。 本次改造范围为集美大道至新324国道段，全长14.9千米，改造将分两段实施。其中，改造集美大桥至海翔大道段9千米，挖除侧分带，将道路从双向八车道拓宽为双向十车道，处理路面病害，拆除四座跨线桥梁体并新建钢箱梁，对美峰公园段1.5千米“截弯取直”，新建2处BRT站和重新装修下穿通道，提升两侧的绿化景观；改造海翔大道至新324国道段5.9千米，挖除侧分带，处理路面病害，提升两侧的绿化景观。同时，全线梳理交叉口，对存在安全隐患的开口进行封闭。

（何洪艺　郭宝贝）

铁路及轨道交通建设

【概　况】 2020年，同安区铁路指挥部推进福州至厦门铁路客运专线（同安段）工程建设。开展福厦铁路专线（同安段长15.6千米）的征地拆迁工作，至年底，完成拆迁面积12.83万平方米，交地面积126.95万平方米；实施无砟轨道及桥下栅栏绿化施工，实现福社隧道贯通。推进轨道交通建设，启动地铁6号线前期工作，地铁4号线官浔站完成主体封顶。

【福厦高铁客动专线项目征拆】 2020年，同安区推进福厦高铁客运项目（简称福厦高铁）征拆工作。完成福厦高铁59栋房屋2.8万平方米的拆迁任务，福厦高铁红线用地征拆工作全部完成。推进福厦高铁预留通道（同安段）用地征收工作，需要完成征地60.1亩（4万平方米），拆迁2910平方米（简易房），涉及祥平、新民、西柯、洪塘4个镇（街），至年末全部完成交地，房屋拆迁全部完成。推进10米安控区房屋征拆工作，对夹角房、10米安控区内房屋组织六方确认，纳入征收安控区房屋64栋，新旧铁路夹角房34栋。完成市下达的福厦高铁进岛联络线项目用地征收工作，约4万平方米。协调市路桥、厦门国网电力公司完成福厦高铁（同安段）电力迁改工作，埭内线涉及西柯镇西浦村、下山头村迁改项目用地完成交地。厦春线（梧洪线）涉及新民镇禾山村迁改用地进场施工。

【福厦高铁福社隧道贯通】 2020年12月9日，福厦高铁福社隧道实现贯通。福社隧道位于同安区新民镇刘塘村附近，是福厦高铁厦门段唯一主线隧道，全长1493米。它由外延隧道和穿山隧道组成，依次划分为345米洞门及明洞，590米代建段和558米暗洞。隧道贯通后可为后续向漳州方向架梁施工提供通道保障，也可为轨道施工奠定基础。

小资料：

为何要建设外延隧道：项目地面外延隧道所在位置是个低洼带，容易形成汇水面，修路基或桥都容易被淹没，在隧道外围修建水沟水渠，可以将地表积水引排至别的地方；同时周边为高山坡，山坡上危岩落石易落入线路，所以将洞口外延200米至开阔的高处，可以保障铁路开通后的运营安全。

【地铁4号线官浔站主体封顶】 2020年12月，厦门地铁4号线官浔站主体封顶。该站点位于同安区西柯镇官浔村附近，为厦门地铁4号线（嵩屿码头—翔安机场）规划19个站点中的第11个站点，分别衔接厦门北站和丙洲岛站。项目为地上站点，共四层（地下一层地上三层），总建筑面积12033.24平方米，配套建设车站前后停车场等设施。

【地铁6号线集美至同安段工程项目前期工作启动】 2020年12月，同安区政府启动地铁6号线集美至同安段工程项目前期工作。同

2020年12月，厦门地铁4号线官浔站主体封顶　　（吴载清　摄）

安区政府对接厦门市地铁办与市轨道集团，调整优化前期规划方案，初步规划项目线路26.13千米，均为地下线，车站15座，设1个车辆段和1个停车场。后期将跨海与本岛实现贯通运营，在线网规划中最终形成连接同安与本岛的9号线。

（曾佩玲　刘京福）

物 流 业

【概　况】截至2020年年底，同安区有普货运输企业361家，“两客一危”企业10家；营运车辆5357辆，其中县际旅游客运车辆13辆，货运车辆5344辆。全区交通运输、仓储和邮政业规模以上企业22家，其中运输综合类18家，纯仓储类4家。完成营业收入17.37亿元，比上年增长39.3%。全年开展5个现代物流产业链群项目建设，其中开工项目1个（顺丰创新产业基地），续建4个（信和达元器件智能物流中心、东纶智创物流园、厦门宏高货运有限公司电子信息化物流配送中心、京东厦门电子商务产业园）。项目总投资40.2亿元，完成投资9.72亿元，完成年度计划投资8.9亿元的109.2%。完善农村物流体系，开通首条山区公交快递线。

【农村物流体系建设】2020年，同安区秉承“城乡统筹、以城带乡、城乡一体、客货并举、运邮结合”总体思路，建设完善三级农村物流网络体系。开通同安区乐海至西坑首条山区“公交快递”线，打通山区与城区间的物流“堵点”。推进农村物流节点建设，结合邮政末端网点建设“邮政驿站”。区级、乡镇级物流节点覆盖率均为100%，村级物流节点覆盖率74%，至8月底，提前完成2020年农村三级物流网络体系建设任务指标。

【厦门顺丰创新产业园开工建设】2020年5月18日，厦门顺丰创新产业园项目开工仪式在同安区洪塘镇举行。该产业园位于同安区高新技术产业基地，占地面积71063平方米，建筑面积71968平方米，总投资6亿元，年度计划投资0.9亿元，规划建设“互联网+”产业服务、“快递+”现代物流以及智慧物流三大功能分区，预计2021年年底竣工，投产后预计年产值12亿元，直接或间接带动就业1500人以上，推动同安区现代智慧物流服务业发展。

【首条山区“公交快递”运营】2020年7月1日，同安区首条山区“公交快递”投入运营。同安公交公司与邮政公司合作，以606路公交为载体，采取区域分离方式，将公交车副驾驶旁的空间改造为邮政快递寄放处，将需要配送的邮件、快件运送至乐海公交场站，由执行军营村班次的公交车负责中转至军营村的邮政驿站，

2020年，厦门市重点项目京东厦门电子商务产业园基本完成东区建设

（同安区工信局供图　2020年12月17日摄）

2020 年同安区物流项目建设一览表

表 34

项目	总投资额（万元）	建设内容	年末进度	年末完成投资额（万元）
顺丰创新产业基地	60000	规划用地 106 亩（71063 平方米），计容建筑面积约 14 万平方米，涵盖电商企业中心、跨境电商运营服务中心、金融服务中心、创新孵化服务中心、数据服务中心、顺丰智能分拣中心、顺丰智能云仓、智慧物流科技研发基地、智慧物流组装测试中心	项目地下结构工程施工完成	14345
厦门信和达供应链有限公司	60000	项目总建筑面积 153080 平方米，其中地下建筑面积 20750 平方米，占地面积约 85 亩。用地内由 7 栋建筑物构成，包括 3 栋标准化仓库、1 栋智能物流中心、1 栋高层办公大楼、1 栋多层办公大楼、1 栋展示馆组成。建筑功能主要分为办公、物流仓储及其他配套管理用房。办公部分最高建筑高度 65.0 米，地上 15 层，地下 2 层。主要为车库、设备用房	一期竣工验收，二期结构验收	31000
厦门东纶股份有限公司	70000	总用地面积 214.2 亩（14.28 公顷），总建筑面积 32.5 万平方米，建设仓储物流园	基本完成项目一期建设，进入验收阶段	11000
厦门宏高国际货运服务有限公司	12000	项目总用地面积 38673.16 平方米；总建筑面积 71937.06 平方米；主要建设物流仓库、办公楼及自备仓库等。一期项目总建筑面积 37633.5 平方米，其中仓库建筑面积 32450 平方米，办公楼建筑面积 4700 平方米	项目竣工，进入验收阶段	3900
京东厦门电子商务产业园	200000	总建筑面积约 25 万平方米，主要建设智能仓、分拣中心、员工宿舍及食堂、室外篮球活动场、垃圾房、围墙大门、门卫、自行车棚、停车场、园区道路等建筑及相关配套设施	基本完成东区建设	37000

冉将村民在邮政驿站交寄的邮件快件运回，打通山区与城市之间的物流“堵点”，完善农村物流网络，成为新型运营模式典范，被《中国交通报》《福建日报》等主流媒体刊登宣传。

（何洪艺）

交通管理

【概　况】 2020 年，同安区建设与交通局结合新冠肺炎疫情稳控后复工复产、安全隐患大排查大整治、安全专项整治三年行动计划等行动，采取专项检查、联合检查、“双随机”检查等方式，组织检查单位场所 623 家次，出动人员 1275 人次，未发现重大安全隐患，排查一般隐患 328 处，督促企业完成一般隐患整改 328 处。对新申请机动车维修业户严格按机动车维修企业类别标准考核，年内新增 31 家维修业户。开展机动车驾驶员培训行业管理，年内新办教学车辆证 1449 本，年审换证 693 本。同安公路分局开展行业乱象专项整治，消除交通安全隐患。

【公路行业乱象专项整治】 2020 年，同安公路分局开展行业乱象专项整治。开展违法增设小斜坡专项整治、违法占用挖掘公路专项整治、桥下空间专项整治、违法占道堆物专项整治、非公路标志专项整治以及违法停车专项整治，累计制止占用挖掘公路 21 起，非法增设路口 4 起，拆除非公路标志 93 面，清理占道堆积物 8 处。

【客货运输管理】 2020 年，同安区建设与交通局联合同安区交通综合执法大队在区重点区域开展 6 次非法营运专项整治行动，出动执法人员 30 人次、执法车辆 6 辆次，查处非法营运行为 3 起。通过动态监控平台管理“两客一危”及重型货车、半挂牵引车，总计抽查 1072 家次，抽查车辆 7031 辆次，发现离线、超速、疲劳驾驶共 2340 辆次，未发现超范围经营。累计抽查普货运输企业 394 家次，抽查车辆 6635 辆次，发现超速、疲劳驾驶等违章现象 2025 辆次。发出书面整改通知书 108 份。办理货物运输经营许可 82 项、完成 1 家货运企业备案，办理道路运输证新办 782 本，年审换证 4107 本。

【道路危险化学品运输管理】 2020 年，同安区开展道路危险化学品运输管理工作，开展联合检查 3 次，出动执法人员 27 人次，检查危险货物运输企业 16 家次，发放宣传材料 380 份。办理危险化学品运输证 57 本。

（何洪艺）

邮政·通信·信息化

邮　　政

【概　况】2020年，中国邮政集团有限公司厦门市同安区分公司（简称邮政同安分公司）优化网点设置，增设新民邮政支局；将西柯邮政所更名为西柯邮政支局，经营方式由代办改为自办，地址从西柯镇西柯街322号迁至西柯镇西柯一里5～10号；将洪塘邮政所调整对外营业；将汀溪邮政支局更名为汀溪邮政所、辽野邮政代办所更名为辽野邮政所。完善乡村邮政服务，全年设置乡村邮政驿站15个。至年末，邮政同安分公司辖支局、所13个（10个自办支局、3个委代办所），邮政储蓄网点8个；区寄递事业部辖营业部5个。邮政同安分公司有员工317人（含外包），其中支局邮政营业员16人，邮储营业员25人；区寄递事业部212人，其中普邮投递员52人，营揽投员108人。邮政储蓄CRS机15台、ITM机8台；投递段道139条，其中102个道段为快递包裹专投段，投递邮路（单程）5710千米，信箱信筒28个。

2020年，邮政同安分公司完成业务收入7912万元，其中代理金融（含保险、汇兑、短信）收入2573万元，比上年增长9.2%；函件收入120万元，下降38.4%；报刊收入240万元，增长21%；分销收入30万元，下降47.4%；国内普包收入41万元，与上年持平；快递包裹收入4630万元，增长7.2%；增值业务收入13万元，下降15.6%；集邮收入74万元，增长19%。储蓄期末余额17.75亿元，比上年净增2.52亿元。全年销售保险保费4205万元，大理财销售年增1874万元。新一代营业渠道系统上线。祥桥邮政支局继续保有全国级“巾帼文明岗”称号。

【邮政服务】2020年，邮政同安分公司平常函件进口量21.59万件，比上年下降26.44%。全年办理国内函件57616件（不含包裹），比上年下降20.33%；国际及港澳台函件659件，下降32%。办理国内普通包裹17366件，比上年增长13.14%；国际和港澳台包裹26件，下降43%。

大型活动邮政寄递渠道安全保障　2020年，邮政同安分公司配合邮政管理局、公安、国安等部门，加强邮件安全检查，完成全国两会、海峡论坛、中国国际服务贸易交易会、第三届中国国际进口博览会等大型活动邮政寄递渠道的安全保障工作。

“绿色服务”进校园活动　2020年，邮政同安分公司联合创新作文报刊社，到大同中心小学、洪塘中心小学、祥平中心小学、五显中心小学、新民中心小学、新星小学、柑岭小学等7所学校开展公益讲座。组成校园服务小分队，为大同中心小学、进修附属小学、大同第二中心小学、阳翟小学等21所小学提供报刊订阅服务。

邮政公益活动　2020年，邮政同安分公司举办“全民阅读　书香银城”大型图书巡展活动，组织2000余种、总计3万多册的优质正版图书按买二送五优惠价格进行销售，销售总额20余万元。开展“轻松返乡，平安返厦”系列活动，为广大外来务工人员的返乡包裹提供免费邮寄服务，累计收寄包裹1819件。

【邮政业务拓展】2020年，邮政同安分公司突出全国集邮特色校、全国青少年集邮基地办学特色，为厦门市启悟中学更名“厦门市同安实验中学”制作个性化纪念邮折。配合区市政园林局，成功开发《抗击疫情，垃圾分类不能停！》防疫宣传主题活动邮资封、宣传单，投送至全区各行政村、社区和居民小区。结合综治“平安三率”宣传，制作以“平安三率”为主题的微信朋友圈宣传广告，辐射大同街道所有村（居）。联合汀溪镇政府开展平安汀溪形象代言人征集微信朋友圈广告宣传。协助法院完成司法送达服务。

【邮政系统抗击疫情】 2020年，邮政同安分公司紧急开通防疫捐资捐款绿色通道，对寄往武汉地区政府指定接收机构的捐赠物资，提供免费寄递服务；对汇往中国红十字会总会和中华慈善总会的抗击疫情捐赠汇款，免收汇款手续费。落实疫情防控工作要求，按各镇（街道）、村（居）用邮需求，临时调整所属支局、所对外开箱时间，调整12个普服网点、8个邮储网点营业时间，对外公布紧急业务联系人和联系方式，确保邮政普遍服务渠道畅通。承担全区各中小学疫情期间教材配送工作，提供专业的配书包装、发运投递等全环节、全流程服务，助力"停课不停学"。

【军营村"邮政驿站"揭牌运营】 2020年7月1日，同安区莲花镇军营村"邮政驿站"揭牌运营。军营村"邮政驿站"利用军营村供销社加盟店加载邮政驿站，依托公交公司载运邮件，解决邮件服务最后一公里问题，让山区用户享受到更方便、快捷、人性化的邮政服务。

（温美婷）

通　信

中国电信同安分公司

【概　况】 2020年，中国电信厦门同安分公司（简称同安电信）下设电信营业厅16个，分布在大同、祥平、西柯、新民、五显等街镇，主营天翼、宽带、固话、ITV等各类电信业务；内设部门12个，有员工170人。推进有线宽带网络建设，新增千兆公共宽带端口1.2万个，提速改造端口2.2万个。推进无线网络建设，新建4G基站57个、新增扇区105个，累计建成4G站点1063个、扇区3489个，4G信号覆盖率98.2%；新建5G站点95个、新增扇区259个，5G信号覆盖率17.87%。全年完成经营收入2.31亿元，比上年增长5.95%。至年末，固定电话用户7.9万户，比上年下降4.4%；天翼（手机）用户21.1万户，增长3.2%；互联网宽带用户14.4万户，下降1.7%；电信ITV互动电视用户7.6万户，下降5%。

【防疫通信保障】 2020年，同安电信加强疫情防控通信保障，1个小时之内开通疫情防控指挥中心应急指挥电话2部，24小时之内完成祥平街道10个点位天翼看家视频监控安装工作，36个小时之内完成集中隔离公寓超300部宽带安装任务。紧急开通教育云主机，为20余所学校提供上云服务，为同安教育城域网互联网出口专线免费提速，开通云课堂账号超1万个，满足全区师生每日疫情速报登记及线上教学需求。同时，为各街镇开通来电名片超200部、发送防疫温馨提示及重要通知超百万条。

【信息惠民活动】 2020年，同安电信创新实施"党建翼联，信息惠民"活动，联合白交祠村、军营村建设高山党校"两学一做"教育实践基地，推进脱贫攻坚和乡村振兴工作。扶持边远山区农特产品线上助销项目，设置扶贫专区，展示特色产品，拓宽农特产品销售渠道。开展"爱有天翼，助力乡村振兴"系列主题实践活动，组织"高山上的阅读"公益共读和爱国卫生运动宣教活动，捐赠一批书籍文具，协助白交祠村完成首场抖音带货直播。

【同安区建设与交通局视频会议系统项目建设】 2020年，同安电信承建同安区建设与交通局视频会议系统项目，包括会议大厅、综合布线、通信设施、建筑及装饰配套、空调、新风、配电、应急照明、配套备发电机等建设内容，实现多方远程视频会议、数据信息实时共享等功能，提升突发事件应急处置能力。

【企地共建】 2020年，同安电信联合陆丰社区开展党员"双报到"活动，搭建企地共建大平台。组织参加社区抗疫活动95人次。联合开展爱国卫生运动、文明城市创建、无偿献血等志愿服务58场次。为社区开通智能音箱3部、天翼看家视频监控2部、来电名片20部。

（郭渊足）

中国移动同安分公司

【概　况】 2020年，中国移动福建公司同安分公司（简称同安移动）继续稳固通路优势，促进通信份额增长。转型运营5G市场，带动宽带份额增长。全年收入4.62亿元，比上年增长4.8%。至年末，同安移动通信客户51.4万户，其中4G客户46万户、市场占有84.5%，5G套餐客户8.7万户。有线宽带用户14.4万户，比上年增长19.4%。

【通信保障】 2020年，同安移动加强疫情期间通信保障，为区疾控中心加急配送"和对讲"对讲机，保证口罩生产企业弓立医疗对外网络联通、驰援武汉重灾区医疗人员手机畅通。完成教育系统 72 个云视讯硬终端 243 个软终端的安装与调试，保证疫情期间师生的线上教学。与区政府签订大数据短信发送协议，向全区用户发送疫情警示短信数百万条。

【“精品网络”打造】 2020 年，同安移动实施技术创新，持续打造“精品网络”，全面促进降本增效。加强 4G 网络建设，新建 4G 基站 123 个、扩容 106 个，满足全区深度覆盖需求。推进光纤网络建设，新建光纤线路 200 千米，增补建设光纤宽带端口 7000 余个，基本实现居民小区、农村全覆盖。启动主城区、乡村示范点和交通主干道 5G 网络规划建设，建成开通 100 个 5G 基站。

【“我为群众办实事”实践活动】 2020 年，同安移动开展“我为群众办实事”实践活动，以“优 + 服务和你在一起”为载体，组织多场客户接待日活动，现场为客户答疑解惑。联合公安分局，建立防诈联动快速反应机制，保证现实信息通报、快速出警处置的高效运行，提升行业宣传、防范电信网络诈骗能力。开展“三下乡”便民活动，扶持发展农村小卖部、农副产品店等，拓宽农产品线下销售渠道；按照“一村一人”模式，100% 完成当地“小能人”开发。

【招商项目网络签约】 2020 年 2 月，同安区依托同安移动云视讯产品，举行“不见面招商”线上集中签约仪式。云视讯产品通过互联网现场连线，将不同地区的企业代表汇集在云端进行招商合作，瀚途总部、路图旅拍总部、建潘德韬科技园招商平台、滴滴出行青桔助力车等 8 个重点项目完成线上签约。这也是同安区首次采用网络签约的模式招商引资。

【食品安全云监管】 2020 年，同安移动 100% 完成全区公办、民办学校“明厨亮灶”视频监控平台建设。该平台可对学校食堂的加工区、配餐区、仓库等实施同步监控，对学校食堂操作流程进行日常监管，提升全区校园食品安全管理水平。

（庄婉瑜）

中国联通同安分公司

【概　况】 2020 年，中国联通厦门同安分公司（以下简称同安联通），下设营业厅 4 个及政企网格、祥平社区网格、新民社区网格与建维网格 4 个部门，共有员工 58 人。全年主营收入 8666 万元，增长 18.5%；新增用户 2.69 万户，其中固网宽带用户数 0.21 万户，移网手机 2.48 万户。年末用户累计 11.7 万户。

【网络建设】 2020 年，同安联通加快数字化转型步伐，构建云网一体新能力，完成云基础能力建设，实现云云互联、云网互联。快速提升 5G 网络覆盖，全年新建 98 个 5G 站点，累计开通建设 102 个 5G 站点。继续扩大 4G 网络覆盖，加强底层网络覆盖，全年新增 253 个基站，全面完成区域 2G 网络升级。加快宽带网络用户改造，提升用户体验，全年完成 842 户升级。

【学校防疫微视频评选】 2020 年，同安联通联合同安区政法委、同安区教育局，开展疫情期间学校安全保卫工作微视频评选活动，宣传同安区广大师生新冠肺炎疫情防控工作，进一步提升广大师生防疫、抗疫意识。经征集、申报、评选等环节，本次活动共有 52 个作品参赛，评出一等奖 5 名、二等奖 11 名、三等奖 16 名。

【学校地震预警系统建设】 2020 年，同安联通继续开展同安区教育局辖属学校地震预警服务建设，年内总计为 5 家新办公办学校、98 家民办学校建设地震预警信息管理系统，截至年末，实现全区公办、民办学校的地震预警服务建设全覆盖。该系统主要有地震预警管理后台、地震预警手

2020 年 9 月 28 日，同安联通公司向防疫微视频评选活动优胜者颁奖

（同安联通公司供图）

机APP端、地震预警微信端，以及安装在地震预警信息发布终端上的应用和控制系统等。地震预警服务是由福建省政府倡导的一项民生工程，由省地震局授权权威发布地震预警信息的一项惠民服务。通过在学校布设预警终端，及时为同安区学校的防震减灾提供保障服务，同时利用地震预警信息专用接收终端，为其他灾害预警信息快速发布提供服务。

（李素琼）

信息化

【概　况】 2020年，同安区政务事务中心推进电子政务建设，优化OA办公系统、推动政务数据中心整合上云、完善“富美同安”APP平台等。同安区教育局、生态环境局等部门在各自业务领域开展信息化建设。9月，同安区举办“泛家居行业数字化生态”高峰论坛，探讨企业如何实现数字化转型。

【部门信息化】 2020年，同安区教育局建成“移动云视讯”视频会议系统，实施“智慧校园”工程，开展新媒体新技术教学科研。同安区市政园林局建设智能化排水系统，年内建成一期，开展市政管网智能化管理；建设综合监管与付费考核信息化平台系统并投入使用。同安区生态环境局启用全区生态环保视频监控系统和企业用电环保监测平台，实时在线监控涉污企业及企业用电情况。同安区人大、区社科联、区档案馆开通微信公众号，宣传各自领域工作。

【电子政务】 2020年，同安区政务事务中心优化OA办公系统，完善“富美同安”APP平台，推行电子视频会议系统，开展政务数据中心整合上云工作。

OA办公系统优化 2020年，同安区政务事务中心优化OA办公系统，升级附件插件，对附件目录分类归档，提高查询速度和备份速度；完成国产化电脑终端下中标麒麟、统信操作系统的适配工作。及时调整功能新模块。增加错情登记功能、反馈期限台账，设置流程未办理短信提醒，收文流程新增一键转收文登记功能和文印室分发环节转会议纪要；开发重点工作责任清单办理系统“政府副流程”和“备忘录”功能模块，提高办公效率。

“富美同安”APP平台完善 2020年，同安区政务事务中心完善“富美同安”APP的开发建设，提高政务信息传递效率。增加区级平台“防控工作”模块，支持疫情防控工作。重新迁移和部署Web服务器及数据库，确保系统稳定运行，提升用户体验。

电子视频会议系统推行 2020年，同安区政务事务中心推进同安区电子政务桌面视频会议系统应用，推行“不见面”招商的线上签约模式，促进瀚途总部项目等8个项目完成“视频线上签约”，保持防控疫情期间招商工作需求。开展区、镇（街）、村（居）三级电子政务桌面视频会议系统日常设备维护管理，做好全后视频会议21场的保障工作。

政务数据中心整合上云 2020年，同安区政务事务中心依托厦门市政务云平台建设同安区政务云服务平台，整合迁移9个单位共17个政务系统上云平台，提升同安区信息化基础设施集约化建设水平，促进政府部门间的信息资源利用和协同共享。

【政府信息公开】 2020年，同安区在政府门户网站的政府信息公开专栏上公开政府信息1120条，其中区政府及各镇（街）主动公开政府信息502条，区直各单位主动公开政府信息618条。做好依申请公开政府信息工作，规范和细化依申请公开信息的流程、服务方式和内容，年内全区依申请公开政府信息共有58条，其中通过网上表单形式提交申请19条，信函传真形式提交申请39条，依申请公开政府信息58条全部按时办结，办结率100%。推进基层政务公开标准化规范化建设，对网站专栏作出调整，制作政策图解指导20个部门8个镇街规范工作并完善栏目信息。

（连志炜）

【“泛家居行业数字化生态”高峰论坛举办】 2020年9月10日，由市委人才办指导，同安区委组织部、同安区工信局主办的“泛家居行业数字化生态”高峰论坛在厦门国际会展中心举行。该次论坛为2020厦洽会、第七届人才项目资本合作展配套活动之一，参会嘉宾共同探讨传统制造业如何实现数字化转型。华为云福建产业云公司分享华为产业云2.0道路如何助力企业实现数字化转型，厦门泛家居行业数字化转型标杆企业厦门金牌厨柜股份有限公司、厦门倍杰特科技股份有限公司分享如何基于云技术完善自身数字化建设。华为技术有限公司与同安区数字化转型上云标杆企业厦门麦丰密封件有限公司签约，协助企业开展全流程的数字化、智能化整合改造。

（叶进忆）

教 育

综 述

【概 况】2020年，同安区拥有各级各类学校341所，其中完全中学4所，十二年一贯制学校2所（市直属2所），初级中学13所（市体校不计校数附设初中班1个），九年一贯制学校4所（民办学校1所），小学78所（直属校17所，中心校9所，完小50所，民办校2所，不计校数7个小学教学点），幼儿园237所（县级教育部门办36所，集体办75所，国有企业办1所，民办125所），特教1所，中职2所（市直属1所，不计校数1个附设中职班）。有在校生152849人（含2所市直属校），其中在园幼儿40151人、小学生70952人、中学生36473人、中职生5083人，特殊教育学生数190人。公办校教职工8240人（不含市直属学校），其中专任教师7690人。全区全年财政性教育经费支出26.45亿元，占地区国民生产总值比例4.47%。2020年，同安区研究编制《同安区“十四五”教育事业发展专项规划（2021—2025）》，至年末完成初稿，进入征求意见阶段。投入7.1亿元，进修附中、滨城中学、梧侣实验小学、洗墨池幼儿园洪塘头分园等12个项目竣工投用，新增学位9270个。新增大同中心幼儿园等5所市级示范幼儿园、阳翟幼儿园等23所区级示范幼儿园；同安职业技术学校获评“国家中等职业教育改革示范学校”“全国国防教育特色学校”称号。推动义务教育优质均衡发展，推行“中小学小片区+初中联盟小组”管理模式，实行“师资互派、资源共享、统一教学、捆绑考核”的管理机制。白沙仑小学等38所学校通过省级义务教育管理标准化学校评估，区省级义务教育管理标准化学校占比达95%。新增汀溪中心小学和官浔小学2个资源教室，促进特殊教育融合发展。国祺中学、汀溪中学挂牌“福建省厦门第一中学合作校”，五显中学挂牌“厦门六中合作校”。区教师进修学校获评“福

2020—2021同安区学校基本情况表

表35

序号	类 别	校数	学校名称	学生数		教职工数	专任教师
1	普通高中	4	启悟中学、五显中学、第二外语、国祺中学	高中10506人（区校6415人，市直属4091人）	基础教育阶段学生数147766人（义务教育阶段学生数96919人）	3255人（区校公办在编2044人，编外368人，市直属728人，民办115人） 注：一贯制学校教职工有含小学部统计在中学	中学阶段专任教师2618人，初中专任教师1847人，高中专任教师771人（区校公办2016人，市直属563人，民办39人）
2	十二年一贯制	2	同安一中（市直属）、实验中学（市直属）				
3	普通初中	13	东山中学、汀溪中学、莲美中学、育才中学、凤南中学、新民中学、美林中学、柑岭中学、城东中学、澳溪中学、洪塘中学、进修附中、滨城中学、市直属市体校附设初中班（不计校数）	初中25967人（区校21688人，市直属3904人，民办375人），外口11791人			
4	九年一贯制	4	竹坝学校、梧侣学校、后田学校、华兴实验学校（民办）				

续表35

<table>
<tr><th>序号</th><th colspan="2">类 别</th><th>校数</th><th>学校名称</th><th colspan="2">学生数</th><th>教职工数</th><th>专任教师</th></tr>
<tr><td rowspan="5">5</td><td rowspan="5">小学</td><td>直属校17所</td><td rowspan="5">78</td><td>第一实小、第二实小、岳口小学、进修附小、阳翟小学、西柯二小、洪塘头小学、新城小学、新星小学、西塘小学、滨城小学、西洪塘小学、柑岭小学、新辉小学、大同二小、第三实小、官浔小学</td><td rowspan="2">小学70952人（区校66320人，市直属2232人，民办2400人），教学点645人，外口38285人</td><td rowspan="7">基础教育阶段学生数147766人（义务教育阶段学生数96919人）</td><td rowspan="5">3540人（公办在编2615人，编外814人，民办111人）注：一贯制学校教职工有含小学部统计在中学</td><td rowspan="5">小学阶段专任教师3791人（区校公办3552人，市直属108人，民办131人）</td></tr>
<tr><td>中心校9所</td><td>大同中心、祥平中心、洪塘中心、五显中心、西柯中心、新民中心、汀溪中心、莲花中心、凤南中心</td></tr>
<tr><td>完小50所</td><td>大同3所，祥平5所，洪塘11所，五显9所，西柯3所，新民5所，汀溪3所，莲花8所，凤南3所</td><td rowspan="3">注：竹坝小学部684人，梧侣小学部2667人，后田小学部1138人，华兴小学部628人，厦门实验中学小学部1356人，同安一中小学部876人</td></tr>
<tr><td>民办2所</td><td>永红小学、育青小学</td></tr>
<tr><td>小学教学点7个（不计校数）</td><td>莲花上陵（10人）、莲花罗溪（11人）、莲花白交祠（11人）、莲花水洋（10人）、莲花小坪（5人）、西柯丙洲小学（200人）、梧侣实小（398人）</td></tr>
<tr><td>6</td><td colspan="2">特教学校</td><td>1</td><td>同安区特殊教育学校（小学84人，初中79人，高中中职27人）</td><td>特教190人</td><td>65人（在编48人，编外17人）</td><td>63人</td></tr>
<tr><td>7</td><td colspan="2">幼儿园</td><td>237</td><td>县级教育部门办36所，集体办75所，国企办1所，民办125所</td><td>幼儿园40151人（公办20017人，国企办71人，民办20063人）</td><td>4313人，（公办校在编人577人，编外1433人，国企办15人，民办校2288人）</td><td>2750人（公办园1375人，国企办9人，民办园1366人）</td></tr>
<tr><td rowspan="2">8</td><td colspan="2" rowspan="2">职校</td><td rowspan="2">2</td><td>同安职业技术学校</td><td>4703人</td><td rowspan="2">中职阶段学生数5083人</td><td colspan="2">324人（在编168人，编外156人）</td></tr>
<tr><td>厦门市体育运动学校（市直属）</td><td>380人</td><td colspan="2">108人</td></tr>
<tr><td colspan="3">合计</td><td colspan="2">341所</td><td colspan="2">学生数总计152849人</td><td colspan="2">教职工总计11605人＝市直836人＋区属8240人＋国企办15人＋民办2514人。区属8240人＝编内5452人＋编外2788人（退休1295人）</td></tr>
</table>

建省示范性县级教师进修学校”称号。区教育局关工委被教育部关心下一代工作委员会评为“新时代好少年”主题教育读书活动“美化生活劳动创造”先进集体。

【教育基础设施建设】 2020年，同安区投入6.9亿元开展项目建设。实施57个学校建设项目，其中新建第二外国语学校高中部、四口圳学校等项目38个，提升改造同安实验中学运动场等项目19个。至年末，进修附中、滨城中学、梧侣实验小学、洗墨池幼儿园洪塘头分园等12个项目竣工投用，新增幼儿园学位1980个、小学学位6210个、中学学位3600个，其中7380个学位位于西柯、新民工业园区周边，缓解工业园区等热点区域的学位紧张问题。同步完善道路、污水管道等学校周边市政配套建设，祥平中心小学南侧临时道路、凤南中心幼儿园南侧、康浔幼儿园南侧配套道路等3个市政配套建设项目建成投用。

【教学科研】 2020年，同安区教育局深化“研训导一体化”教师发展模式，通过课题研究与教师成长一体发展、创新教育科研形式、区域典型教育科研成果提炼等举措，推进“素养+”同安行动、“研究+”同安行动、“成果+”同安行动三项行动，深度提升教育科研效益，促进区域教育均衡发展。年内，命名与挂牌7个同安区2020年度“学科工作室”。同安区获福建省教育科学“十三五”规划2020年度课题立项22项，其中常规课题15项，教育教学改革专项课题7项；市第五批基础教育课程改革课题立项4项；市“十三五”规划2020年度课题立项2项。组织区“十三五”规划2020年度课题评审，立项60项。组织参加厦门市2020年基础教育教学成果评比，获一等奖1件、二等奖4件；参加厦门市第十二届科研成果奖评比，获奖17件，其中一等奖1件，二等奖2件，三等奖6件，优秀奖8件。

【多渠道补充师资】 2020年，同安区招聘安置教师580人，其中赴高校招聘优秀毕业生46人，接收省属公费师范生38人，公开招聘教师493人，安置随军家属3人。开展柔性引才工作，落实柔性引才激励支持政策，通过“工作室”引进的方式，柔性引进C类市级领军人才26名；引进兼职教研员12名，其中泉州幼儿师范高等专科学校教授2名、集美大学教师教育学院副教授8名，省教科所基础教育研究室教授2名。面向市内公开选聘中小学幼儿园教研员11名，提升区域师资培训和教研水平。

【教师队伍建设】 2020年，同安区实施“研训导一体化”工作策略，组织开展青年教师教学基本功岗位练兵和中小学幼儿园教师教育教学技能岗位练兵活动，分学科开展项目岗位练兵，组织区级比赛，共866名教师参赛，497名教师获奖。组织116名教师参加厦门市教师技能大赛，59人获奖，获奖率51%，创历届市赛以来的最好成绩，第二外国语学校、同安实验中学被评为岗位练兵先进单位。开设干部教师培训班20个，累计培训2876人次、1220学时。做好各级名师、骨干教师的选拔、推荐、培训和认定的组织管理工作，推荐教育部、省教育厅乡村优秀青年教师培养奖励人选各1名，厦门市中小学幼儿园卓越教师3名，福建省优秀教师7人、优秀教育工作者1人；选拔同安区小学教坛新秀66名、中学教坛新秀24名；区级中小学骨干教师107名，幼儿园骨干教师26名，市级骨干教师培养对象120名；组织对全区首批65名自主培育高层次人才进行年度岗位考核，61人考核通过。

【学校德育】 2020年9—12月，同安区组织各中小学参加2020年厦门市中小学“嘉庚精神宣传月”主题教育实践活动，深入挖掘嘉庚精神的新时代价值，继承和弘扬嘉庚先生爱国主义精神。开展“学宪法　讲宪法”网上学习和“宪法小卫士”活动，有98所学校78807名师生在教育部全国青少年普法网注册参与宪法与法治知识在线课程学习，28416名学生参加第五届“学宪法，讲宪法”在线能力测评活动。在“学宪法　讲宪法”市级演讲比赛中，全区有12名学生分获一、二、三等奖和优秀奖；在2020年教育系统“宪法宣传周”活动中，全区107所中小学及职业技术学校97198名学生进行“宪法晨读”活动。组织参加全国“美好生活　劳动创造”主题教育读书征文、演讲比赛，全区中小学生获国家级一等奖66人、二等奖138人、三等奖203人；同安区教育局关工委、厦门市新民中学和同安区新星小学获国家级组织奖；4名教师获先进个人奖。

【学校体育】 2020年3月，在国家体育总局青少年体育司举办的全国象棋特色学校网络赛中，同安区祥平中心小学获团体奖小学B组金奖、小学A组银奖；个人赛8人获金奖，6人获银奖，7人获铜奖。9月，在厦门市中小学生棋类（象棋）锦标赛中，同安区祥平中心小学获女子儿童甲组前三名，男子儿童甲组第六、第七名。10月，在厦门市中小学生系列体育比赛中，同安区获得5个冠军，分别为小学女子篮球冠军（同安区洪塘头小学），小学男子排球冠军（厦门市竹坝学校），小学女子排球冠军（厦门市竹坝学校），小学生羽毛球赛团体冠军（同安区第二实验小学、同安区第三实验小学），初中男子排球冠军（厦门市竹坝学校）。11月，同安区举办第十三届中小学生田径运动会，全区有30人21次打破19项同龄组纪录。同安区五显中心小学、第二实验小学、岳口小学、西塘小学、新星小学、莲花中心小学6所学校被厦门市体育局授予“厦门市竞技体育后备人才培养基地校”称号。

【教育系统新冠疫情防控】 2020年1月，同安区教育局开发同安教育系统防抗新冠肺炎疫情实时数据平台，开展全区教育系统疫情数据采集核查工作，至6月总计核查153226名学生及教职员工的各项日报数据1906万余条。1月26日，摸排1月民办校（园）及校外培训机构师生外出回湖北返厦情况；1月31日，现场巡查校外培训机构，16家机构均按规定停止培训；2月1日，高三年级率先开展“停课不停学”活动，12日起，全区14万学子全面参与“停课不停学”活动；4月8日起，分学段恢复上课。2—3月，全区开展2次校外培训机构疫情防控工作专项督查，共检查557家次，均未开展线下培训活动。成立全区心理健康教育工作小组，组织全区48所学校开通心理援助热线（电话或邮箱），服务770人次。

【研学基地建设】 2020年，同安区把研学促进乡村振兴纳入同安教育的重要事宜，推出鑫美园等首批16个研学实践教育基地。整合、提升竹坝片区综合实践基地。对南洋书院、鑫美园、百利种苗、芳都杨桃园4个合作基地进行研学基地授牌。编辑出版《同安区中小学生研学实践教育基地服务指南》。12月，与厦门国贸研学教育管理有限公司签订中小学生综合实践基地战略合作框架协议，推动全区各中小学校广泛开展研学实践活动。

【学生综合能力培养】 2020年，同安区开展多项活动培养学生综合能力。注重培养创新思维，举办2020年同安区中小学创客大赛。组织参加第二十一届厦门市中小学生电脑作品制作比赛，同安区共35件作品获奖，其中一等奖5件、二等奖13件、三等奖17件。参加第三十六届厦门市青少年科技创新大赛，5名学生在科幻画项目获奖。组织学生参加省、市多项才艺竞赛，8月，发动各中小学参加福建省第四届校园微拍大赛，厦门市第二外国语学校4部作品分获省级二、三等奖；11月组织各中小学参加第33届中国电影金鸡奖系列活动——学生影评大赛，6名学生分获一、三等奖和优秀奖。面向全区学生举办2020年同安区师生书法现场临帖大赛、同安区中小学生魅力校园歌手赛。

【2020年中小学创客大赛】 2020年11月29日，2020年同安区中小学创客大赛在厦门市第二外国语学校举行。该次活动由厦门市教育局、中共厦门市同安区委宣传部指导，厦门市同安区教育局、厦门市同安区委网信办主办，厦门市同安区教师进修学校、厦门市第二外国语学校承办，旨在检验全区各校开展创客教育的阶段性成果，增强中小学生创新意识、实践能力和团队协作精神。比赛共开展机器人创客、手工创造创客、实验连环创客、3D+创客、动漫创客、智能小车创客、无人机创客、物联网创客、编程创客、创客建模、个人智力挑战赛11个项目，全区609支队伍1126名选手参赛，最终95支队伍获一等奖、182支队伍获二等奖、212支队伍获三等奖；评选出优秀组织单位18个，优秀指导教师30名。部分优秀获奖选手参加厦门市第四届中小学创客大赛。

【教育信息化建设】 2020年2月21日，同安区教育系统视频会议系统“移动云视讯”投入使用，全区所有直属学校（园）、学区中心校全部接入。同安区教育局推进厦门市同安实验中学等6所学校参与人工智能教育试点。实施宽带网络提升工程，推进同安教育无线城域网（　期）项目建设，同安实验中学、第二外国语学校等18个学校单位办公区域无线网络AP接入。开展同安区“智慧校园”创建工作，指导学校对照基础环境、应用服务等六项指标进行材料整理，创评15所区级“智慧校园示范校”，推荐同安区第

2020年11月29日，同安区中小学创客大赛选手参加机器人创客项目比赛

（同安区教育局供图）

2020 年 11 月 28 日，在青少年人工智能与编程教育主题论坛上，中国教育发展战略学会人工智能与机器人教育专委会向同安区教育局颁发“2020 年度人工智能编程教育实验区”牌匾　（同安区教育局供图）

实验小学等 6 所参加市级“智慧校园达标学校”评选。鼓励运用信息技术参与教学，1 月 30 日，在新冠肺炎疫情发生后，区教育局组织各学校开展网上授课，撰写《应急用，停课不停学——利用 QQ 群视频组织网络教学方法》让各校教师学习，被省教育厅信息中心优质公众号“课堂漫话”转载推广。区教育局组织参加中央电化教育馆“2020 年新媒体新技术教学应用研讨会暨第十三届全国中小学创新课堂教学实践观摩活动”网络课例遴选，全区课例入选 26 件，占全市入选课例一半以上。7 月 16 日，组织教师参加第十六届福建省“新理念、新资源、新探索”信息技术与课程整合三优联评活动，5 件作品获奖，其中一等奖 1 件、二等奖 1 件、三等奖 3 件。

【民办教育管理】 2020 年，同安区教育局坚持扶持与监管并举，推进民办教育管理规范化。管理全区 130 所民办学校、37 家校外培训机构。将全区 127 所民办幼儿园分成六大片区，并选取 18 所公办园为龙头园，实施片区网格化管理；对 67 所民办校园开展专项审计工作回头看检查；对 130 所民办校园开展综治考评，考评结果为优秀 39 家，良好 52 家，合格 39 家。落实普惠性民办学校财政补助政策，2020 年下拨民办校（园）财政补助资金 7264.507 万元。2—5 月，在新冠疫情防控期间，共实地明察暗访民办校园 2735 家次、校外培训机构 1449 家次，均未发现开园开学及开展线下培训活动。

【继续教育】 2020 年，同安区电大工作站着力打造“一村一名大学生”“农民工求学圆梦行动”“学前教育提升计划”等重点项目。同安区社区教育学院发挥社区教育学校、村居社区书院、村居学习中心（点）等载体作用，开展形式多样的非学历继续教育和实用技术培训，举办“终身教育宣传日”“学习团队”“品牌项目”“社区示范基地”“百姓学习之星”等专项活动，提高社区教育覆盖率。

【青少年人工智能与编程教育主题论坛】 2020 年 11 月 28 日，第二届人工智能与机器人教育大会厦门分会场——青少年人工智能与编程教育主题论坛在同安一中举办。本次论坛由中国教育发展战略学会人工智能与机器人教育专委会与厦门市同安区教育局联合主办，福建省同安第一中学和世纪海航教育科技集团承办。论坛围绕“青少年人工智能与编程教育”主题，就结构建设、人才培养、思维建设、产教融合等方向，邀请了教育行业管理者、一线教育教学专家、行业技术专家发表演讲，聚焦青少年人工智能与编程教育热点问题，交流研究成果。来自全国各地近 500 位的教育局代表、学校一线教师、高校知名学者、行业资深专家参与。论坛期间，中国教育发展战略学会人工智能与机器人教育专委会举行“人工智能编程教育实验区、试点校、合作单位”授牌仪式，为同安区教育局、湖北省武汉市新洲区教育局、福建省永安市教育局等 10 家教育局，福建省同安第一中学、厦门市同安第二实验小学、福建省福州市仓山区实验小学等22所学校以及厦门科技馆等3家合作单位授牌。

（张东民）

学前教育

【概　况】 2020年，同安区有各类幼儿园237所，其中县级教育部门办36所、集体办75所、国企办1所、民办125所。全区在园幼儿40151人，其中公办20017人、国企办71人、民办20063人。幼儿园教职工4313人，其中专任教师2750人。适龄儿童入园率99.3%。享受财政补助的集体办园幼儿春季5433人、秋季5514人，全年补助款2650.26万元；享受财政补助民办园幼儿数春季14667人，补助金额2879.52万元；秋季16078人，补助金额3839.98万元。全区学前教育普惠率99.32%。

【幼儿园开办整合】 2020年，同安区新开办5所公办幼儿园，新增学位1440个。分别是位于五显镇的竹山幼儿园，提供学位180个；位于新民镇的凤南中心幼儿园，提供学位270个；位于西柯镇的西柯第二中心幼儿园、西柯第二中心幼儿保利分园、洪塘头幼儿园3个幼儿园，提供学位总计990个。原西柯中心幼儿园下属的集体办洪塘头幼儿园，办学性质更换为公办直属园，并更名为厦门市同安区洗墨池幼儿园洪塘头分园。民办幼儿园新增1所，为位于洪塘镇的中洲滨海幼儿园，提供学位360个；民办幼儿园注销5所。

【幼儿园等级评估】 2020年，同安区教育局组织幼儿园等级评估，75所集体办园通过评估确认，其中有一级园6所，二级园44所，三级园19所，基本合格园6所；大同中心幼儿园等4所幼儿园通过市级示范性幼儿园评估，阳翟幼儿园等25所幼儿园通过区级示范性幼儿园评估，全区省、市、区级示范园分别达到7所、11所和30所。组织民办幼儿园等级评估，其中，一级园19所、二级园30所、三级园21所、基本合格园55所。

【学前教育宣传月活动】 2020年5月20日至6月20日，同安区开展第九个学前教育宣传月活动，组织同安区各幼儿园0～3岁公益早教进社区宣传。按新冠疫情防控要求，活动主要在线上举行。朝阳幼儿园、实验幼儿园、兴国幼儿园、莲花中心幼儿园、第三实验幼儿园、同城四季幼儿园、祥平中心幼儿园、大同中心幼儿园等幼儿园教师通过线上关爱、入户家访等形式，关心班级幼儿，了解幼儿宅家情况，宣传学前教育发展成果、政策，学前教育管理制度和科学育儿的知识。

【学前教育网格化管理实施】 2020年，同安区推行学前教育网格化学前管理模式，发挥各级示范性幼儿园的引领辐射作用，形成全区公、民办幼儿园协作共进、资源共享、共同发展的局面。六大片区围绕幼儿园管理、安全、保育、教育、卫生保健等五大块领域，开展专项视导和随机视导，以活动观摩、课例教研、案例反思等各具特色的园本教学行动开展联片教研活动。成立帮扶提升乡村幼儿园组织机构，开展对同安区农村幼儿园精准帮扶，全年有6所农村集体办幼儿园和9所民办园通过区级示范园评估。农村集体办、民办幼儿园等级提升58所，其中从二级提升至一级的有2所，从三级提升至二级有10所，从基本合格园提升到三级园的有46所。

【同安实验幼儿园】 2020年，同安实验幼儿园有后炉和芸溪两个园区，总计开设24个教学班，在园幼儿924人，教职工122人。其中后炉园区幼儿451个，教职工64人；芸溪园区幼儿473人，教职工58人。教师队伍中，区级名师工作室1个，市级骨干教师4人，区级骨干教师19人。在疫情防控停课不停学期间，为家长和幼儿开设网络课程，每天在微信公众号和班级微信群中推送有趣的课程活动与游戏，包括亲子创作馆、亲子视听馆、亲子健康馆、亲子科学馆、亲子生活馆、幼小衔接版块等。指导幼儿参加同安区第十五届“可爱生肖”艺术作品展、2020年同安区“小小消防员”消防安全主题画比赛、厦门市青少年儿童科艺创意大赛等区级以上比赛，获奖23人次。培养幼儿科技兴趣，芸溪后炉园区有150多名中大班幼儿每周参与科艺创意活动，组成5个学习小组，并参加市体育局市教育局的科艺创意竞赛，其中后炉园区获得团体比赛二等奖，芸溪、后炉2个园区共有9人次获得一、二、三等奖；后炉园区幼儿获2019—2020学年福建省青少年儿童科艺创意大赛幼儿组创意拼团体赛一等奖。结合节日举办第七届校园闽南文化节之闽南戏剧节、“童心庆六一·云上艺术节”、端午民俗体验活动等。围绕“省保教基地建设园”建设展开工作，对福建省科学“十三五”规划2019年度课题《以闽南文化为素材的儿童戏剧教育实践研究》、同安区教育科学“十三五”规划2019年度课题《闽南文化背景下幼儿园研学旅行活动实践研究》分别进行专场的中期论证。教师CN级论文发表一共有6篇，区级汇编一共有5篇。

【兴国幼儿园】 2020年，兴国幼儿园设有30个教学班，1141名幼儿，其中本部600名、古庄分318名、大溪地分园224名。当年招351名幼儿，其中本部175名、古庄分园104名、大溪地分园72名。教职工80人，其中专任教师75人，公办教师54人，高级职称1人、一级职称23人、初级职称29人；有市级学科带头人1人，市级骨干教师4人，在新冠疫情防控期间开展线上居家活动指导，开展线上家访、安全教育、线上亲子活动；在第25个世界读书日，开展好书推荐、阅读分享、绘本故事会等活动。年内举办线下幼儿活动22次；指导幼儿参加同安区第六届幼儿围棋比赛、2021年同安区儿童消防安全主绘画比赛、厦门市第八届绘本秀、厦门市——家庭阅读推广大赛等区级以上比赛，获奖7人次。以“预防性侵专项安全教育”活动、“图画书阅读课例诊断分析”、“以游戏为基本活动课程建设途径研究——区域游戏”等为主题，组织数十次园本培训活动。申报的福建省教育科学“十三五”规划2020年度常规课题“基于同僚性研修的幼儿教师专业发展的研究”开题。

（张东民）

小学教育

【概　况】 2020年，同安区有区直属公办小学76所，另有竹坝、梧侣、后田、同安一中、厦门实验中学5所一贯制学校小学部及梧侣实小教学点。在校学生66320人；民办小学3所（含1所九年一贯制学校小学部），在校学生2400人。全区小学当年新入学13645人，毕业9444人。年内1所学校开办招生。3所学校扩招增加400个学位。同安区着力探索“减负高效”课堂模式，推进“有效阅读”“有效教学”“有效备课”“有效作业”“有效辅导”教学活动。继续秉持活动育人理念，组织开展全学段（科）、全时空、全对象、全领域阅读，研究成果于2020年6月在省级核心期刊《福建教育》以专栏方式刊载、推广。修订《走进初中——中小衔接手册》，填补小学升初中衔接的空白。全区38所小学通过福建省“义务教育管理标准化学校”评估。

【随迁子女积分入学】 2020年，同安区教育局开展进城务工人员随迁子女小学积分入学工作，升级完善同安区2020年秋季随迁子女入学网上预约登记平台，接受随迁子女网上预约登记5881人。为随迁子女提供学位6596个，其中公办学位6286个、民办学位310个。

【梧侣实验小学开办招生】 2020年9月，厦门市同安区梧侣实验小学开办招生，招一年级8个班398人。学校地处同安区新民镇同辉路，总用地面积18418.31平方米，总建筑面积17594.2平方米，项目总投资8899.73万元，建有3栋教学楼及综合楼、体育馆，配置合班教室、图书馆、音乐室、舞蹈室、美术室、录播室、科学实验室、电脑室、心理咨询室等功能室，办学规模36个教学班，招生范围为梧侣大店里及禹州阳光花城、汉景嘉园、新景·城市天骄等楼盘。

【同安第一实验小学】 2020年，同安第一实验小学有双溪、西洋两个校区，共57个教学班，学

2020年9月，同安区梧侣实验小学开办招生。图为同安梧侣实验小学教学楼

（同安国投公司供图）

生2629人，其中双溪校区36班，1674人；西洋校区21班，955人。有144名教职工（编内102人，聘用42人）。其中，正高级教师1人，高级教师6人，中级教师55人，特级教师1人，省级名师1人，省级学科带头人2人，市级学科带头人6人，市级以上骨干教师22人。重视学生综合素质培养，举办“国庆网上献礼”活动——庆祝中华人民共和国成立71周年、“领巾在召唤　童心齐向党”活动——庆祝中国少年先锋队建队71周年、“严于律己　宽以待人”心理健康月系列活动、“美好‘食’光”校园系列活动、“舞动新时代　秀出新风采”——校园艺术节舞蹈比赛、“红领巾心向党　争做新时代好队员”一年级少先队员入队仪式暨城市少年宫元旦汇报演出等。组织4～6年级参加“爱国情·强国志·报国行”市级征文比赛，组织6年级参加第33届中国电影金鸡奖学生影评比赛。组织学生参加2020年同安区中小学师生书法临摹赛，市级读册歌比赛。组织学生参加区级、市级编程比赛等区级以上各类赛事5场次，获奖学生55人次。针对语数英学科分别开展3场“名师进校园”活动。组织教师参与各级各类教师技能比赛，参加同安区中小学幼儿园教师教育教学技能大赛区级竞赛等区级以上教师技能培训比赛9场次，获奖33人次。开展4个课题研究，其中有《基于VR技术的虚拟教学实践研究》1个全国课题，《基于数学核心素养的智慧课堂实践研究》1个教育部课题，《绘本阅读在小学英语语音教学中的实践探究》《基于闽南童玩文化的小学综合实践活动研究》2个区级课题。开展福建省首批“义务教育教改示范性建设学校”项目

2020年12月9日，同安区大同中心小学学生参加厦门电视台《千年苏颂》专题节目录制（大同中心小学供图）

建设，项目名称为“深化课堂教学改革，重塑课堂教学形态”。

【大同中心小学】 2020年，大同中心小学有57个教学班，学生2947人，教职员工157人，其中省级骨干校长1人，省级骨干教师2人，省级学科带头人2人，市级骨干教师35人。通过名师、学科骨干的课堂展示、现场研讨、网络研讨等活动，促进教师提升教学水平。组织教师参加2020年同安区教师教学技能大赛、2020年同安区学科优质课现场赛课，获奖16人次。结合文明校园创建活动，开展文明礼仪校园普及行动，开展“学礼仪、知礼仪”常识教育，“文明礼仪在身边”系列活动，“校园礼仪之星”评选活动。组织各种文体活动与实践活动，对学生开展传统文化教育及德育，9月开展“我们的传统节日——中秋”活动；10月开展“垃圾分类现场赛”；12月，组织参与厦门电视台《千年苏颂》节目的录制。注重学生科技、创新思维培养，11月，举办科技节，开展航模飞机比赛、机器人创客、建模、科学连环实验等活动。组织学生参加2020年市、区电脑作品制作比赛，18人次获奖；参加第三届厦门市创客大赛，15人次获奖；在2020年同安区首届创客大赛中参加机器人创客项目、编程创客、科学连环实验等项目，16人次获奖。组织参加区可爱生肖比赛、2020同安区中小学师生书法临帖赛、同安区2020年小歌手赛，21人次获奖。学校代表队参加体育比赛，在区级比赛中荣获三人篮球第一名；围棋团体第二名；象棋团体第三名；羽毛球团体第二名；男子足球第六名；田径男子丙组团体第六名。六年级学生陈振宜获“中国象棋地方大师”称号。

（小学教育）

中学教育

【概　况】 2020年，同安区有市属公办中学2所，均为省一级达标校，初中在校学生22063人，高中在校学生6415人。区属公办

初中20所（含普通高中初中部及九年一贯制学校的初中部），在校学生21688人；民办初中1所，在校生375人。有区属普通高中4所（其中省一级校2所、省二级校2所），办学规模130班，在校学生6415人。年内，改扩建中学3所，新增中学学位1400个。同安一中滨海校区高中部开始招生。

【中　考】 2020年，同安区区属学校中考考生5407名，共设18个考点，187个考场，中考成绩总分均值482.71分、单科及格率72.61%。与全市均分相比，差距从往年的50分缩小到30分左右。

【高　考】 2020年，同安区高考考生2784人，本科上线2306人，上线率82.83%；市教育局下达任务数1989人，完成率115.94%；大专及以上上线率100%，完成率102.84%，实现考生“人人上大学”目标。

【两所中学开办】 2020年9月，同安区2所中学建成开始招生，分别为厦门市滨城中学、厦门市同安区教师进修学校附属中学。厦门市滨城中学位于西柯镇东部片区，总用地面积40475.38平方米，总建面积23441平方米，招生范围为西柯镇浦头、埭头、下山头、西柯、吕厝村。办学规模36班，2020年招收10个班、共493名初一学生。厦门市同安区教师进修学校附属中学位于同安区新民镇，占地面积25974平方米，建筑面积24856平方米，学校按嘉庚建筑风格建设，配有地下停车场99个车位、室内体育馆、300米塑胶运动场、可容纳600人的多功能厅等。招生范围为新民镇后宅、禾山、湖安3个村，办学规模36个班，2020年招收10个班、共454名初一新生。

【厦门六中同安校区开建】 2020年12月，厦门六中同安校区开工，项目位于同翔高新基地洪塘北片区，城东中路西侧、洪塘中学北侧地块，占地面积75514平方米，建筑面积88137平方米，包含教学楼、实验楼、综合楼、食堂体育馆、宿舍楼等10栋及相关配套，办学规模60班，可提供3000个高中学位。

【同安第一中学】 2020年，同安第一中学本部设教学班75个，在校学生3717人（含新疆生161）。有在编教职工350人，其中专任教师314人。专任教师中有特级教师1人，正高教师1人，高级教师106人，中级教师97人；省学科带头人2人，省骨干教师8人，市学科带头人10人，市专家型教师5人，市骨干教师75人。是年，学校高考本一上线率74%，中考初三总均分居同安翔安片区第一。培养教师教学技能，开设线上公开课66节，16位教师参加厦门电视台线上“名师课堂”录制展播。在2020年厦门市第五届教师技能大赛中，教师获奖27人次，居全市高中组第三、初中组第六。开展课题研究，11项省市区课题完成结题工作，13项课题开题，9项课题立项。发表市级以上论文48篇，其中核心2篇、CN40篇。教师6人被选拔为市中学学科带头人培养对象，25人被选拔为市级骨干教师培养对象。强化科技学科的办学特色，组队参加第35届省青少年科技创新大赛，6个参赛项目全部获奖，其中2个项目选送参加全国赛。教师康良溪、宋目标分获“福建省科技创新十佳辅导员”称号。新增人工智能课程，开设3D打印创客校本课程。11月，承办全国第二届人工智能与机器人教育大会——青少年人工智能与编程教育主题论坛。组织参加各类文体竞赛，2020年市中小学生田径运动会总成绩居全市第四名。男篮获2020—2021年耐克中国高中生篮球联赛（福建赛区）全省第七名，“龙杯”第二十五届全国中小学生绘画书法作品比赛获奖38人次。

同安一中加强滨海校区建设，9月，高中部开办，首批招收高一6个班300人。初中小学适度扩招，初中招生460人，比上年增长35.29%；初、高中部合计设教学班30个，在校学生1407人。在编教职工77人，其中专任教师73人。教师中有省学科带头人2人，市学科带头人2人，市专家型教师2人，市骨干教师14人。年内，在厦门市数学试卷命制比赛、厦门市2020年度第八届基础教育优质微课程资源征集评选、各学科市级论文评比中教师获奖10人次；学生获中国电影金鸡奖学生影评大赛一等奖等各类市级以上文体比赛奖项40人次。

【厦门实验中学】 2020年，厦门实验中学设教学班80个，在校学生3964人。在编教职工278人，其中专任教师269人。专任教师中有特级教师1人，正高级2人，高级教师27人，中级教师88人；省学科带头人3人，市学科带头人9人，市专家型教师2人，市骨干教师33人（均不含培养对象）。2020届高三毕业生374人，本一上线率62%。开展课题研究，新立项国家级课题1项、省规划课题3项、市级课题7项，承担全国教育科学“十三五”规划教育部规划课题“教育精准扶贫与巩固教育精准扶贫成果的研究”阶段性成果《教育精准扶贫

2020 年 7 月 24 日，厦门一中合作校在国祺中学揭牌　（陈嘉新　摄）

突破之道》，被光明网、《中国教育报》等多家媒体转载。《精新教育的实践研究》《高中化学实验的思维与方法研究》获厦门市教育科研专著专项资金补助。教师发表 CN 论文 83 篇，其中核心论文 5 篇。组织教师参加各类教学技能比赛，参加厦门市第五届中小学中职学校幼儿园教师教学技能大赛，获奖 20 人，其中市特等奖 1 人。在教育部“一师一优课，一课一名师”活动中，获省级优课 4 节，市级优课 16 节。学校高中部依托数学、化学两个学科成功申报福建省基础教育学科教学研究基地。10 月，学校出台《厦门实验中学关于加强优秀生培育的指导意见》，构建优秀生的发现、培养、奖励、督查机制，建立从小学一年级至高中三年级的优秀生培养模式。开展“清明祭英烈”、军训、京剧艺术进校园等传统和特色德育工作，加强学生理想信念教育。重视心理课程设置和心理援助服务，分学部、学段确定心理课程授课内容和授课形式，培育心理教育精品特色课程。组织学生参加厦门市青少年讲古电视大赛总决赛、福建省手球锦标赛等各类文体比赛，区级以上获奖 287 人次。

【合作办学】 2020 年，同安区推进名校战略，引入优秀教育资源。7 月 24 日，同安区教育局与厦门一中签署合作办学协议，国祺中学与汀溪中学成为厦门一中合作校。10 月 29 日，同安区教育局与厦门六中签署合作办学协议，五显中学成为厦门六中合作校。在前期已建立帮扶关系的基础上，厦门一中、厦门六中与同安 3 所合作校将在学校管理、教学科研、资源共享、师生互访、文化建设等方面开展全面交流，促进合作校成为高质量、辐射周边的品牌学校。

（张东民）

高等教育

【概　况】 2020 年，同安区有全日制综合性普通高等专科职业院校 1 所，即厦门东海职业技术学院（简称东海学院）。东海学院于 2002 年 8 月筹办，2007 年 2 月经福建省教育厅批准，教育部备案，纳入全国高考统招计划，是福建省首批“二元制”“现代学徒制”试点校。学校占地面积 172858 平方米，总建筑面积 81393 平方米，共有校内实训室（基地）48 个，建筑总面积 7206 平方米，仪器设备 2868 台（套），提供实训工位数 1868 个。2020 年，学校在校学生 4285 人。录取 2271 人（统招录取 1941 人，二元制录取 330 人），毕业 905 人，毕业率 100%。教职工总数 219 人，其中专任教师 185 人，专任教师中具有硕士及以上学位 41 人，占专任教师总数的 22.2%。设有信息工程学院、商学院、传媒与艺术学院、航空旅游学院、工程技术学院、健康产业学院、公共教学部和思想政治教学部等 8 个院（部）。与企业共建“用友新道研修院”“用友新道产业学院”“用友新道创新创业学院”，2020 年根据区域经济发展需求撤销 5 个专业招生，新增设 5 个专业，总计有 27 个高职招生专业，其中省级“二元制”试点专业 12 个、“现代学徒制”试点专业 3 个；省级精品课程 1 门，省级示范专业 1 个，市级重点专业 3 个，校级特色专业 9 个，校级精品课程 22 门。申报 1+X 证书制度试点 2 个，分别是商学院的“财务共享服务职业技能等级证书”和艺术学院的“界面设计职业技能等级证书”。学院获省部级科研立项 2 个，市级以上教学质量工程项目 2 个。学生参加省部级以上技能大赛获奖 20 多项。学校通过市教育局专家组评审，成为厦门市第二批依法治校达标校。

【疫情防控】 2020 年，东海学院落实新冠肺炎疫情防控措施，成立防控工作领导小组及专门工作组。根据疫情防控要求，学校延期到9月1日开学，开学后校园实行全封闭管理，对进出校园的人员进行管控，开展体温检测和身份核验，并对师生健康状况进行排查，组织全体教工和后勤相关人员共321人进行核酸检测，建立健康档案。排查来自中高风险地区的人员超过38人次。与联防联控合作单位联合开展3场防控知识专题培训和2场疫情防控应急处置演练，培训一批校园疫情防控志愿者，开展环境大消杀，全面提高应对新冠肺炎的防疫水平和应急处置能力。

【教师队伍建设】 2020年，东海学院举办青年教师基本功大赛。经过初赛与决赛环节比拼，决出获奖青年教师11名。组织教师参与2020年度首届福建省学校卫生与健康教育教学指导委员会专家遴选与2020年度“双师型”教师优秀代表的推荐，庄伊浉获“双师型”教师优秀代表荣誉。

【教学科研】 2020年，东海学院申报6项中青年教师教育科研课题，年内3项课题结题。其中申报福建省2项职业教育教学改革研究课题，《“线上线下”混合式教学探讨——以饭店前厅与客户服务课程为例》获立项。申报2020年福建省高校哲学社会科学研究项目，《课程思政融入高职院校英语教学改革研究》等5个立项。参评2020年福建省职业教育优秀论文，教师陈雄论文《基于Web mining的高职人才培养模式动态研究系统的设计与实现》获福建省职业教育优秀论文一等奖。

【线上教学启动】 2020年3月，东海学院复课复学后启动线上教学，开设线上课程167门，线上授课教师105名，涉及不同专业行政班级59个，学生平均出勤率95%。组建线上教学督导团队，出台《线上教学督导工作方案》，落实线上教学与线下教学质量要求一个样、直播与录播要求一个样、老师在跟前与老师不在跟前一个样的要求，利用大数据分析方式，对教师上课情况、学生出勤情况以及课程满意度等方面进行分析，综合评价线上教学的效果，指导学校改进和提升线上教学质量。年内，教师线上教学的论文汇编为《东海论坛》(试刊)。设立线上教学专项奖，评选出学生最佳作业、最美笔记给予奖励和展览。学校线上教学获省级优秀教学管理奖，工程技术学院教师陈细红获教师应用类优秀奖。

【专业设置及建设】 2020年，东海学院撤销民航空中安全保卫、智能控制技术、食品加工技术、食品营养与检测、物联网应用技术5个专业。新增社会体育、影视动画、旅游管理3个三年制专业，新增与武平职业中专学校联办的电子商务、与翔安职业技术学校联办的艺术设计2个五年制专业。组织艺术设计专业群申报厦门市职业院校服务产业特色专业群；组织健康服务专业群参与福建省高水平专业群建设立项申报。

【学生创业扶持】 2020年，东海学院线上组织师生参加第四届“中国创翼”创业创新大赛福建省选拔赛、第十八届中国·海峡创新项目成果交易会。年内教师庄伊浉指导18级毕业生的创业项目《康年舍“蛛网”建设养老机构》荣获第六届福建省“互联网+”大学生创新创业大赛铜奖；18届毕业生创业项目《关注民生健康需求的“养生+教育”循环发展体系》，获2020年厦门市大学生创新创业大赛优秀奖。

（姚建宏）

职业教育

【概　况】 同安区有一所中等职业学校，即厦门市同安职业技术学校(简称同安职校)。2020年，同安职校在校学生(不含市属)4703人，其中新招学生人数为1624名，毕业生人数为1135名，毕业生就业率100%。2020年继续推行中高职贯通“3+2”(五年专)培养模式面向初中毕业生招收五年制大专学生62人。学生参加高职单招人数998名，录取989名，录取率达到99%。2020年学校办学门类进一步拓宽，新开办药品食品检验专业；学校与高职院校合作办学，与东海学院合作，开办电子商务、空中乘务、汽车运用与维修3个专业，招生33名；与厦门安防科技学院合作开办软件技术、旅游管理、建筑智能化工程技术3个专业，招生28名。同时创新“厂中校”和“校中厂”两种办学方式，与9家医院及134家企业签订校企合作协议，推进高端智能制造、现代服务业产教融合，为同安工业转型及高质量持续发展提供人力人才资源保障。完成厦门市乡村医生规范培训，培训人数306人次；面向学生开展职业技能鉴定65人次，专项职业能力鉴定362人次，通用职业能力认定605人次。年内教师在区级以上教学比赛中获奖52人次，学生在各级市级以上比赛获奖28项。

【名师工作室建设】 2020年，福建省邵合川技能大师工作室参与

20余场的焊工技能证、上岗证的考评工作，培养学生达到中级水平焊工近200人次、实现校外企业员工技术提高100多人次。先后承办厦门市应急管理局焊工上岗证考前培训、福建省人社局职业技能竞赛集训、厦门市教育局中职学生职业技能竞赛赛前集训。工作室领办人邵合川获邀参与2020年福建省省属学校中职学生技能竞赛执裁工作，指导学生参加各类技能竞赛，获福建省职业院校技能大赛中职焊接三等奖。第46届世界技能竞赛福建省选拔赛第一名、第一届全国职业技能竞赛优秀奖、厦门市职业技能竞赛第一名及第三名、厦门市中职学生技能竞赛第二名、参评厦门市工匠，帮助企业解决实际焊接加工难题3项，设计和改造职业学校及培训学校车间2间，焊接辅助夹具研发申请专利2项，参与国家级课题两个，省级课题一个，CN论文发表两篇。年内，工作室获市第二十六届职工技术比赛优秀组织单位。

刘力名师工作室开展数控、机械专业教学研究。带领厦门工业学校、集美职校、翔安职业学校等厦门5所公办中职学校26位数控专业教师，对接海沧职业中等专科学校数控教研组开展专业建设提升活动。工作室领衔人副校长刘力开展1次市级公开课、1次市级讲座、1次市级送教下乡活动，在本校“传帮带”活动中指导邵合川共同建设福建省技能大师工作室，指导本校学生参加数字中国建设峰会，获中国创新大赛中小学一等奖、青少年AI机器人赛道一等奖；参加省级课题两项，主持市级课题两项，参与撰写的论文《基于最小切削厚度的微细铣削力试验研究》获福建省机械工程学会优秀论文奖；担任省级课题成果《中等职业学校礼仪规范教程》校本教材副主编，发表两篇期刊论文，申请专利2项。

2020年12月，同安职业技术学校电子多功能实训室建成投入使用

（同安职校供图）

【教学科研】 2020年，同安职校建设知网研学平台供教师使用。开展省市区级课题研究，年内4个市级课题结题、7个省级课题中期展示，1个区级课题立项，1个省级课题立项。全年共有65篇教育教学论文获区级汇编，32篇论文参与市级汇编，32篇参与省级汇编；省级14篇获奖，其中一等奖4篇，二等奖2篇，三等奖8篇，排名全市中职校第2名。

【技能比赛】 2020年，同安职校组织和承办2020年厦门市中职学生职业技能焊接技术竞赛，参与第26届厦门市总工会主办的职工技能竞赛并获得竞赛组委会优秀协办单位。同安职校学生参加市级以上竞赛共获奖49人次，其中国家级比赛一等奖3人、三等奖9人；省级比赛一等奖1人、三等奖1人；市级比赛一等奖14人、二等奖3人、三等奖18人。

【实训室建设】 2020年，同安职校加快实训室建设升级，提高实训教学质量。年内投入资金423万元配置实训设备，充实3D打印、机械、模具、单片机、计算机、心理咨询室、物流等实训室。实施4个实训室建设改造升级项目，其中原2302#单片机实训室改造为电子多功能实训室，3303#电工技能实训室改造为3D打印实训室，至年底已完成项目；推动实施原2301#电子电路实训室改造为机械基础与数控仿真实训室、原2102#数控加工生产性实验室部分场地改造为模具实训室。完成物流实训室的改造升级方案并对外招标；完成烹饪实训室文化建设。

【与企业、医院合作】 2020年，同安职校新增4家企业为合作培养单位，分别为华强方特（厦门）文化科技有限公司、厦门源昌凯宾斯基大酒店、厦门海普锐科技股份有限公司、厦门弘汉光电科技有限公司。20个专业共与134家企业建立合作关系，通过校企合作，研讨确定20个专业建设方案和人才培养方案，优化实践教学课程体系。与厦门第三医院、厦门中医院等9家医院共同培养适应社会需求的护理、药剂专业人才，年内护理、药剂、康复保健专业465名学生到9家医院实习。

【同安职校扩建项目启动】 2020年12月31日，同安职校扩建项目启动。项目将在原校址向东扩建132.5亩（88245平方米），总投资65190万元，项目总用地面积91646平方米，总建筑面积130644平方米，建设实训楼、风雨操场、食堂、行政综合楼、宿舍楼、地下车库等，预计2023年9月建成投入使用，办学规模将扩大至9200人。

【同安职校微信公众号启动运营】 2020年1月，同安职校官方微信公众号正式启动运营。公众号开设同安职校最美战'疫'人专题报道，报道学校先进抗疫典型人物；开设防疫宣传栏报道防疫小知识，核酸检测等科普知识；开展文创作品征文、优秀作品展等活动相关报道等；开设党建动态栏目，报道党建活动、党史学习等。截至12月31日，公众号发表文章126篇，关注6460人，累计阅读量超75000次。

（张东民）

特殊教育

【概　况】 2020年，同安区特殊教育学校（简称同安特校）学生共计190名，教师65名。贯彻落实《第二期特殊教育提升计划（2017—2020年）》，实现以适宜融合为目标，办好特殊教育。巩固和提高特殊教育普及水平，2020年新建官浔小学、汀溪中心小学2个资源教室。提高三类残疾儿童义务教育入学率，2019—2020学年同安区6～14周岁三类残疾儿童入学率98.47%，其中视力残疾入学率85.71%，听力语言残疾入学率100%，智力残疾入学率99%。坚持教育、康复、就业训练一体化的办学模式，开展残疾人送教工作，为全区3～50岁的残疾人服务，打造残疾人终身教育体系。由于受新冠肺炎疫情影响，同安区特殊教育学校2020年未能如以往开展校园特奥会及融合夏令营等活动。在疫情得到控制后，2020年11月26日，以“我运动，我健康，我参与，我快乐”为主题，举办第十届校园运动会。年内，同安区特殊教育学校承办福建省中小学幼儿园教育教学开放活动第八场活动“融合教育教学开放活动”、厦门市2020年特教劳动主题课程教学研讨同安区特校专场活动。2020年7月，同安区特殊教育资源和指导中心在同安区特殊教育学校成立。

【教学科研】 2020年7月，同安特校2项区级课题《新课标背景下生活适应课程教学实践研究》《培智学校学生社会适应能力的实践探究——以音乐大课间活动为例》结题，1项省级课题《中功能自闭症儿童思维可视化策略的行动研究》结题。8月，同安特校《区域化ADAPT融合教育支持体系的14年实践与研究》项目获2020年厦门市基础教育教学成果奖一等奖、2020年福建省基础教育教学成果奖特等奖。

【国改实验项目实施】 2020年，同安特校实施“送教上门”和“随班就读”2个国家教育改革实验区实验项目。7名送教专职教师完成送教对象35名，采用主辅、分科教学方式，每次送教上门由2名教师上门授课，教学内容主要涉及康复运动、认知、劳技、游戏等学科，全年共完成4662个课时。

【省级融合教育教学开放活动】 2020年6月17—18日，同安特校承办福建省中小学幼儿园教育教学开放活动第八场活动“融合教育教学开放活动”。活动以“普特双向共力，犇向优质融合”为主题，全省各设区市（含平潭综合实验区）教育局分管领导、特教教研员、省融合教育试点校（幼儿园、小学、初中）校长及教师、各地特教学校领导等近300人到场观摩。厦门市、福州市、晋江市等地19所学校（幼儿园）教学能手开设省市级观摩课31节，还有多场专家讲座、各地经验交流等。

【同安区特殊教育资源和指导中心成立】 2020年7月，同安区特殊教育资源和指导中心成立。中心位于同安特校内，在学校资源教室的基础上组建，依托学校的教学资源，指导区随班就读学生的康复训练、融合教育政策咨询、随班就读巡回指导、随班就读师资培养、融合教育课题研究等。年内，特殊教育资源和指导中心组织全校17名随班就读教师兼任巡回指导教师，到大同二小、云埔小学、新城小学、梧侣学校、官浔小学、汀溪中心小学每月两次开展巡回指导，帮助普通学校开展随班就读学生的教育评估、资源教学、IEP的制定和落实等工作。

【同安区特殊教育资源教室建设】 2020年，同安区在普通小学启动资源教室建设，促进特殊教育融合发展。年内新建官浔小学、汀溪中心小学2个资源教室，官浔小学资源教室依托劳动教育优势，开展烹饪、插画、泡茶等形式多样的融合教育活动。招聘专职资源教师在资源教室开展补救教学，并由专任心理咨询师针对特殊儿童的情绪与行为问题开展辅导，做到次次有记录。汀溪中心小学资源教室设有办公接待区、感觉统合训练区、补救教学区等，除本学校外，资源教室还辐射汀溪学区其他基层学校的随班就读学生。

（张东民）

2020 年 9 月 27 日，萤火虫每周故事会在梧侣学校朗读亭举行，图为“全国百姓学习之星”粟代胜讲解亲子共读对亲子关系的促进作用　（苏梅梅　摄）

社区教育

【概　况】 2020 年，同安区完善社区教育体系，通过举办各类讲座，普及法律常识和消防安全常识、交通安全常识、防震减灾常识等，提升全民法治观念，提高村（居）社区的综合治理水平。同安区职业技术学校开展社区培训，培训居民 424 人次。开展乡村医生和烹饪等职业技能培训，支持老年人才自主创业。2020 年，新民社区教育学校粟代胜和莲花社区教育学校李秀润分别获得“全国百姓学习之星”和“福建省百姓学习之星”称号。继续打造同安工业社区大学品牌，助推工业社区产业转型升级。

【社区培训】 2020 年，同安区教育局终身学习办通过区、街镇、村居三级学习网络推进全民继续教育，举办烹饪技术、急救常识、中医保健、心理健康、美容化妆、健康操、舞蹈、腰鼓队、插花艺术等培训活动，全区村民参与率超过 45%、居民参与率超过 65%。联合同安职业技术学校开展社区中餐、面点等技能培训工作，大同、新民、莲花、祥平、西柯、五显、洪塘、汀溪等社区居民参加培训 424 人次。

【同安工业社区教育】 2020 年，同安工业社区大学利用线上、线下两种资源，紧扣“助推企业转型升级和促进社区和谐家园建设”的办学宗旨，从“技能培训、学历教育、文化素养、文体素质”四大办学方向，提供灵活多样的课程来满足新冠肺炎疫情期间的企业发展需求及居民精神文化生活的需要。全年开展同工大“管乐团”培训、人力资源管理师三级培训、保育员培训、育婴师培训、楷书的临摹与创新等各种培训。参加企业 200 余家，参与人次 1 万余人次。

【参评“百姓学习之星”获奖】 2020 年，同安区组织社区教育工作者参评教育部组织的“百姓学习之星”评选活动。经层层选拔，新民社区教育学校推荐的粟代胜、莲花社区教育学校推荐的李秀润分别获“全国百姓学习之星”和“福建省百姓学习之星”称号。粟代胜系新教育萤火虫公益阅读机构厦门分站站长、厦门市梧侣学校外聘阅读教师，长期在梧侣社区、梧侣学校开展公益阅读活动，2020 年组织“新阅读，喜说写”公益课程，厦门地区参与人数达 17000 人。李秀润系同安区莲花中心小学副校长、莲花社区教育领导小组副组长。长期利用各种节日、纪念日在莲花镇各村、社区进行社会公德、家庭美德、科普文化、民主法治等宣传，提高村民文化素养。2020 年，他推动社区教育学校与莲花学区联合开展以“书海勤徜徉，香飘新时代”为主题的第十届书香校园活动，培养乡村学生阅读兴趣。

（张东民）

科学技术

综　述

【概　况】 2020年，同安区完善科技创新创业平台，启动建设位于环东海域同安新城的建潘德韬科技园和厦门智能创新中心。下发《持续做好领导挂钩服务“三高”企业工作的通知》，完善领导挂钩服务“三高”企业机制。兑现各类科技扶持资金4475万元，“双百”人才区级配套创业扶持资金402.31万元，企业研发经费配套补助1267万元。至2020年年底，全区通过认定的高新技术企业251家；国家级重点实验室1家，市级重点实验室2家；省级工程技术研究中心2家，市级工程技术研究中心6家；国家级工业设计中心1家，市级工业设计中心10家。

【科技政策】 2020年3月，同安区出台《同安区应对新冠肺炎疫情推动工业稳增长若干措施》，加大对企业技术改造、企业上云等方面的扶持力度，为全区企业应对疫情影响快速提升产能提供支持。成立5G网络建设和产业发展领导小组，制定《加快5G网络建设工作机制》，推动5G网络建设。

【公共技术平台建设】 2020年，同安区引导和支持高等学校、科研院所、行业领军企业创建服务平台，承担行业共性技术开发和推广应用。对1家科技孵化器、7家省市级工业设计中心、企业技术中心、3家CNAS认证实验室给予奖励扶持，奖励资金950万元。全年新增科技孵化器1家、省级企业技术中心6家、市级企业技术中心7家、市级工业设计中心4家、CNAS认证实验室3家。

（叶进忆）

科技项目与成果

【概　况】 2020年，同安区对高新技术成果转化项目给予扶持，对79个高新技术成果转化项目给予补助6181.77万元。全年对接引进市“双百人才”项目2个。全年有2个项目获省、市科学进步奖。市重点建设项目——厦门海辰新能源科技有限公司启动建设。

【科技成果获奖】 2020年，厦门汇盛生物有限公司“裂壶藻定向发酵生产及其在反刍动物富集原生DHA牛奶中的创新与应用”项目获市科学技术进步奖二等奖。厦门银祥集团有限公司“肉制品加工过程化学危害物双效绿色监控关键技术”项目获市科学技术进步奖三等奖。

【纯电版无人机研发成功】 2020年，厦门市汉飞鹰航空科技有限

2020年3月，厦门市汉飞鹰航空科技有限公司成功研发纯电版SD-25无人机

（厦门汉飞鹰公司供图）

公司与厦门大学航空航天学院合作，研发成功纯电版SD—25无人机，并投入生产。该款无人机为垂直升降无人机，最大起飞海拔4000米，最大载重量29千克，最大航程180千米，巡航速度90～116千米/小时，抗风能力为6级，各项性能在省内处于领先水平。产品主要用于航磁探测、搜寻搜救、军民融合等。

【"科技助力经济2020"重点专项项目启动】 2020年10月，科技部"科技助力经济2020"研发计划中的重点专项项目——《壳聚糖系列抗菌纳米防护材料及消毒剂的研发及产业化》项目在晋大纳米科技（厦门）有限公司启动。该项目由自然资源部第三海洋研究所与晋大纳米科技（厦门）有限公司共同开发，以采用海洋天然抗菌材料——壳聚糖为原料，制成可直接破坏病毒、病原菌结构，消灭病毒、病原菌的复合材料，应用于医疗防病毒医用隔离服、防尘防菌口罩、消毒、食品、净水、化妆品等领域。

【海辰新能源科技项目启动建设】 2020年11月28日，市重点建设项目——厦门海辰新能源科技有限公司项目奠基暨投资合作签约仪式在同翔高新技术产业基地举行。海辰新能源科技项目占地面积约6万平方米，总投资27亿元，计划投建厂房、研发大楼及总部大厦等建筑，同时搭建涵盖前沿材料实验室、仿真中心、测试中心、产品设计中心及工程中心在内的研发平台，在电池材料、产品设计及工艺优化等领域开展技术创新。厂区规划5条锂电池及配套系统产线，产量共计15亿瓦时。

（叶进忆）

科技创新体系

【概　况】 2020年，同安区有127家高新技术企业通过认定（含重新认定），108家企业通过市级高新技术企业备案。全区有资格有效的高新技术企业304家，市级高新技术企业390家。规上高新技术产业企业产值464.89亿元，占全区规上工业产值42.34%。新增省、市级"科技小巨人领军企业"60家，国家、省级企业技术中心11家。加快科技创新平台发展，厦门智能创新中心和建潘德韬科技园启动建设。

【高新技术企业认定和管理】 2020年，同安区落实高新技术企业奖励资金，对43家国家级高新技术企业给予奖励、奖励金额1075万元，奖励78家市级高新技术企业、奖励金额780万元。联合市科技局举办两期国家级高新技术企业认定政策专题培训会，有182家企业、241人参加培训。组织开展两批次市级高新技术企业备案审核工作，总计108家企业通过市级高新技术企业备案。全区有资格有效的高新技术企业304家，市级高新技术企业390家。

【"科技小巨人领军企业"评定】 2020年，同安区新增省、市级"科技小巨人领军企业"60家。其中省级科技小巨人领军企业31家，市级科技小巨人领军企业29

2020年同安区新增省级科技小巨人领军企业一览表

表36

序号	企业名称	序号	企业名称
1	厦门致杰智能科技有限公司	11	厦门舒菲娅化妆品有限公司
2	厦门璞真食品有限公司	12	厦门兴重环保化工有限公司
3	沛乐迪（厦门）卫浴有限公司	13	帷森（厦门）建材工业有限公司
4	厦门海源鑫电子科技有限公司	14	澳美诺电气有限公司
5	厦门冠音泰科技有限公司	15	厦门市宇笙包装机械有限公司
6	厦门市诺盛测控技术有限公司	16	厦门市李氏工贸有限公司
7	厦门市派对屋电子有限公司	17	厦门英瑟雷特电气科技有限公司
8	厦门市科罗恩生活家居有限公司	18	厦门康浩科技有限公司
9	厦门爱瑞克电子有限公司	19	厦门市模敦模具有限公司
10	厦门宏滕光电科技有限公司	20	厦门塑时代新材料有限公司

续表 36

序号	企业名称	序号	企业名称
21	厦门爱迪特环保科技有限公司	27	厦门科司特电子工业有限公司
22	厦门巨林仪器有限公司	28	厦门特仪科技有限公司
23	厦门狮涛服装机械有限公司	29	厦门揽力复合材料有限公司
24	厦门市光弘电子有限公司	30	厦门唯康食品科技有限公司
25	厦门科恒塑胶有限公司	31	厦门德力实自动化设备有限公司
26	佳和晟（厦门）模塑科技有限公司		

2020 年同安区新增厦门市科技小巨人领军企业一览表

表 37

序号	企业名称	序号	企业名称
1	厦门创业人环保科技股份有限公司	16	厦门宏滕光电科技有限公司
2	厦门致杰智能科技有限公司	17	厦门杰斯医疗器械有限公司
3	厦门九益实业有限公司	18	厦门舒菲娅化妆品有限公司
4	厦门璞真食品有限公司	19	厦门兴重环保化工有限公司
5	厦门谱睿科技有限公司	20	晋大纳米科技（厦门）有限公司
6	沛乐迪（厦门）卫浴有限公司	21	帷森（厦门）建材工业有限公司
7	厦门海源鑫电子科技有限公司	22	澳美诺电气有限公司
8	厦门冠音泰科技有限公司	23	厦门恒兴兴业机械有限公司
9	厦门市诸盛测控技术有限公司	24	厦门市宇笙包装机械有限公司
10	厦门市派对屋电子有限公司	25	厦门市李氏工贸有限公司
11	厦门市科罗恩生活家居有限公司	26	厦门英瑟雷特电气科技有限公司
12	厦门创凯工贸有限公司	27	厦门卫标洁具有限公司
13	厦门市成业辰机械有限公司	28	厦门市模敦模具有限公司
14	厦门爱瑞克电子有限公司	29	厦门康浩科技有限公司
15	厦门能强电子有限公司		

家。至年末，同安区有省、市级“科技小巨人领军企业”215 家。

【全市首个智能创新中心开工建设】 2020 年 11 月 26 日，厦门智能创新中心动工建设。该项目位于环东海域同安新城滨海西大道西侧，由厦门城投公司建设运营，总投资 42 亿元，占地面积 8.78 万平方米，总建筑面积 47.5 万平方米。规划建设高层建筑 7 栋，涵盖众创空间、孵化基地、总部办公用房和区域性集中商业配套等，为创新性的产园融合项目，招商的主导方向主要有信息服务，研发设计，总部经济，还有教育培训，文化旅游等，成为高新企业总部、高端人才、高科技孵化技术的聚集地。

【建潘德韬科技园启动建设】 2020 年 9 月 25 日，以“智建未来，慧聚梦想”为主题的建潘德韬科技园“智慧园区”建设启动会暨入驻项目签约仪式在七星湾酒店举行，建潘德韬科技园启动建设。该园位于环东海域同安新城银城智谷产业园区，为建潘集团投资建设，以打造“智能＋产业生态平台”为目标，完善智能制造、智能家居、物联网、芯片等领域的产业布局，促进科技成果转化与产业集群发展。启动仪式上举行建潘德韬科技园交房仪式，同时首批入驻项目举行签约。来自全国各地的近百位知名专家、学者、企业家参加。

（叶进忆）

科学普及及应用

【概　况】 2020年，同安区针对新冠肺炎疫情防控和经济发展需要，开展全国科普日、科技活动周、全国科技工作者日、文化科技“三下乡”等活动。继续实施科技特派员制度，总计向8个镇街派出24名常驻科技特派员。

【科技特派员制度实施】 2020年，同安区建立科技特派员联动机制，几大工业园区所在的西柯、新民、祥平3个镇街科技特派员工作站联合走访服务企业，征集企业技术需求，联系科研机构、技术专家解决。大同、祥平、五显工作站联合对接清华海峡研究院等机构，洽谈农业合作项目。区委组织部、区工信局联合召开第二批科技特派员座谈会，邀请海沧区、集美区科技特派员交流工作经验。深化农业一线技术服务，汀溪科技特派员工作站依托清华海峡研究院、三康农业公司，在造水村芭乐基地试验推广有机生态循环技术。祥平科技特派员工作站联系福建省亚热带植物研究所，解决过溪村甘蔗种植难题，防治病虫害增产增收，同时研发甘蔗深加工技术。

【科技战疫科普宣传】 2020年8月23—29日，同安区以“科技战疫　创新强国”为主题组织开展2020年科技活动周活动。活动由区工信局、区委宣传部、区卫健局、区科协联合举办，区发改局、区文旅局、区农业农村局等相关部门参加。8月28日，在大同街道同新路步行街广场举行科技活动周暨“送科技、送文化、送卫生”三下乡活动，通过设立咨询台、科普展板、开展义诊以及有奖问答的形式宣传科学防疫知识，提供法律法规、医疗服务咨询，展示科学技术对战胜疫情的重要支撑作用和系列成果，引导人民群众科学识疫、科学防疫、科学抗疫。发放宣传资料6000余份，奖品4000余份。

（叶进忆）

知识产权保护

【概　况】 2020年，同安区申请专利6221件，获得专利授权4918件。5家企业通过省级以上知识产权优势企业认定，至年末，同安区有国家知识产权示范企业4家、国家知识产权优势企业10家。新增商标申请6201件，商标注册3634件；商标有效注册累计24635件，每万户商事主体拥有商标2654.29件。同安区市场监督管理局查处侵犯知识产权和制售假冒伪劣商品等违法案件80件，罚没金额209.53万元，查处案件信息全部公开。移送公安机关商标案件1件。

【专利申授评比】 2020年，同安区申请专利6221件，其中发明797件、实用4202件、外观设计1222件。获得专利授权4918件，其中发明159件、实用3462件、外观设计1297件。厦门金牌厨柜股份有限公司、厦门蒙发利电子有限公司获第二十一届中国外观设计优秀奖；厦门市三安光电科技有限公司、厦门乾照光电股份有限公司获第二十一届中国专利优秀奖。

【本土传统商标品牌培育】 2020年，同安区市场监督管理局加强本土传统品牌培育与推广，挖掘独特民俗传统，申请“同安马蹄酥”地理标志商标，推动传统食品产业健康发展。发挥“同安凤梨穗”商标引领作用，创新推广龙眼干专业合作社联合社模式，注册成立厦门绿群龙眼专业合作社联合社，推动8户农户抱团发展，实现龙眼干生产经营从“小、散、乱”到规模化的优化升级。10月，在厦门特房波特曼七星湾酒店牵头策划举办首届“同安小吃节”，推广吴招治薄饼、古庄大肠血、肥栋满煎糕等传统小吃品牌，吸引万名游客市民参加。

【知识产权优势企业评选】 2020年，同安区2家企业升级为国家知识产权示范企业，分别是厦门美时美克空气净化有限公司、华尔达（厦门）塑胶有限公司；3家企业被评为省知识产权优势企业，分别是厦门市蒙泰健康科技有限公司、厦门市得尔美卫浴有限公司、厦门市格绿科技有限公司。

【伪劣口罩案件查办入选优秀案例】 2020年，同安区市场监督管理局加大假冒伪劣案件查办力度，查办“译春祥（厦门）科技有限公司涉嫌虚假宣传销售三无口罩案”，处以没收违法所得2440元并罚款31.1万元的行政处罚。该案入选全国2020年消费品质量执法稽查优秀案例、市场监管总局“联合双打行动”典型案例及省市场监管局2020年度反不正当竞争执法典型案例。

（章晓婉）

气　象

【概　况】 2020年，同安区气象局做好气象防灾减灾和公众气象服务工作，搬迁气象观测站新址，建设区域自动气象站1个，提高气象观测数据覆盖面。在“同安发布”“同安防汛”2家融媒体新增气象信息发布，提高气象信息受众面。全年发布各类气象灾害预警信号短信378条，接收53万人次。针对2020年降水量偏少的情况，开展人工增雨66次。做好防汛保障工作，开展“汛前业务大检查”“测报应急演练”“移动气象站应急演练”等。在福建省2019年地面气象观测综合业务质量评比中，同安区获全省第一名。

【气象服务】 2020年，同安区气象局做好气象公众服务、决策服务、专项服务和保障服务，服务全区经济社会发展。

公众服务　拓展气象信息发布渠道，除已有的预警短信、微博、微信、传真等气象信息发布手段外，在“同安发布”和“同安防汛”等融媒体新增气象信息发布。全年发布各类预警信号443份，其中台风13份、雷电189份、暴雨65份、大风99份、高温37份、大雾27份、霜冻7份、冰雹4份、降温2份。向各级防汛责任人、应急责任人和基层信息员共发送预警短信378条，53.45万人次。

决策服务　全年同安区经历9次暴雨过程、1次台风影响过程，全年发布重要天气预警报告97份，其中“短时强天气报告”25份，“气象信息内参”（台风动态、一周天气、未来十天预报）136份，发布区领导直报短信27条；乡镇“叫应”服务56条。在8月15日、8月23日、9月4日、9月19日等出现突发局地1小时50毫米以上的强降水天气，以及莲花镇、汀溪镇和新民镇出现的局地短时强降水时，启动8次暴雨应急响应过程，为政府部门决策服务。

专项服务　发挥由气象专家、农业生产大户和种养能手组成的农业气象服务专家联盟作用，联合制作《农业气象周报》51期，新增不定期的针对紫长茄、茶叶等作物的《农用天气预报》，开展“直通式”气象服务，指导广大农民科学种植、科学防御灾害性天气。多次走访调研农业农村局、种养大户、区农业龙头企业，完成同安区“一区一品”（为农服务）调研报告、为农服务周年方案编写。

保障服务　做好重大活动和节假日的气象服务与保障工作。在元旦、春节、清明、五一、中秋、国庆等重大节日和中高考、“啤酒节”等重大社会活动中，都采取专项、跟踪服务等方式做好气象服务，发布“专题气象服务专报”104份。在《厦门日报》游周刊版面刊登专题报道，为同安区莲花镇入选“清新福建·气候福地”进行宣传。

【气象观测服务优化】 2020年1月1日，同安区气象局启用气象观测站新址。4月1日，完成地面气象观测自动化改革。9月29日，完成台站多温、多降水传感器的升级；完成草温、天气现象视频智能观测仪建设、安装、运行；配合完成同安区X波段相控阵雷达建设并开展应用和服务。年内，完成溪东水库标准区域站建设、旧址观测场城市气象观测站改造，完善气象观测站网，提高气象观测数据覆盖面。

【人工增雨】 2020年，同安区气象局开展人工增雨作业缓解旱情。建设完成汪前村人影烟炉标准作业点和人影临时库房，提高人工影响天气作业水平和能力。全年开展烟炉作业54次，燃烧增雨烟条114根，火箭弹增雨作业12次，发射增雨火箭弹48枚。在《厦门晚报》、“同安发布”公众号发表《同安人工增雨缓解气象干旱》专题报道。

【气象安全管理】 2020年，同安区气象局开展防雷安全检查。对同安行政区域内84家重点监管对象，加强日常监督检查管理。向厦门北辰山旅游发展有限公司等22家重点防雷企业征询“信用承诺书、自查自纠表”。组织执法人员进入厦门力得威化工有限公司等23家重点防雷企业进行现场监督检查。每月两次组织工作人员在同安行政区域开展气球安全巡查。每月进行人工影响天气作业检查、配电机房检查和消防器材检查，保持安全巡查常态化工作，及时排除隐患，确保单位内部安全的工作环境。

【气象科普宣传】 2020年，同安区气象局根据新冠肺炎疫情防控要求，主要开展线上科普宣传。利用《厦门日报》、《厦门晚报》、“同安发布”公众号等向公众普及气候、台风、雷电、人影等气象科普知识，提高公众防灾减灾应对能力。开展户外科普宣传2次，6月19日到五显镇竹坝社区开展气象防灾减灾科普宣传讲座；9月22日，到汀溪镇褒美村参与开展全国科普日“科普进农村”活动，宣传雷电、大风、暴雨等气象灾害防御措施科普知识。

（沈全凯）

文　化

公共文化

【概　况】 2020年，同安区组织开展2020年“迎新春·送吉祥”现场送春联、“三下乡”服务、乡村振兴演出活动同安区第七届少儿故事大王比赛暨第十二届厦门市少儿故事大王选拔赛、厦门市2020年文化和自然遗产日宣传、2020年农民文化周、同安区第十五届“可爱生肖”艺术作品展览等活动，线上、线下参与人次达622万余人。本土文化演出团体知名度不断提升，金秋艺术团获央视星光演播厅邀请专场表演，莲花褒歌演唱团参加厦门市职工春晚、央视春晚特别节目录制等多场演出。滨海社区综合文化服务中心获评省级优秀示范点。

【文化设施建设】 2020年，同安区推进文化设施建设项目13个，完成投资3605万元。完成同安影剧院提升改造，项目总投资2884.74万元，更换大厅座椅、舞台木地板等，更新舞台机械、灯光、扩音、视频显示管理、数字电影放映机等设备。推动人民体育场提升改造项目、同安历史陈列馆项目开工建设。完成村级综合文化服务中心提升改造12个，增加书架、阅览桌椅、乐器等设施。完成全区“村村响”广播系统修复。

2020年7月，同安区影剧院提升改造项目完工。图为完成改造的影剧院大厅

（同安区文化和旅游局供图）

【文化惠民服务】 2020年，同安区文化馆依托文化中心展厅、活动室、各基层文化站点，开展各类公益性培训、讲座活动。免费培训项目包含古筝、形体、绕线编织、古法造纸、健身舞蹈、电子琴等，招收学员230人，培训324课时。区文化馆邀请各界文化名人举办美术、摄影、音乐、文字等各类公益讲座17场，其中线上6场，受益群众4.5万余人。区文化馆展厅承办同安区第十五届“可爱生肖”艺术作品展览、同安农民画与摄影展、峡两岸翰墨情展览、迎元旦接新春2020书画展5场公益性展览活动。组织公益电影放映2964场，观众10多万人次。

【抗疫题材文化作品创作】 2020年，同安区文化馆在疫情期间组织文艺爱好者及文艺骨干创作各类抗疫作品200余件。区文化馆音乐干部和区音乐、文学志愿者合作创作歌曲《愿你寿比南山》《逆行而上》《坚守》《风雨过后》《英雄，非你莫属》等歌曲、配乐诗朗诵10首，致敬医务、警察等一线抗疫工作者。原创歌曲《风雨过后》发布在“学习强国”福建学习平台。区文化馆组织全区教育系统、医疗系统及舞蹈工作者，以线上合舞的创作形式，拍摄制作视频《天佑中华》。区文化馆创作以莲花褒歌、南音、芗曲说唱、锡雕、灯谜等非遗项目为载体的抗疫作品55件，其中有锡雕作品《吃祸》、芗曲说唱《互恁听》、莲花褒歌《中华明日更光明》及南音作品《春天时》《英雄赞》《抗疫情》《送瘟神》《战役请》等；组织参加福建省艺术馆主办的“万众一心　防疫抗疫”2020年全省防疫抗疫征文比赛，有20篇作品获奖。全区美术书法工作者创作出一批以“疫情防控”为主题的美术书法作品，记录疫情防控期间的感人事迹、抗疫卫生宣传等，共征集书法作品11幅，农民画、插画等作品29幅。区摄影爱好者、志愿者创作摄影作品13幅，记录抗疫期间警察、社区工作者、医务人员等一线工作者的感人瞬间。

【2020同安区农民文化周】 2020年9月27日，同安区首次农民文化周活动在洪塘镇龙西社区举行。该次活动由同安区文化馆举办，演出歌舞、小品、闽南语民歌等各类农民喜爱的节目，现场举办农民画展览，展示农民庆祝丰收的喜悦心情；设置灯谜竞猜，由区灯谜传习中心特制以乡村振兴为主题的120条灯谜新作。

【金秋艺术团举办星光演播厅专场演出】 2020年，同安金秋艺术团参加感动中国组委会举办的“群文杯第十二届舞蹈模特合唱网络大赛”，获得全国第一名的好成绩，获组委会邀请在中央广播电视台星光演播厅举办专场演出。11月29日，金秋艺术团在中央广播电视台星光演播厅举办专场舞蹈演出，演出正月点灯红、山路弯弯幸福淌、乡愁、闽南最古玩、古韵浪车鼓、跳鼓6个富有闽南地域特色的民俗、舞蹈节目。

【社区文化服务中心获评省级示范点】 2020年，同安区滨海社区综合文化服务中心获评省级优秀示范点，中心总面积1800平方米，包含3个文体团队，在2019年举办“党建引领新气象，文化传承心起航”暨送戏下乡、“在爱与阳光下我们一起快乐成长”迎新春系列活动之·滨海社区家庭教育公益活动、“同心聚力共奔跑　奋勇逐梦正当时”庆祝中华人民共和国成立70周年暨“深化双报到、为民解难题”双报到活动成果会演活动、社区第一届和谐邻里文化节暨欢庆元旦大型游园活动等多场活动，为社区居民提供丰富精神文化生活。

（范丽雯　叶世铿）

2020年11月29日，金秋艺术团在星光演播厅表演传统民俗节目——车鼓弄

（同安区文化馆供图）

文化遗产保护

【概　况】 2020年，同安区新增区级文物保护单位5处、市级文物保护单位4处和市级涉台文物古迹1处。实施文物三年修缮行动，推进34处文物项目修缮工作。开展不可移动文物挂牌立碑工作，挂牌立碑500处。推进同安历史陈列馆建设，年内启动一期建设。至年末，全区有省、市、县（区）级文物保护单位72处（73点），其中省级文物保护单位6处（7点），市级文物保护单位5处，区级文物保护单位48处。市级文物保护单位中，有涉台文物古迹23处。同安区梳理传承非物质文化遗产（简称非遗），初步完成第二批18个区级非遗代表性项目评选，开展第五批市级非遗保护项目上牌，举办全市文化和自然遗产日主会场展示活动，线上点击618万人次。同安锡雕两次被《人民日报》关注报道。区文化和旅游局编辑出版《同安文物》《同安老街巷》等书籍。

2020年同安区新增文物保护单位和涉台古迹一览表

表38

序号	文物名称	地址	原级别	年代	简介
第七批市级文物保护单位					
1	禾山石佛塔	同安区新民镇禾山村端平山（石佛山、圣水泉山）东南山顶	区级	明	包括石塔、明代摩崖石刻、石书房和“圣泉”石刻。宋端平年间山顶建端平岩寺，明永乐十一年（1413年）建石佛塔，故名石佛山。塔立于巨岩上，为印度宗教建筑萃波堵形式的三层石塔，上尖下方，通高7.1米，下部为方形空心石室，边长3.5米，高3米，西侧开拱门，门宽1.05米，高1.8米，厚0.65米，门内石室左、右开设小拱窗，窗旁镌刻“时永乐癸巳岁仲夏吉日鼎建”“匠人王仕拱住山比丘性庵立”。石室上建实心石塔，八角形塔基，基座上八面石板分刻“皇明永乐诸佛法典”八字，以竹节状凸棱相隔。塔中部束腰，其上有仰莲纹圆盆，盆上为椭圆形塔顶，由6块浮雕坐莲佛像组成，顶上为八角形顶盖，此塔保存较完整，是同安区有确切纪年且年代较早的重要塔幢建筑
2	十二龙潭石刻	同安区五显镇竹山村北辰山十二龙潭附近	区级	宋—清	十二龙潭因瀑布将峡谷注成十二个水潭而得名。石刻共5处：一为南宋绍兴二十三年（1153年）朱熹出任同安县主簿后题写楷书“仙苑”两字，字径0.55～0.6米，前、后落款分别为“晦公书”和“蔡远芬、远住、希机立”。另4处分2组镌于长宽各约5米的矶石上：一为明代楷书横题“瓶台霖雨”四字，字径0.45～0.5米，篇幅宽2.2米，高0.6米。其下有竖刻草书七言诗二首，宽2.1米，高1.5米，分别为明代曾任潮州知府李春芳和应天府经历刘存业所题，内容颂扬明嘉靖四十年（1561年）同安知县谭维鼎为民祈雨的惠政。另两处为清乾隆十年（1745年）同安知县张荃率同僚至此祈雨时留题的行楷“膏泽下民”四字，字宽0.24米，高0.4米。古代同安多旱，十二龙潭为历代官员举行祈雨活动重要场所
3	同安钟楼	同安区大同街道南门65号、同新路与南门路交汇处	区级	1930	为纪念护国战争时期殉难于光复同安战役的庄尊贤、潘节文二烈士而成于1930年，1987年加砌台基和栏杆。坐北朝南，底为方形石构台基及石栏，5层砖混结构塔身，平面呈正方形，四面折坡攒尖顶，底层塔身边4.33米，台基边长9.6米，塔高11米，连台基通高23米。内部设楼梯通往顶层，第四层原外墙四周嵌置圆钟一面，今已不存，第五层正立面外墙横镌楷书“中华民国十九年”，第一层墙面嵌有民国18年3月石碑，直题楷书“庄、潘二烈士纪念钟楼奠基”，碑高1.65米，宽0.5米。庄尊贤，辛亥革命时同盟会员，从事推翻清朝统治活动和重建讨袁护国军，潘节文为军事教练官。此建筑既是标志性的景观建筑，也是研究同安近代历史的重要文物
4	五显第一溪桥	同安区五显镇垵炉村五显宫西南东溪上	区级	明	始建于元大德年间（1297—1307年），明朝崇祯年间（1628—1644年）邑贤陈基虞捐资重修，是同安通泉州的古道桥。桥为十孔石梁桥，东—西走向，长6.4米，宽2.3—3.3米；桥面以4条或5条长6米、宽0.6米、厚0.4米的石板铺架。桥下九座舟形桥墩，北面迎水面为尖形，墩高4.75米，宽1.7米，横长5.5米，每孔跨度3.3～3.9米，原两侧有护栏。东桥头岸边保存一尊镇桥石将军，高0.8米。陈基虞，字志华，号宾门，金门阳翟人，明万历十七年（1589年）进士，官至广东按察司副史。此桥位于古代同安城外，是古代同安通往泉州府治的重要桥梁
第十批区级文物保护单位名单					
1	庶安楼	同安区五显镇店仔村田坂自然村西、田坂下里121号	未定级	清	坐北朝南，3层楼石、土、木结构，通高12.5米，楼体四周墙体围合，中央为透空方形天井，平面呈“回”字形。门额嵌有浮雕楷书“遮安楼”石匾，落款“丁巳年　桂月题”，相传为清康熙辅臣李光地所题。每层各有房、厅16间，对称分布，南、北向为中厅及两侧各2间厢房，东、西向为中厅及两侧各1间厢房。中央方形天井内有一口水井，夯土井栏，天井四周回字形排水沟。此楼结构坚实厚重，具有良好的防御性能，是本地区保存较好且富有乡土特色的土楼民居

续表 38

序号	文物名称	地址	原级别	年代	简介
2	卢戆章故居	同安区大同街道古庄大社里241-247号	未定级	清	坐西南朝东北，前、后二落红砖大厝带左、右护厝，闽南传统砖石木结构单进合院式建筑。卢赣章（1845—1928），名担，字雪樵，积极提倡和宣传文字改革，苦心钻研，仿拉丁字母笔形创造出“中国切音新字字母”，清光绪十二年（1886年）完成厦门话的切音专著《一目了然初阶》，后又出版《中国切音字母》，是晚清、民初爱国主义知识分子和中国拼音文字运动的行驱。此建筑为卢赣章先祖卢素行所建
3	禾山土楼石塔	同安区新民镇禾山村下土楼东南面村边池塘旁，沈海高速路西50米	未定级	明	为四层实心石构方塔，底层为正方形，第二层为方形，第三层为六角形，西面嵌有魁星点斗纹石雕板，第四层为圆柱形，塔顶为四角攒尖，四角各立一短锥，中间直立一长锥，从不同的四个方位看，均呈三叉股形兵器。石塔西侧建单间石构小拜亭，四面坡庑殿顶，螭吻脊。古塔建造历史悠久，并有石亭神龛祭祀，具有较高文物价值
4	甘露亭	同安区大同街道凤山与九耀山之间豁口、郡马府南面100米处。	未定级	明	又名接官亭，是宋、明时期同安通往泉州古道上往来官员憩息之所。始建年代不详，明万历年间（1573—1620年）重建，清代多次重修。坐北向南，四柱单间重檐方亭，方形石柱，八角藻井木构梁架，下层挑檐为四面坡，上层为八角攒尖。亭面阔4.12米，进深4.05米，高约8米。亭西侧立清光绪六年（1880年）石碑1方，上刻“宋熙宁三舍人宋丞相正简苏公故里”，碑平首倭角，高1.53米，宽0.68米，厚0.1米
5	续建考棚记碑	同安区大同镇环城中路9号双溪书院故址内（大同食品厂仓库）、蔡复一故宅东15米	未定级	清	坐东向西，花岗岩质，平首倭角，高2.8米，连底座通高3.2米，宽1.06米，厚0.15～0.2米。碑额篆书“续建考棚记”，碑文直书行楷5行计115字，由叶璇等32人列名署款。双溪书院为清代同安著名书院，由知县唐孝本始建于清乾隆二年（1737年）。清同治四年（1865年）知县白冠玉重修书院并增建考棚一千三百号，后因文风日盛，设施遂不敷考生之增多。此碑即记载邑绅叶文澜于清光绪三年（1877年）捐款续建考棚之始末。考棚今已不存。此碑是研究古代同安教育和科举历史的重要文物资料
第四批涉台文物古迹					
1	石浔总兵衙	同安区洪塘镇石浔村顶宫头里77号北侧	未定级	清	坐东朝西，原建筑为前、中、后三落大厝及左、右两列护厝，今保存前落及中落前的两侧榉头和北侧护厝的前半部。前落大厝及护厝总面宽19.5米，其中前落大厝面宽3间12.9米，进深6米，中为大木门及两侧边门，门扇高大，穿斗式梁架，硬山顶，燕尾脊。前落门上前、后原有木匾，现已遗失。门槛高，柿蒂纹辉绿岩门臼石。吴大泼（1822—1892），字春波，名鸿源，为“石浔吴”四房第十四世，其身材高大，体格强壮，曾自行招兵擒匪，并协助清军攻陷台湾基隆，驱逐法夷，曾先后于清咸丰年任金门右营游击，同治年任总兵、福建水师提督；其子吴文良曾授南澳左营游击、南澳镇总兵。此大厝当地俗称“总兵衙”，即父亲吴大泼或儿子吴文良的故居

【文物修缮保护】 2020年，同安区做好不可移动文物日常维护管理工作。区文旅局联合区建设与交通局、区民宗局、区消防大队和各镇街开展文物消防安全专项大检查，组织消防灭火、公共场所疏散应急演练2次参与人数119人次，更换过期灭火器67支。开展省级文物保护单位、古建筑安全隐患大排查活动，排查安全隐患56处，通过口头警告、书面通知等形式组织整改。开展省、市、区级和未定级不可移动文物巡查3087人次，完成石浔昭应庙、石浔总兵衙、汪前除匪动员旧址等抢险加固工程，以及庶安楼修缮工程等，启动同安孔庙和芦山堂陈列展等系列布展工程。

【非遗项目进基层】 2020年，同安区文化馆开展“非遗项目进基层”活动。依托文化中心展厅、活动室、各基层文化站点开办南音公益培训乐器班、南音公益培训唱腔班、民间传统手工艺系列亲子培训、闽南传统小吃亲子体验课、莲花褒歌传承讲座、传统锡雕公益亲子体验课等公益培训班170班次，招收学员180名。宋江阵传习中心常年在汀溪中心小学举办宋江阵传承培训工作，每周3次课，年培训学员近百名；莲花褒歌传习中心在莲花小坪小学、南音传习中心在国祺中学常年开展传承工作。

【非遗保护和传承】 2020年，同安区组织区级非物质文化遗产保护项目评选，通过并挂牌第五批11个市级非物质文化遗产保护项目。在区文化馆举办厦门市2020年文化和自然遗产日宣传活动主场仪式。12月22日，举办2020年同安吕厝第152届“送王船”文化节，举行送王船仪式活动和踩街游行非遗文艺阵头表演活动，突出送王船仪式在促进人与海洋可持续联系方面的作用，展现21世纪海上丝绸之路民心相通的时代特征。

【厦门市2020年文化和自然遗产日宣传活动在同安举行】 2020年6月13日，厦门市2020年文化和自然遗产日宣传活动主场仪式在同安区文化馆举行。区文化馆开展“同安区非物质文化遗产保护成果展”和“同安区历史文化展”，以现场互动和图片说明等形式重点展示同安区漆线雕、锡雕、珠光青瓷、青草药知识和文化、同安封肉、炸枣等项目25个，全面呈现同安区非遗保护和传承成果，让观众在观看与体验中感受到同安非物质文化遗产的魅力。活动在云现场、央视频、凤凰网等各大平台上线，主要直播平台有效在线观看312万人，各平台总计超618万人观看。

【吕厝社区送王船传习中心成立】 2020年1月，吕厝社区送王船传习中心成立。中心前身为“吕厝华藏庵管理委员会”，转为传习中心后，吕厝华藏庵被辟为市级和省级民间信仰活动场所联系点和海峡两岸（厦门）交流基地，进一步规范闽台送王船非遗项目的传承和发展。

小资料：

“送王船”为闽南渔村民俗，每逢鼠、龙、猴年举行“迎王”“送王”仪式，从明朝流传至今。经过几百年的传承演化，“送王船”习俗也逐渐从传统的民间信仰活动演变成民间艺术活动的展示，并广泛流传于闽台渔港渔村，其中以同安吕厝的“送王船”文化保留得最为完整，在世界各地的信众达数万人之多，成为促进与台湾文化交流的有效平台。2019年，“闽台送王船”成为第五批市级非物质文化遗产代表性项目。

2020年6月13日，同安区“非遗”保护成果展展示传统竹篮编织工艺

（同安区文化馆供图）

【古法酱油酿造传承人获中华老字号工匠奖】 在“2020第十七届中国中华老字号百年品牌高峰论坛”上，省级非遗项目——厦门古法酱油酿造技艺的第五代传人刘团结，获第五届“中华老字号华夏工匠奖”。刘团结是厦门古龙食品公司的技术顾问，长期开展酱油古法酿造技艺的传承与普及工作。他吸收传统酿造的工艺本质，研究发现传统桶蒸黄豆不均匀、容易出现夹生的特点，大胆创新改革，以现代化的旋转压力锅替代桶蒸工艺，取得重大技术突破，为酱油古法技艺在现代社会的传承和发展作出贡献。

（洪松梅　范丽雯）

文化市场管理

【概　况】 2020年，同安区坚持“一手抓疫情防控、一手抓安全防控”，加强辖区文化市场监管，全年出动执法人员6376人次，对全区263家文化市场经营场所开展检查，全年检查各类文化市场经营场所3188家次，其中娱乐场所1533家次、网吧739家次、影院203家次、游泳场所247家次、出版物经营场所304家次、印刷企业125家次、文物场所1家次、演出场所27家次、体育场馆9家次。全年组织45次“双随机”检查，出动执法人员396人次，检查198家次。接受各类举报129件，查处取缔关停黑网吧5家次，依法查扣违法经营电脑主机104台、显示器98台、交换机3台；行政处罚案件1件、无行政强制案件。实地检查发现并拆除非法设置的卫星接收设施109座；检查发现企业安全隐患76处，整改76处；办理反馈检察建议书1件、公安建议函1件。组织参加厦门市侵权盗版及非法出版销毁活动，销毁盗版出版物1980件。无涉嫌未成年人“黄”“非”案件，未发现有销售政治性非法出版物、侵权盗版等违法违规经营行为。

【文化市场疫情防控】 2020年初，在新冠肺炎疫情发生后，同安区所有文化场所根据疫情防控要求关门停业。区文化和旅游市场综合执法大队每天巡查全区各娱乐场所、网吧、电影院、书店、游泳馆等场所，督促经营业主关门停业。2—4月，同安区通过现场检查、明察暗访、微信、电话等方式，开展不间断、全覆盖检查及防疫政策宣传，督促监管企业遵守疫情防控规定，防止相关场所违规营业产生疫情隐患。3—8月，同安区分阶段组织辖区文化市场复产复工，组织复工复产企业签订承诺书，落实企业复工复产防疫措施，加强场所人流管控。组织疫情防控常态巡查，督促企业严格执行“外防输入”要求，运用健康码做好人员防疫健康信息检验、填写“服务业从业人员健康信息报告单”，通过厦门百姓社区防疫通功能排查员工返乡返厦情况，建立台账、落实每日动态登记报备制度等工作。督促辖区文化市场从业人员完成核酸检测1115人次，其中娱乐场所570人、网吧50人、影院51人、游泳场所444人。

【文化市场文明创建】 2020年，同安区文化和旅游市场综合执法大队不间断开展辖区娱乐场所、网吧和书店等文化经营场所排查整治，重点排查监督经营业主违规接纳未成年人、有无违禁歌曲曲目等情况。督促辖区各网吧、娱乐场所等经营业主通过在LED显示屏滚动播放或悬挂横幅的方式参与“2020年平安建设宣传”“平安三率”“安全生产月”等活动。组建文明创建宣导小分队，向各文化市场经营单位分发社会主义核心价值观、禁烟标识、严禁未成年人入内等宣传材料1000余份，引导各文化市场做好环境整治、氛围营造等工作。协同区文明督查组，督促各类文化经营场所整改消防管道老旧、灭火器过期、场所检查登记不及时、垃圾杂物堆积、墙面乱贴小广告、室内通风不好有烟味、一米线破损及设置不规范、场所门口环境脏乱、门前三包卫生保洁不及时等50个问题。

【非法出版物及非法卫星接收设备整治】 2020年，同安区对出版物市场、网吧、校园周边环境等文化市场进行专项净化排查治理，检查校园及周边出版物经营场所，坚决封堵、查缴违禁出版物，严厉打击传播淫秽色情、低俗信息等违法违规行为；组织开展2020年政治性有害出版物突击检查。完成辖区2020年度出版物经营单位、印刷企业年度年检工作，销毁盗版出版物1980件，在辖区内出版物经营场张贴“绿书签”宣传海报、发放“绿书签”等2000份，查处拆除非法设置的卫星接收设施109座。

（杨　雷）

文化产业

【概　况】 2020年，同安区修订《同安区文化产业发展专项资金暂行管理办法》，出台《同安区促进影视产业发展若干措施》，全年扶持文化产业项目13个，补助资金520万元。落实珠光青瓷文化产业片区规划，推动文化及旅游产业深度融合，组织20家文旅企业参加第十三届海峡两岸（厦门）文博会，与3家企业签订4个项目，合作意向总金额2.5亿元。在中国电影投资大会上签约影视项目3个，签约投资金额近20亿元。

【文化产业项目展览及签约】 2020年12月4日，第十三届海峡两岸（厦门）文博会在厦门会展中心开幕，同安区华强方特、长辉、银敲、千境等20家文旅产业企业在同安馆展出，展示珠光青瓷、农民画、锡雕、汉服、木雕陈设、文房四宝、荧光创意玩具、原创手工艺作品等精美文创产品以及特种电影、动漫产品、文化衍生品等文化科技产品。同安区与3家企业签订4个文化创意产业项目、总投资金额2.5亿元，分别是生产展示科技旅游产品的厦门长辉荧光文化科技产业园、开展珠光青瓷非遗艺术研发的汀溪珠光青瓷研习中心、修缮古窑公园旧址并建立非遗工作室的热陶艺术产业区和莲花村艺术农耕项目。

【同安影视文化产业启动】 2020年11月25日，在厦门举行的中国电影投资大会上，同安区签约3个影视项目，涵盖影视产业基金、影视基地建设和影视拍摄等内容，投资近20亿元。12月，同安区成立影视产业发展工作小组，制定

《同安区促进影视产业发展若干措施》，支持大型影视项目开发，鼓励社会资本投资建设影视拍摄基地，支持影视工作室及影视人才落户同安等，并根据情况给予补贴或奖励。年内，电视剧《对手》《对你的爱很美》等剧组在同安开机。

（叶夏妍）

图　书

【概　况】 2020年，同安区有同安图书馆和同安区少儿图书馆2家公立区级图书馆。同安图书馆设11个分馆、8台24小时街区自助图书馆；当年新增图书14456种34491册，馆藏图书406532册。同安区少儿图书馆设有洪塘分馆，当年新增图书24656册，馆藏图书155295册。福建新华发行集团同安分公司图书销售总额5355万元，比上年增长6.23%。年内，同安图书馆与同安区少儿图书馆开展讲座、展览、阅读推广等各类活动91场，其中线上活动66场，服务读者1.82万人次。

【同安图书馆】 2020年，同安图书馆通过现场采购、书单采购、读者推购等方式，新增图书14456种34491册。年度办理借阅证1359张，流通30852册，到馆读者126398人次。8台24小时街区自助图书馆外借图书11112册，办理借阅证67本。根据新冠疫情防控要求加强线上服务，开展“你选书，我买单”、端午有奖答题等活动。每月一次举办“诗一样的儿童，儿童一样的诗”和波波老师一起走进儿童诗、“木可老师”亲子悦读会、“小眼睛看世界”绘本阅读推广活动、“同图·影苑”等阅读推广品牌活动。全年举办讲座26场，其中线下2场、线上24场，2148人次参与；举办展览2场，490人次参与；举办阅读推广活动25场，其中线下6场，线上19场，5733人次参与；举办少儿活动12场，其中线下2场，线上10场，1349人次参与；举办面向留守儿童、贫困家庭、残障人士等特殊群体服务9场145人次参与。

【同安区少儿图书馆】 2020年，同安区少儿图书馆累计借阅图书166993册次，总流通人次151881人次，办证458人；利用“4·23”世界读书日、“图书馆服务宣传周”、“书香鹭岛活动月”及中国传统节假日开展各类读者活动共43场，其中线上活动13场，线下活动30场，服务读者8342人。开展“童乐绘”亲子悦读手工坊3期，服务读者100人次；“AI创未来”乐高机器人活动4期，服务读者80人次；“悦读悦写”系列课程12场，服务读者228人次；“亲子成长”公益早教8场，服务读者174人次以及“读吧，读霸”阅读积分活动等各类品牌活动项目。

【图书销售发行】 2020年，福建新华发行集团同安分公司落实新冠疫情防控要求，通过线上方式面向中、小学及图书馆销售图书，在1月25日至2月9日期间闭店，通过服务电话、微信等服务方式共接待1000余人销售3.5万元图书。组织“暑假读一本好书”“寒假读一本好书”及“全民读书月　新华悦读季”系列活动，参加同翔两区的文化下乡活动共计6场，全年图书销售总额5355万元，比上年增长6.23%。其中，一般书销售1196.65万元，比上年增长47.77%；教材销售2844.29万元，增长564.2%；教辅销售1287.37万元，下降146.11%。营业收入5062万元，比上年增长4.74%；利润343万元，比上年减少42万元，下降12.37%。

【新华强军书吧投入运营】 2020年，同安新华书店分公司投资18万元，由驻厦部队某合成旅提供场地，联合建成“新华·强军书吧”。该书吧占地242平方米，可提供图书阅览、销售和茶品、咖啡销售等功能，集图书馆、书店、茶馆、咖啡馆特点于一体，为部队官兵提供多元的文化知识汲取渠道，满足部队官兵休闲及阅读的精神文化需求。书吧开业当月销售图书658册，销售额5.06万元。书吧落成被《解放军报》、今日头条、腾讯视频等主流媒体报道。

（朱洋洋）

融媒体

【概　况】 2020年，同安区级融媒体中心建成启用。区广播电视台强化文艺作品与电视宣传的融合，推出系列中共十九届五中全会精神文艺宣传短视频、疫情防控系列短视频等，累计采制作品18集，在“学习强国”、央视移动网等平台播放；结合“深化大学习　提振精气神”主题教育，先后推出大型系列报道《提振精气神　同安微故事》8集、《提振精气神　劳动者微故事》6集、《妇女半边天　一线微故事》5集等，强化正能量宣传，讲好同安故事，聚焦生态文明、扫黑除恶、文明创建、基层党建、乡村振兴、招商引资等，全年采制广播电视新闻1739条，“同安发布”微信公

2020年6月30日，同安区融媒体中心上线运行　（陈嘉新　摄）

众号平台累计发布资讯3300条次，点击率累计达2500万次。建立“学习强国”专线供稿平台，累计发布作品242件，在厦门电视台播出《今日视区》44档176条，抖音视频发布470条次。制作的多部作品获奖，电视纪录片《路》先后获福建省首届水仙花微电影短视频展最佳作品奖、福建省广播电视艺术奖三等奖。广播专题《银幕之后》、电视纪录片《传心》分获厦门市新闻奖广播类一等奖、电视类一等奖，《竹坝家园》获福建省广播电视系统“共圆小康梦　我说新福建”入围奖，同安区广播电视台获评福建省广播影视集团2020年度全省融媒体新闻协作先进集体。

【区融媒体中心建成运行】 2020年，同安区融媒体中心于6月30日建成并上线运行，10月通过验收。项目总投资730万元，建设总面积308.13平方米，设有演播厅、控制室、化妆室、演播室机房、候播室、融媒体指挥大厅、融媒体4K审片区、编辑机房、采访设备间、办公室等。

【融合采播机制建立】 2020年，同安区融媒体中心整合区广播电视台、区宣传事务中心合署办公，推动《福建日报》、《厦门日报》、厦门电视台、厦门网、《香港商报》等省市级媒体、重要网络媒体和境外媒体驻同安或跑口记者入驻融媒体中心中央厨房共享区域，构建包含30余家专业媒体、从业人员近百人的专业媒体力量集合体。融合民间媒体和人才，与同安生活网等民间微信公众号、社会大V建立合作机制，运用新闻主题活动、服务外包、线索征集等方式，充分吸纳社会人士、群众等参与融媒体生产。整合全区政务、教育、卫生、社区等各级各部门126个微信公众号及各类网站、微博，建立重点信息、主题板块，收集整理舆情信息。中心定期组织召开驻站记者联席会，实现新闻线索大融合，并组织各类型媒体记者统一采访，统一调度，实现单一事件宣传形式的多样性和宣传视角的广泛性。同安区采编播各项了系统、媒资共享系统、直播指挥调度系统及新媒体中央厨房接入福建省融媒体中心云平台，打造视频、照片、文字初级素材共享资源库，开放全媒体记者入驻中心共享区域，实现不同平台统一线上分众化编辑，提高宣传作品生产效率和精品化程度，构建省市区各级媒体一体化采播机制。

【《同安·记忆》电视文化专栏打造】 2020年，同安区广播电视台聚焦精品专题《同安·记忆》品牌打造，挖掘千年古城的文化底蕴，围绕同安的人文历史、传统美食、自然风光、古厝遗址、经济建设和生态保护等主题，先后推出《指尖时光》10集、《与特区同行》10集、《寻味老同安》12集、《北宋科学巨匠苏颂》9集、《朱熹首仕同安》4集、《漫说苏颂》4集等。《同安记忆》栏目被“学习强国”平台专栏刊登，点击率突破百万人次。

【融媒体直播常态化】 2020年，同安区强化融媒体直播的开发生产力度，全年直播124场，比上年增长138%。常态化直播《文化同安》栏目，创新办栏形式，采用外景直播方式，聚焦古城传统美食，推出《就是那个味儿》系列；推出“朱子文化节”“苏颂文化节”“孔子文化节”等系列直播活动，展开全球多平台直播，其中，朱子文化节全球直播平台12个，点击量超过200万人次。

（陈曼璐）

社会科学普及

【概　况】2020年，厦门市同安区社会科学界联合会（以下简称同安区社科联）开展社科理论宣传普及工作，全年举办理论宣传专题讲座22场；受众总计2500余人次。举办2020年同安区社科普及宣传活动周、2020年厦门（同安）孔子文化节、2020年厦门（同安）第五届国际朱子文化节、“纪念苏颂诞辰1000周年暨第九届厦门（同安）苏颂国际文化节”等活动，出版《苏颂全集》《同安古厝》《同安古树名木》等本土历史文化及地情书籍。孔子文化节活动在《光明日报》头版头条刊登。年内，同安区社科联获评市“2019年度社会科学普及先进单位”，为全市唯一获得这项荣誉的区社科联；在省“深入学习贯彻党的十九届五中全会精神网络有奖竞答”中获优秀组织奖。

【疫情防控】2020年，同安区社科联编发《致全区社科工作者的倡议书》，倡导全区社科工作者提高政治站位、主动担当作为，积极配合做好疫情防控有关工作。组织工作人员加入区宣传文化系统应对新冠肺炎疫情工作指挥部综合协调保障组和社会氛围营造组，深入各镇（街）、村（居）、学校、集市、景点等开展卡口巡查、文明劝导。增援汀溪镇复产复工，做好走访企业、规范台账，跟踪督促、帮扶整改等工作。

【课题研究】2020年，同安区社科联推动区委党校讲师沈丽英撰写的《习近平生态文明思想在厦门的孕育萌发和实践研究》纳入市社科调研课题重点项目，年内完成并通过评审。发动本土专家学者开展传统历史文化研究，确立《同安古县城形态描述》《文化自信视域下厦门地区民间手工艺的传承发展与创新模式研究》2个区一级社科调研课题。

【本土历史文化研究宣传】2020年，同安区社科联加强同安闽南文化和名人文化的宣传普及，开展朱子、苏颂文化校本教材编印工作，编写《朱子文化进校园》等教材。邀请厦门大学国学院副院长朱人求等专家编写《苏颂全集》，总共4册，收录《苏魏公文集》、《新仪象法要》、尚志钧辑录的《本草图经》以及苏颂后代记述苏颂遗训、轶事之作《丞相魏公谭训》四部分内容。制作科教宣传片《北宋科学巨匠苏颂》，讲述苏颂的“七项世界第一”，入选国家广电总局2020年度优秀国产纪录片。年内，完成有关苏颂文化建设提案的办理工作，助推改造提升苏颂纪念馆，建设苏颂书院。

【理论宣传专题讲座】2020年，同安区社科联深入机关、企业、学校、社区、农村，举办《守初心　担使命　做好新时代的答卷人》《擘画新蓝图　开启新征程　学习贯彻党的十九届五中全会精神》《党的十九届五中全会精神与国家战略发展》《博学爱民　清白传家》等“鹭江讲坛”专题讲座15场，学习宣传习近平新时代中国特色社会主义思想，受众2000余人。拓展提升理论宣讲平台，通过文化节等活动，举办“习近平在厦门的探索与实践”“奋进新时代　阔步新征程”“坚定文化自信　践行青春担当”等专题讲座。

【社科普及阵地管理】2020年，同安区社科联重视规范社科普及阵地管理，指导成立同安区客家传统文化促进会，跟踪督促各管理协会按照区民政局有关要求按时做好“年检”改“年报”工作，配合开展清理整治社会组织有关活动。定期召开社科工作联席会，了解各学会、研究会动态，帮助解决问题，协助举办群众喜闻乐见的文体活动，推动同安社会科学发展进步。

【社科普及宣传活动周】 2020年，中共同安区委宣传部和同安区社科联联合举办以“决胜全面小康、决战脱贫攻坚”为主题的2020年同安区社会科学普及宣传活动周活动，开展线上科普、宣传咨询、社会科学专题系列讲座等活动。10月18日，启动仪式在同安雪樵公园举行，区委政法委、区司法局、区生态环境局、祥平街道办事处等部门单位分别组织人员设立咨询台、科普展板，提供社科政策、法律法规、医疗等有关方面咨询；对2019年度同安区社科普及先进单位和个人代表进行集中表彰并颁发证书；举行《同安古厝》《同安古树名木》社科丛书首发仪式。活动周期间，分别在东山村、军营村、垵炉村举办“社会科学在你身边”宣传咨询活动，开展5场社会科学专题系列讲座，邀请专家学者深入基层讲解《习近平治国理政思想解读》《习近平在厦门的探索与实践》等内容。

【同安区客家传统文化促进会成立】 2020年，同安区客家传统文化促进会成立，旨在挖掘客家传统文化资源，传承和弘扬优秀客家文化。5月，召开第一次会员大会，选举产生第一届理事会，陈海泳当选会长。会员50余人。

【“银城社科”微信公众号开通】 2020年10月，同安区社科联开通“银城社科”微信公众号。该公众号包含社科在线、社科速递、社科传承三个模块，内容涵盖社科要务、资政服务、学会互动、志愿服务、闽南文化等多个方面，打造“线上线下同步推进”的立体传播模式。

【苏颂书院启动建设】 2020年12月，同安区启动苏颂书院建设。苏颂书院选址位于苏颂公园内，拟投资9000多万元，建筑面积2759平方米，占地面积3378平方米，含琴棋书画教育、科技室、明伦堂、崇文阁、办公室等配套功能，计划打造成为全国首座实质性运营的苏颂书院，传承同安先贤苏颂文化，成为同安区新的文化地标。

【2020年厦门（同安）第五届国际朱子文化节】 2020年7月11日，2020年厦门（同安）第五届国际朱子文化节在同安县衙旧址厦门朱子书院开幕。该次文化节以“心追往圣　云上同行”为主题，由市社科联、同安区委宣传部指导，中国朱子学会、厦门大学国学院、厦门大学新闻与传播学院、同安区社科联共同主办。根据新冠肺炎疫情防控要求，秉持线上为主、线下为辅的原则，海内外专家学者、朱氏后裔及嘉宾约50人参与，其中亲临现场35人。活动通过国内外专家连线会讲、线上有奖答题、新媒体传播等方式展开，共同缅怀先贤，传承和弘扬朱子文化。活动开幕式结束后，8位来自中国、日本和韩国的专家学者通过现场会讲、云上连线相结合的方式，结合自己的研究领域和国情，就朱子学的时代价值、朱子与同安、朱子哲学的传播、朱子文化的基本精神等话题进行研讨。文化节通过新华网、东南卫视、融媒体中心等向全球全程直播，有超百万人次在线收看活动直播、转播。当天下午，第十三届“朱子之路”研习营活动也同步开启。来自上海、南京、厦门、婺源、尤溪等地区的25名营员从同安出发，在参观同安区文公书院、魁星阁、孔庙、文笔塔公园后，赴尤溪、婺源等地游览朱子文化遗存、学习体验朱子文化、举办青年学子论坛、聆听国内外朱子学专家讲座。

2020年7月11日，厦门（同安）第五届国际朱子文化节在同安举行。图为文化节活动——第十三届“朱子子路”研习营在同安朱子书院开营

（同安区社科联供图）

2020 年 10 月 28 日，厦门（同安）孔子文化节释奠礼在同安孔庙举行

（同安区社科联供图）

【2020 年厦门（同安）孔子文化节】 2020 年 10 月 28 日，2020 年厦门（同安）孔子文化节在同安孔庙举行。该次活动由厦门市社会科学界联合会、中共同安区委宣传部指导，同安区社会科学界联合会主办，同安区教育局、同安区文旅局、金门县教育局协办，同安区博物馆、同安闽南文化研究会承办。该次文化节以“儒行两岸·鉴照未来”为主题，通过线上直播、线下活动的方式，推动两岸交流、共同传承和发扬中华优秀传统文化，活动举行释奠礼、开笔礼和成人礼仪式，来自东海学院、第一实验小学、第二外国语学校的学生代表参加现场仪式，学生代表们向至圣先师行拜谒之礼，齐声诵读《论语》，表达对孔子的尊敬。同日，一场以“传承发展古同安在海丝视域下的独特作用”为主题的学术研讨在厦门（同安）朱子书院举行，两岸共 10 余名专家学者通过线上连线与直播的方式参与研讨。

（陈曼璐）

党史和地方志工作

【概　况】 2020 年，同安区委党史和地方志研究室以“存史、资政、育人、惠民”为根本任务，开展资料征集、党史研究和志鉴编纂等工作。组织编纂《中国共产党厦门市同安区历史第二卷（1949—1978）》，与同安新四军历史研究会共同收集同安闽西南地下党革命史料，为有关部门编写《同安革命老区（县）区发展史》提供业务指导。编辑出版《同安年鉴（2019）》，完成《同安年鉴（2020）》定稿。出版《魏公谭训》，献礼苏颂 1000 周年诞辰庆典仪式。全年开展志鉴业务知识交流、讲座 2 次，组织参加省、市业务培训 8 人次。接待社会各界地情咨询 15 批次。

【党史研究与宣传】 2020 年，同安区委党史和地方志研究室挖掘、活化、利用同安使命馆本土红色资源，开展党史宣传教育。组织编纂《中国共产党厦门市同安区历史第二卷（1949—1978）》，为同安区老区建设促进会编写《同安革命老区（县）区发展史》提供业务指导。参与建设同安高山党校初心使命馆，高山使命馆再现习近平总书记当年在厦门经济特区与广大干部群众并肩奋斗的探索与实践，被列入全市首批 10 条红色文化经典线路。与同安新四军历史研究会共同收集同安闽西南地下党革命史料，编写专辑《银城风云》。组织开展学习中共十九届五中全会精神专题报告会、纪念新四军建军 83 周年暨黄桥战役胜利 80 周年主题报告会等。

【精品年鉴工程创建】 2020 年，同安区委党史和地方志研究室落实市委“跳起摸高，争创一流”的指示要求，推进实施“全域精品”工程，成立同安区创建精品年鉴工作领导小组，开展省级精品年鉴创建工作。7 月提交部分栏目稿件给省委党史方志办审核；11 月完成《同安年鉴（2020）》编辑并送交省委党史方志办专家审核，根据专家意见完善补充，年底完成出版。

【《魏公谭训》点校本出版】 2020 年 12 月，同安区委党史和地方志研究室组织编纂的《魏公谭训》点校本由海峡书局出版发行。《魏公谭训》，又称《苏氏谈训》《苏魏公谈训》《丞相魏公谭训》，由北宋天文学家苏颂之孙苏象先撰写，是一部记述苏颂生平事迹和教诲之言的笔记著作、家训著作。该点校本对原文标点、注释、翻译，并附有解读材料，最大程度挖掘这部家训著作的史料价值和教育价值。

【苏颂文化进校园活动举行】 2020

2020 年 12 月 18 日，同安区委党史方志室联合区关工委、区社科联等单位开展“苏颂文化进校园”专项活动，向苏颂小学赠送《魏公谭训》等书籍

（陈寿南　摄）

年 12 月，同安区委党史方志室联合区关工委、区社科联等单位开展“苏颂文化进校园”活动。12 月 18 日、12 月 21 日，分别在苏厝小学、城东中学组织一场《魏公谭训》赠书仪式，并由本土文史专家张沧海开展苏颂文化讲座，传承本土优秀历史文化。

（蔡　杰）

档案工作

【概　况】 2020 年，同安区档案馆做好档案接收管理工作，全年接收 11 个单位 5015 卷档案移交入馆。联合《同安生活网》《同安圈》等平台，集中开展“6·9”国际档案日线上系列宣传活动，举办“档案见证小康路·聚焦扶贫决胜期”有奖知识问答，首次发布“同安档案”微信公众号。发挥“为党管档、为国守史、为民服务”的职能，提供档案查询利用 9498 卷（册）次，服务查档群众 5701 人次。

【档案资源建设】 2020 年，同安区档案馆开展档案接收管理工作，全年接收区委办、区纪委、区委党校、区民宗局、新民镇等 11 个单位共 5015 卷档案入馆。推进实施档案数字化工程，对 2015 年以来接收的档案进行全文数字化扫描，至 2020 年 11 月完成数字化扫描 92 万页，可提供 147.32 万件的全文数据查阅量。推进政务公开标准化规范化工作，设置政务公开专区。投入 11.4 万元改进档案“收、管、存、用”软硬件设施。推动新馆建设立项。

【特色档案征集】 2020 年，同安区档案馆开展特色档案征集活动，扩充馆藏资源，优化馆藏结构，全年征集涉历史文化、族谱等特色图书 23 本。加强对新冠疫情档案的征集工作，先后 2 次召开卫生系统和镇（街）新冠疫情档案征集会议，及时向社会发布关于征集新冠疫情防控档案的公告，至 2020 年 12 月统计预归档疫情防控文件档案 197 件。

【同安老县衙 3D 动画复原制作完成】 2020 年，同安区档案馆办理区政协十三届三次会议《关于尽快复原同安老县城 3D 模型的建议》的提案，投入资金 47 万元推进同安老县衙 3D 动画复原。该项目于 2020 年 8 月 24 日完成制作，10 月 23 日通过专家评审，将为同安老县城未来实物模型设计、AR（全景虚拟呈现）提供重要参考。

【国际档案日系列宣传活动】 2020 年 6 月 9 日至 16 日，同安区开展国际档案日线上系列宣传活动，通过同安生活网、同安圈等线上平台，举办“档案见证小康路·聚焦扶贫决胜期”有奖知识问答，相关专题浏览量 1.2 万余人次、参与答题人数 3000 余人。首次发布“同安档案”微信公众号，设置档案服务、故事同安、档案动态等 3 个板块共 9 项内容，关注用户 3300 余人。制定、公布《厦门市同安区档案馆档案查阅利用服务指南》《厦门市同安区档案馆关于利用档案资料暂行规定》等 6 个文件，明确档案查阅、利用的手续、程序等方面要求，推进服务群众规范化、便利化。

（杨艺友）

体　育

群众体育

【概　况】 2020年，同安区举办全民健身运动会，先后举办乒乓球赛、篮球赛、羽毛球赛等系列赛事。推动农村群众体育发展，在莲花镇举办“清新莲花，快乐村跑”村跑活动。开展老年人健身康乐家园创建工作，年内新增12个，总计老年人健身康乐家园单位共有区级109个、市级66个、省级38个。厦门市老年人体育健身（地掷球）示范点在梧侣文体中心挂牌．全年开展国民体质监测测试2050人；新组建群众健身团体2个。截至2020年年底，全区拥有体育社会组织27家，社会体育指导员1007名。

【“体彩杯”全民健身运动会】 2020年，同安区举行全民健身运动会系列比赛，由同安区文化和旅游局联合区总工会、各体育协会联合举办乒乓球团体赛、篮球比赛、羽毛球比赛、围棋比赛、气排球比赛、钓鱼比赛、足球联赛等赛事16场，参赛队伍由政府机关、企事业单位职工，退休人员及各界群众组成，总计参赛3188人次。

【“清新莲花，快乐村跑”村跑】 2020年11月28日，“清新莲花，快乐村跑”村跑在莲花镇举行。活动由共青团厦门市同安区委员会、同安区文化和旅游局、莲花镇人民政府举办，赛程共5.8千米，设竞赛组和亲子组2个组别，总计450人参赛。比赛决出竞赛组（男子）、竞赛组（女子）、亲子组前三名，获选选手12人。竞赛组（男子）、竞赛组（女子）第一名的成绩分别为21分10秒、23分43秒。

【厦门市老年人体育健身（地掷球）示范点在同安揭牌】 2020年10月26日，“厦门市老年人体育健身（地掷球）示范点”暨“同安区老年人地掷球训练基地”揭牌仪式在梧侣文体中心举行。地掷球场占地面积991.23平方米，建成后为同安区108支地掷球队提供训练和交流场所。揭牌仪式后，在同安区梧侣文体中心地掷球场举办一场地掷球交流赛，来自全市各区的24支队伍参与。

（赖聪毅　邵加山）

竞技体育

【概　况】 2020年，同安区运动员参加全国女子举重锦标赛暨奥运预演赛、全国跆拳道锦标赛、中国跆拳道公开赛、全国U系列青少年羽毛球锦标赛、福建省青少年U系列击剑冠军赛等省级以上赛事，获金牌28枚、银牌21枚、铜牌17枚。同安区新增官浔小学重竞技运动项目训练点，向厦门市各运动队输送优秀后备体育人才25名。协办全国青少年帆船俱乐部联赛（厦门站）、北辰山国际越野赛、厦门环东半程马拉松赛、厦门铁人三项赛等大型体育赛事。

【体育人才培育】 2020年，同安区8所学校获厦门市后备人才基地校称号，后备人才培养项目分别为岳口小学举重、跆拳道，第二实验小学羽毛球，五显中心小学射箭，莲花中心小学水上运动，西塘小学武术，新星小学柔道，汀溪中学田径。全区各类训练点19个。全年向厦门市各运动队输送优秀后备体育人才25名，其中厦门竞技体育发展中心15名、水上运动训练中心5名、厦门市体育运动学校5名，超额完成年度竞技体育后备人才输送20人的任务。

【体育赛事获奖】 2020年，同安区选拔、推荐运动员参加省级以上赛事，总计24人获得团体金牌2枚、银牌1枚、铜牌3枚；个人金牌2枚、银牌4枚、铜牌3枚。

2020年同安区运动员参加国家、省级赛事成绩一览表

表39

项目	姓名	性别	赛事名称	比赛成绩	奖项
跆拳道	刘杰鑫	男	2020年全国跆拳道锦标系列赛	第二站68公斤第五名、 第三站68公斤第三名、 总积分68公斤第二名、 冠军总决赛68公斤第五名	银牌1枚 铜牌1枚
跆拳道	林赛江	男	西安2020"一带一路"中国跆拳道公开赛	成人男子组58公斤级冠军	金牌1枚
举重	高依眉	女	2020年全国女子举重锦标赛暨奥运预演赛	女子45公斤级比赛挺举亚军， 总成绩季军	银牌1枚 铜牌1枚
举重	吴生宝	女	2020年全国女子举重锦标赛暨奥运预演赛	女子64公斤级第八名	
羽毛球	蔡佳木	男	2020年全国U系列青少年羽毛球比赛福建省选拔赛（U10–17）	U10组男单亚军	银牌1枚
羽毛球	蔡佳木	男	2020年全国U系列青少年羽毛球比赛厦门市选拔赛	男双亚军 男单第四	团体银牌1枚
羽毛球	杨峻羽	女	2020年全国U系列青少年羽毛球比赛厦门市选拔赛	女双冠军 女单冠军	团体金牌1枚 金牌1枚
羽毛球	郭一岑	女	2020年全国U系列青少年羽毛球比赛厦门市选拔赛	女双冠军	团体金牌1枚
羽毛球	陈柏帆	男	2020年全国U系列青少年羽毛球比赛厦门市选拔赛	男双亚军	团体银牌1枚
羽毛球	蔡子贡	男	2020年全国后备人才基地总决赛	11岁组双打冠军 单打亚军	团体金牌1枚 银牌1枚
羽毛球	郭一岑 杨峻羽	女	2020年全国U系列青少年羽毛球比赛福建省选拔赛（U10–17）	U10组女双第五名	
羽毛球	蔡佳木	男	2020年全国后备人才基地总决赛	10岁组双打第四名	
击剑	罗　炎 赵　妍 蓝　欣 许静怡	女	2020年福建省青少年U系列击剑冠军赛	女子重剑团体季军	团体铜牌1枚
击剑	陈铧超 杨可豪 杨振凯	男	2020年福建省青少年U系列击剑冠军赛	男子花剑团体季军	团体铜牌1枚
击剑	张金圆 李　敏	男	2020年福建省青少年U系列击剑冠军赛	女子花剑团体季军	团体铜牌1枚
击剑	杨可豪	男	2020年福建省青少年U系列击剑冠军赛	男子花剑个人季军	铜牌1枚
击剑	叶嘉宸 邱文凯 陈炳阳 吴俊宇	男	2020年福建省青少年U系列击剑冠军赛	男子花剑团体第四名	
击剑	陈铧超	男	2020年福建省青少年U系列击剑冠军赛	男子重剑个人第四名	
击剑	陈铧聪	男	2020年福建省青少年U系列击剑冠军赛	男子花剑个人第五名	

【第六届“梅沙教育杯”全国青少年帆船俱乐部联赛总决赛】 2020年8月15日至8月18日，2020年梅沙教育全国青少年帆船联赛（厦门站）在同安区环东海域举行。该次赛事由中国帆船帆板运动协会主办，厦门市同安区文化和旅游局、厦门市同安区西柯镇人民政府协办，厦门市帆船游艇运动协会承办，来自福建省厦门市、福州市，广东省深圳市、云南省、四川省的5个地方俱乐部共64名选手参加。比赛设OP级和TOPPER级两个组别，其中OP组别共完成8轮竞赛，TOPPER组别完成9轮竞赛，共产生21枚奖牌。

【2020厦门环东半程马拉松赛】 2020年12月13日，2020厦门环东半程马拉松赛在同安区环东海域滨海浪漫线开跑。该次赛事由厦门市人民政府主办，厦门市体育局、同安区人民政府、翔安区人民政府、厦门路桥体育产业集团有限公司承办，参赛人数5759人，同期举办10千米、5千米配套赛。选手彭建华以1小时03分03秒的成绩获男子组冠军，打破个人记录并创造近7年国内男子半程马拉松最好成绩；选手张德顺以1小时10分34秒的成绩获女子组冠军，打破个人记录并创造近10年国内女子半程马拉松最好成绩。

【2020年厦门铁人三项公开赛】 2020年11月8日，2020厦门铁人三项公开赛8日在环东海域滨海浪漫线举办，这是厦门首次举办铁人三项公开赛。活动由中国铁人三项运动协会、厦门市体育局指导，厦门路桥体育产业集团有限公司主办，厦门市铁人三项运动协会、厦门市自行车运动协会、厦门市游泳协会协办，厦门路桥体育集团赛事运营有限公司承办。来自全国各地的366名运动员参赛，其中国内选手361人，外籍选手5人。参赛选手中，全程距离组265人，半程距离组67人，骑跑两项组34人。比赛项目为选手从美峰体育公园前的赛道出发，依次进行1.5千米游泳、40公里自行车骑行、10公里长跑。厦门本地选手吴云东获男子全程冠军，成绩是2小时20分53秒；德国籍选手卡特林·布查获女子全程冠军，成绩是2小时59分40秒。7日，主办方举行厦门铁人三项公开赛小铁人赛作为活动配套赛事，共有200名选手参加。

2020年12月13日，厦门环东半程马拉松赛参赛选手在同安环东海域新城滨海浪漫线开跑
（夏海滨　摄）

【北辰山国际越野赛】 2020年11月29日，北辰山国际越野赛在厦门同安区北辰山举行。比赛由厦门市体育局、厦门市同安区人民政府指导，厦门路桥体育产业集团有限公司主办，厦门路桥体育集团赛事运营有限公司承办，厦门市同安区文化和旅游局、厦门同安文化旅游发展有限公司、厦门北辰山景区协办，厦门北极星救援队提供赛事支持，来自全国各地的专业选手及越野爱好者超1000人参加。赛事线路设计分为60千米和30千米两个项目。其中，60千米项目以北辰山新山门为起终点，赛程累计爬升2869米，包含不规整的路面、众多陡峭的下坡以及风寒、昼夜温差等不利因素，考验选手综合户外运动能力。30千米项目以“北辰山新山门”为起终点，路线累计爬升1879米，经过海拔780.1米的铁砧山。比赛各项分设男女两个组别，总计决出4个组别前3名共12枚奖牌。

【同安区少年儿童业余体育学校】 2020年，同安区少年儿童业余体育学校有专职教练4人。聘请举重、田径、游泳等项目专职教练员4名。年内，与全区14所学校共建田径、举重、跆拳道、射箭等16个特色运动项目训练点，每周训练不少于3次，每次训练不低于1.5小时。开展竞技体育活动，提高专项运动成绩。暑假、寒假集训人数达600人。寒假期间，在8个特色运动项目训练点举办冬令营活动，225名学生参加。运动员在训总人数400人，其中田径30人、武术20人、举重24人、跆拳道25人、水上30

人、柔道25人、射箭30人、击剑35人等。全年在柔道、举重、跆拳道、武术等10个项目上共向上级训练单位输送25名后备体育人才。8月，在“全民健身日”期间承办少儿围棋赛、少儿象棋赛、击剑比赛等全民健身系列活动。

【福建省海岸赛艇训练基地落户同安环东海域】 2020年11月8日，“福建省海岸赛艇训练基地”在同安环东海域新城揭牌。中国赛艇、皮划艇协会主席刘爱杰，中国皮划艇协会副主席李欣，厦门路桥体育集团董事长吴明显、总经理陈奇等领导出席揭牌仪式。该基地由厦门路桥体育产业集团与皮划赛艇运动管理中心合作共同建设，由厦门路桥体育产业集团投资管理，为福建省海岸赛艇队提供训练场所。

（赖聪毅　邵加山）

体育设施

【概　况】 2020年，同安区文化和旅游局实施人民体育场改造提升工程建设，完成梧侣文体中心体育馆地掷球场顶棚建设和4个地掷球场整体提升改造工程、2个足球场建设；完成全区公共文体设施整体提升改造项目。建立体育设施维护管理常态化机制，委托城建公司定期维护管理全区体育设施。

【体育设施维护常态化机制建立】 2020年，同安区建立体育设施维护管理常态化机制，参照“一把扫把扫到底”的环卫管理一体化模式，委托同安城建公司常态化维护管理全区公共体育场地，定期检查器材损坏情况并及时维护，确保群众拥有良好的健身环境。

2020年同安区体育场地一览表

表40

场地名称	数量（个）	场地名称	数量（个）
十一人制足球场	3	棒球场	1
五人制足球场	5	垒球场	3
篮球场	672	路攀道馆	14
篮球馆	34	射箭馆	1
三人制篮球场	47	地掷球场	32
排球场	73	门球场	6
排球馆	7	台球馆	47
武术馆	2	棋牌室	117
田径场	23	电子竞技馆	5
小运动场	89	社区健身中心	1
游泳池	12	全民健身路径	574
游泳馆	6	健身房	213
艺术体操馆	1	登山步道	12
乒乓球场	222	步行道	89
乒乓球馆	97	自行车骑行道	7
羽毛球场	40	步行骑行综合道	6
羽毛球馆	10	营地	1
网球场	9	体育场	2
高尔夫球场	1		

【群众健身设施建设】 2020年，同安区文化和旅游局完成全区公共体育设施整体提升改造项目，在81个村（居）提升改造98个篮球场，其中安装60副移动式篮球架、33副固定式篮球架、17盏灯光、18片水泥篮球场硬化，新建38套健身路径，并对损坏的所有体育设施进行维修维护。对同安区人民体育场进行了提升改造工程，改造内容主要涉及看台及田径场的翻新，田径场提升包括塑胶跑道、操场人工草皮，田径场周边绿化以及硬地提升，至年末完成场地平整。

【体育场地普查】 2020年，同安区开展全国体育场地普查工作，面向全区政府机关、企事业单位、社会团体组织开展普查。年末，全区有体育场地2484个，其中学校528个，社区1814个、企业142个。社区场地总面积164.53万平方米，常住人口人均体育场地面积2.48平方米。

（赖聪毅　邵加山）

体育产业

【概　况】 2020年，同安区注册体育类企业1133家，累计在册 4476 家。同安区体育产业主要有运动健身器材生产业。被列为厦门市重点健身器材企业的有奥佳华健康科技集团股份有限公司、厦门康乐佳运动器材有限公司、厦门群鑫机械工业有限公司。2020 年，全区运动健身器材基地企业总产值 66.88 亿元，厦门康乐佳运动器材有限公司被国家体育总局认定为 2019 国家体育产业示范单位。厦门路桥体育产业集团在同安滨海新城开发体育产业，在环东海域同安新城建立福建省海岸赛艇训练基地，举办端午体育嘉年华等一系列活动。

【环东海域体育文旅产业带建设】 2020 年，厦门路桥体育集团完善环东海域滨海旅游浪漫线和美峰体育公园配套设施，举办一系列文体活动，建设环东海域体育文旅产业带。7 月 13 日，厦门路桥体育产业集团与金龙客车签署合作协议，引入金龙客车旗下首款商用级自动驾驶巴士“阿波龙”，在环东海域滨海旅游浪漫线指定路段开展智能接驳业务。与福建省体育局、福建省皮划赛艇运动管理中心达成社会化福建省海岸赛艇队共建合作关系，在环东海域新城建设福建首个海岸赛艇训练基地。自 8 月 10 日起，将美峰体育公园户外篮球场升级为 NBA HOOP PARK，引进智能道闸，实施智能管理，着力打造“日落美峰”厦门最强街球公园的 IP 形象，真实还原动漫游戏里“大海沙滩篮球场”元素的街球公园。将文化、旅游元素融入体育赛事中，12 月 13 日，在厦门环东半程马拉松赛赛道上，赛事组委会设置 9 个特殊的加油站，演出民俗文化、流行音乐等，呈现车鼓弄、莲花褒歌、拍胸舞等省市非物质文化遗产项目，为观众提供丰富的文化体验。年内开展文旅体育多项活动，举办端午体育嘉年华、趣番天亲子运动嘉年华等活动，带动滨海新城餐饮、购物、酒店等人气。

【路桥体育嘉年华】 2020 年端午节期间，厦门路桥体育公司在环东海哉同安新城举办“路桥体育嘉年华”系列活动。厦门自行车协会联合香文化馆、浪漫书屋、淘海人家帆船培训等沿线商家，为市民和游客提供各类文化体育体验活动，其中在滨海旅游浪漫线使用休闲观光自助式自行车骑行成为游客热门活动。3 天假期内，滨海旅游浪漫线接待旅客超过 20 万人。

【趣番天亲子运动嘉年华】 2020 年 11 月 14 日至 15 日，趣番天亲子运动嘉年华在厦门市同安区滨海新城美峰体育公园举行。本次亲子运动嘉年华由同安区委宣传部、同安区文化和旅游局、同安区妇女联合会指导，厦门星月传媒、厦门小鱼网联合主办，厦门路桥体育赛事运营公司、厦门市红十字救护培训中心、蔚蓝时代幼教集团、老约翰绘本馆、厦门市自行车运动协会、星创艺术教育承办。活动分为两天四场，融运动、游戏、娱乐、购物等为一体，包含户外亲子运动会、亲子公益课堂、辣妈集市、儿童跳蚤市场、趣番天大舞台五大板块内容。在户外亲子运动会上，有超过 20 个趣味运动项目供不同年龄段孩子选择参与；厦门红十字救护培训中心及老约翰绘本馆联合开设亲子公益课堂；在辣妈集市和跳蚤市场，舞台上演出闽南童谣、拉丁舞、棒偶剧等节目。另有教练带动全场学习主题舞蹈，千人同跳亲子健身操。开幕式当天吸引近 1000 人参加。

【康乐佳公司获评国家体育产业示范单位】 2020 年 8 月，厦门康乐佳运动器材有限公司被国家体育总局认定为 2019 国家体育产业示范单位。厦门康乐佳运动器材有限公司成立于 2004 年，是拥有“康乐佳”和“KPOWER”两个中国驰名商标以及多个自主知识产权的大型健身器材智造企业。产品涵盖健身车、跑步机、划船器、专业力量器械等十大系列、600 多个品种，销往全世界 100 多个国家和地区。2019—2020 年，康乐佳公司致力产品开发创新、产业结构升级，推动生产线机械化、产品智能化、服务精细化，针对日益增长的老年人健身需要，专门研究开发老年人健身器材，实现全系列产品商用、家用全覆盖。

小资料：

国家体育产业基地评选始于 2006 年，面向全国体育产业重点领域的知名企业或组织机构。评选旨在树立各大体育产业各领域的榜样示范单位，通过国家及地方的配套政策扶持，为各体育产业在全国范围内的发展提供重要推手。

（赖聪毅　邵加山）

卫生健康

综　述

【概　况】2020年，同安区医疗卫生机构总数444家，其中公立医疗机构17家（三级乙等综合性医院1家、二级甲等中医院1家、监狱医院1家、社区卫生服务中心3家、卫生院6家、竹坝卫生所1家，以及卫生监督所、疾控中心、妇幼保健院、皮防院各1家），社会医疗机构241家（医院5家、门诊部32家、诊所201家、检验中心3家），学校及

2020年度同安区医疗卫生机构和医疗卫生人员情况表

表41

机构分类	机构个数（个）	在岗职工（人）													
		合计	卫生技术人员									乡村医生	其他技术人员	管理人员	工勤技能人员
			小计	执业（助理）医师	执业医师	注册护士	药师（士）	技师（士）	检验技师	其他	见习医师				
总　计	444	4363	3595	1570	1389	1480	234	206	144	105	24	227	127	158	256
一、医院	8	2270	1934	683	663	966	109	115	70	61	20	0	90	72	174
综合医院	7	1934	1651	567	551	852	79	96	56	57	20	0	65	66	152
中医医院	1	336	283	116	112	114	30	19	14	4	0	0	25	6	22
二、基层医疗卫生机构	429	1837	1501	825	664	489	119	55	39	13	1	227	29	47	33
社区卫生服务中心	3	124	109	53	52	30	15	11	8	0	0	0	7	8	0
乡镇卫生院	6	255	225	110	104	62	27	21	16	5	1	0	13	10	7
村卫生所	111	347	120	120	43	0	0	0	0	0	0	227	0	0	0
门诊部	32	460	402	215	181	131	27	23	15	6	0	0	7	27	24
诊所、医务室	277	651	645	327	284	266	50	0	0	2	0	0	2	2	2
三、专业公共卫生机构	4	183	110	47	47	9	6	19	19	29	3	0	7	25	41
疾病预防控制中心	1	35	17	9	9	0	0	5	5	3	1	0	1	7	10
皮肤防治院	1	28	18	5	5	4	4	3	3	2	0	0	5	1	4
妇幼保健院	1	74	53	33	33	5	2	11	11	2	2	0	1	6	14
卫生计生监督所	1	46	22	0	0	0	0	0	0	22	0	0	0	11	13
四、其他卫生机构	3	73	50	15	15	16	0	17	16	2	0	0	1	14	8
临床检验中心	2	21	15	2	2	0	0	13	13	0	0	0	1	4	1
健康体验	1	52	35	13	13	16	0	4	3	2	0	0	0	10	7

企事业卫生机构75家（学校66家、企事业9家），村卫生所111家。拥有各级各类卫生技术人员3595人（含民营），其中执业（助理）医师1570人、注册护士1480人、其他卫技人员545人，每千人卫生技术人员、执业（助理）医师、注册护士分别达4.97人、2.17人和2.04人；纳入镇村卫生一体化管理的村级乡村医生295人。在公立医疗机构卫生技术人员中，高级职称326人、中级职称534人、初级职称253人，分别占卫生专业技术总数的26.2%、43.0%、20.4%；其他人员130人，占10.4%。编制总床位1887张，其中市第三医院1000张、区中医院300张、监狱医院20张、卫生院（社区卫生服务中心）173张、皮防院50张、博爱医院101张、城南医院20张、工业集中区医院102张、新开元医院101张、附大医院20张，为每千人床位数2.60张。全区各医疗卫生单位建筑总面积26.11万平方米，其中业务用房面积15.67万平方米。全系统现有百万元以上医疗设备92台（套）。全年全区医疗卫生机构总诊疗人376.73万人次，比上年增长7.48%；医院病床使用率74.03%，比上年下降8.33%；医院出院者平均住院日为8.9日。公立医疗业务收入83817.42万元，当年区财政预算补助31365.58万元。

2020年，同安区建立新冠肺炎疫情防控指挥部作战体系，按照“外防输入、内防扩散”的策略，开展联防联控、群防群控和精密智控，取得显著效果，全年未发现新冠肺炎病例。统筹推进紧密型医共体改革、医疗卫生项目建设、基本公共卫生服务、医疗安全卫生监管等工作，与福建中医药大学签署校地战略合作协议，与9名国内顶级专家签订学科共建特聘主任协议，完成家庭医生签约15.29万人。同安区再获“全国基层中医药工作先进单位”称号；莲花镇获评国家卫生乡镇。

2020年2月10日，厦门市第三医院28名援鄂医护人员集结出发

（同安区卫健局供图）

【卫生健康系统抗击疫情】 2020年，同安区卫生健康系统在疫情发生后第一时间成立疫情防控工作领导小组，落实24小时战备值班，动用全部医疗机构和力量筹措防控物资，开展人员摸底排查、流行病学调查、集中医学观察场所管理、核酸（抗体）检测和环境消杀等工作，构建起科学、高效、精准的疫情防控网络体系。设立发热门诊、预检分诊站点18个，专设新冠肺炎诊治专用通道，做好发热病人排查、检测、隔离、诊断、救治工作。选派31名医护骨干组成援鄂援杏医疗队，驰援杏林、武汉战疫最前线。疫情稳控后，抽调专家组成专业团队，指导规范机关、学校、重点工业企业、建筑商贸企业、重点项目及养老机构、监管场所等重点领域、重点场所疫情防控工作，助力生产生活秩序稳步恢复。坚决落实防范境外疫情输入任务，狠抓落地查验、分流转运、集中隔离等全流程闭环管控措施，促进常态化疫情防控工作。市第三医院发出《万众一心，共克时艰》的倡议书，成立党员先锋队、救治突击队和志愿服务队，244名医护人员主动请缨前往新冠病毒最前线支援，2名医护骨干增援杏林一线医疗救治团队，29名医卫人员逆行支援武汉。各镇（街）卫生院（社区卫生服务中心）医务人员全员参战，前置疫情监测哨点，做好预检分诊和疑似患者的隔离、转诊工作，参与全区6个重点交通卡口、1300多个临时检查点的人员排查管控。全系统获评湖北省“最美逆行者”29名，福建省抗疫最美家庭21家、福建省抗疫先进集体1个、先进个人2人，厦门市抗疫通报表扬或表彰31人，同安区抗疫表彰先进个人6人。

【医疗卫生设施建设】 2020年，同安区加大优质医疗资源供给，推进医疗卫生基础设施建设，投入2300余万元完成祥平社区卫生服务中心改造、区中医医院外环境改造、区疾控中心室外提升改造、区妇幼保健院消防设施改造等医疗卫生项目4个。

【紧密型医共体改革】 2020年，同安区制订印发《推进同安区总医院建设实施方案》，完善总医院内部运行制度。实施绩效分配改革，试点在编人员实行绩效分配工分制，实现多劳多得、优绩优酬。推动区域性六大医疗中心联通运行，完成消毒供应中心、临床检验中心、心电诊断中心、部分医学影像中心等功能设置，整合提升全区信息系统成立新的远程医疗中心；将13家医疗单位联网，通过视联网终端提供高清音视频交互式远程应用，形成集团协同医疗信息数字化。优化分级诊疗模式，健全总医院医疗管理专家挂职基层卫生单位副职、专家下基层、公共卫生团队协作等机制，全年基层门诊量249.58万人次，比上年增长12%。

【“健康同安”行动开展】 2020年，同安区实施“健康同安”行动，制定《关于印发健康同安行动实施方案的通知》，成立健康同安行动推进委员会，开展重大疾病防控、健康干预、重点人群健康监测等工作。加强高水平医疗技术协作，环东海域医院引入浙大附属邵逸夫医院合作运营，福建中医药大学2020年同等学力硕士研究生（厦门班）在市第三医院开班，9名国内知名医院顶级专家与市第三院、区中医院签订“双主任制”学科共建特聘主任协议。开展卫生镇（村）创建工作，累计建成健康社区（村）9个、健康促进学校2所，莲花镇获评国家卫生乡镇。实施“厕所革命”，全区农村户厕无害化普及率实现100%。推进健康促进与教育工作，完成8个镇（街）、9个社区（村）健康素养监测抽样和问卷调查，建成区、镇、村三级健康宣传教育网络。

【公共卫生服务】 2020年，同安区全面落实居民健康档案管理、健康教育、预防接种、慢性病管理等国家基本公共卫生服务项目，下达基本公共卫生服务经费6262.29万元、人均标准94.45元；建立居民健康档案510058份，其中在使用档案284340份，档案使用率55.75%，超额完成指标要求；按照规范要求进行高血压患者健康管理29740人、进行2型糖尿病患者健康管理10430人，规范管理率分别达82.06%和79.69%；在福建省组织的基本公共卫生年度督导中，同安区以全省第二名的成绩通过专家组验收。深化镇村卫生服务一体化，指导基层医疗卫生机构做好村卫生所人员准入、业务培训和药械、财务、信息化、绩效考核等方面工作；规范医保刷卡管理，111家村卫生所全年完成刷卡182940人次、金额927.17万元。做实家庭医生签约服务，完成家庭医生签约15.29万人。

【卫生人才队伍建设】 2020年，同安区引进、招聘各类卫生专业人员138人，其中本科106人、硕士研究生以上32人。遴选市、区高层次卫生人才库检验、内分泌、麻醉等专业人才12人。选派卫技人员参加上级医疗卫生单位进修46人。组织全区乡村医生专业技能培训325人。

【爱国卫生运动】 2020年，同安区爱国卫生运动委员会组织协调各成员单位，发动社会各界开展爱国卫生运动。全区累计5万余人次参加爱国卫生行动，整治卫生死角2.5万处、清理垃圾6865吨，整治农贸市场252个、小区239个；开展消杀作业580平方千米，发放除“四害”药物2.6万包；发放宣传材料1.7万份，健康宣传普及2.5万人次。

【同安区与福建中医药大学签署校地合作协议】 2020年8月7日，同安区政府与福建中医药大学在厦门市第三医院签署校地战略合作协议，推进中医药工作。同安区是全国基层中医药工作先进单位，拥有以中医院为龙头、镇卫生院（社区卫生服务中心）为枢纽、村卫生所（社区卫生服务站）

2020年8月7日，同安区政府与福建中医药大学在厦门市第三医院签署校地战略合作协议

（同安区卫健局供图）

为网底，涵盖综合医院和私立诊所的三级中医药服务网络。福建中医药大学是福建省“一流大学”建设高校，福建省中医药人才培育及中医药传承高校基地。合作双方将从中医药和临床医学人才培养、中医药高新技术产业园建设、中医药科学研究、地道药材种植研发、中医药健康服务等方面入手，进行全方位、多层次合作，助力辖区医疗服务保障体系的完善和医疗服务能力的提升。

（张志建）

疾病预防控制

【概 况】 2020年，同安区加强手足口病、艾滋病、结核病、不明原因肺炎、新型冠状病毒肺炎、人感染H7N9禽流感等重大传染病防治工作，落实突发公共卫生事件相关信息报告，提升突发公共卫生事件应急处置能力。全年报告甲乙类传染病发病974例、死亡1例，发病率146.91/10万，比上年下降21.67%，死亡率0.1508/10万，比上年下降7.88%，病死率1.027‰，比上年上升17.64%；甲乙类传染病发病数居前5位的病种为肺结核、梅毒、病毒性肝炎、淋病和猩红热，死亡病种为艾滋病。处置突发公共卫生事件4起，未造成疫情传播蔓延。适龄儿童应接种疫苗剂次234871人次，实接种疫苗剂次225336人次，接种率95.9%。

【卫生监测】 2020年，同安区开展城市水水样检测6次，168份水样（84份二次供水、84份末梢水）检测总项次5544项，合格项次5544项，合格率100%；开展农村水水样（含1次复核水样）检测3次，81份水样（20份出厂水、61份末梢水）检测总项次2296项（其中复核52项次），合格项次2246项，合格率97.82%。审核职业健康核心指标监测个案卡7173份，完成放射诊疗机构基本情况调查10家，开展放射诊疗技术现场监测1家、工作场所职业病危害因素监测27家，采集样品1284份。尘肺病随访调查28人，职业危害因素调查4270家企业。土源性寄生虫监测采集合格粪便样70份，加藤法一粪两检累计推片140片；完成1所托幼机构儿童肛拭子采集100份、问卷调查104份，粪便检测结果均为阴性，蛲虫检测阳性5份。完成14所学校、70间教室采光照明情况抽查。完成7所学校2221名学生常见病筛查，累计发放告知书977份、各类健康宣传读物5600份。

【艾滋病防治】 2020年，同安区开展艾滋病防治宣教干预、艾滋病免费自愿咨询检测服务、新报告艾滋病病毒感染者/艾滋病病人规定时限首次随访、孕妇免费筛查检测母婴阻断和性病防治等工作。全年组织一般人群宣传教育11场次，参与4654人，分发宣传材料4815份；组织副科级以上干部教育专场4场，参与160人次；组织青少年预防艾滋病防治知识讲座17场次，覆盖大专院校、高中、初中等17所学校，参与学生4289人，分发宣传材料5176份；开展流动人群预防艾滋病宣传活动20场次，参与人数12359人，发放宣传材料1235份；对产前建卡孕妇实施宣教干预5327人，分发预防艾滋病宣传材料6197份。性病门诊就诊者艾滋病抗体检测262人次、检测率100%，梅毒检测241人次、检测率92.0%；对看守所、监狱等监管单位新进被监管人群进行免费HIV抗体筛查3023人份，检测结果确认阳性2份，HIV抗体筛查阳性率0.06%；采集193例艾滋病病人/感染者血样送市疾控检测CD4细胞。全区报告艾滋病病毒感染者34例，其中男性27例、女性7例；艾滋病病人12例，其中男性11例、女性1例。

【结核病防治】 2020年，同安区发现活动性肺结核患者218例，其中病原学阳性肺结核患者113例、其他活动性肺结核患者105例。登记满一年肺结核患者231人、完成治疗215人，成功治疗率95.9%。报告学生肺结核病例22例、确诊收治22例，密切接触者筛查1768人次。艾滋病病毒感染者结核病筛查率98.5%。报告需追踪836例、追踪到位824例，追踪到位率98.6%；密切接触者筛查率100%，系统管理率100%。开展“3·24”世界防治结核病日和百千万志愿者传播宣传活动。组织结核病督导56次，访视结核病患者102人次。

【肠道传染病防治】 2020年，同安区制定实施《霍乱监测工作实施方案》，组织全区各医疗机构肠道门诊工作落实情况督导，推进肠道传染病防治工作落实。开展肠道门诊监测，全年肠道门诊腹泻病人登记74人，粪检率95.9%。加强外环境监测，采集水体、海水产品450份，检测结果均为阴性。

【慢性非传染性疾病防治】 2020年，同安区开展慢性非传染性疾病防治工作，组织“三减三健”（指减油、减盐、减糖，健康体重、健康口腔、健康骨骼）大型宣传活动5场次，通过融媒体宣传、推送核心知识信息60条，覆盖 30 余万人。全年管理高血压患者 36240 人，规范管理患者 29740 人，规范管理率 82.06%；血压控制达标 26860 人，血压控制达标率 74.12%。管理 2 型糖尿病患者 13088 人，规范管理患者 10430 人，规范管理率 79.69%；血糖控制达标 8774 人，血糖控制达标率 67.04%。

【地方病防治】 2020 年，同安区开展学生盐碘、尿碘、甲状腺 B 超监测 203 人，采集盐样 205 份，盐碘中位数 23.7 毫克 / 千克，其中合格碘盐 186 份、不合格碘盐 6 份、非碘盐 11 份，碘盐合格率 96.9%、覆盖率 94.6%，合格碘盐食用率 94.4%；采集尿样 203 份，尿碘中位数 222.80 微克 / 升；发现甲肿学生 8 名，甲状腺肿大率 3.94%。开展孕妇盐碘及尿碘监测 100 人，采集盐样 100 份，盐碘中位数 23.6 毫克 / 千克，其中合格碘盐 95 份、非碘盐 5 份，碘盐合格率 100%、覆盖率 95.0%，合格碘盐食用率 95.0%；采集尿样 100 份，尿碘中位数 152.71 微克 / 升。开展地氟病区基本情况和饮水工程运转情况调查，采集集中式工程末梢水 3 份、分散式工程末梢水 5 份，其中莲花六路和土楼自然村集中式工程水氟均值 0.232 毫克 / 升、分散式工程水氟均值最高值 0.10 毫克 / 升，汀溪洪坑自然村、五显潭内自然村集中式工程水氟均值分别为 0.10 毫克 / 升和 0.11 毫克 / 升，水氟含量符合生活饮用水标准；组织地氟病 4 个监测村 78 名 8～12 岁学生进行氟斑牙检查，检出可疑氟斑牙 1 例，氟斑牙检出率 0%，氟斑牙指数 0.01；病区病情符合控制标准。

【重性精神障碍患者管理】 2020 年，同安区开展严重精神障碍患者救治管理工作，录入国家严重精神障碍信息系统的在册患者 2890 例，报告患病率 4.73‰。累计在管患者 2557 例，规范管理 2467 例，规范管理率 86.36%。患者服药率 86.3%、规律服药率 62.56%，其中精神分裂症患者服药率 85.2%、规律服药率 59.75%。患者面访率 85.71%。

【疫情监测】 2020 年，同安区开展鼠密度监测工作，累计布放鼠笼 2688 笼次、有效笼 2654 笼次，捕获鼠形动物 31 只、捕获率 1.17%；路径法检查距离共计 12.6 千米，发现鼠迹 6 处，平均路径指数 0.48 处 / 千米。开展鼠疫监测工作，采用夹笼法布笼 1921 个、有效笼 1896 个，捕获家栖鼠形动物 263 只、捕获率 13.87%；采用 5 米夹笼法布笼 950 笼次、有效笼 931 笼次，捕获各类鼠形动物 161 只、捕获率 17.29%；采集血清 210 份、动物肝脾 159 份，检测结果均为阴性。组织鼠疫健康知识宣传和问卷调查，发放问卷 215 份。处置布鲁氏菌病疫情 6 起，其中确诊 2 例、临床诊断 1 例、排除 3 例，经流行病学个案调查和卫生处理，未发生二代病例。

【病媒生物防制】 2020 年，同安区开展"除四害"行动 4 轮次，包括 2019 年度的第三、第四轮和 2020 年度的第一轮、第二轮。同时，对 4 轮次"除四害"行动效果进行评估，结果显示病媒生物密度均控制在国家标准 C 级以上。

【死因调查】 2020 年，同安区定期收集、调查居民死亡原因和恶性肿瘤新发病例基础资料，开展肿瘤、心脑血管病等慢性病监测和慢性病高危人群筛查干预工作。全年全区粗死亡率 4.69‰，前五位死因分别为恶性肿瘤、脑血管病、心脏病、呼吸系统疾病、伤害，其中慢性病导致的死亡比重达 81.06%，其次是伤害比重为 9.47%，感染性疾病和母婴疾病比重为 1.61%。恶性肿瘤（包括中枢神经系统的良性肿瘤）监测报告粗死亡率 158.36/10 万。心脑血管疾病粗死亡率 159.09/10 万。

（张志建）

卫生监督

【概　况】 2020 年，同安区深化"放管服"改革，推进行政执法"三项制度"落实。实行审批服务事项"五级十五同"清单化管理，受理卫生行政许可及公共服务事项 1803 件，均按时办结。开展卫生监督检查工作，检查各类公共场所、供水单位、医疗机构等 4099 户次，监督覆盖率 99.42%。严格执行行政处罚自由裁量权，全年行政处罚立案 40 件，罚款 11.27 万元，没收违法所得 1.28 万元。

【卫生行政许可】 2020 年，同安区深化"放管服"改革，取消卫生审批服务事项 7 项，承接事项 4 项；开展"简证便民"专项行动，简化办理流程 6 个事项，精简、取消证明材料 2 项，压缩审批服务事项 11 项；推进"互联网 + 政务服务"，增加网上查询途径和网上办理功能，网上"四星"及以上服务事项 100%，"一趟不用跑"事项占所有事项的比例 100%。全年受理卫生行政许可及公共服务事项 1803 件，接受经营户电话及现场咨询办证事宜 4325 人次，按期办结率 100%，即办率 55.37%，提前办结率 45.47%，无逾期办结。

【卫生监督检查】2020年，同安区落实公共场所卫生量化分级监管，抓好无证场所排查整治。开展医疗机构依法执业专项检查和医疗领域违法违规乱象专项整治，规范社会医疗机构经营行为。做好医疗卫生机构传染病防治分类监督综合评价，强化医疗废物和医院感染源管理。做好疫情防控常态化监督，对隔离酒店开展5轮次全覆盖检查，对游泳场所、沐浴场所、医疗机构开展3轮次全覆盖检查。开展学校卫生监督检查，做好学校卫生综合评价工作。落实每季度对集中式供水、二次供水单位的水质抽检，全面监测饮用水质情况。加强餐饮具集中消毒企业、消毒产品生产企业监督和放射卫生、职业卫生监管，保障群众身体健康。全年监督检查各类场所4099家次、抽检175家次，出具卫生监督意见书211份，监督覆盖率99.42%。

【卫生行政处罚】2020年，同安区贯彻《中华人民共和国基本医疗卫生与健康促进法》《中华人民共和国传染病防治法》等法律法规，持续加大无证行医、公共场所无证经营等违法违规行为查处力度。全年立案40件，其中医疗卫生案件16件、公共场所卫生案件14件、放射诊疗案件1件、消毒产品案件2件、传染病防治案件1件、职业卫生案件6件，罚款11.27万元，没收违法所得1.28万元。

（张志建）

妇幼健康

【概　况】2020年，同安区全面落实出生缺陷综合防治措施，开展妇幼保健及计划生育公共卫生各项工作。全年婚前医学检查3783人，婚检率98.26%。全区户籍活产数4665人，产妇数4603人，系统管理率92.58%；高危孕产妇占产妇数80.17%，高危产妇住院分娩率100%。7岁以下儿童保健人数43538人、健康管理率96.12%，3岁以下儿童系统管理率91.7%；婴儿死亡率2.5‰，5岁以下儿童死亡率4.5‰，围产儿死亡率1.5‰；新生儿疾病筛查4603人、筛查率99.07%，新生儿听力筛查4603人、筛查率98.67%。目标人群免费增补叶酸4155人，完成率109.3%。“两癌”检查8955例，完成率111.94%。免费孕前优生健康检查服务4982人，检查覆盖率95.81%。

【孕产妇系统保健管理】2020年，同安区完善围产保健管理模式，加强高危孕产妇的筛查、追踪与管理，辖区孕妇系统管理率和早孕建卡率稳中有升。全年完成孕产妇建卡9489人，早孕建卡率78%；高危筛查6962人、筛查73.37%，高危孕妇管理率100%。开展孕期HIV抗体检测孕产妇8878人，孕期接受梅毒检测孕产妇8898人、接受乙肝表面抗原检测孕产妇8884人，其中发现HIV抗体阳性孕妇数2例、梅毒感染孕产妇38例、乙肝表抗阳性孕产妇670例。

【儿童系统保健管理】2020年，同安区全面实施0～6岁儿童免费系统管理服务，全区7岁以下儿童健康管理率96.12%，3岁以下儿童系统管理率91.7%，新生儿访视率97.26%，新生儿疾病筛查4603人、筛查率99.07%。加强托幼机构的卫生保健规范化管理与监督，全年完成新生入托体检18886人、保健老师体检4520人，开展幼园龋齿防治25005人次、眼保健检查23002人。

【妇幼重大公共卫生服务】2020年，同安区农村孕产妇免费增补叶酸4155人、任务完成率109.3%；叶酸服用率、依从率、知识知晓率分别达93.54%、77.14%和99.23%。妇女“两癌”筛查8955人、任务完成率111.94%，其中筛查农村妇女7472例、覆盖率93.4%；筛查发现宫颈CIN2及以上病例14例（其中浸润癌1例）。为符合生育政策计划怀孕的夫妇提供免费孕前优生健康检查服务4982人、检查覆盖率95.81%，筛查出高危风险人群1223人、占比23.51%。

（张志建）

人口与生育服务

【概　况】2020年，同安区总人口80.60万人（按计划生育口径统计），其中常住人口40.82万人、流动人口39.78万人；育龄妇女21.93万人，其中常住人口育龄妇女10.19万人、已婚8.11万人，流动人口育龄妇女11.74万人、已婚9.69万人。全年出生人口8595人，其中常住人口出生4175人、流动人口出生4420人；出生人口政策符合率90.45%，其中常住人口政策符合率91.16%、流动人口政策符合率89.77%；出生人口性别比113.65，其中常住人口性别比113.88、流动人口性别比113.42。人口信息统计准确率95%以上，计划生育奖励兑现率100%，群众满意率90%以上。同安区被确定为中国计生协第五批计生基层群众自治示范县创建项目点。祥平街道、汀溪镇被评为市人口监测信息质量一级达标单位。馨贝昉托育有限公司被确定为省级普惠托育服务试点。市第三医院母婴室被评为省级“我最喜爱的妈妈小屋”；大同街道社区卫生服务中心等4家母婴室获评市级“示范母婴室”。

【人口监测与分析】 2020年，同安区加强出生人口实时监测，建立部门协作配合、信息共享的人口统计制度，及时掌握出生人口动态。全面推行生育登记服务事项网上办事、一站式办理，全年办理一二孩生育服务登记、再生育审批2936批次，网上登记率93.85%；受理计生信访件62件，结案率100%。

【人口健康指标及生命统计】 2020年，同安区户籍人口出生率10.33‰，人口自然增长率6.03‰。户籍人口平均期望寿命80.43岁，其中男性77.65岁、女性83.27岁。户籍人口孕产妇死亡率0/10万，5岁以下儿童死亡率4.50‰、婴儿死亡率2.57‰。

【母婴设施建设】 2020年，同安区推进6家母婴室建设，投入母婴室建设提升补贴经费和日常运行经费11.2万元。完善母婴室设施设备，增配价值2.7万元的智能体脂秤。开展省、市示范母婴室创建工作，市第三医院母婴室获评省级“我最喜爱妈妈小屋”，大同街道社区卫生服务中心、五显卫生院、厦门保沣实业有限公司、厦门北辰山旅游发展有限公司等4家母婴室获评市级“示范母婴室”。至年末，全区建成母婴室53家，省级“我最喜爱妈妈小屋”增至4家。

【托幼服务】 2020年，同安区推进3岁以下婴幼儿照护服务工作，促进托育服务健康发展。3月，在大同街道凤山社区成长幼儿园和馨贝昉幼儿学院，开设以“党建带托育　引领新时代”为特色的馨贝昉幼儿学苑托育点，作为省级0～3岁普惠性托育示范点，设立托育学位105个；4月被确定为2020年省委、省政府为民办实事项目、省级首批婴幼儿照护服务和普惠托育服务试点单位。落实区政府与厦门市馨贝昉托育服务有限公司省级托育试点工作合作协议，邀请早期教育专家指导师对托育工作人员开展专业培训，指导馨贝昉托育服务有限公司通过省级验收。组织教育局、公安局、市场监管局、妇联、关工委、计生协会等部门，对全区拟开展托育服务的托育园进行检查与评估，推动托育机构规范化建设。

【计生奖励与扶助】 2020年，同安区为7247名奖励扶助对象、1095名贡献奖对象、353名特殊家庭扶助对象、9033名二女扎对象、25名一般扶助对象、35名手术并发症对象以及7名独生子女父母失能对象发放奖励扶助金共计2168.85万元。落实计划生育奖励扶助政策，为157名未能及时申请计划生育特殊扶助金的对象补发扶助金175.64万元；为农村计划生育独生子女领证户、二女结扎户中的462户低保户发放生活补助22.18万元；为农村计划生育独女领证户、二女结扎户中的1652名高中阶段女生发放学费补助49.56万元。做好计划生育对象就医保障，实现双岗联系人制度、就医绿色通道、家庭医生签约“三个全覆盖”，为农村计划生育独女领证户、二女结扎户16156人参加城乡居民基本医疗保险补助资金581.62万元，为计划生育特殊家庭成员179人参加城乡居民基本医疗保险补助资金6.44万元。

【计生家庭生育关怀】 2020年，同安区投入682.45万元，开展生育关怀项目10个，惠及独生子女户和农村二女户12.3万人。其中，投入34.5万元为69户每户提供5000元的农村计生帮扶。投入32.7万元，为全区327名独生子女、农村二女户女儿提供助学。投入422.48万元为全区42262户投保惠及123062人，确保同安区在国家提倡一对夫妻生育一个子女期间，生育的独生子女户和农村二女绝育户的家庭至少享受一项优惠政策；投入3.54万元，继续为户籍在同安区、年龄在40岁以上的72户118人的失独父母办理失独家庭住院护理补贴保险；累计赔付4511件1106.4万元，其中入户慰问15户，送意外事故身亡、残疾理赔金204.25万元。开展紧急救助共18批64人，发放12.8万元救助金。为全区农村生活困难或享受低保的独生子女户、二女绝育户发放计生建房补助，共扶助26户，补助金7.8万元。元旦春节期间和母亲节开展亲情关爱走访慰问活动，共慰问241户31万元，并表彰10名幸福母亲。为全区74户118个计生特殊家庭提供“暖心工程”服务，4月，同安区在祥平街道凤祥社区设立“暖心家园”活动室，作为同安辖区内的计生特殊家庭的日常活动服务点。全年开展9场活动，茶聊会2场、生日会2场、端午节活动2场、中秋节活动1场。11月，同安区政府通过提高计划生育家庭意外伤害保险保费标准，由每户100元提高到每户150元，计划2021年6月26日起实施。

2020 年 12 月 10 日，馨贝昉早教中心在大同街道举办亲子互动辅导示范活动

（同安区计生协会供图）

【优育服务】 2020 年 2 月，同安区对早教示范基地投入改造建设。加强优生优育指导，召开儿童早期发展观摩推进会，深入企业、社区、公园等开展各类公益活动，累计开展科学育儿讲座 42 场次、亲子互动辅导示范活动 42 场次，服务 0～3 岁婴幼儿家庭 6615 个。通过国家优生优育指导中心——馨贝昉幼儿学苑开展儿童早期发展项目，在全区 8 个镇街开展科学育儿知识家长普及讲座和亲子互动辅导示范活动。印发儿童早期发展宣传折页 3000 份，订购发放《育儿宝典》1441 册。加强生殖健康咨询服务，推进五显中学、梧侣学校两个青春健康基地建设，开展青春健康同伴教育活动 17 场次、受益 7845 人。

【流动人口健康服务】 2020 年，同安区开展流动人口大清查，动态掌握人员流入信息，完善基础数据。做好流动人口健康教育与健康促进工作，开展健康义诊、健康技能培训下基层活动 3 次；组织社区和宏旺味香食品有限公司、安踏公司、恒兴兴业机械有限公司等 18 家企业参加市、区心肺复苏技能培训健康讲座 5 场，提升应对突发事件的健康处理能力。做好 ECCO 公司、百路达公司两个国家级流动人口企业计生协项目点的培育工作。为 ECCO 公司的 100 个计生家庭交纳意外保险，为百路达公司的 600 多名员工开展健康体检并宣传生殖健康知识。指导百路达公司计生协举办以“尊重民族文化　关爱回民行动”为主题的关爱服务活动，为来自甘肃康乐县的回民员工送上慰问品。5 月 15 日，祥晖社区“厦门市家庭健康促进示范点”和祥晖社区流动人口计生协“同心慈善会服务点”挂牌成立。

【计生协会网上便民服务平台运行】 2020 年，同安区利用厦门 i 健康平台开辟网上计生协会专栏，于 2020 年 5 月 29 日举行首发仪式。该平台为家庭医生签约居民提供计生协会增值服务，为计生居民提供生育关怀便民服务，打造网上网下计生服务有机整合的工作新格局，实现计生便民与健康管理信息化、数据化、一体化服务目标。

（张志建　陈适芬）

区属公立医院

【概　况】 2020 年，同安区有区属公立医院 2 家，其中三级乙等综合性医院（厦门市第三医院）1 家、二级甲等医院（同安区中医院）1 家。厦门市第三医院有临床、医技科室 44 个，床位 1000 张；职工 1497 人，其中博士研究生学历 2 人、硕士研究生学历 107 人；专业技术人员 1321 人，其中有高级技术职务者 260 人、有中级技术职务者 419 人；2020 年取得国家全科住院医师规范化培训基地、福建中医药大学同等学力硕士研究生（厦门班）培训点和中华足踝医学教育学院继续教育培训基地资格，在中国医院竞争力排行榜中跻身省单医院 100 强。同安区中医院有临床、医技科室 26 个，其中中医骨伤科、针推科、中医男科、中医妇科等 4 个专科为省级中医重点专科；床位 300 张；职工 336 人，其中硕士研究生学历 26 人；专业技术人员 302 人，其中有高级技术职务者 34 人、有中级技术职务者 122 人；2020 年被授予“2020 年度厦门市医院感染横断面调查优秀单位”称号。

【厦门市第三医院】 2020 年，厦门市第三医院完成门急诊病人量 788018 人次，收治住院病人 34119 人次，出院病人 34108 人次，手术病人 9729 人次，病床使用率 82.28%。平均住院日 8.9 天；抗菌药物使用强度 39.3DDD；

临床路径管理率60.38%、完成率83.34%、变异率16.66%；日间手术完成725例，开展率7.45%；年重大抢救1749例，抢救成功率87.02%。医院三、四级手术比例为58.43%。全年医院门诊患者预约诊疗率77.6%，复诊预约率68.33%，口腔、产前检查复诊预约率分别为100%和39.86%。门诊患者和住院患者医技检查分时段预约比例分别达99%和97.74%。

医疗能力建设 2020年，厦门市第三医院打破学科壁垒，整合全院资源，推进卒中中心、胸痛中心和创伤中心建设。卒中中心整合急诊科、影像科、检验科、神经内科、神经外科等科室医疗资源，组成卒中溶栓、取栓、血管内治疗及外科手术专业小组，开辟脑卒中绿色通道，在最短时间内为脑卒中病人取栓开通血管或支架植入等，争取治疗时间窗。胸痛中心整合急诊科、心电图室、检验科、心血管内科、ICU、胸外科等科室医疗资源，组成急性期溶栓、心血管介入治疗及心脏外科手术专业小组，开通胸痛患者诊疗"绿色通道"。创伤救治中心发挥区域中心优势，建立创伤救治急救绿色通道及救治网络，通过多学科参与，提升创伤综合救治水平。

MDT门诊建设 2020年，厦门市第三医院推进MDT（多学科诊疗）门诊建设，通过多学科资深专家会诊，为患者制定个性化诊疗方案，最大限度缩短患者诊断和治疗等待时间，增加治疗方案的可选择性，避免不停转诊、重复检查。

人才引进 2020年，厦门市第三医院引进、招聘卫生专业人员43人，其中本科学历16人、硕士研究生及以上学历2人。遴选市、区高层次卫生人才库人才7人，重点妇产、重症、骨伤、疼痛等专业。

绩效改革 2020年，厦门市第三医院成立医院运营部，引入RBRVS绩效评价系统，建立完善"绩效—医疗（护理）质量—考核指标"管理体系，推进医疗服务质量提升。

对口支援 2020年，厦门市第三医院选派5名医生参加对甘肃省临夏州康乐人民医院的定点帮扶工作，全年开展业务学术讲座23场、培训医护人员1669人次，义诊群众396人次。至年末，厦门市第三医院支援临夏医疗队累计落实普通查房1200人次、教学查房18次，参与门诊诊治160余人次，开展眼科手术6例、骨科手术17例，开展疑难病例会诊37例、手术示教30次，免费视力检查、眼底检查160余人次。

新冠疫苗接种 2020年12月，厦门市第三医院设立成人新冠疫苗紧急接种门诊，启动新冠疫苗接种工作。组建新冠疫苗接种专班组、专家组，制定疫苗接种相关制度流程，组织应急演练和培训。抽调临床科室部分医务人员，组成疫苗接种医疗保障工作组，负责同安区新冠疫苗社区接种点（大同街道社区卫生服务中心接种点、祥平街道卫生服务中心接种点）应急医疗保障工作。

获批第三批国家住院医师规范化培训基地 2020年，厦门市第三医院向国家卫健委申报国家住院医师规范化培训基地资格，经国家规培基地评审专家检查、考核、筛选等流程，获批通过。12月4日，国家卫生健康委员会办公厅、财政部办公厅、国家中医药管理局办公室联合下发《关于公布第三批住院医师规范化培训基地名录的通知》，厦门市第三医院位列全国264家单位之一，成为第三批国家住院医师规范化培训基地（全科）。

【同安区中医院】 2020年，同安区中医院医疗收入完成1.06亿元，其中门诊收入6973.08万元、住院收入3675.74万元。接待门诊29.34万人次，急诊病人1.68万人次，出院病人0.56万人次，住院床日、病床使用率等比上年下降，每门诊人次平均收费及全院耗占比比上年增长。医保年度考核总分91.74分，获评AA级。

医疗能力建设 2020年，同安区中医院改造提升发热门诊，落实24小时值班制度。开展医护技能培训，举办专题讨论、现场实操等54场次。组织新冠疫情防控知识学习和培训，开展全员理论考核7场、针对性考核4场，累计培训5474人次。发挥中医药在防控传染病方面的优势，研制多版防控处方。

人才培养与引进 2020年，同安区中医院招聘编内、编外人员25名，柔性引进高级专家2名。接收实习生41名，接收见习生10名、进修人员1名。选送院外进修9人，选派医务人员到甘肃省临夏州康乐县支医2批次。

科研成果 2020年，同安区中医院发表论文8篇。开展"高端试剂可溯源量值定值技术及质量评价方法研究即老年病相关生化诊断试剂量值溯源及质量评价研究"获得科技部国家重点研发计划课题组审批立项。

（张志建）

居民生活

【概　况】2020年，同安区居民人均可支配收入45016元，比上年增长6.4%，其中工资性收入28315元，比上年增长6.9%；经营性净收入7961元，比上年增长1.7%；财产净收入2214元，比上年增长18.5%；转移净收入6526元，比上年增长7.0%。居民人均生活消费支出26723元，比上年增长1.0%，其中支出前三位的为食品烟酒（9650元）、交通通信（5560元）、居住（5554元），分别比上年增长9.0%、下降6.6%、下降0.4%。增速最快的是食品烟酒支出（9650元），比上年增长9.0%。居民自有住房面积人均55平方米，每百户居民拥有汽车45辆。

【城镇居民收入与消费支出】2020年，同安区城镇居民人均可支配收入51775元，比上年增长3.9%，其中工资性收入32505元，比上年增长5.8%；经营性收入8816元，比上年增长1.5%；财产净收入2715元，比上年增长2.6%；转移净收入7739元，比上年下降0.3%。居民人均生活消费支出29546元，比上年下降1.0%，其中支出前三位的为食品烟酒（10631元）、交通通信（6310元）、居住（5907元），分别比上年增长6.8%、下降8.6%、下降1.6%；增速最快的是食品烟酒支出（10631元），比上年增长6.8%。城镇居民自有住房面积人均48平方米，每百户城镇居民拥有汽车50辆。

【农村居民收入与消费支出】2020年，同安区农村居民人均可支配收入24619元，比上年增长7.3%；其中工资性收入16878元，比上年增长7.9%；经营净收入5381元，比上年增长2.4%；财产净收入297元，比上年增长36.9%；转移净收入2063元，比上年增长12.8%。居民人均生活消费支出18215元，比上年增长1.0%；支出前三位的为食品烟酒（6692元）、居住（4492元）、交通通信（3298元），分别比上年增长9.7%、下降0.6%、下降8.1%；增速最快的是食品烟酒支出（6692元），比上年增长9.7%。农村居民自有住房面积人均73平方米，每百户城镇居民拥有汽车34辆。

（黄慧佶）

劳动就业

【概　况】2020年，同安区实现失业人员再就业9001人，城镇就业困难对象再就业1759人。完成农民工技能提升培训524人，失业人员再就业培训114人，失地失海人员培训436人。办理就业登记144715人次，其中来厦务工人员117976人次。新增就业困难人员认定762人，灵活就业人员认定1027人。

【就业服务】2020年，同安区保障全区弓立医疗等5家新冠肺炎疫情防护用品生产重点企业不停产，累计为5家企业解决用工1665人。推荐岗位信息，将全区工业产值排名前20的重点企业缺工岗位信息4564个发布到镇街，引导当地居民进厂务工。组织全区企业赴云南、贵州、甘肃开展异地招聘36家次，参加闽西南第三届暨厦门市第十八届校企合作对接会44家。区人力资源市场举办现场招聘会55场，参会企业695家次，提供就业岗位12126个次，与企业达成就业意向259人次，其中本地工112人次。

【劳务协作】2020年上半年，在新冠肺炎疫情得到控制后，同安区人社局主动对接甘肃省康乐县人社部门，通过以老带新的方式，引导康乐籍建档立卡贫困户人员到同安区就业。对企业采用包机（包座）方式组织员工返岗的，给予一半机票费用补助。全年同安区新增康乐籍劳务员工 1232 人，其中建档立卡贫困人口 827 人；协助建档立卡贫困人口就近就地和第三地就业 1970 人；组织职业技能培训 608 人，开展致富带头人培训 75 人，发放各类政策奖补 1520.47 万元。组织 32 家企业赴诏安县开展现场招聘活动。

【就业奖补】 2020 年，同安区兑现市、区出台的各项就业创业奖励政策总计 8455.94 万元。审核发放企业招用本市农村劳动力社保补差资金 5955.63 万元，惠及企业 17338 家次、劳动力 134827 人次。对用人单位招收就业困难人员、应届毕业生、台湾人才等予以补贴，审核发放用人单位招收就业困难人员社保补贴 431.48 万元，惠及企业 639 家次、就业困难人员 4746 人次。审核发放企业招工招才奖励 897.45 万元，惠及企业 1974 家次、员工 14361 人次。审核发放应届毕业生社保补贴 191.73 万元，惠及企业 591 家次、应届高校和职校毕业生 2398 人次。审核发放公益性岗位工资性补贴 229.20 万元，惠及企业 4 家次、就业困难人员 549 人次。发放企业接收台湾人才 1 人次就业补助 3 万元。鼓励企业到省外招收务工人员，审核发放 2020 年度跨省务工奖励（企业和个人）747.75 万元，惠及企业 2084 家次、5935 人次。审核发放 2020 年同安区宁夏籍建档立卡贫困劳动力交通生活补助 2 人次共计 0.3 万元。审核发放 2020 年同安区宁夏籍建档立卡贫困劳动力跨省就业奖补 2.4 万元，涉及企业 2 家，涉及 2 人。

【创业就业扶持】 2020 年，同安区区人社局审核通过个人小额担保贷款申请 14 人。为 1 家企业发放创业项目启动补助 0.5 万元，为 1 家企业发放创业场地补贴 0.72 万元。组织开展 31 期项目制培训班，参训人员 1207 人，培训涉及烘焙、电子商务、家政母婴、家庭旅馆经营管理等项目。其中，失业人员再就业培训 114 人，失地失海人员培训 436 人，外来农民工技能提升培训 524 人。

（卢　超）

劳动管理

【概　况】 2020 年，同安区人社局推进根治欠薪工作，制定规范式普法、立体式排查、动态式跟踪、常态式执法、重点式整改等“递进式”一系列根治欠薪举措，处理各预警单位上报的有效劳资纠纷预警信息 47 条，排查企业 47 家次。开展劳动仲裁、工伤认定、劳资纠纷案件处理等工作，全年开展专项执法检查 4 次，受理群众举报投诉案件 1374 件。

【劳资纠纷投诉办理】 2020 年，同安区人社局劳动监察大队共协调处理劳资纠纷投诉举报案件 1374 件，比上年增长 29.1%；涉及 5168 人，比上年增长 15%；涉及金额 8459.32 万元，比上年增长 39%，其中追发农民工工资 4218.2 万元。在处置案件中，办理“12345”上级转办信访件 234 件。应急处置“110”联动突发事件 445 件，其中电话解答引导解决 284 件，现场出警协调解决 161 起。

【劳动人事争议仲裁】 2020 年，同安区仲裁院接到劳动争议案件 1256 件，其中 10 人以上集体案件 26 件，审结案件 1152 件，结案率 95.36%。裁决 364 件，其中一裁终局 189 件，调解 540 件，撤回、其他方式结案 248 件，一裁终局率 51.92%，调撤率 68.40%。已结案件涉及金额 3119.10 万元。

【企业用工信用评价】 2020 年 3 月，同安区人社局开展企业用工信用评价，经过告知、公司陈述申辩等程序，将 2019 年违法使用童工 1 家企业评为 C 级严重失信单位，对发生群体性讨薪案件的 2 家企业评为 B 级一般失信单位，对遵守劳动保障法律、配合监察工作的 29 家企业评为 A 级诚信单位。及时将评价结果通报同级公共信用信息主管部门以及解决企业工资拖欠问题部门联席会议有关成员单位，对守信典型进行宣传报道，并在守信单位及其法定代表人、负责人评比表彰、奖励和认定类活动中，给予优先推荐；将失信单位列为重点监督检查对象，进行重点专项监督检查，增加检查频次。

【劳动市场专项执法检查】 2020 年 3 月，同安区人社局组织在全区范围内开展规范企业及职业中介机构招聘行为专项执法检查活动，检查企业 5 家，职业中介机构 21 家。7 月，同安区开展夏季高温天气劳动保护专项执法行动，检查企业 6 家次，加强保护高温天气期间劳动者身心健康。11 月，同安区开展 2020 年度根治欠薪冬季专项行动，以招用农民工较多的工程建设领域、劳动密集型加工制造及受疫情影响严重的行业为重点，检查企业 98 家次，共协调处理拖欠工人工资劳资纠纷 510 起，其中建筑行业 213 件；涉及 2044 人，其中建筑行业 1275 人；涉及被拖欠工资款 3201 万元，其中建筑行业 2439 万元。及时处置欠薪违法行为，完成欠薪案件人数、金额“两清零”目标。

【工伤认定】 2020年，同安区受理工伤认定案件1636件，其中个人申请52件。认定工伤1609件，其中工亡案件23件；建筑项目工地189件，交通事故139件。不予认定18件，参加行政诉讼13次，行政复议5件。

【中介机构管理】 2020年，同安区许可审批112家劳务派遣和人力资源服务职业中介机构，受理录用未成年工登记备案306人，审查集体合同259份。对辖区内42家人力资源服务机构和劳务派遣机构经营情况进行核验。累计对全区61家经营性人力资源服务机构，开展2次专项执法检查、2次"双随机"抽查。细化梳理行政审批服务事项26项。

（卢　超）

社会保障

【概　况】 2020年，同安区社会保险参保总人数59.15万人，比上年增长6.98%。参保各类养老保险33.4万人。机关事业单位基本养老保险基金收入22630.64万元，职工年金4727.3万元，合计27357.94万元。企业单位基本养老保险基金收入205800.44万元。城镇职工基本养老、医疗、失业、工伤、生育保险参保人数分别为296846人、299879人、285638人、284783人、284550人，分别比上年增长10.14%、9.75%、10.37%、10.82%、10.91%。全区16871人次就业困难人员申领灵活就业人员社保补贴3226.93万元（市失业保险基金支付）。

【养老保险待遇调整】 2020年，同安区企业职工退休（职）人员养老保险待遇上调增加。2019年12月31日前已按规定办理退休（含退职）手续并按月领取基本养老金的退休人员每人增加55元，按退休人员本人缴费年限每满一年增加1元，同时按本人2019年12月基本养老金标准的2.35%调整增加。参加城乡居民养老保险的人员基础养老金标准由290元增高到310元。

【"幸福晚年计划"实施】 2020年，同安区实施"幸福晚年计划"，推进被征地人员和退养渔民养老保障工作。全年新增办理被征地人员和退养渔民保障性就业补贴5390人，发放补贴6557.64万元；全年新增办理被征地人员和退养渔民困难家庭老人养老补助74人，发放补贴674.78万元；全年累计办理被征地人员养老保险参保19253人，其中贴息贷款参保人1014人。

【离退休人员社会化管理】 2020年，同安区开展企业离退休人员社会化工作。全区年新增纳入社会化服务退休人员6403人，累计社会化管理服务总人数75307人，社会化管理率100%。2020年春节、重阳节，慰问社会化管理退休人员144602人次，发放慰问金2169.02万元，慰问困难退休人员1803人，发放慰问金108.93万元。2020年，慰问生病住院退休人员7343人次，发放慰问金额146.86万元，慰问亡故退休人员家属940人，发放慰问金47万元。2020年，通过微信、自助机、经办柜台现场认证、手持机上门认证和社会化管理服务兜底认证等方式，完成退休人员领取养老保险待遇资格认证70037人，认证完成率100%。

2019—2020年同安区社会保险基本情况表

表42

项目		2019年	2020年	比上年增长（%）	备注
被征地人员参加基本养老保险	参保人数（人）	17919	19253	7.44	区财政补助4亿元
	退养人数（人）	51779	56754	9.61	
城乡居民养老保险	参保人数（人）	44443	37093	-16.54	
	领取养老金人数（人）	7700	6500	-15.58	
机关事业单位人员养老保险	参保人数（人）	9424	10123	7.42	
	领取养老待遇人数（人）	3196	3260	2.0	
	发放金额（万元）	27506.09	30342.07	10.31	

续表 42

项目		2019 年	2020 年	比上年增长（%）	备注
企业单位养老保险	参保人数（人）	260101	286723	10.24	
	领取养老金人数（人）	1786	2369	32.64	
城乡居民及未成年人基本医疗保险	参保人数（人）	280118	291334	4	
企业人员领取退休金	参保人数（人）	1786	2369	32.64	
社会保险关系转移	总人数（人）	3386	5332	57.47	
本市户籍领取失业金	人数（人）	2659	2457	7.60	
	金额（万元）	4823.17	5600.59	16.12	
外来人口领取生活补助	人数（人）	697	1811	159.83	
	金额（万元）	131	103.83	20.74	
工伤保险待遇	人数（人）	1439	1587	10.28	
	金额（万元）	5015.57	6780.82	35.20	

（卢　超）

民　政

【概　况】 2020 年，同安区民政局开展城乡居民生活保障、特困人员供养等社会救助工作，支出社会救助资金 4902.36 万元。新冠肺炎疫情防控期间为特殊困难对象发放 286 份防寒保暖物资，为 3830 人（户）发放特殊时期慰问补助 76.6 万元；接收并分发口罩 7270 个，消毒物资 1410 包。加强对困境儿童和精神障碍患者关爱，成立“同安区未成年救助保护中心”，设立精神障碍社区康复服务场所。在基层推广社区、社会组织、社工“三社”联动取得成效，2 个项目获“第三届善行八闽——海峡公义慈善项目大赛”二等奖。推动婚姻登记业务标准信息化建设，提高婚姻登记精准度。全年办理结婚登记 1922 对，离婚登记 951 对，补办证件 394 对；办理收养登记 2 件。规范区划地名，全面复查界线和界桩及其方位物管理、维护状况，开展行政区域界线资料归档工作；新增地名命名 38 个（其中道路 27 条、居民点 11 个），路名牌设标 25 座。完善乡村治理体系，建立传统乡规民约和现代治理体系相结合的乡村自治模式，指导全区 108 个村（居）完成村规民约修订工作。

【救助救济】 2020 年，同安区民政局做好全区城乡居民最低生活保障、特困人员供养、革命“五老”人员及遗属定期补助、困难群众住房改造补助等救助救济工作。全年发放最低生活保障对象 2185 户 3915 人，累计发放低保金、春节慰问金、价格临时补贴、电费补贴共计 3768.07 万元。核对享受及申请低保居民家庭经济状况，取消城乡低保 566 人，新增城乡低保 918 人。开展全区 211 名特困人员供养，其中集中供养 51 人、分散供养 160 人，全护理 19 人、半护理 48 人、全自理 144 人。全年发放特困人员供养金、价格临时补贴、春节慰问金共计 398.43 万元。向革命“五老”人员及遗属发放定期补助，其中向革命“五老”人员 4 人发放 13.87 万元、遗属 31 人发放 36.36 万元。向困难群众发放住房改造补助，总计发放 33 户、补助金共计 420.43 万元。

【困境儿童救助关爱】 2020 年，同安区制定加强和完善农村留守儿童和困境儿童关爱服务体系实施方案，组建“儿童主任”“儿童督导员”等儿童关爱工作队伍，设立“白沙仑”区级儿童关爱示范点。引入专业社工开展“益童成长，童创希望”关爱儿童服务活动，提升儿童自我保护意识，促进困境（留守）儿童全面发展、健康成长。引导馨贝昉托育示范中心、鹭岛老兵学雷锋志愿服务队、厦门艾飞科技有限公司等 11 家爱心单位和数十位社会爱心人士组建帮扶队伍，共同致力于困境儿童的帮扶，募集发放儿童防疫包 53 份、爱心羊奶粉 60 罐、学习包 48 份、体育包 32 份、陪伴玩偶17个等折合价值4万多元的爱心资源。全年认定事实无人抚养儿童122人，发放生活保障金98.3万元。

【社工体系建设】 2020年，同安区民政局举办社会工作者职业水平（初级）考试考前辅导专题培训班，培育发展同安区本土社工人才。年内，同安区新增社会工作师65名，至年末有持证社会工作师469名，其中取得中级社会工作师159名，初级社会工作师381名。投入财政资金220万元，组织开展8个政府购买社工服务项目，重点围绕农村三社联动、"心安工程"和社区治理等类型，为农村特殊老人、精障家庭、问题青少年、社区志愿者等提供各类社会服务。

【社会组织管理】 2020年，同安区民政局办理社会组织审批224件，开展全区491家社会组织年报审核工作。办理社会团体行政审批82件，其中社团成立20件、注销登记13件，变更登记40件、修改章程核准9件。办理民办非企业单位行政审批27件，其中民办非企业成立5件，注销登记6件，变更登记10件、修改章程核准6件。选取38家社会组织开展双随机检查，完善社会组织事中事后行为监管；成立3个非公组织党支部和2个社会组织兼合党支部，组织召开社会组织党支部党建专题座谈会，加强社会组织党组织建设。开展社会组织等级评估工作，经发布通知、材料审核、专家组实地考察、评估委员会审核终评、评估结果公示等环节，共评定AAAAA级社会组织6家，AAAA级社会组织7家，AAA级社会组织2家。至2020年年底，全区有登记社会组织495个，其中社会团体269个，民办非企业单位226个。

2020年同安区新成立社会团体一览表

表43

成立时间	名　称	办公地址	法　人
1月3日	厦门市同安区见义勇为协会	厦门市同安区银湖路179号	朱水鑫
2月4日	厦门市同安区旗袍文化促进会	厦门市同安区环城北路76号2楼A206室	林娜燕
3月27日	厦门市同安区古文化收藏协会	厦门市同安区莲花镇云洋村庵仔下1号	叶伟力
4月3日	厦门市同安区祥平街道房东协会	祥平街道银湖西路358号2号楼3楼302室	黄伟杰
4月13日	厦门市同安区新民镇禾山社区教育促进会	厦门市同安区新民镇禾山后路里33号	康福川
4月22日	厦门市同安区西柯镇房东协会	厦门市同安区西柯镇西柯街298–17号302室	柯进国
4月29日	厦门市同安区莲花镇房东协会	厦门市同安区莲花镇莲美街999–115号	叶春心
5月11日	厦门市同安区餐饮协会	厦门市同安区西柯镇洪塘头路587–9号102室	陈朝阳
5月11日	厦门市同安区汀溪镇房东协会	厦门市同安区汀溪镇褒美村路岭113号3号楼110室	李　梅
5月11日	厦门市同安区大同街道房东协会	厦门市同安区朝晖路699号202室	吕进水
5月11日	厦门市同安区洪塘镇房东协会	厦门市同安区洪塘镇洪塘里228号111室	纪英祥
5月25日	厦门市同安区客家传统文化促进会	厦门市同安区银莲路63–2号	陈海泳
8月4日	厦门市同安区新民镇房东协会	厦门市同安区新民镇新民大道1800–2号101室	洪永记
9月3日	厦门市同安区乒乓球运动协会	厦门市同安区五显镇西洋路39–2号201室	卓翠芬
11月3日	厦门市同安区新民镇篮球协会	厦门市同安区新民镇新民大道1800–2号301室	张晓燚
11月10日	厦门市同安区五显镇房东协会	厦门市同安区五显镇西洋路9号2101室	李　磊
12月4日	厦门市同安区视力残疾防控志愿者协会	厦门市同安区银莲里101号201室	戴俊伟
12月14日	厦门市同安区下山头社区教育发展协会	厦门市同安区西柯镇下山头里119号204室	林振港
12月18日	厦门市同安区商会	厦门市同安区环城南路1168号1502室	陈福祥
12月23日	厦门市同安区平和商会	厦门市同安区西柯镇美溪道思明工业园77号301室	曾甲柴

2020年同安区新登记民办非企业单位一览表

表44

登记日期	名　称	地　址	法　人（负责人）
1月22日	厦门市同安区科炬职业培训学校	厦门市同安区祥桥二里64号201室	刘丽玲
3月18日	厦门市同安区银城棋院	厦门市同安区双溪路455号、457号、459号	吴　翔
6月15日	厦门市同安区培善社会服务中心	厦门市同安区银莲路41号	张耀华
9月24日	厦门市同安区中洲滨海幼儿园	厦门市同安区洪塘镇海城三里229号	陈惠珊
12月21日	厦门市同安区小星星幼儿园	厦门市同安区西洪塘四房里7-101号、08-101号	黄宗继

【殡葬服务管理】 2020年清明节期间，同安区民政局落实防疫安全措施，全面暂停安乐园、安泽园、村（居）骨灰室、宗教场所现场祭扫活动，创新举办集体公祭仪式。加大对违规新建、翻建、硬化坟墓等问题的整治力度，6月初召开专题会研究殡葬领域“二重葬”问题专项整治工作，出台骨灰免费寄存政策，建立举报奖励工作机制；与区农业农村局等七部门联合印发《关于深化违建坟墓专项整治工作的实施方案》，在全区继续开展违建坟墓排查整治工作，巩固提升整治效果。将丧事简办、绿色殡葬、禁止“二重葬”等内容写入全区村（居）规民约，至年末全区141个村（居）修订完善村（居）规民约123份，营造殡葬改革管理良好氛围。

【同安区精神障碍社区康复服务场所暨“康乐家园”揭牌运营】 9月27日，同安区精神障碍社区康复服务场所暨“康乐家园”揭牌运营。该项目由同安区政府委托厦门市同安区诺苗社会工作服务中心进行建设运营，地点位于同安区祥平街道，总面积265.33平方米，场所内设有文娱活动区、健身运动区、生活技能训练区、职业技能训练区等，为同安区的精神障碍患者提供日托照料、药物管理、技能提升等专业服务，帮助他们提升生活自理能力和社会适应能力。康乐家园年内探访79名精神障碍患者；开展社区志愿者服务小组、生活技能学习小组、社区公共服务探索小组、康乐嘉年华助理小组和兴趣发展小组，共计服务精神障碍患者329人次；开展“爱来碍去”无障碍倡导观影活动、康乐家园第二期康乐嘉年华和迎新音乐会等7个社区活动，共计340人次参与。

【“银邑微心愿”活动】 2020年，由同安区爱心办指导，同安区民政局主办，同安同心社工中心、同安区慈善会、《海西晨报·公益周刊》联合发起“银邑微心愿”爱心济困帮扶活动，结合“暖冬行动”扶困活动，征集并满足全区特困、低保、低收入家庭等困难群众的“微心愿”。先后收集400余个困难群众微心愿，完成300个微心愿链接，捐赠价值爱心物资9万余元。

【“三社联动”机制推广】 2020年，同安区民政局在全区推广社

2020年10月17日，同安区举办“银邑微心愿”助困活动。图为向困难群众赠送自行车（夏海滨　摄）

区、社区、社会组织“三社联动”社会帮扶机制。在大同街道、五显镇等5个镇（街）19个村（居）开展“暖心宅急送”“以爱为桥、浔梦入厝”等社会对象精准帮扶关爱服务工作，完成困境群体分类建档532份，服务群众近7300人次，投入社会帮扶资源资金100余万元，其中“暖心宅急送”个性化精准帮扶社工综合服务项目和“高山上的阅读”关爱乡村困境（留守）儿童服务项目荣获“第二届善行八闽——海峡公义慈善项目大赛”二等奖。投入99.67万元在新民镇柑岭村与后宅村、洪塘镇下墩村与大乡村开展农村“三社联动”社会工作试点项目。

【“阳光1+1”（老区村+社会组织）牵手计划实施】 2020年，同安区实施“阳光1+1”（老区村+社会组织）牵手计划，引导、动员全区社会组织参与精准扶贫、助力乡村振兴，共促成同心社会工作服务中心等7家社会组织牵手13个老区村，采取优势链接、项目互推、长期合作的方式，帮助合作双方共同发展壮大。项目主要为60周岁以上老人提供社区居家养老基础服务，入户关怀、建立档案、紧急救援、文化活动、精神慰藉、社区参与、老年教育、医疗保健、咨询保障等。

（吕瑞哲）

慈善事业

【概　况】 2020年，同安区有同安区慈善会、厦门市同安梵天厚学慈善会、厦门市同安区同心慈善会3家具有公开募捐资格的慈善组织。同安区慈善会募集善款1334.82万元，物资折款58万元；开展慈善活动支出善款1033.96万元，物资折款58万元，项目涉及助力脱贫、扶老救孤、恤病助残等，惠及全区困难群众数千人次。同安梵天厚学慈善会募集善款69.29万元，开展慈善活动支出善款126.01万元。全年开展“迎新春·送春联，送万福进万家”爱心公益会演活动、“雨露育青苗”救助活动、“岁月可回首·明月寄温柔”中秋慰问等活动。厦门市同安区同心慈善会募集善款242.26万元，开展慈善活动支出241.76万元，活动涉及帮扶困境儿童、关怀特殊人群、同心家庭教育、新冠肺炎疫情防控等项目。全年除执行本机构的公益项目外，还专项资助翔安区同心儿童和家庭帮扶中心18.35万元、支持长汀县同心学校9.67万元用于助养困境儿童。同安区民政局、同安区慈善会等多部门联合倡议，开展“万人献爱心·慈善一日捐”公开募捐活动，接收178个单位捐款106.42万元。

【同安区慈善会】 2020年，同安区慈善会募集善款1334.82万元，物资折款58万元；使用捐赠款1033.96万元（含防疫专项款262.52万元），物资折款58万元。慈善项目涉及助力脱贫、扶老救孤、恤病助残等，惠及全区困难群众数千人次。开展社会捐赠活动，支持和参与新冠肺炎疫情防控工作，募集防疫专项款262.52万元。建立冠名慈善基金，截至年底，区慈善会建立23只冠名慈善基金，全年冠名慈善基金捐资722.15万元。开展“万人献爱心·慈善一日捐”活动，接收178个单位的干部职工捐款106.16万元。开展“新春情暖特困户”系列慰问活动，慰问全区800户困难家庭，每户发放慰问金1000元和新春慰问品一份，发放慰问金及慰问物资价值100多万元。实施“雨露育青苗”结对帮扶项目，对符合结对帮扶条件的469名困境儿童进行帮扶，每人发放扶助金2500元，发放扶助金117.25万元。开展“慈善助学”活动，对全区129名（其中在校大学生74名）贫困学子予以资助，准大学

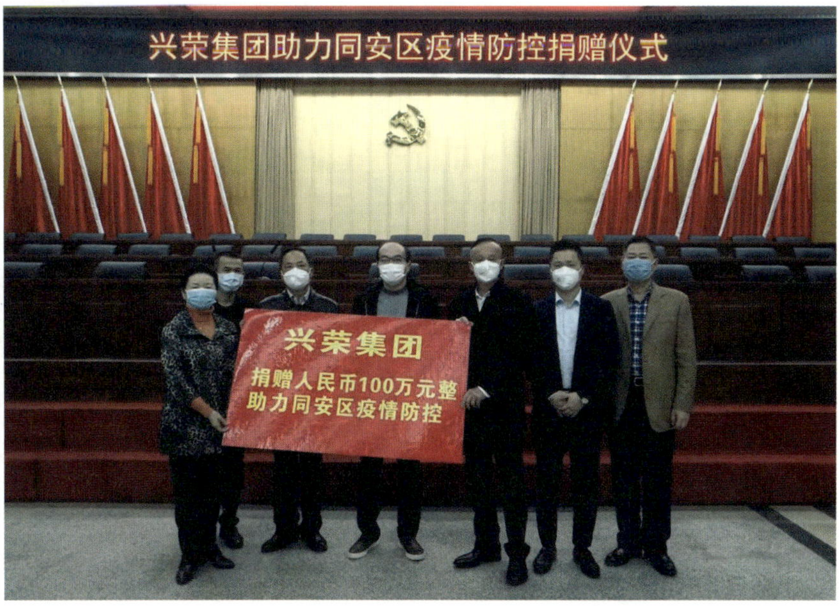

2020年2月6日，同安区慈善会接收兴荣集团100万元疫情防控捐款

（同安区慈善会供图）

2020年1月1日，梵天厚学慈善会在梵天寺广场与厦门飞鹰救援队签约共建单位　（梵天厚学慈善会供图）

生资助6000元，在校大学生资助5000元。携手梵天禅寺慈善基金开展“魁星助学”活动，资助100名贫困中小学生，每人资助2000元。开展“银邑微心愿”爱心济困项目，募集基金善款9962.5元，满足300余户困境家庭的微心愿。

【厦门市同安梵天厚学慈善会】 2020年，厦门市同安梵天厚学慈善会募集善款69.29万元，其中捐赠收入45.57万元、会费收入19.01万元，投资收益（证券理财收入）4.56万元，其他收入（银行理财收入）0.15万元；全年支出126.01万元，其中管理费用2.81万元，筹资费用0.17万元，业务活动支出123.03万元。参与抗击新冠肺炎疫情，全年捐赠抗疫物资及生活物资总价值40.75万元。1月，在梵天寺广场举行大型举行“迎新春·送春联，送万福进万家”爱心公益会演活动，免费送出知名书法家现场书写的“福”字及春联，累计支出5万元，受益人数高达上千人。与厦门飞鹰救援队签约共建单位，合作开展海上救援。开展“雨露育青苗”救助活动，6月携手同安区慈善会在同安区政府会堂4号会议室为40名孤困儿童发放助学金10万元。开展“岁月可回首·明月寄温柔”中秋慰问活动，9月26日，向同安区环卫工人及社区老人等进行慰问，发放中秋慰问品总价值34万余元。开展厚学圆梦助学活动，10月分别资助同安一中、五显中学、洪塘中学、启悟中学、第二外国语、国祺中学、翔安一中、新店中学、内厝中学等学校的高中贫困学生221人，发放资助金33.15万元。开展个案救助，全年接待受理个案救助29户，发放救助金5.3万元。

【厦门市同安区同心慈善会】 2020年，厦门市同安区同心慈善会募集善款242.26万元，其中捐赠收入185.38万元、会费收入26.16万元、提供服务收入10.82万元、其他收入19.91万元；全年支出241.76万元，其中业务活动成本（公益支出）220.46万元、管理费用9.03万元、筹资费用12.27万元。参与抗击新冠肺炎疫情工作，撰写闽南语版的防疫宣传视频，联手公募机构开展“额温枪守护学童健康”公益项目，募集善款9.39万元。帮扶困境学生，全年关怀困境学生家庭162人次，发放助学金及慰问物资11.4万元。针对流动儿童开展4点钟学堂服务，每天为流动儿童提供图书借阅，课业辅导，全年服务流动儿童1983人次。开展“高山上的阅读”项目服务偏远山区留守儿童，全年开展32场活动，特色阅读冬令营夏令营各1场，主题生日会4场，服务留守儿童409人次。继续开展“同心父母学堂”公益课程，线上线下累计开展课程24场，受益9939人次。在同安区莲花镇上陵村开展“爱心助残，爱

2020年7月25日，同心志愿服务队在莲花镇白交祠教学点举办“高山上的阅读”之“七彩夏日　健康成长”主题夏令营活动　（同安区委文明办供图）

心敬老，爱心济困”的乡村慰问、义诊、义剪活动，为112位老人送去爱心大礼包。3月，同心慈善会获评“中国社会组织评估等级证书”5A级社会组织。9月4日“助学圆梦”项目获得第三届“善行八闽——海峡公益慈善项目大赛”一等奖，同心“高山上的阅读”项目获二等奖。“高山上的阅读”“助学圆梦”“同心父母学堂”等多个同心品牌项目得到政府部门和社会大众的肯定和关注，全年获国家级媒体报道6次，省、市级媒体报道50次。

（同安区慈善会
同安梵天厚学慈善会
同心慈善会）

2020年8月，汀溪镇西源村幸福院通过验收并投入使用　　（汀溪镇供图）

老龄事业

【概　况】 2020年，同安区民政局建成社区居家养老服务站（场所）81个，农村幸福院25所，居家社区养老服务照料中心4所，至2020年年底，累计建成照料中心8家、居家养老服务场所141个，农村幸福院91所，居家社区养老服务照料中心8所，辐射服务老人群体6.5万多人。全年投入区级财政资金1254.34万元（其中政府购买居家服务项目资金1242.34万、场所装修及设施配备经费12万元），在81个行政村推广居家养老信息化服务工作，在60个城市社区和村改居社区延续居家养老项目服务。全区有村（居）老年人协会139个，其中民政局注册登记59个、镇（街）备案管理80个。

【养老服务设施建设】 2020年，同安区建成大同、莲花、新民、洪塘等4所镇级照料中心，新增社区养老床位164张。累计建成8所居家社区养老服务照料中心，实现镇（街）全覆盖。推进农村幸福院建设，先后投入各级财政建设补助资金2000多万元，建成汀溪镇五峰村等91个农村幸福院（2020年建成25个农村幸福院）。承接民政部和财政部第四批居家和社区养老服务改革试点工作，开展嵌入式养老服务，先后建成后炉社区等5个居家养老服务站，开展居家养老、送餐、保洁、精神慰藉、康复、保健等服务；依托五显照料中心，建成同安区老年食堂，为大同街道、祥平街道等周边老人提供免费、低偿就餐和配送餐服务；完成全区134户老年人家庭适老化改造工作。

【养老机构新冠疫情防控】 2020年，同安区开展养老机构新冠肺炎疫情防控工作，在疫情发生后及时召集辖区养老机构召开疫情防控工作部署会，指导6家养老院全面执行封闭式管理，暂停家属探访，坚持每天上午、下午两次老人、员工体温检测，每天组织对老人居室及重点区域进行消杀、通风，督促各养老机构落实口罩、防护服、消毒液等防疫物资1个月以上物资储备；在疫情得到控制后，及时指导各养老院开展“两返两新”（拟返院和新入住的老年人、返岗和新招录的工作人员）疫情防控风险评估，落实个案申报审批工作，恢复养老服务秩序。

【省民政厅调研泰康医养健康综合体】 2020年10月28日，福建省民政厅厅长池秋娜一行到同安区考察泰康医养健康综合体项目。池秋娜现场察看项目建设情况，听取泰康鹭园之家关于项目规划、建设情况汇报，询问泰康项目周边配套设施、适老化设计、居室采光、收费情况及下一步运营准备工作等。市、区民政局领导陪同调研。泰康医养健康综合体项目位于同安区环东海域新城，总投资13亿元，为区域性医养产业投资总部、高端养老社区、二级康复医院、健康管理体验中心及文娱生活板块为一体的医养产业园区。

（吕瑞哲）

民族与宗教事务

【概　况】同安区依法登记的宗教团体有4个，即佛教协会、基督教协会、基督教“三自”爱国运动委员会、道教协会。依法登记的宗教活动场所有22个，其中佛教8个、道教3个、基督教11个。同安区民族与宗教事务局开展城市民族工作，举办第十三个民族团结进步宣传月活动。加强农村宗教事务管理。开展“双随机”执法检查，规范场所财务、宗教出版物等方面的管理。加强宗教场所安全管理，在新冠肺炎疫情发生后做好宗教场所疫情防控，维护民族宗教领域和谐稳定。

【民族事务管理】2020年，同安区民族与宗教事务局以芸溪社区和同安一中新疆班为示范点，开展少数民族流动人口服务管理工作。9月28日，在芸溪居住公园举行民族团结进步宣传月暨流动人口社会融合文艺会演，通过有奖知识问答等形式向社区居民普及相关政策法规知识，宣传民族团结进步思想。芸溪社区与同安第三实验小学联合举办“中华民族一家亲”绘画比赛，提升社区青少年的爱国情怀和民族团结意识，收到作品200多幅，评选出一等奖13名、二等奖22名、三等奖45名，并在芸溪居住公园展出。加强同安一中新疆高中班工作，在新冠肺炎疫情防控期间联系农工党同安一中支部为同安一中新疆班学生捐赠口罩500多只。在民族团结进步宣传月活动期间，到同安一中慰问关怀新疆高中班学生，通过座谈了解少数民族学生学习生活情况，并送去慰问金。做好挂钩帮扶上杭县庐丰畲族乡对接工作，拨付帮扶资金100万元用于上杭县庐丰畲族乡综合运输服务站建设项目。

【宗教场所疫情防控】2020年，同安区民族与宗教事务局开展工作全区宗教场所新冠肺炎疫情防控。1月24日起，全区宗教活动场所及民间信仰活动场所实行“双暂停”，即停止对外开放，暂停一切宗教活动，并对外张贴告示。成立同安区宗教活动场所应对新冠肺炎疫情联防联控工作小组，制定实施《同安区宗教活动场所及民间信仰活动场所应对新型冠状病毒疫情防控工作方案》。防控期间加强巡查检查，对22个宗教活动场所进行逐一排查，确保各场所全部关闭，并与各镇（街）联合，加强对民间信仰活动场所的巡查管控。做好常态化疫情防控。6月，制定同安区《关于做好宗教领域常态化疫情防控工作的意见》，多次对宗教活动场所和民间信仰活动场所疫情防控及安全工作进行检查，稳步推进有序恢复开放工作。

【宗教场所安全管理】2020年，同安区民族与宗教事务局开展宗教领域安全隐患大排查大整治工作，制定《同安区宗教场所和民间信仰活动场所房屋结构安全隐患大排查大整治百日攻坚行动方案》《同安区宗教领域安全隐患专项整治行动方案》《同安区宗教领域今冬明春火灾防控及安全隐患整治工作实施方案》等。在场所自查的基础上，联合第三方安全专家对全区22个宗教场所和9个区级以上民间信仰联系点进行全面的安全隐患排查，共完成83处房产的排查登记工作，指导场所做好危房整治工作。做好消防安全防范工作，与区消防大队、梵天寺联合举行2020年度宗教场所和区级以上民间信仰场所消防演练活动，共有31个场所近百人参加演练活动；联系消防大队到瑶江大元殿，为场所义务消防队伍培训消防知识。调查全区位于林区的宗教活动场所及区级以上民间信仰活动场所家数，及时转发森林火险橙色预警信号，提醒场所严禁野外用火，注意防范。在春节、“五一”节、中秋节、国庆节、元旦等重大节日或大型活动前，联合多个部门及安全专家深入宗教活动场所开展安全生产大检查，对场所的消防设施、消防通道、食品安全、用电安全及疫情防控等方面进行全方位的检查督导，对检查中发现的问题和隐患逐一提出整改意见，并要求相关场所及时整改，确保节日及大型活动期间场所安全有序。

【宗教团体建设】2020年，同安区第八届基督教协会及第九届基督教三自爱国运动委员会完成换届。各宗教活动场所开展“四进”（国旗、宪法和法律法规、中华优秀传统文化、社会主义核心价值观进宗教活动场所）活动，梵天寺、东岳行宫、双圳头基督教堂等22家宗教活动场所通过设置宣传栏宣传中华优秀传统文化、张贴社会主义核心价值观宣传海报、在场所升挂国旗及将法律法规学习纳入日常讲经等方法，引导宗教界人士和信教群众爱国爱教。

（李毅欣）

街镇概貌

大同街道

【概　况】 大同街道位于同安区东部老城区，北与汀溪镇、五显镇相连，东南与洪塘镇接壤，西南与祥平街道隔溪相望，是国道324线、省道205线重要交通枢纽。2020年，街道区域总面积18.07平方千米，辖有同新、西安、三秀、后炉、溪边、城西、凤山、北门、西池、东山、朝元、碧岳、新丰、溪苑14个社区和田洋、古庄、顶溪头、东宅、下溪头、康浔6个行政村。户籍人口65917人，常住人口93745人。全年规模以上工业企业总产值45.99亿元，比上年增长27.2%；财政总收入25527.48万元、街道本级财政收入4302.74万元，分别增长32%和28.1%；全社会固定资产投资4138万元。

【产业发展】 2020年，大同街道建立党政领导挂钩服务企业制度，定期走访调研企业、召开座谈会等，营造“亲清”政商环境。全方位、多层次地开展招商引资工作，全年引进企业80家，落户项目65个、计划总投资56.16亿元。推进城东、城北两个工业区建设，辖区规模以上工业企业增至33家，其中厦门唯恩电气有限公司、青岛啤酒（厦门）有限公司等“三高”企业10家；全年完成规上工业产值45.99亿元，比上年增长27.2%。发展钟楼、城东休闲、城北餐饮娱乐等商业圈，全年完成限上销售额110.34亿元，比上年增长114.3%。

【基本建设】 2020年，大同街道推进重点项目征拆，全年完成征地128.6万平方米、拆迁6.6万平方米。其中，同翔高新技术产业基地（同安片区）五期市级项目提前交地，双溪片区一、二期、T2016P02市政配套道路（规划一路、规划二路北段、规划三路）、城北三号路、城北八号路等12个区级项目征收工作如期完成，朝晖路、东山中学体育综合楼两个历史遗留项目处置实现突破。

【环境整治】 2020年，大同街道加强东宅、古庄、田洋、顶溪头等9个村居环境整治工作，组织清洁行动20余次，清理道路两侧杂草600处、道路两侧卫生死角650处，清理房前屋后堆杂612处、无主建筑土头108处，清理生活垃圾4000吨，清理乱张贴700处，劝导家禽圈养30家。实行常态化河道巡查管护，落实河长每周巡查、河道专管员每日巡查制度，排查整治问题147个，累计清理淤泥土头垃圾2719立方米、杂草水葫芦8520平方米。完成入河排口整治8个。

【社会事业】 2020年，大同街道推进“爱心厦门”建设，培育典型案例，建成大同街道“爱心屋”；组织“快乐健步行，文明齐动手”“文明交通劝导”“网络文明传播”等各类志愿活动90余次。开展群众性文化体育活动，组织文化进公园活动2场次；参加2020年同安区“体彩杯”全民健身运动会，获女子乒乓球团体赛第一名、男子乒乓球团体赛第三名和男子篮球赛第四名。创新计生工作模式，推动人口与生育服务工作，全年上报出生485人，出生人口性别比为112.72，政策符合率93.61%；落实孕前优生健康检查，提高出生人口素质，全年孕优检查608人，超额完成任务数；开展6次孕前优生健康知识培训；兑现各类计划生育奖励扶助资金61.89万元。

【民生保障】 2020年，大同街道落实低保优抚、困难救助等政策，为287户低保户475人发放最低生活保障金348.76万元，为62户临时救助对象发放救助金44.17万元，为五老、五老遗孀、军队离退休干部、无军籍职工及两场人员18岁以下重度残疾人、困难对象发放各类补贴63.23万元。落实残疾人生活补助金374人次161.56万元、残疾人居家护理补助金622人次296.62万元。发放高龄补贴20080人次231.44万元。发放离任村干部补助金19人14.26万元。办理被征地农民养老保险2004人。城乡居民基本养老保险参保1009人，基本医疗保险参保2050人。受理审批新建宅基地179宗，已批翻建76宗。投入135万完成康浔等6个村居小微水体综合整治。

【社会治理】 2020年，大同街道建立社区治理工作群，推行“社区吹哨、部门报到”社区治理模式。制定实施“门前三包”管理等制度，辖区“门前三包”签订率达100%。推广使用《厦门百姓》APP“防疫通”，全面开展外来人员信息录入工作。落实综治领导责任制，健全大调解工作体系，全年成功化解各类矛盾纠纷2778起，调处率100%。推进社会治安防控体系建设，发动社会组织成立护村（居）巡逻队，开展平安创建宣传、夜间义务巡逻等工作，全年刑事警情265起，比上年下降38.52%。组织房屋安全隐患、“三合一”场所消防安全等重点行业领域专项整治行动，辖区未发生较大以上安全事故。

【大同街道安全生产和消防工作通过省级考核】 2020年6月，大同街道安全生产和消防工作通过省级考核。6月16日，国务院考核组到大同街道开展2019年度省级政府安全生产和消防工作考核。考核组听取街道2019年度消防工作落实和消防安全网格化信息建设情况汇报，查阅相关内业资料，并实地检查新丰社区城北小区电动自行车充电桩建设情况、微型消防站建设情况和打通生命通道攻坚行动等。

【西池社区入选全国最美志愿服务社区】 2020年8月26日，中央宣传部、中央文明办公布全国最美志愿服务社区评选结果，大同街道西池社区上榜，并名列2019年度学雷锋志愿服务“四个100”（100个最美志愿者、100个最佳志愿服务组织、100个最佳志愿服务项目、100个最美志愿服务社区）先进典型名单。大同街道西池社区地处同安主城核心区，有常住人口11500余人，其中注册志愿者超过1500名。社区每年开展上百场志愿服务活动，开展“快乐健步走”“洁净家园”“暑期夏令营”“文明交通”“我们的节日”等各类志愿服务，志愿服务时长累计超过2万个小时，打造“池家妈妈”“书香人家”“先锋之声”广播站等一批社区志愿服务品牌。

（李楚君）

2020年4月11日，西池社区开展义务植树活动，助力建设生态美丽厦门

（大同街道　供图）

祥平街道

【概　况】 祥平街道地处同安区南部城郊，北与莲花镇、汀溪镇接壤，南与西柯镇相连，西与新民镇毗邻，东与大同街道隔溪相望，国道324线、沈海高速、福厦高铁、省道206线、滨海西大道贯穿全境。2020年，街道区域总面积27.49平方千米，辖有凤祥、陆丰、祥平、祥晖、芸溪、祥文、西溪、杜桥8个城市社区，溪声、阳翟、祥桥、西洪塘、西湖、凤岗6个村改居社区和过溪、卿朴、瑶头3个行政村。户籍人口7.47万人，外来人口12万人。全年规模以上工业总产值170.46亿元，全社会固定资产投资60.39亿元；财政总收入15304.97万元、本级财政收入2855.95万元，分别比上年下降20.97%和0.47%；本级一般公共预算支出7151万元，完成预算的89.64%；政府性基金支出303.25万元。

【产业发展】 2020年，祥平街道利用外资271万元，实际到资800万元。98家规上企业完成产值115.8亿元，比上年增长12.0%。45家限上商业批发零售企业销售总额56.5亿元，比上年增长8.7%。辖区“三高”企业33家，其中区领导挂钩企业15家、街道领导挂钩企业18家。入库工业固投项目28个，投资额4.08亿元。增资扩产厂房建设项目1个，项目总用地面积2.7万平方米，规划总建筑面积2.3万平方米，总投资额1971.85万元，基本完工。农民专业合作社32家（市级及以上示范社1家），家庭农场7个。粮食作物播种面积32.13公顷，粮食产量112吨；蔬菜作物播种面积142.47公顷，蔬菜产量7331吨。

【**基本建设**】 2020年，祥平街道开展7个、总投资额2275.3万元的乡村振兴项目建设，完成卿朴村房前屋后整治提升、郭厝里美丽乡村建设等工程。加强农村生活污水治理，至年末累计建成自然村集中纳管项目63个、污水管道17个和污水处理设施13座，完成投资10700万元，实现农村生活污水治理全覆盖。

【**征地拆迁**】 2020年，祥平街道推进42个重点项目征拆工作，计划征地101.27万平方米、拆迁面积70.94万平方米。列入“百日冲刺行动”重点项目23个，其中收储项目4个、市级重点项目2个、区级重点项目17个。全年完成21个市、区重点项目征拆工作，签订征地协议57.45万平方米、完成交地39.76万平方米，签订拆迁协议12.46万平方米、完成拆除27.24万平方米。

【**环境整治**】 2020年，祥平街道推进中央环保督察反馈问题整改，办结第二轮中央环保督察信访件10件。全面落实“河长制”，组织河长巡河155次、河道专管员巡河403次。开展溪流养护工作，打捞河漂垃圾5581立方米、45.9吨，清理土头垃圾2167立方米。实施溪流“四乱”整治行动，完成东西溪流域9处、埭头溪流域4处“四乱”点位整治工作，清理乱种植面积300平方米。建立常态化督查机制，聘请第三方开展辖区范围内畜禽养殖回潮巡查工作，查处瑶头、过溪、西湖等地家禽规模化养殖14户次2230羽、牛蛙养殖1户，取消生态补偿4户。投入资金60万元，建立专职巡逻队伍，推进“门前三包”工作，“门前三包”年度考评成绩位居全市第二。推荐上报37个垃圾分类精品小区和2个垃圾分类示范村，垃圾分类实现所有村（居）全覆盖。

【**社会事业**】 2020年，祥平街道开展群众性文化体育活动，组织“文化下乡”系列活动，联合开展2020年“我的书屋·我的梦”农村少年儿童阅读走进过溪村读书活动；举办2020年同安区“决胜全面小康　决战脱贫攻坚”社会科学普及宣传周启动仪式及《同安古厝》《同安古树名木》社科丛书首发仪式、“银城社科”微信公众号上线仪式等，开展社科文化节目展演暨同安区“社会科学在你身边”宣传咨询活动。全面推进文化遗产保护传承，开展文物建筑安全隐患大排查大整治，启动6个市、区重点文物点的修缮工作。完善体育场地布局规划，至年末累计建成篮球场37个、健身路径26套和文体小广场6个，年内完工验收移动篮球架3副、场地硬化1个、直埋式篮球架2.5副、灯光安装3盏、观众座椅4个和健身路径1套。做好人口与生育服务工作，全年出生人口政策符合率90.05%。组织西洪塘、西湖社区“金边”店面公寓重新拍租，准确率100%；常住人口出生性别比111.58；孕前优生检查覆盖率98%；计生工作群众满意率抽查成绩优秀，被市卫健委员会评为人口监测信息质量一级达标单位。

【**民生保障**】 2020年，祥平街道城乡居民基本养老保险参保5057人，城乡居民基本医疗保险参保34825人，失地农民累计参保13718人。加强困难群众救助帮扶，发放最低生活保障金397.48万元，惠及299户低保户505人；发放分散特困供养人员特困金26.99万元，惠及12户12人；发放临时救助金3.68万元，惠及困难群众19户；发放事实无人抚养儿童救助金56.9294万元，惠及困难对象25人。落实残疾人生活补助金111.31万元，惠及残疾人319人；落实残疾人居家护理补助金216.89万元，惠及残疾人576人；发放一户多残低保（含单列低保）低收入家庭生活补助金18.37万元，惠及残疾人80户。落实高龄补贴13967人次162.53万元。组织房屋安全隐患排查，排查房屋17513栋，鉴定D级143栋，完成整治143栋，整治率100%；办理保障性租赁房意向登记207户，受理58户；保障性商品房意向登记24户，受理9户；受理翻建266宗，办结214宗。投入资金608万元，实施民生补短板项目23个，全部竣工验收。

【**社会治理**】 2020年，祥平街道推动“大综治”治理格局，划拨平安创建、综治维稳经费416万元，比上年增长24.27%。建设“闪亮警队”品牌，全年刑事发案551件，比上年下降26.24%，抓获毒品犯罪嫌疑人15人、查处吸毒人员21人，抓获黄赌违法嫌疑人131人；查破容留卖淫、卖淫嫖娼、拉客招嫖案件24件，查破赌博刑事案件9件、治安案件32件，刑事拘留9人、治安拘留30人，治安罚款76人、其他处理16人。建立领导干部下基层接访常态化机制，化解历史积案16件，签订息诉息访协议书16件，民间纠纷调解率、成功率均在98%以上。推进“以房管人”新模式，至年末成立业主委员会23个，其中有物业小区20个、无物业小区3个；成立无物业自管委员会6个。开展道路交通安全整治，全年发生交通事故7起，死亡8人。组织农产品质量安全检测，随机抽样检测产品1537个，检测合格率98.3%。加强“两违”综合整治，拆除“两违”建筑26.8万平方米；完成76宗“乱占耕地建房”整治工作，复垦土地2.11万平方米。

【便民服务】 2020年，祥平街道完善“1中心+17个代办点”便民服务体系，全年办件5741件，其中即办件5372件。梳理便民服务事项64项，录入省网上办事大厅60项，100%达到三星级以上服务标准。梳理“最多跑一趟”和“一趟不用跑”办事清单，“一趟不用跑”服务事项比例在72%以上。

【近邻党建工作机制推行】 2020年，祥平街道推行近邻党建工作模式，推动小区党支部建设，建立建制式、兼合式小区党支部27个。打造凤祥、祥文、陆丰、芸溪、西洪塘等5个社区党建典型。凤祥社区精心照顾返厦日本友人，案例入选《厦门近邻党建微故事辑》；厦航高郡小区创新推出“近邻凤祥178（一起吧）”品牌，入选省级“近邻党建”试点小区。祥文社区以打造“书香社区”为契机，设立全区第一个社区朗读亭，构建“1143”服务模式，传递红色之声；陆丰社区首创“摊规点”治理模式，被《福建日报》报道。西洪塘社区、西湖社区组织“金边”店面公寓重新拍租，两社区集体经济收入每年分别增长870万元、306万元。

（许瑞权）

凤祥社区文明墙展示文明创建先进事迹　（夏海滨　2020年10月13日摄）

洪塘镇

【概　况】 洪塘镇位于同安区东南部，东南与翔安区新圩镇、马巷街道交界，西南与大同街道、西柯镇相连，北与五显镇接壤，高铁350、同翔大道、城东中路、同安东路等交通要道贯穿全境。2020年，全镇辖区面积37.50平方千米，下辖13个行政村和3个社区。户籍人口44620人，常住人口59261人。全年规模以上工业产值135亿元，比上年增长3.2%；财政总收入9186.12万元，镇级一般公共预算收入2016.16万元；全社会固定资产投资18.5亿元，比上年增长12%；限上贸易销售额106亿元，比上年增长116%。农民人均纯收入2.33万元，比上年增长12%。苏厝村、埔后村获评第六届全国文明村，大乡村获评第十四届省级文明村。

【农　业】 2020年，洪塘镇农作物种植面积22375亩（1492.41公顷），总产量61478.86吨，其中水稻种植面积2086亩（139.14公顷），产量864吨；蔬菜种植面积19272亩（1285.44公顷），产量856.4吨。生猪存栏12881头、牛存栏333头，鸡存栏122565羽、鸭存栏46408羽。推行“企业+合作社+农户”模式，做精做深水产种苗业，推动厦门龙程子虾繁育产业园项目落地石浔，提升虾苗市场占有率。通过线上线下齐发力，做强郭山紫长茄、新学韭菜和振坤记等龙头品牌，带动当地农产品销售。落实惠农、强农、富农政策，发放耕地保护补贴资金105.25万元，发放叶菜稳产保供资金5.6万元。全镇蔬菜大棚种植面积453.3公顷，年产值1.34亿元。

【工　业】 2020年，洪塘镇规模以上工业企业68家，完成规上工业产值135亿元，比上年增长3.2%。推进重点项目建设，推动海威明石业转型生产建筑材料，保障顺丰产业园项目、赢晟科技厂房及配套设施项目开工建设。落实“党政领导挂钩帮扶+工作专班全面保障”制度，解决企业在疫情防控、复工复产和生产经营等方面的难题，海辰锂电项目从签约到建设的流程时间由常规的9个月缩短至45天。实施“招大引强”工程，全年新入库招商项目47个，其中落地项目42个，投资总额19.11亿元，注册金额3.33亿元。

【基本建设】 2020年，洪塘镇按精品村、一般村两个层次，制定完善16个村居乡村振兴工作方案。推进龙西社区省级乡村振兴试点村建设，实施5个乡村振兴项目。推进石浔社区区级乡村振兴示范村建设，完成石浔旧水闸拆除工程，实施石浔水闸旧址主题公园项目和环境整治提升项目。打造苏厝村区级乡村振兴示范村，谋划苏厝二路提升改造工程、苏颂廉政广场提升改造项目和裸房整治工程等三大项目，完成苏厝村村史馆建设。加强农村人居环境整治，新建改造城乡公厕7座，完成铁路沿线68栋裸房整治工作。深化“一把扫把扫到底”环卫保洁模式，全面推行垃圾分类处理，设置直运线路4条，解决生活垃圾“混装混运”问题。

【征地拆迁】 2020年，洪塘镇推广“党建+征拆”成功经验，开展24个重点项目征拆工作，计划征收土地面积191.27万平方米、征收房屋面积17045.64平方米。全年完成征地面积176.63万平方米、交地面积172.1万平方米，分别完成年度任务的92.4%和90%；完成房屋征收面积49498.58平方米、房屋拆除面积41601.78平方米，分别完成年度任务的290.4%和244.1%。按期完成海辰锂电等22个重点项目征拆工作，推进洪新路、火炬五期2个重点项目征拆工作，全年土地征收完成量、交地完成量均居全区第一。

【环境整治】 2020年，洪塘镇全面落实“双河长制”“湖长制”，实施小流域污染综合治理专项行动，完成140个排污口、196个点位的溯源排查工作。开展入河排污口整治行动，完成4个省挂牌、135个区挂牌的入河排污口整改工作。推进龙东溪水质提升工程和洪塘溪龙泉段整治项目，完成3条安全生态水系建设。整改“四乱”67处，沟渠清淤约10千米，整治“散乱污”企业7家。完成16个村居污水治理项目和413个配套三格化粪池建设，建成洪塘中学周边污水一体化设施工程。完成36个废弃石窟回填治理，修复“生态疮疤”面积约877亩（58.47公顷）。开展建筑扬尘和道路扬尘专项整治行动，加强秸秆焚烧治理，全年空气质量达标率为100%。

【社会事业】 2020年，洪塘镇加强文物保护，推进“总兵衙”“昭应庙”等文物修缮工作。提升建设综合文化站和区少儿图书馆分馆，组织开展“小眼睛看世界”绘本阅读等活动。广泛开展群众性体育活动，举办洪塘镇第七届村村篮球联赛和第二届职工趣味运动会等。提质发展教育事业，推进同安一中滨海校区高中部、厦门六中同安校区等教育建设项目；开展金秋助学活动，发放奖学金15.18万元，惠及学生131名。强化基层卫生防疫，开展家庭医生签约服务，家庭医生签约率34.78%；做好人口与计生工作，全年出生人口政策符合率89.59%，性别比106.91。

【民生保障】 2020年，洪塘镇开展民生补短板工程，投入500万元，推进实施30个补短板项目。继续推行农村建房保险制度，投入92.36万元为农村建房施工者购买保险500余份，保障村民及建筑工人的人身安全。下大力气解决住房困难户住房问题，办理保障性租赁房申请113人；受理农村个人翻改建房424宗、办结397宗，新建225宗、办结151宗。推动养老服务事业发展，失地失海农（渔）民全部办理养老保险，建成投用全镇第一个日间照料中心，实现16个村（居）农村幸福院全覆盖。开展“爱心厦门，同安在行动”活动，推进“爱心屋”“爱心驿站”等载体建设，与恒星义工协会共同筹建“爱心超市”。落实结对帮扶项目，投入援助资金120万元，帮助康乐县人民脱贫致富。

【社会治理】 2020年，洪塘镇开展扫黑除恶专项斗争，配合公安部门开展打击各类违法犯罪活动，全年平安建设“三率”考评各项指标均达平均值以上，扫黑除恶满意率100%，排名全市第一。探索基层治理新模式，成立16个村（居）房东协会，建设完善镇、村（居）两级评理室。开展矛盾纠纷大排查、大化解、大整治“百日攻坚”专项行动，调处矛盾纠纷91起，调解成功90起，调处成功率99%；受理群众信访137件、办结135件，办结率和化解率均提前完成既定目标。全面落实疫情防控责任，率先推广“厦门百姓”二维码，探索建立“三核查”摸排机制，通过“人防＋技防”方式筑牢疫情防护网；严格渔船出入管理制度，设立2个卡点实施动态管控，筑牢疫情防控海上屏障；有序恢复生产生活秩序，推动7个重点项目复工、32家规上企业复产和28所中小学校及幼儿园复学，为符合条件的外来复工人员办理出入证8476张。

【安全生产】 2020年，洪塘镇落实安全生产责任制，持续开展安全生产大排查大整治行动，逐村逐点逐项深入排查10个重点领域安全隐患，发现隐患676处，完成整改675处、限期整改1处。全面开展房屋安全专项整治行动，排查出D级房屋288处，按照“一房一策”原则实施分类处置，有效处置率100%。强化道路交通隐患整治工作，完成隐患整改22处。修订完善防汛抗旱、森林防火等应急处置方案，提升防灾减灾能力。推进16个村（居）9个一类、7个二类微型消防站建设，加强132名消防队员技能训练，全年处置小火灾109起，保障人民群众生命财产安全。

【“两违”综合治理】 2020年，洪塘镇保持“两违”治理高压态势，全年处置“两违”建筑物340宗、面积22.64万平方米，腾出土地面积29.04万平方米。推进耕地“非农化”整改工作，拆除复耕“两违”建筑11宗，复耕土地面积2.58万平方米。全年卫拍违建整改率100%，“两违”综合治理专项行动成绩排名全区第一。

【苏厝村、埔后村获评第六届全国文明村】 2020年11月20日，洪塘镇苏厝村、埔后村获评第六届全国文明村。苏厝村通过推进村

苏厝村文化长廊　　（洪塘镇政府供图　2020年4月10日摄）

史馆文化长廊建设、举办“苏颂文化节”、宣传《苏颂家训》、制定村规民约等，传承苏颂人文精神，打造家风纯正、乡风文明、政风清明、党风清正的美丽乡村。埔后村注重生态治理，通过开展农村分散式污水治理项目、流域环境整治、“建设美丽庭院”行动等，打造“房在树中、村在绿中”的“绿盈乡村”，全面提升村庄宜居水平。

【疫情防控“三核查”摸排机制】 2020年，洪塘镇落细落实新冠肺炎疫情防控各项举措，率先在全区探索建立由村（居）、房东、企业共同参与的“三核查”机制，筑牢疫情防控安全防线。“三核查”机制，即通过房东核查、企业核查和个人轨迹核查相结合的方式，对外来人员进行摸排，确保一人不漏。先后排查湖北（武汉）入同人员1075人、境外入同人员51人。

【洪塘镇居家社区养老服务照料中心揭牌运营】 2020年11月26日，洪塘镇居家社区养老服务照料中心（简称照料中心）举行揭牌启动仪式。该项目是2020年度区委、区政府民生补短板项目之一，也是省委省政府、市委市政府为民办实事项目。照料中心位于洪塘镇新霞新厝后里，总建筑面积1572平方米，共3层，设置养老床位72张，内设多功能活动室、护理站、保健室、理疗室、心理咨询室、书画阅览室、手工坊、棋牌室、爱心小屋等各类功能室，配套无障碍电梯、防滑地面、智能马桶、全屋防撞等适老化设计。照料中心采取“民办公助”的模式，由洪塘镇政府和第三方机构签订协议，由第三方负责项目的建设与运营管理，满足辖区老年人的保健康复、文化娱乐、精神慰藉等多层次需求；照料中心还对低保、特困老人及其他有相应政府扶持政策的服务对象，按政府规定的相关标准为其提供无偿或低偿服务。

（洪越颖）

五显镇

【概　况】 五显镇位于同安区东

北隅，东连翔安区新圩镇，南接洪塘镇，西邻大同城区，北与汀溪镇、泉州市南安市接壤。2020年，全镇陆域面积75.56平方千米（含竹坝7.84平方千米），其中耕地面积1513.33公顷、山地面积5026.67公顷、林地面积4473.33公顷。下辖15个行政村、3个社区，共101个自然村。户籍人口4.93万人，常住人口5.82万人。全年规模以上工业产值65.09亿元，完成工业固定资产投资1.85亿元；限上批零企业完成产值6.55亿元；财政税收总收入、镇本级税收收入分别完成5933万元和1037万元；合同利用外资1390万元；全镇农民人均可支配收入23780元，比上年增长12.17%。五显镇获评“2020年度福建省乡村治理示范镇”“福建省第四次全国经济普查先进集体”等，三秀山村、垵炉村获评“福建省乡村治理示范村”。

【农　业】 2020年，五显镇主要农作物种植面积2628.3公顷、总产量79801.4吨，其中水稻种植面积274.7公顷、产量1769.65吨，蔬菜种植面积1925.4公顷、产量76069.65吨；牛存栏653头，鸡存栏208627羽，鸭存栏49079羽。推进现代农业发展，建设闽台农业融合发展产业园、三秀山省级特色蔬菜产业园、傲农嘉烨兴生猪养殖场等产业融合项目，引入种苗企业20家。投资540.7万元，实施明溪高标准农田建设项目，建设农业设施大棚17696平方米，审批农业设施用地12078平方米。推行“公司+合作社+农户”模式，发挥三秀山果蔬合作社、鑫美园、正心精致等龙头作用，带动辖区195家各类农业生产主体发展，617公顷规模以上产业经营实现年产值1.6亿元。打造竹坝—五显片区开发平台，拓展农产品加工、田园采摘、餐饮民宿和乡村亲子游、研学游等二、三产业，鑫美园果蔬专业合作社挂牌第一批“福建省中小学生劳动教育实践基地”，侨安社区获评福建省乡村旅游“百镇千村”。

【工　业】 2020年，五显镇规模以上工业企业42家，完成规上工业产值65.09亿元，比上年增长13.78%。全年工业产值完成率全区第二，工业固定资产投资1.85亿元。贯彻国家、省市区扶持实体经济发展政策和稳岗援企措施，全年走访辖区企业286家次，“一对一”协调解决创凯工贸排污、工业园区减租降费及疫情期间部分企业返岗难、入住难、物资难等问题。坚持做大增量和做优存量并举，继续推行“三个一”招商及“全员抓招商”工作机制，依托同翔火炬高新技术产业基地要素优势，引进振煜达、皓沣贸易等51家优质企业签约落户，项目签约、投资总额均创历史新高。实施一、二、三产业“百千”增产增效行动，出台《五显镇促进建筑业加快发展管理实施办法》，完成建筑企业注册登记21家。

【基本建设】 2020年，五显镇推进实施37个、总投资6398.65万元的乡村振兴项目。开展农村人居环境整治，开工建设9座农村公厕，污水处理设施全面移交城建公司运维管养，三秀山村率先在全区试点智能化一站式垃圾分类直运管理，后垄、店仔等4个自然村美丽乡村建设项目有序推进。试点推进布塘、竹山等5个村庄农电改造项目，新开工建设乡村振兴农田水利工程12个，竹山北山、溪西大尖、三秀山村等3个自来水给水工程全面完工。投入22万元生成提水抗旱项目，抽调莲花水库60万立方米水量缓解600余公顷耕地旱情。开展省级“四好农村路”示范镇创建工作，推进县道421（小木屋—南洋会馆）、西洋路与香溪南路交叉口等4条道路提升改造，实施67.79千米道路精细化管理，投入876.17万元完成325盏路灯安装。

【征地拆迁】 2020年，五显镇落实重大片区副指挥长周调度、指挥长月调度机制，完成土地征收面积24.64万平方米，完成房屋签约面积7.85万平方米、拆除面积2.54万平方米；全年市级重点项目房屋征收完成率、拆除完成率均列全区第二。同安东路（同新路—民安大道段）、火炬三期、梅山路改造等13个项目完成交地，其中国际银行三期超序时11个月、西洋小学配套道路工程超序时3个月交地，溪西地热用地遗留问题处置实现突破。

【环境整治】 2020年，五显镇推进中央环保督察反馈问题整改，100%完成交办信访件的销号。加强流域综合治理，完成辖区43个入河排口整治工作，建成垵炉溪、竹山溪等5个安全生态水系工程。完善环保网格化监管体系，着力整治扬尘粉尘、餐饮油烟、垃圾秸秆焚烧等突出环境问题，关停“散乱污”企业15家，完成溪狮等2家采石场的复绿工作。加强农业面源污染防治，全面实施测土配方施肥技术，严控畜禽养殖回潮。深化文明创建活动，推进五显街、香溪北路、五秀路“门前三包”商家自治联盟建设，完成“摊规点”选址摇号32个，拆除“两违”面积12.28万平方米、整治乱占耕地面积8867.93平方米。实施“三边”整治、“四旁”

绿化及房前屋后整治，开展村庄清洁及僵尸车专项治理工作，清理农村陈年垃圾、土头垃圾、大件垃圾共1623处。

【社会事业】 2020年，五显镇推进同安职业技术学校改扩建工程等3个教育项目征地拆迁工作，推动五显中学与厦门六中合作办学，“两项督导”教育考评获国家督导组肯定。实施乡村文化提升工程，新建下峰、布塘等10家新时代文明实践站，举办同安区新时代文明实践中心（所、站）建设现场观摩会。加大文化遗产保护力度，完成庶安楼和颜青云、黄海量故居修缮工作，开工建设竹坝归侨史迹馆；提升全镇42处历史文物保护利用水平，举办第六届开闽王文化节。加强民兵整组训练，输送一批高素质青年光荣入伍。投入420万元，建成投用10家农村幸福院，实现所有行政村农村幸福院全覆盖，惠及辖区6000多名老人。如期完成第七次人口普查基础数据登记与复核工作。

【民生保障】 2020年，五显镇做好困难群众帮扶工作，累计发放各类救助补助保障资金844.27万元。办理店仔、明溪、军村、后塘4个村4067人新增失地农民养老保险，全区首创民生综合保险兜底惠及631名贫困群众。实施残疾人家庭“零距离救助”行动，依托镇残疾人职业援助中心开展26场康复训练、就业能力培训、志愿者团建等主题活动，五显爱心屋定期采购协议额突破100万元。引导被征地农民、退养户转产转业，组织1920名群众参加企业线上招聘会，完成农村富余劳动力转移820人、新型农民培训350人次。精准帮扶9个经济薄弱村，实现村集体收入总体比上年增长68.74%，各村村财均突破20万。加强农村建房管理，完成下峰、西洋2个村村庄建设规划修编，审批新建93宗、翻建127宗，受理保障性住房申请95户。围绕重大基础设施和社会事业布局，实施民生补短板项目60个，19个零星工程竣工验收。

【社会治理】 2020年，五显镇推进扫黑除恶专项斗争，开展黄赌、网络诈骗等专项整治行动，辖区刑事警情比上年下降37.95%，群众安全感率100%、居全区第一。探索村居治理新路径，培育打造“法治”香溪、“德治”垵炉、“自治”上厝等3个“一核五治”示范点，在全市乡风文明经验交流会上作乡村治理经验典型发言，获评“2020年度福建省乡村治理示范镇”。完善“公证+”多元矛盾纠纷化解机制，实施“信访矛盾纠纷大排查、大化解、大整治百日攻坚”行动，全年排查调处矛盾纠纷80件、调处率100%，受理办结各类来信来访1142件次，100%办结18件信访积案。建立健全安全生产长效机制，制定《五显镇安全生产隐患大排查大整治工作方案》，落实常态化联合执法检查，全年检查企业94家次、餐饮燃气用户231家次、烟花爆竹销售点5家、出租房975家、高层建筑39栋、“三合一”场所330家、学校等人员密集场所24家次，全面排查整改一般隐患475处，出租房硬隔离完成率100%；完成农村“五类重点对象”危房改造任务，完成D级危房长效处置90%的目标；完成道路隐患点改造5处，增设爆闪灯45盏。加强疫情防控工作，累计实施健康管理718人，组织6名医护工作者驰援湖北省武汉市，支援厦门第一医院杏林分院，“五显镇集中健康管理点‘暖心小窝’”“店仔老党员李冬生的特殊党费”等25个防疫微故事获中央、省、市级媒体点赞报道。深化便民“一窗受理、集成服务”改革，全年办件量7916件，审批事项平均承诺办理时限压缩至法定工作日的35%，“一趟不用跑”事项占比70.37%。

中国美丽休闲乡村——五显镇三秀山村

（五显镇政府供图　2020年7月13日摄）

【乡村振兴试点村示范建设】 2020年，五显镇推进3个省市级乡村振兴试点村示范建设，打造“3+3+8”（3个省市级试点示范村、3个区级试点动线、含试点村在内的8个党建典型点）振兴模式。竹坝片区以弘扬“归侨”文化为核心，推进竹坝归侨史迹馆修缮改造工程、展陈工程、周边景观提升工程，打造集特色教育、南洋风情、颐养度假、休闲农业及生态康养等为一体的乡村振兴典范。三秀山村以“研·学”为核心，以“百草园”“百果园”等产业振兴项目为抓手，建设“农旅研学一体化”特色乡村，2020年研学基地接待学生7000人次。垵炉村依托家风家训教育基地传承“颜氏文化”，创新搭建“群众意见箱”“民意收集团”“管理智囊团”等平台，引导村民参与乡村振兴事务，培育文明乡风。明溪村串联衔接三秀山村和竹坝片区的定位，以“田园飘香·寻味明溪”为主题，构建特色村落。上厝村落实“邻长制”机制，推进乡村振兴深度融合，打造“厝边睦邻”品牌。四林村以“爱心四林”为品牌，持续推进幸福院等爱心服务建设。

（刘秋燕）

汀溪镇

【概　况】 汀溪镇位于同安区西北部，北与泉州市安溪县毗邻，东北经同南公路与南安市联通，是进出厦门市的北大门。2020年，全镇辖域面积136.90平方千米，有耕地面积10.23平方千米，其中基本农田面积4.78平方千米；林地面积90.63平方千米，森林覆盖率68%；温泉出水口3处，日涌45℃以上温泉水5000吨。下辖13个行政村、1个社区。户籍人口25130人，常住人口25308人。全年规模以上工业产值（含湖里园企业）44.45亿元；完成限额以上批发零售贸易业销售额6476万元；镇财政税收总收入5348万元，镇级税收收入950万元。是年，汀溪镇通过省级特色乡镇创建考核，成为全市唯一的省级乡村振兴重点特色镇。古坑村获评2020年“中国美丽休闲乡村”，顶村村被评为2020年福建“金牌旅游村”。

【农　业】 2020年，汀溪镇主要农作物种植面积1418公顷、总产量32922吨，其中水稻种植面积288公顷、产量1689吨，蔬菜种植面积817公顷、产量29657吨。畜牧业牛出栏895头，鸡出栏107200羽，鸭出栏81093羽。培育发展10个“一村一品”特色农业村，顶村“绿荬林”比常规品种每亩增产1500千克以上，每年可为农民增收60.5万元。提质发展现代都市农业，古坑三角梅基地举办首届灯光秀活动，吸引4万人次前往参观；五峰禾沣现代农业园正式营业，新增本土就业80人。打造“灵秀汀溪”乡村旅游品牌，开通运营官方公众号、抖音号和市域宣传轮播短视频，举办2020年同安区农民丰收节；提升建设“隘头—顶村”旅游动线，顶村村全年接待游客13万人次，营业收入2000万元。

【工业与服务业】 2020年，汀溪镇规模以上工业企业51家，完成规模以上工业产值44.45亿元。限额以上批发零售企业1家，完成批发零售贸易业销售额6938万元。全社会固定资产投资1782万元，比上年增长42.56%。挂牌成立全区首家镇级招商中心，开展全民招商活动，全年引进注册企业67家，投资总额45亿元，注资25亿元，实际到资2.05亿元，其中蓝盾、国贸信达产业链、钻石信息、业达建筑业、迈先建设、鹭鸿腾建设等企业落户。

【征地拆迁】 2020年，汀溪镇完成8个地块征收工作，总面积47793.3平方米。破解征拆历史遗留问题，完成汀溪旧镇址及隘头一号招拍挂地块、厦门抽水蓄能电站500千伏输出项目塔基用地征收工作。推进小城镇招拍挂六号地块征收工作。开展轨道平衡用地征收工作，完成地块九交地前相关准备，完成地块一、地块十四征收协议签订。组织收储工作，完成3家企业收储协议签订，总用地面积1.81万平方米、总建筑面积1.45万平方米。

【基本建设】 2020年，汀溪镇立项基建项目13个，年内完工8个，其中特色小镇市政道路修补及路灯修复工程完成建设，汀溪镇682乡道局部路段提升改造工程、汀溪小城镇安置房一期项目（A1-2标段）竣工验收。实施乡村振兴战略，推进35项、总投资0.78亿元的乡村振兴项目，年内开工建设16项、完成建设3项。加强村庄规划设计，完成13个村的村庄规划、“一村一方案”编制工作，完成“云隐堤内”“学成路下”“森藏半岭”3个区级试点村品牌设计工作，总投资2200万元的7个动线项目有5个进场施工。

【环境整治】 2020年，汀溪镇落实河长制，推进小流域治理，国控点隘头潭断面全年水质达标率100%，1月至5月水质排名居全国第28位，为全省唯一进入前30

2020年12月，汀溪镇乡村振兴项目古坑村知微草堂周边环境综合整治完工
（李建波　2020年12月25日摄）

名的国控断面。全面推进“厕所革命”工程，新改建农村公厕2座、移交区城建公司管理11座，完成顶村、造水、古坑、五峰旅游公厕改造提升。加强农村污水治理，建成污水管网141.8千米，完成汀溪水库上游4个村农村生活治理项目。有效防治空气污染，空气质量优良率100%。

【社会事业】 2020年，汀溪镇加强文物保护与传承，排查整治文物古建筑安全隐患35处，完成后坪梳妆楼、汪前除匪动员会旧址应急抢险加固工程，完成叶拱南故居修缮，启动10处文物点保护工程设计前期工作。推进教育事业发展，推动汀溪中学与厦门第一中学合作办校，建成汀溪中心小学新校区；组织校外培训机构、无证办学办园专项治理行动，通过省、市“两项督导”检查。开展第七次全国人口普查工作。完成褒美、路下、西源、荏畲4个农村幸福院建设，实现全镇13个行政村农村幸福院全覆盖。做好卫生健康服务工作，获评市人口监测信息质量一级达标单位，相关做法被国家、省计生刊物报道。

【民生保障】 2020年，汀溪镇加强困难群众兜底保障，发放低保、特困、孤儿、临时救助等各项补助（救助）金235.6万元。推进民生补短板工作，投入526万完成15个零星工程建设。解决住房困难户住房问题，办理保障性租赁房申请68人；受理农村个人翻改建房60宗、办结60宗，新建63宗、办结14宗。探索“银村”合作机制，激活壮大村集体经济存储资金。实施11个村人饮提升改造工程，9个村完成建设。镇“爱心屋”成立揭牌，灵秀汀溪“爱心商城”公众号平台上线。

【社会治理】 2020年，汀溪镇开展房屋结构安全隐患排查整治工作，新增排查房屋1168幢、复查房屋6042幢，完成农村五类重点对象危房维修和加固，危房有效处置率居全区前列。推进“雪亮工程”建设，完成村庄及林场、水库等重点部位监控点信息的采集、设计工作。组织“信访矛盾纠纷大排查、大化解、大整治”百日攻坚行动，推进前格村议理堂建设。开展国家、省级文明城市创建工作，投入130万元，建成投用12个村（居）新时代文明实践站；完成省级文明镇复查工作，完成隘头、古坑、西源3个村省级文明村申报和实地迎检工作。严格落实新冠疫情防控常态化措施，创新推行“户长制”模式，有序实现复工复产复学。

【顶村村入选2020年福建“金牌旅游村”】 2020年12月，新一期福建“金牌旅游村”名单公布，汀溪镇顶村村入选榜单。顶村村坐落于厦门市西北部海拔400米的山上，距厦门岛约40千米，建村600多年。与泉州南安市、安溪县接壤，森林覆盖率80%以上。顶村村通过发动村民成立“顶上乡村农家乐专业合作社”，依托丰富的生态资源、闽南特色古民居群，整合特色农业和乡村旅游资源，打造以旅游带动农业、以农业支撑旅游的绿色生态产业链，2020年吸引游客49万人次。

（杨　妍　徐玮琳）

莲花镇

【概　况】 莲花镇位于同安区西北部，西接漳州市长泰县，北连泉州市安溪县，南经厦安高速直通集美区，是厦门公益林保护区、水资源保护区和基本农田保护区。2020年，全镇辖域面积207.63平方千米，有林地面积14386.7公顷、耕地面积2146.7公顷，其中实际经营耕地面积1073.3公顷。森林覆盖率69.78%，绿化率98.09%。水资源总量1.62亿立方米，年降雨量1600～1800毫米，分布有澳溪溪、莲花溪两条溪流和厦门重要的原水供应源——莲花水库。下辖19个行政村、1个城市社区，共153个自然村。户籍人口46862人，常住人口34074人。全年财政税收总收入完成1.1亿元，比上年增长20.33%；本级税收收入1838万元，比上年增长19.04%。是年，莲花镇获“国家卫生乡镇”称号，获评省级乡村治理示范镇、省“清新福建 气候福地”避暑清凉福地，是全市唯一入选的福建省“全域生态旅游小镇”。军营村被列入全国乡村旅游重点村、福建省首批金牌旅游村，莲花、澳溪两个村被确定为省级乡村治理示范村，莲花村获评省美丽休闲乡村。

【农　业】 2020年，莲花镇主要农作物种植面积2042.73公顷、总产量43830.75吨，其中水稻种植面积442.8公顷、产量2584.2吨，蔬菜种植面积1226.07公顷、产量39434.7吨。聚力发展高山茶园、丘陵果园和平原菜园“三大农园”，打造省内唯一无刺可食玫瑰种植基地（溪东村），推出“白毫野枞”高山特色茶，打响绿瓢虫、天岩山等本土品牌。组织32家单位50余种特色农产品参加第十二届厦门特色农产品展销会，组织莲迦合作社等3家农民专业合作社参评省级示范社。举办第一届农副产品赶圩嘉年华活动。下拨疫情稳产保供、一村一品、大棚设施、耕地地力、农业合作社、财政支农、创业扶持等各类补助金4515.35万元。

【工业与服务业】 2020年，莲花镇规模以上工业企业56家（含思明园），实现规上工业产值53.74亿元，比上年增长9.55%。批发零售业完成产值6.78亿元，比上年增长9.36%。全社会固定资产投资完成1.58亿元，比上年增长365%。优化莲美工业园功能布局，支持固克涂料等企业增资扩产。依托高速枢纽等交通优势，发展现代物流、教育培训等产业，引进商贸、酒店等项目。完善配套设施，推动莲花卫生院新建工作。

【基本建设】 2020年，莲花镇加强民生社会事业补短板工作，推进实施道路交通、污水治理、教育民生等方面19项为民办实事零星工程。推动重点项目征拆工作，完成莲花卫生院、莲花中心幼儿园、张厝村至西洋村道路改造提升工程等9个项目征拆工作，共征地面积72213.3平方米、拆除面积372.25平方米；莲花2008-1经营性招拍挂地块完成清表面积11727.3平方米，轨道平衡用地签订征地协议面积35513.3平方米，厦安高速云埔互通通车。

【环境整治】 2020年，莲花镇建立环境卫生评比机制，清除有碍观瞻的建筑面积4867.97平方米，清理“三乱”垃圾65吨。实施饮用水源和流域生态保护补偿机制，发放生态补偿资金1.38亿元，15个行政村水质达到二类水质标准。落实“河（湖）长制”，巡查解决各类问题310个。加强溪流养护，清理土头垃圾、生活垃圾1600立方米，清除水葫芦、水草等600余平方米。强化溯源监测，45个省级挂单排污口、10个埭头溪排污口整治任务全部销号清零。全镇24座农村小水电站全部退出，68处污水处理站竣工运行，18个村居分散式污水管道项目建成。

【社会事业】 2020年，莲花镇完成第七次全国人口普查工作。引导社会力量兴教助教，首次完成镇教育促进会换届选举。加强军人服务站建设，完善退役军人服务保障体系，完成夏、秋季征兵任务。创新设立乡村振兴文化先行团，打造区级文化品牌“采茶女”；莲花褒歌入选省级非物质文化遗产，新冠肺炎疫情防控作品《中华明日更光明》获省文化馆云展播最受网友欢迎奖。做好生育服务工作，发放计生帮扶资金13.6万元；全年出生人口性别比104，政策符合率92.2%。

【民生保障】 2020年，莲花镇贯彻实施“爱心厦门”五大行动，建设运营镇“爱心屋”。织密城乡居民保障网络，城乡居民基本养老保险、医疗保险参保率100%；发放低保等民生资金1167万元，惠及近万人次。探索居家养老服务模式，每村配备2名助老员。加强就业困难群众就业帮扶，发放保障性就业补贴545万元、灵活就业社保补贴224.7万元。

【社会治理】 2020年，莲花镇开展扫黑除恶专项斗争，持续完善治安防控体系，全年刑事警情56起，比上年下降29.1%。推进“村居治理”主题活动，健全完善乡村治理体系。落实重点人员稳控专班机制，实现重大会议期间人员零失控、零非访。开展信访积案“百日攻坚”行动，推进重点信访积案“清仓见底”，信访件按时办结率100%。持续开展安全生产大排查大整治行动，推动蔗内村内庵自然村、白交祠村地灾点就地安置项目；建立重大危险房屋“一房一策”处置台账，完成房屋摸排17715余栋，拆除130栋、修缮加固148栋，长效处置率98%。

【“邻长制”乡村治理模式】 2020年，莲花镇创新推行“邻长制”工作模式，调动广大村民群众参与村务治理的积极性。通过构建“党支部—村民小组长—邻长—村民”四级联动体系，按照方便管理、全面覆盖的原则，将居住较近的10户左右居民分为一个邻区，坚持基层党组织的核心带头作用，以“邻长制”为依托，把党建工作延伸到乡村治理最前沿，采取带头示范、群众参与、社会助力等形式，形成“以邻为轴、责任到人、监管有力”的乡村治理模式。

【“高山党校”建设】 2020年，莲花镇推进省、市、区军营村、白交祠村教学点（“高山党校”）建设，建成初心使命馆，入选全市首批10条红色文化经典线路。协助《讽刺与幽默》报开展“不忘初心　重走长征路”红色经典文化直播活动，10月，“红色经典文化直播小镇”在军营村挂牌。省委党校、福建行政学院现场教学点和省委宣传部“习近平新时代中国特色社会主义思想实践基地”先后挂牌。全年开办培训班92期、培训学员5000余人。军营、白交祠两村脱贫攻坚奔小康经验入选全市改革创新项目。

【“农业＋旅游”品牌打造】 2020年，莲花镇依托良好生态资源和丰富人文底蕴，打造“农业＋旅游”品牌，推出美丽乡村精品线路游（同字厝—军营村高山党校—初心使命馆—白交祠村高山党校）、高山茶乡游（军营村—白交祠村—西坑村—“军营红”番茄基地）、宗教朝圣游（太华古寺—佛心寺—莲花书院—铜钵岩寺）、田园生态游（金光湖—丽田园—同享莲花—鑫野山谷—小坪森林公园）、乡村休闲游（林晓晴的菜—莲花世界—热陶艺术区）5条较为成熟的旅游线路，年吸引游客突破50万人次。提炼高山乡村文化旅游代言人，创作“阿土伯、地瓜哥、柿子妹”等具有莲花特色的卡通形象人物进行文化旅游推介。包装军营村小番茄、高山茶，白交祠金薯条，后埔村释迦菠萝、蜜雪梨等本土特色旅游产品，收集地方特色传统手工技艺，申报云洋手工面线、庶内手工米粉等传统制作技艺为同安区非物质文化遗产传承项目，打造莲花文化旅游伴手礼，编印《魅力莲花》《莲花国家森林公园》《莲花褒歌》《云上白交祠》《高山军营村》《清新莲花》等多本宣传画册，宣传莲花镇山水、物产。年内获评省“清新福建　气候福地”避暑清凉福地，入选福建省“全域生态旅游小镇”。

（刘世昌）

2020年10月1日，“红色经典文化直播小镇”在莲花镇军营村挂牌

（夏海滨　摄）

新民镇

【概　况】 新民镇位于同安城郊西南侧，东接西柯镇，西南与集美区接壤，北连祥平街道、莲花镇。境内交通路网发达，福厦高速铁路、沈海高速公路、324国道、厦安快速路、同安大道、同集路、同莲路穿镇而过。2020年，全镇辖域面积69.90平方千米，下辖乌涂、兴店、凤南3个城市社区，梧侣、禾山、后宅、四口圳、西塘、湖安6个村改居社区和溪林、柑岭、湖柑、洋厝埔、蔡宅、西山、南山、新塘、后坂、土楼10个行政村。户籍人口52059人，常住人口259075人。全年工农业总产值276.32亿元；全镇属地财政总收入10.53亿元，比上年增长3.6%；体制财政总收入2.69亿元，税收收入4777万元。

【农　业】 2020年，新民镇农作物种植面积1010.6公顷、总产量27127.1吨，其中水稻种植面积137公顷、产量836.45吨，蔬菜种植面积662.2公顷、产量23111.3吨。牛存栏554头，鸡存栏76205羽，鸭存栏52904羽。培育新型农业经营主体，投入财政资金30.4万元，扶持发展农民合作社、家庭农场等。落实食用农产品合格证制度，建立“一品一码”全过程追溯体系，完成农产品检测960件。完善农田水利基础设施，完成新塘村田间农业灌溉用电设施改造，完成溪林、新塘、后坂生产道路建设；总投资1282.26万元的和尚田水库引水工程、洋厝埔村村尾池塘加固工程和后库山塘修复加固工程等5个项目竣工验收，总投资764.64万元的水库除险加固工程、策槽干渠清淤疏浚工程等3个项目有序推进。加强耕地保护利用，发放耕地地力保护资金141.9万元。

【工业与服务业】 2020年，新民镇规模以上工业企业204家，完成规上工业产值227.46亿元，比上年增长25.63%，增速高于全区平均水平。限上批零企业38家，完成批发零售额45.12亿元。全社会固定资产投资完成9.98亿元。在新冠疫情防控期间落实稳岗援企措施，兑现各类惠企资金859.59万元，分级精准保障4300余家企业复工复产，海普锐、海新生物、立盛等9个项目建成投产，麦丰、优尔、智信联通等15个项目开工建设。融入全市对外开放格局，突出“以商引商”和“精准招商”，新引进外资企业5家，增资扩产7家，合同利用外资5434万美元；新生成招商项目79个、注册总投资额129.68亿元，位居全区第一；中旭（厦门）文化旅游、呼博仕智能健康设备、斯科赛思自动化、维可特瑞仓储物流等项目完成注册，后宅招拍挂2、工业招拍挂3等产业用地全面交地。

【征地拆迁】 2020年，新民镇建立重点项目征拆工作周调度制度，开展难点问题集中攻坚活动，全年完成征地面积96.71公顷、交地面积47.09公顷，完成房屋拆除面积38686平方米。其中新建福州至厦门铁路（新民段）、工业园区水质净化厂、柑岭小学南侧道路拓宽、西山小学迁建、Y716西山英村里至石壁山道路工程、G324轨道平衡用地等16个项目实现全面交地，官浔溪路、新建福州至厦门铁路（同安段）电力迁改、柑岭中学扩建、轨道平衡用地等项目按序时推进。

【基本建设】 2020年，新民镇完成四口圳、梧侣等4个村（居）村庄规划编制。推进乡村振兴试点村建设，省级示范村溪林、梧侣总投资1221万元的干渠清淤、外立面整治等5个项目基本完成，溪林村获评2020年省级休闲乡村；区级试点村土楼、南山谋划生成人居环境整治、公共活动场地景观提升等6个项目展开前期工作。实施覆盖18个村（居）的29个民生项目，四口圳村部建成投用，禾山“四统房”试点启动前期工作。完善市政基础设施，新建公厕6座、改造12座，移交城建市场化管理65座；基本完成乌涂商业街等立面整治工作，推进Y720线同安大道至禾山段道路改建、村庄消防栓安装等项目。

【环境整治】 2020年，新民镇开展生态文明建设，发放莲花水库水源保护区货币化生态补偿565.52万元，官浔溪、埭头溪水质提升至V类，地表水环境提升改善。推进污染防治，完成中央生态环保督察反馈问题整改销号。落实“双河（湖）长制”，完成3.78千米安全生态水系建设，整治入河排口86个，整顿“散乱污”小作坊157家。提升雨污分流能力，推进实施总投资6.8亿元的正本清源项目，建成西山污水二期工程、蔡宅污水应急设施；建设三格化粪池380个，隔油池验收合格335家；完成16个村（居）雨污管网排查。开展农村建房文明施工、废品收购站和房前屋后环境卫生3个专项整治行动，清退整改废品收购站129家。拆除乱占耕地房屋196宗、面积5.09万平方米，其中占用耕地面积5.06万平方米。开展铁路、高速公路沿线整治（第三期），蔡宅、后坂、湖安等村270栋完成整改。

【社会事业】 2020年，新民镇投入85.98万元用于扶幼助学、社区教育，区教师进修学校附属中学、梧侣实验小学建成投用，四口圳学校新建、凤南中心小学扩建和凤南幼儿园扩建等教育项目有序推进；通过教育“两项督导”评估。完善公共体育设施，投入126.05万元新建南山笼式篮球场，提升湖柑、土楼、新塘等7个篮球场。深化文明创建工作，组织文艺志愿者到各村（居）开展2020年“和齐齐”文明创建歌舞宣传活动；完成镇、村级新时代文明实践所（站）建设任务，“新时代文明实践中心智能管理平台”上线；继续保持“省级文明镇”称号。推进爱心厦门建设，乌涂商业街“爱心屋”下半年营业额66.3万元，位居全区第一。关注群众身心健康，开展爱国卫生运动，组织心理健康教育活动11场次。完成第七次人口普查工作。开展失地、大中专毕业生技能培训258人次，调解劳资纠纷36起。

【民生保障】 2020年，新民镇城乡居民基本养老保险、基本医疗保险参保率均达100%。发放最低生活保障金329.48万元，惠及低保户263户417人；发放残疾人居家护理补助金213.94万元、生活补助金 123.084 万元，惠及 978 人次。落实失地失海就业补贴 51514 人次 1029.16 万元。发放年满 65 周岁困难老人养老补助 3749 人次 74.62 万元；发放 80 周岁以上老人生活补贴 10910 人次 130 万元。在全区率先启动后宅、柑岭“三社联动”试点项目。建成运营级日间照料中心、残疾人职业援助中心，完成退役军人服务站规范化建设。

【社会治理】 2020 年，新民镇开展扫黑除恶专项斗争，持续落实“主动创稳”“铸魂创安”“强基创先”工程，建成运营镇级综治监控中心，平安建设“三率”居全区前列。推进安全生产网格化管理，建立安全隐患清单制度，夯实镇、村、企安全监管基础。加强村（居）微型消防站建设，凤南社区、四口圳社区、新塘村微型消防站在全区村（居）微型消防站比武竞赛中分获一类站团体竞赛第一、第二、第四名，洋厝埔村获二类站团体竞赛第二名。开展房屋安全隐患排查整治工作，拆除违建面积 31.16 万平方米、腾出土地面积 30.57 万平方米，完成年度拆违任务的 110.16%。落实“门前三包”责任制，建成“门前三包”标准街区 8 条，规范商户 583 家。创新环卫片区巡查督导、村级联合互评机制，落实垃圾直运线路 6 条，优化垃圾分类点位 586 个，垃圾分类、市容考评成绩位居全区前列。开展新冠疫情防控工作，完成境内外重点人员接收、检验、分流和观察工作。

【新民镇首个商贸中心市场开业】 2020 年 4 月 11 日，新民镇首个商贸中心市场在梧侣社区开业。该商贸中心市场占地面积 1.35 万平方米，一楼设铺摊位 448 个，经营项目包括蔬菜、水果、肉制品、水产品、粮油制品等。二、三楼开设美食、服装、小商品等经营项目。周边有商业店面 88 间。该市场是新民镇规模最大、功能最全的室内综合型商贸市场，辐射同安工业集中区周边 7 个社区、10 万多名外来务工人员。

（黄　楠）

2020 年 4 月 11 日，新民镇首个商贸中心市场在梧侣社区开业

（陈永胜　摄）

西柯镇

【概　况】 西柯镇位于同安区南部，东临同安湾、南接集美区、北连祥平街道，沈海高速、同集路、国道 324 复线、滨海西大道等主要交通干道贯穿全境。2020 年，西柯镇行政区域总面积 41.39 平方千米，海域面积 30 平方千米，海岸线长 14.5 千米。下辖 2 个行政村、5 个城市社区和 10 个村改居社区，共 176 个村（居）民小组。户籍人口 62960 人，常住人口 132052 人。全年财政总收入 1.46 亿元、比上年下降 12.21%，镇本级财政收入 4210 万元、比上年增长 34.54%；全社会固定资产投资 140.47 亿元；工业固定资产投资完成 5.89 亿元，实现合同利用外资 10.9 亿元。

【工　业】 2020 年，西柯镇新增规模以上工业企业 33 家，全镇规模以上工业企业达 177 家；完成规上工业产值 246.49 亿元、比上年下降 1.36%，其中厦门银祥油脂有限公司因新冠疫情影响产值比下降超 70%。传统食品、光电产业持续发展，日清、双桥等企业产值稳定增长。生物医药与健康产业提速发展，医药业企业产值占规上工业企业产值的 4.31%，厦门恩成制药有限公司、厦门鹰君药业有限公司产值分别比上年增长 67.52% 和 124.96%。全年工业固定资产投资 5.89 亿元。全镇“三高”企业 53 家，产值占规上工业产值的 26.16%。

【服务业】 2020 年，西柯镇限额以上批发零售贸易企业 52 家，实现限额以上批发零售销售额 286.11 亿元，比上年增长 67.99%。

其中，厦门象屿物产有限公司年销售额超19亿元、厦门象屿资源有限公司年销售额超47亿元，两家企业销售额总和占全镇限上批发零售业销售额的23%。

【招商引资】 2020年，西柯镇实现合同利用外资10.9亿元，新增注册资金1000万元以上企业12家、500万元以上企业18家、100万元以上企业38家，美源汽车玻璃、厦门惠特尼信息科技有限公司、荣嘉华纸业、灵厦建设、天富实塑化科技等一批优质企业落户，招商工作考核成绩居全区前列。落实项目跟踪责任制，加强辖区"三高""四上"企业挂钩服务工作，推动门东纶智创物流园、厦门东亚机械钣金车间、双桥年产50万吨淀粉糖项目、峰艺厂房及配套设施（二期）等工业固投项目落地实施。推进新城片区银城智谷、环东云谷、美峰创谷和紫光科技园、趣店创新园、常青藤科技园、泰普生物国家健康产业园等招商载体建设，累计引入企业236家、注册资本共计72.4亿元，金牌厨柜智能科技大厦、智优沃产业加速器、瀚途控股总部项目、路图旅拍总部、比财数据南方区域总部项目、华彬快消品东部区域总部项目等一批高新技术企业入驻。

【征地拆迁】 2020年，西柯镇推进省、市重点项目征拆工作，任务数占全区总任务数的85%。累计完成房屋签约面积59.1万平方米、拆除面积58.4万平方米，完成年度计划的197%；完成征地面积115.19公顷、交地面积149.27公顷，完成年度计划的314%。至年末，通福路、美峰花园安置房、科技创新园招拍挂二号、洪塘头北部配套道路、西湖片区、海翔大道南侧收储用地、丙洲岛道路一期工程、塘边整村搬迁、西柯北片区等项目征迁工作完成。

【基本建设】 2020年，西柯镇推进丙洲、后田、美星、西浦等4个乡村振兴试点村建设，依托海鲜美食、民俗观光、文化研学等产业规划，实施周边环境整治、排水设施提升、道路修缮等项目。推进产业项目和基本建设，特房七星湾酒店开业运营，推进银城智谷、环东云谷、趣店科技创新园、泰康鹭园等产业园区建设，实施环东海域医院、官浔公寓、西柯安置房等公建配套项目，建设美山路和美山路综合管廊、西柯污水厂、滨海西大道提升改造等基础设施项目。

【环境整治】 2020年，西柯镇做好中央生态环保督察和国家海洋督察反馈问题整改，实现第二轮中央生态环保督察交办信访件全部交账销号。加强环境保护日常监管，完成同安区文明卫生巡查问题整改3500个，处理辖区水污染、噪声污染、废气、粉尘污染等环保投诉案件53件，排查污染源企业99家、"散乱污"小作坊63家；开展6批次区级生猪畜禽牛蛙养殖回潮督查。落实"河长制""湖长制"，实施流域治理项目9个，建成官浔溪流域4.8千米安全生态水系工程；完成埭头溪流域7千米22处、官浔溪流域3.95千米37处排口的溯源整治工作，完成5个入海入河排口排查整改；竖立河长公示牌28块，宣传标语、横幅及警示标志25处。投入186.53万元做好官浔溪、埭头溪、东西溪共22.03千米河道、溪流管护工作，清理土头垃圾5015立方米、杂草水葫芦96360平方米。推进4个雨污管网改造项目和4个截流工程项目，投入60万元开展辖区12千米海岸线近岸海域海漂垃圾综合治理工作。

【社会事业】 2020年，西柯镇推进养老事业发展，完成12户困难老年人家庭适老化改造，建成投用全镇第一家社区养老服务日间照料中心；17个村（居）居家养老服务站完成末期评估并续签2021年度合同，6家农村幸福院委托第三方运营。推动文化事业发展，依托后田文创基地实施"后田集"项目，吸引19家艺术工作室入驻，开展文化艺术、村落振兴等主题展览5次、学术交流3次；举办2020年吕厝送王船文化节，协助申报的"送王船——有关人与海洋可持续联系的仪式及相关实践"项目，被列入联合国教科文组织人类非物质文化遗产代表作名录。承办2020厦门环东半程马拉松赛。落实计生各项优惠政策，全年常住人口新生婴儿出生779人，政策符合率90.5%，性别比127。

【民生保障】 2020年，西柯镇受理低保户申请146人户次，下村入户调查核实350人户次，发放低保救助335万余元、临时救助金7.05万元、疫情防控慰问8.12万元。落实残疾人生活补助2787人100.33万元，发放重度残疾人家庭困难补助1261人18.92万元、护理补助4284人180.77万元。办理城乡居民医疗保险参保1796人、城乡居民养老保险参保1667人，办理城乡居民养老保险丧葬补助费44人、被征地人员基本养老保险参保3565人，落实保障性就业补贴49317人次、困难老人养老补助3963人次。走访慰问退伍军人、残疾军人、军属、烈属等，发放慰问金20万元。完成退休人员移交社会化管理804人。发放灵活就业社保补贴2537人次，金额478.52万元。处理劳资纠纷109宗，涉及金额1294万元。

【社会治理】 2020年，西柯镇开展“信访矛盾纠纷大排查、大化解、大整治”百日攻坚行动，摸排信访积案12件，化解办结10件。推行“议理堂+公正调解”模式，引入公证处、律师与专业调解员队伍，调处各类民间纠纷234件，调处成功率100%，达成调解金额近300万元；受理市长专线2626件、群众来信来访492件，受理率、按期答复率均达100%。加强治安防控工作，建立以公安民警为主导、专业治安防范力量为骨干、群防群治队伍为补充的三级联防体系。提升改造残疾人服务设施，建成运营西柯镇爱心屋。保持“两违”整治高压态势，拆除“两违”建筑物305宗、面积45.74万平方米，腾出土地面积42.17万平方米，完成年度拆违任务的198.9%。推进垃圾分类处理，累计建成垃圾分类投放点93座、配备垃圾分类督导员147名，垃圾分类工作覆盖17个村（居）。

【文明镇（村）创建】 2020年，西柯镇开展文明镇（村）创建工作，完成17个村（居）新时代文明实践站的建设与验收。组织“最美家庭”评选工作，开展“我们的节日”主题文化活动，推进移风易俗。加强志愿服务工作，建立志愿服务队伍20支、发动志愿者480名，开展“快乐健步走，文明齐动手”活动12次、清洁家园行动13次。落实“门前三包”责任制，建设标准示范街5条、商家责任主体441家，完成二维码信息录入、悬挂绑定等工作。

2020年12月12日，西柯镇吕厝社区举办吕厝华藏庵2020送王船文化节

（夏海滨 摄）

【吕厝送王船文化节】 2020年12月12—22日，同安吕厝社区举办第152届吕厝送王船文化节。12日，开幕式在吕厝华藏庵前广场举行，举行歌仔戏、宋江阵、车鼓弄等民间传统文艺表演。同日，同安区政府召开中马“送王船”申遗成功暨闽南海洋历史文化论坛，对中国与马来西亚联合申报送王船项目的经验进行总结，对申遗后文化传承进行探讨。从13日下午开始至20日，文化节依次进行王爷巡境、上香朝拜等仪式。22日，隆重的吕厝送王船仪式举行。近万名市民和游客共同参与这场民俗活动。此次吕厝送王船文化节实行“移风易俗”新风尚，取消吃喝宴请，猪羊祭祀从简。初步估算仅一天就节约数百万元开支。

（闫振杰）

人物·名录

全国荣誉

【叶杉民】 全国劳动模范。1970年5月生，男，厦门惠尔康食品有限公司行政部经理兼工会主席。他发挥工会的桥梁和纽带作用，促进企业和员工和谐相处，共同发展。通过强化劳动合同管理，合同双方的履约率100%，从未发生因劳动合同管理缺失而导致的劳动纠纷；通过完善社会保险管理，办好集体福利、推进人文关爱，解决员工后顾之忧；通过定期组织劳动竞赛，促进职工劳动技能的提升；通过健全职工培训制度，提高职工的思想道德素质和科学文化素质。建立完善安全生产管理体系，多年来无安全责任事故发生，保障企业、员工的生命财产安全。积极对接外部资源，配合公司动力管理部门做好企业的污水处理和锅炉节能减排工作，确保各项排放指标达到要求。关心职工生活，努力做好行政管理工作，营造良好的工作、生活和谐氛围。在他的带领下，惠尔康公司发展成为国家级重点农业龙头企业、连续多年名列中国饮料行业20强企业的集团型公司，企业先后被评为节能减排先进单位、工人先锋号、劳动关系和谐企业、职工满意企业等荣誉称号，公司工会先后被授予省级“和谐企业”“省模范职工之家”“省安康杯先进单位”“市五星职工之家”等称号。2020年11月，叶杉民被评为全国劳动模范。

【邵　真】 全国“巾帼建功标兵”。1966年11月生，女，厦门同安国有资产投资有限公司副总经理、厦门同安文化旅游发展有限公司总经理，民革同安总支主委。她不断创新工作思路，结合同安历史和旅游文化资源，打造出文化+旅游的特色文化旅游项目及景区节庆旅游品牌；以活动为据点，通过报纸、广播、电视台、新媒体等平台，宣传景区节庆活动。带领公司全体员工积极参加争优创优活动，指导三大景区以“争先创优”活动为抓手，开展“省级安康杯”“平安企业”“青年文明号”“工人先锋号”“巾帼文明岗”“诚信企业”“省级文明景区”“安全生产标准化”等创建活动，做好影视城景区、北辰山景区、金光湖景区A级景区复评等各项工作，发挥工、青、妇等组织作用，组织开展形式多样、内容丰富、健康向上的活动，营造良好的企业发展环境。在她的带领下，文旅公司收入不断创出新高，利润平稳增长，取得良好的经济效益和社会效应。她曾多次当选福建省工会代表，先后获福建省“三八红旗手”、福建省优秀工会工作者、福建省三个文明建设先进个人、福建省优秀民革党员、厦门市优秀工会工作者、同安区“三八红旗手”、同安区优秀政协委员等称号。2020年，获全国“巾帼建功标兵”称号。

（同安区总工会　同安区妇联）

省级荣誉

【李智坤】 福建省“五一劳动奖章”获得者。1976年4月生，男，同安固克节能科技股份有限公司车间主任。自进入公司以来，他几十年如一日，一直以一颗强烈的责任心，在生产管理岗位上兢兢业业地工作。他坚持贯彻公司的经营理念，用数据分析、探讨和改善生产过程中的各种瓶颈问题，带领生产一线人员，保质保量完成生产任务。带领团队引进采购新设备及改进现有设备，加强设备维保人员，对重点设备进行点检、保养维护，减少设备故障率，使涂料生产产量提升4倍；组织淋涂工艺尝试及调整，对原有实色漆生产线进行改造，使涂料利用率提高1.5倍。推行精益生产，注重成本控制，对工艺革新、人员编制、能源控制、仓储合理调整等提出合理化建议，公司节创效益得到大幅提高。坚持安全第一理念，主动加强安全检查，采取措施，改善劳动条件，防止工伤事故和减少职业性疾病的发生。注重加强团队建设，针对车间人员少、零件繁杂的特点，培养全能员工，打造“一人会三岗，一岗三人会”快速反应团队；保证车间生产任务更顺畅的完成。2020年8月，被福建省总工会授予福建省“五一劳动奖章”。

【吴　彬】 福建省“五一劳动奖章”获得者。1976年10月生，男，厦门市第三医院ICU科主任、主任医师。中国医师协会福建省重症医学分会常委、厦门市重症医学分会青年委员会副主任委员。他组织开展“ARDS患者肺复张及PEEP选择”“PiCCO血流动力学监测”“连续肾脏替代”“血浆置换”等诸多新技术，抢救感染性休克、严重多发伤、急性重症胰腺炎、重症产科、ARDS等危重患者，抢救成功率高。2011—2020年，申请成功2项福建省卫生厅课题、1项省自然科学基金课题。先后获得厦门市卫生系统技能大赛一等奖、福建省急救技术状元、最美同安人、厦门市十佳青年医生、福建省五四青年奖章、厦门五一劳动奖章等荣誉。2020年8月，被福建省总工会授予福建省“五一劳动奖章”。

（同安区总工会）

市级劳模

【郭光清】 厦门市劳动模范。1978年8月生，男，厦门城健建设有限公司工程部技术员。郭光清勤奋好学，从一线施工员做起，通过努力取得建筑工程施工大专学历，先后考取二级建造师、注册安全工程师、注册一级建造师。工作期间，先后扎根在厦门城健的汽配城项目、海景西路项目、赣商大厦项目、富贵家园项目，以及精研工业园项目等，始终保持耐心细致、科学严谨的工作态度，带领队伍攻克技术难关。他所带领的同安精研工业园施工技术团队，在2019年作为厦门市第二十五届施工技术比赛塔吊工项目竞赛实操场地，以及福建省“厦门城健杯”塔吊工技能竞赛实操地点，“精研工业园”班组也获得2019年厦门市“工人先锋号”称号。2016年，在防抗“莫兰蒂”台风及灾后重建工作中，他挺身而出，舍小家为大家，连续数日奋战于抢险一线。2020年，他投身抗新冠疫情防控和企业复产复工，参与同安区建筑业协会号召下的沈海高速同安出口大巴客运承载人员体温排查工作，主动承担最为辛苦的“19:00至凌晨2:00”时间段排查小组的工作，并服从公司安排，协助公司工程部详细摸排各项目情况，梳理工程施工安排，带头对接各班组长联系留守厦门的工友以及省内的班组，主动招募同安本土工人至同安区内项目，保障企业复工。工作以来，多次获评年度“优秀员工”。2020年4月，被中共厦门市委、厦门市人民政府授予“厦门市劳动模范”称号。

【吕志扬】 厦门市劳动模范。1990年6月生，男，厦门市富众渔具有限公司抽丝车间班长。吕志扬工作勤勤恳恳，兢兢业业，自我要求自己。发挥所学专业特长，调整生产管理思路，合理改善生产条件，强化员工技术培训，技术创新攻关，使生产质量和市场竞争能力显著提高。坚持与时俱进，带领技术骨干对关键技术难题深入攻关，经过300多个日夜无数次的研试，把抽丝设备从传统的电加热方式改成蒸汽加热方式，提高钓线的质量，且每年可为公司节省电费20多万元；2015年，他发动班组成员改造设备回收冷却水，为公司节约10多万元。2020年，投身新冠肺炎疫情防控工作，主动加入社区路口站岗值班，为站岗人员捐资捐物；主动联系本厂的外地员工返岗，安排员工进行隔离，协调保障隔离员工日常生活所需。协助公司创造优质经济效益和社会效益，公司先后获“全国工人先锋号”“五星级职工之家”“和谐企业”“福建省龙头企业”“同安区纳税大户”“重合同守信用企业”等称号。2020年4月，被中共厦门市委、厦门市人民政府授予“厦门市劳动模范”称号。

【苏忠红】 厦门市劳动模范。1968年8月生，男，太阳城（厦门）户外用品科技股份有限公司财务部会计。苏忠红扎根同安基层企业一线工作近25年。从车间储备干部做起，历任总经理秘书、办公室文员、财务部会计等多个岗位，成长为“一专多能”的实干一线员工。所在公司太阳城由一个小公司转变成为同安区多年的纳税大户，2016年2月公司挂牌新三板。自20世纪90年代后期起，他先后为公司引进国内外先进财务软件，规范财务工作，为公司的发展奠定坚实的基础。他总结的一套银企合作方法，取得巨大成功，为企业发展壮大，融资数亿计的发展资金。两次出色完成繁杂的厂房基建手续办理工作，为公司节省大量的资金成本。他发挥写作特长，在《同安工运信息》上发表通讯数十篇；

参加厦门市总工会、同安区总工会征文比赛，作品先后选登在《同安工运信息》《厦门日报》《厦门工人》上发表。2013年、2014年连续获得同安区总工会“五一新闻奖·优秀通讯员”三等奖。他提出的两个合理化建议分获得2015年度福建省企业职代会优秀提案、2016年度厦门市企业职代会优秀提案鼓励奖。2016年12月，获得“厦门市优秀工会工作者”称号，并被授予厦门市五一劳动奖章。2020年4月，被中共厦门市委、厦门市人民政府授予“厦门市劳动模范”称号。

【王赫铭】 厦门市劳动模范。1982年5月生，女，厦门市第三医院呼吸一科护士长、副主任护师，中共党员。2020年春节前她就坚守在医院，新冠疫情发生后，她第一时间向党组织递交请战申请书，为不耽误援鄂工作，特地把两个孩子送回老家黑龙江。同时主动请缨，参与医院新组建隔离病区的护理管理工作。接到前往武汉支援的消息时，她没有一丝迟疑，以最快的速度做好工作交接，随即出发前往武汉支援。她牢记医者使命，在武汉方舱医院投入工作，一如既往地将患者当成家人来对待，既做好患者身体护理工作，又兼顾心理安慰，使丧失生活信心的患者不再闹情绪，配合吃药治疗；组织具备健康条件的患者跳广场舞，以此转移患者的注意力，使他们放松心情，达到更好的治疗效果；及时关注患者生活需求，尽力协调满足患者所需；尽可能地记住每个患者的名字，使患者感受到家和亲人的温暖。她坚持边工作边学习，进一步熟知方舱医院的注意事项包括工作流程、CT、核酸的检验标准等业务知识，提高在方舱医院的救治工作效率。2月13日，王赫铭获《新闻联播》报道。视频中她铿锵有力的表态获网友广泛关注及称赞。在大灾大疫面前，王赫铭用实际行动深刻诠释她身上那件厚厚的防护服上写的“人间大爱在方舱”的精神，展示一名医者和一名共产党员的使命和担当。2020年4月，被中共厦门市委、厦门市人民政府授予“厦门市劳动模范”称号。

【王永辉】 厦门市劳动模范。1975年4月生，男，厦门金牌厨柜股份有限公司副总裁。王永辉自2005年加入金牌厨柜，就立志与企业同生存，与金牌共发展。2005—2008年，四年内实现金牌厨柜省外代理商由无到350家的历史性发展，成功推动金牌厨柜由福建品牌成为全国领导品牌。至2015年金牌厨柜实现门店全国覆盖（全国地级市100%覆盖），金牌厨柜的工程业绩实现飞跃式增长。2015年，为强化金牌厨柜的工程渠道发展，他挑起大梁，转战公司工程版块，带领公司工程团队不懈努力，快速建立金牌厨柜与融创、恒大、中海、华润、绿城、龙湖、世茂、阳光城等51家千亿级地产企业的深度战略合作。带头拉动金牌厨柜与中国房地产协会一起，发布中国精装工程标准，让金牌厨柜在精装工程领域成为行业标杆，并凭着金牌厨柜高品质及快速交付的优势，让金牌厨柜连续7年获得“中国房地产500强首选厨柜品牌”这一项重大殊荣，金牌厨柜的工程业绩有着飞跃式增长。2017年，金牌厨柜在上海股票交易所上市。2020年，金牌厨柜工程营业额突破10亿元，达到行业第二。2020年4月，被中共厦门市委、厦门市人民政府授予“厦门市劳动模范”称号。

【杨建胜】 厦门市劳动模范。1963年2月生，男，中共党员，厦门市同安区莲花镇云洋村村民，拥有多年的辣椒种植经验，现管理辣椒种植面积90多亩（6公顷），亩产量约1万公斤（公顷产量666.67千克）。他敢为人先，主动研究琢磨大棚蔬菜种植技术，率先建起一个占地面积2.7亩（0.18公顷）的实验大棚，并果断抓住机遇，将种植面积扩大到40余亩（2.67公顷）。他刻苦学习，熟练掌握施肥浇水、通风换气及病虫害防治等大棚栽培的关键技术。成功将遥控微喷、烟熏杀虫、滴灌等先进技术引进到自家的大棚种植当中，并取得了良好效果。先后实验种植番茄、辣椒、茄子、丝瓜、黄瓜、苦瓜等蔬菜品种20多个，完整收集记载其性状、特征、产量、产值等，并从中筛选出“红香”“长春”“迅驰”“南优”等符合当地土壤气候特色的辣椒优良品种10多个。他乐于助人，帮助农户解决种植难题。经常到田间为农户分析作物的病虫害，并提供有效的解决方案。2011年通过远程教育学习大棚栽培技术，发展大棚蔬菜有机种植。采取“基地+合作社”的管理模式，依靠远程教育平台，示范带动周边群众发展大棚蔬菜600多亩（40公顷），安置社会就业人员437人。先后被评为“莲花镇农村学技致富先进个人”“莲花镇青年创业致富带头人”。2020年4月，被中共厦门市委、厦门市人民政府授予“厦门市劳动模范”称号。

【叶德彬】 厦门市劳动模范。1981年11月出生，男，厦门市美佳鑫市政环卫科技发展有限公司稽核部稽核员。他坚持“宁愿一人脏，换来万人洁；宁愿个人麻烦，方便千家万户；宁愿个人辛苦，一心为民服务”的工作理念，勤学钻研行业知识，报名参加行业岗位培训课程，取得行业项目负责人证书、园林施工员岗位证书、垃圾分类运营项目经理、垃圾分类工程师、安全员等。创新务实工作，为提升园林景观及城区环境卫生清扫保洁整体质量，深入公司其他班组了解作业实际情况和同事的思想现状，体察同事的辛苦和想法，掌握第一手资料，有针对性地拟订日常管理实施方案。面对新冠肺炎疫情，组织其他同事对片区内的各个网点的垃圾点位、配合街道对人员相对密集点开展地毯式的全面消杀，确保环境整洁卫生。2020年4月，被中共厦门市委、厦门市人民政府授予“厦门市劳动模范”称号。

【叶武艺】 厦门市劳动模范。1977年9月出生，男，厦门市同安区教师进修学校信息技术教研员，一级教师，市级骨干教师。从2005—2020年，在教育信息化工作岗位上，强化担当意识、践行初心使命，始终树牢“四个意识”、坚定“四个自信”、坚决做到“两个维护”，勇于创新，淡泊名利，深入钻研教育信息化工作，在全省率先创新建立了城区学校、中心校与完小及薄弱校的一对一扶持课堂，利用远程互动教学系统，将优质的教育资源辐射到边缘的山区薄弱学校，实现优质资源共享，该做法先后在国家、省验收区域教育均衡评估、“两项督导”验收中得到高度肯定，为此同安区获“首届全国教育信息化创新应用典范区域优秀实践奖”，是全省唯一获此殊荣的区域。贯彻落实教育部提出的《教育信息化2.0行动计划》要求，率先在全市教育系统主持建设的《同安区区域教育云平台建设探索与实践》入选2018年教育部教育管理信息化应用优秀案例，是福建省唯一获奖案例。在抗击新冠肺炎阻击战役中，克服同安区教育系统人数多、分布面广，人员健康信息摸排难度较大等难题，开发设计依托教育大数据平台的直报系统，快速统计分析全区14万名师生基础信息和人员动态信息，在疫情联防联控、精准施策过程中提供有力的决策参考。指导各校依托信息网络平台进行线上授课、学习，做到“停课不停学”，推进疫情防控、教育教学、学生备考“三不误”。2020年4月，被中共厦门市委、厦门市人民政府授予“厦门市劳动模范”称号。

（同安区总工会）

逝世人物

【高泉阳】（1970—2020年）中共党员，大专学历，生前任莲花镇军营村党支部第一书记，2020年3月8日因病去世。于1997年任莲花镇军营村村主任，2008年任村党支部书记。扎根农村基层23年，像一头任劳任怨的老牛一样辛勤耕耘，默默奉献。军营村位于厦门市同安区莲花镇西北部，海拔900多米，曾经是个一穷二白的山区村。村子里没有电，不通电话，连条像样的路都没有，村民要出售茶叶等特色农产品十分不便。当上军营村村主任后，四处奔走，向上级提出申请，想方设法让村里通了电；又联系邮电局，把电话线架到高山上，村里开通程控电话；多方募集资金，在2002年拓宽进村道路，2003年铺设水泥路，2008年实现村里户户通水泥路，彻底改变这个边远山村的面貌，到村里购买农产品的客商可以很方便地开车到村民家门前。之后，抓住省、市、区三级党校教学点落户军营村的有利条件，发展乡村旅游，带领军营村从厦门市最边远、最穷困的山村，变成厦门市乡村振兴典型村。2019年，军营村人均收入32550元，是1986年的67倍。先后获得福建省劳动模范、福建省美丽乡村建设带头人、全省气象服务贡献奖先进个人、厦门市劳动模范、厦门市践行社会主义核心价值观基层最美“村官”、厦门市十大最美人物同安区优秀党务工作者等称号，并被选为同安区第十七届人大代表、同安区人大常委会委员、福建省第十三届人大代表。在他的带领下，军营村获得“全国文明村镇”“全国乡村旅游重点村”“全国乡村治理示范村”“中国最美休闲乡村”等称号，先后获福建省文明村、福建省先进基层党组织、福建省美丽乡村建设典型示范村庄等多项荣誉。

【李秀毅】（1975—2020年），福建南安人，大学学历，1999年5月入党，1995年7月参加公安工作，生前任厦门市公安局同安分局交警大队新民中队一级警长。2020年6月29日凌晨，在值班备勤工作中因过度劳累诱发心搏骤停，不幸因公牺牲，年仅46岁。被省公安厅追记个人一等功1次，曾被评为厦门市优秀共产党员、厦门市优秀人民警察、同安区公安机关“我身边的好党员”，获个人嘉奖7次，“爱民敬业先进个人”称号4次。从警近25年，长期扎根基层一线公安交通工作。工作中，忠诚履职、务实创新，发挥党员先锋模范作用，潜心专研交通违法查处工作，独创“李秀毅工作法”，并在各类盘查设卡中取得突出成效，曾创下带队夜查一次查处各类违法行为139起、一次性暂扣摩托车30余辆的记录。牢记全心全意为人民服务的根本宗旨，竭尽全力为群众办实事、解难事，推动整改道路交通安全隐患。2016—2020年，排查道路各类隐患400余处，推动封闭同莲路、324国道、324国道复线中分带开口50余处。其所在的工业集中区的交通亡人事故从2018年的15起15人，下降到2019年的5起5人，再到2020年上半年仅发生1起1人。任劳任怨、爱岗敬业，经常主动加班加点，2020年6月27—29日，带领辅警开展端午节景区安保、汽车站防疫执勤、摩托车专项整治、酒醉驾设卡及接处警等各项繁忙事务，尤其是6月28日8时至29日8时，轮值接处警班，连续奋战值班一线，并带队开展道路交通整治夜查行动，查获各类交通违法行为44起，其中酒驾6起，一直忙到生命的最后一刻，用实际行动诠释一名共产党员的光辉形象。

（莲花镇政府　同安公安分局）

先进集体和个人

2020年度同安区先进集体一览表

表45

单位名称	荣誉称号	授予单位	授予时间
厦门市同安区财政局	2019—2020年节约型公共机构示范单位	国家机关事务管理局、国家发展改革委、财政部	2020年12月
燕之初健康美（厦门）食品有限公司、研发技术中心	福建省工人先锋号	福建省总工会	2020年8月
厦门市同安区行政审批服务中心、业务科	福建省五一先锋号	福建省总工会	2020年8月
厦门市同安区广播电视台	2020年度全省融媒体新闻协作先进集体	福建省广播影视集团	2020年12月
区委区直机关工委	全省机关工委系统先进集体	省委省直机关工委、省人力资源和社会保障厅	2020年11月
大同街道消防站	119全国先进集体	国务院	2020年9月
厦门市同安区大同街道西池社区	最美志愿服务社区	全国宣传推选学雷锋志愿服务“四个100”先进典型活动组委会	2020年7月
厦门市同安区城市管理局机关党委	福建省抗击新冠肺炎疫情先进集体	中共福建省委、福建省人民政府	2020年11月
厦门市同安区社科联	在“深入学习贯彻党的十九届五中全会精神”第14期网上有奖竞答活动中荣获“优秀组织奖”	福建省社会科学界联合会	2020年12月
中共国家税务总局厦门市同安区税务局离退休支部	首批省级离退休干部“示范党支部”	中共福建省委离退休干部工作委员会、中共福建省委老干部局	2020年7月
国家税务总局厦门市同安区税务局办公室	2019年度福建省“安康杯”竞赛先进班组	福建省总工会、福建省应急管理厅	2020年4月
莲花司法所	2020—2022年省级青年文明号	共青团福建省委、福建省司法厅	2020年8月
法律援助中心	福建省五一先锋号	福建省总工会	2020年3月
同安生态环境局	生态环境保护执法大练兵中党建工作表现突出集体	福建省生态环境厅机关委员会	2020年11月

续表 45

单位名称	荣誉称号	授予单位	授予时间
同安生态环境保护综合执法大队	全省第一批、第二批典型案例通报表扬	福建省生态环境厅	2020 年 8 月
厦门同安影视娱乐城发展有限公司	2019 年度福建省“安康杯”竞赛先进单位	福建省总工会、福建省应急管理厅	2020 年 4 月
厦门市同安区人民检察院工会委员会	福建省模范职工之家	福建省总工会	2020 年 12 月
同安区图书馆	“读吧！福建”第三届福建文学好书榜评选及阅读推广活动“优秀组织奖”	福建省图书馆、福建省作家协会	2020 年 4 月
同安区教育局	“新时代好少年”主题教育读书活动“美化生活劳动创造”先进集体	教育部关心下一代工作委员会	2020 年 8 月
厦门市第二外国语学校	2020 年福建省中学生排球锦标赛高中男子组二等奖	福建省教育厅、福建省体育局	2020 年 10 月
厦门市同安区教师进修学校	福建省示范性县级教师进修学校	福建省教育厅	2020 年 12 月
厦门第二外国语学校	五四红旗团委	共青团福建省委	2020 年 5 月
厦门第二外国语学校《小荷》文学社	优秀组织奖	福建省语文学会	2020 年 12 月
厦门市同安区五显镇人民政府	省级先进集体	福建省第四次全国经济普查领导小组	2020 年 4 月
同安区农业农村局	2020 年度工作创新“十佳”单位	福建省农业农村厅	2020 年 1 月
同安区农业农村局	2020 年度全省农业农村系统绩效评估优秀单位	福建省农业农村厅	2020 年 1 月
同安区农业农村局	福建省村庄清洁行动先进区	福建省农业农村厅	2020 年 12 月
同安区农业农村局	农村人居环境整治三年行动优秀等次	福建省农村人居环境整治领导小组	2020 年 1 月
同安区农业农村局	第一批深化小型水库管理体制改革样板县	水利部	2020 年 11 月
中共厦门市同安区委组织部	2020 年度助推临夏脱贫攻坚爱心单位	中共临夏州委、临夏州人民政府	2020 年 10 月
厦门市同安区土地开发有限公司	2020 年度助推临夏州脱贫攻坚爱心集体	中共临夏州委、临夏州人民政府	2020 年 12 月
厦门同安置业有限公司	2020 年度助推临夏州脱贫攻坚爱心集体	中共临夏州委、临夏州人民政府	2020 年 12 月
厦门市同安区市场建设管理有限公司	2018—2020 年“贫困地区农产品产销对接优秀单位”	中国农产品市场协会	2020 年 11 月
厦门市同安区市场建设管理有限公司	2020“抗击疫情解决农产品滞销卖难先进单位”	中国农产品市场协会	2020 年 11 月
厦门市同安区广播电视台	2020 年度全省融媒体新闻协作先进集体	福建省广播影视集团	2020 年 12 月
同安区科学技术协会	2020 年福建省全民科学素质网络竞赛区县级优秀组织单位	福建省农村科普服务中心	2020 年 12 月
同安区科学技术馆	2020 年全国科学实验挑战赛优秀组织单位	中国科协科普部	2020 年 10 月
厦门市第二外国语学校团委	福建省五四红旗团委	共青团福建省委	2020 年 4 月
民建祥平支部	民建全省先进支部	民建福建省委	2020 年 7 月
农工党厦门市同安区基层委员会	先进基层组织	中国农工民主党福建省委员会	2020 年 8 月

续表 45

单位名称	荣誉称号	授予单位	授予时间
致公党同安区基层委	致公党福建省委抗击新冠肺炎疫情工作先进集体	中国致公党福建省委会	2020 年 6 月
致公党同安第三支部	致公党福建省委十佳特色支部	中国致公党福建省委会	2020 年 9 月
同安法院（行政与生态环境审判庭）	福建生态环境司法十佳百优之十个标杆示范	福建省高级人民法院	2020 年 11 月
同安法院	全省法院系统第三十二届学术讨论会“组织工作先进奖”单位	福建省高级人民法院	2020 年 12 月
莲花镇	“省级乡村治理示范乡镇”	福建省农业农村厅	2020 年 7 月
莲花镇	“国家卫生镇”	全国卫生运动委员会	2020 年 7 月
莲花镇	“全域旅游生态小镇”	福建省文化和旅游厅	2020 年 12 月
莲花镇澳溪村	“省级乡村治理示范村”	福建省农业农村厅	2020 年 7 月
莲花镇莲花村	“省级乡村治理示范村”	福建省农业农村厅	2020 年 7 月
莲花镇莲花村	福建省美丽休闲乡村	福建省农业农村厅	2020 年 12 月
莲花镇军营村	“全国第二批全国乡村旅游重点村”	文化和旅游部、国家发展改革委员会	2020 年 8 月
莲花镇后埔村	福建省“三星级旅游村”	福建省文化和旅游厅	2020 年 12 月
莲花镇云洋村	福建省“三星级旅游村”	福建省文化和旅游厅	2020 年 12 月
汀溪镇	2019 年度福建省乡村振兴重点特色乡（镇）	中共福建省委实施乡村振兴战略领导小组办公室	2020 年 4 月
汀溪镇古坑村	2020 年中国美丽休闲乡村	农业农村部办公厅	2020 年 9 月
汀溪镇顶村村	关于 2020 年福建金牌旅游村	福建省文化和旅游厅	2020 年 12 月
汀溪镇前格村	福建省森林村庄	福建省绿化委员会、福建省农业农村局	2020 年 12 月
新民镇溪林村	2020 年福建省美丽休闲乡村	福建省农业农村厅	2020 年 12 月
洪塘镇苏厝村	第六届全国文明村	中央文明委	2020 年 11 月
洪塘镇埔后村	第六届全国文明村	中央文明委	2020 年 11 月

2020 年度同安区先进个人一览表

表 46

姓名	性别	荣誉称号	工作单位	授予单位	授予时间
叶杉民	男	全国劳动模范	厦门惠尔康食品有限公司	中共中央、国务院	2020 年 11 月
邵　真	女	全国巾帼建功标兵	厦门同安国有资产投资有限公司、厦门同安文化旅游发展有限公司	全国妇女联合会	2020 年 11 月
吴　彬	男	福建省五一劳动奖章	厦门市第三医院	福建省总工会	2020 年 8 月
李智坤	男	福建省五一劳动奖章	固克节能科技股份有限公司	福建省总工会	2020 年 8 月
林方园	女	福建省三八红旗手	祥平街道凤祥社区党支部	福建省妇女联合会	2020 年 3 月
吴秀玉	女	福建省三八红旗手	厦门市第三医院	福建省妇女联合会	2020 年 8 月
王永辉	男	厦门市劳动模范	厦门金牌厨柜股份有限公司	中共厦门市委、厦门市人民政府	2020 年 4 月
王赫铭	女	厦门市劳动模范	厦门市第三医院	中共厦门市委、厦门市人民政府	2020 年 4 月

续表46

姓名	性别	荣誉称号	工作单位	授予单位	授予时间
叶德彬	男	厦门市劳动模范	厦门市美佳鑫市政环卫科技发展有限公司	中共厦门市委、厦门市人民政府	2020年4月
郭光清	男	厦门市劳动模范	厦门城健建设有限公司	中共厦门市委、厦门市人民政府	2020年4月
叶武艺	男	厦门市劳动模范	厦门市同安区教师进修学校	中共厦门市委、厦门市人民政府	2020年4月
杨建胜	男	厦门市劳动模范	厦门市同安区莲花镇云洋村村民委员会	中共厦门市委、厦门市人民政府	2020年4月
苏忠红	男	厦门市劳动模范	太阳城（厦门）户外用品科技股份有限公司	中共厦门市委、厦门市人民政府	2020年4月
吕志扬	男	厦门市劳动模范	厦门市富众渔具有限公司	中共厦门市委、厦门市人民政府	2020年4月
施甫艺	男	2018—2019年度全国无偿献血奉献奖银奖	厦门市同安区人民检察院	国家卫健委、中国红十字会、中央军委后勤保障部卫生局	2020年12月
陈艺群	女	先进个人	同安区统计局	福建省第四次全国经济普查领导小组	2020年4月
陈海煌	男	优秀驻村第一书记	莲花镇综合服务中心	中共福建省委实施乡村振兴战略领导小组	2020年1月
魏羡角	女	全省优秀妇联主席	大同街道办事处	福建省妇联	2020年10月
马铭义	男	优秀驻村第一书记	厦门同安文化旅游有限公司	中共福建省委实施乡村振兴战略领导小组	2020年1月
王守珊	男	税务系统表现突出的离退休干部	国家税务总局厦门市同安区税务局	国家税务总局离退休干部局	2020年3月
洪水池	男	全省“禁毒2019两打两控”暨“飓风肃毒2019”会战行动成绩突出个人	厦门市公安局同安分局刑侦大队	福建省禁毒办	2020年5月
陈镕钦	男	全省打击整治枪爆违法犯罪专项行动成绩突出集体和个人	厦门市公安局同安分局刑侦大队重案中队	福建省公安厅	2020年7月
李秀毅	男	一等功	厦门市公安局同安分局交警大队新民中队	福建省公安厅	2020年8月
庄根章	男	一等功	厦门市公安局同安分局治安大队	福建省公安厅	2020年10月
庄根章	男	全省抗击新冠肺炎疫情先进个人	厦门市公安局同安分局治安大队	中共福建省委、福建省人民政府	2020年11月
柯良取	男	全国模范人民调解员	医患纠纷调解中心	司法部	2020年12月
陈海鸣	男	全国法律援助工作先进个人	银声律师事务所	司法部	2020年1月
邱超伟	男	第二次全国污染源普查表现突出个人	同安生态环境局	第二次全国污染源普查领导小组办公室	2020年9月

续表46

姓名	性别	荣誉称号	工作单位	授予单位	授予时间
谢　业	男	2020年度福建省“最美家庭”	厦门市同安区人民检察院	福建省妇女联合会	2020年12月
王澎涛	男	2019年度“福建省优秀共青团干部”	五显镇人民政府	共青团福建省委	2020年4月
陈亚秋	女	福建省优秀教师	厦门市东山中学	福建省人力资源和社会保障厅、省教育厅	2020年9月
颜毅真	女	福建省优秀教师	厦门市同安区实验幼儿园	福建省人力资源和社会保障厅	2020年9月
康东鹏	男	福建省优秀教师	厦门市同安区教师进修学校	福建省教育厅	2020年9月
杨维恒	男	福建省优秀教师	厦门第二外国语学校	福建省人力资源、社会保障厅、福建省教育厅	2020年9月
曾金笔	男	福建省优秀教师	厦门市同安区莲花中心小学	福建省教育厅	2020年9月
柯丽芬	女	福建省优秀教师	新民中心小学	福建省人力资源和社会保障厅、福建省教育厅	2020年9月
张伟铭	男	福建省优秀教师	同安区汀溪中心小学	福建省人力资源和社会保障厅、福建省教育厅	2020年9月
陈小清	男	2020年度“福建省优秀少先辅导员”	厦门市同安区教育局	团省委、省教育厅、省少工委	2020年12月
蔡育聪	男	福建省优秀教育工作者	厦门市同安区第一实验小学	福建省教育厅	2020年9月
叶清队	男	福建省技术能手	同安区动物卫生监督所	福建省农业农村厅	2020年11月
叶丽萍	女	福建省统战系统先进工作者	同安区委统战部	福建省委统战部、福建省人社厅	2020年12月
陈德梅	女	“最美逆行者”、抗疫先进标兵	厦门市第三医院	中共湖北省委员会、湖北省人民政府	2020年4月
陈德梅家庭	女	2020年度福建省抗疫最美家庭	厦门市第三医院	福建省妇女联合会、福建省卫生健康委员会	2020年5月
洪汇前	男	民建全省优秀会员	同安区委党史和地方志研究室	民建福建省委	2020年12月
林志刚	男	抗击新冠肺炎疫情先进个人	同安动物卫生监督所	民建福建省委	2020年12月
叶红色	女	抗击新冠肺炎疫情先进个人	同安祥平街道卫生服务中心	民建福建省委	2020年12月
黄岩岩	男	新闻宣传优秀通讯员	同安竹坝开发建设事务中心	民建福建省委	2020年12月
吴宝雅	女	优秀支教教师	国祺中学	宁夏回族自治区教育厅	2020年7月
高水满	男	先进个人	同安科技馆	中国农工民主党中央委员会	1905年7月
童　星	男	2020年致公党福建省委抗击新冠肺炎疫情先进个人	厦门市交通运输综合执法支队同安大队	中国致公党福建省委会	2020年6月
杨妙旋	女	2020年福建省优秀工会工作者	同安区教育事务中心	福建省总工会	2020年9月
沈丽英	女	福建省党校（行政学院）系统先进工作者	中共同安区委党校	福建省人力资源和社会保障厅、中共福建省党校、福建行政学院	2020年8月

组织机构及负责人名录

（以 2020 年 12 月 31 日在职者为准）

中共同安区委

书　记：王雪敏
副书记：陈高润
　　　　李　毅
常　委：王军荣
　　　　林国财
　　　　许永良
　　　　张　毅
　　　　林进柱
　　　　康自展
　　　　路　辰
　　　　李祖光

同安区人大常委会

主　任：王秀珠
副主任：王　松
　　　　许巩固
　　　　李水龙
　　　　蔡志宏

同安区人民政府

区　长：陈高润
常务副区长：李祖光
副区长：曾繁振
　　　　陈大铭
　　　　张斌娜
　　　　林郁香
　　　　颜志良
　　　　王旭辉

政协同安区委员会

主　席：黄小林
副主席：洪祖溢
　　　　赵建明
　　　　叶文雅
　　　　蔡江瑶

同安区纪委监委

区纪委书记、区监委主任：
　　　　许永良
区纪委副书记、区监委副主任：
　　　　陈艺松
　　　　杨天平
区纪委副书记：许武威

区委工作机构

办公室
主　任：康自展
常务副主任：李荣峰
副主任：徐冰琦
　　　　叶竞贤
组织部
部　长：张　毅
常务副部长：梁永忠（区委非公企业和社会组织工委书记）
副部长：苏清彩
　　　　柯志强
宣传部
部　长：林国财
常务副部长：申长清
副部长：柯玉晖
统战部
部　长：林进柱
常务副部长：郭斌超
副部长、侨办主任：陈英械
政法委
书　记：王军荣
常务副书记：李志展
副书记：洪作亭
　　　　林焦印
区直机关工委
书　记：李　毅
常务副书记：邵国永
编　办
主　任：王永远
政研室
主　任：纪　耿
台　办
主　任：叶红旗
文明办
主　任：林拥护
民宗局
局　长：庄惠祝
机要保密局
局　长：杨建军
老干局
局　长：洪爱萍
党　校
校　长：张　毅
副校长：叶碧星
档案馆
馆　长：康荣辉
副馆长：叶少静
党史方志室
主　任：陈绳乾
副主任：黄慧佶
　　　　蔡　杰

区人大常委会工作机构

办公室
主　任：赖腾隆
法工委
主　任：李雪萍
财经工委
主　任：苏玉芬
科教侨台工委
主　任：张亚铨
城乡工委
主　任：陈艺生
大同街道工委
主　任：陈开顺
祥平街道工委
主　任：吴剑锋

区政府工作机构

办公室
主　任：洪耀荣
副主任：林志聪
　　　　史晓钧
　　　　庄瑶琳
　　　　叶跃辉（挂职）
　　　　成　正（挂职）

发改局
局　长：费　薇
副局长：陈忠发
　　　　叶熹廷
教育局
局　长：吕子祥
副局长：戴秀珍
工信局
局　长：徐火祥
副局长：林文爽
民政局
局　长：曾学东
副局长：王景兰
司法局
局　长：梁景忠
副局长：陈庆丰
　　　　王三文
财政局
局　长：郑发华
副局长：章剑锋
　　　　苏泽强
人社局
局　长：钟明远
副局长：黄玉敏
　　　　陈德杰
建设交通局
局　长：叶国生（人防办主任）
副局长：林志聪
党委委员：林跃裕（正处级）
副局长：叶艺武
　　　　叶永坚
农业农村局
局　长：郑　森
副局长：杨东火
　　　　王小珏
　　　　叶邵佳
文旅局
局　长：王育玲
副局长：陈火生
　　　　林东沿
卫健局
局　长：陈再进
副局长：蔡燕雄
退役军人局
局　长：钟金芳

应急局
局　长：陈金墩
副局长：吴水加
审计局
党组书记：许素勤
局　长：陈进团
副局长：王向阳
　　　　邵朝辉
统计局
局　长：邵美华
市政园林局
局　长：卓永强
副局长：张宏安
　　　　蔡水涵
城市管理局
局　长：郑志献
副局长：周柯宏
　　　　杨成伟
行政审批管理局
局　长：叶振宇
机关事务管理局
局　长：苏九届
信访局
局　长：叶谋荣
工业园区管委会
常务副主任：吴永红
环东海域新城指挥部同安分部
主　任：陈火生
副主任：李荣火
　　　　林振训
消防大队
大队长：王金广
教导员：傅炳超

区政协工作机构

办公室
主　任：李妙音
专委办
主　任：方奇南
提案文史办
主　任：蔡福德
研究室
主　任：许建财

市垂直管理部门

税务局
副局长：张茂林
　　　　刘　霞
　　　　陈建德
市场监督管理局
局　长：孙添乙
党组副书记：许子翼
副局长：汪高乐
　　　　许东生
　　　　李文忠
市自然资源和规划局同安分局
局　长：沈思东
副局长：吴文东
　　　　蔡伟毅
同安生态环境局
局　长：潘飞舟
副局长：郑小华
　　　　王和团
公路分局
局　长：方一凡
气象局
局　长：陈礼斌
副局长：林炳文

政法部门

人民法院
院　长：李　桦
副院长：郭　坎
　　　　张镇安
纪检组组长：洪丽丽
政治处主任：林云集
人民检察院
检察长：郑祥发
副检察长：曾水泽
　　　　　陈忠东
　　　　　陈为山
纪检组长：杨夏生
公安分局
局　长：陈大铭
副局长：张建强
　　　　蔡海龙
　　　　张　建

政治处主任：许　杰
纪委书记：陈幸鹭
二级高级警长：林焦印
　　　　　　　洪泉生

群团部门

总工会
主　席：张毅（兼）
常务副主席：洪明理
兼职副主席：黄玉敏
　　　　　　叶杉民
团区委
书　记：叶钰洁
妇　联
主　席：林素梅
侨　联
主　席：林一亭
工商联
党组书记、常务副主席：彭明赞
科　协
主　席：范世高
文　联
主　席：吴剑锋
残　联
理事长：唐小江
计生协会
常务专职副会长：王勇志
红十字会
常务副会长：叶丽真
社科联
主　席：林永富
关工委
执行主任：洪美霞

镇　街

洪塘镇
党委书记：许瑞敏
党委副书记、镇长：陈建都
人大主席：杨应额
二级调研员：苏金池
党委委员、纪委书记：郑爱霞
组织委员、秘书委员：杨志胜
宣传委员：王桢霖
党委委员、三级调研员：叶志强
统战委员、副镇长：邹善源
党委委员、副镇长：张　严
副镇长：郭勋毅
五显镇
党委书记：卓永强
镇　长：陈水泉
人大主席：黄金田
副书记：叶杭平
　　　　林明桐（挂职）
综治副书记：颜金发
纪委书记：陈江伟
组织委员：盖永锋
秘书委员、统战委员：王　健
党委委员：陈水可（派出所所长）
党委委员、副镇长：陈丽霜
党委委员、副镇长：郭建波
副镇长：梁胜鑫
副镇长：郭金坪
汀溪镇
党委书记：林　虹
镇　长：林志城
党委副书记：洪珊妹
综治副书记：陈有限
纪委书记：曾凡文
组织委员：宋群慧
宣传委员：苏建国
统战委员、副镇长：聂增辉
党委委员、副镇长：陈志猛
秘书委员：马铭飘
副镇长：郭笔聪
莲花镇
党委书记：庄　毅
镇　长：何岚岚
人大主席：陈水共
副书记：洪国清
政法委员：杨自力
纪委书记：杨小寒
党委委员、副镇长：余新春
秘书委员、副镇长：陈荣祥
组织委员：陈茜莹
宣传委员：张基铨
统战委员：曹国富
党委委员：郑国滨（挂职）
副镇长：洪晓瑜
科技副镇长：王营城
新民镇
党委书记：谢育添
镇　长：吕子明（12月任）
人大主席：张毅敏
党委副书记：林春考
纪委书记：陈友旺
秘书委员、副镇长：柯玉晖
宣传委员：董明却
统战委员、副镇长：李少尉
组织委员：马成飞
党委委员：吴开通（正处级）
综治副书记、政法委员：吕志红
秘书委员、副镇长：廖秀研
党委委员、副镇长：陈邦文
西柯镇
党委书记：王永欣
镇　长：叶耀南
人大主席：颜允候
党委副书记：叶志超
党委委员、综治副书记：徐佑胜
统战委员、副镇长：周敬波
纪委书记：陈国辉
组织委员、秘书委员：陈超岚
宣传委员：洪闽景
党委委员：陈聪林
副镇长：陈　波
　　　　陆洪杰
　　　　廖立群
大同街道
党工委书记：李永谓
办事处主任：蔡家庆
人大工委主任：陈开顺
党工委副书记：陈延峰
党工委委员、纪工委书记：杨火本
宣传委员：康焕明
组织、秘书委员、办事处副主任：
　　　　蔡秋娟
办事处副主任：郑金清
祥平街道
党工委书记：方高生
办事处主任：朱水鑫
人大工委主任：洪仁伟
党工委副书记、秘书委员：蔡　力
党工委副书记：郑锦州

党工委副书记、党委委员：裴生鹏
党工委委员、纪工委书记：吕锦华
组织委员、办事处副主任：陈俊颀
办事处副主任：彭垂群
党工委委员：汪兴文

竹坝开发建设事务中心
党工委书记：王仁跃
主　任：廖广元
副主任：陈明香
　　　　林明桐
　　　　黄文杏

部分事业、企业单位

企业发展服务中心
主　任：李德端
副主任：徐南向
　　　　林春燕

机关效能投诉中心
负责人：胡捍东

招商中心
主　任：郑海英

行政审批中心
主　任：陈礼发
副主任：洪巧英

土地房屋征收事务中心
副主任：王东日　颜玛莉
　　　　陶　阳

供销社
副主任：张永杰

宣传事务中心
副主任：杨心亮　刘　刚

广播电视台
台　长：王英瑞
副台长：王江贺

财政事务中心
主　任：杨国荣

审计事务中心
主　任：潘炳聪

政务事务中心
主　任：林志勉

财政国库集中支付中心
主　任：罗素莲

卫生健康事务中心
主　任：朱冬云
副主任：张志建

卫生和计划生育监督所
所　长：杨永凯
副所长：刘　峰
　　　　张意霞

文化和旅游综合执法大队
副队长：林茂盛
　　　　蔡振兴

文化事务中心
主　任：翁海燕

农村经济发展中心
主　任：林强润
副主任：叶榕坤

人才交流中心
主　任：洪少群

社保中心
主　任：陈水并
副主任：陈似瑾
　　　　李　莉

劳动就业中心
主　任：杨丽秋
副主任：吕文胜
　　　　叶荣杰

退管中心
主　任：杜春玲
副主任：阳惜春

劳动保障监察大队
大队长：黄平辉
副大队长：黄益成

建设综合事务中心
副主任：徐景常
　　　　邵加福

运输事业发展中心
主　任：陈炳水

建设与交通工程质量安全站
站　长：谢兴建
副站长：许瑞巧
　　　　王　标

旅游发展中心
副主任：赵飞羽

退役军人服务中心
主　任：杨长城

综治中心
主　任：洪　兵

安全生产执法大队
大队长：王伟红
副队长：赖学圣
　　　　杨绪平

同安区文化事务中心
主　任：翁海燕

科技馆
馆　长：高水满

博物馆
馆　长：吴明辉

国投公司
总经理：陈树藤
副总经理：邵　真

城建公司
董事长、总经理：康征宇
副总经理：李　锋

资管公司
总经理：陈树藤
副总经理：苏壮志　陈张玮

置业公司
董事长、总经理：许建文
副总经理：陈永南

附 录

文献选编

中共同安区委
关于 2020 年度工作情况的报告（节选）

王雪敏

（2020 年 12 月 26 日）

2020 年，同安区委坚持以习近平新时代中国特色社会主义思想为指导，深入学习贯彻党的十九大和十九届二中、三中、四中、五中全会精神，抢抓“岛外大发展”重要战略机遇，坚持“拉框架、腾空间、装项目、补短板、促落地、大发展”工作思路，全方位推动高质量发展超越，统筹推进疫情防控和经济社会发展，2020 年全市公布的 16 项主要经济指标增幅中有 11 项指标增幅位居前三，全年地区生产总值增长 7.9%，规模以上工业总产值增长 6.8%，财政总收入突破 100 亿元，城乡居民人均可支配收入增长 6.4%，“十三五”规划主要目标全面完成，富美同安建设取得新成效。

一、提高政治站位，坚决做到“两个维护”，全面提振干事创业精气神。一是认真落实党中央和省委、市委决策部署。全面贯彻落实习近平总书记重要讲话重要指示批示精神，认真落实省委“三四八”机制，确保党中央决策部署在同安落地生根、开花结果。全面贯彻赶超发展重要指示，召开区委十三届十五次全会，制定“1+9”行动方案和行动计划。深入学习贯彻党的十九届五中全会精神，班子成员带头抓学习、抓宣讲、抓执行，带动全区上下迅速掀起学习宣传贯彻热潮。全面落实市委“岛外大发展、岛内大提升”“招商引资与项目建设攻坚年”“百日冲刺行动”部署要求，制定《同安区“岛外大发展”三年攻坚行动方案》，有力推动全方位高质量发展超越提质提速。二是从区情出发科学谋定发展目标和发展思路。精心编制“十四五”规划和二〇三五年远景目标的《建议》，提出“12345”工作思路，力争到 2035 年建成高素质高颜值现代化国际化的富美新同安，全面实现全方位高质量发展超越。三是扎实开展“深化大学习、提振精气神”专项活动。全区共 363 个基层党组织、6307 名党员参与，开展集中学习研讨等各类活动 1500 余场次。高山党校全年累计培训学员近 2.6 万人次，吸引 31 万余名党员群众学习考察，初心使命馆获评省级习近平新时代中国特色社会主义思想实践示范基地。四是坚决打好“三大攻坚战”。重大风险防范有力，全力化解涉房地产信访遗留问题，排查整治涉金融企业 1000 余家。脱贫攻坚任务全面完成，落实帮扶资金 9099 万元，扶贫协作工作在国家考核中获得“好”的等次。瞄准“两不愁三保障”，先后帮扶困难对象 1.2 万人（次）。污染防治力度强劲，全力抓好中央生态环保督察反馈问题整改，空气质量综合指数、空气优良率均排名全市第一。五是从严从实抓好省委巡视整改。第一时间成立巡视整改工作领导小组，区四套班子领导按照“一岗双责”要求和责任分工，扎实抓好分管领域整改工作。巡视反馈的 63 个问题，已完成整改 60 个，处理问责干部 203 人，建立完善制度 230 项，移交 143 件问题线索和 122 件信访件均已全部办结。

二、扛牢疫情防控责任，强化综合施策，疫情防控工作取得重大成效。一是疫情防控有力有效。第一时间建立指挥部作战体系，采取“直达村（居）”动员部署、“以房管人”摸排核查、“重要关口”联防联控等一系列实招硬招，设置临时检查点 1300 多个、交通卡口 6 个，累计排查 41 万人次，全面筑牢疫情防控防线。毫不松懈抓好常态化疫情防控，疫情防控至今保持全市唯一“零疑似、零确诊”。二是复工复产迅速有力。第一时间成立企业服务（复工）组，全力畅通政策链、服务链、操作链，全年兑现惠企资金15亿元，惠及企业3586家（次）。率先全市下派100余名干部组成“百人企业复工增援组”，率先全市推广“社区防疫通”便民惠企核查，全市最早实现全面复工复产，工业用电增幅稳居全市第一。

三、践行新发展理念，全力以赴稳增长促转型，发展质量效益进一步提升。一是先进制造业成长迅速。全区规模工业企业达746家，比2019年新增84家，规模以上工业增加值增长8.5%，居全市第一。生物医药与健康等6条重点产业链产值增长12%，234家规模以上高新技术产业企业产值增长12%。完成工业投资41.04亿元，海辰科技等13个项目开工建设，同恒金属等10个项目竣工投产，优尔智能等21个项目增资扩产。二是新兴产业集聚成势。“智谷”“云谷”“创谷”等新经济产业载体加快建设，网易、美图等180家企业落户“三谷”。华彬快消品东部总部等一批总部项目落户运营，梅花创投新经济产业基金等一批金融项目加快引进。打造同安新城网红基地等三大直播基地，限上商贸企业通过互联网累计实现销售额超180亿元。三是“三高”企业加速壮大。实现“三高”企业挂钩联系服务全覆盖。“三高”企业数增加至346家，国家级高新技术企业增长33.5%，“三高”规上工业企业产值增速达10.2%。全年招商项目中75%具备“三高”潜质。全区上市、挂牌企业8家，新增后备企业6家。

四、全面深化改革，不断扩大开放，发展活力动力进一步释放。一是创新步伐明显加快。投入科技扶持经费5742万元，全区研发投入占GDP比重3.65%。新增省、市“科技小巨人领军企业”60家，企业技术中心、工业设计中心等创新平台15家，厦门智能创新中心开工建设。柔性引进人才435名，“三个六”引才任务完成率居全市前列。二是重点领域改革成效凸显。53项年度重点改革任务及38项重点突破事项基本完成，改革热力度指数居全市各区第一。乡村治理集成改革工作加快推进。全流程审批时限压减70%以上。完成镇（街）机构改革，五显镇入选全市镇（街）综合执法改革试点。三是对台交流融合更加密切。同台产业、科技、文化、教育、社区治理等各领域交流持续深化，引进钰德服装科技等台资项目45个，台湾“双百计划”创业人才4名。闽台农业融合发展产业园建设加快推进，吸引10余家农业生产经营主体入园。

五、注重招大引强，夯实项目支撑，高质量发展支撑进一步增强。一是招商引资成果丰硕。年纳税上亿元的华彬“总部+基地”等一批项目注册落地，宝龙大型城市综合体等项目摘牌落地，寺库区域总部等50余个优质项目加快引进。“9·8”厦洽会签约项目投资总额达896亿元，位居全市六区第二项目签约、投资总额均创历史新高。二是项目建设全面提速。91个省市重点项目完成投资603亿元，完成年度计划投资的143%。新增“五个一批”项目111个，总投资743亿元。超序时完成重大片区全年征收计划，省市重点项目土地房屋征收综合考评连续四年保持全市领先。三是新城建设步伐加快。同安新城建设加速，“三谷”建设和产业招商协同推进，同安一中滨海校区高中部等一批民生项目主体封顶，滨海西大道提升改造工程主道路通车，滨海高端酒店群聚集成型，新城人气商气加速集聚。同翔高新城（同安片区）开发提速，同翔大道等骨干路网及基础设施项目快速推进，中国移动数字中心等一批重大项目加快建设，材料、新能源等优势产业加快集聚。四是营商环境持续优化。打造“24小时不打烊”的“金牌店小二”服务。完成同安工业园区管委会机制改革，为企业就近提供“保姆式”服务。“放管服”改革实现98.2%事项“一网通办”。百亿级产业项目“保姆式”全程帮办服务项目总量位列全市首位，海辰锂电从签约到开工的流程时间从常规9个月缩短至1个月。

六、强化示范引领，夯实发展基础，乡村振兴工作进一步深化。一是都市现代农业提质增效。康喜福、九龙谷等7个都市现代农业建设项目建成投产，22个“一村一品”特色品牌实现收入超6.7亿元。省、市级休闲农业示范点达17个，省级及以上休闲农业示范点数量位居全市第一。二是人居环境整治深入推进。扎实推进“一革命四行动”，完成农房“平改坡”及裸房整治1021栋，实现农村卫生公厕全覆盖，获评“省级村庄清洁行动先进区”。以全省第二名的成绩获评省级“四好农村路”示范区。获评“2020中国最美乡村百佳县市”。全国文明村总数居全市第一。三是试点示范工作成效初显。率先全市构建“区委牵头抓总、四套班子齐发力干振兴”机制，汀溪、莲花两条乡村振兴示范动线提升明显，五显竹坝片区形象初具。汀溪镇被确定为全省10个乡村振兴重点特色乡（镇）之一，莲花镇入选省全域生态旅游小镇。四是农民转产增收推动有力。全区村集体经营性收入均达到20万元以上，13个村集体经营性收入突破500万元。莲花镇军营村获评全国乡村旅游重点村，汀溪镇顶村村入选省“金牌旅游村”。2020年农村居民人均可支配收入增长7.3%，居全市第二。

七、践行绿色发展，提升功能品质，高颜值同安建设进一步加快。一是流域综合整治成效显现。创新提出“全收集、全处理、全补水、全清淤、全生态修复”流域综合整治举措，92个流域治理项目有力推进，埭头溪稳定消除黑臭，汀溪水库饮用水源及国省控断面水质实现100%达标。二是城市功能品质显著提升。厦安高速云埔互通等建成通车，地铁4号线同安段实现贯通，地铁9号线、同安至厦门本岛快速通道项目谋划启动。提升凤祥片区道路等12条市政道路，改造西安片区等18个老旧小区。大力推进苏颂公园等3座公园建设，同安绿道连海段建成贯通，新增公园绿地面积120公顷、绿道11公里。三是城市管理更加精细。市容综合考评成绩排名居全市第二。拆除“两违”197.82万平方米，历史“两违”处置总量全市第一。移风易俗专项治理帮助群众节省资金3亿多元。保持“省级文明城区”荣誉。

八、重视民生改善，加快补齐短板，民生保障力度进一步加大。一是公共服务水平持续提升。教育强区加快建设，新增学位9270个；全省首创农村艺体学科购买课时服务工作机制，“区级统筹、片区互补”工作经验在全市推广，与厦门一中、厦门六中合作办学实质落地。“健康同安”深入推进，同福建中医药大学签署校地战略合作协议，环东海域医院引入浙大附属邵逸夫医院合作运营。文化事业繁荣发展，“送王船”被列入世界级非遗名录，成功举办苏颂诞辰1000周年纪念活动等系列文体活动。二是社会保障力度持续加大。投入10.46亿元用于社会保障支出，“三险合一”惠及88万辖区居民。累计发放就业补助9000余万元，9000余失业人员实现再就业。22854套保障性住房加快建设，镇（街）照料中心、农村幸福院、居家社区养老服务站实现全覆盖。三是“爱心厦门同安在行动”全面推进。创新开展“爱心四季”主题行动，全市率先实现“爱心屋”城乡全覆盖，首创“政府搭台、银企联动”的“云上爱心屋”微信小程序，实现文明创建、“爱心同安”与对口扶贫三者有机统一。

九、深化平安建设，提升治理效能，社会治理效能进一步提升。一是平安同安建设持续深化。深入实施“三创工程”刑事警情下降28.7%，达历史新低。“雪亮工程”实现村（居）全覆盖，“以房管人”做法在全省、全市推广。全市首创“三级书记抓信访”和区、镇领导“带案下访”机制，“高山议理堂”做法全市推广。全区生产安全事故起数、死亡人数实现“双下降”，市对区食安工作考核连续三年全市第一。二是扫黑除恶斗争纵深推进。扫黑除恶好评率连续7次排名全市第二，不折不扣抓好“六清”行动，成功打掉恶势力犯罪集团4个，实现2020年以前办理案件“清结”。

十、强化党建引领，纵深推进全面从严治党，政治生态进一步优化。一是全面落实意识形态责任制。连续四年在市对区意识形态工作考核中获评优秀。规范宣传阵地管理，打造区级融媒体中心指挥平台，构建“同安发布”品牌宣传矩阵创新网络舆情闭环管理模式，舆论引导力持续增强。率先在全市建成“新时代文明实践中心智慧云平台”，实现148个“中心、所、站”三级全覆盖。二是锻造忠诚干净担当的干部队伍。选派158名干部到一线历练成长，提拔处科级领导干部105名，80后干部占50%。出台《同安区关心关爱干部若干措施》，194名干部晋升职级，广大干部一线披星戴月、担当作为的精气神持续提升。试行《镇街党（政）干部领导班子成员工作清单》，干部平时考核工作获得中组部肯定。三是全面夯实基层战斗堡垒。率先全市实施“整镇（街）推进、整区提升”行动，打造40个党建典型点和8条学习动线。全国首创“邻长制”治理模式，实现全区173名村（居）党组织第一书记、书记在区委组织部备案管理。全面推行“近邻党建”工作模式，党建引领基层治理等经验做法在主流媒体刊发。四是持之以恒正风肃纪反腐。持续整治群众身边腐败和作风问题，共立案86件86人，查处违反中央八项规定精神问题14起16人、形式主义官僚主义作风问题21起31人。探索建立分类分层分级问责机制，贯通运用“四种形态”处理共528人次，其中前两种形态占95.5%。十三届区委巡察全覆盖任务完成88.3%，村（居）巡察覆盖率达93.6%。

政府工作报告（节选）

——在厦门市同安区第十七届人民代表大会第六次会议上

陈高润

（2020年12月29日）

一、2020年和过去五年的工作回顾

2020年是极不平凡的一年，面对突如其来的新冠肺炎疫情及国内外风险挑战明显上升的复杂局面，我们坚持以习近平新时代中国特色社会主义思想为指导，全面贯彻党的十九大和十九届二中、三中、四中、五中全会精神，在区委的坚强领导下，坚持稳中求进工作总基调，扎实做好“六稳”工作，落实“六保”任务，围绕全市“招商引资与项目建设攻坚年”

的目标任务，统筹推进疫情防控和经济社会发展，全方位推动高质量发展超越。2020 年地区生产总值增长 7.9%；规模以上工业总产值达 1098.0 亿元，增长 6.8%；财政总收入完成 104.3 亿元；区级财政收入完成 26.3 亿元；社会消费品零售总额完成 394.6 亿元；居民人均可支配收入增长 6.4%；完成年度节能减排任务。一年来主要工作和成效：

（一）迎难而上稳增长，经济运行稳中向好

疫情防控有序有效。疫情发生后，第一时间启动指挥部作战体系，按照“外防输入、内防扩散”的策略，全力推进联防联控、群防群控、精密智控。设置 6 个交通卡口和 1300 多个临时检查点，创新“以房管人”机制，累计排查 41 万人次，全面筑牢疫情防控防线。千方百计服务保障大局，共为全国、全省提供口罩 1.3 亿个，选派 31 名医护骨干组成援鄂援杏医疗队，圆满完成医疗支援和物资调拨任务。疫情稳控后，有序推动分级精准复工复产，稳步推进开学复课，以最快速度恢复正常生产生活秩序。国外疫情发生后，坚决落实防范境外疫情输入任务，狠抓落地查验、分流转运、集中隔离等全流程闭环管理措施。截至目前，我区是全市唯一疫情防控保持“零确诊、零疑似”，也是最早实现全面复工复产的行政区。

企业帮扶精准有力。认真执行上级推进企业复工复产各项政策，出台“稳岗援企 15 条”等一揽子纾困措施，兑现 3568 家（次）企业惠企资金 15.3 亿元。全面落实“减税降费”政策，为商事主体减负 13.4 亿元。设立中小微企业融资增信基金，累计为 280 家（次）企业提供增信服务额度达 4.6 亿元。为 2313 家（次）民营小微企业提供扶持资金 7017 万元。在政策“加油”和服务“助力”下，企业迅速恢复发展，辖区企业贷款余额同比增长 16.64%。全年工业用电同比增长 11.5%，位居全市第一。

招商引资成效显著。坚持搭平台、引龙头、优服务，深化“三个一”招商机制，招商质效进一步提升。高能级项目落地 30 个。年纳税上亿元的华彬“总部 + 基地”、美瞳结算总部等项目注册运营，宝龙大型城市综合体摘牌落地，优尔智能、弓立医疗等 21 个项目增资扩产，腾讯云区域总部、寺库区域总部等 50 多个优质项目加快引进。东亚机械在深交所创业板 IPO 审核通过，全区上市（主板）挂牌企业增至 6 家，新增后备 6 家。“9·8”厦洽会签约项目投资总额达 896 亿元，位居全市六区第二，项目签约、投资总额均创历史新高。

有效投资全力推进。91 个省市重点项目完成投资 603 亿元。同集路跨线桥等项目建成投用，福厦高速铁路等项目顺利推进，新经济产业园等项目开工建设。全力实施 415 个“岛外大发展”项目建设，地铁 4 号线同安段贯通，直达岛内的地铁 9 号线项目启动前期，形成“十字”轨道线型。新增“五个一批”项目 121 个，总投资 906 亿元。完成土地征收 1 万亩、房屋征收 149 万平方米，分别居全市第二、第三。征拆工作各项考核指标连续 5 年保持全市领先。同安新城、同翔高新城两个重大片区征地拆迁快速推进，19 个自然村整体搬迁工作扎实开展。

内外需求全面激发。争取抗疫特别国债等中央直达资金 7.3 亿元，用于支持稳岗援企等民生领域。实施提振消费专项行动，发放政府补贴 1024.6 万元，举办大型消费购物活动 15 场，引导金牌厨柜等企业开辟线上带货直播，全力促进消费回补，批零销售额增长 41.4%，位居全市前列。支持传统外贸企业通过出口转内销重回发展快车道。鼓励企业开拓国际市场，健身器材、家居卫浴、小家电等行业海外订单大幅增长。

（二）提质增效优产业，实体经济发展壮大

先进制造业成长迅速。746 家规模以上工业企业完成工业增加值 278 亿元，同比增长 8.5%，位居全市第一。海辰新材料、麦丰密封件等 13 个项目开工建设，泰亘信智能制造、冠烽医疗等 7 家企业摘牌落地。机械装备、新材料等 6 条重点产业链产值同比增长 12%，234 家规模以上高新技术企业产值同比增长 12% 以上，三高企业增至 346 家。晋大纳米科技项目被列入国家“科技助力经济 2020”重点专项，康乐佳获评“国家体育产业示范单位”。

现代服务业加快提升。第三产业占 GDP 比重达到 45.7%。金融服务综合改革试点工作加快推进，厦门人家居投资并购基金等行业子基金项目正式落地，比财科技等金融科技总部企业注册落户。住宿餐饮业有序恢复，住宿业和餐饮业营业额增幅分别高于全市平均水平 38.7 和 7.5 个百分点。仁励窝网络科技、爱琴海购物公园等现代服务业项目顺利落户。

农业经济稳步发展。完成农业产值 23.2 亿元。落实最严格的耕地保护制度，加强粮食储备和粮食应急网点建设管理，完成粮食安全责任考核任务。500 亩高标准农田工程动工建设。康喜福、九龙谷等 7 个都市现代农业项目竣工投产，百利龙程、傲农夏商等 23 个产业项目扎实推进，闽台农业融合发展产业园入驻种苗企业 10 家。22 个“一村一品”特色品牌实现收入超 6.7 亿元。累计认定新型职业农民 388 人，培育新型农业经营主体 861 个，数量均位居全市首位。

（三）深化改革增动能，发展活力不断激发

创新驱动加速推进。新增省、市级“科技小巨人领军企业”60家，省市级企业技术中心11家。支持高新技术企业加大研发投入，获国内专利授权2871件，增长7.6%。引进网易研究院、福建中医药大学研究生院，推进产学研深度融合。全市首个智能创新中心开工建设，总投资42亿元。“才聚银城”人才战略扎实推进，新引进培育高层次人才52名，柔性引进人才435名。

营商环境持续优化。实施国际一流营商环境建设36条措施，扎实推进2020年全国营商环境评价工作。深化“放管服”改革，98.2%的事项实现“一网通办”，60个高频事项实现“秒批秒办”，“一趟不用跑”事项占比提升到70.98%。区级审批服务事项承诺办理时限压缩至法定时限的17.7%，小型社会投资工业类项目审批时限压缩到15个工作日。推行产业项目“保姆式”全程帮办服务，服务项目总量位列全市首位，百亿级海辰锂电项目从签约到开工的审批时间从常规9个月缩短至1个月。

对外开放步伐加快。主动融入厦漳泉都市圈建设，区域综合运输大通道加快构建，协同高效的发展格局加速形成。推动对台交流紧密融合，引进钰德服装科技等台资项目45个。持续吸引台湾专业人才集聚，引进“双百计划”创业人才4名。积极建设开放型经济，新设外资企业62家，冠烽医疗等22个项目实现增资。全年合同利用外资完成34.6亿元，实际利用外资完成18.9亿元，完成比例位居全市前列。

（四）城乡统筹提品质，颜值素质全面提升

产城融合加快推进。同安新城和同翔高新城开发提速。骨干路网及基础设施项目快速推进，中国移动、石墨烯产业园等一批重大项目加快建设，环东海域医院、同安一中滨海校区高中部等民生项目全力实施，波特曼七星湾等高端酒店项目建成运营，环东海域半程马拉松比赛、全国青少年帆船赛等高端赛事顺利举办，全省首个海岸赛艇训练基地正式落户，产城融合高地进一步形成。

城市更新力度加大。完成乌涂商业街等城区立面改造，提升凤祥片区等12条市政道路，改造西安片区等18个老旧小区。建成7个停车场，新增停车位464个。建设燃气管道20公里，新增市政给水管网47公里，全面铺开管网排查，加快破解市政配套不完善问题。加快城西市场等6个农贸市场、苏颂公园等3座城市公园提升改造。完成高速、高铁沿线环境整治。同安绿道连海段建成贯通，新增绿道11公里、公园绿地面积1500亩，城市面貌焕然一新。

乡村振兴取得实效。农村人居环境整治三年行动顺利收官，获评“省村庄清洁行动先进区”。15个“千村试点、万村推进”试点村建设稳步推进，9个美丽乡村项目有序实施，以全省第二名的成绩获评“四好农村路”示范区。全力打造汀溪、莲花两条乡村振兴动线，规划提升竹坝片区。探索乡村社会治理新模式，建设省级家风家训乡贤馆，五显镇、莲花镇获评“省乡村治理示范镇”。汀溪镇入选“全省乡村振兴特色乡镇”，军营村被列入“全国乡村旅游重点村”，古坑村获评“2020年中国美丽休闲乡村”，省级以上休闲农业示范点数量位居全市第一。

文明创建拓展深化。蝉联“省级文明城区”荣誉。国家级新时代文明实践中心建设任务圆满完成，工作经验在全省宣传推广。创建全市首个政府主导的“云上爱心屋”商城，率先实现线下“爱心屋”镇（街）全覆盖。拓展“文明卫士”等市容管理数字平台，从严整治占道经营、油烟扰民等不文明行为，城市综合管理考评排名全市第二。处置“两违”178.2万平方米，历史“两违”处置量位居全市第一，成为全市首个“两违”市级核减权限下放试点区。苏厝村、埔后村等5个村获评“全国文明村”，数量全市第一。

（五）补齐短板惠民生，公共服务优化升级

社会保障更加健全。投入社会保障及救助资金9亿多元。城乡居民基本养老保险、基本医疗保险参保率均达100%。帮助8400多名失业人员再就业。新增镇级照料中心2家，农村幸福院19家，三级基本养老服务体系更加完善。老年人、残疾人关爱服务体系和设施进一步健全。危房整治有序推进。建设保障性住房22854套，祥平地铁社区（一期）交付使用。

教育资源更加均衡。二外高中部等22个项目开工建设，进修附中等13个项目竣工投用，新增学位9270个。学前教育普惠性覆盖率99%，省级义务教育管理标准化学校占比95%。创新农村艺体学科购买课时服务工作机制，提高农村学校艺体教学水平。教师校际交流数量位居全市首位，“区级统筹、片区互补”工作经验在全市推广。区教育发展公司投入运营。厦门一中与汀溪中学、国祺中学，厦门六中与五显中学合作办学实质落地，全力打造我区教育品牌。

卫健服务更加完善。深入实施“健康同安”行动，环东海域医院引入浙大附属邵逸夫医院合作运营，第三医院整体提升改造等项目加快推进。加强高水平医疗技术协作，与福建中医药大学签署校地战略合作协议，与8名国内顶级专家签订学科共建特聘主任协议。推动医疗资源向基层倾斜，基本公共卫生服务项目增至29项，完成家庭医生签约15.1万人。再获“全国基层中医药工作先进单位”荣誉称号。莲花镇获评“国家卫生乡镇”。

文化事业更加繁荣。落实全市文化旅游会展产业发展大会精神，巅峰影业、福莱磨石等文旅产业项目落地见效。完成同安影剧院和12个村级综合文化服务中心提升改造，推进人民体育场设施升级。成功举办苏颂诞辰1000周年纪念活动和孔子文化节、朱子文化节等活动。"送王船习俗"列入世界级非遗名录。实施文化遗产保护"六个一批"工程，新增10处区级以上文保单位，开工建设区历史陈列馆。

（六）精准施策抓落实，"三大攻坚战"有力推进

重大风险有效防控。扎实推进涉众型经济金融风险专项整治等工作，排查整治1000多家涉金融企业。健全稳企业防风险工作体系，不良贷款率0.87%。不断优化地方政府债券期限和债券结构，确保风险安全可控。落实房地产调控机制，着力化解涉房地产信访及历史遗留问题，保障房地产市场平稳健康发展。

精准扶贫有力开展。扎实推进与临夏州康乐县东西部扶贫协作、与漳州市诏安县省级扶贫开发、与龙岩市上杭县山海协作，加大资金支持、产业合作、消费扶贫和社会帮扶力度，劳务输转1232人。帮助康乐县、诏安县引进6家企业，安排扶贫项目71个，带动1.6万人脱贫增收。完善我区协同救助工作机制，投入7200万元帮扶困难群众1.2万人次，困难群众生活基本保障到位。深化"爱心结对"，组织党员干部、机关党组织帮扶633名困难群众，共筑爱心之城。

污染防治有序推进。全力推进中央生态环保督察反馈问题整改。实施流域治理"一本账"，92个流域治理项目有力推进。完成2000公里管道排查清淤，全面铺开三格化粪池和隔油池建设，累计建成116公里安全生态水系，整改216个入海入河排口，加快4座污水处理厂建设，新增日污水处理能力15万吨。埭头溪稳定消除黑臭，东西溪流域水质100%达标，龙东溪、官浔溪流域水质大幅提升。空气质量优良率100%。危险废物处置利用率、医疗废物集中处置率均达100%，土壤环境质量总体良好。

（七）转变作风提效能，政府建设不断加强

开展"深化大学习、提振精气神"专项活动，巩固深化"不忘初心、牢记使命"主题教育成果。自觉接受人大、政协监督，办结区人大代表建议76件、区政协提案94件。不断深化作风建设，严格执行基层减负，深入整治"文山会海"，全年精简文件41.7%，压减会议49%。落实全面从严治党主体责任，严格落实中央八项规定精神，"三公经费"压减50%以上。查处群众身边腐败和作风问题14起26人，党风廉政建设和反腐败斗争取得积极成效。

各位代表，2020年经济社会各项工作任务圆满完成，标志着"十三五"规划顺利收官。

——五年来，我们坚持创新发展，综合实力更加雄厚。地区生产总值年均增长8.4%，财政总收入从50亿元增长至100亿元以上，年均增长15.2%，地方级财政收入年均增长13.7%。创新驱动战略深入实施，研发投入占GDP比重达3.65%，高新技术产业产值占比增至44%。新兴产业加速集聚，半导体与集成电路、生物医药与健康等产业产值超百亿。服务业发展加力提速，三次产业结构从3.7∶55.9∶40.4调整为1.9∶52.4∶45.7。

——五年来，我们坚持协调发展，城乡建设更加均衡。交通体系更加完善，同安大道、同安东路等重大交通项目竣工通车，地铁4号线同安段贯通，地铁9号线、同安至厦门岛快速通道、智轨等项目启动规划，"一环两横四纵"骨干路网基本成型。城市建设全面提速，实施"白改黑"、立面改造、夜景工程、公园建设等项目，宜居程度实现"质"的飞跃。乡村振兴战略深入实施，全力推动水、电、通信等基础设施，医、教、文化等公共服务，人、财、技术等发展要素加速向农村流动。重大片区框架拉开，同安新城、同翔高新城以"两天一个亿"的投资速度打造增长极。

——五年来，我们坚持绿色发展，生态环境更加优美。4条流域治理工作全面铺开，完成畜禽退养、"三厂"清退和小石材整治，新增污水管道2022公里，具备污水全收集、全处理能力。汀溪水库饮用水源水质、国省控断面水质均保持100%达标。空气质量优良率提升到全市第一。国家生态园林城市创建全面完成，"一把扫把扫到底"在全区推行，垃圾分类工作扎实推进。城市建成区绿化覆盖率42.3%，建成通山连海绿道和慢行系统60多公里，成为深受群众欢迎的休闲步道。获评"全国百佳生态文明城市与景区"等荣誉，建成"国家生态区"。

——五年来，我们坚持开放发展，发展后劲更加有力。强区放权、工程建设项目审批制度、政务服务便民化等改革扎实推进。国家农村集体产权制度改革试点、国有农场、林场改革基本完成，土地承包经营权确权登记颁证工作顺利收官。国家级紧密型医共体试点建设有序开展。完成新一轮政府机构改革。对外开放步伐加快，引进外资企业280家。京东、泰康等500强企业在我区落地。

——五年来，我们坚持共享发展，社会大局更加和谐。全区财政一般公共预算74%以上投入民生和社会事业，民生短板加快补齐。新增学位4.2万个、医疗床位1434张，在全市率先实现城乡居家养老信息化服务全覆盖。城乡居民人均可支配收入差距进一步缩小，城乡居民医保参保率达100%。农村“一盏灯”、三级房东协会、“三险合一”等基层社会治理经验在省市推广。统筹安全和发展，刑事警情创历史新低，安全生产形势持续向好，平安“三率”综合成绩保持全市前列。

各位代表！过去五年取得的成就，为“十四五”的发展奠定了坚实基础。这是在区委坚强领导下，在人大代表、政协委员大力支持和有效监督下，全区人民齐心协力、艰苦奋斗的结果。在这里，我代表区人民政府，向全区人民，向人大代表、政协委员，各民主党派、工商联、人民团体、无党派人士，离退休老同志、社会各界人士和驻区部队、武警官兵、公安干警，向关心支持同安发展的港澳同胞、台湾同胞、海外侨胞，表示衷心的感谢！特别向奋战在抗“疫”战线的同志们致以崇高的敬意！向理解支持和参与配合疫情防控工作的全体同安人民致以诚挚的谢意！

各位代表，成绩来之不易，我们也清醒认识到当前形势严峻复杂，前进路上面临着一系列问题和挑战：一是稳增长压力空前加大，国际疫情持续蔓延，世界经济受到严重冲击，不稳定不确定因素显著增多，经济发展、财政收入等面临前所未有的挑战。二是高质量发展任务紧迫，经济总量偏小、重大项目接续不足、新动能培育不快等问题仍然突出。三是公共服务供给还不平衡，优质教育医疗资源供给不足，基础设施、生态环境等领域还有一些薄弱环节。四是干部适应新形势、展现新作为的能力还需提升。对此，我们将化压力为动力，更加用心用情用力推进解决。

二、“十四五”发展战略和二〇三五年远景目标

按照区委十三届十六次全会的部署，我区“十四五”发展的指导思想是：高举中国特色社会主义伟大旗帜，深入贯彻党的十九大和十九届二中、三中、四中、五中全会精神，坚持以马克思列宁主义、毛泽东思想、邓小平理论、“三个代表”重要思想、科学发展观、习近平新时代中国特色社会主义思想为指导，深入学习贯彻习近平总书记重要讲话重要指示批示精神，全面贯彻党的基本理论、基本路线、基本方略，紧紧围绕统筹推进“五位一体”总体布局和协调推进“四个全面”战略布局，以全方位推动高质量发展超越为主题，以深化供给侧结构性改革为主线，以改革创新为根本动力，以满足人民日益增长的美好生活需要为根本目的，统筹发展和安全，努力在建设现代化经济体系上取得新的更大进展，在率先探索形成新发展格局上展现更大作为，在积极探索海峡两岸融合发展新路上迈出更大步伐，在推进市域治理体系和治理能力现代化上取得更大突破，实现经济行稳致远、社会安定和谐，奋力谱写全面建设社会主义现代化国家的同安篇章。

“十四五”经济社会发展的主要目标是：全面建设高素质高颜值现代化国际化的富美新同安，突出“创新驱动”和“深化改革”两条工作主线，紧盯“产业兴、百姓富、生态美”三大战略任务，坚定“创新活区、工业强区、文化兴区、生态立区”四大发展定位，致力打造产城融合示范区、未来科技城核心区、乡村振兴样板区、生态人文名胜区和金砖未来创新基地，全力提升城市综合竞争力和发展能级，在更高起点上推动全方位高质量发展超越迈上新台阶，努力把富美新同安建设得更好、建设得更有水平。

（一）突出创新引领，推动经济发展“高素质”

坚持创新活区、人才强区，助推经济高质量发展。加快创新平台载体建设，依托未来科技城核心区、金砖未来创新基地建设，将同安新城、同翔高新城、凤南高端制造业基地打造成标志性战略性新兴产业载体。强化企业创新主体地位，构建九大产业链群，打造千亿级产业集群。推动“三高”企业倍增发展，推进产学研深度融合，促成科技成果有效转化。凝聚科技人才力量，加强人才重大工程与重大科技计划衔接，完善人才服务体系，让人才来得了、留得住、发展得好。

（二）加强统筹协调，助力城乡面貌“高颜值”

精心布局“一圈一轴双新双引擎”发展空间，构建同安北部生态圈，打造山海发展轴，推动产业更新升级和城市更新提档，驱动环东海域同安新城和同翔高新城发展“双引擎”，塑造空间之美。深入实施乡村振兴战略，全面建成国家生态文明建设示范区，构筑“一屏一湾三廊”生态格局，实现山青、水秀、湾蓝、廊绿，打造生态之美。传承发展闽南文化、华侨文化、海洋文化，弘扬社会主义核心价值观，丰富市民精神文化生活，提升城市文化软实力，营造人文之美。

（三）增强内生动力，促进社会治理“现代化”

深入实施“岛外大发展”战略，提升城市能级和核心竞争力。重点领域和关键环节改革取得新突破，打造“近者悦、远者来”的一流营商环境。全面提升公共服务水平，加快建设现代化教育强区和高水平健康之城，健全多层次、多样化的养老服务体系，实现学有优教、病有良医、老有善养。全面依法治区取得新成效，智慧同安建设取得新进展，全方位社会保障体系更加健全，全力推进社会治理体系和治理能力现

代化，打造最具安全感城区。

（四）坚持内外联动，加快发展能级“国际化”

积极融入“海丝”战略支点城市，主动参与自贸区、金砖国家新工业革命伙伴关系创新基地建设，国际交流交往能力明显增强。加快融入以国内大循环为主体，国内国际双循环相互促进的新发展格局。主动融入厦漳泉都市圈、闽西南协同发展区建设，构建多向辐射的区域综合运输大通道和多层次运输网络体系，打造闽南金三角中心区域。充分发挥300多万名侨胞、台胞的桥梁纽带作用，打造文化交流合作平台、引资引智创新创业平台，使同安成为全市建设国际化城市的重要一环。

二〇三五年发展远景目标：我区经济实力、科技实力、综合竞争力大幅跃升，经济总量和城乡居民收入迈上新台阶，人才优势和创新动力显著增强，成为高水平创新型城区。实现产业基础高级化、产业链现代化，经济结构更加优化，建成先进制造业和现代服务业并驾齐驱、新经济产业生态圈成熟的现代产业体系。建成更高水平开放型经济新体制，“双循环”重要链接点优势显著增强；实现城市治理体系和治理能力现代化，人民平等参与、平等发展权利得到充分保障，建成法治同安、法治政府、法治社会；实施文化、教育、人才、体育和健康等发展战略，市民素质和社会文明程度达到新高度，城市文化软实力显著增强；形成绿色生产生活方式，人居环境与城市品质全面提升，人民生活更加美好，人的全面发展、人民共同富裕基本实现，成为新时代生态文明典范城区；建成产城融合示范区、未来科技城核心区、乡村振兴样板区、生态人文名胜区、金砖未来创新基地，推动高素质高颜值现代化国际化的富美新同安实现全方位高质量发展超越。

三、2021年主要工作

2021年是中国共产党建党100周年，是“十四五”规划的开局之年，也是我市“创新发展年”，做好全年工作至关重要。2021年主要预期目标为：地区生产总值增长8%左右；规模以上工业产值增长11%；财政总收入和区级财政收入均增长6%；全社会固定资产投资增幅高于省市平均水平；社会消费品零售总额增长8%；城镇居民人均可支配收入增幅高于全省平均水平，农村居民人均可支配收入增长8.5%；完成上级下达的节能减排任务。

实现上述目标，必须扎实做好以下工作：

（一）产城融合促品质，构建城市发展新格局

加快同安新城大发展。依托“三谷”建设以高新技术产业、现代服务业为主导的产业体系，着力打造未来科技城核心区。加快完善交通体系，完成滨海西提升改造工程，打造新城“五横七纵”路网。推进接驳公共交通系统布局，强化公交微循环。推动美山路地下综合管廊等市政基础设施、波特曼二期和华强方特等高端酒店、银城智谷双购物中心等商业综合体建设，力促环东海域医院、泰康医养健康综合体、同安一中滨海校区高中部等民生配套项目建成投用。加快打造丙洲产业生态岛。依托滨海浪漫线打造集总部经济、国际赛事、休闲娱乐、高端酒店为一体的经济产业带。

加速同翔高新城大融合。加快同翔高新城、凤南高端制造业基地等产业载体建设，推进与金砖及“金砖+”国家在工业、科技等领域合作，打造金砖未来创新基地。加快建设海辰新能源、顺丰创新产业园，力促中国移动厦门云数据中心、精研自动化元件等7个项目投产。推进龙泉路、康浔路等骨干路网、洪新路综合管廊等市政基础设施建设。推动厦门六中同安校区、龙泉公寓等公建配套项目建设，力促洪塘、五显安置房开工。加快实施“一核三园”高新城核心区建设，打造产城融合示范区。

加力城区品质大提升。加快宝龙大型城市综合体建设。完成振兴片区、城西片区等8个老旧小区环境提升项目。推动西湖片区、同莲路两侧等片区开发建设。完成西溪景观工程水系项目，加快67.4公里同安绿道通山连海建设。打通朝晖路、城北八号路等城区断头路。建成苏颂书院、人民体育场等一批公建设施。新建停车场，新增公共停车位500个以上，推广停车位智慧化管理，缓解停车难。加强垃圾投放、收运工作，提升垃圾分类成效。推动管道燃气从城区向周边村庄延伸，提升管道燃气覆盖率。加快城区综合治理，不断提升居民生活品质，推动城区在有机更新中焕发新的生机与活力。

加快拓展交通大格局。力推直达厦门岛快速通道、“滨海旅游浪漫线至鼓浪屿”海上交通等20个交通项目前期工作。全力推进高铁350、地铁4号和9号线建设。加快建设国道324复线（同安段）二期完善工程、省道206（华诚三路至同安大道段）市政化改造工程等66个交通项目。建成北站连接线、同翔大道（沈海高速至洪新路）等6条骨干路及25条“四好农村路”。不断完善“五横四纵”快速路体系，努力打造北部大通道，全面构建互联互通的立体交通网络。

（二）创新升级夺先机，培育产业发展新动能

打造九大产业链群。依托“总部+基地”，推动新一代信息技术、高端家居智造、现代流通、食品与都市现代农业等支柱产业提质增效，聚焦生物医药与健康、新能源和新材料、高端机械制造、新文旅等战略性新兴产业培育发展，全力打造新经济产业集聚高地。促进冠烽医疗、泰亘信智能制造等9个项目开工，推动乐肴居食品、趣店科技等18个项目加快建设，促成金牌四期、海普锐等14个项目建成投产，增强产业发展后劲。

推进制造业转型升级。加快实施制造业高质量发展三年行动计划、"三高"企业倍增计划，积极培育科技型中小企业、科技小巨人领军企业、瞪羚企业等创新型企业集群，新增"三高"企业60家。加速推进传统产业和数字科技深度融合，鼓励社会资本加大创新和技术改造投入，提升企业竞争力。大力扶持战略性新兴产业，重点发展新型显示、第三代半导体、碳纤维复合等材料产业，加快推进星速机器人产业基地、呼博仕智能健康等项目。引进省级企业技术平台，发挥产业基金撬动作用。坚持新型基建与新型城镇化同步发展，推动5G网络建设和产业发展，实现5G网络大范围覆盖。

引领新型消费发展。依托新城网红直播基地、工业集中区产业直播基地、莲花抖音小镇等，运用"直播带货"，发展壮大电商平台。持续打造滨海阳光小镇、工业园区夜市、乐海等夜间经济圈。深化文旅融合发展，推广全域旅游，打造北部生态旅游、高山红色旅游、滨海旅游等特色文旅品牌，促进文化和旅游业高质量发展。依托金鸡电影节，加快推进投资规模18亿元的影视产业"基金+基地+影片"项目，吸附一批影视企业落户，发挥北文投文化基金等影视产业基金实效，努力构建影视产业链。

全力大招商招大商。依托"两个新城"，围绕九大产业链群，紧盯世界500强、中国500强、大型央企等行业领军企业，突出以商引商、联动招商、平台招商，力争落地高能级项目不低于40个。加大对外招商力度，实现全年实际利用外资增幅不低于15%。力促京东集团海峡总部、京东方数科总部等一批总部项目落地运营，推动腾讯云区域总部、中交四公局八公司区域结算总部等高能级项目落地运营。进一步梳理区内可用土地、闲置厂房等资源，优化招商引资政策，为企业落地发展营造有利条件。

（三）聚力改革勇笃行，激发市场主体新活力

持续深化"放管服"改革。工程项目审批进一步提速，精简办事环节，深化"多批合一""交地即交证""一会四函一书"。全面推行施工许可阶段"全流程网办"。深化"一窗受理，集成服务"改革，70%审批服务事项实现"一窗"分类受理。全面推进"一件事一次办""不见面审批"，"一趟不用跑"事项占比提升至80%以上。加快电子证照共享应用，构建政务服务"一网通办"，让群众和企业在办事中增强获得感。

精心优化企业服务机制。发挥区企业发展服务中心下沉工业园区优势，实行全流程"金牌店小二"服务。简化企业增资扩产办理流程，鼓励企业提容增效。通过校企合作、劳务输入等形式，助力企业招工。落实小微企业普惠性减免、社会保险费缓缴等政策，力争为企业减负10亿元以上。深化民营和小微企业金融服务综合改革试点，依托区中小微企业金融服务中心，推动企业信贷风险补偿、融资担保扶持等配套政策落地。

加快构建新型监管体系。进一步推动"互联网+监管"工作，完善"双随机、一公开"、信用监管等跨部门协同监管机制，实现检查清单项目完成率提升至100%，监管主项覆盖率提升至80%以上。探索涉企包容审慎监管，引导企业依法生产经营。进一步健全社会信用体系，推进行政审批系统与信用平台有机对接，综合应用信用评价，实行分级分类监管，开展"信易+"守信激励，加快构建以信用为基础的新型监管体系。

（四）赋能乡村促共富，擘画乡村振兴新画卷

推进乡村振兴产业化。完善"龙头企业+合作社+基地+农户"农业产业化体系。发展种子种苗产业园等都市现代农业。依托三秀山蔬菜专业合作社等60家较大规模农村专业合作社，加快培育6个新型农业经营示范社、示范场，带动农户提升种植产量和质量。力促百利农业科技园二期等5个项目落地，汇盛生物等3个项目投建，傲农生猪养殖等6个项目投产。建设军营村和白交祠村茶叶绿色生产示范基地，提高茶产业链附加值。完成500亩农业节水灌溉项目及五显镇明溪村高标准农田建设。深入实施"富民强村工程"，壮大村级集体经济，探索"四块地"开发机制，努力实现"业兴、家富"。

改善农村人居环境。推动汀溪特色镇、竹坝南洋风情小镇、4条乡村振兴动线、15个省市试点村和18个区级示范村等项目建设，打造乡村振兴新典范。深化"一革命四行动"，新改建一批农村公厕，推进农村户厕无害化改造，实现农村生活垃圾无害化处理率100%，资源化利用率35%以上。深化农房、高铁、高速沿线环境综合整治，实施美丽乡村项目建设，让广大农民在乡村振兴中有更多的获得感、幸福感。

提升乡村治理水平。统筹推进村居组织换届选举，培养选拔村级组织后备力量。加强基层干部队伍

建设，健全完善社区工作者职业体系。持续推广凤祥社区“商居共融、诚信凤祥”社区工作法，全面推行“邻长制”和乡村治理“红黑榜”，打造5个典型城乡社区治理工作品牌。深化移风易俗，健全村规民约，倡导文明新风，全力筑牢核心价值观之“基”，深植乡村文化之“根”，涵养公序良俗之“风”。

（五）夯实根基增福祉，顺应美好生活新期待

织密社会保障底线。促进被征地人员、海域退养渔民、下岗失业人员等重点群体就业创业，实现失业人员再就业7000人以上。为人才“量身定制”扶持方案，引进高层次人才450人、高校毕业生3000人以上。积极应对人口老龄化，持续推进“幸福晚年计划”，开展“互联网+养老服务”、居家和社区养老服务改革试点，建设养老服务监管平台。深化医养结合试点工作，力促泰康之家鹭园医养健康综合体等项目投用。实行“多险合一”，完善“精准帮扶”社会救助信息共享平台，实现困难群众救助帮扶“一站式”服务。

打造优质教育高地。建设第二外国语学校高中部、文笔塔学校等28个项目，建成四口圳学校、祥平中心小学二期等7所学校，新增学位7050个。实施青年教师成长工作计划和名师名校长培育工程，建设高素质师资队伍。引进优质教育品牌，与华中师大、新教育等名校（机构）开展合作办学。继续创建省、市级示范园，深化名校跨岛行动，努力打造滨海新城、北部山区等教育品牌，推动教育高质量发展，努力实现“建设现代化教育强区”发展目标。

筑牢健康卫生防线。毫不放松抓好“外防输入、内防反弹”工作，慎终如始推进常态化疫情防控。深化紧密型医共体改革，促成环东海域医院运营，加快福建中医药大学研究生科教综合楼、莲花卫生院等12个项目建设。推进分级诊疗服务体系建设，落细家庭医生签约履约服务，提升基层医疗卫生水平。扩大优质医疗资源供给，提升基层医疗卫生服务质量。深入开展爱国卫生运动，加强基本公共卫生服务。推进省级普惠托育试点工作。开展国民体质监测，推进体医融合。加强食品安全监管，打造群众满意的食品安全城区。

提升生态环境品质。推进流域综合整治和生态修复，加快埭头溪下游综合整治、洪塘污水处理厂等75个流域治理项目建设。推进老旧污水管网改造修复，新增污水管网20公里以上。全面推动城市建成区雨污管网正本清源工作。启动智能化排水系统二期建设，完善全区污水管网“一张电子地图”，逐步实现市政管网数字化管理。持续推进土壤污染防治，开展土壤污染状况调查。深化巩固挥发性有机物整治，组织重点行业企业开展炉窑大气污染综合治理，推进新一轮“散乱污”企业整治，保持环境空气质量位居全市前列，争创国家生态文明建设示范区。

夯实社会治理基础。深化“三创”工程，常态化开展扫黑除恶工作。深入推进安全生产隐患大排查大整治和专项整治三年行动，坚决防范遏制重特大安全事故。依托“议理堂+公证调解”“评理室”等平台，发动三级房东协会、平安志愿者等群防群治力量共同参与社会治理。推动“雪亮工程”“数字城管”等深度融合运用，合力推进“两违”、乱占耕地、危房排查等专项整治，构建“大城管”格局。深化军民融合，争创省双拥模范城（区）“六连冠”。深入推进“爱心厦门，同安在行动”，扎实推进市域社会治理现代化工作，共建共治共享更高水平的平安同安。

有序推进民族宗教、人防海防、审计、统计、仲裁、粮食、气象等工作，推动妇女儿童、青年、老龄、残疾人、红十字、慈善事业、人口家庭等工作全面发展。

（六）强化交流促共赢，开创协同发展新格局

全面提升开放能级。加快构建以国内大循环为主体、国内国际双循环相互促进的新发展格局。积极参与全市金砖国家新工业革命伙伴关系创新基地及“海丝”战略支点城市建设，全面推动对外经贸合作及人文交流，努力打造新一轮高水平对外开放平台。依托“一带一路”，开拓多元化进出口贸易渠道。引进和集聚一批跨境电子商务平台服务企业。发挥我区侨乡优势，做大做强孔子文化节、苏颂文化节、开闽王文化节等品牌，组织开展海内外华裔青少年寻根之旅等活动，进一步深化对外文化交流。

优化整合区域协作。开拓产业合作、劳务协作、扶智扶贫、消费扶助等合作路径，积极融入厦漳泉同城化，闽西南、东西部区域协同发展。加强与漳州诏安县、龙岩上杭县等地区山海协作力度。全力支持临夏州康乐县经济社会发展，增强内生发展动力。在云南、贵州等地设立劳务输出基地，建立校企协作机制，构建辐射内陆区域多层次宽领域经济合作体系。

持续深化两岸融合。拓宽与台湾地区产业融合发展新路径，引进欣合隆、正心精致等13家台资企业，加快建设厦门同安闽台农业融合发展产业园。优化台胞台企行政专窗服务品质。推动涉台检察联络室工作，保障台胞台商合法权益。积极拓展涉台民间交流，发挥东山古庙、银同天后宫等对台交流基地的示范带动作用，吸引两岸同胞参与民间交流，努力打造台胞台企登陆的第一家园。

（七）强化担当善作为，增强干事创业新本领

不断强化政治担当。深入学习贯彻习近平新时代中国特色社会主义思想，进一步增强“四个意识”、坚定“四个自信”、做到“两个维护”，全力推动党中央国务院、省委省政府、市委市政府和区委各项决策部署落地见效。坚持阳光用权，加强电子“政务云”平台运用，推动基层政务公开标准化规范化。全面实施“零基预算”改革，推进党政领导干部经济责任审计和自然资源资产离任审计，强化对国有资产运营投资审计。

深化建设法治政府。全面学习贯彻习近平法治思想，启动“八五”普法，贯彻落实民法典。深化141个基层法律顾问示范点建设。依法接受人大法律监督和工作监督，主动接受政协民主监督，高质量办理人大代表建议、政协委员提案。密切与各民主党派、工商联、人民团体和社会各界人士的沟通联系，自觉接受社会监督和舆论监督，持续提升政府公信力，深入推进新时代法治政府建设。

打造廉洁高效队伍。落实全面从严治党主体责任和意识形态工作责任制。牢固树立过“紧日子”思想，压减一般性支出，从严控制“三公经费”，提高财政资金使用绩效。持续深化分领域整治，加强“六稳”“六保”专项监督，着力打好整治群众身边腐败和作风问题攻坚战，营造风清气正的政治生态。大力弘扬习近平总书记倡导的“四下基层”“滴水穿石”“马上就办、真抓实干”等优良作风，驰而不息纠正“四风”。按照干部“七种能力”要求，严格落实“三四八”工作机制，持续提振队伍精气神，锻造“狼性”和“血性”干部队伍。

同安区企业应急还贷资金管理办法

厦同政规〔2020〕1号

（2020年3月5日）

第一章　总　则

第一条　为缓解同安区企业银行贷款到期还款资金周转压力，提振企业信心，打击民间非法集资和高利贷行为，维护金融秩序，促进同安区金融与经济平稳健康发展，特设立同安区企业应急还贷资金项目，为企业提供贷款转贷资金支持。为规范项目运作，根据国家法律、法规和银行业监督管理机构有关规定，制定本办法。

第二条　本办法所称企业应急还贷资金是一种“低成本、免担保、高效率”的专项为企业筹集贷款转贷资金（仅限于流动资金贷款，不包括项目贷款、表外融资业务等）的短期融资服务项目。

本办法所称转贷是指企业银行贷款到期还贷并续贷的过程（附件1）。

第三条　企业应急还贷资金项目在同安区人民政府指导下开展，以各商业银行为主体，由厦门同安农银村镇银行有限责任公司（以下简称“同安村镇银行”）具体承办，在我市设立分支机构的各商业银行共同参与运营。

第四条　同安区成立由区长担任组长、分管经贸的副区长担任副组长的企业应急还贷资金项目领导小组（以下简称“领导小组”），负责项目的组织指导、协调运营、风险防范政策配套和追偿协助等工作。领导小组成员由区工业与信息化局（以下简称“工信局”）局长、财政局局长、区统计局、区工商联和企业发展服务中心等部门负责人组成。领导小组下设办公室，挂靠区工信局，办公室主任由分管经贸的副区长兼任，副主任由区工信局、财政局、统计局、区工商联和企业发展服务中心等部门负责人兼任，办公室成员由上述单位具体经办人员组成。

同安村镇银行专设企业应急还贷服务中心（以下简称“服务中心”），具体承担项目的运行与日常管理等相关工作。

第五条　同安区人民政府委托区工信局与厦门市各商业银行、同安村镇银行签订三方《同安区企业应急还贷项目金融服务合作协议》（附件2），约定企业应急还贷资金项目运营的有关事宜。根据协议约定内容，各商业银行在我市的分支机构参与企业应急还贷资金项目，同安村镇银行提供企业应急还贷资金项目金融服务。

第二章　贷款的条件、金额、期限、利率

第六条　企业应急还贷资金项目对申请企业实行“名单制”管理。有转贷资金需求计划且符合申请条件的企业应提前向领导小组办公室提出申请，由领导小组根据项目资金使用情况和企业工商注册、税收管护、资信和到期银行贷款项目等综合情况，确定企业应急还贷资金项目申请企业准入名单，名单采用滚动使用、动态管理。

企业应急还贷资金项目申请企业应符合以下基本条件：

（一）依法在本区注册登记设立，且业务经营符合国家产业政策要求；鼓励本区高技术高成长高附加

值企业积极申请；

（二）在本市的银行业机构发生贷款业务，同时贷款业务申请续贷的日期和规模在有效的授信范围内，且贷款银行同意续贷；

（三）生产经营正常，续贷资金用于厦门市域内的项目，无严重不良信用记录和法院查封案件。

第七条 贷款额度。企业应急还贷资金项目贷款余额不超过 3 亿元，单个客户申请的贷款笔数原则上每年不超过 5 笔，单笔贷款金额原则上为 50 万元—1500 万元，且不超过监管部门规定的单一客户授信集中度和单一客户贷款集中度比例。

第八条 企业应急还贷资金项目以信用方式发放贷款。

第九条 贷款期限和利率。企业应急还贷资金采取“有偿使用、即借即还”的方式运行，提供的信贷资金用途仅限于办理企业银行贷款的还贷，贷款期限原则上不超过 3 个工作日，日利率万分之三。贷款使用期限不足 1 日的，按 1 日计息。

第三章 申请与审批流程

第十条 企业应急还贷资金申请与审批程序：

（一）名单确定。符合本办法第六条规定的企业在银行贷款到期前 35 个工作日向领导小组办公室提出书面申请（申请表格式见附件 3），并提交有关资料（附件 4）。经领导小组审议，确定准入企业名单，并以书面形式（附件 5）告知有关续贷银行和“服务中心”。

（二）续贷确认。名单内企业在银行贷款到期前 25 个工作日到续贷银行申请办理续贷手续，符合续贷条件的，续贷银行在 10 个工作日内完成所有续贷手续（包括抵押登记等）的办理，并向同安村镇银行出具《续贷确认函》（附件 6）。

（三）业务审批。“服务中心”在收到《续贷确认函》后，通知借款企业到同安村镇银行开立结算账户，并在 3 个工作日内按简易程序进行授信和用信审批。审批完成后向领导小组提交审批情况报告（附件 7），报备审批结果。领导小组如有异议，在 2 个日内告知“服务中心”，如未告知视同无意见。

（四）贷款发放。“服务中心”依据续贷银行《续贷确认函》和企业申请材料，办理企业应急还贷资金相关手续。在确保借款人账户正常的状态下，“服务中心”向借款人发放贷款，并即时通过受托支付方式转到“服务中心”的转贷资金专户，再通过该专户汇入续贷银行的转贷资金专户，并通知续贷银行。

（五）续贷银行还款。续贷银行在确保借款人账户正常的状态下即时进行还贷操作。若借款人账户已被查封，要及时通知“服务中心”，并立即将相关款项退回。

（六）收回。续贷银行收到还贷资金后，即时办理企业续贷业务，并及时将贷款资金划回至“服务中心”的资金专户。“服务中心”收到资金后，直接通过该专户进行企业应急还贷资金还贷，并于当日足额收取相关利息或手续费用。

（七）资料归档。企业应急还贷资金贷款收回后，“服务中心”将资金使用、收回全过程中形成的资料立卷归档，以备后查。

第十一条 特殊情况下，经领导小组同意，可不受上述条款规定的时间、笔数等限制，各方加强配合协调，为企业开辟“绿色通道”，缩短审批时限，加急办理。

第四章 风险防范

第十二条 各责任单位要严格按照“专项使用、封闭运行、无缝对接”的工作要求，确保企业应急还贷资金项目的运转高效和安全规范。

第十三条 “服务中心”要实时与续贷银行进行沟通联系，切实做好资金的封闭运作和跟踪监管，确保企业应急还贷资金真正用于续贷银行的还贷，并确保相关企业及时归还和支付利息或手续费。

第十四条 同安区建立企业应急还贷资金项目风险补偿金制度，专项用于项目运行中的风险补偿。同安区企业应急还贷风险补偿金实施细则由同安区财政局与同安村镇银行联合另行规定。

第十五条 续贷银行要全力配合做好企业应急还贷资金项目的运行，并承担相应风险防控责任。还贷资金进入续贷银行期间所产生的风险，由续贷银行承担代偿责任。

第十六条 领导小组要及时对企业应急还贷资金项目运行情况进行评估、汇总和指导，定期评判风险性和操作性。若项目运行出现风险，领导小组要立即进行评估，视情况决定项目是否继续开展。

第十七条 企业未能按时归还企业应急还贷资金及支付利息的，除采取措施追回资金和相关利息费用外，列入企业应急还贷资金项目负面名单，不再受理本区其他相关优惠政策申请。

第十八条 领导小组、同安村镇银行和各商业银行在我市的分支机构指定该项目的具体负责人和经办人，负责项目具体事宜的沟通和项目资料的移交等手续。

第五章 附 则

第十九条 本办法自印发之日起30日后施行，有效期三年，由领导小组负责解释，未尽事宜，另行规定。

同安区人民政府关于在部分区域禁止燃放烟花爆竹的通告

厦同政规〔2020〕2号

（2020年7月31日）

为贯彻落实《烟花爆竹安全管理条例》，加强我区烟花爆竹安全管理，防止火灾和爆炸事故发生，保障公共安全和人民群众人身、财产的安全，根据《厦门市禁止燃放烟花爆竹规定》的有关规定，结合我区实际，决定在我区部分区域禁止燃放烟花爆竹。现通告如下：

第一条 公安机关主管全区禁止燃放烟花爆竹工作。

第二条 各机关、团体、企事业单位、居民委员会和村民委员会，应当开展禁止燃放烟花爆竹的宣传教育，共同做好禁止燃放烟花爆竹工作。

第三条 以下范围内为禁止燃放烟花爆竹的区域：

（一）环城南路以北、环城西路以东、凤岗路以北、凤祥西路以东、凤祥路以北、岗头北路以东、银湖西路以北、华诚三路以东、芸溪路以南、环城北路以南的城区；

（二）同集路以东、环城南路以南、滨海西大道以西、二环南路以北的城区；

（三）环城北路北侧200米内；

（四）环城北路北侧沿线的碧岳社区居委会的五甲，东山社区居委会的北门、社坛，朝元社区居委会的西池、张厝、洋坂、田厝等社区和城北新村。

第四条 在禁止燃放烟花爆竹的地区不得生产、运输、携带、储存和销售烟花爆竹。

第五条 重大庆祝活动和公共重要节日需要在禁止燃放烟花爆竹地区燃放烟花爆竹的，报市人民政府决定并公告。

第六条 任何单位和个人违反本《通告》的，由公安机关依据国务院《烟花爆竹安全管理条例》、《中华人民共和国治安管理处罚法》及《厦门市禁止燃放烟花爆竹规定》给予处罚；构成犯罪的，依法追究刑事责任。

第七条 违反以上规定，造成国家、集体和他人财产损失或人身伤害的，应当赔偿损失。

第八条 当事人对行政机关依照有关法律、法规规定作出的行政处罚不服的，可依法申请行政复议或提起行政诉讼。

第九条 本《通告》由厦门市同安区应急管理局负责解释。

第十条 本《通告》自2020年9月1日起施行，有效期5年。本《通告》施行之日起，《厦门市同安区人民政府关于在城区范围内禁止燃放烟花爆竹的通告》（厦同政〔2007〕10号）同时废止。

同安区人民政府关于公布废止和待修订规范性文件的通知

厦同政〔2020〕135号

（2020年9月18日）

根据《厦门市行政机关规范性文件管理办法》（厦门市人民政府令第178号）和《厦门市人民政府办公厅关于开展政府规章和行政规范性文件清理工作的通知》（厦府办发明电〔2020〕11号）要求，经各责任部门对照清理，区政府审议决定，对2件规范性文件予以废止，1件规范性文件待修订，现予以公布。

自公布之日起，废止规范性文件不得再作为行政管理的依据；待修订的规范性文件，由具体责任部门按照有关规定和程序启动修订工作。

附件：1. 厦门市同安区人民政府废止规范性文件目录（2件）

2. 厦门市同安区人民政府待修订规范性文件目录（1件）

附件 1

厦门市同安区人民政府废止规范性文件目录

序号	规范性文件名称	文号	发文时间	责任部门	简要说明
1	厦门市同安区人民政府关于促进商贸企业灾后恢复生产经营的实施意见	厦同政〔2016〕236 号	2016.12.26	工信局 财政局	阶段性工作任务已完成
2	厦门市同安区人民政府关于印发《厦门市同安区东西溪管理规定》的通知	同政〔2002〕综 249 号	2002.11.30	农业农村局	已不符合形势发展需要

附件 2

厦门市同安区人民政府待修订规范性文件目录

序号	规范性文件名称	文号	发文时间	责任部门	简要说明
1	《厦门市同安区人民政府关于印发个人住宅建设管理暂行办法的通知》	厦同政〔2018〕17 号	2018.2.2	资源规划分局 建设与交通局 农业农村局	《土地管理法》对部门职责有调整，需要修订

同安区人民政府关于促进建筑业加快发展的实施办法

厦同政规〔2020〕3 号

（2020 年 11 月 27 日）

厦门市同安区人民政府关于促进建筑业加快发展的实施办法

为贯彻落实《国务院办公厅关于促进建筑业持续健康发展的意见》（国办发〔2017〕19 号）、《福建省人民政府关于进一步支持建筑业发展壮大十条措施的通知》（闽政〔2013〕44 号）、福建省发展和改革委员会等七部门联合颁布的《关于支持工程建设领域企业转型发展的七条措施》（闽发改法规〔2015〕455 号）和《厦门市人民政府关于印发促进建筑业高质量发展若干意见的通知》（厦府规〔2020〕8 号）等文件精神，促进我区建筑业发展壮大，结合我区实际，制定本实施办法。

一、鼓励本区建筑业企业做大做强

（一）鼓励本区建筑业企业增产增收

本区建筑业企业在本区年产值 1 亿元（含）以上的，一次性给予产值 0.02% 奖励，且当年度产值比上一年度增量部分，按产值增量部分的 0.03% 给予奖励。同时，根据企业产值增长幅度给予良好行为记录。

（二）鼓励本区建筑业企业晋升资质等级

对晋升资质等级的本区建筑业企业，按以下标准奖励：企业最高资质等级晋升为施工总承包特级资质的，在市政府依据厦府规〔2020〕8 号奖励的基础上本区再奖励 200 万元；企业最高资质等级晋升为施工总承包一级资质的，在市政府依据厦府规〔2020〕8 号奖励 50 万元的基础上本区再奖励 50 万元；企业最高资质等级晋升专业承包一级资质的（不含建设行政主管部门直接核定的与总承包相配套同等级的一级专业承包），奖励 20 万元；企业最高资质等级晋升为施工总承包二级资质的奖励 30 万元。涉及多项资质等级晋升的，按最高等级进行奖励。

（三）鼓励本区建筑业企业创优质精品工程

对本区建筑业企业独立承建本区工程项目获得国家级“鲁班”或“詹天佑”或“国家优质工程”奖项、省级“闽江杯”、市级“鼓浪杯”金奖、市级“鼓浪杯”银奖的，分别给予一次性奖励 100 万元、50 万元、30 万元、20 万元；对本区企业独立承建本区工程项目荣获国家级安全文明示范工地、省、市级安全生产标准化优良项目的，分别给予一次性奖励 30 万元、15 万元、5 万元；对本区企业独立承建本区工程项目获得国家级、省级新技术应用示范工程（包括建筑业十项新技术应用示范工程、科技示范工程或绿色施工示范工程）的，分别给予一次性奖励 10 万元、5 万元。同一工程获得同一性质、不同级别奖项的，按最高级别奖励。

（四）鼓励本区建筑业企业拓展区外市场

本区企业在区外承接的工程项目荣获市级及以上奖项（杯）的，同等享受本区相应奖项的优惠待遇（仅限于评先评优和信用评价）。

二、加大建筑业企业招商引资力度

（一）企业注册地迁入奖励

鼓励区外建筑业企业将注册地迁入我区，对新引进的施工总承包特级、一级、二级及专业承包一级资质企业，分别一次性给予100万元、50万元、30万元、20万元奖励。对公路、铁路、港航、水利、电力施工总承包资质和桥、隧道工程专业承包资质的企业，奖励标准可为上述标准的1.5倍。

（二）企业产值贡献奖励

对新引进的建筑业企业，迁入后第一个完整年度产值1亿元（含）以上的，一次性给予产值0.07%奖励。第二年后按本区企业标准执行。

（三）税收贡献奖励

新引进的建筑业企业自注册地迁入我区之日起5年内，按该企业年度缴纳“两税”区级留成部分（企业所得税和增值税，不包含被划转部分），前2年给予80%的奖励，后3年给予50%的奖励。

（四）企业信用评价扶持

新引进的建筑业企业，从迁入我区（完成资质变更或资质转移）的当年度起，连续3个信用评价年度，根据其产值情况，予以信用等级评价等级扶持，其中：年产值5亿元（含）以上的，评定为A级；年产值1亿元（含）—5亿元的，评定为B级。

鼓励本区企业以商引商，对本区企业积极牵线搭桥引进的建筑业企业迁入后第一个完整年度入统产值1亿元以上的，给予牵线企业记C4良好记录1次，并按照现行招商中介管理办法予以奖励。

（五）办公用房补助

新引进的建筑业企业，在我区租用办公用房的，根据企业自租赁之日起一个完整年度完成的建筑业产值情况，给予实际租赁面积每月20元/平方米的租房补助，补助面积最高不超过2000平方米。具体标准：产值2亿元（含）—5亿元的，给予实际租赁面积500平方米以内的补助；产值5亿元（含）—10亿元的，给予实际租赁面积1000平方米以内的补助；产值10亿元（含）—30亿元的，给予实际租赁面积1500平方米以内的补助；产值30亿元及以上，给予实际租赁面积2000平方米以内的补助。每年补助一次，补助期限不超过2年。

新引进建筑业企业，在我区购买自用办公用房的，根据企业自购买之日起一个完整年度完成的建筑业产值情况，给予实际购买面积每月30元/平方米的购房补助。面积标准同上，每年补助一次，补助期限不超过2年。

（六）支持企业总部及基地建设

区政府通过招拍挂方式合理安排适量的建筑产业园区用地，支持本区建筑企业总部办公、科研、培训基地建设，或建设办公楼宇以租售方式提供给本区建筑企业，发挥总部经济效益，加快形成建筑产业集群。

（七）新引进企业的高管人员（年缴纳个人所得税5万元及以上），自企业迁入之日起5年内按其当年缴纳的个人所得税在我区留成部分的50%给予奖励；符合《关于我区“四上”企业非本区户籍高管子女照顾就学转学审批规范性意见》的相关政策标准的，按照相关规定享受优惠政策。

三、申报材料及程序

（一）申报材料

1. 企业奖励申报表（本区企业填报附件1、2，新引进企业填报附件3、4）。

2. 营业执照、组织机构代码、资质证书副本复印件（需提供原件核对）

3. 相关佐证材料。

（1）资质等级晋升：提供新、旧资质证书，资质批准文件复印件。

（2）产值：企业盖章的报表及经备案的施工合同复印件（项目名称、合同金额、备案收讫三页）。

（3）精品工程：获奖证明（证书或文件）。

（4）新引进企业自购办公用房申请办公用房补助提供产权证复印件。租赁办公用房提供租赁合同、租金凭证。

4. 委托书、承诺书及其他需要提供的材料。

5. 同安区税务局当年度完税证明（按入【退】日期），新迁入企业提供迁入当年电子缴费凭证（按迁入前后分别打印完税证明）申报材料一式三份，复印材料均需加盖企业公章。

（二）申报程序

1. 符合条件的企业每年4月25日前提交相关材料到区建设与交通局工程科，逾期或材料不符合要求的不予受理。

2. 区建设与交通局受理、初审后，提交税务、财政部门审核，各部门在收件5个工作日内审核并签章完毕，会审后建设与交通局对符合条件的企业予以公示。

3. 经公示无异议后，区建设与交通局向区财政部门申请资金，对符合条件的按规定程序办理资金拨付。

四、其他事项

（一）本区建筑业企业指工商注册在同安且具有独立法人资格的建筑业企业（注册在自贸区同安虚拟注册地址但备案实际经营地在同安且纳税在同安的企业视为本区建筑业企业）；新引进企业指自本办法施行之日起，在文件有效期内迁入同安区的建筑业企业。

（二）项目获奖时间以奖状（杯）或通报时间为准，本实施办法规定的奖励政策与市、本区其他优惠政策同类或重复的，企业可按就高不重复的原则申请享受。

（三）如在我区设立福建省或几个省域唯一的分公司、且年度入库税收不低于1000万元人民币的非本区企业，可参照本办法“税收贡献奖励”条款执行。

（四）企业享受本办法以及本区其他政策奖励的最高不超过企业在我区当年缴纳税收的区级留成部分（不包含被划转部分）。

（五）申请并获得扶持奖励的企业，应承诺自获得奖励之日起5年内不得迁离我区，否则区建设与交通局将追回所有奖励（补助）金及利息，迁出企业应全部返还。

（六）对申报材料弄虚作假的企业，由区建设与交通局进行通报并记录不良行为记录，取消该企业申请奖励资格，对已发放的奖励（补助）金及利息予以全部追回。

企业发生重大安全责任事故、重大环境污染事故、重大信用不良记录等，取消企业当年度政策享受资格。

（七）本文件自2020年12月1日起施行，有效期3年；2020年1月1日至2020年11月30日起实施前符合条件的企业可参照执行。

（八）本实施办法由区建设与交通局负责解释。

统计资料

国民经济主要指标一览表

表46

项目	单位	2019年	2020年	2020年比2019年增长（%）
生产总值（GDP当年价）	万元	5477850	5912127	—
三次产业比例（一产：二产：三产）	%	—	1.9：52.4：45.7	—
生产总值（GDP可比价）	—	—	—	7.9
规模以上工业总产值	万元	9382422	9817526	4.6
农业产值	万元	213190	232757	9.2
财政总收入	万元	1009620	1042595	3.3
区级财政收入	万元	256692	262568	2.3
中央级财政收入	万元	406709	449594	10.5
预算内财政支出	万元	646202	717475	11.0
教育	万元	173373	201438	16.2

续表 46

项目	单位	2019 年	2020 年	2020 年比 2019 年增长（%）
社会保障和就业	万元	68506	57294	-16.4
合同外资	万元	314013	346192	10.2
实际使用外资	万元	163226	188955	15.8
进出口贸易总额	万元	2629279	—	—
出口总额	万元	1997208	—	—
全社会固定资产投资（不含农户）	万元	—	—	-24.7
房地产完成投资额	万元	1983153	1287990	-35.1
商品房销售面积	平方米	1064814	973706	-8.6
商品房销售额	万元	2499294	1593382	-36.2
住宅	万元	2256856	1348951	-40.2
社会消费品零售总额	万元	2649251	3946416	8.1
旅游总收入（按 237 元 / 人计）	万元	582800	456600	-21.7

注：1. 表中生产总值、社会消费品零售总额等总量指标绝对数为当年价，相对数则以可比价计算；
2. 生产总值和三次产业比例 2019 年数据采用四经普后市统计局重新修订的数据；生产总值 2020 年数据采用的为快报数。

主要指标人均情况一览表

表 47

项目	单位	2019 年	2020 年	2020 年为 2019 年（%）
* 人均生产总值（人均 GDP，当年价）	元	65682	69107	105.2
万元规模以上工业增加值能耗	吨标准煤 / 万元	0.157	0.152	96.5
农村居民人均可支配收入	元	22942	24619	107.3
城镇居民人均可支配收入	元	49818	51775	103.9
* 每万人拥有中、小学生在校数	人	1198.12	1255.70	104.8
中学生	人	394.30	426.34	108.1
* 每万人拥有卫生技术人员数	人	43.38	42.02	96.9
* 每万人拥有病床位数	张	20.54	19.81	96.5

注：标有 * 指标均按常住人口计算。

2003 年同安分区（拆分为同安、翔安）后至 2019 年主要经济指标完成情况表（一）

表 48

项目	单位	2003 年	2004 年	2005 年	2006 年	2007 年	2008 年	2009 年	2010 年	2011 年
户籍人口数	万人	29.40	29.63	29.91	30.34	30.83	31.51	32.01	32.26	32.80
常住人口数	万人					36.52	38.30	38.89	49.9	55.30
生产总值（GDP 当年价）	亿元	52.41	61.62	70.25	73.89	97.51	125.19	135.76	159.59	185.82
工业产值	亿元	93.04	139.11	154.46	189.18	248.25	280.30	291.84	345.32	397.86
规模以上工业产值	亿元	74.74	120.11	144.81	174.59	227.65	257.33	270.77	327.57	380.83
农业产值	亿元	9.39	10.56	12.09	11.16	12.23	13.52	13.25	14.50	18.00
财政总收入	亿元	7.10	5.04	6.94	10.09	13.87	18.05	20.02	26.37	32.08
区级财政收入	亿元	4.01	2.52	3.48	4.95	6.71	9.05	9.74	13.32	15.88
预算内财政支出	亿元	6.73	5.43	6.43	7.92	10.00	13.11	14.78	17.39	23.16
实际使用外资	亿美元	0.33	0.67	0.80	1.15	1.40	1.87	1.89	2.10	1.95
实际使用外资	亿元									
全社会固定资产投资	亿元	16.80	20.39	29.54	70.61	89.88	96.06	96.56	125.61	145.48
商品房屋销售面积	万平方米	24.13	22.26	25.06	25.76	30.80	11.59	63.20	60.07	57.68
商品房屋销售额	亿元	3.99	6.01	6.20	9.73	16.59	7.22	28.87	32.09	36.23
社会消费品零售总额	亿元	9.98	11.28	13.95	21.19	25.71	32.28	36.01	41.99	48.00
在岗职工人均工资	元	15145	15976	17291	18993	22133	24910	27061	31237	37255
农民人均纯收入	元	4350	4763	5240	5790	6462	7210	7830	8690	10052
农村居民人均可支配收入	元									
城镇居民人均可支配收入	元	10985	12428	14363	16041	18441	21637	24015	27110	30559

注：1. 根据市统计局核定数据编制。
2. 2003 年财政数据含同安、翔安两区。
3. 2014 年城镇居民人均可支配收入、农村居民人均可支配收入均为新口径计算。
4. 市统计局调整 2017 年农业产值数据。
5. 市统计局调整 2003 年以来 GDP 数据。
6. 实际使用外资 2019 年开始以人民币计。
7. 市统计局调整 2010—2020 年常住人口数据。

2003年同安分区（拆分为同安、翔安）后至2019年主要经济指标完成情况表（二）

表49

项目	单位	2012年	2013年	2014年	2015年	2016年	2017年	2018年	2019年	2020年
户籍人口数	万人	33.46	34.21	35.07	35.83	36.80	37.91	39.06	40.54	41.91
常住人口数	万人	59.40	62.3	67.40	70.40	73.10	77.40	81.60	85.20	85.90
生产总值（GDP当年价）	亿元	204.94	235.78	256.12	348.10	369.15	427.89	505.16	547.79	591.21
工业产值	亿元	421.98	472.58	517.38	580.37	774.07				
规模以上工业产值	亿元	384.58	417.98	458.67	496.33	677.26	765.19	877.25	938.24	981.75
农业产值	亿元	19.39	19.80	19.88	19.16	18.83	18.16	18.51	21.32	23.28
财政总收入	亿元	34.31	38.85	48.82	50.03	60.86	74.67	90.42	100.96	104.26
区级财政收入	亿元	16.33	19.29	12.74	14.05	16.64	20.03	23.00	25.67	26.26
预算内财政支出	亿元	23.27	27.63	31.30	36.18	47.85	54.89	56.92	64.62	71.75
实际使用外资	亿美元	3.27	4.00	2.61	3.61	3.27	2.31	2.26		
实际使用外资	亿元								16.32	18.90
全社会固定资产投资	亿元	167.80	159.92	161.03	226.92	271.76	334.29			
商品房屋销售面积	万平方米	46.06	76.99	105.51	75.80	75.26	92.11	84.03	106.48	97.37
商品房屋销售额	亿元	30.81	65.25	114.29	95.34	121.48	194.56	164.27	249.93	159.34
社会消费品零售总额	亿元	60.53	62.49	67.04	77.01	101.50	209.94	245.54	264.93	394.64
在岗职工人均工资	元	42475	46862	52378	56249	61058				
农民人均纯收入	元	11378	12756							
农村居民人均可支配收入	元			15029	16270	17439	18935	20715	22942	24619
城镇居民人均可支配收入	元	33936	36344	33355	35719	38688	42330	45911	49818	51775

注：1. 根据市统计局核定数据编制。
2. 2003年财政数据含同安、翔安两区。
3. 2014年城镇居民人均可支配收入、农村居民人均可支配收入均为新口径计算。
4. 市统计局调整2017年农业产值数据。
5. 市统计局调整2003年以来GDP数据。
6. 实际使用外资2019年开始以人民币计。
7. 市统计局调整2010—2020年常住人口数据。

报刊集萃

厦门同安持续提升交通、医疗、教育等公共配套，为营商环境加分 与尔同安，创业生活两相宜

（《福建日报》2020 年 5 月 13 日 03 版）

蔚蓝无垠的大海、游人如织的黄金沙滩、充满活力的彩色跑道以及沿途串联的生态公园……在本月初的小长假里，环东海域滨海旅游浪漫线成为厦门和周边市民“出门走走”的热门选项之一。

“高颜值”是这里给人的直观感受，这条美丽的海岸线正在打造一条滨海旅游文化体育产业带。而在浪漫线的点缀下，正逐步崛起的，是产城融合、生态宜居的“高素质”环东海域同安新城。

去年，环东海域新城累计新注册企业约 2000 家，丙洲现代服务业基地、美峰现代服务业基地等的建设和招商工作持续深入；IMF 厦门超级音乐嘉年华、HiShorts! 厦门短片周、全国青少年帆船俱乐部联赛（厦门站）等一系列活动的引进让新城备受关注、活力四射……值得关注的是，在该片区还只是初具规模时，厦门实验中学、同安一中滨海校区、环东海域医院等公共配套就已入驻，目前，为适应新城的快速发展，相关公共配套持续升级。

环东海域同安新城的强势崛起，正是同安区努力打造更具竞争力营商环境的有力佐证。近年来，大力升级辖区内交通路网、教育医疗配套，强化产业平台建设，升级人居环境，同安区奋力打造宜居宜业的新高地。

立体交通　路网持续升级

在连接厦门岛内和同安区的快速通道——滨海西大道上，车流昼夜穿梭不息，不久后，这条城市道路主动脉之一还将进一步拓宽升级。

按照厦门市新一轮总体规划，未来同安新城和环东海域东部新城片区将整体提升，打造“一个市级中心、两个区级中心”，重点发展壮大丙洲现代服务业基地、美峰现代服务业基地、西柯智能制造现代物流基地等三大产业园区。为匹配和服务该片区的快速发展，已建成 13 年、历经两次改造的厦门市滨海西大道迎来新一轮提升。拓宽车道、“截弯取直”、升级绿化景观……新改造的滨海西大道将进一步提升通行效率、优化通行体验。

不断升级交通路网以服务区域快速发展，近年来，同安区不断完善交通网络格局，满足人民群众日益增长的交通通行需求，为“富美同安”赶超发展夯实基础。

在今年春节前，同集路（海翔大道—福泽路段）跨线桥工程（主线桥）、同莲路（城南大街—莲花镇段）改造工程凤岗段、梅山路（同新路—环城路）改造工程等 37 条道路按计划顺利通车，同安区迎来道路建设的大丰收，为新一年的良好开局奠定了基础。

今年截至目前，在同安区的交通项目升级计划中，已有同翔大道（洪新路—同新路段）主体工程、同莲路（城南大街—莲花镇段）凤岗段、同集路（海翔大道—福泽路段）主线桥等 3 个项目完工并通车，完成投资约 9.39 亿元，达成交通口市级资金项目年度计划的 76.65%。

同安区有关负责人介绍，近年来，同安区积极对接厦门市“两环八射”快速交通路网体系，基本建成了同安区“一环两横四纵”骨干交通路网。接下来，同安还将持续发力城乡路网建设，加快推动新建福厦铁路、轨道交通、同安东路、北站连接线（天马山路—上湖路段）等重点项目建设，重点打通一批断头路，基本建成区内互通、区外互联、快速便捷、高效安全的对外交通网络，着力打造厦门市域“半小时交通圈”和厦漳泉“一小时交通圈”。

医疗教育　配套不断完善

12 日，在同安区后宅中学建设项目现场，工人们戴着安全帽，有条不紊地铺设地板砖，内墙面涂料、水电安装也在同步进行，项目因疫情耽误的工期已被追上。

据了解，该项目位于同安工业集中区建设范围内，规划建设 36 个班，将提供 1800 个学位，保障工

业集中区外来务工人员随迁子女入学需求。

“学校将引进同安区教师进修学校优质的教育，进行‘高位嫁接’，实现教育均衡，让进城务工人员随迁子女不但‘有学上’，更要‘上好学’。”后宅中学筹建组组长杨文养介绍。

目前，同安全区以“深化大学习、提振精气神”为契机，进一步强化理论武装，还将学习成果融入一线工作推动各项工作开展。一大批教育新建改扩建工程得到大力推进，将不断优化该区教育环境，助力解决“有学上”“上好学”，带给群众更多获得感、幸福感。

教育是最大的民生，也是营商环境的重要构成，近年来，同安区对教育建设空前重视，投入巨大。记者从同安区教育局获悉，根据规划，2019 年—2023 年，同安区预计将投入 45 亿，新建、改扩建 44 个学校建设项目，大力补齐教育短板，满足社会发展需求。2019 年同安区学校建设项目达 47 个，年计划投资 9.49 亿元。

今年，该区计划新增学位超 9000 个，新增 25 所市级义务教育标准化学校、8 所区级以上示范幼儿园，推进 15 所“智能化校园”示范校建设。此外，还将积极引进国内名校，鼓励社会力量办学，并通过大力引进优秀教育人才，强化教师培训培养等，提升名校长、名师工作室辐射作用，打造更优质的教育环境。

而在补齐医疗短板、提升医疗水平方面，位于同安新城的环东海域医院吸引了众多关注。作为省重大、市重点民生工程建设项目，环东海域医院正是为了配套推动岛外功能提升，加快推进环东海域新城开发建设，助力打造片区经济发展主引擎。该项目于 2018 年 1 月开工，主体全部结构已于 2019 年底全部封顶，一期项目预计 2021 年完工启用，将建成集医疗、教学、科研、预防保健于一体的三甲综合医院和国家重点大学研究型附属医院。

城市空间　更宜居宜业

前不久，同安区和环东海域新城暨现代服务业基地片区指挥部联合发布了《关于印发支持环东海域新城新经济产业园发展若干政策的通知》，对该新经济产业园的入驻企业认定标准、入园条件、园区扶持政策等作出规定。

作为厦门市打造新经济产业创新高地的重要载体，该园区总建筑面积规划为 42.6 万平方米，将以新技术为驱动，大力发展以互联网与现代信息技术服务、现代生产性服务活动、新型生活性服务活动、现代综合管理活动等为主的“三新”（新产业、新业态、新商业模式）经济，配套发展科技服务业，为环东海域东部新城片区产业转型升级提供重要引擎，打造厦门新经济产业链生态圈。

同样位于同安新城中的“银城智谷”园区则将以智慧产业集聚平台和产业升级核心引擎为目标，打造成高新技术类服务业总部基地以及产业升级人才培养与输送中心，成为厦门经济转型发展的全新引擎。

一系列崭新的产业平台将成为未来同安经济发展的新亮点，带动同安相关产业转型发展。一边是热火朝天的创新创业环境，另一边，同安区通过城乡环境提升优化，打造了更具魅力的人居环境。

雪樵公园完工，文笔塔公园开放，苏颂公园、双溪公园等改造提升，东西溪慢行系统不断优化升级……越来越多的公园绿地散落城市之中，带来“公园就在家门口，出门就是风景线”的生活体验。近年来，同安在建设城市新空间时，不忘提升老城，以不断优化的城市环境，让选择同安的客商百姓乐业又安居。

（杨珊珊　余雪燕　韩超）

同安：风好正扬帆

（《福建日报》2020 年 7 月 2 日 10 版）

周末到位于同安湾的滨海浪漫线打个卡，在海边沙滩散散步，已成为厦门市民的新时尚。

曾经，这里是一片滩涂连着荒地，周边是散落的村庄民居。镜头切换到如今的同安湾，一条彩色的跑道沿着海岸线蜿蜒，串起一栋栋现代化风格的高楼，星级酒店、新建学校、商场点缀其中，人气越来越旺，不断落地的重大项目让这里充满一股蓬勃向上的朝气。

作为正强势崛起的岛外新城，同安湾新城是厦门跨岛发展的主战场之一，其日新月异的变化吸引着越来越多目光聚焦。拉开城市发展框架，一路往南、向海，同安湾新城也承载着同安区未来发展的期待。

站在“岛内大提升、岛外大发展”的重大历史机遇面前，同安区坚决贯彻落实厦门市委市政府重大决策部署，正迎着“岛外大发展”的东风，积极融入厦门“山海一体、江海连城”的大海湾城市战略发展当中。马力全开，发力招商引资，以优质项目带动产业转型升级，不断完善基础设施配套，补齐民生短板，着力提升百姓的幸福感和获得感，同安以一个个稳扎稳打的脚印，踏出一条全面高质量发展的道路，让城区更具特色、更具魅力、更有温度。

率先发布
三年行动计划引领城区大拓展

在厦门全市吹响“岛内大提升、岛外大发展”的冲锋号角后，同安率先出台《“岛外大发展”三年攻坚总体方案》，以规划、产业、公共配套等六大领域攻坚为依托，以项目落地见效为驱动，全力推进富美同安加速高质量发展。

根据方案，到2022年，同安全区GDP总量力争达740亿元，人均GDP达9.5万元。届时，全区规上工业总产值将突破1330亿元，低端落后产能得到疏解，基本实现建成新一代电子信息、旅游文化、机械装备等三大产业集群以及生物医药与健康、现代物流、都市现代农业等三条产业链群的发展格局。

同安区相关负责人表示，同安将以加快建设现代化经济体系增强发展后劲、提升城市功能品位拓展发展空间、优化生态环境改善人居环境、提高民生保障水平增强百姓幸福、涵养人文内涵实现留根留魂为主攻方向，继续发力同安高质量发展。

这份秉要执本的方案，涉及城市格局大拓展、产业结构大升级、公共服务大覆盖、生态建设大推进、人文内涵大提升、乡村振兴大发展等重要方面，拉开的是城区发展的骨架和空间，在同安加速发展的基础上，绘就一张方向更加明确的蓝图。

目标既定，当快马加鞭、只争朝夕。同安区迅速成立“岛外大发展”工作领导小组，由区委区政府主要领导担任组长、副组长，统筹研究决定建设重大事项，领导小组每月一次例会，专题研究、协调解决项目问题。此外，还建立“岛外大发展”攻坚行动的督查问责机制，组织部门将更多在项目建设一线培养选拔、考察考核干部，树立起实在实干实绩的用人导向。一系列工作机制的建立，将为同安在岛外大发展中给出更闪亮表现提供坚强保障。

强招商稳住压舱石　打造产城融合典范

6月25日晚，端午假期，同安区西柯镇征拆工作点依然灯火通明，一片忙碌的景象。办公桌上各种文件堆积着，不同类型的表格被摆在桌上、贴在墙上……挂图作战的紧张感，充斥在一间间办公室里。

被期待为同安湾新城发展腾出更多发展空间的西柯北片区（二期）项目征拆工作，正在紧张推进中。据了解，从5月20日正式开启西柯北片区（二期）征拆至6月20日，项目共完成434栋房屋签约，实现首轮签约超99%，创造该镇近年征地拆迁工作的最好成绩。最高峰时项目一天签约43栋，刷新了同安单日住宅房屋征拆签约的新纪录，也为岛外大发展、同安新城建设提供了强有力的用地要素保障。

据了解，同安区计划将重点推进东柯、塘边、孤单厝、上店、后吴等村庄的拆迁，推进同翔高新技术产业园和新城现代服务业基地片区的建设。到2022年，完成44个村庄的拆迁，面积200万平方米，征地面积5320亩。

腾出更多空间，引进更多好项目。近年来，在同安区的积极招商下，京东、顺丰、趣店、信和达等一大批重磅项目纷纷落地，金牌厨柜、保沣实业等本地企业不断壮大，产业转型升级加快，进一步稳住经济发展的压舱石。目前，同安全区规模以上工业企业超过650家，“三高”企业和上市公司在全市位居前列。

在今年第二季度重大项目集中开工仪式上，总投资6亿元的厦门顺丰创新产业园在同安正式开工建设。项目建成后，将有力推动同安区现代智慧物流服务业的集聚壮大，带动区域新产业新业态发展。该项目构建的物流服务生态圈还将辐射厦门和东南地区，带动闽西南地区的先进制造业、传统商贸零售企业的升级发展。

而在5月底，红星美凯龙旗下欧丽洛雅和爱琴海购物公园两大商业综合体同时落地银城智谷核心区，项目涵盖购物中心、影视娱乐、体育休闲、亲子教育等业态，将有效完善银城智谷园区配套，助力同安湾新城打造产城融合的宜居宜业环境。

快马加鞭建设，同安区高擎蓝图，频频落子，随着一个个优质项目在同安湾畔落地发展，一幅沿着海湾崛起的产城融合富美画卷已然成形。

推动城市有机更新　守护好根和魂

近日，同安区将建设长达67.4公里通山连海步道的消息，在许多本地人的朋友圈里刷屏。目前，老城区慢行系统约建成25.49公里（不含新城），今年新生成绿道建设项目15.57公里，其余的26.34公里步道建设计划于未来几年内完成。

为了给居民打造更多休闲的好去处，创造绿色、健康的出行环境，同安区计划打造一条连通同安北部山区与南部同安湾沿线的步道，一路串联起沿线的公园、水系和风景名胜区，例如影视城、清风园、梵天寺和城区慢行系统，达到整合辖区旅游资源的效果。

据悉，为守护城市颜值，打造更加宜居的生活环境，今年，同安已启动园林绿化类项目44个，计划年底建成31个，剩余13个项目预计2021年全部完工，预计完成新建或改造公园绿地面积29.46公顷，新增或改造步道13.71公里。

近年来，同安区在经济快速赶超发展的过程中，持续推动城市有机更新，以精细绣花功夫，不断提升城市品位。对于千年古城同安来说，深厚的文化积淀是城市的独特魅力，把握岛外大发展的历史机遇，既要拉开城市发展框架，在新城上大刀阔斧建设，挥洒作画，也要坚持新城开发和老城保护齐头并进，传承弘扬历史文脉，建设更具特色、更具魅力、更有温度的现代化城市。

如今，走在同安街头，文笔塔公园内，同安的代表性文化地标文笔塔尽显古韵；苏颂公园内，既可休闲健身，也传递着同安历史名人苏颂的故事、家风家训……还有同安孔庙、陈化成公园、雪樵公园等一批标志性地点得到修缮提升，在城市快速发展的同时，保留着古韵同安的风味。

值得关注的还有，注重保护历史文物，同安区正在实施“记得住乡愁”历史文物古迹保护计划，将分批完成42处文物修缮保护工程，还将对全区不可移动文物挂牌立碑，并加快同安历史陈列馆、孔庙和芦山堂的展陈建设，并积极推动辖区非物质文化遗产项目保护，开展培训研修、展示交流等活动。

保护城市的文脉，促进传统文化的现代传承，同安区不断丰富跨岛发展中的人文内涵，守护好根和魂。

亮点

1. 城市格局大拓展

计划高起点开展新民凤南片区、城北片区等新兴片区的控规编制，推动“岛外大发展”的高能级项目落地建设。在新城拓展方面，力争三年完成5320亩征地和200万平方米的拆迁，增强环东海域新城和同翔高新产业新城综合承载力。

2. 教育项目大覆盖

同安区学前教育三年入园率已达98.5%，全区公办覆盖率47.62%，普惠性幼儿园覆盖率达99%，入园率和普惠率均居全市前列。

根据同安区《爱心厦门公共服务大覆盖专项行动实施方案》，第一批将建设45个学校项目，总投入超40亿元，预计新增学位4.62万个。到2022年，凤岗小学、四口圳学校、文笔塔学校、卿朴中小学等多个项目将竣工投用，努力实现该区“学位等小孩”的目标，并进一步改善学校办学条件。

3. 医疗短板大补齐

目前，全区已有14.7万人签约家庭医生，签约率达37.75%，而以65岁以上老年人为主的重点人群，签约数近3万人，签约率84.87%。基层医疗提升方面，同安全区111个村卫生所已完成信息化建设。

福建省重大、厦门市重点民生工程建设项目——环东海域医院于去年12月底全面封顶，未来将建成集医疗、教学、科研、预防保健等功能于一体的三甲综合医院。

4. 绿地面积大增加

2020年，已启动园林绿化类项目44个，计划年底建成31个，剩余13个项目预计2021年全部完工，预计完成新建或改造公园绿地面积29.46公顷，新增或改造步道13.71公里。

5. 人文内涵大提升

实施“记得住乡愁”历史文物古迹保护计划，推进42处古城风貌的修缮保护，进一步打响孔子文化节、朱子文化节等活动品牌。到2022年，力争旅游收入突破143亿元，接待国内外游客超2786万人次。

（杨姗姗）

厦门同安：高颜值高素质新城在腾飞

（《福建日报》2020年7月13日08版）

住在同安湾畔的陈女士这两年深切地感受着同安新城的发展脉动——

沿着同安湾畔，产业园内拔地而起幢幢高楼，一个个高新企业陆续入驻，产业不断集聚；新城内的学校、医院、道路交通等配套逐渐配齐，阳光小镇商业圈为周边居民提供便利，一条多彩的滨海浪漫线还将酒店群、各个公园串起来，新城商气、人气都快速聚集着。

“这两年同安新城的变化真是肉眼可见，我感觉幸福值越来越高了，搬到这里真是一个明智的选择！”陈女士感叹。

近年来，在“跨岛发展”战略指引下，同安湾成为开发的热点，按照厦门市委“岛内大提升、岛外大发展”的部署，同安新城建设不断提速。绿带绕海，产业聚集，富有活力，特色鲜明，一个宜居宜业宜创、产城融合的现代滨海新城已然崛起。

高标规划　产业拉开新城格局

沿着滨海西大道行驶，一路上车流不息，道路两侧的高楼鳞次栉比，许多都是新城近两年新建投用的现代化建筑。在“岛内大提升、岛外大发展”的号召下，这片热土正见证着更多的蜕变。

厦门市环东海域指挥部征拆部主任、同安分部办公室主任陈火生告诉记者，同安新城坚持高起点、高标准、高层次、高水平建设，打造产城融合、宜居宜业宜创、绿色生态的岛外新城。特别是依托“新城+基地”，紧盯现代服务业和新经济产业发展方向，同安新城正打造新的经济高地。其中，美峰科技创新园、银城智谷、新经济产业园三大园区将承载新城产业发展的主要期待。

厦门火炬集团有限公司副总经理周小刚介绍，由火炬集团开发运营的美峰科创园已入驻美亚柏科、欧米总部、火炬创业中心、联展讯等公司或平台，近段时间以来更是好消息不断，一批具有产业带动效应的新项目纷至沓来。目前，智布互联科技、新基建产业平台、沈阳新松智能研究院项目、国青创新项目等都已签约，正逐步入驻。

“我们注重招大引强，侧重为美峰科创园引进高科技、平台化的项目。”周小刚说，这一串即将落地的项目在科创领域都有十足的竞争力，并且有利于营造科创产业的良好生态，为吸引更多相关产业项目、产业资本打造平台基础。例如，在4月29日全市重大招商项目“云签约”活动中签约的新基建产业平台项目落地后，将建立新基建合资平台、设立新基建产业基金等，一批相关上下游企业也纷纷被吸引前来，目前火炬方面正在对接奥亿特、御芯微、翱捷科技等半导体相关研发产业化项目加快落地该科创园。

“未来环东海域片区将成为厦门城市新客厅，这两年这里的变化非常大，我们园区入驻早、起步早，厚积薄发，现在正迎来新一轮大变化，一切都是最好的安排。”周小刚说。

盛夏时节，同安新城的产业平台都在快马加鞭建设，前不久，银城智谷一期陆续竣工交付使用，包括金牌厨柜等大型企业即将整体入驻，目前已有15家重点企业核准入园，园区将重点引进总部经济、信息服务、研发设计、文化创意等产业。作为厦门市打造新经济产业创新高地重要载体的新经济产业园项目建设和招商正在同步进行中，目前已对接落地4个项目。

招大招强　推进产城深度融合

美亚柏科培训中心、趣店科技产业园、紫光科技园、中船重工725所、金牌厨柜……在同安新城内，已有一批“金凤凰”筑巢在此，乘着新城发展的东风迅速发展。

作为国内领先的电子数据取证及安全产品服务提供商，研发总部在厦门岛内的美亚柏科早早地谋划产业布局，将培训服务板块布局在同安新城。

“7年前我们就把培训中心搬到了同安新城，慢慢将整个培训业务挪过来，目前我们整栋楼的空间基本饱和了，今年至今培训人次已经有3万人次，全年预计会突破5万人次。”美亚柏科公共关系与品牌运营中心副总经理李国庆介绍。培训业务无形当中促进了企业营销业务发展，对企业品牌宣传和业务拓展都有益助。

在他看来，企业跨出厦门岛，将培训基地放在同安新城，是一个再明智不过的选择。“背山、面湖，旁边是公园，不远处就是大海，地理位置和环境都非常好，很适合我们的培训需求。”他说，在软环境上，当地政府针对服务业出台了一系列鼓励措施，工信局、招商局、新城指挥部等多部门主动联系企业，在人才房、交通保障等方面为企业提供了不少便利。

“来到这里，有了空间，企业就有了更多想象力，能够谋划更多的发展。”李国庆说，他们有信心在同安新城迎来更好的前景。

随着同安新城的快速建设，和美亚柏科一样加入新城发展的实力企业队伍正在壮大。加大招商引资力度，同安新城正吸引更多高科技企业，发展新业态，优化产业结构，完善城市功能，聚集商气人气，推进产城深度融合发展。

完善配套　城区更加宜居宜业

周末驾车到同安湾畔的沙滩玩耍，在美丽的滨海浪漫线上走一走，再到厦门阳光小镇购物中心吃个饭、逛逛街……这样休闲惬意的路线安排成了越来越多厦门和周边市民的选择。

不仅宜业宜创，正在腾飞的同安新城还以宜居、宜游为目标，努力为市民过上更加美好的生活创造良好的环境和条件。

目前，新城内的阳光小镇商业圈已经成熟，吸引了不少市民游客，今年5月底，红星美凯龙旗下欧丽洛雅和爱琴海购物公园两大商业综合体还同时落地同安新城银城智谷核心区。据了解，项目涵盖购物中心、影视娱乐、体育休闲、亲子教育等业态。到2023年，这两大高端商业项目建成开业后，将有效完善银城智谷园区配套。

作为环东海域新城的亮点项目，滨海旅游浪漫线分三期建设，目前一期建成投用，以缤纷的色彩衬托日新月异的同安湾畔。未来，依托浪漫线，国内领先、国际一流的知名赛事也将陆续在新城落地，这里将打造成全国一流的滨海旅游景观带和充满活力的文化体育产业带。

加快谋划事关未来长远发展的重要基础设施和重大公共项目，同安新城的民生配套持续完善。

同安新城的门面、重要交通干道——滨海西大道改造工程正在加紧建设中；省重大、市重点民生工程，高水平建设的三甲医院——环东海域医院将在明年实现一期项目完工启用；一批新城内的教育项目正全面展开；此外，居住配套也在加快完善，目前，滨海公寓和后吴公寓已建成投用，官浔公寓正加快建设，3个保障性住房项目可提供住房约1.3万套。朝着“拥有一流宜居环境的美丽典范新城”的目标，同安区正加快将新城的蓝图落实为百姓身边的美好风景。

（记者：杨珊珊　通讯员：杨心亮）

厦洽会期间签约落地项目总投资达896亿元
重引商善育商会留商厦门同安谱写产业发展新篇章

（《中国商报》2020年9月11日04版）

城海相融、政策明朗、营商优越、产城融合，成为厦门市同安区吸引大项目好项目接踵落地的关键词。

同安区作为厦门市岛外大发展的主战场、主引擎、主阵地，充分利用厦洽会召开的有利契机，紧扣“重振投资信心、促进合作共赢”的大会主题，做好项目、资本、技术三个方面的对接，注重项目质量、注重项目规模、注重项目落地，实现了签约项目和邀请客商量质齐升。本届厦洽会，同安区对接、签约、落地项目总投资达896亿元，创历史新高，充分展现了同安区全方位高质量发展良好态势。

抓项目就是抓发展，抓投资就是抓后劲。同安区重引商、善育商、会留商，以优越的营商环境、科学的优惠政策、优质的企业服务，为企业落地发展冲刺扫清障碍，让同安发展速度成为它们成长的加速度。

项目优质内涵丰富

9月9日下午，2020年厦门国际投资贸易洽谈会暨丝路投资大会同安区招商项目签约仪式在同安区政府举办。本次签约仪式共有37个优质项目，现场签约投资总额超500亿元，其中央企、金融、总部项目13个，先进制造业和信息产业项目8个，现代服务业项目14个，文化旅游项目2个。再加上与市直部门和各重大片区联动招商的项目，厦洽会期间，对接、签约、落地同安区项目总投资达896亿元。

透过同安本次招商引资的成绩单，总部结算、信息产业、基金、金融服务、先进制造业等一个个发展关键词清晰可见，既有先进制造业项目如冠烽医疗智能制造项目、荣海生物科技项目等，也有现代服务业项目，如环亚云机器人平台项目、人力窝网络科技平台项目等。另外，引资结构更趋优化。围绕重点产业链群，着力强链补链延链，为富美同安全方位高质量发展超越赋能聚力。

不难发现，同安区今年签约的项目类型多样、结构合理，这将有力夯实同安区全方位高质量发展超越的基础。

眼波优品CSO杨晨晏表示，“我们聚焦大健康产业，主要是针对视力保健行业，落户同安是因为其有较好的整体招商环境及未来发展前景，公司本身也希望能在大健康板块领域成为领军型企业，所以我们对于落地还是有极大信心的。”

近年来，同安区致力打造环东海域现代服务业基地，一批批企业总部、金融服务、信息科技等大优项目接踵落地“智谷”“创谷”“云谷”，宜居宜业宜创的“厦门未来科技之城”正在崛起。

在“智谷”，一栋栋打造新经济产业链生态圈的高楼拔地而起；在“云谷”，集办公、商业、众创空间等为一体的现代服务园区正在崛起；在“创谷”，一家家高新企业在这里集聚；一个个由创意发想的点子正在同安这片热土生根发芽……同安已成为海内外客商创新创业创造的乐土。

据了解，上市公司美图的全资子公司美图之家也选择落户“创谷”，目前已经斥资3.59亿元买下园区的办公楼，作为企业的新总部。

强链补链提升产业能级

产业发展，关键在项目。好的产业项目意味着发展活力，代表着经济增长极。

本次签约的项目中，最吸引眼球的应属总投资规模达120亿元的重磅项目——华彬快消品东部区域结算中心、功能饮料生产基地、东部基地及丙洲岛文化旅游项目。据悉，该项目投资方为华彬投资（中国）有限公司，其中快消品东部区域结算中心及功能饮料生产基地投产后预计年产值（营业额）不低于60亿元。

近年来，同安区不断培育总部经济，提升集聚辐射力，总部经济项目数量和质量“双提升”，磁吸效应更加凸显。上海爱睿思电子有限公司意向在同安区投资设立亚洲最先进的隐形眼镜生产基地及结算总部，项目总投资14亿元，落地后年产值超30亿元。泰亘信智能制造基地项目固定资产投资2.2亿元，用地面积约49.6亩。该制造基地将围绕电子元器件产业链，整合行业资源，聚集电子元器件研发设计、生产制造、智能设备研发设计等领域企业。建成投产后，预计年产值规模不低于30亿元……

招大商引优商、抓项目增后劲。作为央地合作项目，中煤地质集团东南总部项目、中煤厚持资本产业基金项目也吸引不少眼球。据悉，中煤地质集团拟在同安区设立东南总部，中煤厚持（北京）资本管理有限公司拟组建15亿元引导基金，并设立子公司，协助同安区引入优质企业落地。

9月9日上午，央地合作的另一项目，国铁吉讯科技有限公司与厦门市政府签订战略合作协议，落户同安湾新城。国铁吉讯将在厦成立子公司，并以本次签约作为新的起点，与厦门市政府共同探索铁路信息化To B与To C业务新模式，厦门市政府也将为国铁吉讯做大做强提供政策支持。

数据显示，截至目前，今年同安区已注册落地432个项目，注册资本133亿元；全区新增注册资金1000万元以上的企业269家，比去年同期增加22.27%。今年上半年，同安区生产总值增幅比全市高出3.2个百分点；1至7月，全区生产总值、规上工业增加值、服务业增加值等8项指标增幅高于全省平均水平。两组数字，串起的是同安产业发展的大格局。

抓住产业链发展的重心，同安招商工作不断引进优质项目。今年二季度开工的顺丰创新产业园为同安智慧物流产业的发展带来契机；5月底，红星控股集团旗下欧丽洛雅和爱琴海购物公园两大商业综合体同时落地银城智谷核心区，23万平方米的商业巨舰，将成为同安新城的新地标；7月，海辰锂电项目开工建设，项目建成后年产值可望达百亿元。

强链补链，提升产业能级。相比商业综合体和锂电池生态项目的远期效益，此次市级签约项目中泰亘信智能制造基地项目企业已竞得地块，正在办理增资手续，比财集团南方总部项目已完成公司设立，将于近期正式运营。随着一批批优质项目在同安先后落户扎根，同安区长远发展的新动能也在不断积蓄。

打造营商环境新高地

持续提升制度环境软实力，努力打造营商环境新高地。同安经济发展之快、质量之高并不是没有原因的，真诚的服务、完善的配套、创新的机制是其重要保障。创新创业创造“三创”生态的日益完善和不断释放的政策红利，是同安这座城市给予海内外客商厚实的获得感、幸福感和安全感的强有力支撑。

“找对的合作者，与同安做朋友”。比财集团创始人王卫东在致辞中表示，同安新城是新经济产业的聚集地，是厦门最具发展潜力的片区。他十分看好同安新城以及同安区经济发展前景和优良的营商环境。同时，同安区精准实施惠企政策，同安区委区政府及相关部门实地走访对接项目，让他们切身感受到了热忱、务实、高效的政府服务。

对此，华彬集团重大项目办主任宋文虎也颇有同感，四个项目落地只花了15天时间，这样的“同安速度”让他十分惊喜。当初为了企业发展、帮员工谋利益，公司需要寻找新的产业、平台、好地方来落户，华彬集团来到了同安，而同安区领导不怕麻烦、贴心的服务、诚信兑现承诺的心意，让他们最终选择扎根于此。

项目推进还需要机制保障。围绕企业关心的商事制度改革，同安区设置“一窗受理”综合窗口，通办审批服务事项。一些办件量较少的业务部门被整合成2个统一受理窗口，而企业需求较大的服务项目则实现了“一窗通办”。

今年5月25日，同安区“企业开办专区”正式对外服务，该专区整合了审批服务中心、市场监管、税务等，实现了线下“一个环节、一窗办理、一日办结”。

在企业投资项目审批领域，同安工信、建交、发改、资规等部门协作，持续推进项目审批提速。今年7月动工建设的海辰锂电项目就是一个典型。该项目前期审批手续从合同约定的“9个月内开工”，压缩至1个月以内完成。

营商环境是招商引资的生命线。高效的服务和不断优化的流程，是同安打造“保姆式”营商环境模式的生动图景。

在环东海域同安新城银城智谷园区，运营部门围绕企业和个人两个全生命周期，整合再造业务流程，全力推进企业开办、员工住房、子女入学等的联办通办，解决新落户企业的后顾之忧。

广州千鸟电商科技有限公司联合创始人、副总裁胡景军告诉记者，“同安的营商环境特别好，且政府想企业之所想，帮我们做了很多落地工作，为企业落地后企业职工福利等补贴政策都考虑得非常细，包括税收政策，力度非常给力。”

好的营商环境就是生产力。一个城市的投资环境、办事效率，终将在招商引资、人才引进、产业升级等多个领域逐渐显现。现在，同安正全力打造便利化、数字化、市场化、法治化、国际化的营商环境，书写着高质量发展超越的“同安样本”。

扩投资、增项目，已成为海内外客商在同安扎根发展的长远之举。

有凤来仪，非梧不栖。营造一流的营商环境，提高站位、拓宽视野、放宽格局，同安发展阔步向前。如今，在同安，机器的轰鸣声越来越响，好项目、大项目建设如火如荼，经济高质量发展引擎正高速运转，展示出高质量发展的良好势头。

（黄静怡　杨心亮　本报记者：胡德铧）

厦门同安区：谱写乡村振兴新篇章

（《中国商报》2020年10月28日03版）

以前，厦门市同安区莲花镇的军营村和白交祠村是远近闻名的贫困村，如今，两村不仅村容村貌发生了翻天覆地的变化，而且“遍地开花”的乡村振兴项目也让村民的生活越过越好。

党建引领致富路

日前，中国商报记者驱车前往军营村、白交祠村采访。从山脚下的祥溪林场算起，一路上山到白交祠村村口，共有200余个转弯。因此处偏僻，过去村民们的生活非常艰苦。

种植茶叶是当地的主要收入来源，1986年军营村700多名村民种植了400多亩茶园，人均年收入只有280元左右。30多年来，白交祠村、军营村沿着“山上戴帽，山下开发”的发展思路，在山上植树造林，在山下种果种茶，发展多种经营，走出了一条生态建设与脱贫致富有机结合的绿色发展之路。如今，这两个村子山上造林4100亩，山下发展茶园6000多亩，成为远近闻名的生态村、文明村，乡村旅游、红色旅游办得风生水起，去年两村人均纯收入均突破25000元。

寒露时节，又到了秋茶采摘收获的时候，在这个被茶农称为“秋香”的时节，军营村的高山茶园里茶香四溢，一派繁忙景象。一大早，茶农高金原和他的女儿就开始忙着晒茶了。

高金原告诉记者，今年他家的秋茶收成很不错，预计能收2000多斤。更让他高兴的是，如今茶叶的产量高了，销路也不用愁了。去年10月，同安区的龙头企业恒利茶叶公司与村里进行了项目合作，对军营村的茶叶进行统一收购、加工、包装，还注册了“青山枞绿水茗”茶叶品牌，不仅改变了原来自产自销的老路子，而且赋予了军营村高山茶更高的价值、更广的销路。

增收项目“遍地开花”

这边的高金原父女俩正忙着收茶，另一边开民宿的高珠玉也没闲着，她正在厨房忙着给预约的客人准备午饭。高珠玉说，2015年，她经营起了军营村的第一家民宿。但当时因为不懂经营，民宿生意一直不温不火。

这个局面在去年发生了改变，在同安区委区政府的推动下，军营村、白交祠村引进厦门旅游集团作为乡村旅游整体开发运营商，对两村进行统一规划、开发、招商、运营和管理，并以“国企示范项目＋村集体带动＋村民合作入股”模式运营两村的合作社，提高村财政和村民收入。同时，还成立了以承接党建培训服务为主业的高山红教育公司，提供一站式规范服务。

整合资源、提升硬件、加大推广，在国企的帮扶带动下，军营村的乡村旅游人气不断提升，现在高珠玉家的民宿生意越来越红火，源源不断的客源不仅带来了更好的收益，也让村里的年轻人看到了发展的希望。

高珠玉说：“今年国庆假期，游客爆满，煮饭都煮不过来。有的村里人本来是要进城打工的，现在都回来了，甚至有的大学生也回来创业了。以前我还跟老公说，你在山沟沟里投资开民宿给谁住啊……现在生意红火，我很满意。”

依托得天独厚的绿色资源和红色资源，厦门这两个最偏远的山村正在书写乡村振兴的生动答卷，实实在在地为村民创收增收。

在白交祠村党支部书记杨明福看来，半年多时间就出效益，正是得益于两村绿水青山的绿色资源、高山教学点的红色资源和国企带动村民入股的合作模式。白交祠村村民第一次拿到合作社的分红款是在今年3月4日，全村发放总额达13万余元。而距离白交祠村不远的军营村，村集体经济的21万元分红，赶在去年春节前一天就已经发到了每位村民手里。

点燃村民的致富梦

“火车跑得快，全靠车头带”，这几年，龙头企业与农户合作的项目在军营村可以说是“遍地开花”。2017年，军营村通过土地流转，与农业龙头企业百利种苗公司合作，建设了占地48亩的小番茄种植基地。基地培育出产的小番茄，皮薄味甜、品质很高，常常是一上市就销售一空，而这小小番茄带来的好处还远不止于此。

同安区军营村党支部副书记苏海亭说：“它不仅盘活了我们闲置的土地，还雇用了我们村里闲置的一些劳动力，村民们去那边学习、上班，一个是赚到了钱，一个是学到了一些本领，我们才知道土壤还需要养护，还要通过一些高科技的东西，可以科技助农。”

这两个村的人均收入发生了非常直观的变化。以军营村为例，2019年村人均收入达到了3.2万元，而在2018年村人均收入才2万多元。苏海亭表示，脱贫只是第一步，接下来还要完成乡村振兴，还要走上小康之路。

如今的军营村、白交祠村，早已摘掉了贫困村的帽子，迎来了脱胎换骨的新生。穷乡变富壤，山村变花园，一个个乡村振兴产业项目不仅激发了乡村的“造血”功能，更点燃了村民的致富梦。

（杨心亮　本报记者：钟瑜）

“三险合一”做足惠民大文章

福建厦门同安区将“社会治安综合保险”“道路交通事故救助保险”“大病医疗救助保险”融为一体，织密民生保障兜底网

（《中国改革报》2020年11月11日04版）

家庭财产受损可补助、社会治安伤害有救助、大病医疗政府来兜底，百姓不花一分钱，就有多重“护身符”。2019年以来，福建省厦门市同安区深化体制改革，创新社会治理，将“社会治安综合保险”“道路交通事故救助保险”和“大病医疗救助保险”融为一体，在福建省率先启动“三险合一”运作模式，由财政出资为83万新老居民统一购买保险，织密了民生保障兜底网。

一年多来，这一创新举措让辖区居民切实受惠。截至2020年10月20日，同安区共为该项目投入财政资金3313.6万元，“三险合一”项目理赔案件数5191件，共5000余人获得理赔，惠及5000余户家庭，理赔金额超2413万元，总赔付率达72.83%。

创新机制　“三险合一”提效率

位于厦门岛外的同安区，是厦（门）、漳（州）、泉（州）“金三角”重要的交通枢纽。相对于岛内中心城区，同安区存在城乡二元结构相对明显、道路状况相对复杂、医卫条件相对薄弱等问题。

作为送给全区人民的“平安大礼包”，同安区推

出的“三险合一”模式，将各部门投保重叠部分重新整合，比单独投保产生保费更少，减少财政资金投入。同时，实行统一服务，打破理赔工作各自为政格局，做到理赔信息互联互通，提高部门行政效率，更好地为老百姓提供贴心理赔服务。

在实际操作中，同安区相关部门与人保财险共同成立“三险合一”服务专项小组，开通24小时报案电话，制定统一服务标准，为全辖区提供无差别服务，理赔案件全面提速。对于资料齐全、案情明确的案件，7个工作日内支付理赔款；对于急需救助资金的案例，第一时间开辟“绿色通道”。救助时效最快的案例，在受理第3天出险人就收到保险公司的理赔款。

同安区还开展两项贴心服务：设立理赔服务点定时定点入镇（街）办理现场理赔，为行动不便的村（居）民提供上门理赔服务，让服务更专业、更高效、更便捷。

为了保证财政资金有效使用，同安区在保险方案中增设赔付率下限制度，要求社会治安综合保险赔付率必须达到50%，且承保保险公司必须支付5%的培训费用，大病医疗救助保险赔付率必须达到70%，且承保保险公司必须支付3%的培训费用，在各项保险中不足赔付率下限的部分可用于投入平安建设各项工作中。

精准帮扶　群众切实得实惠

在今年的一起交通事故中，受害者王某脑部严重受损，生命垂危，肇事方却无力支付抢救费用。对此，同安区“三险合一”项目营运小组迅速核实情况，第一时间启动救助。在一些需要医疗急救的交通事故中，“道路交通事故救助保险”为较贫困群体开辟“绿色通道”，有效解决第一时间医疗垫付难的问题，化解了可能存在的纠纷，维护了社会安稳。

2019年，同安区对“社会治安综合保险”原有的9项保障项目进行优化，前后合并保障家庭财产盗抢损失、精神病人伤人救助、维稳救助、见义勇为救治与抚恤、校园暴力伤害救助、失踪儿童找寻补助、综治人员伤病关怀等20项保障项目。大幅提高各项人身伤亡救助保险金额，最高增幅达到原有保险金额的50倍，为居民提供了全面有效的社会治安综合保障。

值得关注的是，同安区在“三险合一”后创新增加的“大病医疗救助保险”，不仅为全区户籍居民购买救助限额达20万元的保费，还实行精准帮扶，对特困人员、低保对象、低收入家庭、优抚对象、重度残疾人、计生特殊困难家庭、独生户及农村二女户等重点对象实行“零起付”赔付标准。

家住同安区新民镇柑岭村的邵女士是“大病医疗救助保险”的受益者。今年6月，邵女士骨髓增生异常，在医院住院治疗花费了10余万元，大笔的治疗费用让家庭背上了沉重负担。柑岭村村干部得知情况后，帮忙联系理赔服务人员，为她线上填报了理赔材料，省去了舟车劳顿，最终获得近4万元的理赔金。

强化服务　保障人群更广泛

“到目前，同安区重点救助对象理赔案件数占总赔案超过50%。”同安区委政法委有关负责人表示，同安区通过探索建立起商业保险承担的大病医疗救助补充机制，有效解决了辖区部分困难群众“因病致贫、因病返贫”的救助工作难题。

据介绍，“三险合一”是在同安区原“社会治安综合保险”基础上进行再优化、再提升，被保障人群扩大到全区户籍人口、常住人口和综治工作人员。“三险合一”后，不仅将各部门投保重叠部分重新整合，减少财政资金投入，还打破了理赔工作各自为政的格局，防止出现“踢皮球”现象，可以最大限度地实现“低成本、广覆盖”目标。

作为“三险合一”项目的牵头单位，同安区委政法委联合保险经纪公司到各镇（街）对综治办工作人员、社会事务办工作人员、村居两委、治保主任、民政员等开展业务培训，由他们担任宣讲员，向辖区村（居）民进行讲解和宣传，将服务延伸到“最后一公里”。此外，通过房东协会对外来人口重点进行宣传，利用房东协会五级微信群发布“三险合一”小知识，以“全覆盖、无死角”宣传提高市民知晓率。

“下一步，同安区将继续把‘三险合一’工作作为建设‘爱心厦门’、深化市域社会治理的重要抓手，进一步扩大保险覆盖面，提高保险金额，做好群众的‘贴心人’，持续提升群众满意率，将同安打造为最具安全感城区。”同安区副区长林进柱表示。

（谢代文　林冰冰）

索　引

说　明

本索引为条目索引，按主题词首字音序排列，首字相同按第二个字音序排列，若第二字音序相同，则按码先后排序，主题词后的数字为页码。分目的主题词用粗体表示，部分相同的主题词增加关键词提示。大事记、专记、文献辑存不做索引。

H

J

K

W

X